PRAWDZIWY GANGSTER

Jon Roberts, Evan Wright

PRAWDZIWY GANGSTER

Moje życie: od żołnierza mafii
do kokainowego kowboja
i tajnego współpracownika władz

tłumaczenie Alicja Gałandzij

 litera
nova

Kraków 2012

Tytuł oryginału
American Deseprado. My life – from mafia soldier to cocaine cowboy to secret government asset

Copyright © 2011 by Jon Roberts
This translation published by arrangement with Crown Publishers, an imprint of
the Crown Publishing Group, a division of Random House, Inc.

Copyright © for the translation by Alicja Gałandzij 2012

Projekt okładki
Magda Kuc

Fotografia na pierwszej stronie okładki
© Curaphotography/Dreamstime.com

Opieka redakcyjna
Ewa Polańska
Artur Wiśniewski

Adiustacja
Elżbieta Kot

Korekta
Katarzyna Mach

Opracowanie typograficzne
Irena Jagocha
Daniel Malak

Łamanie
Piotr Poniedziałek

ISBN 978-83-240-1728-7

Książki z dobrej strony: www.znak.com.pl
Społeczny Instytut Wydawniczy Znak, 30-105 Kraków, ul. Kościuszki 37
Dział sprzedaży: tel. 12 61 99 569, e-mail: czytelnicy@znak.com.pl
Wydanie I, Kraków 2012
Druk: Drukarnia Know-How, Kraków

Dla Noemi i Juliana

Desperado, konia – który, jak sądziłem, wygra derby i sprawi, że będę sławny nie tylko jako gangster – kupiłem, gdy był jeszcze źrebakiem. Nie uczono go, jak się ścigać, ale już potrafił fruwać po trawie. Miał dobry instynkt. Nie lubił innych koni. Nie chcesz towarzyskiego konia. Takie pozostają w peletonie. Chcesz konia, który lubi biec na czele, przed wszystkimi innymi. Desperado był zabójcą. Nazwałem go Desperado, bo w jego oczach widziałem samego siebie.

Jon Roberts

ROZDZIAŁ 1

Kwiecień 2008, Miami

EVAN WRIGHT (E.W.): Podczas przerwy w meczu Heat kontra Pistons w hali sportowej American Airlines w Miami spiker informuje tłum, że jest wśród nich „wyjątkowy celebryta".

– Panie i panowie, jest dziś z nami Jon Roberts, prawdziwy kokainowy kowboj z Miami.

Telebimy w hali pokazują siedzącego na widowni Robertsa: sześćdziesięciolatka w dobrej formie, z siwymi włosami zaczesanymi do tyłu. Nieświadomy tego, że jest filmowany, Roberts beznamiętnie wpatruje się w dal. Głęboko osadzone oczy nadają jego twarzy wilczy, drapieżny wygląd. Kibice w pobliżu Robertsa robią zdjęcia telefonami komórkowymi. Roberts dostrzega siebie na telebimach i zmusza się do uśmiechu, który mówi „OK, przyłapaliście mnie". Obejmuje ramieniem siedzącego obok ośmioletniego syna Juliana. Chłopiec wtula głowę w ramię ojca, ale zerka i uśmiecha się, gdy błyskają flesze. Jego tata jest największą gwiazdą w hali.

Ponad 15 lat wcześniej Roberts ukrywał się przed policją. Jego twarz była na plakatach przedstawiających przestępców poszukiwanych przez FBI, które rozwieszano w urzędach pocztowych w całych Stanach Zjednoczonych. Uciekł z Miami po tym, jak rząd Stanów Zjednoczonych uznał go za najważniejszego „amerykańskiego przedstawiciela" narkotykowego kartelu z Medellín i oskarżył o nadzorowanie przemytu kokainy wartej miliardy dolarów. Roberts wraz z niewielką grupą amerykańskich wspólników stworzyli prawdziwą firmę kurierską przemycającą narkotyki. Mieli tajne lotniska, stanowiska nasłuchu radiowego, dzięki którym mogli podsłuchiwać Straż Przybrzeżną, i zaawansowane systemy naprowadzające, które pozwalały im kontrolować kokainę przewożoną na statkach – i przez prawie dekadę krzyżowali szyki rządowi Stanów Zjednoczonych. Ta część historii Robertsa – i jego skandaliczny tryb życia, który stał się symbolem napędzanego kokainą rozkwitu Miami w latach osiemdziesiątych – zostały przedstawione w znanym filmie dokumentalnym *Kokainowi kowboje*, który miał premierę w 2006 roku.

Zasadnicze elementy niezwykłej kryminalnej przeszłości Robertsa nie zostały jednak opowiedziane – ani jego kariera w potężnej nowojorskiej mafii, ani morderstwa, przez które został zesłany do Miami, ani jego relacje z agentem CIA, które doprowadziły do tajnej ugody z rządem.

Przez cały ten czas posiadał zaletę, która ma niewielu zabójców: urok. Mężczyzna, który prowadził interesy z Robertsem za czasów mafii nowojorskiej – a później przez te doświadczenia został księdzem – powiedział mi:

– Jona naprawdę da się lubić. Miło się z nim przebywa. A pod tą powłoką kryje się człowiek zdolny do bardzo złych rzeczy. Jest ekstremalnym połączeniem dobra i zła. To stara śpiewka, jest jak doktor Jekyll i pan Hyde.

Rozbrajająca jest szczerość Robertsa, jeśli chodzi o niego samego, zazwyczaj doprawiona jeszcze sardonicznym, dyskretnym poczuciem humoru. Podczas rozmowy przez telefon, zanim jeszcze spotkaliśmy się, by porozmawiać o jego biografii, powiedział:

– Mogę okazać się socjopatą. Przez większość czasu, jaki spędziłem na tym świecie, nie okazywałem szacunku dla życia. To był klucz do mojego sukcesu.

Wiosną 2008 roku przyjeżdżam na południe Florydy, aby rozpocząć serię wywiadów, na podstawie których powstała ta książka. Roberts nalega, żebym zatrzymał się w domu w Hollywood w stanie Floryda, w którym mieszka z żoną Noemi i synem Julianem. Nalega, żebym nie wynajmował samochodu. Przyjedzie po mnie. Będzie prowadził, jak zawsze.

– Nie chcę być w samochodzie, który prowadzi ktoś inny – wyjaśnia. Jon ma nowojorski akcent, ale nie posługuje się uliczną gwarą prawdziwych twardzieli. Mówi uprzejmym językiem, jakim posługiwał się Gordon Gekko, bohater *Wall Street*, grany przez Michaela Douglasa. Wiele godzin wywiadów powstaje w samochodzie Jona; odwiedzamy stare kąty: bary, doki przemytników, miejsca zbrodni, robiąc przerwy na odebranie Juliana ze szkoły i odwiezienie go do kolegów czy na treningi hokeja.

Kiedy jedzie z nami Julian, Jon trzyma się przepisowej prędkości i wypytuje syna o szkołę, jak robiłby to każdy zaangażowany rodzic. Kiedy w samochodzie jesteśmy tylko we dwóch, Jon wraca do dawnych nawyków. Sprawia wrażenie, jakby był w stanie jeździć nowym cadillakiem tylko jedną z dwóch prędkości: 120 km na godzinę po zwykłych ulicach i 180 na autostradzie. Jazda samochodem z Jonem, gdy gwałtownie wyprzedza i z piskiem wyjeżdża z parkingu, przypomina scenę pościgu w filmie z lat siedemdziesiątych. Spoglądam w lusterko, spodziewając się, że zostawiamy za sobą spektakularne kraksy i migoczące czerwone światła, ale Jon jest dobrym, uważnym kierowcą, który jeździ wyjątkowo szybko. Pędząc w kierunku miejsca parkingowego, jedną ręką manewruje kierownicą i wjeżdża tyłem. Zawsze parkuje przodem do kierunku jazdy, na wypadek szybkiej ucieczki.

Dom Jona to okazała willa w stylu hiszpańskiego modernizmu, położona nad jeziorem przy Inland Waterway. Zanim wejdziemy do środka, Jon ścina kwiaty pnącego jaśminu i wkłada je do wazonu stojącego w głównym holu. Jego znajomy z czasów nowojorskich mówi, że Jon zawsze lubił kwiaty.

– W mieszkaniu miał misę z wodą, w której pływał kwiat gardenii.

Gościnność Jona graniczy z obsesją. Przed moim przyjazdem zadzwonił do mnie pewnego ranka, gdy akurat jadłem borówki. Teraz koszyczek świeżych owoców czeka na mnie w jego lodówce. Za każdym razem, gdy się pojawiam w jego domu, ma dla mnie borówki.

W domu Robertsów to Jon odpowiada za kuchnię: na śniadanie francuskie tosty, makaron i pieczona ryba na kolację. O ile w telewizji nie ma transmisji meczu NBA albo nowego odcinka jego ulubionego serialu *Dwóch i pół*, posiłki serwowane są przy długim drewnianym stole w jadalni. Noemi odpowiada za jego nakrywanie.

Jest energiczna i 30 lat młodsza od Jona. Ojciec Noemi pochodzi z Afryki, a matka z Węgier. Jon poznał przyszłą żonę, gdy przygotowywała się do triathlonu w parku w Miami, krótko po swoim przybyciu do Stanów Zjednoczonych. Sposób, w jaki Naomi się porusza, zdradza jej zamiłowanie do sportu, a sposób, w jaki mówi: energicznie, wylewnie, z akcentem – nie zawsze jest łatwy do zrozumienia. Zanim zasiądziemy do pierwszej kolacji, odciąga mnie na stronę.

– Uwielbiam Jona – mówi. – Ale w dniu, w którym się poznaliśmy, dotknął mnie i byłam jak sparaliżowana, tak mroczna jest jego energia. Kocham go, ale jestem jego więźniem. Nie mogę go zostawić, bo jego zło przyciąga jak magnes.

Słysząc słowa żony, Jon śmieje się protekcjonalnie.

– Proszę, Noemi. Zepsujesz mu apetyt.

Starsza siostra Jona Judy mieszka w pobliżu i często wpada na obiad. Judy ukończyła Emmerson College i pracowała jako dyrektor kadr w dużej firmie w Nowym Jorku w czasie, gdy jej brat popełniał przestępstwa. Po narodzinach Juliana (jego matką jest byłą żona Jona), Judy przeprowadziła się na Florydę, by pomóc w jego wychowaniu. Ma około 65 lat, jest szczupła i elegancka. Gdy siedzimy przy kolacji, uspokaja Juliana, kiedy ten narzeka na pracę domową, a później Jona, który ochrzania Juliana za narzekanie.

– Pozwól mu wyrazić swoje zdanie – strofuje Jona.

Jon kręci głową i wzdycha, poddając się woli siostry.

Julian się uśmiecha. Można odnieść wrażenie, że denerwowanie Jona sprawia mu przyjemność.

Po kolacji Jon i Julian grają w kosza na podjeździe. Kiedy Julian szykuje się do rzutu hakiem, Jon chwyta syna, kręci nim w powietrzu, przybliżając go do obręczy. Julian trafia, a Jon stawia go na ziemi.

– To potwór. Daje radę dzieciakom dwa razy większym od niego.

W domu są trzy psy. (To moja pierwsza linia obrony przed intruzami – wyjaśnia Jon). Największy z nich to Shooter, ważący 70 kilo dog kanaryjski – rasa stworzona do walk, której hodowla jest w niektórych rejonach kraju zakazana ze względu na zasłużoną opinię głoszącą, że potrafią rozszarpywać ludzi. Shooter chodzi za Jonem krok w krok i warczy, jeśli wykonam gwałtowny ruch.

– Jest bardzo opiekuńczy – wyjaśnia Jon. – Nigdy nie podnoś wysoko rąk. Shooter tego nie lubi.

– Co zrobi, jeśli podniosę ręce?

– Po prostu tego nie rób. Zaufaj mi w tej kwestii, bracie.

Kiedy Jon prowadzi mnie do pokoju gościnnego, w którym mam spać, sytuacja robi się niezręczna. Na wykładzinie dywanowej widać półtorametrowy ślad krwi, kości i zwierzęcych bebechów. Jon przeklina. To kot sąsiadów, którego Shooter pożarł i zwymiotował.

– Jaka szkoda – mówi Jon, ostrożnie zgarniając resztki kota do kosza na śmieci. – Uwielbiam koty.

Shooter zabił też w okolicy dwa psy: pitbulla i chow-chowa. Ostatnio pogonił na drzewo pochodzącego z Haiti ogrodnika, gdy ten zagwizdał na Noemi. Po zachodzie słońca, gdy Jon i Noemi biorą Shootera na spacer, sąsiedzi witają się z nimi z uśmiechami przyklejonymi do twarzy i chowają się w domach.

– Niestety, jeśli jakiś pies zaczepi Shootera, zostanie przez niego zabity. Shooter ma to w genach – wyjaśnia Jon.

Późnym wieczorem Jon szoruje dom od piwnicy po strych. Judy mówi, że zawsze był schludny. W raportach więziennych jest napisane, że jako więzień federalny „dbając o czystość swojej celi i kuchni, wykraczał poza zakres swoich obowiązków".

Gdy wyciera podłogę mopem, wyjawia mi sekret jej idealnego połysku, który poznał w więzieniu.

– Napełnij wiadro lodem, wosk nakładaj, gdy jest prawie zamarznięty. W ten sposób uzyskasz taki blask.

Żartuję, że sprząta dom, jakby był miejscem zbrodni. Jon odchyla głowę do tyłu i śmieje się, ale nie spuszcza ze mnie wzroku. W jego oczach nie widać uśmiechu. Nadal onieśmiela, mimo że jest już po sześćdziesiątce. Choć ma nie więcej niż 178 centymetrów wzrostu, nosi dopasowane koszule, które podkreślają jego umięśnione i zawsze mocno opalone ciało. Parę lat temu, zaraz po wyjściu z więzienia, Jon brał udział w drobnej ulicznej sprzeczce. Wezwano policję i wsadzono go na tylne siedzenie policyjnego wozu. Mając ręce spięte z tyłu kajdankami, kopniakiem wybił tylną szybę i wydostał się z samochodu. Kiedy dwaj policjanci próbowali go aresztować, Jon mocno pobił jednego z nich i trzeba było wezwać kilku innych, którzy okiełznali go za pomocą paralizatora.

– Czasem przesadzam – wyjaśnia Jon. – Ale nie chcę już tak reagować ze względu na syna.

Jon unika mówienia o przeszłości przy Julianie. Ale mroczna strona jego życia daje o sobie znać. Kiedy prosi mnie, żebym wziął jego samochód i pojechał po mleko, odkrywam pistolet kalibru .45 – wypada spod podłokietnika, gdy sięgam po okulary przeciwsłoneczne. Później Jon pokazuje mi miejsce niedaleko swojego domu, na terenie cudzej posesji, w którym są zakopane dwa pistolety z tłumikami.

– Nie twierdzę, że to moje spluwy, ale wiesz już teraz, gdzie są, gdybym kiedykolwiek powiedział ci, że potrzebuję broni. Będziesz stanie wyciągnąć je stamtąd gołymi rękami – mówi.

Choć Jon trzyma pewne rzeczy w tajemnicy przed Julianem, nie ukrywa sławy, jaką zdobył ze względu na gangsterską przeszłość. Hollywoodzki superagent Ari Emanuel często dzwoni, żeby omówić kontrakt Robertsa z wytwórnią Paramount Pictures i Markiem Wahlbergiem, który ma go zagrać.

– Widzisz, ludzie przychodzą do Jona, bo jest zły – mówi Noemi w trakcie jednej z takich rozmów. – Pan Emanuel i gwiazdor filmowy Mark Wahlberg podziwiają siłę, którą ma mój mąż. Chcieliby mieć w sobie choć krztynę tego zła, które tkwi w Jonie.

– Mark Wahlberg się u nas zatrzyma – mówi mi Julian. – Mój tatuś jest kokainowym kowbojem. Akon[1] napisał piosenkę o moim tacie – dodaje, po czym zaczyna śpiewać: „Bezwzględny zabójca ma w kieszeni parę spluw, opycha towar w paczkach po pół kilo, lepiej się strzeż, mój tatuś to kokainowy kowboj"[2].

Parę dni później wchodzę do domu Jona i zastaję Akona, który siedzi przed telewizorem, a Julian gra na konsoli. Jon twierdzi, że także Snoop Dogg, 50 Cent i Lil Wayne pielgrzymowali do jego domu. Julian wyjaśnia, że to dlatego, że „mój tatuś to prawdziwy gangster".

---

[1] Nominowany do nagrody Grammy wykonawca hip-hopowy i producent.

[2] Tekst piosenki *Cocaine cowboys*, napisanej przez Akona i wykonywanej przez Akona i DJ Khaleda nie zawiera fragmentu „lepiej się strzeż, mój tatuś to kokainowy kowboj". Julian dodał ten tekst po wysłuchaniu wersji demo, którą Akon przedstawił Jonowi.

Codziennie zaczynamy wywiady o wpół do dziewiątej, po tym jak Jon odwiezie Juliana do szkoły. Siedzimy w salonie przy oknie z widokiem na basen. Pamięć Jona do nazwisk, rozmów i drobnych szczegółów robi wrażenie. Przez sławę, jaką cieszyła się rodzina Jona, i jego kryminalną przeszłość, liczba materiałów prasowych opisujących najważniejsze momenty jego życia jest ogromna. Jego nazwisko po raz pierwszy pojawiło się w „New York Timesie" w związku z morderstwem popełnionym wkrótce po jego dwudziestych pierwszych urodzinach. Początkowo ta książka miała być wywiadem rzeką, ale w niektóre z opowiadanych przez Jona historii trudno mi było uwierzyć – począwszy od opowieści, jak to spędzał czas z Jimim Hendricksem, po szczegółowy opis morderstwa popełnionego wspólnie z mężczyzną, który później był szychą w CIA – zacząłem szukać innych źródeł informacji. Ich opinie zostały zawarte w tej książce i mają na celu potwierdzenie lub zakwestionowanie wersji opowiedzianych przez Jona.

Jon mówi bezpośrednim, prostym językiem. Można powiedzieć, że jego język jest na poziomie studentów podrzędnego koledżu, ale gdy wspomina dawne czasy, zaczyna mówić niegramatycznie jak człowiek z ulicy. Tak jak wiele osób, opowiadając o przeszłych zdarzeniach, Jon przechodzi na czas teraźniejszy, gdy w jego opowieści dużo się dzieje. Pisząc tę książkę, zmieniłem nieco kolejność historii i skróciłem część z nich, ale nie wymyśliłem kwiecistego języka ani błędnych opinii, które przypisuję Jonowi. W niektórych przypadkach pozostawiłem błędy gramatyczne, żeby zachować autentyczność jego słów. To jego opowieść.

W kulturze popularnej szorstki, ale prawie sympatyczny gangster stał się postacią sztampową. Jon nie pasuje do takiego wizerunku. Jego autoportret ukazujący gwałtowne, drapieżne zachowanie jest zbyt szczery. Jego opowieść zaprzecza mitowi honorowego gangstera i przy okazji mocno nadszarpuje wyidealizowany wizerunek amerykańskiej niewinności. Jon odniósł sukces jako przestępca, ponieważ był świetnym obserwatorem. Jego historia pełna jest wyrazistych portretów skorumpowanych polityków, złych gliniarzy, upadłych celebrytów, oszustów z CIA i innych przedstawicieli dekadenckiej klasy rządzącej, którzy zaludniali jego świat. Jest też niepokojącą społeczną historią Ameryki od lat sześćdziesiątych po koniec lat dziewięćdziesiątych przedstawioną z punktu widzenia praktycznie nie okazującego skruchy przestępcy.

Jon zapewnia mnie, że nie interesuje go moralność, ale w jego opowieściach zawsze powraca moralny aspekt jego osobowości.

– Jeśli moje życie można podsumować za pomocą jednej reguły, będzie to ta, którą wyjaśnił mi ojciec, gdy byłem dzieckiem: „Zło jest silniejsze od dobra. Jeśli masz jakiekolwiek wątpliwości, stań po stronie zła" – zaczyna naszą rozmowę. – Takie są zasady, którymi się kieruję. Dzięki temu w różnych sytuacjach uzyskałem przewagę. Zło zawsze mi pomagało. Moje życie świadczy o tym, że tato miał rację. Ale mam też nadzieję, że się mylił. Ze względu na mojego syna. Nie chcę wychowywać go tak, jak mój ojciec wychował mnie.

– Nie podobają mi się pewne rzeczy, które mój syn słyszy na mój temat od innych ludzi. Uważam, że to dziwne, że gdy idę na mecz Miami Heat i spiker mówi, że jestem na widowni, wszyscy klaszczą, jakbym był bohaterem. Zastanawiam się, czy jeśli znaliby prawdę o mnie, nadal by mnie oklaskiwali.

– Kiedy się urodziłem, Ameryka była prostym krajem. Takiego gościa jak ja nikt by wówczas nie oklaskiwał. Ale wiem, jakiej muzyki słucha mój syn, to wszystko gówno – cały ten gangsta gnój – a wykonawcy nawet nie mówią po angielsku. Skoro ludzie to cenią, pewnie będą mnie oklaskiwać. Nie obchodzi mnie, co robią. Ważne jest, by mój syn poznał prawdę na mój temat.

ROZDZIAŁ 2

E.W.: Jon urodził się 21 czerwca 1948 roku w rodzinie Riccobono, jego rodzice, Edie i Nat oraz o pięć lat starsza siostra Judy mieszkali przy White Plains Road w Bronksie. Przed ich domem była estakada kolejki podmiejskiej. Nieopodal była włoska dzielnica Little Italy przepełniona neapolitańskimi piekarniami, sklepami rzeźników oraz handlarzy oliwą z oliwek. Mieszkanie rodziny Riccobono mieściło się nad specjalizującą się w linguini restauracją Luna, która miała tak sycylijski klimat, że Francis Ford Coppola umieścił w niej scenę z *Ojca chrzestnego*[1], w której Al Pacino wchodzi w szeregi mafii, mordując dwóch mężczyzn jedzących kolację.

Większość mieszkańców dzielnicy stanowili porządni obywatele, którzy nie chcieli mieć nic wspólnego z mafią. Rodzina Riccobono nie należała do tej kategorii. Ojciec Jona i jego stryjowie – Sam i Joseph – byli mafijnymi odpowiednikami pierwszych osadników, którzy przybyli do Ameryki na statku Mayflower. Podobno przypłynęli z Sycylii do Nowego Jorku tym samym statkiem co Charles „Lucky" Luciano, założyciel amerykańskiej Cosa Nostry. Jon był mafijnym arystokratą.

Najgorszą sławą pośród braci Riccobono cieszył się Joseph. Stryjek Joe (jak nazywał go Jon) trafił na czołówki gazet w 1937 roku, gdy prokurator

---

[1] Pacino zabija mafiosa o nazwisku Virgil Sollozzo i skorumpowanego gliniarza kapitana McCluskeya – grają ich Al Lettieri i Sterling Hayden – zabrawszy uprzednio broń ukrytą w toalecie. W filmie lokal nosi nazwę Włosko-Amerykańska Restauracja Louisa.

nadzwyczajny stanu Nowy Jork Thomas Dewey oskarżył go o bycie członkiem Murder Inc. Choć Murder Inc. był gangiem składającym się głównie z Żydów pod wodzą Bugsy'ego Siegela i Meyera Lansky'ego, blisko współpracował z włoską mafią. Joseph był emisariuszem Lucky'ego Luciano w żydowskim gangu. Po tym jak sformułowano wobec niego zarzuty, Joseph ukrywał się przez siedem lat. Gdy w końcu oddał się w ręce sprawiedliwości, prasa odnotowała, że był „jednym z najwytworniej ubranych mężczyzn, jakich w ostatnich latach oglądaliśmy na ławie oskarżonych"[2]. Joseph zdołał wykręcić się od zarzutów i zaczął pomagać Carlowi Gambino w krwawym przejęciu sterów mafii, gdy w 1946 roku Luciano został deportowany przez amerykańskie władze. Służył Gambino jako główny doradca – *consigliere* – aż do śmierci w 1975 roku[3].

Drugi stryj Jona Sam Riccobono był capo i odnoszącym sukcesy biznesmenem. W Brooklynie prowadził dla mafii lichwiarski interes, zajmując się równocześnie korporacją taksówek i budowaniem sieci klinik dentystycznych, które były legalnie działającymi przedsiębiorstwami.

Ojciec Jona Nat był podobno najokrutniejszym z braci. Znalazł się wśród najbardziej zaufanych zabójców pracujących dla Luciano. Zanim Jon się urodził, Nat wymuszał haracze na prowadzących różne interesy Afroamerykanach. Organizował nielegalne gry liczbowe i lichwę w barach prowadzonych przez czarnoskórych w New Jersey.

Każdy z trzech mężczyzn miał wpływ na Jona. Podobnie jak jego stryjek Joe Jon uwielbiał krzykliwe ubrania, był w dobrych stosunkach z żydowskimi przestępcami i posiadał niesamowity talent do wychodzenia bez szwanku z wydawałoby się niemożliwych do uniknięcia kłopotów z prawem. Po stryjku Samie odziedziczył talent do robienia interesów. Po ojcu – skłonność do przemocy.

Matka Jona Edie była niebieskookim blond kociakiem. Jej ojciec pochodził z Polski, a matka była Włoszką. Poznali się w nowojorskiej fabryce odzieżowej, gdzie ojciec, Poppy Siloss[4], był krojczym, a matka,

---

[2] *Hunted 7 Years, Gives Up*, „New York Times", 18 listopada 1944.

[3] *Joseph Riccobono, Racketeer, Is Dead*, „New York Times", 10 czerwca 1975.

[4] W oficjalnych dokumentach nazwisko jest zapisane jako Siloss, jednak Jon i jego siostra nie mogą dojść do porozumienia, jak brzmiało imię dziadka ze strony matki. Używali zawsze przezwiska Poppy.

Honey[5] szwaczką. Choć Honey miała krewnych w mafii[6], ona i Poppy dążyli do zrealizowania Amerykańskiego Snu za pomocą ciężkiej pracy. Wychowywali matkę Jona w Teaneck w stanie New Jersey, mając nadzieję uchronić ją przed krewnymi Honey zaangażowanymi w działalność mafii. Jednak ich wysiłki poszły na marne – jako nastolatka Edie związała się z Natem Riccobono i zaszła w ciążę, której owocem była siostra Jona, Judy. Ani Jon, ani Judy nie wiedzą, jak poznali się ich rodzice.

JON ROBERTS (J.R.): Moja matka nie miała nic wspólnego z moim ojcem. Byli jak Piękna i Bestia. Ona wyglądała jak Marilyn Monroe. Tato był o 20 lat od niej starszy. Był krępy, łysiejący. Gdy ktoś spotkał go na ulicy, zaczynał iść w drugą stronę. Ojciec prawie nie mówił po angielsku. Nie sądzę, żeby miał jakieś formalne wykształcenie. Potrafił zapisać na kartce liczby i nazwiska, i nic więcej.

Kiedy byłem dzieckiem, zapytałem matkę, czym zajmuje się tato. Zdenerwowała się.

– Nie wiem, nie pytaj mnie więcej – powiedziała.

W moim domu nikt nie rozmawiał o mafii. Sam musiałem się wszystkiego domyślić. W szkole słyszałem, jak dzieciaki mówiły: „Jego tato jest jednym z tych ludzi". Nauczyciele traktowali mnie inaczej. Nikt nie pytał o moje nieobecności. Nikt na mnie nie krzyczał, gdy byłem niegrzeczny.

Dowiedziałem się, że ojciec został przyjęty do mafii. W filmach wygląda to na wielki, święty rytuał. Ale to tylko filmy. Mafia przyjmuje kogoś do rodziny tylko dlatego, że ten ktoś przynosi im mnóstwo zysków. Mówi się, że taki ktoś nie może zostać zamordowany. Bzdura. Jeśli chcą go zabić, znajdą na to sposób. Przyjęcie do rodziny ma na celu głównie podbudowanie ego takiego gościa, dzięki czemu będzie przynosił jeszcze więcej kasy. To była zabawa mafii, tak jak w każdej organizacji. Burger King wybiera pracownika miesiąca, mafia oficjalnie przyjmuje do rodziny.

Głównym zadaniem taty było kontrolowanie barów dla czarnoskórych w New Jersey. W tych barach udzielał pożyczek i organizował gry liczbowe.

---

[5] Również Honey było przydomkiem, jakiego Jon używał, gdy mówił o swojej babce ze strony matki.

[6] Bratanek Honey Jerry Chilli był szefem w gangu rodziny Bonnano, z którą Jon był związany, gdy miał około 25 lat.

Takie gry pojawiły się dużo wcześniej w Harlemie, gdzie czarni umierali z głodu i potrzebowali jakoś zarobić szmal. Później rozpowszechniły się wszędzie. Działało to w następujący sposób:

Nowojorska gazeta „Daily Mirror" podawała informację o nakładzie, którego wysokość zmieniała się każdego dnia. Żeby wziąć udział w grze, należało odgadnąć wysokość jutrzejszego nakładu. Liczbę zapisywało się na kawałku papieru razem ze swoimi inicjałami i wysokością zakładu – dolar albo pięć dolarów. W każdym barze było pudełko po cygarach, do którego wkładało się losy. Codziennie tato objeżdżał wszystkie bary, wypłacał wygrane i zbierał losy na następny dzień.

Kiedy miałem pięć albo sześć lat, tato zaczął zabierać mnie ze sobą, zamiast odwozić do szkoły. Tato miał kierowcę, pana Tuta, który był zawsze przy nim. Pan Tut był czarnoskórym mężczyzną, który walczył w ringu, ale nigdy nie odniósł sukcesów w boksie, ponieważ gdy tylko zaczynał przegrywać, wracał do bicia się na ulicy. Był olbrzymem z wielkimi pięściami. Lubiłem go, ponieważ w przeciwieństwie do mojego ojca uśmiechał się i wydawał się szczęśliwy.

Mój ojciec uważał czarnoskórych za „bakłażany"[7]. Nie dlatego, że był uprzedzony. On nie lubił nikogo. Prawdopodobnie nie lubił nawet siebie samego. Zatrudnienie czarnego kierowcy było celowe. Łatwiej było wejść do baru prowadzonego przez czarnoskórych z czarnym gościem niż z białasem, bo czarni się wtedy nie wkurzali. To, że pan Tut był twardzielem, też pomagało.

Nie chcę oczerniać ojca, nie osądzam go, ale nie wiążą się z nim miłe wspomnienia. Nie był beztroskim facetem. Nie był miły.

Mój tato zawsze miał dużego mercurego albo cadillaca. Siadał z przodu z panem Tutem, a mnie sadzał z tyłu. Czasem odwozili mnie rano do szkoły. Czasem tato zabierał mnie do pracy. Ponieważ się nie odzywał, nigdy nie wiedziałem, dokąd jedziemy, dopóki nie rozejrzałem się po okolicy.

Któregoś dnia w 1955 roku wyjechaliśmy z domu wcześnie rano. Ruszyliśmy w kierunku barów w New Jersey. Przysypiałem na tylnym siedzeniu, gdy poczułem, że samochód się zatrzymuje. Zobaczyłem, że tato i pan Tut patrzą przed siebie.

---

[7] Obraźliwe określenie czarnoskórych w slangu amerykańskich Włochów.

Byliśmy w na wpół mieszkalnej, na wpół rolniczej części Jersey. Droga prowadziła do wąskiego mostu. Na moście stał przodem do nas samochód, który blokował przejazd. Pan Tut zaczął otwierać drzwi, ale tato powiedział:

– Ja się tym zajmę.

Tato wysiadł i podszedł do samochodu stojącego na moście. Zawsze nosił z sobą pistolet. Widziałem, jak wyjął go zza paska i powiedział coś do mężczyzny w samochodzie. Po czym wepchnął pistolet przez okno i zastrzelił tego gościa: Bum, bum, bum.

Pan Tut się nie odezwał. Obserwowałem, jak tato otworzył drzwi tamtego samochodu, zepchnął zastrzelonego mężczyznę na fotel pasażera i wsiadł do auta. Wycofał samochód z mostu, my przejechaliśmy i wtedy ojciec wsiadł do swojego samochodu.

Odwrócił się do mnie i spytał:

– Co się stało? Czy coś widziałeś?

– Nie, nic nie widziałem – odpowiedziałem.

Chyba miałem szczęście i udzieliłem właściwej odpowiedzi. Ojciec studiował moją twarz w sposób, w jaki ogląda się mapę. Ja też się w niego wpatrywałem. Byłem przerażony, ale czułem też bliskość, jakiej nie zaznałem nigdy wcześniej. Zrobił coś, co będę musiał trzymać w tajemnicy przed światem. Poczułem się, jakby potraktował mnie jak mężczyznę.

Sądzę, że to morderstwo mnie odmieniło. Sprawiło, że nie reagowałem jak normalny człowiek. Nauczyłem się nie reagować emocjonalnie. Nauczyłem się obserwować, nie reagując, nie krzycząc. W trakcie tego zdarzenia ojciec nauczył mnie działać jak żołnierz: nie pozwolić, by to, co widziałem, miało na mnie wpływ, ale iść dalej. Byłem dzieckiem, nie roztrząsałem tego. Pochłonąłem tę wiedzę instynktownie.

Po wszystkim oglądałem wiadomości w telewizji. Spodziewałem się, że usłyszę: „Mężczyzna zginął od strzałów w głowę", ale nic takiego się nie pojawiło. Nie potrafiłem tego zrozumieć. W filmach, jeśli ktoś zostanie zastrzelony, robi się wokół tego zamieszanie. Policja rozpoczyna śledztwo. Jest proces, są aresztowania, sprawa trafia na czołówki gazet. A ja widziałem prawdziwe morderstwo i nic się nie stało.

Chciałem potrzymać broń, sprawdzić, jakie to uczucie. W salonie mieliśmy dużą szafkę z jasnego drewna. Zauważyłem, że ojciec, myśląc, że nikt nie widzi, ukrywa coś na niej. Wspiąłem się, żeby sprawdzić, co to jest, i znalazłem broń. To był rewolwer, kalibru .38. Pamiętam, że wziąłem go do ręki, byłem zdziwiony. Kiedy ojciec strzelał do tego mężczyzny, nie było małego *pyk*, jak to pokazują w filmach. To była eksplozja. Trzymałem ten mały pistolet i myślałem: „To niewiarygodne, jaka jest jego moc".

Tato dał mi jeszcze jedną lekcję, gdy mordował tego człowieka. Pokazał mi, że da się uniknąć odpowiedzialności. Zupełnie inaczej niż uczą w szkole. Mój ojciec zrobił to i nie poszedł do więzienia. Nie ukarał go Bóg, nie sprawił, że ojciec zachorował na raka albo stracił nogę. To, co zrobił mój ojciec, nie wywarło na świecie żadnego wrażenia. Uświadomiło mi, że jeśli jesteś ostrożny i nie dasz się przyłapać, możesz zrobić wszystko. To była dla mnie bardzo dobra lekcja, być może najlepsza ze wszystkich. Sprawiła, że cała przemoc, jaka miała się pojawić w moim życiu, była czymś łatwym.

Mniej więcej w tym samym czasie moja rodzina przeprowadziła się na Mulberry Street w Little Italy na Manhattanie. Mieszkanie mieściło się w starym budynku bez windy. Kiedy się weszło do środka, było widać, że mieliśmy dużo fajnych rzeczy. Meble były nowe. Mieliśmy dwa telewizory. Mieliśmy klimatyzację. Jasne było, że się wyróżniamy. Nagle w naszym domu zaczęły się pojawiać futra z norek, a goście ze spluwami podrzucali drogie jedzenie i alkohol. Gdy wychodziłem z ojcem, ludzie usuwali się nam z drogi.

Rodzice ciągle się kłócili. Nigdy nie widziałem, żeby tata uderzył matkę. Ale bała się go. Nie potrafiłem zrozumieć, co ich połączyło. Co ją w nim pociągało? Nigdy mi tego nie powiedziała.

Poglądy mojej matki i ojca były kompletnie różne. Ona miała w sobie dużo współczucia dla innych. On wcale. Łączyło ich tylko to, że spłodzili dwójkę dzieci, mnie i moją siostrę, Judy. Judy była dobrym dzieckiem. Nie sprawiała kłopotów. Lubiła szkołę. Oglądała w telewizji program muzyczny – *American Bandstand*. Mimo że bardzo się różniliśmy, Judy zawsze była lojalna wobec mnie. Nieważne, co bym zrobił, nigdy nie patrzyła na mnie z góry.

JUDY: Nasza matka miała artystyczną duszę. Potrafiła rysować. Zawsze miała w domu kwiaty. Jej rodzice, Honey i Poppy, byli pełni życia. Poppy mówił po polsku, ale nauczył się pisać po angielsku wiersze, które recytował Jonowi i mnie. Honey była szwaczką u Claire McCardell[8], i przynosiła mi piękne sukienki, które dla mnie uszyła. Nasza matka przypominała swoich rodziców. Kiedy ojca nie było w domu, miała wspaniałe poczucie humoru. Uwielbiała śmiech i muzykę. Nauczyła mnie grać na pianinie.

Matka starała się zapewnić mnie i Jonowi normalne dzieciństwo. Razem z Honey zabierały mnie do Filadelfii, gdzie kręcono *American Bandstand*, żebym mogła zatańczyć w programie.

Mama uwielbiała Jona. Miał obsesję na punkcie kowbojów i Indian. Oglądał wszystkie westerny, jakie leciały w telewizji. Kupowała mu stroje kowbojskie, zabawkową broń i figurki. Kiedy Jon był chory i musiał leżeć, siedziała przy jego łóżku godzinami i bawiła się z nim jego głupimi figurkami w Indian i kowbojów.

Jon nie był samolubny. Jeśli dostał ciastko, zawsze się ze mną dzielił, co było dość niezwykłe jak na młodszego brata. Był hałaśliwy. Niczego się nie bał, zawsze z czegoś zeskakiwał, ciągle był w biegu. Zeskoczył z parapetu i mocno rozciął sobie czoło. Wrócił ze szpitala z wielkimi klamerkami zaciskowymi na głowie i biegał jak szalony. Bałam się, że te klamerki o coś się zahaczą i otworzy mu się rana.

Jon uwielbiał sport i uczył się na pamięć wszystkich statystyk. Miał dobrą pamięć do liczb. Był trochę szalony, ale miał dobre serce. Był normalnym dzieciakiem.

Nasz dom nie był ani trochę normalny. Prowadziliśmy podwójne życie. Nasza matka była światłem. Ojciec był ciemnością. Kiedy Jon poszedł do szkoły, zmienił się. Stał się niegrzeczny, krzyczał i terroryzował matkę. Nie powstrzymywała go przed takim zachowaniem. Kiedy zapytałam, dlaczego, odpowiedziała:

– Nie mogę nic powiedzieć twojemu bratu. Twój ojciec nie pozwala.

Nie wierzę w to, że ojciec kogokolwiek kochał, ale interesował się Jonem. Gdy teraz o tym myślę, sądzę, że ojciec wciągał Jona w swoją

---

[8] Znana powojenna projektantka.

ciemność. Jon był taki mały, a już wychodziła z niego taka złość. I ta złość stawała się coraz większa.

J.R.: Matka nie kazała mi odrabiać zadań ani sprzątać swojego pokoju, nic takiego. Przestała się do mnie odzywać. Nie rozumiałem, o co chodzi. Gdy dorosłem, zdałem sobie sprawę, że matka bardzo bała się ojca. Ja też się go bałem. Jak mógłbym się nie bać? Widziałem, jak zabił człowieka dlatego, że tamten zablokował mu drogę. Przecież ktoś normalny wrzuciłby wsteczny i wycofał się stamtąd. Czy łatwiej jest strzelić komuś w głowę, czy wycofać samochód? Dla mojego ojca łatwiej było zabić człowieka. Nie chciałem kiedykolwiek go wkurzyć. Nawet kiedy mówił albo robił coś, co było pozbawione sensu, nie odzywałem się ani słowem.

Ale więzy między nami zacieśniły się po tym morderstwie. Razem z panem Tutem coraz częściej zabierali mnie na swoje objazdy barów. Rzadko chodziłem do szkoły. Latem tato zabrał mnie na Jersey Shore. Rozejrzałem się – wokół było sporo dzieci, które bawiły się ze swoimi matkami. Ja byłem z tatą i jego znajomymi – facetami ze spluwami, wielkimi ochroniarzami – wszyscy w środku dnia grali w karty. Żaden z nich nie miał pracy, w której musiał być od dziewiątej do siedemnastej.

Wiele dni spędziłem z ojcem na torze wyścigów konnych. Tylko to sprawiało, że wyglądał niemal na szczęśliwego. Kochał konie i doskonale obstawiał. To dzięki niemu pokochałem te zwierzęta. Wiele lat później, gdy kupiłem pierwszego konia, pomyślałem o ojcu. To jedyna dobra rzecz, jaką mnie zainteresował i za którą mogę mu podziękować.

Ojciec naprawdę lubił czarną muzykę. Oczywiście, zajmował się barami dla czarnoskórych, a taką muzykę tam puszczano. Ojciec lubił także czarne kobiety. Kiedy zabierał mnie do barów i odbierał pudełka po cygarach z pieniędzmi z zakładów, powtarzał Tutowi:

– Popilnuj Jona.

Pan Tut sadzał mnie przy barze, częstował coca-colą, a tato znikał z jakąś kobietą. Lubił czarną muzykę i czarne, czarne kobiety. Włosi nie lubią się do tego przyznawać, ale w czasach starożytnych miała miejsce migracja czarnych na Sycylię. Właśnie dlatego tylu Włochów ma bardzo ciemną karnację. Każdy z nas ma w sobie domieszkę czarnej krwi.

Kolejnym zadaniem mojego ojca było odszukiwanie ludzi, którzy byli mu winni odsetki od pożyczonych pieniędzy. Pożyczał duże ilości pieniędzy, zarówno czarnym, jak i białym. Kiedy ktoś nie spłacał w terminie, ojciec znajdował go i bił.

W tamtych czasach łatwo znajdowało się ludzi. Świat był wtedy prostszy. Ludzie nie mieli możliwości, żeby spakować manatki i uciec. Jeśli byłeś winien pieniądze mojemu ojcu, on i pan Tut jeździli po okolicy tak długo, aż cię znaleźli. Pytali o ciebie w barach. Zawsze trafiało się tam na kogoś, kto podkablował zalegającego ze spłatą dłużnika.

– Skurwiel, którego szukacie, jest tam.

Jechaliśmy w to miejsce, a tato go bił. Zabierał gościowi wszystko, co przy nim znalazł. Jeśli gość miał samochód, też mu go zabierał.

Tato miał potężne ramiona, ale nie lubił używać rąk do bicia. Zawsze bił jakimś przedmiotem. W samochodzie woził kij bejsbolowy. Czasem nosił mosiężne kastety. Jeśli nie miał przy sobie nic innego, walił spluwą. Nie interesowała go walka na pięści z takim gościem. On miał tylko spuścić łomot.

Nawet jako dziecko rozumiałem podejście ojca. „Im szybciej kogoś pobijesz, tym mniej będziesz mieć problemów". Jeśli będziesz stał i walił pięścią, nie wiesz, ile czasu to zajmie. Założenie mojego ojca było następujące: uderzyć gościa czymś twardym i zakończyć sprawę tak szybko jak tylko się da. Wytłumacz fizycznie, o co ci chodzi i ruszaj dalej.

Ojciec dbał o to, by nie bić dłużników po twarzy. Jeśli uderzysz kogoś kijem bejsbolowym w twarz, możesz go zabić, a wtedy z odebrania pieniędzy nici. Tato skupiał się na łamaniu im rąk lub roztrzaskiwaniu nóg. Wierz mi, jeśli łamiesz komuś kości, on drze się wniebogłosy. Ale nigdy nie widziałem, żeby mój ojciec zareagował emocjonalnie, gdy kogoś bił. Dla niego przemoc była narzędziem w prowadzeniu interesów.

Tato robił rzeczy, których nie rozumiałem. Jeśli facet, który wisiał ojcu pieniądze, był akurat ze znajomym, ojciec spuszczał łomot i jemu. Mówił wtedy:

– Oto, co dostajesz za przyjaźnienie się z gnojkiem, który wisi mi kasę.

Nie miało to dla mnie sensu. Po co bić gościa, skoro pieniądze ma oddać ten drugi? Ale takimi właśnie metodami ojciec przekazywał swoje wiadomości. Jeśli uważał, że sposób był właściwy, musiał taki być.

Wszyscy znajomi taty i stryjowie myśleli tak samo. Dla nich obrany przez nich sposób był tym właściwym. Nikt tego nie kwestionował.

Przywykłem do przemocy, bycia jej sprawcą i ofiarą. Zostałem postrzelony, miałem połamane kości i byłem kilka razy torturowany. Pewnego razu w Meksyku skorumpowany gliniarz podłączył mi do jąder kable od akumulatora i poraził mnie prądem. Nie był to dobry dzień. Ale przemoc i ból mnie nie przerażają. Złoszczą mnie. Bolą. Zmuszają do tego, żebym się skoncentrował i rozwiązał problem – dlaczego ktoś sprawia mi ból.

Ale jeśli weźmiesz normalnego człowieka, połamiesz mu kości albo zmusisz do oglądania, jak łamiesz kości jego przyjacielowi, albo przypalisz mu skórę zapalniczką, będzie przerażony. Będzie robił, co każesz. Nauczyłem się tego od mojego ojca, ze sposobu, w jaki używał bólu i strachu. Tato wpoił mi, że jeśli robisz coś złego, zrób to stanowczo, a wyjdziesz na prowadzenie. Daleko przed innych.

Tato nigdy nie zwerbalizował swojej filozofii. Kiedyś żałowałem, że tak mało ze mną rozmawiał. Nie wyjaśnił tego, musiałem go obserwować. Chłonąłem to, co widziałem, nie zastanawiając się ani nie rozumiejąc. Ale to wnikało do mojego umysłu i zmieniało moje postrzeganie świata. Na placu zabaw widziałem, jak dzieciaki kreślą małe kółka na piachu i dwóch chłopaków staje do walki. W świecie mojego taty nie było małych kółek.

Jako dziewięciolatek nie byłem w stanie ubrać w słowa tego, czego mnie uczył. Ale gdy dorosłem, filozofia mojego ojca stała się jasna: zło jest silniejsze od dobra. Zabijanie, sprawianie bólu, budzenie strachu daje panowanie nad ludźmi i nad różnymi sytuacjami. Jeśli masz problem, wybierz największe zło, by go rozwiązać, i rób to najmocniej, jak potrafisz. W ten sposób docierasz na szczyt. Droga zła jest mocną drogą, bo zło jest mocniejsze od dobra.

Niestety, tego właśnie nauczył mnie mój ojciec. Sam mam syna, więc widzę, że to, co mówisz do dziecka i co mu pokazujesz, dociera do jego umysłu. Jego umysł będzie się rozwijał w zależności od tego, czym go karmisz. Mój był karmiony potęgą zła.

Nie mówię, że zgadzałem się ze wszystkim, czego byłem świadkiem. Szliśmy do baru w południe, a ojciec pożyczał pieniądze jakiemuś biednemu zasrańcowi, który nie miał pracy. Ten gość pożyczał pieniądze, by mieć za co pić. Ojciec miał to gdzieś. Gdy koleś nie był w stanie spłacić długu, ojciec mawiał:

– Lepiej ukradnij tę kasę, którą mi wisisz.

I gość tak robił. Tak prowadził interesy mój tato, odbierając pieniądze biedakom, którzy musieli kraść je innym biedakom, żeby móc go spłacić.

Pewnego razu pożyczył pieniądze mężczyźnie, który miał sklep żelazny w Jersey. Kiedy ten nie mógł spłacić długu, ojciec przejął sklep. Ale zamiast go prowadzić, urządził totalną wyprzedaż. Poszedł tam ze swoimi ludźmi i wystawili kartony ze śrubkami, młotki, piły, kasy, wszystko. Przyjdź i weź. Cokolwiek ktoś zapłacił, tyle lądowało w kieszeni taty. Taki był koniec sklepu żelaznego. Wyprzedał wszystko i spalił go doszczętnie.

Widywałem dzieciaki innych sklepikarzy, które mieszkały w ładnych domach. Patrzyłem na tatę i myślałem: „Hej, tato, dlaczego nie poprowadziłbyś sklepu żelaznego jak normalnego interesu?".

Nie osądzam mojego ojca, nie patrzę na niego z góry. Dobrze rozumiał, że zło jest silniejsze od dobra, ale jeśli popatrzysz na to, co zrobił z tą wiedzą, to nie był wcale mądry. Jego interes zależał od biednych ludzi. A z biednymi ludźmi nie zajedziesz daleko. Moim zdaniem, jeśli chcesz obrabiać banki, powinieneś nie tylko być w tym dobry. Powinieneś też znaleźć największy pierdolony bank, jaki możesz oskubać.

Miałem dziesięć lat, kiedy ojciec podarował matce kabriolet Thunderbird, rocznik 57. Uszczęśliwił ją tym. Widziałem to: nienawidziła ojca, ale nie potrafiła odrzucić ładnych rzeczy, które jej dawał.

Ten szpanerski samochód sprawił, że wyróżnialiśmy się w naszej okolicy. Sprawił, że sądziłem, iż wspinamy się w hierarchii społecznej. Oczywiście rodzice mogli zostawić samochód na ulicy z opuszczonym dachem i kluczykami w środku, a nikt go nie ruszył. Byłem dumny, że moja rodzina jest wyjątkowa.

Po tym, jak tato kupił thunderbirda, zdarzyło się coś dziwnego. Tato i pan Tut zabrali mnie na mecz bokserski w Madison Square Garden i ojca otoczył tłum reporterów. Wykrzykiwali pytania, robili zdjęcia. Wygonili go stamtąd. Nigdy wcześniej nie widziałem, żeby tato przed kimś uciekał.

Parę dni później tato zrobił coś dziwnego. Powiedział, że musi ze mną porozmawiać. Wcześniej przemówił bezpośrednio do mnie tylko wtedy, gdy zamordował na moście tego mężczyznę. Kiedy więc wyszedłem z nim i z panem Tutem do samochodu, byłem trochę zdenerwowany. Wsiedliśmy, jechaliśmy przez jakiś czas. Tato odwrócił się do mnie i powiedział:

– Policja zabierze mnie i nie zobaczysz mnie przez długi czas.

Później przyjechała policja. Dwóch mężczyzn w garniturach, reszta w mundurach. Matka wpuściła ich do środka. Tato czekał w kuchni. Kiedy weszli, wstał i nie powiedział ani słowa. Wszystko przebiegło pokojowo. Uważał, że chociaż policjanci byli przeciwko niemu, robili tylko to, co do nich należało. Jak cię złapali, to cię złapali. Matka była bardzo cicha, gdy wyszedł z nimi. Kiedy ojciec był w domu, nikt nie mówił zbyt wiele. Tego dnia było podobnie. Gdy wychodził, spojrzał na mnie i powiedział:

– Znikam.

ROZDZIAŁ 3

Ojca deportowano na Sycylię w 1959 roku. O tym, co się stało, dowiedziałem się wiele lat później. Kiedy Lucky Luciano, szef wszystkich rodzin mafijnych, został deportowany w 1949 roku, jego pozycję zajął człowiek o nazwisku Albert Anastasia. W 1957 roku Carlo Gambino, wobec którego lojalni byli mój tato i stryjowie, postanowił zająć miejsce Anastasii. Albert Anastasia strzygł się u fryzjera w hotelu Park Sheraton[1]. Któregoś ranka do salonu weszło paru gości i zastrzeliło Anastasię, gdy siedział w fotelu[2], a Gambino został szefem wszystkiego. Nie wiem, w jakim stopniu moja rodzina była zaangażowana w kropnięcie Anastasii, ale po tym zdarzeniu stryjek Joe dostał duży awans. Został *consigliere* Gambino. Jestem pewien, że i mój tato dostał awans. Być może aby to uczcić, podarował mamie thunderbirda.

Kilka tygodni po przejęciu władzy Gambino popełnił błąd. Wezwał na spotkanie wszystkich ważnych gangsterów z całego kraju. Zebrali się na farmie Appalachin w północnej części stanu Nowy Jork. Spotkanie zakończyło się fiaskiem, bo wścibski glina zauważył wszystkie te ekstrawaganckie wozy zaparkowane na terenie farmy i zorganizował nalot[3]. Złapano dziesiątki mafijnych bossów, w tym mojego stryjka Joego i tatę.

---

[1] Obecnie hotel ten nosi nazwę Park Central Hotel. Mieści się pod numerem 807 przy Siódmej Alei.

[2] Miało to miejsce 25 października 1957 roku.

[3] Nalot na spotkanie w Appalachin miał miejsce 14 listopada 1957 roku i wywołał istne trzęsienie ziemi w historii przestępczości zorganizowanej w USA. Jego skutkiem były

Nazwisko Riccobono codziennie pojawiało się w gazetach[4]. Właśnie dlatego reporterzy ścigali nas w Madison Square Garden. Stryjek Joe zasłynął jako przywódca „Piątki z Appalachin" – najważniejszych mafijnych przywódców aresztowanych na farmie, którzy odmówili zeznań wyjaśniających, co tam robili[5]. Walczył o swoje prawo do odmowy zeznań aż w Sądzie Najwyższym i wygrał[6].

Po aresztowaniu tato miał inny problem. W przeciwieństwie do stryjka Joego, który miał obywatelstwo amerykańskie, mój ojciec był, jak to się teraz mówi, nielegalnym imigrantem. Wszystkie dokumenty, jakie posiadał – prawo jazdy, umowy najmu, akty własności samochodu – były wystawione na fałszywe nazwiska albo sfałszowane[7]. Nawet jego małżeństwo z matką nie było prawomocne. Policja wypuściła go na wolność po aresztowaniu w Appalachin, ale później postanowiono deportować wszystkich nielegalnych imigrantów mających powiązania z mafią[8].

przesłuchania w Kongresie i restrukturyzacja FBI, która przez lata przywództwa J. Edgara Hoovera zaprzeczała istnieniu ogólnokrajowej mafii.

[4] Joseph Riccobono był w samym centrum kilku burz medialnych, odkąd Thomas Dewey oskarżył go w związku z działalnością Murder Inc. w latach trzydziestych. Ale aresztowanie go w Appalachin przysporzyło mu złej sławy, której kulminacją było wskazanie go jako głównego bossa w zeznaniu Joe Valdacciego w amerykańskim Senacie w 1963 roku. Jego nazwisko ponownie wypłynęło w 1978 roku podczas przesłuchań w Senacie, których celem było wyjaśnienie zabójstwa Johna F. Kennedy'ego, choć nie przedstawiono żadnych dowodów łączących go ze śmiercią prezydenta.

[5] Obrona Piątki z Apalachin, United Press International (UPI), 28 sierpnia 1958.

[6] „Teksty ekspertyz unieważniają wyroki skazujące za spiskowanie podczas spotkania w Appalachin", „New York Times", 29 listopada 1960.

[7] Dokumenty Jona z tamtego okresu nie są kompletne. Nie przedstawił swojego aktu urodzenia, a akt urodzenia Judy, choć potwierdza Bronks jako miejsce urodzenia, zawiera żydowskie nazwisko. Jon twierdzi, że ojciec pozyskał fałszywe akty urodzenia dla obojga dzieci. Rozmawiałem z wieloma osobami, które znały Jona w dzieciństwie pod nazwiskiem John Riccobono. W opublikowanych materiałach dotyczących kryminalnej aktywności Jona pod koniec lat sześćdziesiątych także występuje on pod nazwiskiem John Riccobono. Ale jeden z moich informatorów utrzymywał, że ojciec Jona był żydowskim gangsterem współpracującym z rodziną Riccobono i nazywał się Epstein – pod tym nazwiskiem Jon prowadził nielegalne interesy w latach osiemdziesiątych. Przedstawiciele organów ścigania, z którymi rozmawiałem, a którzy mieli związek z aresztowaniem w 2005 roku Gerarda Chilli, capo mafii – którego Jon uważa za swojego wuja – sądzą, że Chilli faktycznie jest wujem Jona i Włochem.

[8] U.S. Taking Steps to Deport Aliens at Gang Meeting, „New York Times", 24 listopada 1957.

Ojciec był zaufanym człowiekiem mafii. Syn kogoś takiego na ogół też zostaje szychą w mafii. Ale po tym jak go deportowano, przestał mieć jakiekolwiek wpływy. Z powodu mojej rodziny byłem w mafii niemalże jak książę, ale gdy ojciec zniknął, stałem się też bękartem. Dostrzegłem to od razu, w naszym domu. Jak tylko ojciec zniknął, matka skupiła się na mnie. Po wielu latach nieodzywania się do mnie zaczęła łazić za mną krok w krok i nie dawała mi spokoju.

– Nie chcesz być jak swój ojciec – mawiała. – Idź do szkoły.

Kiedy się z nią kłóciłem, mówiła:

– Jesteś taki sam jak twój ojciec. Tak samo zły jak on.

Teraz zdaję sobie sprawę, że próbowała mnie skorygować. Ale było na to zbyt późno. Już byłem taki jak ojciec, czułem to. Jestem pewien, że przypominałem matce o błędzie, jaki popełniła, decydując się na życie z moim ojcem.

Kilka miesięcy po deportacji ojca matka wsadziła mnie do samolotu i wysłała do Palermo. To był rok 1960 i lot za ocean nie był czymś powszechnym. Miałem 12 lat i leciałem sam. Miałem zamieszkać z ojcem, który miał mnie wychowywać i nie byłbym już problemem dla matki.

Dla mnie ten wyjazd na Sycylię był jak cofnięcie się do epoki kamienia łupanego. Nie było koszykówki, bejsbolu, telewizji. Nie oglądałem *Bonanzy* i *Sea Hunt*, moich ulubionych seriali telewizyjnych. Ojciec wszędzie mnie ze sobą włókł i nic nie miało dla mnie sensu. Widywałem tylko starych kolesi z mafii grających w domino i pijących kawę. Nie znałem ani słowa po włosku. Nie było tam żadnych dzieciaków w moim wieku. Znienawidziłem Włochy. Było mi tak źle, że nawet ojciec okazał litość. Po paru tygodniach odesłał mnie do domu. Nigdy więcej się ze mną nie skontaktował.

Nigdy nie kochałem ojca miłością, jaką normalny człowiek darzy swoich rodziców. Szanowałem go dlatego, że się go bałem. Nie czułem od niego miłości. Nie wydaje mi się, żeby był zdolny do jej odczuwania. Wiem o tym, bo stałem się dokładnie taki jak on. Nikogo nie kochałem.

Zanim wróciłem z Włoch, moja mama przeprowadziła się do Teaneck w New Jersey do dziadków, Honey i Poppy'ego. Ich dom był pierwszym domem, w jakim mieszkałem. Wydawało mi się wtedy, że to rezydencja.

Gdy wiele lat później wróciłem tam, nie mogłem uwierzyć, jaki był malutki. To był wąski piętrowy domek, podzielony na niewielkie pokoiki. Puszka sardynek podzielona na mniejsze puszki. Razem z Judy mieszkało nas tam pięcioro.

Ale nie narzekam, to był dobry dom. Jedynym problemem w tym domu byłem ja.

Zapisali mnie do pobliskiej szkoły. A tak naprawdę nie chodziłem do szkoły już od paru lat. Mój tok rozumowania był inny niż pozostałych dzieciaków. Na lekcjach uczono nas absurdalnych rzeczy. Jak ta historia o Jerzym Waszyngtonie i drzewie wiśniowym, kiedy Waszyngton mówi: „Nie mogę skłamać". Robicie sobie ze mnie jaja, usłyszałem taką historię, pokładałem się ze śmiechu.

Poznałem dzieciaki mieszkające przy mojej ulicy, ale nie wiedziałem, jak się z nimi dogadać. Któregoś dnia grałem z jednym chłopakiem w kosza. Jego tato zainstalował mu kosz przy podjeździe. Walnąłem tego dzieciaka. W Little Italy było normalne, że biłeś się z kolegami. W Teaneck to był ciężki występek. Rodzice chłopaka przyszli do domu dziadków. Wszyscy krzyczeli:

– To twój sąsiad. Nie możesz bić sąsiada.

Rodzice tego chłopaka powiedzieli, że jestem popaprany, bo nie mam ojca. Jednemu z sąsiadów zrobiło się mnie szkoda i powołał mnie do drużyny bejsbolu. Nazywała się Strażacy, bo sponsorowała nas straż pożarna. Drużyna składała się z samych popapranych dzieciaków z rozbitych rodzin. Graliśmy przeciwko drużynie złożonej z normalnych dzieci i wywiązała się bójka. Na początku nie brałem w niej udziału. Ale nie mogłem przegapić bójki. Złapałem kij bejsbolowy i zacząłem nim wymachiwać. Cała reszta okładała się pięściami, a ja wymachiwałem kijem. Jeden z ojców próbował mi go odebrać. Walnąłem go w twarz. Wtedy wszyscy ci ojcowie z normalnych rodzin zaczęli mnie gonić. W końcu pokonali mnie za pomocą tego kija. Wylądowałem w szpitalu ze złamaną ręką. Wyrzucono mnie z drużyny.

Oglądanie w telewizji *Bonanzy* było jedyną rzeczą, jaka łączyła mnie z normalnymi dzieciakami. Wszyscy szaleli na punkcie tego serialu. Uwielbiałem westerny, chciałem być rewolwerowcem. To była ta jedna rzecz, która łączyła mnie zresztą Ameryki. Ale kiedy słyszałem, jak ludzie rozmawiają o *Bonanzie*, nie mogłem uwierzyć własnym uszom. Mieliśmy takiego nauczyciela, który na lekcjach mówił o serialu. Wyjaśniał, że rodzina Cartwrightów[9] symbolizowała amerykańskie wartości, bo stała po stronie prawa i sprawiedliwości.

Ja widziałem to zupełnie inaczej. Według mnie Cartwrightowie mieli siłę i władzę i wykorzystali je, by przejąć ziemię w ranczu Ponderosa. Tysiące hektarów ziemi. Chcesz powiedzieć, że to sprawiedliwe, że jedna rodzina ma tyle ziemi? Jakiś biedny dupek wjeżdża swoim małym furgonem na teren Ponderosy, a Cartwrightowie witają go strzelbami i wyganiają ze swojej ziemi. Przekupywali też szeryfa. Każdy, kogo nie lubili Cartwrightowie, lądował w więzieniu. Bez procesu, bez niczego. Z mojego punktu widzenia Cartwrightowie byli tacy sami jak mój ojciec i stryjkowie w mafii. Rozumieli, jak używać siły.

Z powodu wszystkich tych artykułów w prasie o mojej rodzinie Riccobono było złym nazwiskiem. Matka powiedziała, że muszę je zmienić. Zmieniłem je na Jon Pernell Roberts na cześć Pernella Robertsa, który grał w *Bonanzie* najstarszego syna. Lubiłem go najbardziej, bo ubierał się na czarno. Kapelusz, kamizelka, pas, przy którym nosił rewolwer – wszystko miał czarne. Był najlepszym gościem od czarnej roboty w rodzinie. Był kimś, kim ja chciałem być. Chciałem ukraść swoje własne ranczo Ponderosa, gdy dorosnę.

JUDY: Kiedy przeprowadziliśmy się do Teaneck, moim sposobem na problemy rodzinne było zakuwanie i życie towarzyskie. Zapominałam o kłopotach, bo zachowywałam się grzecznie i udawałam, że wszystko jest w porządku. Jon był moim przeciwieństwem. Mój ojciec był niewyobrażalnie złym człowiekiem. Ale był tatą Jona i Jon go stracił. Sprawiało mu to ból. Wszczynał w szkole bójki, kłócił się z matką. Był małym chłopcem, ale już był wściekły na społeczeństwo.

Nasz dziadek Poppy był jedyną osobą, która miała na Jona dobry wpływ. Poppy był cudownym człowiekiem i Jon go kochał.

J.R.: Nie kochałem Poppy'ego. Pomysł, że mógłbym kogoś kochać, jest nietrafiony. Ale lubiłem go.

---

[9] Rodzina farmerów, główni bohaterowie serialu.

Był prostym gościem z Polski. Nie pił, harował jak wół. Próbował mnie dobrze wychować. Wszystko wydawało mu się poetyckie. Gadał jakieś pierdoły o tym, jak piękne jest niebo. Był kompletnym przeciwieństwem mojego ojca. Uważałem go za dziwaka. Nie kogoś złego, tylko dziwnego.

Poppy uwielbiał łowić ryby i to po nim odziedziczyłem: uwielbiam wodę. Przydało mi się to, gdy zająłem się przemytem. W weekendy jechał do Bronksu i wsiadał na łódkę. Musieliśmy być w porcie o wpół do szóstej rano, żeby Poppy mógł zająć najlepsze miejsce. Według mnie, jeśli masz złapać rybę, to ją złapiesz, nieważne, gdzie siedzisz. Ale dla Poppy'ego wędkowanie było wszystkim.

Podpływaliśmy w kierunku wybrzeża Jersey po flądry lub sardele albo w kierunku Connecticut, gdzie w zimniejszych wodach mogliśmy łowić wargacze i makrele. Płynąc, rozgrywaliśmy partyjkę pokera.

W niczym nie przypominało to rozgrywek ojca i jego kolegów, którzy obstawiali setki dolarów i trzymali na stolikach spluwy. Poppy i jego przyjaciele stawiali po parę dolarów. Któregoś razu Poppy wygrał, a jeden gość nazwał go oszustem. Poppy nie odezwał się ani słowem. Nie postawił mu się.

Sposób, w jaki ten gość potraktował Poppy'ego, sprawił, że zrobiło mi się niedobrze. Nie mogłem uwierzyć, że Poppy okazał taką słabość. Miałem 12 lat, ale podszedłem do tego gościa i powiedziałem:

– Myślisz, że on jest oszustem? Jesteś kupą gówna.

Splunąłem mu w twarz, a gość mnie uderzył.

Na łodzi był pomocnik, nastoletni chłopak, który lubił Poppy'ego. Kiedy zobaczył, że oberwałem, zaczął bić tego gościa. Złapałem kotwicę i zacząłem nią wymachiwać. Rozpętało się piekło.

Poppy nie odzywał się do mnie po powrocie do domu. Ten człowiek nigdy nie podnosił głosu. Milczeniem okazywał gniew. Nie mogłem go zrozumieć. Okazał słabość, a ja próbowałem go bronić.

Poppy zabrał mnie znów na statek i przeze mnie zabroniono nam tam ponownie przychodzić. Mężczyźni obstawiali zakłady. Każdy z nich dawał dolara. Ten, który złowił największą rybę, zgarniał pulę. Któregoś ranka przyglądałem się, jak wszyscy dają swoje dolary i pamiętam, jak patrzyłem na tych kretynów i myślałem: „Zabiorę im te pieniądze".

Tego dnia w puli były 52 dolary. Złapałem rybę. Była duża, ale inni złowili ryby podobnej wielkości. Wziąłem więc parę ołowianych ciężarków, wepchnąłem je do żołądka ryby i dzięki temu wygrałem. Dostałem te 52 dolary i wrzuciłem rybę do wiadra. Poppy był ze mnie dumny. Powiedział temu pomocnikowi:

– Wyfiletuj nasze ryby, zjemy je wieczorem z babcią.

Nie zwróciłem na to uwagi. Dostałem swoje 52 dolce. Byłem szczęśliwy. Nagle pomocnik wrócił i powiedział:

– Jeju, chyba będziemy musieli zdyskwalifikować twojego wnuka. Jon oszukiwał.

Poppy położył mi rękę na ramieniu i powiedział:

– Oddaj pieniądze.

Spojrzałem mu w oczy.

– Gówno mnie to obchodzi. To moja kasa.

Wiedziałem, że nie zareaguje. Nie obronił się, gdy po grze w pokera gość nazwał go oszustem. Nie miał zamiaru ze mną walczyć. Z własnej kieszeni wpłacił pieniądze do puli.

Gdy zobaczyłem, jak słaby jest Poppy, wiedziałem, że jestem poza kontrolą. Wracałem do domu z pieniędzmi ukradzionymi jakiemuś dzieciakowi, który miał za nie kupić sobie drugie śniadanie. Poppy pytał, skąd je wziąłem.

– Nie twój zasrany interes. – Wiedziałem, jak sobie z nim radzić.

Chodziłem do gimnazjum im. Tomasza Jeffersona w Teaneck. Kiedy nie chciało mi się iść na lekcje, dzwoniłem i informowałem, że w szkole podłożono bombę. W końcu jakiś idiota mnie wydał. Policja zabrała mnie i mamę do remizy, żeby pokazać mi konsekwencje moich czynów.

– Wszyscy ci strażacy muszą wsiąść do swoich wozów i pojechać do szkoły przez to, co zrobiłeś – powiedział jeden z gliniarzy.

– Czemu mam mieć wyrzuty sumienia z powodu tego, że strażacy wsiedli do wozów strażackich? Czy nie na tym polega ich praca? – Wydawało mi się, że jestem zabawny.

W wieku 13 lat miałem już zarost i musiałem się golić. Wyglądałem na starszego. Czułem się starszy. Grałem w kosza na miejskim boisku ze starszymi dzieciakami. Sądziłem, że zostanę zawodowym graczem. Nie byłem wysoki, ale byłem szybki. Lubiłem grać z chłopakami większymi od siebie i wygrywać.

Grałem z chłopakiem z liceum, którego nazwiska nigdy nie zapomnę: Ivor Swenson[10]. Był Szwedem albo Niemcem, miał dobrze ponad 180 centymetrów wzrostu, był gwiazdą licealnych reprezentacji futbolu i koszykówki. Bez względu na to, jak było zimno, zawsze gdy graliśmy, zdejmował koszulkę, bo lubił chwalić się mięśniami. Zawsze z nim przegrywałem.

Ale trenowałem i w końcu udało mi się z nim wygrać. Tego dnia zobaczyłem w jego oczach, że przeszkadzało mu to, że pokonał go taki mały dzieciak, więc wkurzałem go i śmiałem się mu prosto w twarz. Stracił panowanie i przywalił mi pięścią. Trzask i z nosa poleciała mi krew. Spojrzałem na krew, która ściekała mi na palce, i wściekłem się.

Ivor sądził, że jest tak duży, że może mu ujść na sucho walnięcie mnie. Technicznie miał rację. Nie bałem się z nim walczyć, rzuciłbym się na każdego. Ale nie miałem szans z nim wygrać. Ważył ponad 70 kilo, ja nieco ponad 40.

Postanowiłem, że pokażę mu swoją przewagę w inny sposób. Gdy mnie uderzył, zacząłem przepraszać. Powiedziałem:

– Ivor, może miałeś gorszy moment. Zagrajmy jeszcze raz.

Zgodził się. Dupek nie uścisnął mi ręki, ale OK. Miałem plan.

Zacząłem się wtedy zadawać z grupką starszych dzieciaków włoskiego pochodzenia z Teaneck. To były złe chłopaki. Poszedłem ich zapytać, czy wiedzą, skąd mógłbym wziąć broń, żeby kogoś nastraszyć. Uważali, że zabawnie jest pomóc ósmoklasiście załatwić spluwę, więc dali mi ją. Parę dni później spotkałem Ivora na boisku. Miałem ze sobą broń zawiniętą w ręcznik.

– Gotowy do gry? – zapytałem.

Było zimno. Ale nie miało to znaczenia. Ivor miał zamiar zdjąć koszulkę, żeby pokazać, jaki jest duży. Gdy zdejmował ja przez głowę, wycelowałem w jego nogę. Nie okazało się to tak łatwe, jak mi się wydawało, gdy tato załatwiał tego gościa na moście. Stałem niecały metr od Ivora i wystrzeliłem parę razy, nie trafiając go. Tańczył z koszulką na głowie i darł

---

[10] Używam pseudonimu, żeby ochronić tożsamość ofiary Jona.

się, a ja strzelałem. To było jak scena z westernu, gdzie kowboje strzelają kolesiowi w stopy, przez co on zaczyna tańczyć. W końcu wielki Szwab upadł. Czołgał się, koszulkę wciąż miał naciągniętą na głowę. Dostrzegłem na jego spodniach od dresu czerwoną plamkę na łydce, w miejscu, gdzie go trafiłem. Położyłem stopę na jego plecach i powiedziałem mu, że jeśli nie przestanie się ruszać, strzelę raz jeszcze. Patrzyłem, jak plama krwi się powiększa. Przypomniał mi się film widziany w szkole, w którym pokazano rozkwitający kwiat. Był piękny. Ivor trząsł się i płakał pod moją stopą. Przyznam, że patrzenie, jak cierpi, wprawiło mnie w ekscytację. Chciałem mu coś powiedzieć. W końcu mnie natchnęło:

– Zobaczmy, jak teraz będzie ci się grało w kosza, fiucie.

Kopnąłem go w głowę, odszedłem i wyrzuciłem pistolet do studzienki ściekowej.

Wróciłem do domu, włączyłem telewizor i tyle. Nikt po mnie nie przyszedł. Nigdy nie zostałem oskarżony. Nic się nie stało[11]. Nic nie czułem. Byłem zaskoczony, że postrzeliłem Ivora. Nie byłem pewien, czy naprawdę to zrobię. Udowodniłem sobie coś. Nie miałem już ojca. Ale stałem się mężczyzną. Nosiłem w sobie swojego tatę.

---

[11] Nie istnieje żaden dowód tej strzelaniny. Jeden z kolegów Jona z tamtego okresu, Peter Gallione, z którym rozmawiałem, pamiętał, że Jon brał udział w kilku strzelaninach, ale tego przypadku nie pamiętał. Gallione dodał, że Jon i kumple, którzy dali mu broń, atakowali i terroryzowali tak wiele dzieciaków, że ofiary często bały się zgłaszać to na policję.

ROZDZIAŁ 4

J.R.: Matka podjęła pracę dla Revlonu. Jeździła do różnych sklepów w Nowym Jorku i pokazywała kosmetyki do makijażu.

– Obiecuję ci, będziesz miał dobre życie – powiedziała.

Jej sposobem na poprawienie naszego życia było umawianie się z bogatymi mężczyznami. Przez jakiś czas spotykała się z jednym z najważniejszych gości w Revlonie. Później pojawił się inny mężczyzna. Nazywał się Arnold Goldfinger, jak bohater filmu o Jamesie Bondzie *Goldfinger*. Miał mnóstwo kasy. Jeździł nowym cadillakiem, mieszkał w dużym domu w West Englewood, bogatej dzielnicy niedaleko Teaneck. Matka wygrała los na loterii.

JUDY: Matka wyszła za Arnolda Goldfingera w 1961 roku. Był właścicielem fabryki produkującej lampy radiowe i był bardzo majętny. Moja matka wierzyła, że lepsze życie pomoże Jonowi. Niestety, jej małżeństwo nie wpłynęło dobrze na Jona. Poczuł się zdradzony przez matkę.

J.R.: Nigdy nie podobało mi się to, że matka jest z tym gościem. Zmieniła się. Nagle nad jej głową pojawiła się aureola. Kiedy tato ubierał ją w futra, kupował jej ten ładny samochód, nie powstrzymywała go. Teraz to on był tym złym człowiekiem, a Arnold Goldfinger był naszym wybawicielem.

– Arnold będzie twoim ojcem – powiedziała. – Jest właścicielem fabryki, która pewnego dnia będzie twoja.

Gdy pierwszy raz spotkałem Goldfingera, powiedział mi, że nie powinienem iść w ślady ojca. Boże, znienawidziłem go. Zbił majątek, bo produkował specjalne lampy radiowe, które służyły do budowy radarów używanych przez wojsko. Matka zabrała mnie do jego fabryki, a on pokazał mi wszystkich ludzi, którzy dla niego pracowali. Matka powtarzała:

– Widzisz, jaki jest mądry? Powinieneś być taki jak on.

Spojrzałem na Arnolda Goldfingera.

– A kogo, do cholery, obchodzą jego pieniądze? – zapytałem.

Wszyscy włazili mu w tyłek. Chciałem, żeby wiedział, że ja nigdy go nie polubię.

Odwzajemniał moje uczucia. Kiedy matka powiedziała mu, że bardzo lubię Harlem Globetrotters, zaproponował, że kupi mi bilety. Ale był jeden haczyk. Musiałem napisać tysiąc razy „Panie Goldfinger, proszę pozwolić mi obejrzeć występ Harlem Globetrotters".

Napisałem, bo kochałem Harlem Globetrotters. Ale przez to znienawidziłem tego człowieka jeszcze bardziej.

JUDY: Wybacz, że to powiem, ale w stosunku do Jona nasz ojczym zachowywał się jak fiut. Miał w bród pieniędzy. Mieszkał w rezydencji. Kiedy się wprowadziliśmy, dostałam swój pokój. A wiesz, gdzie musiał spać Jon? Na dole w graciarni, gdzie wcześniej trzymano psy.

J.R: Kiedy ulokowali mnie w pokoju psów, wiedziałem, że matka dosłownie pozwoliła mi zejść na psy. Podjąłem decyzję: Do diabła z matką, do diabła z całą resztą.

Nie rozmawiałem z matką. Nie patrzyłem na nią. Parę tygodni po tym, jak się wprowadziliśmy, pojechała z Arnoldem do Europy na miesiąc miodowy. Judy skończyła już liceum i miała chłopaka, więc przez większość czasu jej nie było. Zostałem w domu sam z moimi dwiema starszymi przyrodnimi siostrami. Barbara, starsza z nich, miała 19 lat i to ona za mnie odpowiadała. Pracowała w banku i już miała usposobienie klasycznej kopiącej w jaja żydowskiej suki. Najważniejszą zasadą była ta, żebym zostawał na dole, w pokoju psów.

Jedynym jasnym punktem przeprowadzki do West Englewood była Nancy, dziewczyna, która mieszkała przy naszej ulicy. Byłem w wieku, w którym wszystko we mnie buzowało. Nancy była o parę lat starsza ode mnie. Miała blond włosy i była typem niegrzecznej dziewczynki, lubiła rock and rolla. Uczyła mnie bawić się w lekarza. Pozwoliła mi dotykać swoich piersi, tyłka. Pokazała mi, jak lubi być całowana. Robiliśmy to któregoś dnia i nagle poczułem się, jakby ściany się zatrzęsły. Miałem mokre spodnie. Nie wiedziałem, co się stało, ale czułem się dobrze. Zrobiła to tylko ręką, ale dzięki temu mogłem się domyślać, jak dobrze może być z dziewczyną. Po tym zdarzeniu nigdy już nie spojrzałem na dziewczyny w ten sam sposób. Przy pomocy jednej dłoni mogły zabrać cię w inny wymiar.

Ciągle zadawałem się z tymi starszymi chłopakami, którzy załatwili mi spluwę. Mieli po 17, 18 lat. Przychodzili do mnie wieczorem i w moim małym psim pokoju pili piwo. Któregoś dnia jeden z nich zaproponował:

– Weźmy samochód twojego ojczyma i pojedźmy na Manhattan.

Ojczym jeździł srebrnoniebieskim cadillakiem, rocznik 1961. Piękny samochód. Gdy ojczym i mama byli w Europie, klucze do niego miała Barbara. Zaczekałem, aż położy się spać i zabrałem kluczyki z jej torebki. Wyszedłem do kumpli, którzy czekali na zewnątrz, i usiadłem za kierownicą auta.

– Nie umiesz prowadzić – powiedzieli koledzy.

– Wygląda na to, że będę się musiał szybko nauczyć.

Przez lata jeździłem po mieście z ojcem i panem Tutem. Prowadzenie samochodu nie było wielką sprawą. Po chwili byłem już na autostradzie i mostem Jerzego Waszyngtona wjeżdżałem na Manhattan. Kumple śmiali się.

– Lepiej pozwól nam prowadzić z powrotem, bo zamierzamy cię dziś upić.

Moi znajomi znali we wschodniej części Manhattanu melinę, która nazywała się The Blue and Gold Tavern[1], w której barmana nie obchodziło to, że mam zaledwie 13 lat. Wszedłem tam, usiadłem przy barze, a on zapytał:

– Mały, chcesz piwo?

Nie byłem przyzwyczajony do alkoholu. Wypiłem dwa lub trzy piwa i było po mnie. Parę godzin później obudziłem się na tylnym siedzeniu cadillaka należącego do mojego ojczyma. Jeden z moich kumpli

---

[1] Lokal ciągle istnieje przy wschodniej Siódmej.

prowadził. Do rezydencji Goldfingera prowadziła droga numer 4. Byłem tak pijany, że gdy wyjrzałem przez okno i zobaczyłem znak drogowy, wydawało mi się, że jest na nim napisane „Droga 44". Byłem tak pijany, że dwoiło mi się w oczach.

Zacząłem wrzeszczeć, że to mój samochód i ja muszę go prowadzić. Kumpel zatrzymał wóz.

– Sam prowadź tę pieprzoną brykę.

Prawie udało mi się dojechać do domu ojczyma, ale kiedy byłem już na naszej ulicy, wjechałem na chodnik i walnąłem w słup telefoniczny. Słup złamał się i upadł na maskę. Ze śmiechem wydostaliśmy się z auta.

Rano obudziłem się w moim psim pokoju. Barbara próbowała mnie obudzić:

– Rozwaliłeś mojemu tacie samochód!

– Daj spokój, mam 13 lat, nie wiem nawet, jak odpalić samochód. Ktoś pewnie go ukradł.

Próbowałem znów zasnąć. Po chwili usłyszałem, że Barbara jest w pokoju obok i dzwoni do rodziców w Europie. Wbiegłem do pokoju, wyrwałem jej z ręki słuchawkę i roztrzaskałem ją. Próbowała ze mną walczyć, ale przewróciłem ją. W jej oczach pojawił się strach.

Powiedziałem suce, jak to rozegramy.

– Nie psuj naszym rodzicom miesiąca miodowego. Dopuściłaś do tego, że samochód skradziono. Ty jesteś winna. Ty naprawisz samochód.

Od wielu tygodni moja przybrana siostra sądziła, że to ona rządzi, a ja jestem kundlem mieszkającym w składziku. Ten czas dobiegł końca. Zapłaciła za naprawę samochodu i postawienie słupa telefonicznego.

Gdy matka i ojczym wrócili z Europy, samochód wyglądał jak nowy. Parę dni później matka przyszła do mojego pokoju i powiedziała:

– Idę jutro do szpitala. Będę miała operację.

Nic nie odpowiedziałem. Nadal się do niej nie odzywałem.

JUDY: Nasza matka zaszła w ciążę z Arnoldem Goldfingerem i postanowiła pozbyć się dziecka. W tamtych czasach lekarze mówili, że przeprowadzają histerektomię, ale był to eufemizm. Matka poszła do szpitala Fifth and Flower na Manhattanie i usunęła ciążę.

J.R.: Dzień po tym jak mama poszła do szpitala, ojczym powiedział mi:
– Twoja matka jest chora. Pojawiły się komplikacje. Ma zapalenie otrzewnej, zatrucie krwi i jednostronne zapalenie płuc.

Ojczym chciał, żebyśmy razem pojechali odwiedzić ją w szpitalu. Nie było mowy, żebym pojechał do niej z tym gnojkiem. Wśród moich znajomych Włochów z Teaneck był koleś, który nazywał się Jack Buccino. Zaproponował, że mnie podwiezie.

Jack miał czerwony kabriolet, forda Fairlane, którego nigdy nie zapomnę. Kiedy przejeżdżaliśmy przez most w kierunku Manhattanu, była piękna pogoda. Przyszło mi do głowy coś bardzo dziwnego, magicznego. Siostra powiedziała mi, dlaczego naprawdę matka poszła do szpitala. Przejeżdżając przez most, pomyślałem sobie, że prawdziwym powodem, dla którego matka zdecydowała się na aborcję, było to, że nie chce już być z naszym ojczymem. Ma zamiar od niego odejść. Pomyślałem, że jeśli teraz ją odwiedzę, wszystko się zmieni. Znów zaczniemy ze sobą rozmawiać. Wszystko będzie inaczej. Zejdę z drogi, którą teraz podążałem. Będę normalnym chłopakiem.

Pielęgniarka zaprowadziła mnie do pokoju matki. Nie rozpoznałem jej. Wystawały z niej rurki, miała zapadniętą twarz. Była nieprzytomna. Nawet nie próbowałem się odzywać. Poszedłem z Jackiem do baru i wypiłem tyle piwa, że przestałem cokolwiek kojarzyć.

Następnego dnia podszedł do mnie ojczym.

– Mam dobre wieści – powiedział. – Nastąpiła duża poprawa. Twoja mama lepiej się czuje.

Nie wiedziałem – i mój ojczym też nie miał o tym pojęcia – że czasami, gdy ktoś jest bardzo chory, podejmuje ostateczną walkę, starając się przeżyć. To właśnie zrobiła moja matka. Wszyscy myśleli, że zdrowieje. Następnego dnia już nie żyła.

Śmierć matki wstrząsnęła mną na długo. Ostatnim wspomnieniem związanym z matką był widok kobiety w szpitalu podłączonej do jakichś rurek, z którą nie mogłem porozmawiać. Taki jej obraz mam dziś przed oczami.

JUDY: Jon nie uronił łzy, gdy matka zmarła. Jego reakcja nie była naturalna. Zamiast przeżyć żałobę, wypełnił się jeszcze większą nienawiścią.

Mimo wszystkich tych złych rzeczy, które mogę powiedzieć o naszym ojczymie, wiem, że kochał naszą matkę. Zawiózł jej prochy do Włoch do Florencji i tam ją pochował. To było miasto, które spodobało się jej najbardziej podczas podróży poślubnej, a on okazał jej swoje przywiązanie, zabierając ją tam po raz ostatni.

Mnie i Jona okropnie traktował. Rozdał biżuterię matki swoim córkom. Wyrzucił nasze zdjęcia. Zmusił mnie do odkupienia pianina, które dostałam od mamy, gdy byłam dzieckiem. Jedynym ubraniem matki, jakie zatrzymałam, był jej kraciasty płaszcz. Był czerwono-czarny, zapinany na duże guziki. Był jak moja matka: krzykliwy, odważny, pełen życia. Sądzę, że Jon nie znał jej takiej. Ona go uwielbiała, ale on tego nie widział. Zmarła, zanim zdołał to zrozumieć.

J.R.: To siostrą wstrząsnęła śmierć matki. Wściekła się o to pianino. To była jedyna rzecz, która łączyła ją z matką. Ciągnęła ze sobą to pieprzone pianino od mieszkania do mieszkania, przez wiele lat. Nigdy nie doszła do siebie po śmierci matki.

Gdy dorosłem, przestałem mieć żal do matki. Zrozumiałem, że podejmowała swoje decyzje z powodów, których jako dziecko nie mogłem zrozumieć. Przestałem ją nienawidzić. Jestem jej wdzięczny. Dała mi życie. Teraz żałuję, że nigdy nie powiedziałem jej: „Kocham cię, mamo".

Ale takie postrzeganie sprawy przyszło wiele lat później. Śmierć matki utwierdziła mnie w moich wyborach. Sprawiła, że byłem silniejszy. Nic mnie już nie obchodziło. Pieprzyć cały świat – takie miałem podejście.

ROZDZIAŁ 5

J.R.: Zainteresowali się mną obaj bracia ojca. Stryjek Sam z Brooklynu był jedyną osobą z tamtej rodziny, która miała jakiekolwiek uczucia. Był młodszy od mojego ojca i według mnie wyglądał bardziej amerykańsko. Przyjeżdżał w odwiedziny do Jersey i zabierał mnie na przejażdżki samochodem. Opowiadałem mu o problemach, jakie sprawiałem w szkole, a on się śmiał i kazał mi przestać. Kiedyś chciałem, żeby to on był moim ojcem, ale później wyjechał i nie widziałem go przez pół roku.

Stryjek Joe, najstarszy brat ojca, był łysy i miał orli nos, przez który wyglądał jak ptak, który mógłby cię pożreć. Po tym jak zmarła matka, przysłał po mnie samochód i zabrał do restauracji w Little Italy. Jego goryle siedzieli przy sąsiednich stolikach. Nie śmiał się, nie uśmiechał jak Sam. Ale mimo że stryjowie byli zupełnie różni, obaj powiedzieli mi to samo: Powinienem zostać z ojczymem, bo dobrze dorastać w domu bogacza.

Po śmierci mamy ojczym ciągle pił. Był wrakiem człowieka. Choć był załamany i nienawidziliśmy się nawzajem, pozwolił mi zostać w swoim domu. Próbował ustalać zasady. Mawiał:

– Jutro idziesz do szkoły. Wróć wcześnie do domu.

Moi starsi kumple wpadali po mnie, cofaliśmy wszystkie zegarki i wychodziliśmy. Wracałem do domu o drugiej nad ranem pijany i upalony trawą, a ojczym wytaczał się i wrzeszczał na mnie. Pokazywałem palcem na zegarki pokazujące zły czas i mówiłem:

– Pierdol się, wróciłem wcześnie.

Ojczym wykopał mnie ze swojego domu. Dziadkowie nie byli w stanie sobie ze mną poradzić. Siostra wyszła za mąż i wyprowadziła się do innego stanu. Wysłano mnie więc do poprawczaka dla chłopców w Teaneck.

Będąc tam, jeszcze bardziej zbliżyłem się do tych starszych chłopaków, z którymi się zadawałem. To właśnie ze strachu przed nimi Ivor nigdy mnie nie wydał, gdy postrzeliłem go na boisku do koszykówki[1]. To byli najgorsi kolesie w Teaneck.

Nazywali się „Wyrzutkami", ale nie byli nigdy gangiem z prawdziwego zdarzenia. Byli po prostu bandą dzieciaków, która razem spędzała czas. Stali się moimi braćmi. Nie sprawili, że jestem tym, kim jestem, ale wlali we mnie dużo szaleństwa. Boże wszechmogący, cóż to była za ekipa! Ci goście byli wariatami.

Był wśród nich Frank Messina[2] Jego ojciec był typowym mafiosem, który ważył 180 kilo. Prowadził szkołę nauki jazdy. Miał taki samochód z dwiema kierownicami, ale był tak gruby, że musieli zrobić wcięcie w desce rozdzielczej i przesunąć ją do przodu, żeby zdołał się tam wcisnąć. Jego syn Frank był drobny i tak świrnięty, że nosił pelerynę, jakby był wampirem. Gdy dorośliśmy, Frank zaczął nosić pod peleryną obrzyna, przydała się więc na coś.

Kolejnym wyrzutkiem był Rocco Ciofani[3]. Rocco był prawdziwym twardzielem. Jego ojciec był prostym Włochem, miał zakład blacharski. Uciekłem z poprawczaka i spałem w tym warsztacie, dopóki pan Ciofani mnie nie wyrzucił. Wiedział, że nic z nas dobrego nie będzie. Rocco był dość niski. Trenował boks i szalał, gdy dało mu się do ręki spluwę.

Nie wszyscy Wyrzutkowie byli Włochami. Bernie Levine[4] był grubym rozpieszczonym żydowskim bachorem, który mieszkał niedaleko domu mojego ojczyma. Cała banda spędzała dużo czasu w suterenie Berniego, bo miał wszystkie dragi – trawę, speed, heroinę. To w jego domu

---

[1] Jeden z kolegów Jona z tamtych czasów mówi, że pewnego razu napadli na Ivora Swensona po tym, jak zagroził, że wyda, że planują wpuścić w obieg fałszywe pieniądze.

[2] Pseudonim użyty w celu ochrony tożsamości znajomego Jona.

[3] Pseudonim użyty w celu ochrony tożsamości znajomego Jona.

[4] Pseudonim użyty w celu ochrony tożsamości znajomego Jona.

paru Wyrzutków zaczęło sobie dawać w żyłę. Próbowałem wszystkich prochów, ale nigdy nie pociągało mnie wstrzykiwanie sobie czegokolwiek. Bernie stał się później dla mnie kimś ważnym. Na początku lat siedemdziesiątych przeniósł się do San Francisco i prowadził studio, w którym płyty nagrywały zespoły takie jak Grateful Dead. Wtedy mieszkałem już w Miami i przez Berniego zacząłem dostarczać kokainę jego kapelom. Od tego zaczął się mój sukces w kokainowym biznesie. Zaczęło się od Wyrzutka. Ci goście byli przy mnie przez całe życie.

Kolejnym Wyrzutkiem był Jack Buccino, chłopak, który zawiózł mnie do szpitala przed śmiercią matki. Zatrzymałem się u niego po tym, jak pan Ciofani wykopał mnie ze swojego warsztatu blacharskiego. Ależ to była dziwna rodzina. Matka Jacka była głupiutką piosenkarką. Jego ojciec sprzedawał lipny aluminiowy siding. Wydawało mu się, że jest bardzo przystojny i ubierał się jak Dick Clark w *American Bandstand*.

Przez głupi wpływ swoich rodziców Jack uważał się za aktora i piosenkarza. To było jego celem życiowym. Pani Buccino była typową włoską mammą, która niańczyła tego gnojka i pozwalała mu żyć w urojonym świecie. Jack śpiewał w kapelach i mówił o graniu w filmach, ale tak naprawdę był ćpunem i złodziejem, który nigdy nie wyprowadził się z domu rodziców.

Kiedy byłem w gimnazjum, większość Wyrzutków była w wieku licealnym albo trochę starsza. Wydawało im się zabawne to, że byłem gotów stanąć do walki z każdym. Czasem zdarzało mi się pójść do szkoły, a chłopacy wpadali wtedy i szukali dzieciaków, z którymi miałem walczyć. Stali obok dziedzińca, pokazywali palcem jakiegoś dużego kolesia i mówili:

– Kurwa, idź strzel mu z liścia i powiedz, że spotkacie się przy wykopach.

Tam właśnie się biliśmy. Stawałem do walki z kolesiem i jeśli wyglądało na to, że przegram, koledzy interweniowali i kopali mu dupę.

W mojej szkole był czarny chłopak, który miał dwa imiona – Herbert Peter[5]. Był prawdziwym wariatem, złym chłopakiem, tak jak ja. Kiblował parę razy i miał nadmiernie rozwinięte muskuły. Uznałem, że mu-

---

[5] Pseudonim użyty w celu ochrony tożsamości ucznia ze szkoły Jona.

szę się z nim bić, jeśli mam zostać królem szkoły. Nawet Wyrzutkowie sądzili, że być może mierzę zbyt wysoko. Mieli rację.

Stoczyłem z Herbertem Peterem walkę mojego życia. Powalił mnie na ziemię, skakał po mnie. Wypruł ze mnie flaki. Koledzy tym razem nie przeszkodzili. Stali z boku i zrywali boki ze śmiechu.

Po tym jak dostałem wpierdol, Wyrzutkowie nauczyli mnie bić się naprawdę. Największy w grupie był Dominic Fiore[6], który miał ponad 180 centymetrów wzrostu. Został moim nauczycielem. Spotykaliśmy się w jego suterenie. Odsuwaliśmy na bok wszystkie meble, a on i reszta Wyrzutków spuszczali mi łomot.

Dominic wierzył, że jeśli masz kogoś pobić, musisz nauczyć się obrywać. Dostałem już od Herberta Petera, ale Dominic sądził, że to nie wystarczy. Musisz nauczyć się przyjmować ból, żebyś nie zwijał się w kłębek ani nie uciekał. Dominic i reszta okładali mnie pięściami, kijami do bilarda, nogami od krzeseł. Nauczyli mnie, jak dobrze używać tych narzędzi.

Widziałem tysiąc razy, jak ojciec tłucze kogoś kijem bejsbolowym. Ale Dominic pokazał mi, jak należy go używać. Wszystko jest sztuką. Sądzisz, że wystarczy chwycić kij i zacząć nim machać? Bracie, to nie działa w ten sposób. Daj przeciętnemu człowiekowi kij i daj mnie kij, i zobaczymy, co kto z nim zrobi.

Kiedy mam w ręku kij do bejsbolu, nie macham nim jak szabelką. Podchodzę do ciebie, trzymając kij skierowany do dołu, więc pasuje do mojego kroku. Możesz go nawet nie zauważyć. Gdy będę już blisko, chwycę kij oburącz i zamachnę się nim tak, żeby trafić cię w kolano. Jeśli trafię cię, nieważne jak mocno, koło kolana, powalę cię na ziemię. Nie obchodzi mnie, czy ważysz 200 kilo. Uderzenie kijem w kolano powali Supermana. A gdy leżysz już na ziemi, to ja jestem panem.

Kiedy tłuczesz kogoś kijem, musisz inaczej go chwycić, gdy tylko koleś padnie na ziemię. Złap koniec uchwytu mocniejszą ręką, a słabszą połóż poniżej. Skieruj kij w dół, jakbyś miał rozgnieść zioła w moździerzu i tłucz. Musisz walić raz za razem w leżącego. Skoncentruj się

---

[6] Pseudonim użyty w celu ochrony tożsamości znajomego Jona.

na załatwieniu kolan, łokci i dłoni. Po czymś takim nie będzie w stanie uciec. Teraz już nie musisz się spieszyć. Połam żebra, wal w jaja – cokolwiek zechcesz. Gdy masz w ręce kij, jesteś królem.

Jeśli nie masz kija, to bez względu na to, co gość robi, skup się na jego słabych stronach. Rozwal mu nogi, kopiąc go w kolana. Załatw mu oczy, wsadzając w nie palce albo coś ostrego, na przykład obtłuczoną butelkę. Popracuj nad jego goleniami. To strasznie wrażliwa część ciała i możesz komuś zrobić dużą krzywdę, waląc go w golenie. Piszczel to najmocniejsza kość w całym ciele, ale jej przód jest podatny na złamania, jeśli zaczniesz po nim skakać.

Choć powiedziałem właśnie, że przód kości piszczelowej jest dość wrażliwy, to kiedy mam kogoś walnąć w jaja, walnę go goleniem. Tak jestem w stanie kopnąć mocniej niż stopą, a nic mi się nie stanie, bo walę w jaja, które są miękkie. Możesz komuś uszkodzić jądra, gdy walisz goleniem. Kiedy się bijesz, wykorzystaj każdą okazję, żeby trafić w oczy, kolana i golenie. I bez względu na wszystko inne, zawsze wal w jaja.

Kiedy się bijesz, wykorzystaj grawitację. Wal w dół, nie w górę. Kiedy się biję, zawsze walę w dół, a jeśli mam nóż, to też wbijam go do dołu, a nie w górę. Nie dźgam w górę ani na wprost. Zawsze celuję w dół[7].

Dominic nauczył mnie wszystkiego, co wiem o walce.

Peteya Gallione poznałem jako ostatniego z Wyrzutków, ale pozostał moim przyjacielem przez całe życie. Petey był jak cegła, tyle że ze stopami. Miał prawie 180 centymetrów wzrostu i ważył prawie 90 kilo. Później na poważnie grał w futbol, ale ciągle trafiał do więzienia, co zatrzymało jego karierę[8].

Poznałem Peteya na imprezie w West Englewood. Bogaty dzieciak, którego rodzice wyjechali z miasta, urządził imprezę. Był popularnym sportowcem, więc wszystkie popularne dzieciaki przyjechały fajnymi brykami, w swoich sportowych kurtkach, z ładnymi dziewczynami u boku.

Poszedłem tam z Wyrzutkami, a dzieciak, w którego domu była impreza, wyszedł przed dom.

---

[7] Jon nalegał, żeby to wyjaśnić: „Już tego nie robię, ale kiedyś w ten sposób dźgałem ludzi".
[8] Gallione grał w lokalnej lidze w drużynie, która nosiła nazwę Bergen County Chargers.

– Nie jesteście mile widziani – powiedział.

Jack Buccino zawsze miał poczucie humoru. Powiedział do tego chłopaka:

– A może poboksujesz się z naszym kolegą Peteyem? Jeśli wygrasz, pójdziemy sobie. Jeśli Petey cię pokona, zostaniemy.

Zacząłem się zastanawiać, kim jest Petey. I wtedy zobaczyłem, jak z ciemności wytacza się ta cegła na nogach. To Petey. Miał wtedy 17 albo 18 lat i się nie odzywał. Później dowiedziałem się, że już wtedy był strasznym ćpunem. Codziennie wypijał 15 butelek syropu na kaszel zawierającego pochodne opium. To była jego tajna broń. Nikt nie był mu w stanie zrobić krzywdy, bo zanim został trafiony, już miał w sobie pełno środków przeciwbólowych.

Petey podszedł do dzieciaka, który organizował przyjęcie. Uścisnął mu dłoń, jakby miał walczyć jak dżentelmen. Pokręcili się trochę, zadali parę ciosów. Ale boks zajmuje dużo czasu. Ni z tego, ni z owego Petey kopnął go w jaja, powalił na ziemię, wziął go za szmaty i wyciągnął na ulicę. Oszalał. Usiadł na nim i zaczął go dusić. Już się z nim nie bił. Próbował go zabić.

Dziewczyny zaczęły wrzeszczeć. Chłopacy rzucili się na Peteya i próbowali go powstrzymać. Ale Petey był jak potwór w filmie *Frankenstein*. Nie był go w stanie powstrzymać tłum facetów z widłami. W końcu ktoś wsiadł do samochodu i walnął w Peteya. W ten sposób uratowali swojego przyjaciela.

Dla mnie Petey był pięknym człowiekiem. Był najbardziej zwariowanym z Wyrzutków. Ciągle jeszcze traktował na poważnie futbol, więc chodził do liceum, żeby móc grać w reprezentacji. Zacząłem razem z nim ćwiczyć w szkolnej siłowni, choć chodziłem dopiero do ósmej czy dziewiątej klasy. Wtedy w szkole istniały tak zwane bractwa. Szkoła zakładała je, żeby trzymać uczniów z daleka od gangów. Bractwa składały się głównie z popularnych dzieciaków patrzących z góry na takich jak my, którzy pochodzili z rozbitych rodzin albo których ojcowie prowadzili nielegalne interesy.

Wszyscy chłopacy z bractw ćwiczyli razem w siłowni w liceum, do którego chodził Petey. Zajmowali wszystkie sprzęty. Zachowywali się, jakby siłownia należała do nich. Któregoś dnia jeden z chłopaków z bractwa marudził coś pod nosem. Zapytałem jego i jego kolesi, o co chodzi, a oni chichotali jak grupa dziewczynek.

Następnego dnia przyszedłem ze spluwą. Chłopacy zaczęli coś mi mówić, a ja wyciągnąłem broń i strzelałem w sufit. Nie miałem zamiaru ich postrzelić, ale oni o tym nie wiedzieli. *Bum, bum, bum.* Z krzykiem rzucali się na podłogę. Było przezabawnie.

Kiedy opowiedziałem Wyrzutkom o swoim wyczynie, żaden z nich nie powiedział:

– Zrobiłeś coś złego.

Śmiali się. Byliśmy jak stado wściekłych psów biegających po ulicach. Nie dyskutowaliśmy. Nie mam pojęcia, dlaczego nam tak odbiło, ale żaden z nas nie był przy zdrowych zmysłach.

PETER „PETEY" GALLIONE: Jon był dzikusem. Gdy go poznałem, wyglądał, jakby miał z pół metra wzrostu. Ale wyciągał spluwę i zaczynał strzelać, jakby był kowbojem w jakimś westernie.

Próbowałem zrozumieć, dlaczego byliśmy takimi świrusami. Jon stracił rodziców. Jego włoska rodzina, ojciec, stryjowie – wszyscy byli dobrze znani na ulicy, ale Jon był samotny. Ale to wyjaśniało jego dzikość tylko w pewnym stopniu. Wszyscy przekroczyliśmy granicę „zwykłego złego" zachowania.

Teaneck było idealnym miejscem. Były tam bogate dzielnice, w których mieszkała klasa średnia, i dzielnice dla biedaków. W mieście była zachowana równowaga. Pochodziłem zza Windsor Road w Teaneck, ze złej strony torów kolejowych. Moja rodzina była biedna, ale nie głodowaliśmy. Szkoły reprezentowały wysoki poziom nauczania. Ja i moja grupa znajomych nie powinniśmy byli skończyć tak, jak skończyliśmy. Kiedy wracam do tego, co zepchnęło nas w przepaść, wracam do narkotyków. Na początku lat sześćdziesiątych zalała nas fala narkotyków i wszyscy straciliśmy głowy. Narkotyki przyspieszyły nasze szaleństwo. Osłabiły w każdym z nas zahamowania w stosunku do przemocy i przestępstw. Włożyły nam w dłonie spluwy i kazały się nie przejmować.

Niektórzy z Wyrzutków mieli rodziców w mafii. Ale nie chcieliśmy do niej należeć. Dla nas to starsze pokolenie mafiosów było jak oddani pracownicy IBM. Nie chcieliśmy mieć szefów. Chcieliśmy być panami swojego losu.

Wyrzutki to był gang, który powstał w opozycji do zorganizowanych gangów. Wyrzutków łączyło to, że nie lubiliśmy społeczeństwa.

J.R.: Na początku lat sześćdziesiątych ludzie nie byli skomplikowani. Dzieciakom podobali się The Beach Boys. Nie chciałem wyglądać jak któryś z Beach Boysów. Dziwnie się ubierałem. Nosiłem zamszowe buty ze szpicami, aksamitne spodnie, beret, parasol. Parasol dobrze się prezentował, a ja zaostrzyłem jego szpic, żebym mógł nim dźgać ludzi. Nikt nie uważa parasola za broń, a sprawdza się w tej roli znakomicie. Możesz nim kogoś zabić.

Wszyscy z Wyrzutków ubierali się ekstrawagancko, nosili parasole, peleryny. Niektórzy zrobili sobie gangsterskie tatuaże – krzyż i nacięcia nad nim – takie jakie mieli Meksykanie. Tak zwani normalni chłopcy, w swoich spodniach z zakładkami i koszulach z zapiętymi kołnierzykami, patrzyli na nas, jakbyśmy byli dziwni, ale dla mnie to oni byli nienormalni.

Nie lubiliśmy ludzi, ale każdy z nas miał psa. To była zabawna cecha Wyrzutków. Nawet gdy włóczyłem się po ulicach, nocowałem w różnych miejscach, miałem swojego dobermana. Nasze psy były jak bóstwa.

PETEY: Psy oznaczały zaufanie, lojalność, bezwarunkową miłość. Mogłeś być nikim, a pies i tak cię kochał. Kochaliśmy nasze psy. Jeśli mój pies potrzebował mięsa, brałem spluwę i szedłem kogoś obrabować, żeby zdobyć to mięso.

Na początku Wyrzutki były grupką dzieciaków, które lubiły się bić. Ale gdy na ulicach pojawiły się narkotyki, zaczęliśmy napadać na ludzi, którzy je kupowali lub sprzedawali. Takie napady były idealnym wyjściem, bo ludzie, których okradliśmy, nie mogli zgłosić tego na policję, ponieważ sami popełniali przestępstwo.

Obrabowanie kogoś, kto kupuje dragi, jest łatwe. Obiecywaliśmy, że coś mu sprzedamy, a kiedy gość pojawiał się z pieniędzmi, okradaliśmy go. Początkowo mogłeś zabrać komuś pieniądze, walnąć w głowę i na tym się kończyło. Później trzeba było nosić z sobą broń, bo inni też ją nosili i było już zupełnie inaczej. Bardzo szybko zrobiło się brutalnie.

Usprawiedliwialiśmy przed sobą całe to zachowanie. Mieliśmy swój kodeks: okradaj tylko ludzi na ulicy, nie napadaj na domy. Nie napadaj na sklep monopolowy. Ci ludzie to cywile, ich nie należy tykać. Ale jeśli to goście z ulicy, wolno ci zrobić wszystko. Jeśli musiałem komuś zrobić krzywdę, żeby osiągnąć to, co założyłem, nie miałem z tym problemu.

J.R.: Lubiliśmy przeprowadzać napady w samochodzie. Zwabialiśmy dzieciaka, którego chcieliśmy okraść, do samochodu.

– Musimy podjechać do gościa, który ma trawę – mówiłem.

Dzieciak wsiadał do auta ze mną i Wyrzutkami. Ruszaliśmy i kazaliśmy mu oddać nam kasę. Na ogół oddawali, byliśmy przecież stadem wściekłych psów. Kiedy dostawaliśmy szmal, wyrzucaliśmy go z samochodu.

Rocco lubił bić ludzi, bo trenował zawodowo boks. Nawet jeśli dzieciak współpracował, Rocco lubił wypróbować nowe ciosy. Sprawdzał, jak szybko lub jak mocno może walnąć chłopaka w twarz, zanim tamten został wyrzucony z auta.

Po jakimś czasie zmieniliśmy taktykę napadów. Północne New Jersey było jak jedno wielkie miasteczko. Koleś, którego obrobiliśmy tydzień temu, mógł nas teraz spotkać. Albo mógł mieć bogatych rodziców, a wtedy mogliśmy w przyszłości znów go okraść, bo wiedzieliśmy, że jego rodzice mają kasę. Opracowaliśmy więc nowy schemat, w którym wsiadałem razem z chłopakiem do samochodu i udawałem, że też jestem okradany. Jeśli udało mu się wmówić, że też byłem ofiarą, tworzyło się między nami zaufanie i mogłem okraść go ponownie.

Któregoś dnia Jack Buccino przyprowadził do naszej grupy czarnego chłopaka, Freddy'ego Wilberta[9]. Freddy był bardzo chudy i miał delikatny głos.

– Freddy jest wariatem. Jest zdolny do wszystkiego – powiedział Jack.

Freddy był idealny, bo przy uprzedzeniach, jakie wtedy panowały w Ameryce, mógł udawać, że nas okrada i każdy wierzył, że to się działo naprawdę. Nikt nie dałby wiary, że banda Włochów była w zmowie z Czarnym.

Zorganizowałem akcję, która była dla nas czymś naprawdę dużym. Przekonałem dwudziestoparoletniego kolesia, że mogę mu załatwić

---

[9] Pseudonim użyty w celu ochrony tożsamości znajomego Jona.

heroinę za 1000 dolarów. Miałem 14 lat i byłem za młody na zrobienie prawa jazdy, ale jeździłem już chevym impalą z ośmiocylindrowym silnikiem i dźwignią zmiany biegów zamontowaną przy kierownicy. Pojechałem po gościa, którego mieliśmy okraść. Petey siedział z tyłu, miał ze sobą pustą torbę sportową, w której miała być heroina.

Petey udawał zestresowanego i powiedział, że nie otworzy torby, dopóki nie zawiozę nas w jakieś bezpieczne miejsce. Pojechałem do lasku w Fort Lee. Plan był taki, że Freddy, ten czarny, miał wyskoczyć zza drzew ze strzelbą i nas obrabować.

Zatrzymaliśmy się, ale nie było śladu Freddy'ego.

Petey był tak uwalony swoim syropem na kaszel, że zgłupiał i prawie wręczył gościowi pustą torbę. Udałem, że przez przypadek nacisnąłem klakson, a wtedy z lasu wreszcie wybiegł Freddy. Miał wsiąść do samochodu, żeby ktoś nie zadzwonił na policję z informacją, że po okolicy biega jakiś czarny ze strzelbą. Ale Freddy był tak podjarany, że stanął przed samochodem z lufą wycelowaną w głowę Peteya.

Otworzyłem okno i powiedziałem Freddy'emu:

– Bracie, czy nie mógłbyś wsiąść do samochodu? Nie chcemy, żeby ktoś zobaczył broń i zadzwonił po gliny.

– A tak, przepraszam – odpowiedział Freddy.

Gdy tylko wsiadł do samochodu, dostał 1000 dolców od naszej ofiary i zaczął wysiadać, zanim zabrał torbę Peteyowi. A to kluczowe w napadzie. Nie chcemy dopuścić do tego, żeby koleś, którego okradliśmy, zorientował się, że w torbie nie ma heroiny. Odwróciłem się do Peteya i powiedziałem:

– Ten gość jest naprawdę popieprzony. Daj mu torbę, bo jeszcze się wścieknie i nas zastrzeli.

Freddy załapał wskazówkę. Chwycił torbę i wyskoczył z samochodu. Zacząłem się zbierać. Byłem pewien, że gość już się zorientował, że byliśmy w to zamieszani. Ale widok czarnego gościa ze strzelbą tak go przeraził, że nie zauważył żadnego z błędów, które popełniliśmy. Następnego dnia zadzwoniłem do niego i powiedziałem:

– Stary, przepraszam. Mamy interes do zrobienia. Chcę ci pomóc odzyskać pieniądze.

– Co masz na myśli?

Powiedziałem, żeby zebrał jakieś pieniądze, a ja sprzedam mu taniej heroinę, tak żeby mógł dołożyć swoją marżę i stopniowo odzyskać swoją kasę. Gość był tak wdzięczny za to, że byłem takim dobrym człowiekiem, że zgodził się się spotkać ze mną dzień później i kupić heroinę za 500 dolarów.

Pojechałem po niego po południu. Tym razem byli ze mną Rocco i Dominic. Nie chcieli odstawiać jakichś skomplikowanych szopek, więc jak tylko gość wsiadł do auta, spuścili mu łomot, zabrali kasę i wyrzucili z samochodu. Tak zakończyły się nasze interesy.

ROZDZIAŁ 6

J.R.: Jesienią 1963 roku moja siostra zainterweniowała. Wszyscy wiedzieli, że zszedłem na złą drogę. Siostra chciała spróbować zastąpić mi matkę. Uznała, że jeśli zamieszkam z nią i jej mężem, pomoże mi to wrócić na właściwą drogę. Judy wyszła za mąż za pilota służącego w piechocie morskiej. Mieszkali w Teksasie, gdy on przechodził szkolenie w pobliskim Corpus Christi. Poppy zabrał mnie z domu Jacka Buccino i wsadził do autobusu linii Greyhound jadącego do Teksasu.

Podobało mi się tam. Siostra i szwagier mieli mały dom niedaleko wybrzeża. Judy pomogła mi znaleźć pracę na kutrze rybackim. Nazwano go Captain Maddox[1] na cześć właściciela. Zakumplowałem się z jego synem Billym, który był o parę lat starszy ode mnie. Mieliśmy długi dzień pracy, a po robocie Billy zabierał mnie do knajp na piwo. To zabawne, że ja, Włoch z Nowego Jorku, dogadywałem się z wieśniakami.

Razem z Billym robiliśmy świetne rzeczy. Dzięki niemu przeżyłem swój pierwszy raz. Zabrał mnie do burdelu, w którym pracowały biedne białe dziewczyny z Teksasu i dziwki z Meksyku. Jeśli zapłaciłeś parę dolarów, mogłeś pieprzyć taką Meksykankę bez końca. Tam po raz pierwszy uprawiałem seks. Meksykańska dziwka wypieprzyła mnie za wszystkie czasy.

---

[1] Pseudonim użyty, by ochronić tożsamość byłego pracodawcy Jona.

Parę miesięcy po moim przyjeździe mąż siostry został przeniesiony do Brunswick w stanie Maine. Przeprowadziłem się tam razem z nimi. Zapisali mnie do liceum i próbowali zmienić w dobrego chłopca. Zacząłem się ścierać ze szwagrem. Był typem sztywniaka, gościem z armii. Nie pasowaliśmy do siebie.

JUDY: Mój mąż był w koledżu gwiazdą futbolu. Był tak amerykański, że jego zdjęcie pojawiło się na plakatach zachęcających do wstąpienia do piechoty morskiej. Widziałam to napięcie między nim a Jonem. Ale sądziłam, że skoro mój mąż ma bazę w Keflavik na Islandii i nie ma go po kilka tygodni, to te różnice są do pogodzenia.

J.R.: Mój szwagier pilotował samoloty, które śledziły sowieckie łodzie podwodne, i uważał się za bohatera. Osądzał mnie. Ale ja też go oceniałem. Patrzyłem z góry na ludzi, którzy nie byli po tej samej stronie co ja. Niestety, nie byłem miły dla mojego szwagra.

Miał srebrną corvettę, którą uwielbiał. Zanim poleciał na Islandię, podciągnął samochód na podnośnikach w garażu tak, że opony unosiły się jakiś centymetr nad ziemią.

– Dzięki temu opony nie sflaczeją – wyjaśnił mi.

Pierwszego wieczoru po jego wyjeździe ściągnąłem samochód z podnośników i pojechałem do New Brunswick. Było to zapadła dziura, w której dzieciaki zabijały czas, ścigając się na ulicach. Choć nie miałem prawa jazdy, byłem dobrym kierowcą. Ale nie miałem doświadczenia w jeździe po oblodzonych ulicach w Maine w środku zimy. A corvetta była dużo mocniejszym wozem niż mój impala. Podczas pierwszej nocy ścigałem się z jakimiś dzieciakami i wpakowałem się w zaspę.

Siostra się wściekła. Ale znaleźliśmy gościa, który za pomocą pasty Bondo naprawił zniszczenia w karoserii wykonanej z włókna szklanego i zamalował je. Gdy szwagier wrócił, samochód znów stał w garażu na podnośnikach i wyglądał jak nowy. Wieczorem w dniu swojego powrotu poszedł prosto do garażu, obejrzał samochód i wskazał na opony, jakby udzielał mi lekcji:

– Zobacz. Moje opony są w idealnym stanie.

Gość podobno potrafił namierzyć ruską łódź podwodną, ale nie zauważył, że rozwaliłem mu samochód. Co za kretyn.

Jedyną rzeczą, która łączyła mnie ze światem normalnych ludzi, była koszykówka. To dzięki niej chodziłem do szkoły. Fantazjowałem, że zostanę zawodowym koszykarzem. Powołali mnie do drużyny uniwersyteckiej, choć byłem dopiero w dziewiątej klasie.

W liceum był chyba tylko jeden Czarny. Nazywał się Ray Archer i zakumplowaliśmy się, bo był w drużynie koszykówki. Jego tato był oficerem w wojsku, a Ray był bardzo pewny siebie, mimo że należał do mniejszości etnicznej.

Któregoś dnia Ray wpakował się po szkole w tarapaty. W miasteczku była mała kafejka z paroma stolikami. Przesiadywały tam dzieciaki z liceum i studenci z pobliskiego koledżu Bowdoin.

Bowdoin miało słabe reprezentacje sportowe, jedynym wyjątkiem była drużyna lacrosse'a. Jej członkowie byli bardzo aroganccy. Przychodzili do naszej kawiarni i próbowali poderwać dziewczyny z liceum. Tego dnia chłopacy z Bowdoin wdali się w bójkę z Rayem. Nazwali go czarnuchem i pobili. Nie było mnie wtedy w kafejce, ale gdy następnego dnia zobaczyłem poturbowaną twarz Raya, wściekłem się. Nie obchodzi mnie to, czy ktoś nazywa kogoś czarnuchem, czy makaroniarzem. Wkurzyło mnie to, że studenciaki uważali się za lepszych od nas, miejscowych. Byli jak ci goście z bractwa w New Jersey, patrzyli na wszystkich z góry. Postanowiłem, że pokażę im, kto tu jest górą.

Ray nie chciał mieć nic wspólnego z kolejną awanturą, więc zaangażowałem do pomocy innego kolegę ze szkoły. Melvin Abruzzi[2] miał włoskie korzenie, pochodził z Bostonu i był wybrykiem natury. Był ważącym ponad 130 kilo potworem. Gdy tylko zamieniłeś z nim słowo, wiedziałeś, że jest prawdziwym głupim kretynem. Był prawie upośledzony umysłowo, ale rodzice jakimś cudem posłali go do szkoły z normalnymi dziećmi. Choć był idiotą, był świetnym kolesiem, bo mógł walczyć z każdym.

Przyprowadziłem go do kafejki w mieście i czekaliśmy na dupków od lacrosse'a. Oczywiście przyszli, a Melvin i ja stoczyliśmy okropną walkę.

---

[2] Pseudonim użyty w celu ochrony prawdziwej tożsamości kolegi Jona.

Wybraliśmy ten jedyny dzień, kiedy mieli ze sobą po treningu kije do lacrosse'a. Pobili nas nimi aż do krwi. Wygonili nas stamtąd. Kiedy wyszliśmy na zewnątrz, powiedziałem Melvinowi:

– Co za kupa, załatwię to inaczej.

Goście z drużyny mieszkali w domu bractwa niedaleko kampusu Bowdoin. Poczekałem, aż szwagier znów poleci na Islandię, ściągnąłem corvettę z podnośników. Wziąłem ze sobą szklaną butlę na cydr wypełnioną benzyną i pojechałem pod dom bractwa. Patrzyłem, kiedy pogaszą światła i wszyscy położą się do łóżek i zasną. Wtedy wziąłem mój koktajl Mołotowa i przeszedłem przez trawnik w kierunku domu. Z przodu było ładne, duże okno. Podpaliłem lont i rzuciłem butelkę. Paliła się jeszcze, zanim uderzyła w szybę. Rozbiła ją i bum, dom rozbłysł od środka. Zrobiło się zamieszanie. Aroganckie gnojkowate studenciaki wybiegały z wrzaskiem i krzykiem w samym bokserkach. Wsiadłem do samochodu szwagra, skręcając się ze śmiechu.

Nie było żadnych świadków, ale wszyscy założyli, że była to moja sprawka. Policja przyjechała po mnie do domu siostry, zabrali mnie na posterunek. Ale to byli gliniarze z małego miasteczka. Nie mieli dowodów. Rżnąłem głupa. Puścili mnie[3].

JUDY: Gdy wydarzyła się cała ta afera w domu bractwa, Jon był u nas od niedawna. Byłam na niego wściekła. Ale kiedy spytałam go o to, powiedział, że studenci z bractwa nazwali jego kolegę czarnuchem. Wyjaśnienie Jona nie usprawiedliwiało, dlaczego prawdopodobnie brał udział w podpaleniu, ale sprawiło, że łatwiej było zrozumieć jego zachowanie. Stanął w obronie kumpla.

J.R.: Wiedziałem, że jeśli podkreślę kwestię rasizmu, siostra stanie po mojej stronie. Ale bez względu na to, czy miałbym usprawiedliwienie, czy nie, i tak zemściłbym się na tych studentach. Miałem dość tego miasta.

---

[3] Wydawało mi się, że ta historia „miejscowy dzieciak kontra studenciak z bractwa" to jedna z „apokryficznych" opowieści Jona, ale potwierdził ją jeden z moich informatorów, który znał go w tamtym czasie. Dodał też interesującą informację o tym, że kilku rodziców „miało bardzo dobrą opinię na temat Jona i bardzo mu współczuli, że stracił rodziców", a kiedy wydawało się, że może mu zostać postawiony zarzut podpalenia, byli gotowi zatrudnić dla niego adwokata.

Któregoś dnia uświadomiłem sobie, że nigdy nie będę zawodowym koszykarzem. Zdałem sobie sprawę, że to była mrzonka i straciłem jedyny powód, dla którego chodziłem do szkoły. Miałem spory zarost, gęsty i mocny. Zapuściłem przez weekend małą bródkę i nie ogoliłem się przed pójściem do szkoły. Zarost był wbrew regulaminowi. Zostałem wysłany na dywanik do wicedyrektora, który powiedział:

– Musisz zgolić brodę.

Zapuściłem porządną brodę. Wyglądałem, jakbym spędził sporo czasu w górach. Wicedyrektor znów wezwał mnie do swojego gabinetu.

– Nie możesz grać w reprezentacji, mając zarost.

Chwyciłem krzesło. Wicedyrektor zaczął wrzeszczeć. Nie zastanawiałem się. Rozbiłem krzesło o jego biurko. Ludzie wbiegli do gabinetu, krzyczeli.

To był mój ostatni dzień w szkole. Postanowili nie stawiać mi żadnych zarzutów, jeśli obiecam nie pojawić się nigdy więcej na terenie szkoły. Mnie to odpowiadało.

JUDY: Było mi żal Jona. Pod wieloma względami był normalnym nastolatkiem, który starał się dopasować do reszty. W jego oczach widziałam samotność. Ale Jon nie pozwalał, żeby słabości go hamowały. Ciężko pracował, znalazł sobie kilka zajęć.

J.R.: Pracowałem na stacji benzynowej, malowałem domy, później dostałem fuchę na kutrze do łowienia homarów. Pracowałem dla gościa, który nazywał się Dave Clemens. Staruszek bez zębów, pochodzący z Maine. Wyruszaliśmy przed świtem, wciągaliśmy sieci, wyjmowaliśmy homary, zakładaliśmy przynętę. Gdy po paru tygodniach wiadomo było, że się sprawdziłem, pozwalał mi wypływać samemu. Podobało mi się przebywanie na morzu, z dala od wszystkich.

Na wybrzeżu było miejsce zwane Point, gdzie mieszkali bogacze. Któregoś dnia przepływałem w pobliżu swoim małym kutrem i zobaczyłem piękną dziewczynę pływającą w oceanie. Miała ciemną skórę i jasne włosy. Wyglądała jak przybysz z innej planety. Podpłynąłem do niej i zaczęliśmy rozmawiać. Nazywała się Farah Aboud. Jej ojciec pochodził z Libanu, matka była Amerykanką, dlatego wyglądała tak nadzwyczajnie. Była piękna i tego dnia zdecydowałem, że musi być moja.

JUDY: Związek z Farah był czymś bardzo pozytywnym w życiu Jona. Czekałam z nadzieją na pierwszą miłość Jona, bo wierzyłam, że troska o drugą osobę go odmieni.

Farah miała wszystko. Była przeurocza. Jej ojciec był szanowanym wykładowcą na uniwersytecie. Matka była przemiła. Byli wspaniałą rodziną. Zapraszali mnie i Jona do siebie na międzynarodowe obiady i gotowali bliskowschodnie potrawy. To był dobry okres. Kiedy Jon patrzył na Farah, w jego oczach pojawiał się blask. Nie widziałam, by tak patrzył, odkąd był dzieckiem. Naprawdę ją kochał.

J.R.: Przez Farah moje jaja były niebieskie jak woda w oceanie. Nic nie mogłem z nią zrobić. Leżeliśmy na kanapie w salonie, po tym jak jej rodzice położyli się spać, robiła się bardzo chętna, a później nic. Choć była o dwa lata starsza ode mnie, chciała pozostać dziewicą. Była skoncentrowana na dostaniu się do koledżu.

Jej rodzice mieli trzynastometrową żaglówkę i pod koniec wakacji zorganizowali rodzinną wyprawę. Ojciec Farah zaproponował, żebym popłynął z nimi. Podczas pierwszych dni na łodzi wszyscy dobrze się bawili. Zatrzymywaliśmy się przy małych wysepkach, pływaliśmy, nocą obserwowaliśmy gwiazdy.

Niedaleko Kennebunkport dopadła nas burza. Pani Aboud zrobiło się niedobrze, więc zacumowaliśmy łódź, a profesor Aboud zabrał żonę do hotelu. Schodząc na brzeg, powiedział:

– Do zobaczenia rano.

Byłem zaskoczony. Był inteligentnym człowiekiem. Nie byłem w stanie zrozumieć, dlaczego zostawił mnie sam na sam ze swoją córką. Tej nocy zaczęliśmy z Farah się jak zwykle obściskiwać. Kiedy doszliśmy do momentu, w którym na ogół mnie powstrzymywała, nie przestałem. Byłem stanowczy, ale nie walczyła ze mną. Uprawialiśmy seks przez całą noc.

Rano nie odzywała się do mnie. Nie odzywała się, gdy jej rodzice wrócili na pokład. Wszyscy na mnie patrzyli. W końcu sam wyciągnąłem wnioski. Farah przygotowywała się do koledżu i wiedziała, że żaden ze mnie materiał na studenta. Lubiła mnie na tyle, żeby się ze mną zabawić, ale wściekła się, że odebrałem jej dziewictwo, bo według niej nie byłem na to wystarczająco dobry.

Te trzy dni, które zostały nam do powrotu do Brunswick, były pełne napięcia. Jak tylko zacumowaliśmy, Farah i jej matka zniknęły. Profesor Aboud podszedł do mnie i zapytał:

– Jon, czuję, że coś jest nie w porządku. Co się stało?

– Proszę zapytać córkę – odpowiedziałem.

Nie był już tak miły, a ja powiedziałem:

– To nie ja jestem na tyle głupi, żeby zostawić córkę samą na łodzi.

Profesor Aboud powiedział wtedy coś, co wydawało mi się bez sensu.

– Przykro mi, Jon. Traktowałem cię jak syna. Szkoda, że nie możemy porozmawiać.

Teraz zdaję sobie sprawę, że może faktycznie tak mnie postrzegał. Ale byłem wówczas do tego stopnia obłąkany, że ta próba zbliżenia się do mnie tylko mnie rozwścieczyła. Zaszedłem za daleko, żeby jakiś dobrotliwy dupek próbował traktować mnie jak syna.

Po wyjeździe z rodziną Aboud straszliwie pokłóciłem się z moim szwagrem. Poszło o skoszoną trawę, której stertę zostawiłem na podwórku. Szwagier wpadł do kuchni, krzycząc, że mam ją pozbierać.

– Nie teraz. – Próbowałem go odepchnąć.

Popchnął mnie. Był ode mnie dużo większy, więc chwyciłem patelnię i przywaliłem mu w głowę. Upadł na ziemię jak worek ziemniaków. Pochyliłem się nad nim i powiedziałem:

– Wydaje ci się, że oberwanie patelnią boli? Sprawię, że twoje wnętrzności ucierpią jeszcze bardziej.

Spojrzał na mnie, jakbym miał mu rozwalić głowę. Zaśmiałem się i opowiedziałem mu o tym, jak uszkodziłem jego corvettę i naprawiono ją za pomocą pasty Bondo, a on był zbyt głupi, żeby to zauważyć. Po czym wyszedłem stamtąd po raz ostatni.

Włamałem się do łodzi Aboudów i okradłem ją. Zabrałem zestaw narzędzi profesora, silniki zaburtowe i kilka pił łańcuchowych. Sprzedałem to wszystko za 400 dolarów i za te pieniądze kupiłem bilet na autobus do Nowego Jorku.

Dość już miałem zabawy w Maine.

ROZDZIAŁ 7

J.R.: Gdy wyjechałem z Maine latem 1964 roku, miałem 16 lat – wystarczająco dużo, by zacząć pracować dla mojego stryja, Sama Riccobono. Pożyczał ludziom z ulicy pieniądze, które trzeba było odebrać, gdy dłużnicy się spóźniali. Dla jasności, ta robota nie oznaczała, że byłem w mafii. Byłem raczej kurierem. Miałem procent od zebranych pieniędzy i inne korzyści. Jeden z dłużników stryja dał mi cynk o ładnej kawalerce niedaleko rezydencji burmistrza. Mieszkanie mieściło się na czwartym piętrze w budynku bez windy, czynsz był stały i wynosił 80 dolarów. Skontaktowałem się z kumplami z Wyrzutków i załatwiłem im robotę – pomagali mi odbierać kasę od tych, którzy zwlekali z zapłatą.

Świat zmieniał się w 1964 roku. Parę lat wcześniej tylko dzieciaki z ulicy miały do czynienia z narkotykami. Teraz brali je też studenci. Przyjeżdżali do Greenwich Village, żeby załatwić trawę. Razem z Jackiem Buccino dla zabawy parę razy ich obrobiliśmy na terenie Village, a później pomyśleliśmy: dlaczego nie zająć się kampusami? Według mnie, sensowniej było obrobić studentów niż biedotę. To była słaba strona biznesu mojego ojca – opierał się on na biedakach. Ja miałem się skupić na bogatej młodzieży.

W Jersey mieścił się Fairleigh Dickinson University. Pojechaliśmy tam z Jackiem, żeby zrobić nasz pierwszy numer. Poszło bardzo łatwo. Jack, który chciał być aktorem, odgrywał rolę. Staliśmy przy automatach z napojami w holu, a Jack opowiadał studentom, że dostałem stypendium za grę w kosza i rozważałem tę ofertę, ale chciałem najpierw dowiedzieć się, jak wygląda życie towarzyskie na terenie kampusu. Tyle wystarczyło, by kilku z nich zabrało nas na imprezę. Zorientowaliśmy się, kto częstował marihuaną i zapytaliśmy ich, od kogo ją kupują. Przedstawili nas chłopakom, którzy handlowali trawą. Pierwsze kilka kradzieży wyglądało tak, że szliśmy z Jackiem do pokoju dilera i zabieraliśmy im kasę, nie mając przy sobie broni. O ile nie mieli kijów do lacrosse'a, mogłem im wtłuc, nawet śpiąc.

Następnym uniwerkiem, który obraliśmy za cel, był Princeton. Zadzierali tam nosa. Niektórzy ze studentów ubierali się w garnitury i nosili muszki. Kiedy próbowaliśmy wcisnąć im naszą historyjkę – że dostałem się do Princeton dzięki stypendium za grę w koszykówkę – czułem się jakbym stawał się aktorem w filmie. Musiałem się starać, żeby zdobyć ich zaufanie i skupiałem się na tym, żeby odegrać rolę kogoś zupełnie innego niż ten, kim w rzeczywistości byłem.

W Princeton istniały bractwa, które nazywano klubami kolacyjnymi[1]. Pograłem trochę w kosza z paroma studentami i zaprosili mnie do swojego klubu. Poszedłem sam, zjadłem kolację, a kiedy zapytali o moją rodzinę, powiedziałem, że mój ojciec jest profesorem w Maine. Opowiedziałem o naszym domu w Point i czternastometrowej żaglówce. Łatwo było się do nich dopasować. W końcu znaleźliśmy się w czyimś pokoju i paliliśmy trawę ze studentami z Princeton. Bingo. Opowiedzieli mi o gościu, który mieszkał poza kampusem i był ich dilerem.

Wpadliśmy z Jackiem na pomysł, który miał nam przynieść więcej pieniędzy niż samo obrabowanie dilera. Mieliśmy go związać, poturbować i kazać zadzwonić do kumpli, żeby przynieśli kasę, bo chce im okazyjnie sprzedać narkotyki. W ten sposób mieliśmy dopaść bogatych studentów, którzy przybiegliby, jakby mieli odebrać prezent od świętego Mikołaja.

Za pierwszym razem było przezabawnie. Mój znajomy z klubu kolacyjnego zabrał mnie do tego handlarza. Gdy dotarliśmy do wejścia, Jack, Petey i Rocco podjechali tam drugim samochodem.

---

[1] Mieściły się w eleganckich budynkach, łączących w sobie funkcje akademika i stołówki (przyp. tłum.).

– Kim są ci goście? – zapytał.

– Stul pysk – nie byłem już chłopakiem ze stypendium. Byłem sobą. Podobało mi się to nawet bardziej niż odgrywanie roli. Wepchnęliśmy go do środka. Podobało mi się zaskoczenie na twarzach tych gości, gdy weszliśmy do domu i związaliśmy ich. Powtórzyliśmy ten numer jeszcze kilka razy w Princeton i innych koledżach.

Zawsze, gdy ujawnialiśmy, kim naprawdę jesteśmy, studenci mówili to samo:

– Wydawało mi się, że jesteśmy przyjaciółmi.

Nie rozumieli, że gdy tylko spróbowali narkotyków, trafiali do naszego świata. A tu obowiązywały nasze zasady, a nie ich.

Nie od razu im mówiliśmy, czego chcemy. Biliśmy ich. Straszyliśmy. Jeśli się stawiali, Rocco trenował na nich swoje ciosy bokserskie. Zawsze zgadzali się na to, co proponowaliśmy. Nie mieli ani krzty lojalności. Dzwonili do wszystkich znajomych i kazali przynieść pieniądze, bo chcą im opchnąć najlepszy towar na świecie. Łapaliśmy każdego kretyna, który zapukał do drzwi. W jednym domu złapaliśmy ich tylu, że zabrakło nam kabli do ich wiązania.

Wiedzieliśmy, że będą zbyt przerażeni, żeby zadzwonić na policję. Nie mogli. Sami łamali prawo. Gdyby któryś z nich chciał zgrywać twardziela, nie był przygotowany na nas.

Mając 16 czy 17 lat, stałem się bardzo złym człowiekiem. Moi kumple byli tacy sami. Mieliśmy podejście: „Chcesz się bić? Połamiemy ci ręce, odgryziemy uszy, cokolwiek, bylebyś nas posłuchał. Nie mamy uczuć. Jesteśmy z ulicy". Połowa Wyrzutków ćpała. Kiedy widzieli kasę, ich oczy świeciły się jak automat do gry we flippera. Nauczyłem tych studencików mojego sposobu myślenia. „Zło jest silniejsze od dobra. Kiedy będę z tobą sam na sam u ciebie w domu, też się o tym przekonasz". Nie jestem dumny ze swojego zachowania, ale nie mogę cofnąć czasu. Robiłem to.

Paru studentów próbowało zgrywać odważnych. Jeden z nich powiedział nam, że ma czarny pas w karate. Dominic, który walczył najlepiej, powiedział:

– OK, możesz mi teraz przyłożyć tak mocno, jak tylko potrafisz. A później cię zniszczę.

Mieliśmy broń, więc wiadomo było, że nawet gdyby koleś jakimś cudem naprawdę znał karate i był w stanie przyłożyć Dominicowi, zastrzelilibyśmy go. Uwolniliśmy go, zapytał, czy może zrobić rozgrzewkę. Usiedliśmy i patrzyliśmy, jak się rozciągał i zrobił parę wykopów, jakby prowadził zajęcia karate na uniwersytecie w Princeton. W końcu Dominic podchodzi do niego i mówi:

– No dobra.

Koleś próbuje go kopnąć w szczękę, ale nie trafia.

– Tak was uczą karate w Princeton? – pyta Dominic.

I traktuje go odmianą karate z Jersey – kopie go w jaja. Wyrzuca go przez drzwi, kopie go, skacze po nim. Śmieję się do rozpuku, gdy nagle czuję, że coś chrobocze pod moimi butami. Dominic wybił chłopakowi zęby. Tak się zagalopował, że połamał mu ręce i nogi. Zmasakrował tego studenta tak, że jestem pewien, że chłopak już nigdy więcej nie wspomniał, że ma w czymkolwiek czarny pas.

Zdarzyło się nam, że pewnego razu student wyciągnął broń. Był tak zdenerwowany, że postrzelił się w nogę. Zabraliśmy mu pistolet i strzeliliśmy mu w drugą nogę. Jeśli chodzi o samoobronę, to przeciętny student nie jest wart funta kłaków.

W normalnym społeczeństwie nie ma zbyt wielu twardzieli. Wielu gości będzie przez chwilę zgrywało ważniaków, ale jak tylko zrobisz im krzywdę, ich odwaga pryska przez okno. Odgryziesz komuś ucho, złamiesz palce, postrzelisz w nogę i wróci mu rozsądek. Ale ktoś, kto walczy przez całe życie, zareaguje inaczej. Jeśli jemu zrobisz krzywdę, to będzie walczył jeszcze bardziej zaciekle. Niewielu ludzi tak ma. A ci, którzy tak mają, są bardzo niebezpieczni.

Nasze napady były dla mnie formą rozrywki. Jack Buccino był również popieprzony jak ja. Ponieważ uważał się za aktora, największą radość sprawiało mu zgrywanie przyjaciół przed naszymi ofiarami. Jackowi zawsze się wydawało, że stoi na scenie. Miał tak pomieszane we łbie, że po robocie, gdy siedzieliśmy na poddaszu domu jego matki i liczyliśmy pieniądze, pytał:

– Sądzisz, że dobrze odegrałem swoją rolę?

Czasem żeby go wkurwić, odpowiadałem:

– Nie, dziś twoje aktorstwo nie było na dobrym poziomie.

Kiedy nie pracowaliśmy razem, rywalizowaliśmy o to, kto załatwi więcej forsy. Tak wyglądała nasza zabawa. Większość dzieciaków w naszym wieku interesowało to, kto ile zdobył punktów w meczu, z Jackiem było inaczej:

– Ukradłem 2200 dolców.

– Ja 3000.

– Wygrałeś, skurwielu.

Tak się bawiliśmy.

Siostra o mnie nie zapomniała. Gdy miałem 17 lat, przyjechała do Nowego Jorku. Zobaczyła moje mieszkanie, fajne ciuchy i domyśliła się, że jestem na bakier z prawem. Błagała, żebym poszedł do normalnej pracy. Naprawdę wierzyła, że mogę żyć normalnie. Moja siostra była takim dobrym człowiekiem. Dobrzy ludzie nie są w stanie zrozumieć, jak bardzo złym można być. Są dobrzy, ale też trochę głupi. Dlatego moja siostra nigdy nie przestała pokładać we mnie nadziei. Była dobra.

JUDY: W liceum umawiałam się z pewnym chłopakiem. Nazywał się Walter Hutter[2] i był maklerem w E.F. Hutton. Zadzwoniłam do niego i zapytałam:

– Błagam, czy mógłbyś znaleźć jakąś pracę dla mojego młodszego brata?

J.R.: Walter Hutter zawsze podkochiwał się w mojej siostrze. W liceum był wyróżniającym się sportowcem. Podpisał kontrakt i miał zawodowo grać w bejsbol, ale doznał kontuzji ręki i zajął się giełdą. Kiedy zgodził się mnie zatrudnić, siostra błagała:

– Jon, wyświadcz mi tę jedną przysługę. Podejmij pracę dla Waltera. Spróbuj.

– Judy, kocham cię. Jesteś moją siostrą. Zrobię to dla ciebie – odpowiedziałem.

---

[2] Pseudonim użyty w celu ochrony tożsamości przyjaciela Jona.

Pomyślałem, że fajnie będzie dostać się do domu maklerskiego i zobaczyć, jak oni robią kasę. Kupiłem garnitur, krawat i eleganckie buty, żeby wyglądać jak należy. Następnego dnia pojechałem na Wall Street. Znalazłem budynek, wsiadłem do windy, poszedłem do Waltera. Był w garniturze. Ja również.

– Witaj, Walterze.

– Jon, nauczę cię robić wykresy kursów akcji. – Zaprowadził mnie do biura.

– Dobrze, co mam robić?

– Weź czystą kartkę i odczytaj te liczby. Przenieś je na wykres.

Pracowałem nad tym cały ranek. W porze lunchu cała ta kretyńska praca zaczęła mnie wkurzać. Pomyślałem: „Boże Wszechmogący, kiedy zacznę zarabiać kasę? Nie będę tu siedział przez miesiąc i robił pieprzonych wykresów".

Walter zaprosił mnie do stołówki, żebym zjadł z nim kanapki, ale wyszedłem na zewnątrz, żeby wypalić jointa i trochę się zrelaksować. Wróciłem do biura trochę nieswój, ale byłem spokojny.

– Jon, wykonałem rano parę transakcji. Zarejestrujesz je. Kiedy skończysz, wyjaśnię ci, na czym polegały.

– Walterze, nie jestem głupi. Potrafię się domyślić, o co w tym chodzi.

Kazał mi się pilnować.

Próbowałem załagodzić sytuację i się wytłumaczyć:

– Walterze, chciałbym, żebyś nauczył mnie, jak kupować akcje i zarabiać pieniądze. Nie każ mi robić tej głupiej papierkowej roboty.

Walter powiedział, że nie mam wyboru. Czułem, że ściany wokół mnie się zacieśniają. Trawa przestała działać. Nie czułem się spokojny. Wzrastała we mnie agresja.

– Walter, nie czuję się dobrze. Lepiej będzie, jak pójdę do domu – powiedziałem.

– Pierwszego dnia pracy?

– Walter, posłuchaj mnie. Pozwól mi wyjść wcześniej, dla twojego i mojego dobra.

Miał szczęście, że się zgodził.

Wróciłem do domu. Siostrze powiedziałem:

– Judy, nie wydaje mi się, żeby praca maklera była dla mnie odpowiednia.

– Spróbuj, proszę.

– Dobrze, Judy, spróbuję.

Chodziłem do biura przez cały tydzień, może dwa. W końcu nie mogę tego znieść.

Wchodzę rano do biura, a Walter mówi:

– Dobrze, Jon. Tu jest papier, zrób wykresy dziesięciu kursów akcji.

– Coś ci powiem, Walter. Oto twój papier. Użyj go w toalecie. Wsadź sobie go w dupę.

Walter wstaje.

– Usiądź, proszę – mówię. – Jesteś przyjacielem mojej siostry. Nie rób tego. Usiądź i pozwól mi się stąd wynieść.

Zastępuje mi drogę. Chwytam maszynę do liczenia i uderzam go w głowę. Przybiegają jego koledzy. Uderzam ich maszyną. Wpada ochroniarz. Zaczynam uciekać, wsiadam do windy, wybiegam z budynku. Tak wyglądała moja przygoda na giełdzie.

Parę dni później Walter zadzwonił do mojej siostry.

– Twój brat omal mnie nie zabił. Jak mogłaś przysłać tego wariata do mojego biura?

JUDY: Zdenerwowałam się, gdy Walter nazwał Jona wariatem.

– Jak śmiesz go tak nazywać? – zapytałam go. Byłam nadopiekuńcza, ale Jon był przecież moim młodszym bratem.

J.R.: Moi kumple z Wyrzutków coraz częściej walili heroinę. Petey, Jack Buccino i Dominic Fiore dawali sobie w żyłę. Ich mózgi nie pracowały jak trzeba, ale mięśnie nadal były w stanie zniszczyć każdego na ulicy. Nie kradli już dla zabawy, robili to, bo musieli.

Stryjek Sam wiedział, że coś się święci. Parę razy zjawiłem się u niego z Wyrzutkami. Powiedział, żebym może przestał wspomagać się nimi, gdy odbieram kasę.

– Jon, weź moich rzeźników – powiedział.

„Rzeźnicy” nie pracowali dla mafii. Naprawdę byli rzeźnikami ze związków zawodowych, które kontrolowali moi stryjowie. Ci związkowi bandyci byli lojalni w stosunku do mojej rodziny. Ale ja byłem lojalny wobec Wyrzutków. Wiosną 1965 roku przysporzyło mi to trochę problemów.

Właściciel pralni chemicznej spóźniał się ze spłatą pożyczki, której udzielił stryj Sam. Razem z Dominikiem zwinęliśmy gościa z ulicy i zawieźliśmy do mieszkania, które wynajmowałem na rogu Lexington i Czterdziestej Ósmej. Oczywiście nie można było bić ludzi na ulicach Manhattanu, do tego miałem to mieszkanie. Dopracowaliśmy się pewnej metody. Rozbieraliśmy gościa do naga, przywiązywaliśmy do krzesła, kneblowaliśmy i biliśmy go. Nie odzywałem się ani słowem. Tylko biłem go i biłem. Trwało to, z przerwami, parę godzin. To było jak marynowanie sztuki mięsa. Każdy po jakimś czasie mięknie. Kiedy w końcu zdejmowaliśmy kabel, który służył jako knebel i kazaliśmy mu zdobyć pieniądze, był wdzięczny, że traktujemy go jak człowieka. Dawałem mu do ręki słuchawkę telefonu i kazałem do kogoś zadzwonić – do żony, teściów, rabina, kogokolwiek – żeby zdobyć pieniądze, które był dłużny. Ten ktoś doręczał forsę mojemu człowiekowi, który czekał w kawiarni. Puszczaliśmy gościa wolno i wszyscy byli zadowoleni.

W tamtym konkretnym przypadku wyszedłem z mieszkania, żeby się spotkać z dziewczyną. Gdy mnie nie było, Dominic dał sobie w żyłę i zasnął. Padł na podłogę jak trup. Tamten gość zdołał uciec – wypełzł po schodach i wytoczył się na ulicę – nagi, przywiązany do krzesła. Jakiś dobry samarytanin wezwał gliny. Weszli do mieszkania, znaleźli Dominica leżącego na podłodze. Był w śpiączce. Zanim się zorientowali, że żyje, zdążyli obrysować białą kredą kontur jego ciała. Zabrali go do szpitala. Kiedy wróciłem do mieszkania, dwóch gliniarzy powaliło mnie na ziemię. Zobaczyłem rysunek na podłodze i zadałem bardzo głupie pytanie:

– Gdzie jest Dominic?

Gliniarze poznali tożsamość Dominica, znaleźli prawo jazdy w jego portfelu. Gdybym był mądrzejszy, powiedziałbym, że pomyliłem mieszkania. Ale wygadałem, że znam Dominica. Moja własna gęba dała im dowód, którego potrzebowali, żeby mnie aresztować. Wszyscy policjanci w pokoju się ze mnie śmiali.

Spieprzyłem sprawę. Zło jest silniejsze od dobra, ale nie radzi sobie z głupotą. Byłem młody. Młodzi ludzie popełniają błędy. Błędy pomagają ci się uczyć. Każdy ma prawo do popełnienia błędu, o ile go nie powtarza. Przez swój błąd zostałem oskarżony o porwanie i usiłowanie zabójstwa i miałem być sądzony jak dorosły.

ROZDZIAŁ 8

J.R.: Zabrali mnie do aresztu na White Street na Manhattanie. To miejsce nazywano „Grobowcem". W 1965 roku Grobowiec zbudowany z kamienia i żelaza wyglądała jak średniowieczne więzienie. W celach były metalowe półki, na których aresztowani mogli spać. Dwie osoby musiały spać na podłodze. Wszędzie było pełno gryzoni. Budziłeś się i czułeś, że szczur zamiata ci ogonem po ustach. Zasypialiśmy z butami w dłoniach, żeby móc je odganiać.

W Grobowcu zyskałem nowe doświadczenia. Siedzieli w nim hipisi stanowiący część ruchu, na którego czele stał Timothy Leary. Zachęcał ich do brania kwasu, a oni mieli jazdy na ulicach i gliniarze ich aresztowali. Hipisi wierzyli w rewolucję, ale niektórzy mieli tak popieprzone we łbie, że nie byli w stanie powiedzieć nic sensownego. Byli tam też czarni muzułmanie. Nie byłem wcześniej świadomy sytuacji muzułmanów. Nie byli przyjaźnie nastawieni do białych, ale nie wszczynali bójek.

– Dostaniecie za swoje, bo los się odwróci. Pozabijacie się nawzajem – głosili.

Muzułmanie i hipisi mieli ze sobą coś wspólnego – cały czas mówili o obalaniu „mężczyzny" i wojnie w Wietnamie. Nigdy wcześniej o niej nie słyszałem. Parę lat wcześniej byłem znudzony tym, że wszyscy w Ameryce uwielbiali The Beach Boys i byli czyści jak łza. A teraz chyba cały kraj stracił nad sobą panowanie.

Mój proces się skomplikował. Poręczyciel nie podpisał poręczenia za mnie i stryjowie załatwili kogoś, kto go pobił. Sprawa trafiła do wiadomości telewizyjnych, więc oskarżyciele postanowili mnie mocniej docisnąć. Rodzina przysłała prawnika. Kazał mi usiąść.

– Tutaj jesteś już martwy. Mają cię w garści. W stanie Nowy Jork porwanie to poważne przestępstwo. Zostaniesz oskarżony też o lichwę. Miałeś przy sobie broń. Na dodatek masz jeszcze wyrok w zawieszeniu za posiadanie broni w New Jersey[1]. Nie będzie możliwości pójścia na ugodę.

Co tydzień armia przysyłała do Grobowca swoich rekrutujących. Nie zawracali sobie głowy gadaniem z hipisami na kwasie. Przychodzili do takich brutali jak ja i mówili:

– Jeśli wstąpisz do wojska, wyczyścimy twoją kartotekę.

Na początku kazałem im spadać. Ale widziałem, że czarni muzułmanie się zaciągają, choć nienawidzili białych. Któregoś dnia widziałem, jak dwudziestu z nich wsiada do autobusu i wstępuje w szeregi armii białego człowieka. Po rozmowie z prawnikiem stryja zmieniłem zdanie.

Powiedziałem rekrutującym, że jestem zainteresowany ich ofertą. Parę dni później zrobili mi testy sprawnościowe w więzieniu. Chwilę później byłem już za bramą i wsiadałem do autobusu. Nie skuli nas łańcuchami, gdy byliśmy już w środku. Szanowałem ich za to. Sądziłem, że będziemy traktowani jak więźniowie. Ale my mieliśmy stać się żołnierzami.

Przeszedłem podstawowe szkolenie w Fort Benning w Georgii. Baza wojskowa jest jak więzienie o złagodzonym rygorze. Są tam ogrodzenia i ludzie, którzy mówią ci, co masz robić. Jeden gość z Grobowca trafił do mojego oddziału treningowego.

– Na wolności byłem doskonałym przestępcą.

– Musiałeś być geniuszem, skoro tu trafiłeś – powiedziałem mu.

---

[1] W 1965 roku Jon został także aresztowany po bójce w New Jersey i skazany za posiadanie ukrytej broni. W czasie aresztowania za porwanie w Nowym Jorku był z tego powodu pod nadzorem sądowym.

Kretyn opowiedział mi, że chciał obrabować supermarket, wszedł nieuzbrojony do gabinetu kierownika i powiedział mu, że jego kumpel wziął żonę i dzieci kierownika jako zakładników. Zagroził że jeśli nie otworzy sejfu, już nigdy nie zobaczy swojej rodziny. Problem polegał na tym, że kierownik nie był żonaty. Pobił kolesia i wezwał gliny.

– Następnym razem – odgrażał się ten kretyn – mi się uda.

W armii spotykałem tego rodzaju idiotów. Ale podstawowe szkolenie było bułką z masłem. Byłem w dobrej formie. Po dwóch miesiącach nas rozdzielili. Niektórych wysłano na kursy zawodowe, na przykład naprawy ciężarówek. Innym mówili:

– Jedziesz do Wietnamu.

Ja należałem do innej kategorii. Powiedziano nam, że możemy się zgłosić na ochotnika do „szkoły dla zaawansowanych" i przejść kolejne szkolenie. Nie wiedziałem, jaką mam mieć z tego korzyść. Chciałem jak najszybciej znaleźć się w Wietnamie i mieć to za sobą.

Wieczorem przed dniem, w którym mieliśmy przedstawić swoją decyzję, pozwolono nam wyjść do miasta i upić się. Była tam knajpa, do której mogłeś wnieść własny alkohol, ukryty w papierowej torbie. Siedziałem w nim z gośćmi, którzy przeszli to kilkutygodniowe szkolenie i pomyślałem: „Byłbym idiotą, gdybym poszedł na wojnę z tymi kretynami".

Zgłosiłem się do szkoły dla zaawansowanych. Dopiero po fakcie powiedziano mi, że oznacza ona skakanie z samolotów. Powiedziałem im:

– Oszaleliście? Jestem z Nowego Jorku. Nie wyskakuję z samolotów.

Przeniesiono nas do innej części bazy, gdzie były stalowe wieże, na których mogliśmy trenować. Za pierwszym razem musieli mnie wypchnąć z wieży. Miałem lęk wysokości.

W biurach przy naszych koszarach podsłuchałem dowódców, którzy mówili, jak źle się działo w Wietnamie. Powiedzieli nam o tym już na obozie dla rekrutów, ale założyłem, że chcieli nas przestraszyć. Zacząłem się zastanawiać, czy mówili prawdę. Przyłożyłem się do treningów. Skupiłem się na wojsku.

Wsadzili nas do samolotu na pierwszy skok. W środku wyglądał jak wagon towarowy. Kiedy się wznieśliśmy na odpowiednią wysokość, ustawiliśmy się w rzędzie wzdłuż liny prowadzącej do drzwi. Zaczęli nas przepychać do przodu. Kolesie na początku kolejki już wyskakiwali.

Każdy z nas miał wyskoczyć, gdy zamiga czerwone światło obok drzwi, ale gość z przodu nie chciał wyskoczyć. Instruktorzy powiedzieli mu:

– Masz wybór: jeśli chcesz służyć w lotnictwie, wypychamy cię z samolotu. Jeśli nie chcesz, siadaj i to koniec. Oblałeś.

– Jeśli mnie wypchniecie, zaskarżę was – krzyczał ten gość.

Co za kretyn. Zaskarżyć armię? To jak zaskarżyć mafię. Kazali mu usiąść. Gdy nadeszła pora na mnie, cały się trząsłem. Gość, który stał przede mną, powiedział:

– Nie martw się, już skakałem. Jeśli wyskoczysz zaraz po mnie, będę miał cię na oku.

Ufałem temu kolesiowi, więc chciałem skakać zaraz po nim, nie zwracając uwagi na światło. Instruktor mnie powstrzymał. Gdy w końcu pozwolili mi skoczyć, nie mogłem zlokalizować tamtego gościa, ale dzięki niemu czułem się pewnie. Gdy już wylądowałem, zobaczyłem go i powiedziałem:

– Dziękuję.

Zatoczył się ze śmiechu.

– Człowieku, nigdy nie skakałem.

Zażartował ze mnie, żeby samemu się lepiej poczuć. Ale dodał mi otuchy przed pierwszym skokiem. Po tym zdarzeniu cieszyło mnie bycie w powietrzu. Skoki powodują euforię.

Wysłano nas do Kentucky na kolejne szkolenie – od nauki, jak przetrwać w lesie, jedząc jagody, po rzucanie nożami. W tym drugim przypadku nie osiągnąłem szczególnych wyników. W Wietnamie współpracowałem z gościem, który rzucał nożem na odległość siedmiu metrów i trafiał w klatkę piersiową. Gdy ja rzucałem, koleś dostawał trzonkiem. Raz próbowałem załatwić tak Wietnamczyka. Nóż odbił się od jego klatki piersiowej. Na szczęście kolega zdołał go zastrzelić.

Podczas szkolenia wojskowego uświadomiłem sobie, że bieganie po ulicach Nowego Jorku nie dało mi przewagi nad resztą. Nie byłem tak dobry, jak mi się zdawało. Chłopcy z farm strzelali lepiej ode mnie. Jedyną przewagą, jaką miałem nad nimi, było przygotowanie psychiczne. Ludzie, którzy mnie zwerbowali, znali moją przeszłość. Wiedzieli, że krzywdziłem ludzi. Moje reakcje emocjonalne były inne. Lepiej niż inni znosiłem ból i mogłem go zadawać. A tego wiele osób nie potrafi. Rekrutujący mieli nosa. Kiedy dotarliśmy do Wietnamu, przydzielili mnie do kolesi, którzy byli tak samo popieprzeni jak ja i, Boże Wszechmocny, zupełnie nam tam odwaliło. A najbardziej chore było to, że sprawiało nam to przyjemność.

ROZDZIAŁ 9

Czerwiec 2009 – Hollywood, Floryda
(dom Jona)

E. W.: Za oknem ulewa. O szyby w oknach salonu uderzają krople deszczu wielkie jak groch. Tafla jeziora za domem wygląda jak wrząca woda.

Jon podchodzi do kanapy, na której zazwyczaj siedzi, gdy przeprowadzam z nim poranny wywiad. Jego włosy, zazwyczaj precyzyjnie zaczesane, są w nieładzie. Mówi, że prawie nie spał tej nocy. Przeprowadzamy następującą rozmowę:

Jon: Noemi nie mogła spać w naszym łóżku. Często zdarza się, że nie jest w stanie w nim ze mną spać. Mówi, że się wiercę i pocę. Czasem jest bardzo źle.

Evan: Wiesz, dlaczego tak się dzieje?

Jon: To przez sny. To tak naprawdę nie są sny. Jeszcze raz przeżywam złe rzeczy, które zrobiłem. Jak mam ci to wyjaśnić?

Evan: Mówiłeś, że nigdy nie miałeś problemów z zasypianiem, bez względu na to, co zrobiłeś.

Jon: W tych snach nie widzę tego, co zrobiłem. Budzę się, a serce mi wali jak młot. Gdybym miał to z czymś połączyć, to pewnie byłby to czas spędzony w Wietnamie. Musiałem ukrywać się w błocie i czekać na ludzi, na których zastawialiśmy zasadzkę. Mój sen to adrenalina. Nie śnią mi się konkretne złe rzeczy, na przykład: „O mój Boże, w Wietnamie obdarłem tego gościa ze skóry. Powiesiłem go na drzewie, obdarłem ze skóry i patrzyłem, jak cierpi".

Evan: Zaraz, naprawdę obdarłeś kogoś żywcem ze skóry?

Jon: Tak bracie. Niejednego. Ciągle to robiliśmy.

J.R.: Poleciałem do Đà Nẵng z paroma kolesiami, których nie znałem. Armia organizowała to w ten sposób, że twój pluton był już w Wietnamie. Był tam od dawna. Przywozili tylko takich gości jak ja jako zastępstwo za tych, którzy zginęli lub zakończyli już swoją zmianę. Wszyscy więc pojechaliśmy tam na zastępstwo. Nasz samolot wylądował w chwili, gdy do samolotów ładowano ciała żołnierzy w czarnych workach, żeby je odwieźć do domu. Zapytałem żołnierza, który czekał, żeby je załadować:

– Chryste, zły dzień?

– Tak jest każdego pieprzonego dnia – odpowiedział.

Po całym tym treningu i przygotowaniu do wojny kazali nam czekać przez dziesięć dni w chacie niedaleko lotniska. Graliśmy w karty i pili colę, aż pewnego dnia ktoś powiedział: „Macie pięć minut, żeby zebrać swoje rzeczy i wsiąść do samolotu".

Polecieliśmy do Hậu Nghĩa[1], prowincji przy granicy z Kambodżą. Była oddalona od Sài Gòn (Sajgonu) zaledwie o 80 kilometrów, ale w prymitywnym kraju 80 kilometrów może cofnąć cię w czasie o 1000 lat. Wokół były tylko pola ryżowe i lasy. Ludzie twierdzili, że w nocy można dostrzec tygrysy, ale nigdy żadnego nie widziałem. Lubię koty, więc fajnie byłoby zobaczyć w Wietnamie tygrysa.

Trafiłem do plutonu LRRP[2]. Jego członkowie nie odbywali normalnej rocznej służby. Goście w mojej jednostce byli tam już na swojej drugiej

---

[1] W 1976 roku, po upadku Sajgonu, komuniści zlikwidowali Hậu Nghĩa i przyłączyli ją do sąsiednich prowincji.

[2] LRRP to skrót od Long Range Reconnaissance Patrol [Patrol Rozpoznawczy o Dużym Zasięgu]. Żołnierze w jednostkach LRRP byli podzieleni na kompanie, ale pracowali w małych drużynach podobnych do tych z Sił Specjalnych.

lub trzeciej zmianie. Jednym z nich był E-5, czyli Steve Corker[3]. Podszedł do mnie i powiedział:

– Słyszałem, że trafiłeś tu z więzienia. Wiesz co, bracie? Wszystko, co jak ci się zdawało, wiesz, nic tu nie znaczy. Za drzewami czają się komuniści, którzy chcą cię zabić. Kapujesz, chłopaczku z mafii?

„Chłopaczek z mafii" – tak nazwał mnie Steve. Był o parę lat starszy ode mnie i dorastał w lasach New Hampshire. Normalnie nie zniósłbym, by taki koleś w ten sposób się do mnie zwracał, ale byłem w pieprzonym lesie z uzbrojonymi komuchami i tygrysami. Steve z pewnością wiedział, jak przetrwać.

Jeden z Zielonych Beretów, który szkolił naszą jednostkę, zobaczył, że rozmawiam ze Steve'em. Podszedł później do mnie.

– Na twoim miejscu unikałbym Steve'a – powiedział.

– Dlaczego?

– Jest szurnięty. Gdy idzie do wioski, droga za nim jest usiana trupami.

Moje rozumowanie było inne: „Chcę być z osobą, która zostawia za sobą trupy, bo to musi być najgorszy skurwiel w tych lasach". Od tej pory łaziłem za Steve'em. Nauczył mnie podstaw. Przeprowadzaliśmy patrol w wysokiej trawie, dano nam maczety, żebyśmy mogli wycinać sobie drogę. Steve nauczył mnie, żebym nie machał maczetą jak idiota. To dobre narzędzie. Pilnuj, żeby jej ostrze było jak brzytwa. Traktuj ją jak przedłużenie własnej ręki. Używaj jej, by zbadać szlak, gdy wycinasz nią drogę. Co najważniejsze, zawsze poruszaj się bardzo wolno. Nie spiesz się. Kiedy poruszasz się zbyt szybko, nic nie słyszysz. Im wolniej idziesz, tym więcej widzisz, więcej rozumiesz, tym lepiej kontrolujesz sytuację.

Kolejną rzeczą, której nauczył mnie Steve, było: trzymaj się nisko. Czołganie się na brzuchu jest niewygodne i jesteś później obolały, ale musisz być przy ziemi, żeby zobaczyć linki naciągowe i węże jeden krok.

– „Wąż jeden krok?" Co to jest, do cholery?

– Skurwiel cię ukąsi, robisz jeden krok i nie żyjesz. Tylko tyle musisz wiedzieć, chłopaczku z mafii.

---

[3] E-5 oznacza sierżanta. Steve Corker to pseudonim użyty by ochronić tożsamość przyjaciela Jona.

Gdy dotarliśmy do Hậu Nghĩa, było tam całkiem spokojnie. Jednym z zadań LRRP było osłanianie normalnych kompanii. Kiedy wchodziły do wioski, szliśmy przed nimi bocznym szlakiem i szukaliśmy wroga – Wietkongu czy Wietnamskiej Armii Ludowej (WAL). Ci pierwsi byli bardziej przebiegli i nosili czarne pidżamy, a WAL byli jak regularna armia. Nazywaliśmy ich wszystkich żółtkami, ale dla nas nie było to rasistowskie określenie. To było jak nazywanie Niemców Szwabami. Amerykanie szanowali żółtków i to, z jakim zacięciem walczyli. Później zacząłem wierzyć, że ich przeceniali.

Nasze patrole trwały od kilku dni do tygodnia. Podczas kilku pierwszych nie widziałem żadnego żółtka. Widziałem tylko błoto. Nawet jeśli na ziemi było pięć centymetrów wody, nosiliśmy ze są sobą rurki do oddychania. Dzięki temu nie wciągałeś do ust błota. Przez to, że cały czas byłeś mokry, skóra była przesuszona i łuszczyła się.

Parę miesięcy później leżeliśmy w mule, gdy usłyszałem chlup, chlup, chlup – kroki. Steve potrafił policzyć ludzi na podstawie ilości chlupnięć. Podniósł dłoń i pokazał na palcach – od pięciu do dziesięciu żółtków. Nasza strategia była taka: poczekać, aż nas miną, i gdy będą stali do nas tyłem, zaczniemy strzelać. Taki mieliśmy plan.

Leżę tam, czekam i nagle nie mogę nabrać wystarczająco dużo powietrza przez moją rurkę. Chcę ją wypluć, ale nie chcę podnosić głowy ani narobić bąbelków w błocie. Czuję, jakbym się dusił. Serce mi wali. I choć leżę w błocie, pocę się jak świnia. Pot spływa mi do oczu, więc nie widzę wyraźnie. Gówno tam, jak bardzo jesteś odważny, serce wali ci jak szalone, gdy czekasz, żeby kogoś zaatakować. Kiedy w końcu widzę pierwszego żółtka oddalonego o jakieś 25 metrów ode mnie, chlupnięcie, jakie słychać, gdy robi krok, brzmi dla mnie jak huk.

Żółtki nas nie zauważają. Kiedy są już do nas odwróceni plecami, Steve strzela do gościa pośrodku kolumny, a ja i reszta chłopaków, którzy współpracują z nami, staramy się z całych sił zdjąć resztę żołnierzy, którzy rozproszyli się na boki. Strzelamy tym skurwielom w plecy. To było najłatwiejsze, co w życiu zrobiłem.

Nie mogę powiedzieć, że zabiliśmy wszystkich dziesięciu WAL-i. Położyliśmy ich i powiadomiliśmy przez radio pluton, który był za nami. Przez godzinę ostrzeliwali żółtków z karabinów maszynowych i rakiet

LAW[4] – wszystkiego, co mieli. Wycofaliśmy się i wezwaliśmy naloty artyleryjskie. Steve zaśmiał się:

– I co teraz o tym myślisz, chłopaczku z mafii?

Muszę przyznać, że to pierwsze starcie dało mi największego w życiu kopa. Byłem pewien, że zabiłem przynajmniej jednego z gości, do których strzelałem – co oznaczało, że po raz pierwszy kogoś zabiłem. Rząd mi za to płacił. To daje kopa, prawda?

Zanim znalazłem się w Wietnamie, słyszałem dużo dobrego o tym, jak walczyli ludzie z WAL. Ale duża część ich piechoty robiła głupie rzeczy. Ich plutony nie zawsze miały kogoś, kto ochraniał tyły. Kiedy my się przemieszczaliśmy, rozglądaliśmy się dookoła. Żółtki maszerowały prosto przed siebie, nie oglądając się do tyłu. Dzięki temu wielu z nich załatwiliśmy strzałem w plecy. Niektórzy byli bardzo dobrzy, ale widzieliśmy wielu takich, którzy bardziej przypominali robotników niż żołnierzy.

Miałem szczęście, że Steve był jak Rambo. Nie wyglądał jak Rambo, wyglądał normalnie. W jego powierzchowności nie było nic nadzwyczajnego, ale był kompletnie popieprzony. Sprawiało mu to przyjemność. Uwielbiał używać noża.

Dużo trudniej jest kogoś dźgnąć, niż zastrzelić. Kiedy kogoś dźgasz, przybliżasz się do niego tak, że czujesz i słyszysz osobę, którą zabijasz. Wbijasz w kogoś nóż i czujesz, jak pęka jego skóra.

Skóra, kiedy ją przecinasz, wydaje świszczący odgłos. Masz krew na sobie. Czujesz chrząstki na ostrzu noża. To bardzo osobiste.

Steve cieszył się, gdy złapaliśmy marudera – samotnego żółtka na szlaku – którego mógł załatwić nożem. Dla mnie zabicie kogoś nożem było czymś całkowicie nowym. Moją pierwszą ofiarą był ubrany w piżamę gość z Wietkongu, na którego się natknęliśmy na szlaku. W pobliżu byli inni, więc nie chcieliśmy narobić hałasu, strzelając do niego. Nie mogłem sięgnąć na tyle wysoko, by trafić w gardło, więc chwyciłem go za nogę i przeciąłem mu ścięgno Achillesa. Kiedy go ściągałem na ziemię, niemal rozciąłem sobie dłoń. Darł się wniebogłosy. To tyle, jeśli chodzi o ciszę. Nawet gdy poderżnąłem mu gardło, chrypiał i bulgotał

---

[4] M72 Light Anti-tank Weapon (LAW), granatnik przeciwpancerny, był małym, mocnym pociskiem rakietowym, którego używała piechota w Wietnamie przeciwko różnym celom.

tak głośno, że wbiłem mu nóż w oko, byle tylko go uciszyć. Ale nawet wtedy skurwiel rzucał się na boki i próbował mnie z siebie zrzucić. Steve, śmiejąc się, podczołgał się do nas. Żółtek od dawna nie żył. Byłem tak zdenerwowany, że to ja się rzucałem. Nie lubiłem zabijać nożem. Wolałem kogoś zastrzelić. Cały ja.

Trzecim gościem, który z nami pracował, był George[5], Grek z Nowego Jorku. Był sierotą wychowywanym przez ciotkę na Dolnym Manhattanie, niedaleko od Little Italy. Ale George wyrósł na moje przeciwieństwo. Był porządnym chłopakiem. Należał do nowojorskich skautów. Ale całe to myślenie o zdobywaniu sprawności na nic się zdało w Wietnamie. George nie był popieprzony jak Steve, ale żeby przeżyć do następnego dnia, robił, co było trzeba. Nasza trójka była zawsze razem. Czasem pracowali z nami inni goście, ale my stanowiliśmy trzon. Byliśmy maszyną do niszczenia.

Kiedy po raz pierwszy poszliśmy do wioski, miałem oczy szeroko otwarte. Poszliśmy tam z normalną jednostką piechoty. Weszliśmy do wioski, nie oddając ani jednego strzału. Gdy zbliżaliśmy się do pierwszej chaty, Steve powiedział:

– Ej, chłopczyku z mafii, zabijemy wszystkich w tym domu.

Myślałem, że to jest normalna wojna. Zabijasz żółtków, jeśli mają broń. Nie tykasz dzieci i staruszek. Ale próbowałem zbudować zaufanie między mną, Steve'em i George'em, więc nic nie powiedziałem. W pierwszej chacie, do której weszliśmy, zabili wszystkich – kilka kobiet i dzieci. Steve nauczył mnie, że kiedy czyścisz jakieś pomieszczenie, nadepnij każdemu na oczodół, żeby upewnić się, że nie udaje martwego. Jeśli ten ktoś żyje, z pewnością się ruszy, a wtedy cofasz stopę i ładujesz mu kulkę w głowę. Obszedłem tę chatę, wsadzając swojego buciora w oko każdego dziecka i staruszki. Mówiąc szczerze, nic nie czułem. Nie przeżyłem żadnego szoku, gdy po raz pierwszy wymordowaliśmy cały dom cywilów.

Wiele jednostek armii, z którymi współpracowaliśmy, miało zasady zakazujące strzelania do cywilów. Nawet jeśli znaleźli w wiosce tunele,

---

[5] Nazwisko George'a zostało usunięte. George już nie żyje, więc nie jest w stanie odnieść się do opisu Jona dotyczącego działań jednostki. Został uhonorowany na pomniku Vietnam Veterans Memorial.

radia czy broń, nie strzelali do kobiet i dzieci. Wściekali się, gdy zachowywaliśmy się zbyt agresywnie. Steve znajdował inne sposoby, by wkurzyć wieśniaków. Zabijał granatami ich świnie, podpalał ryż. Steve był świrem. Pewnego razu, gdy weszliśmy do jakiejś chaty, wyciągnął fiuta i nasikał na kobiety. Chciał je zdenerwować, chciał, żeby się zbuntowały – wtedy moglibyśmy je zastrzelić. Ale one tylko się skuliły.

Gdy stamtąd wyszliśmy, George zapytał Steve'a:

– Dlaczego to zrobiłeś?

– Trzeba wprowadzać jakieś zmiany. Gdy robisz coś zawsze tak samo, staje się nudne.

– No to niech będzie nudne – odpowiedział George.

George sprawiał wrażenie zniesmaczonego, ale kiedy miał okazję, żeby wyjechać z Wietnamu, zdecydował się zostać na jeszcze jedną zmianę. Normalni żołnierze musieli wracać po roku do domu. Ale nie my. Jako LRRP mogliśmy zostać na tyle zmian, ile chcieliśmy. Kiedy minął mój czas, ja także zapisałem się na kolejną zmianę. Zapomniałem, jak wygląda inny świat. Żaden z nas nie palił trawy, jak robili to inni żołnierze, ale całe moje ciało było odrętwiałe. Nic nie czułem, gdy dochodziło do strzelaniny. Ciągle czułem w żyłach adrenalinę, ale nie czułem już strachu. Spędzaliśmy całe dnie, nie odzywając się do siebie, tylko czołgając się w błocie. Podczas pierwszych paru miesięcy nadal myślałem o tym, co było w domu: dziewczynach, kumplach, ładnych samochodach, filmach. Ale i to przeszło. Mój mózg skurczył się tak, że byłem w stanie myśleć tylko o tym, co widziałem przed sobą. Jeśli do kostki przyczepiła mi się pijawka, na tym się skupiałem: przypalić pijawkę, zastrzelić żółtka, zrobić kupę – cokolwiek miałem zrobić, stawało się to całym moim światem. Nie byłem już w stanie wyobrazić sobie prawdziwego świata, więc stał się on dla mnie czymś obcym, a Wietnam – normą, czymś znanym.

Kiedy parę razy wejdziesz do domu i zastrzelisz babcię albo nastolatkę, to wcale nie jest tak, że za każdym razem czujesz się coraz gorzej. Za każdym razem nic nie czujesz. Nie chciałem już wracać do domu. Co do cholery miałbym tam robić? Być szaleńcem na ulicach? Gdy żyjesz tak, jak my żyliśmy, przestajesz być cywilizowanym człowiekiem. Sądzę, że stajesz się zwierzęciem. Ktoś taki jak ja mógł na zawsze zostać w Wietnamie.

ROZDZIAŁ 10

J.R.: Podczas drugiej zmiany w Wietnamie miałem 19 lat, ale czułem się, jakbym miał 100. Steve, George i ja staliśmy się ekspertami. Dołączył do nas jeden z Zielonych Beretów i wietnamski tłumacz, żebyśmy mogli robić coś nowego. Amerykański rząd wymyślił sobie, że najlepszym sposobem na pokonanie komunistów jest zamordowanie dowódców wojskowych na polu walki. Idea była taka, że jeśli zdejmie się majora czy porucznika, to jego podwładni będą jak kurczak bez głowy.

Zamiast więc zastawiać zasadzki na żółtków, mieliśmy trzymać się z boku, gdy inne jednostki armii amerykańskiej zajmowały się walką. Śledziliśmy tych, którzy przetrwali. Łapaliśmy takiego żółtka i zmuszaliśmy do mówienia. Albo przechwytywaliśmy nadajnik radiowy i nasłuchiwaliśmy razem z naszym tłumaczem. Staraliśmy się dowiedzieć, gdzie znajdowali się dowódcy – ich bazy, tunele, tajne składy amunicji i broni, i wzywaliśmy na pomoc artylerię albo lotnictwo, żeby je zniszczyć.

Czekaliśmy w bazie, aż ktoś się pojawi i powie coś całkiem zwyczajnego, na przykład:

– 110 stopni na zachód, dziesięć kilometrów dalej, mamy dwa plutony walczące z WAL.

Wsadzali nas do helikoptera i zawozili na peryferia pola bitwy. W dziewięciu przypadkach na dziesięć gdy WAL walczyła z naszą armią, część ich żołnierzy odłączała się i zakradała z powrotem do obozu na tyłach. Zaczynali przesuwać swoje oddziały w momencie, gdy część żołnierzy ciągle była jeszcze na polu walki.

Podążaliśmy za tymi, którzy wyruszali pierwsi. Część z nich była w mundurach, część w pidżamach i kapeluszach. Niektórzy ciągnęli rannych lub nieśli kosze z łuskami pocisków, które zdążyli pozbierać. Czyścili wszystko, czego używali w trakcie walki, i wykorzystywali raz jeszcze. Skupialiśmy się na maruderach, którzy coś nieśli i łapali po dwóch, trzech naraz. Jednego albo dwóch zabijaliśmy od razu, a jeden przeżywał, żebyśmy mogli wydobyć od niego informacje.

To było dla nas jak gra, jak wtedy, gdy z Jackiem Buccino rywalizowaliśmy przy obrabianiu studentów. W Wietnamie zaklepywaliśmy sobie, kto ma zabić kogo. Na przykład Steve miał dostać jełopa, który ciągnie rannego, George miał wykończyć gościa na noszach, a ja miałem złapać tego, którego chcieliśmy utrzymać przy życiu. Kłóciliśmy się o to, kto miał kogoś zabić.

– Ty go wykończyłeś poprzednim razem, teraz moja kolej!

Według nas po prostu zabijaliśmy nudę. Ale nasza strategia działała. Gość, którego złapaliśmy, pokazywał nam, gdzie były ich bazy i tunele i kto był dowódcą. Czasem utrzymywaliśmy go przy życiu przez kilka dni. Organizowaliśmy punkt obserwacyjny i wzywaliśmy na pomoc ostrzał artylerii. Zmuszaliśmy więźnia, by relacjonował nam to, co mówiono przez radio o ostrzałach, poprawialiśmy naszą celność i atakowaliśmy raz jeszcze. Później, gdy zrobiliśmy już, co się dało, zabijaliśmy go.

Zielony Beret, który z nami pracował, Lou, był pół-Żydem z Chicago. Sądził, że mamy nierówno pod sufitem. Nie był przeciwny zabijaniu żółtków. Podczas misji odnosiliśmy sukcesy, więc i on dzięki temu miał dobrą opinię. Ale zachowywał się, jakby był ponad nami. Gdy śmiejesz się, kiedy kogoś zabijasz, twojej ofierze nie robi to żadnej różnicy. Czemu więc się nie zabawić? Ale Lou sądził, że jest od nas lepszy, bo się nie śmiał, gdy zabijał żółtka. Poza tym należał do Zielonych Beretów, a ci patrzyli na wszystkich z góry.

Wietnamski tłumacz, który z nami pracował, był tak samo popieprzony jak my. Chichotał i podpuszczał nas tym swoim piskliwym, wysokim głosem. Kiedy schwytaliśmy gościa, który nie chciał współpracować, nasz tłumacz jako pierwszy ciął go nożem albo przypalał. Zapomnij o papierosach, nasz tłumacz brał zapalniczkę Zippo i przypalał mu płomieniem uszy, nos i powieki. Chichotał przy tym i piszczał jak nastoletnia fanka na widowni *American Bandstand*. Kiedy trafił się koleś, który nas okłamywał lub się stawiał, dostawał za swoje. Nasz tłumacz nazywał takich gości „wężowymi językami". Mówili, że są niewinni, a znajdowaliśmy przy nich mapy. Parę razy podsłuchiwaliśmy przez radio, jak żółtki mówią, że Amerykanie są głupi, że złapali jakiegoś Amerykanina i zrobili mu to i tamto. Kiedy w końcu złapaliśmy kogoś z ich jednostki, myśleliśmy: „Nie możemy go po prostu zabić. Jeśli strzelisz do kogoś cztery razy, a do kogoś innego sto razy, to nie robi to żadnej pieprzonej różnicy".

Rozrywką było znajdowanie nowych sposobów zadawania cierpienia tym złym kolesiom. Nasz tłumacz odcinał im języki, a czasem fiuty. Złapaliśmy jednego żółtka, który naprawdę wkurzył Lou. Ukrył nóż i wbił go Lou w udo, tuż obok jego fiuta. Lou się wściekł. Wyciągnął penisa tego gościa i próbował mu go odciąć. Ale nie zrobił tego jak trzeba. Penis smętnie zwisał, wokół było pełno krwi.

– Wężowy język! – nasz tłumacz wytykał go palcem i śmiał się piskliwie. – Wężowy język. Sssss.

Zastrzeliłem pojmanego, żeby nie musieć patrzeć na jego udrękę.

Byliśmy popieprzeni, ale żółtki zrobiliby nam to samo, gdyby mogli. Ci z Wietkongu obdzierali ludzi ze skóry żywcem. To samo robili z wieśniakami, którzy im się nie podobali. I z Amerykanami[1]. Tygodniami śledziliśmy kompanię Wietkongu, która przez radio chwaliła się torturowaniem Amerykanów i opowiadała o tym, jakimi są kretynami. Złapaliśmy maruderów, ale zamiast ich zastrzelić, gdy już z nimi skończyliśmy, zaczęliśmy obdzierać ich ze skóry. Steve robił to wcześniej. Rozebraliśmy ich do naga i powiesiliśmy na drzewie do góry nogami. Kiedy wieszasz kogoś w ten sposób, jego serce szybciej bije. Cała krew spływa do głowy. Przez to cały proces zdzierania skóry jest jeszcze bardziej bolesny.

---

[1] Choć konkrety w zeznaniach Jona na temat znęcania się nad więźniami nie mogą być potwierdzone, w książce *The Valley of Death* opublikowanej przez Random House w 2010 roku autor Ted Morgan zauważa, że od początku konflikt w Wietnamie słynął z groteskowych okrucieństw, jakim Wietminh, a później Wietkong poddawał jeńców. Jak pisze Morgan na stronie 93: „Schwytani żołnierze byli wbijani na pal, ćwiartowani, kastrowani, topieni, zakopywani żywcem".

Zaczęliśmy od wycinania małych plasterków skóry z głowy gościa. Tniesz jego klatkę piersiową, plecy, brzuch. Pozwalasz, żeby jelita wypłynęły i zwisały mu przed twarzą. Przesuwasz się w górę. Może to trwać godzinami. W końcu, całe ciało zaczyna wysuwać się ze skóry. Nawet jeśli jego kostki są przywiązane do drzewa, wszystko się wyślizguje. Ludzie pozostają żywi całymi godzinami. Ich oczy się poruszają, nawet jeśli nigdzie nie pozostał nawet kawałek skóry. Steve pochylał się nad takim skurwielem, patrzył w jego oszalałe oczy i mówił:

– Sądzisz, że jestem kretynem? Kto teraz jest kretynem? Zdarłem z ciebie skórę.

Byliśmy równie źli jak oni. W lasach włóczyły się dziesiątki takich grup jak nasza. Nie wszyscy zachowywali się jak my. Ale zabiliśmy wielu wietnamskich oficerów. Wezwaliśmy wiele nalotów na tunele i składy broni. Rząd potrzebował takich ludzi jak ja, Steve i George. Nie chcieli wiedzieć, że obdzieramy ludzi ze skóry, ale wszyscy byliśmy trybikami w jednej maszynie. Nie możesz oczekiwać, że walcząc na wojnie, nie będziesz się uciekał się do złych czynów, jeśli chcesz wygrać.

W Wietnamie zacząłem odczuwać niechęć do amerykańskiego rządu. Ich siła w działaniach wojennych pochodziła z wykorzystywania takich gości jak ja, ale dowódcy patrzyli na nas z góry. Byli jak ten gość z Zielonych Beretów, który z nami pracował. Zawsze powtarzał nam, że jesteśmy popieprzeni, ale robił to samo co my. Wmówił sobie, że jest od nas lepszy, bo nie czerpał z tego żadnej przyjemności, jak gdyby posiadanie sumienia sprawiło, że był ponad nami. Kiedy jakiś kraj angażuje się w działania wojenne, zachowuje się jak socjopata. Wysyła takich ludzi jak ja do lasu i każe robić najstraszniejsze rzeczy, jakie jesteś sobie w stanie wyobrazić, ale wszyscy udają, że są niemal aniołami. Prawda jest taka, że jeśli aniołowie chcą wygrać, potrzebują do pomocy diabła.

Spędziliśmy w lesie tyle czasu, że Steve oszalał. Nie można było go zabrać z powrotem do cywilizowanego świata. Pewnego razu pojechaliśmy do Sài Gòn. Zobaczyliśmy z George'em, jak Steve podchodzi na ulicy do jakiegoś faceta i obcina mu ucho. Nie mieliśmy pojęcia, co go sprowokowało. Był środek dnia. Staliśmy przed restauracją. Nagle ludzie zaczynają krzyczeć wniebogłosy i uciekać. Steve miał w ręce nóż i ucho. Śmiał się. Razem z George'em szybko zabraliśmy go stamtąd, żeby uniknąć aresztowania.

Wysłano nas do Tajlandii na odpoczynek. Były tam naprawdę ładne hotele. Możesz sobie wyobrazić, jak cudownie jest leżeć w łóżku po tym czasie spędzonym w błocie? Podczas ostatniej wyprawy do Tajlandii Steve'owi tak odbiło, że gdy zameldowaliśmy się w hotelu, powtarzał:

– Nie wiem, czy sobie z tym poradzę.

– Zamknij się i ciesz się tym, co mamy. Spójrz na te wygodne łóżka – powiedziałem.

Zawsze wynajmowaliśmy dwie albo trzy Tajki. Kąpały nas, robiły masaż, zajmowały się nami. Byłem w swoim pokoju i zabawiałem się z dwiema dziewczynami, gdy usłyszałem jakiś hałas dobiegający z pokoju Steve'a. Wszedłem tam i zobaczyłem, że pokój jest zdemolowany. Na ścianach krew. Steve pieprzy jedną z dziewczyn na łóżku, a druga jest w łazience, utopiona.

– O co chodzi? – zapytałem.

– Nie podobała mi się. Ta jest fajna – Steve pokazuje na tę, którą posuwa. Metr dalej jej kumpela leży martwa w wannie.

Nie chcę nikogo osądzać, ale to było straszne. Wiesz, sam byłem w tym umoczony. Nie jest łatwo o tym opowiadać[2]. Czasem, gdy ci o czymś opowiem, nie widzę w tym dziś żadnego sensu. Po co zabijać dziewczynę, która cię kąpie? Albo ci goście, których obdzieraliśmy ze skóry. Zastanawiam się nad niektórymi rzeczami, które powiedział nam nasz tłumacz o tych złapanych gościach. Czy tego nie zmyślał? Może, żeby dobrze wypaść, mówił nam, że gość jest porucznikiem, choć tak naprawdę był kucharzem? Wiele z tego szaleństwa, które wtedy wydawało mi się zrozumiałe, nie ma teraz sensu.

Steve był moim bratem. Ale gdy zobaczyłem go w hotelu z tą martwą dziewczyną, wiedziałem, że przepadł. Był psychopatą. Nie twierdzę, że

---

[2] W tym momencie, podczas naszej rozmowy, Jon kazał mi wyłączyć dyktafon, gdyż wydawało się, że walczy z emocjami. Biorąc pod uwagę to, że Jon często nazywa siebie „socjopatą", nigdy nie jestem pewien, czy emocje, które okazuje, są prawdziwe, czy stanowią element jego gry mającej na celu zmanipulowanie słuchacza, jednak w tamtej chwili i w innych momentach rozmów o Wietnamie, Jon zaczął płakać.

ja nim nie byłem, ale wiedziałem, co ze mną nie tak. Steve już nie wiedział, kim jest.

Pomogliśmy z George'em uprzątnąć ten burdel. Zapłaciliśmy dziwce za to, żeby powiedziała w hotelu, że jej kumpela upiła się i utonęła. Wyjechaliśmy stamtąd. Nikt nas nie przesłuchiwał.

Po wypadku w Tajlandii wysłano paru z nas na trening skoków z samolotu na Okinawę i do Korei. Nie skakałem w Wietnamie. Teraz szkolili nas do nowego rodzaju skoków – High Altitude, Low Opening – skoki z jak najwyższej wysokości z otwarciem na niskiej wysokości, w skrócie HALO, przy których skakałeś z wysokości 10 000 metrów. To tak wysoko, że zanim skoczysz, musisz wdychać czysty tlen, żeby przygotować swoją krew na to doświadczenie. Musisz mieć ze sobą zbiornik z tlenem, bo powietrze na tej wysokości jest bardzo rozrzedzone. Przez długi czas nie otwierasz spadochronu. Lecisz w powietrzu. Jeśli samolot w momencie, gdy z niego wyskakujesz, leci z prędkością 350 kilometrów na godzinę, z taką prędkością będziesz spadał. W ten sposób wyskakujesz w jednym miejscu i lecisz kolejne 40 czy 60 kilometrów, zanim otworzysz spadochron i wylądujesz.

Idea skoków HALO była taka, że samolot mógł dolecieć do granicy kraju, a my sami ją przekraczaliśmy. W ten sposób, jeśli ktoś pytał, rząd mógł odpowiedzieć: „Nie, nasze samoloty nigdy nie leciały nad waszym krajem". Teoretycznie było to prawdą. Samolot nie leciał, ale ja, Steve i George tak.

Wiele razy, gdy szukaliśmy składów amunicji, przeczołgiwaliśmy się przez granicę Kambodży. W tamtym przypadku chcieli, żebyśmy dotarli dalej, do miasta położonego nad rzeką, na południe od granicy z Laosem. Chcieli, żebyśmy zabili konkretnych ludzi, którzy spotykali się co tydzień na tyłach restauracji. Ta operacja różniła się od pozostałych, bo goście byli cywilami. Ten, którego mieliśmy dorwać w pierwszej kolejności, był burmistrzem. Dlatego chcieli, żebyśmy dotarli tam zza granicy.

Skakaliśmy w szóstkę. Steve, George, ja i trzech innych kolesi. Wyrzucili nas trochę poniżej 6000 metrów, co oznacza, że technicznie nie był to skok HALO, ale wyjątkowo wysoki skok Free Fall. Skutki skakania z takiej wysokości są identyczne jak przy skoku HALO. Jest tak zimno, że zamarzasz. Siniejesz. Gdy spadasz w dół w cieplejszą warstwę atmosfery, twój mózg dostaje takiego kopa, jakbyś był na haju po najlepszym prochu na świecie. Kiedy lądujesz, jesteś tak zziębnięty, że nie czujesz nic. Dotykasz ziemi i zastanawiasz się, gdzie są twoje stopy. Zanim odtajasz, mija 20 minut. Ale to nie jest nieprzyjemne uczucie. Byłem na haju, gdy dotknęliśmy ziemi w Kambodży. Pamiętam, że pomyślałem: „Nie wierzę, że mam zabić paru kolesi, gdy jestem tak nabuzowany".

Zakradnięcie się na właściwe miejsce zajęło nam jeden dzień. W mieście nic nie było, tylko parę budynków skupionych wokół mostu na rzece. Nie było żołnierzy ani policji. Miejscem, które mieliśmy zaatakować, był bar na palach. Po jednej stronie był suchy kanał, w którym zaczaili się dwaj z naszych, żeby ochraniać nam tyły. George i jeszcze jeden koleś zajęli pozycje na schodach prowadzących do tylnego wejścia. Spotkanie burmistrza miało się odbyć w pokoju na tyłach budynku. Steve i ja wspięliśmy się po palach z boku i czekaliśmy pod oknem. Gdy tylko George zszedł z posterunku, weszliśmy do środka.

W pokoju stal stół i parę krzeseł. Chinka, która nie potrafiła śpiewać, śpiewała do mikrofonu jakąś amerykańską piosenkę, było też kilka kelnerek czy też dziwek w jedwabnych sukienkach i trzech lub czterech gości w garniturach. To nie byli goście, którzy nosili pidżamy i słomiane kapelusze. Burmistrz i jego kumple wyglądali jak biznesmeni. Nie mam pojęcia, dlaczego mieliśmy ich zabić.

Mieliśmy opracowany system zabijania kilku osób w pomieszczeniu. Steve i ja dzieliliśmy pokój na pół. Zabijaliśmy każdego w swojej części, przesuwając się w przeciwnych kierunkach do momentu, w którym się ponownie spotykaliśmy. Trzeba było stać twarzą w kierunku osoby, do której się strzelało, żeby mieć pewność, że nie stoi za nią nikt z twoich ludzi. Zawsze trzeba się przesuwać do przodu. Strzelasz i idziesz. Możesz się przeturlać w kierunku celu, ale musisz uważać, żeby nie stracić orientacji, gdy wstajesz, żeby zacząć strzelać.

W pokoju było osiem czy dziesięć osób i zabiliśmy je wszystkie w niecałe pół minuty. Zabiliśmy strażników, kelnerki, piosenkarkę i gości w garniturach. Klik, klik, klik. Wszyscy byli martwi. Upewniliśmy się, że nie żyją, strzelając każdemu w głowę. Nie mogło być żadnych świadków, którzy mogliby powiedzieć, że za strzelaniną stali Amerykanie. Użyliśmy nawet chińskich kałasznikowów z krótką lufą, którymi posługiwali się komuniści, żeby nic na nas nie wskazywało. To było jak atak mafii, tyle że przeprowadzony przez rząd amerykański.

Po wszystkim przeczołgaliśmy się suchym kanałem do granic miasteczka i weszliśmy w las. Dotarcie z powrotem do granicy z Wietnamem zajęło nam parę dni.

To był, według mnie, najlepszy punkt pobytu w Wietnamie. Skakaliśmy jeszcze parę razy, ale nie mogliśmy znaleźć ludzi, których mieliśmy zabić, więc wracaliśmy z pustymi rękoma. Ale kochałem skoki tak bardzo, że sprawiało mi to przyjemność.

W 1968 roku ja, Steve i George zostaliśmy wysłani z powrotem do prowincji Hậu Nghĩa. Podczas pierwszego obchodu znaleźliśmy podziemny magazyn broni i podaliśmy współrzędne do nalotu artyleryjskiego. Wspięliśmy się na drzewo, żeby tam przeczekać atak. W pobliżu celu nie widzieliśmy żadnych ludzi, ale czasem po nalocie żółtki wylatywały z dziur, których wcześniej nie dostrzegliśmy i prowadziły nas do innego systemu tuneli.

Standardowe szkolenie militarne w Stanach Zjednoczonych nakazuje przynajmniej jednemu żołnierzowi pozostać na straży przez całą noc. Ale kiedy było nas tylko trzech, spaliśmy wszyscy. Tłumaczyliśmy sobie, że jeśli znajdziemy dobrą kryjówkę na drzewie, wróg ma szansę jedną na milion, żeby nas znaleźć. A gdyby miał tyle szczęścia, to i tak było po nas. Uznaliśmy, że sprawniej działamy w lesie, jeśli możemy się trochę wyspać, co nie było możliwe, gdy po kolei stawaliśmy na straży.

Nasze sposoby załatwiania spraw nigdy nas nie zawiodły. Wróg nigdy nas nie zaskoczył. Udało się to amerykańskiej armii. Którejś nocy ulokowaliśmy się na drzewie i czekaliśmy na wezwany ostrzał", gdy zostaliśmy wysadzeni w powietrze przez zbłąkaną serię amerykańskiego ostrzału artyleryjskiego.

Nie słyszałem eksplozji. W jednej chwili była noc, a ja siedziałem na drzewie. Następne, co pamiętałem, to dzień, a ja obudziłem się na ziemi. Ubranie miałem w strzępach. Nie miałem broni. Na ramionach i brzuchu była krew. Sprawdziłem palcami, ale nie znalazłem żadnych głębokich ran. Nie sprawdziłem od razu głowy, bo myślałem: „Jeśli jestem w stanie myśleć, z moją głową musi być wszystko w porządku".

Ale kiedy dotknąłem twarzy, poczułem skrzepy krwi. Przesunąłem dłonie za uszy i na czubku głowy wyczułem gąbczastą dziurę. Wsadziłem tam palce i weszły w moją pieprzoną głowę. Pomyślałem: „Mam dziurę w głowie".

Była na czubku głowy. Wielkości piłki do bejsbolu. Wsadziłem do środka palec i wyczułem mięso. Najpierw pomyślałem: „Jakim cudem ja jeszcze żyję?"

A później: „Czy ja na pewno żyję?".

Nie miałem lusterka. Nie mogłem sobie zajrzeć do głowy. Musiałem sobie z tym jakoś poradzić. Zebrałem z ziemi zielone liście i wcisnąłem je w zagłębienie w mojej głowie. Oddarłem nogawkę i obwiązałem ją wokół głowy, żeby przytrzymać liście na miejscu.

Później zobaczyłem na ziemi kawałki mięsa. To był George. Jego głowa leżała obok sterty wnętrzności. Zobaczyłem, że Steve jest cały, leży na ziemi jakiś metr ode mnie. Ruszał stopą jakby pedałował na rowerze. Przewróciłem go i zobaczyłem, że nie ma połowy twarzy. Zniknął nos i połowa szczęki. Zostało mu jedno oko, którym spoglądał na mnie, jakby był przytomny. Nie byłem pewien, czy mnie słyszy, ale powiedziałem:

– Nie masz już twarzy.

Przyłożył sobie rękę do głowy, jak pistolet, i pokazał, żebym go dobił.

– Jeśli nie możesz wstać, strzelę ci w głowę. Ale jeśli jesteś w stanie wstać i iść, zabieram cię z sobą – odpowiedziałem.

Pomogłem mu wstać, dał radę. Nie twierdzę, że był w stanie złapać piłkę i przebiec z nią boisko, ale utrzymywał się na nogach. Zawiązałem mu na głowie koszulkę, w której wyciąłem dziury na oko i to, co pozostało z jego ust. Ruszyliśmy. Wtedy poczułem ból. Przy każdym kroku miałem wrażenie, że ktoś wali mnie w głowę młotkiem.

Znalezienie patrolu zajęło nam cały dzień. Śmiertelnie ich przeraziliśmy. Wyobrażasz sobie mnie z pieprzonymi liśćmi na głowie i Steve'a z jednym okiem wyglądającym spod koszulki? Kiedy zabrali nas do obozu i zdjęli koszulkę, jeden z żołnierzy zwymiotował. Nie dali mi morfiny ze względu na spadające ciśnienie krwi. Chciałem ich zabić.

– Mam dziurę w głowie. Ciśnienie krwi nie znajduje się wysoko na liście moich zmartwień.

Steve i ja zostaliśmy ewakuowani osobno. Mnie przewieziono do Japonii, a później do Szpitala Marynarki w Long Beach w Kalifornii. Z powodu paskudnej infekcji byłem nieprzytomny przez parę tygodni. W końcu wstawili mi w głowę metalową blaszkę. Gdy odzyskałem na tyle sił, by mówić, zapytałem o Steve'a. Powiedzieli mi, że przechodzi rehabilitację w innym szpitalu.

Pozwolili mi wysłać do niego wiadomość. Odpowiedział kilka tygodni później: „Powinieneś był mnie odstrzelić".

Zobaczyłem go ponownie dopiero po roku. Zrekonstruowali mu szczękę i usta, ale ledwo mógł mówić. Nie byli w stanie odtworzyć nosa, więc dali mu takie plastikowe coś z zatrzaskami, które zasłaniało połowę twarzy. Wyglądał odrażająco. Ale jego nastawienie się zmieniło. Planował zamieszkać w lasach w New Hampshire i myśl o tym uszczęśliwiała go.

Kochałem Steve'a, a on mnie. Nigdy go nie osądzałem. Ale powiedziałem mu:

– Może to, co się nam przytrafiło, jest karą za wszystko, co zrobiliśmy tym ludziom.

– Możliwe – odpowiedział. – Ale co z tego? Bawiło nas to przecież.

ROZDZIAŁ 11

J.R.: Miałem problem z wyjściem ze szpitala. Dostałem kolejnych infekcji. Kiedy próbowałem wstawać, przewracałem się. Choć byłem tak słaby, którejś nocy mi odbiło i poturbowałem pielęgniarza. Zamknęli mnie w izolatce. Przywiązali do stolika. Próbowałem przegryźć więzy. Przysłali mi nowego lekarza, który wskazał palcem na ślady zębów na więzach i zapytał:

– A to co?

– Pieprzony szczur. Przychodzi co noc i próbuje to przegryźć.

Lekarz roześmiał się. Był pierwszym człowiekiem, z którym po powrocie wszedłem w jakąś relację. Rozwiązał mnie. Podał mi ramię i zaprowadził do toalety, żebym choć raz mógł się wysikać na stojąco.

Przyszli inni lekarze. Zrobili mi ten test psychologiczny, w którym udajesz, że prowadzisz samochód i musisz wybierać między przejechaniem kobiety i psa.

– Co byś zrobił? – pytali.

– Przejechałbym tę sukę. To jej wina, że jest na ulicy – odpowiedziałem. – Pies nie wie, że nie powinien tam być. Nie jest niczemu winny.

Kiedy dali mi kredki i kazali narysować coś przyjemnego, narysowałem lasy i ludzików w pidżamach.

– To jest dla mnie przyjemne – powiedziałem.

Było oczywiste, że myślałem o żółtkach w lesie i że chciałem ich pozabijać. Przysłali mi księdza. Nie miałem żadnych uprzedzeń w stosunku do księży. Nigdy z żadnym nie rozmawiałem.

– Twoje myśli nie są właściwe – powiedział.

– Mają zamiar wiecznie mnie tu trzymać?

Ksiądz powiedział coś dziwnego:

– Twoje ciało jest owładnięte przez zło.

Nie uznałem tego za szczególnie pomocne.

– Wsadź swoją dupę tam, gdzie byłem, i wtedy opowiedz mi o moim ciele. Pieprzony kretyn.

– Chcę ci tylko pomóc – odpowiedział. – Przepraszam.

To, że przeprosił, przykuło moją uwagę. Wrócił następnego dnia i rozmawiał ze mną, już bez żadnych pierdół.

– Władze boją się wypuścić cię na wolność. Uważają, że nie zrehabilitowałeś się na tyle, żeby funkcjonować w normalnym społeczeństwie. Chcę pomóc ci stąd wyjść – powiedział.

Przychodził codziennie. Gadaliśmy o pierdołach, ale bez religijnych aluzji. Gość naprawdę mi pomógł. Nie twierdzę, że objawił mi światło, bo z pewnością nie zacząłem po tym chodzić do kościoła. Ale wyjaśnił mi, że muszę zmienić sposób myślenia podczas badań lekarskich.

Nadszedł moment, gdy lekarze przeprowadzili kolejną rundę badań. Znów poprosili o narysowanie czegoś przyjemnego, dostali zachód słońca. Gdy zapytali o poglądy na życie, zmieniłem się w dziecko kwiat.

– Zdaję sobie sprawę, jak ważny jest pokój. Wojna jest naprawdę zła – powiedziałem.

Ich nastawienie do mnie kompletnie się zmieniło. To zabawne, przecież byli lekarzami wojskowymi. Armia zrekrutowała mnie w więzieniu, po tym, jak zostałem oskarżony o usiłowanie zabójstwa. Wyszkolili mnie, jak efektywniej zabijać i wypuścili do lasu, żebym mordował. Nauczyli mnie skakać ze spadochronem, żebym mógł zabijać ludzi, których ciężko było dorwać, i używać chińskiej broni, żeby ślady nie prowadziły do Amerykanów.

Ale żeby wrócić do domu, musiałem udawać, że podobają mi się zachody słońca i tęcze. Gdy tylko zrozumiałem zasady gry, zacząłem w nią grać. Lekarze wiedzieli, że zabiłem parę osób, ale nie znali mojej osobowości. Gdyby było inaczej, nigdy by mnie stamtąd nie wypuścili.

Opuściłem wojsko pod koniec 1968 roku. Armia wyczyściła moją kartotekę policyjną[1]. Nie byłem już przestępcą. Miałem 20 lat i byłem wolny. Mój umysł nie był całkowicie w porządku, ale i tak byłem w lepszym stanie niż większość gości, którzy wrócili z Wietnamu. Miałem przed sobą przyszłość. Wiedziałem, że nie będę smażył hamburgerów w McDonaldzie.

---

[1] Powołując się na ustawę o wolności informacji, poprosiłem o wojskowe akta Jona, jednak urzędnicy z Archiwum Narodowego odpowiedzieli, że nie byli w stanie zlokalizować jego kartoteki. Rozmawiałem przez telefon z mężczyzną występującym w książce pod nazwiskiem Steve Corker, który twierdził, że służył z Jonem w Wietnamie. Znalazłem też kartotekę żołnierza występującego w książce jako George, który zginął w wyniku ostrzelania przez własne wojsko, tak jak opisał to Jon. Przejrzałem kartotekę medyczną Jona i faktycznie wstawiono mu metalową płytkę do czaszki. Widziałem dokumenty potwierdzające, że jeden z jego wspólników został aresztowany w związku ze sprawą porwania i usiłowania zabójstwa, która to podobno skłoniła Jona do zaciągnięcia się do wojska. Siostra Jona Judy pamięta, że Jon wstąpił do wojska i wrócił z Wietnamu. Policjanci, którzy mieli związek z aresztowaniem Jona w 1986 roku usłyszeli od swoich ulicznych informatorów, że określano go jako „walniętego weterana z Wietnamu". Jon jest zagorzałym i utalentowanym skoczkiem spadochronowym. Gdy poprzednio pracowałem jako reporter nad wojskowymi tematami, zdarzało się czasem, że nie można było zlokalizować kartotek w Archiwum Narodowym. Jednak dopóki nie uda mi się uzyskać dostępu do rządowej kartoteki Jona, jego wspomnienia na temat służby w Wietnamie nie mogą być potwierdzone przez niezależne źródła.

ROZDZIAŁ 12

E.W.: Jon wychodzi z sesji terapeutycznej w centrum zdrowia psychicznego w Broward County. Kilka miesięcy wcześniej jego była żona, matka Juliana, złożyła wniosek o zmianę ugody dotyczącej opieki nad dzieckiem. Chciała spędzać więcej czasu z Julianem. Jon złożył kontrpozew i sędzia nakazał jemu i jego żonie przejść badanie psychologiczne. Jon przychodzi teraz na terapię dwa razy w tygodniu. Jego terapeutka ma około 30 lat. W poczekalni obserwuję, jak Jon podaje jej rękę na pożegnanie. Jest atrakcyjna, choć trochę zaniedbana, w typie doktorantki. Jon uśmiecha się szeroko i cofając dłoń, mówi coś, co ją rozśmiesza. Gdy idziemy do samochodu, Jon mówi:

– Bracie, ona jest całkiem po mojej stronie.

Twierdzi, że podzielił się z nią wszystkim, nawet najważniejszymi doświadczeniami z wojny w Wietnamie.

J.R.: Zapytała mnie:

– Czy sądzisz, że kiedykolwiek pogodzisz się ze sobą?

– Jak mógłbym kiedykolwiek to zrobić? Chcę być tylko spokojniejszy, przez wzgląd na mojego syna.

E.W.: O czym dziś rozmawialiście?

J.R.: O poczuciu własnej wartości. Zapytała mnie, jak je definiuje. Odpowiedziałem, że to wartości, jakie w sobie widzę, i to, co inni o nich sądzą.

E.W.: A jaka była właściwa odpowiedź?

J.R.: A kto to wie, do cholery? Wydawała się zadowolona. Lubi mnie. Oczywiście nie mówię jej wszystkiego. Nie opowiedziałem jej o obdzieraniu ludzi ze skóry w Wietnamie czy o pobiciu tego gościa, który skrzywdził Juliana.

E.W.: Kto skrzywdził Juliana?

J.R.: Dwa lata temu Julian wrócił od matki i miał siniaki na nogach. To nie jego matka zrobiła mu krzywdę. Powiedział mi, że odwiedził ją jakiś mężczyzna, który go skopał za to, że jest za głośno. Wiedziałem, o kim mówi. Załatwiłem gości, którzy zgarnęli go z ulicy.

E.W.: Jakich gości?

J.R.: Dwóch chłopaków, którzy pracowali jako ochroniarze w Scarlett's[1]. Czasem dla mnie pracują. Wrzucili tego gnojka do bagażnika i wywieźli drogą I-75. Co pół godziny zatrzymywali się, otwierali bagażnik i walili go w nogę młotkiem. Zrobili to wiele razy, ale nic nie mówili. W końcu do dupka dotarło.
 – Zrozumiałem – powiedział. – Już nigdy nie uderzę chłopca.
 Wyrzucili go w zarośla przy drodze i to było wszystko. Od tamtej pory nie tknął Juliana. Lekarze mają swoje sposoby, ja mam swoje.
 Tej jednej rzeczy nauczyłem się w psychiatryku po powrocie z Wietnamu. Musisz dogadywać się z ludźmi. Możesz być bardzo silny, ale czasem musisz grać według zasad innych. W innych przypadkach lepiej działać siłą. Musisz mądrze godzić ze sobą te rzeczy. Tę naukę zabrałem ze sobą, gdy wróciłem z Wietnamu do cywilizowanego świata.

---

[1] Scarlett's Cabaret w Broward County to klub ze striptizem, do którego chodził Jon.

ROZDZIAŁ 13

J.R.: Gdy wróciłem w 1968 roku, Nowy Jork był zupełnie innym miastem. Dziewczyny na ulicach miały we włosach kwiaty. Wapniaki z Wall Street zapuścili włosy. Beatnicy przejęli władzę. Nawet Dominic Fiore przyłączył się do hipisów. Po tym, jak przez jego przedawkowanie zostaliśmy aresztowani, a ja wyjechałem do Wietnamu, nie siedział w więzieniu. Gdy wstąpiłem do wojska, wyczyszczono moją kartotekę, a dowody przeciwko niemu przestały istnieć. Gdy ja walczyłem z żółtkami, Dominic nosił farbowane ręcznie koszule i zaczął się uczyć gry na flecie. Siedział na placu Waszyngtona, grał na flecie i nawoływał do miłości. Ale jeśli ktoś go wkurwił, wybijał mu zęby. W głębi duszy był tym samym gościem, tylko teraz nosił kwiaty we włosach. Gdy potrzebował kasy na prochy, okradał hipisów.

Stryjów gówno obchodziło to, że byłem w Wietnamie. Dla nich bycie w wojsku było tym samym, co siedzenie w pace. Ważne było tylko to, że nikogo nie podkablowałem, gdy mnie aresztowano. Drugiego dnia po powrocie do Nowego Jorku stryjek Sam kazał mi odbierać należną kasę. Teraz zamiast żółtków miałem przed sobą białasów lub czarnuchów, którzy wisieli mi kasę. Nie byłem specjalnie zadowolony, że musiałem do tego wrócić, ale potrzebowałem zajęcia.

Rocco Ciofani zainstalował mnie w swoim mieszkaniu w Teaneck. Podczas mojej nieobecności Rocco stał się żołnierzem pracującym dla rodziny Bonanno, jednak ciągle kolegował się z Wyrzutkami. Jeśli chodzi o Wyrzutków, Petey Gallione był takim ćpunem, że ciągle aresztowano go za jakąś pierdołę, a Jack Buccino nadal mieszkał z rodzicami i robił przekręty.

Jack znał gościa, który organizował koncerty. Wpadł na pomysł, żebyśmy i my wkręcili się do przemysłu muzycznego. Chciał, żebyśmy wynajęli stare kino Foxa w Hackensack i zaprosili tam bardzo popularny wówczas zespół Ten Years After[1].

Jack zaangażował mnie, bo sądził, że to pomoże mi oderwać się od doświadczeń z wojska. Biznes koncertowy okazał się całkiem łatwy. Po wykupieniu reklam radiowych wyprzedaliśmy wszystkie bilety. Dało mi to do myślenia. Powiedziałem Jackowi:

– Wiesz co? A gdybyśmy wydrukowali dodatkowe 1000 biletów i je sprzedali?

Zrobiliśmy burzę mózgów. Zarezerwowaliśmy dwa koncerty na jeden wieczór, jeden po drugim. Postanowiliśmy sprzedać więcej biletów tylko na drugi koncert, żeby ewentualne problemy pojawiły się później w nocy. Wykupiliśmy kolejną reklamę, która głosiła, że „z powodu błędu w drukarni znaleźliśmy dodatkowe bilety, które są teraz w sprzedaży".

Wyprzedaliśmy wszystkie. W trakcie pierwszego koncertu bawiliśmy się jak nigdy. Alvin Lee był fenomenalnym gitarzystą. Tłum oszalał. Gdy zaczęliśmy wpuszczać ludzi na drugi koncert, wiedzieliśmy, że przekręt się wyda. Nie było mowy, żeby zmieścić tam dodatkowe 1000 osób.

Zabraliśmy Peteya, którego wynajęliśmy na szefa ochrony, i powiedzieliśmy:

– Spieprzajmy stąd.

Uciekliśmy. Komendant straży pożarnej odwołał koncert. Przed kinem rozpętało się piekło. Wściekli fani, wozy strażackie, radiowozy. Odjechaliśmy, śmiejąc się do rozpuku.

Później ratusz wysłał do nas prawników. „Nigdy nie zorganizujecie już koncertu w Hackensack".

Nic nas to nie obchodziło.

Mniej więcej w tym czasie poznaliśmy gościa z New Jersey, Howiego Tannenbauma. Nie był Wyrzutkiem, ale był zainteresowany nielegalną działalnością. Po koncercie Ten Years After Howie zapytał, czy nie

---

[1] Brytyjska kapela bluesowa, w której grał Alvin Lee, później zagrała na Woodstock.

pomógłbym mu nakłonić paru hipisów do kupienia trawki i przy okazji ich obrobić. Howie był dobrym chłopakiem. Później przyłapano go na gorącym uczynku i chyba bał się więzienia, bo zamknął się z dziewczyną w pokoju hotelowym, zabił ją, a później popełnił samobójstwo. Ale kiedy pracował ze mną, był w porządku. Zrobiliśmy parę przekrętów na Manhattanie i Howie przyprowadził kolegę do pomocy. To był Junior Sirico[2], który później zagrał w *Rodzinie Soprano*.

Junior już wtedy był wariatem. W *Rodzinie Soprano* gra naćpanego mafiosa z zaczesanymi do tyłu włosami. Dokładnie taki Junior był w realu. Był dobry. Wolał noże od pistoletów. Zawsze miał przy sobie noże sprężynowe i potrafił się nimi posługiwać.

Junior pracował dla gościa znanego jako Gruby Anthony[3]. Nie chciałbym nikogo obrazić, ale Gruby Anthony nie obchodził się dobrze z ludźmi, którzy dla niego pracowali. Tłukł własnych ludzi właściwie bez powodu. Junior potrafił o siebie zadbać, ale nie mógł podnieść ręki na Grubego Anthony'ego. To on rządził. Szkoda mi było Juniora.

Gdy się z nim bardziej zakumplowałem, zorientowałem się, że Gruby Anthony prowadził całkiem niezły interes. Kontrolował parę pedalskich barów w Nowym Jorku. Pod koniec lat sześćdziesiątych knajpy dla gejów bardzo się zmieniały. Nie były już tylko miejscami dla gejów, przekształcano je w dyskoteki. Homoseksualiści nadal tam bywali, ale przychodzili też normalni ludzie. Dyskoteki stanowiły świetny interes. Na Manhattanie otwierało się ich mnóstwo, a wiele z nich nie było kontrolowanych przez mafię.

Poszedłem do stryja Sama i powiedziałem mu, że chcę się zająć klubami nocnymi. Stryjek Sam przegadał to ze stryjkiem Joe i poszedł do Carla Gambino. Wszyscy zgodzili się, że mogę się zajmować klubami. Gdy odbierałem długi dla stryja, pracowałem tylko dorywczo. Ale po rozmowie z rodziną Gambino to się zmieniło. Pokazałem, że jestem ambitny. Miałem pomysł na interes. Pomysł na całkiem duży interes. Nie mogłem w pojedynkę przejąć kontroli nad klubem. Musiałem pracować dla mafii. W ciągu kilku miesięcy po wyjściu z wojska zostałem żołnierzem mafii.

---

[2] Anthony „Junior" Sirico, po aresztowaniu w 1971 roku za napad z bronią w ręku zainteresował się aktorstwem i grał Pauliego w *Rodzinie Soprano* w latach 1999–2007.

[3] Anthony „Fat Anthony" Rabito, domniemany żołnierz rodziny Bonanno, został skazany podczas sprawy Donniego Brasco, pokazanej w 1997 roku w filmie *Donnie Brasco*.

ROZDZIAŁ 14

J.R.: Carlo Gambino i stryj Joe byli już po siedemdziesiątce. Dla mnie byli jak dinozaury, jak pomniki w parku. Poznałem Carla Gambino, gdy miałem 14 czy 15 lat. Po śmierci matki stryjek Joe zabrał mnie do domu Gambino w Queens. Kiedy weszliśmy do środka, musiałem podać mu rękę. Powiedział, że urosłem, więc chyba widział mnie wcześniej, gdy byłem dzieckiem. Ale może powtarzał to synom wszystkich gości, którzy dla niego pracowali. Z tamtego spotkania pamiętam głównie to, że w jego domu było bardzo duszno.

Kiedy wpadłem na pomysł z klubami nocnymi, Gambino dał mi do pomocy jednego ze swoich najlepszych ludzi, Andy'ego Benfante. Andy cieszył się dużym zaufaniem. Od sześciu lat pracował jako szofer i osobisty ochroniarz Carla Gambino. Teraz dano nam własną działkę – mieliśmy znaleźć dobre miejsca, na których dało się zarobić. Dziesiątki innych mafiosów próbowały naciskać na różne kluby. Dano nam wolną rękę pod warunkiem, że nie będziemy próbować przejąć klubów, na których już ktoś inny położył łapę, i nie rozpętamy wojny.

Kiedy zaczynaliśmy, Andy miał prawie 30 lat. Ja nie skończyłem jeszcze 21, ale widywaliśmy się od lat. Kiedy byłem dzieckiem, patrzyłem na niego z podziwem, jak na starszego brata. Teraz był moim partnerem. Dodawał mi pewności siebie, jak Steve, który opiekował się mną w Wietnamie. Za pierwszym razem, gdy rozmawialiśmy o współpracy, powiedział:

– Jon, wiem, że jesteś silny dzięki pozycji, którą miał twój ojciec, ale wszyscy wiedzą, że ja mam wsparcie Carla Gambino. Cokolwiek byś więc chciał zrobić, nie martw się.

Jeśli ktoś z ulicy miał ze mną jakiś problem, musiał pójść z tym do Andy'ego, a ten szedł do Gambino. Wszyscy o tym wiedzieli. Ale miało to też inne skutki. Rodzina nie pozwalała mi już załatwiać interesów za darmo. Od tej pory z wszystkiego, co zarobiłem, nawet jeśli tylko okradłem jakiegoś ćpuna, musiałem oddać część Andy'emu, który podawał tę kasę dalej. Płacisz rodzinie podatek, bo dorzucenie się do skarbonki teraz wykupi ci polisę ubezpieczeniową w razie jakichkolwiek przyszłych problemów.

Moi stryjkowie cieszyli się, że pracuję z Andym, bo uważali, że się mną zaopiekuje i będzie trzymał z dala od kłopotów. Ale nikt nie rozumiał tego, że Andy był dzikusem.

Nazywał się „nową odmianą Włocha". Nie ubierał się jak inni żołnierze mafii. Nosił rozpięte jedwabne koszule, drogie buty, złote łańcuchy, dobre zegarki. Lubił się naćpać, imprezować w klubach, pieprzyć jednego wieczoru młodą blondynę, a następnego dnia brunetkę. Tak samo jak ja lubił muzykę z Motown i rocka. Mogłem się z nim utożsamić.

Pierwszego wieczoru, kiedy wyszliśmy razem, zaproponował:

– Weźmy trochę koki.

Wystraszyłem się, bo ciągle uważałem go za starszego gościa, którego widywałem w towarzystwie moich stryjków. Ludzie z ich pokolenia – które nazywaliśmy „wąsatymi Włochami" – przesiadywali w Little Italy, popijając kawę, a jeśli wspomniałeś o narkotykach, dostawałeś w twarz. Tak czyści to byli kolesie. Nie miało znaczenia to, że od czasów mojego ojca importowali heroinę z Francji – żołnierze nie mogli ćpać.

Kiedy więc Andy wspomniał o kokainie, bałem się, że to podstęp.

– Narkotyki? Nie ma mowy – odpowiedziałem.

– Pieprz to. Naćpajmy się – śmiał się ze mnie Andy.

Andy był wyjątkowy. Był bez reszty oddany rodzinie Gambino, ale w dupie miał to, co sądzili o nim inni. Uwielbiałem to. Jeździł wielkim, odpicowanym lincolnem Continental z chromowanymi elementami i fałszywym kołem zapasowym z tyłu. Nie dlatego, że uważał, że to dobry samochód, ale dlatego, że wydawał mu się śmieszny. Wiele rzeczy robił dla jaj.

Gdy tylko zaczęliśmy współpracować, powiedział:

– Musimy kupić ci trochę fajnych ciuchów.

Zabrał mnie do sklepu, który nazywał się Granny Takes a Trip[1]. Było to szalone miejsce, w którym zakupy robiły gwiazdy rocka. Sprzedawali wszystko – szalone psychodeliczne jedwabne bluzy, kaszmirowe swetry, aksamitne spodnie. Andy przedstawił mnie gościowi, który robił buty na miarę. Mierzył całą nogę i robił ci kowbojki, które leżały jak druga skóra i sięgały za kolana. Taka była moda. Były szyte z kawałków skóry w różnych kolorach: żółtej, białej, zielonej, pomarańczowej. Obcasy miały dobre dziesięć centymetrów wysokości.

Normalni goście z mafii myśleli, że nam odbiło. Poszliśmy do restauracji na spotkanie ze stryjkiem Joem i Gambio, i stryj Joe się trochę spiął. Skomentował moje buty. Andy powiedział wtedy:

– Jon i ja musimy się tak ubierać. Pracujemy w klubach nocnych. Musimy się dopasować. Nie możemy ubierać się jak wieśniaki z New Jersey.

Andy zawsze się za mną wstawiał. Kiedy wpakowałem się w kłopoty ze starszymi rangą gangsterami, Andy zawsze powtarzał:

– Jon, bracie, nie martw się, gdy trzeba będzie to wyjaśniać, nakłamię, ile trzeba.

Kiedy Andy bronił mnie przed rodziną, zawsze mawiał:

– Co chcecie, żebym zrobił w związku z Jonem? Ten dzieciak jest szurnięty.

Prawda była taka, że to Andy zawsze coś wciągał i budził się codziennie z nowym pomysłem na przekręt. Dzięki temu był idealny do pracy w klubach nocnych. Pod koniec lat sześćdziesiątych właściciele, promotorzy i modne kluby zmieniały się tak szybko, że rodzina potrzebowała takich ludzi jak ja i Andy, którzy włóczyli się po okolicy i szukali nowych możliwości działania.

Pierwsze, co razem zrobiliśmy, to przesiadywanie w Maxwell's Plum. Była to restauracja w Upper East Side, do której przychodzili wszyscy piękni

---

[1] Granny Takes a Trip „ożywiło fascynację brytyjskimi modsami pod koniec lat sześćdziesiątych wśród młodych modnych ludzi zafascynowanych wytwornymi ubraniami (…). Wartym odnotowania projektem są kolorowe kozaki ze skóry węża, zszyte z łat jak płaszcz Józefa", „New York Times", 24 lutego 1970.

ludzie przed i po imprezie w nocnym klubie[2]. Właściciele Maxwell's Plum płacili już działkę komuś w rodzinie Gambino, więc nie mogliśmy z Andym przejąć tego miejsca. Ale chodziliśmy tam, żeby się uczyć. Wydawaliśmy trochę kasy i zaprzyjaźnialiśmy się z ludźmi, którzy tam pracowali. Mogłeś się wiele nauczyć od pracowników barów i restauracji. Szef sali w Maxwell's był zdegenerowanym hazardzistą. Pomogliśmy mu rozwiązać problemy z pożyczkami. Wskazał nam Alice's, restaurację na East Side, która całkiem dobrze sobie radziła, a której nikt z mafii nie kontrolował.

Alice's słynęła z hamburgerów. Wyglądała niepozornie, ale chodzili tam ci sami ludzie, którzy bywali w Maxwell's. Właścicielem był Hampton Smith[3]. Zaoferowaliśmy mu, że wykupimy interes za 10 000 dolarów. Nie chciał się zgodzić, bo cena była absurdalna, ale nie miał wyboru. Taką siłę dawała współpraca z Andym. Pierwszy miesiąc, a my już kupiliśmy restaurację.

Jak tylko ją kupiliśmy, przyszedł jeden z kelnerów.

– W piwnicy są szczury – powiedział.

Zeszliśmy na dół. Szczury były wielkości małych psów. Powiedzieliśmy kelnerowi:

– Przynieś dużo sera.

Kazaliśmy kelnerowi porozrzucać ser na podłodze i zgasić światło. Usiedliśmy wszyscy w tych ciemnościach i czekaliśmy. Gdy usłyszeliśmy piski szczurów, powiedzieliśmy do kelnera:

– Włącz światło.

Kiedy tylko to zrobił, wyciągnęliśmy z Andym pistolety i strzelby i zaczęliśmy rozwalać te szczury. Pociski i kawałki gryzoni latały w powietrzu. Te, które przeżyły, uciekły w popłochu. Kelner stał pośród dymu i prawie sikał w gacie. Powiedzieliśmy mu:

– Dobra, dupku. Gaś światło. Próbujemy jeszcze raz.

---

[2] Założycielem Maxwell's Plum był Warner LeRoy, którego dziadek, Hary Warner, założył wytwórnię Warner Bros. W materiale zamieszczonym w 1971 roku w magazynie „Esquire" LeRoy opisał Maxwell's Plum jako „rodzaj żywego teatru, w którym goście są najważniejszymi członkami obsady. Ludzie, którzy pojawiają się tu regularnie – Bill Blass, Barbra Streisand, Warren Beatty i Julie Christie – grają razem z naszymi pozostałymi gośćmi".

[3] Hampton Smith to pseudonim użyty w celu ochrony tożsamości właściciela.

Kochaliśmy z Andym takie akcje. Za każdym razem, gdy nam się nudziło, zabieraliśmy kelnera do piwnicy i urządzaliśmy szczurzy patrol. Tak się zabawialiśmy.

W Alice's zaprzyjaźniałem się z klientami. Pod koniec lat sześćdziesiątych nie byłeś w stanie powiedzieć, czy dzieciak w brudnych ogrodniczkach był milionerem, czy bezdomnym. Wszyscy ubierali się tak samo. Poznałem chłopaków z długimi włosami, w dżinsowych kurtkach, którzy chcieli kupić trawę. Powiedziałem, że znam kogoś, kto może im pomóc. Po czym wrobiłem ich w spotkanie z Jackiem Buccino.

Kiedy powiedziałem o tym Andy'emu, stwierdził, że nie ma z tym problemu, o ile dostanie swoją działkę.

Tak więc zrealizowaliśmy plan, przedstawiłem ich Jackowi Buccino. Okradł ich. Oddałem Andy'emu część kasy. Wszyscy byli zadowoleni. Później hipisi wrócili do restauracji i kazali mi oddać im pieniądze.

– Walcie się – odpowiedziałem.

Gdy wychodzili, zauważyłem, że przyjechali na motorach. Niewiele wtedy wiedziałem o Aniołach Piekieł. Widziałem ich w filmach, ale nie miałem pojęcia, że hipisi, których obrobiliśmy, byli Aniołami Piekieł. Pojawili się parę nocy później, po tym jak zamknąłem restaurację. Zaczęli walić w drzwi. Nie boję się walczyć z nikim, ale nie z dwudziestoma gośćmi. Byłem skazany na przegraną. Zadzwoniłem do Andy'ego.

– Pozwól im walić w drzwi. Zajmę się tym – odpowiedział.

Pół godziny później podjechały dwa dostawczaki chłodnie. Przez całe życie stryjkowie chwalili się swoimi „rzeźnikami", którzy byli lojalni wobec rodziny. Tej nocy w końcu zobaczyłem ich w akcji. Wysypali się z samochodów. Ci goście ważyli po 150, 200 kilo i przez całe życie przerzucali martwe krowy. To faceci, w których istnienie nie do końca wierzyłem. Byli jak armia profesjonalnych zapaśników. Mieli na sobie zakrwawione fartuchy, a ze sobą haki do wieszania tusz i kije bejsbolowe. Otoczyli Aniołów Piekieł.

Walka nawet nie była wyrównana. Rzeźnicy zmiażdżyli Aniołów. Pobili ich kijami bejsbolowymi. Potłukli im motocykle hakami do mięsa. Dla nich pewnie łatwiej było rozwalić Aniołka Piekieł, niż przerzucać zamrożoną krowę.

Tej nocy naprawdę zrozumiałem zasady współpracy z rodziną. Patrzyłem, jak Anioły Piekieł dostają w dupę, i myślałem: „Nie ma nikogo, komu nie mógłbym czegoś zrobić".

Odkąd byłem dzieckiem, lubiłem palić trawę. Andy również, ale on palił specjalną odmianę. Kupował trawę nasączoną środkiem, którego weterynarze używają do znieczulenia. Teraz nazywają to fencyklidyną albo PCP. Jaraliśmy to 24 godziny na dobę i zapewniam cię, że traciliśmy przez to głowy.

Czasem pod wpływem fencyklidyny robiliśmy rzeczy, które nie były zbyt mądre. Mieliśmy mały problem z Hamptonem, gościem, od którego kupiliśmy Alice's. Mieliśmy spłacić go w ratach, ale jak tylko dostaliśmy od niego papiery, Andy powiedział:

– Walić kolesia. Jest nikim. Nie zapłacimy mu ani grosza więcej.

Hampton przyjaźnił się z Johnem Gottim[4], o czym nie wiedzieliśmy. Wtedy John Gotti nie był jeszcze najważniejszy. Ludzie go znali, ale było z dziesięciu takich gości jak on.

Kiedy Hampton poszedł się wypłakać Gottiemu, że ukradliśmy mu knajpę, ten postanowił stanąć po jego stronie. Chciał dostać działkę z tego, co mieliśmy zapłacić Hamptonowi, albo przejmie od nas Alice's.

Gotti, Andy i ja byliśmy częścią rodziny Gambino. Normalnie, żeby rozstrzygnąć spór między takimi gośćmi jak my, należało udać się do starszych panów z wąsami i porozmawiać. Ale kiedy Gotti przyszedł pogadać ze mną i z Andym, byliśmy najarani fencyklidyną.

– Pieprzyć omawianie tego z rodziną. Sami to rozwiążemy – powiedzieliśmy mu.

Gotti był równie młody i szalony jak my, więc się zgodził. Parę dni później zaproponował nam spotkanie w sklepie żelaznym w Brooklynie.

---

[4] John Gotti, o osiem lat starszy od Jona, został szefem przestępczej rodziny Gambino w 1985 roku, po tym jak kazał zamordować Paula Castellano. Castellano rządził rodziną od śmierci Gambino w 1976 roku. (Żeby pokazać, jak mały był świat mafii, dodam, że kiedy Joe Riccobono został w 1957 roku aresztowany w Appalachin, siedział w samochodzie z Castellano). Kariera Gottiego jako szefa klanu była krótka i burzliwa. Został skazany w 1992 roku za przestępczość zorganizowaną i zmarł w więzieniu dziesięć lat później.

W dzień spotkania wypaliliśmy z Andym sporo PCP. Andy miał odsuwany dach w swoim lincolnie. Pamiętam, że jechaliśmy przez centrum Manhattanu, patrzyłem na budynki i mówiłem mu:

– Bracie, jedź szybciej. Dalej, zanim budynki się pochylą i spłyną na nas.

W samochodzie mieliśmy strzelby, pistolety i broń maszynową. Wydawało mi się, że miasto się roztapia.

W budynku, który Gotti wybrał na miejsce spotkania, był sklep i warsztat żelazny. Pracownicy ostrzyli stalowe pręty, strzelały iskry. Zawiesiłem się na tych światełkach. Na końcu głównej sali były duże metalowe drzwi, które wychodziły na klatkę schodową prowadzącą do piwnicy. Gotti postawił w wejściu dużego faceta.

– Zejdźcie na dół.

Dla wsparcia przyprowadziliśmy z Andym paru Wyrzutków – Peteya, Dominika i kilku innych. Przeszliśmy przez metalowe drzwi, zeszliśmy w dół po metalowych schodach. W piwnicy nie było nic. Zero okien. Parę pudeł. Gotti wziął sześciu swoich kolesi, my mieliśmy naszych. Ja i Andy byliśmy ubrani w nasze aksamitne koszule z Granny Takes a Trip. Dominic – w swoje ręcznie farbowane hipisowskie łachy. Ja i Andy byliśmy naćpani PCP, Dominic i Petey – heroiną. Ależ stanowiliśmy gang!

Ale wszyscy mieliśmy bron. Wszyscy goście Gottiego również. Gotti podchodzi do Andy'ego i pyta;

– Co macie?

– Co masz na myśli, pytając, co mamy? – odpowiada Andy.

– Jesteś winien Hamptonowi pieniądze za restaurację, a Hampton to mój przyjaciel – mówi Gotti.

Stoimy twarzą w twarz z gośćmi Gottiego. W piwnicy nie obowiązują żadne zasady. Wszyscy mamy broń, ale siły są równo rozłożone. Jeśli jedna ze stron zacznie strzelać, wszyscy jesteśmy martwi. Ta równowaga sprawia, że nie tracimy rozsądku.

I wtedy otwierają się drzwi na górze i wchodzi dwudziestu gości. Wszyscy stanowią wsparcie Gottiego.

PETEY: Byłem w tej piwnicy, stałem tuż za Jonem. Byłem spokojny, bo wziąłem wcześniej heroinę, ale kontaktowałem. Nie martwiłem się o to, czy kontrolujemy sytuację. Ale kiedy zobaczyłem, że otwierają się drzwi i piwnicę zapełniają ci mięśniacy, pomyślałem: „To się naprawdę źle skończy".

J.R.: Okazało się, że Gotti też miał swoich rzeźników. Wrobił nas. Staliśmy tam przeciwko dwudziestu kolesiom Gottiego. Po tym wszystkim, co przeżyłem w Wietnamie, śmierć w piwnicy w Brooklynie była ostatnią rzeczą, na jaką miałem ochotę. Piwnica jest okropnym miejscem do umierania.

Strach zaczął oczyszczać mi umysł. Doszedłem do wniosku, że jeśli się z Andym wycofamy i zgodzimy zapłacić za restaurację, nasza kariera będzie skończona. Musieliśmy powiedzieć Gottiemu „nie". Zabicie nas byłoby szaleństwem z jego strony, ale nie znaliśmy go zbyt dobrze. Kiedy postawi się ludzi pod ścianą, robią głupie rzeczy. Gdyby przez nas wyszedł na mięczaka przy swoich ludziach, mógłby stracić panowanie nad sobą.

Andy nawet nie spojrzał na rzeźników. Podszedł do Gottiego i powiedział:

– Twój kumpel Hampton to kawał dupka. To zdrajca. Od nas nie dostanie ani grosza.

– Zdrajca? – pyta Gotti.

– Popytaj – mówi Andy.

Twarz Gottiego nie zdradza, czy wierzy Andy'emu, czy nie. Ale mówiąc mu, że broni zdrajcy – gościa, który donosi glinom – Andy dał Gottiemu możliwość wycofania się. Może pozwolić nam wyjść stamtąd i nie płacić i zachowa przy tym twarz.

– Dzięki, że nas zaprosiłeś i mogliśmy oczyścić atmosferę. Do zobaczenia – mówię.

Mijamy rzeźników Gottiego. Kiedy wsiadamy do auta, pytam Andy'ego, czy Hampton faktycznie jest zdrajcą. Andy śmieje się i mówi:

– Wygląda na takiego, prawda?

Parę tygodni później Gotti przyszedł do mnie i Andy'ego i powiedział:

– Mieliście rację. Hampton śmierdział.

Okazało się, że Hampton faktycznie donosił glinom. Przeczucie, które miał Andy, gdy był najarany PCP, okazało się stuprocentową prawdą.

Gotti trafił na krótko do więzienia. Nie mieliśmy z nim już nigdy problemów. Nasze starcie nauczyło mnie jednego. Powinniśmy rozstrzygać spory poprzez rodzinę. Po to została stworzona mafia. Powstrzymywała takich szaleńców jak Andy, ja i Gotti od powybijania się nawzajem. Byliśmy dzikimi Indianami. A starzy goście z wąsami, jak Gambino i moi stryjowie, mogli narzucić wystarczająco dużo zasad, żebyśmy się nie pozabijali. Bez nich bylibyśmy w stanie ciągłej wojny i w ciągu paru tygodni wszyscy byśmy zginęli. Wtedy zacząłem szanować mądrość pokolenia mojego ojca. Gdy mieli po 20 lat, też byli jak dzicy Indianie. Ale tacy ludzie jak Luciano czy Lansky potrafili stworzyć porządek z tego szaleństwa. Gdy tylko stałem się częścią tej mafii, którą stworzyło pokolenie mojego ojca, nabrałem do niego szacunku, jakiego nie miałem nigdy wcześniej.

Andy i ja byliśmy bardziej ostrożni po naszym starciu z Gottim. Od tej pory, gdy znajdowaliśmy klub czy restaurację, którą chcieliśmy przejąć, upewnialiśmy się, że właściciele nie mieli żadnych koneksji z kimś z rodziny.

W większości przypadków gdy przejmowaliśmy jakieś miejsce, zatrzymywaliśmy właścicieli. Chcieliśmy tylko, by oddawali nam część zysków, kupowali alkohol od wybranych przez nas dostawców i stawiali na bramce naszych ludzi.

Przejmowanie nocnych klubów było łatwe. Wysyłaliśmy z Andym paru przyjaciół, którzy udawali normalnie płacących klientów i wszczynali bójki. Czasem kluby potrafiły temu przeciwdziałać. Nie wpuszczali ośmiu oprychów z rozrośniętymi karkami, którzy przychodzili razem. Kazaliśmy więc naszym kolegom szukać pięknych dziewczyn i zapraszać je jako osoby towarzyszące. Czasem prosiliśmy o to Wyrzutków. Resztę stanowili kiepscy mafiosi, tacy jak Mikey Shits z Little Italy. Mikey słabo walczył, ale jeśli miał coś w rękach, dawał sobie radę. Zawsze nosił więc w kieszeni puszkę zupy Campbell's. Używał jej, żeby komuś dowalić. Nazywano go Mikey Shits, bo przesiadywał w barze i tak się nawalał, że srał w spodnie. Zawsze od niego śmierdziało. Ale jeśli miał u boku piękną dziewczynę, wpuszczano go do nocnych klubów.

Gdy udało nam się przemycić do klubu paru naszych gości, zaczynali się bić. Tłukli wszystkich. Gdy bramkarze próbowali ich powstrzymać, nasi ludzie wyjmowali broń. Klik, klik, klik. Wystarczyło zagrozić strzelaniną, a bramkarze się wycofywali i wszyscy tracili wiarę w swoje bezpieczeństwo. Wtedy Andy i ja szliśmy do właściciela i mówiliśmy:

– Słyszeliśmy, że masz problem ze swoim klubem. Odpal nam działkę, a my ci pomożemy.

To było zbyt łatwe. Przejęliśmy z Andym pół tuzina klubów, zanim skończyłem 21 lat w 1969 roku. Problemem było to, że wiele klubów padło po tym, jak je przejęliśmy. Na początku nie rozumieliśmy, że interes opierał się na ludziach, a nie miejscach. Kluby odnosiły sukces tylko wtedy, gdy były w stanie przyciągnąć odpowiednich gości. W Nowym Jorku było kilku promotorów – dosłownie dwóch czy trzech – którzy potrafili to zrobić. Mogliśmy przejmować kluby, ale jeśli nie mieliśmy po swojej stronie jednego z tych gości, byliśmy skończeni.

Jednym z najlepszych promotorów był Bradley Pierce[5]. Stał się naszym partnerem. Gdy do tego doszło, byliśmy z Andym w stanie przejmować najlepsze kluby w Nowym Jorku. Nie mówię tego po to, by się pochwalić. Gdy zaczęliśmy pracować z Bradleyem, weszliśmy z Andym do tego, co nazywano złotą młodzieżą. Może nie pasowaliśmy tam, ale nikt nie mógł nam odmówić. Piękni ludzie krwawią tak samo jak wszyscy inni.

---

[5] Bradley Pierce był legendarnym menadżerem w świecie nowojorskich klubów nocnych pod koniec lat sześćdziesiątych i na początku siedemdziesiątych.

ROZDZIAŁ 15

Zamykają dyskotekę Arthur na East Side, która przyciągała tłumy młodych i niespokojnych duchem dzięki psychodelicznemu oświetleniu, szaleńczej muzyce i szykownej, swobodnej atmosferze. Otworzyła ją 5 maja 1965 roku żona Jordana Christophera, była żona Richarda Burtona.

Właścicielem Arthura była korporacja, której prezesem był Edward Villella, gwiazda New York City Ballet, wiceprezesem był Roddy McDowall[1], a sponsorami byli między innymi: Rex Harrison, Julie Andrews, Leonard Bernstein, Mike Nichols i Lee Remick.

Arthur będzie przekształcony w luksusowy nocny klub pod nową nazwą. Odpowiedzialna za to będzie grupa pod przewodnictwem Bradleya Pierce'a.

Louis Calta, *Party to Mark Closing of Discotheque,*
„New York Times", 21 czerwca 1969

J.R.: Arthur był jednym z klubów, które ja i Andy zniszczyliśmy. Prowadzili go prawdziwi kretyni. Wysłaliśmy gości, żeby zdemolowali lokal, a właściciele nie chcieli nam odpalić działki. Doprowadziliśmy ich do zamknięcia interesu i razem z nowym partnerem, Bradleyem Pierce'em przejęliśmy to miejsce.

---

[1] Pamiętny Joe z *Lassie, wróć* (przyp. tłum.).

111

Znaleźliśmy Bradleya w klubie, który nazywał się Salvation[2]. To był świetny klub. Parkiet do tańca był w zagłębieniu, wokół którego rzędami rozmieszczono stoliki. Siedząc przy nich, można było obserwować w dole tańczące dziewczyny. Fenomenalne.

Salvation prowadzili Bradley Pierce i gość, który nazywał się Bobby Wood. Bobby odpowiadał za finanse. Zaatakowaliśmy go ostro z Andym i Bobby zrobił z nas partnerów[3]. Obchodziliśmy się z Bradleyem jak z jajkiem. Był wyjątkowym gościem. To znaczy niezwykłym. Miał długie jasne kręcone włosy i chodził jak Jezus, głosząc pokój i miłość. Wierzył w całe to gówno. Nie udawał. Bradley był w stanie dogadać się z każdym, od Mikeya Shitsa po króla Syjamu[4]. To on sprawiał, że kluby odnosiły sukces. Był geniuszem, jeśli idzie o dobór wystroju, muzyki i miał powiązania z wszystkimi pięknymi ludźmi: modelkami, aktorami, gwiazdami rocka, dzięki którym interes się kręcił. Nikt nie miał lepszej listy z adresami gości niż Bradley, a taka lista była wszystkim.

BRADLEY PIERCE: Wstąpiłem do „towarzystwa kawiarnianego" – tak kiedyś mówiło się o świecie klubów nocnych – pod koniec lat pięćdziesiątych, gdy studiowałem na Columbia University. Nocami pracowałem w The Stork Club[5]. To miejsce było symbolem nowojorskiej świetności

---

[2] Zlokalizowany w miejscu dawnego klubu jazzowego przy Sheridan Square 1.

[3] Opisując relacje biznesowe między Woodem a Jonem w biografii Jimiego Hendriksa, *Electric Gypsy*, wydanej w 1991 roku przez St. Martin's Press (Jon występuje w książce pod swoim prawdziwym nazwiskiem John Riccobono), jej autorzy Harry Shapiro i Caesar Glebbeek, piszą na stronie 394: „Sprawy przybrały poważniejszy obrót, gdy namówiono Wooda, by mianował menadżerem klubu Johna Riccobono, krewnego Joego Riccobono ze Staten Island, ważnego członka rodziny Carla Gambino. Nazwiska członków mafii pojawiły się na liście płac, duże sumy pieniędzy były wyprowadzane z klubu, a Wood próbował, raczej lekkomyślnie, sprzeciwiać się przejęciu klubu.

[4] Sylwetka Pierce'a znalazła się w książce Alberta Goldmana *Disco*, historii nocnych klubów w Nowym Jorku, wydanej w 1978 roku przez Hawthorn Books. Goldman pisze w niej: „Głównym narzędziem pracy Bradleya był jego wielki urok osobisty. Mówiono, że jeśli do któregoś z jego klubów przyszedł gangster i zaczynał wymachiwać spluwą, Bradley podchodził do niego, wyjmował mu broń z ręki, rozśmieszał go, a sprawa kończyła się tym, że morderca obcałowywał Bradleya".

[5] The Stork Club był miejscem, w którym bawili się wszyscy, od księcia Windsoru przez Marilyn Monroe po Groucho Marksa.

i przepychu. W latach sześćdziesiątych towarzystwo kawiarniane zaczęło się zmieniać. Zaczęło się od cyganerii i muzyków folkowych z Village. Towarzystwo kawiarniane stało się zwolennikiem nowej społecznej swobody. Stało się niechlujne. P.J. Clarke's[6], irlandzka speluna z podłogą wysypaną trocinami, stała się modnym miejscem. Po tym jak John Glenn został pierwszym Amerykaninem, który odbył lot orbitalny, parada na jego cześć z tonami konfetti zakończyła się imprezą w P.J. Clarke's, gdzie pracowałem. Mniej więcej w tym samym czasie Olivier Coquelin[7] otworzył Le Club w magazynie na Upper East Side. Zamiast zespołu miał tam didżejów puszczających muzykę z płyt. Sprawił, że klub trudno było odnaleźć. Wejść do niego można było tylko z zaproszeniem. Sprowadził tam eklektyczną mieszankę bogaczy z dobrych rodzin, gwiazd filmowych i artystów. Le Club stał się pierwszym naprawdę kultowym klubem w Nowym Jorku.

Stworzenie klubu wymaga pomysłowej listy gości pełnej sław. Nawiązywałem kontakty od czasów mojej pracy w the Stork Club. W połowie lat sześćdziesiątych zacząłem pracować z Jerrym Schatzbergiem, który był wspólnikiem w Ondine's. Kiedy jego wspólnik Michael Butler zrezygnował, żeby zostać producentem *Hair*, Jerry zatrudnił mnie jako menadżera[8]. Sprowadziłem tam wykonawców, którzy szokowali publiczność: Jimiego Hendriksa, który wówczas był jeszcze znany jako Jimi James, i The Doors[9]. Ondine's stanowiła awangardę. Andy Warhol i jego

---

[6] P.J. Clarke's nadal mieści się przy Trzeciej Alei 915.

[7] Coquelinowi przypisuje się zapoczątkowanie w USA disco. Jego Le Club stworzono na wzór Whiskey au Go-Go w Cannes.

[8] Schatzberg był jednym z topowych fotografów mody w latach sześćdziesiątych. The Beatles, The Rolling Stones i Bob Dylan zamieścili jego zdjęcia na okładkach swoich płyt. W latach siedemdziesiątych Schatzberg stał się czołowym reżyserem filmowym, znanym z szorstkich, realistycznych filmów z *Narkomanami* na czele. Film, do którego scenariusz napisała Joan Didion, zapoczątkował karierę Ala Pacino. Ondine's to klub, w którym występowali zarówno didżeje, jak i kapele. Mieścił się przy Pięćdziesiątej Dziewiątej Wschodniej 308. Michael Butler był dziedzicem fortuny przemysłowej z Chicago, producentem teatralnym i powiernikiem Johna F. Kennedy'ego, który w pewnym momencie powołał go na stanowisko specjalnego doradcy do spraw Bliskiego Wschodu.

[9] W wywiadzie z didżejem Terrym Noelem, opublikowanym na djhistory.com, Pierce zatrudnił Hendriksa na stanowisko pomocnika kelnera w Ondine's. Kiedy Hendrix, poproszony o występ, zaprezentował umiejętność grania na gitarze zębami, Pierce powiedział mu: „Nie wiem, co z tobą zrobić. To jak występ jakichś dziwadeł". Ale pozwolił mu grać,

klika tam przychodzili. Ale nadal pojawiali się tam ludzie z dawnego kawiarnianego towarzystwa, na przykład Louis Auchincloss[10], Frank Sinatra, Judy Garland i Jack Warner[11].

W kraju rodził się nowy rodzaj duchowości. Chciałem, żeby w moich klubach wszyscy się nawzajem kochali i szanowali. Chciałem się pozbyć tego elementu snobizmu, który dominował w Stork Club. Kluczem do sukcesu było to, że każdego traktowałem jak celebrytę i nikt nie był ważniejszy od reszty. Kiedy jeden z Rolling Stonesów nazwał portiera czarnuchem, zakazałem wstępu całej grupie. Jeśli możesz to sobie wyobrazić, dążyliśmy do tego, żeby było ekskluzywnie i egalitarnie.

Jon i Andy pojawili się w moim życiu po tym, jak razem z Jerrym Schatzbergiem stworzyliśmy Salvation[12]. Odnieśliśmy sukces, ale Jerry zrezygnował z klubu, żeby robić filmy. Bobby Wood został moim wspólnikiem i przedstawił mnie Jonowi i Andy'emu.

Kiedy spotkałem ich po raz pierwszy, nie wierzyłem, że są z mafii. Żaden z nich nie wyglądał jak Włoch z New Jersey. Byli modni. Byli sympatyczni. Dało się zauważyć w nich pewną hardość, ale dla mnie byli zawsze bardzo mili.

J.R.: Bradley nie potrafił ocenić ludzi. Nie rozumiał nas. Nie rozumiał swojego wspólnika, Bobby'ego Wooda. Bobby Wood to gość, który zaczynał od handlu używanymi samochodami na Jerome Avenue w Bronksie. Jerome Avenue to sami naciągacze. Znają każdą sztuczkę. Jeśli sprzedawali ci samochód, który rzęzi, umawiali się na jazdę próbną w deszczowy dzień, bo deszcz zagłuszał takie dźwięki. Jeśli silnik charczał, wsadzali banany w rurę wydechową, żeby płynnie chodził. Taki był Bobby Wood. To kawał gnojka. Ale był na tyle sprytny, by wkręcić się w prowadzenie nocnego klubu z Bradleyem.

---

dając Hendriksowi szansę na pierwszy poważny występ w Nowym Jorku. W Ondine's The Doors grali przez miesiąc, w 1966 roku, jeszcze przed wydaniem pierwszego albumu.

[10] Auchincloss, autor znany z opisywania losów bogaczy, był spokrewniony zarówno z Franklinem D. Rooseveltem, jak i Jacqueline Onassis.

[11] Jack Warner był szefem Warner Bros. Studios i synem założyciela wytwórni.

[12] Kiedy otworzono Salvation, aktorka Faye Dunaway, która była zaprzyjaźniona z Schatzbergiem, została członkiem zarządu.

I poprzez niego Andy i ja dostaliśmy kawałek Salvation. Wyobraź sobie takiego kolesia jak Bradley, który zna największe sławy na świecie, i zaczyna pracować ze mną i Andym.

BRADLEY: W końcu zrozumiałem, że Jon i Andy należą do mafii. Ale wierzyłem w ducha czasu. Nie wierzyłem w szufladkowanie. Widziałem w Jonie człowieka. Wierzyłem, że jeśli odnosi się do ludzi z miłością – bez względu na to, kim są – dostaje się w zamian coś pięknego.

Po pojawieniu się Jona i Andy'ego zrobiliśmy ponowne otwarcie Salvation. To był fantastyczny wieczór. Przebudowaliśmy klub na podobieństwo teatru z centralną sceną. Wszyscy siedzieli na poduszkach, bo chciałem, żeby byli zrelaksowani. Chciałem uzyskać wschodni klimat. Pozbyliśmy się nieprzyjemnych stroboskopów, zatrudniłem Joshuę White'a[13], żeby stworzył wyjątkową atmosferę dzięki oświetleniu. Jimi Hendrix, który niedawno zagrał na Woodstock i był megagwiazdą, zgodził się w ramach przysługi zagrać[14].

J.R.: Na otwarciu w kolejce do wejścia stały gwiazdy filmowe, modelki i jeden z Kennedych. Andy zawsze miał poczucie humoru. Odciągnął mnie na bok i powiedział:

– Jon, dodajmy czegoś do ponczu. Niech wszyscy zaszaleją na naszej imprezie.

Wrzuciliśmy garść metakwalonu. Ludzie nazywali go „rozwieraczem nóg", bo tak działał na kobiety. Nasza impreza była niesamowita. Ludzie,

---

[13] W latach sześćdziesiątych Joshua White Light Shows, będące elementem koncertów The Jefferson Airplane, zapoczątkowały modę na psychodeliczne oświetlenie. White jest obecnie uważany za poważnego artystę światła.

[14] W książce *Jimi Hendrix, Electric Gypsy*, Harry Shapiro i Caesar Glebbeek inaczej opisują negocjacje związane z występami Hendriksa w Salvation: „Wiedząc, że Jimi regularnie pojawiał się w klubie, wspólnicy [Bobby'ego Wooda] zaproponowali, żeby wystąpił w noc otwarcia. Jimi nie chciał tego zrobić". Autorzy twierdzą, że Hendrix zmienił zdanie dopiero po dziwnym incydencie, kiedy to jakiś mafioso pojawił się przed jego tymczasowym domem na północy stanu Nowy Jork i zaczął strzelać w drzewo przed jego oknem. Zapytałem o to Jona, który odpowiedział: „Andy i ja ciągle gdzieś strzelaliśmy dla zabawy. Możliwe, że tam pojechaliśmy i tak zrobiliśmy, ale nie pamiętam, żebym musiał strzelać, żeby zmusić Jimiego Hendriksa do zagrania dla nas. Lubił Salvation, bo mógł tam kupić narkotyki".

którzy chyba jeszcze nigdy nie byli na haju, zdejmowali ubrania. Widziałem, jak starsza pani w eleganckiej sukience pośrodku klubu opiera się o poduszkę, a gość w garniturze ją posuwa. Było jak w Rzymie. Jimi Hendrix próbował mnie namówić na strzał speeda, ale odmówiłem, bo nie lubiłem się kłuć. Wyszedł na scenę i zagrał jak szalony[15]. Piękne modelki spacerowały nago po klubie. Ale nikt nie robił problemów. Jeśli ktoś szukał zaczepki, moi ludzie zabierali go na zaplecze i tłukli prawie na śmierć. W ten sposób utrzymywałem ducha miłości i pokoju.

BRADLEY: Salvation stało się tak modnym miejscem, że jedna z linii lotniczych opublikowała w magazynie „Life" reklamę, która głosiła: „W Rzymie odwiedź Watykan, w Paryżu zobacz Notre Dame. A gdy przyjedziesz do Nowego Jorku, znajdź Salvation", i pokazano tam zdjęcie naszego klubu.

Mimo że szło nam świetnie, zacząłem dostrzegać ciemną stronę Jona i Andy'ego. Przed klubem miała miejsce strzelanina i byłem pewien, że mieli z tym coś wspólnego. Ale było w nich zawsze coś zabawnego.

Raz uraziłem Andy'ego, nie zaprosiłem go na imprezę. Parę wieczorów później Jon pojawił się w klubie sam.

– Gdzie jest Andy? – zapytałem go.

– Jest zły. Zraniłeś jego uczucia.

Andy siedział w domu i się dąsał, więc zadzwoniłem do niego.

– Andy, proszę przyjdź do klubu – powiedziałem. – Jon tu jest. Dobrze się bawimy.

– Przyjdę pod warunkiem, że zagrasz *My Way* Franka Sinatry. Chcę, żeby didżej to teraz puścił, tak żebym usłyszał przez telefon.

Zagraliśmy, Andy usłyszał i pojawił się w klubie. Obaj tacy właśnie byli. Zabawni i wrażliwi. W każdym z nich było coś z małego chłopca. Ale oczywiście byli też twardzielami.

---

[15] Oto jak opisano koncert na 395 stronie cytowanej już wcześniej książki *Electric Gypsy*: „Jimi wszedł na scenę ze swoim zespołem, z którym wystąpił na Woodstock i choć widzowie oczekiwali fajerwerków w jego stylu, stał spokojnie na scenie, a jego zespół radził sobie całkiem dobrze. Jimi pojedynkował się na solówki z Larrym Lee, który według recenzenta z „Rock Magazine" był „cudowny".

J.R.: Mój ojciec wierzył tylko w siłę zła. A ja uczyłem się, że mogę zajść dalej, jeśli skorzystam z pomocy takich ludzi jak Bradley, mających umiejętności, których mi brakuje. Nigdy nie wpieprzyliśmy Bradleya, bo bez niego nic byśmy nie mieli. To on przyjaźnił się z Jimim Hendriksem, nie my. Ludzie kochali jego, nie nas. Sławni ludzie uważali go za gwiazdę. Błagali, by zaprosił ich na imprezy.

Bradley miał w zwyczaju powtarzać, że w naszym biznesie chodzi o dawanie światu więcej miłości. Możesz uwierzyć w te bzdury? Brał dziennie sześć działek LSD, więc odjeżdżał. Był ślepy na to, co robiliśmy. Był w połowie genialnym biznesmenem, w połowie świrem. Nie rozumiał, co oznacza mafia. Zaczęliśmy więc edukację.

Andy i ja byliśmy częścią rodziny Gambino, nie mogliśmy więc trzymać niektórych mafiosów z dala od naszych klubów – byli to przyjaciele rodziny, którym nie mogliśmy odmówić. Im większy sukces odnosiliśmy, tym liczniej pojawiali się w klubach. Nie przychodzili, żeby zaczynać rozróbę. Przychodzili na randki. Odnosili się do nas z szacunkiem.

Ale tacy goście, nawet jeśli chcą się tylko zabawić, zawsze wszczynają bójki. A gdy zaczynają się bić, ich dziewczyny zawsze zachowują się tak samo: wchodzą na krzesła, drą się z całych sił i rzucają butelkami. To jest w genach Włoszek.

Jeśli jeden mafioso zrobi krzywdę innemu, nie ma problemu. Żaden z nich nie zadzwoni po gliny. Ale jeśli przytrafi się to człowiekowi z towarzystwa, skończy się na tym, że taki ktoś zadzwoni na policję. Policjanci przyjeżdżali, ale ja i Andy nie rozmawialiśmy z nimi. Niekorzystne byłoby, gdyby gliny wiedziały o naszym zaangażowaniu w interesy klubu. Bradley musiał się tym zająć. On musiał posprzątać bałagan.

Bradleyowi musiało być ciężko, gdy coraz częściej musiał zadawać się z ludźmi mojego pokroju. Zaczął dostrzegać, kim byliśmy. Ale przebolał to. Bradley pozostał naszym wspólnikiem, gdy przejmowaliśmy dla rodziny Gambino kontrolę nad nowojorskimi dyskotekami.

ROZDZIAŁ 16

J.R.: Po Salvation przejęliśmy Directoire[1]. Andy i ja zainwestowaliśmy 100 000 dolarów w jego remont, a Bradley harował jak wół.

BRADLEY: Nazwa Directoire pochodziła od okresu w sztuce francuskiej i nasz klub był cały w tym stylu[2]. Kiedy zmienialiśmy wystrój Directoire, nie zmieniliśmy stylu, tylko go odświeżyliśmy. Zatrudniłem Olega Cassiniego, dekoratora wnętrz, który pracował dla Jackie Kennedy. Oczywiście sprawił, że wystrój był jeszcze bardziej bajeczny.

J.R.: Kiedy Bradley przedstawił mi Olega Cassiniego, miałem wątpliwości odnośnie do tej francuskiej cioty. Kosztował nas kupę kasy. Ale jego praca – pierwsza klasa. Wstawili tam wielkie modne krzesła, z poduszkami wszędzie dookoła. Bradley zawsze lubił, gdy goście leżeli na poduszkach. Wszystko było w dobrym guście. Nie było innego podobnego klubu. Nawet nasi bramkarze byli sławni. Zatrudniliśmy Raya Robinsona Juniora, którego ojciec, Sugar Ray Robinson, był jednym z największych bokserów wszechczasów, i Richarda Roundtree[3]. Pomagali im moi ludzie.

---

[1] Pierwszy klub Directoire mieścił się przy Czterdziestej Ósmej Ulicy, między Trzecią Aleją a Lexington.

[2] Styl Directoire wyrósł z Rewolucji Francuskiej i podkreślał swobodę nie uznającą podziałów klasowych, która miała wpływ na modę lat siedemdziesiątych.

[3] Początkujący aktor pod koniec lat sześćdziesiątych, Roundtree zyskał sławę w 1971 roku, gdy zagrał Shafta w filmie o takim samym tytule.

Petey, o ile nie przebywał w więzieniu, zawsze pracował dla mnie na bramce, podobnie Jack Buccino. Jack zawsze chciał pracować w showbiznesie, więc kochał pracę w nocnych klubach, ale ciągle sprawiał kłopoty. W Directoire prawie zastrzelił gościa. Sprawdzał dowód tożsamości jakiegoś chłopaka i wypadła mu z kieszeni broń. Wypaliła, gdy uderzyła o ziemię. Kula poleciała w górę, prosto w nogę Jacka. Petey i pozostali moi ludzie wyciągnęli swoje spluwy, żeby zastrzelić tego dzieciaka. Nie zdawali sobie sprawy, że Jack postrzelił się własną bronią. Ale mimo że był strasznie naćpany, miał tyle przytomności, by powiedzieć: „To była moja broń. Nie strzelał do mnie".

Biedny Bradley. Gdy przyszedł, wszyscy wrzeszczeli, moi ludzie stali ze spluwami w dłoniach, Jack leżał na ziemi i lała się z niego krew. Bradley wyszedł z siebie.

Kiedy w klubach były imprezy, razem z Andym doprawialiśmy poncz LSD. Przychodzili starsi goście z wąsami i wydawało nam się zabawne to, że możemy ich nafaszerować kwasem i sprawić, że postradają zmysły i nie domyślą się, jak to się stało. Na jednej z takiej imprez w Directoire wrzuciliśmy do ponczu garść papierków nasączonych LSD.

– To będzie najzabawniejsza impreza na świecie – powiedział Andy.

Nie pojawił się żaden z oczekiwanych seniorów mafii, przyjechał za to Ed Sullivan[4]. Wyglądał tak jak w telewizji – zwłoki ubrane w garnitur. Pierwsze co zrobił, to nalał sobie szklankę podrasowanego LSD ponczu. Łaziliśmy z Andym za nim, a on chodził po klubie, rozmawiał z modelkami i piosenkarzami, którzy chcieli pojawić się w jego programie. Cały czas trzymał w dłoni szklankę, ale nie pił. Andy i ja prawie ześwirowaliśmy, gdy tak chodziliśmy za nim krok w krok. W końcu Sullivan przypomniał sobie, że chciał się napić i opróżnił szklankę. Razem z Andym nadal za nim łaziliśmy, przypatrując się mu, jakby to był jakiś eksperyment naukowy. Sullivan słynął ze swojej niechęci do narkotyków[5],

---

[4] Ed Sullivan był prowadzącym programu *The Ed Sullivan Show*, emitowanego na antenie CBS przez 23 lata. To on zaprezentował Ameryce takie gwiazdy jak Elvis czy The Beatles.

[5] Sullivan zabronił The Doors występować w programie po tym, jak Jim Morrison zaśpiewał „Girl, we couldn't get much higher" w piosence *Light My Fire*.

więc chcieliśmy zobaczyć, jaki efekt będzie miało LSD na Panu Czystym. Chodził po klubie i normalnie rozmawiał, po czym jego twarz nabrała dzikiego wyrazu. Próbował złapać w powietrzu coś, czego nie było, i zaczął podtrzymywać ściany dłońmi.

Razem z Andym zawsze dbaliśmy o to, by na naszych imprezach była odpowiednia ilość dziwek. Wysłaliśmy jedną, żeby zapytała Eda Sullivana, jak się czuje. Dostał paranoi.

– Kim jesteś? – zaczął krzyczeć.

Uśmiechnęła się i uspokoiła go. Sullivana opuściła paranoja. Podszedł bliżej i położył dłoń na jej piersi. Zaczął ją przekręcać jak okrągłą klamkę. Zrobiliśmy z Andym szybką burzę mózgów. A co by było, gdybyśmy skłonili Sullivana do rozebrania się i przelecenia tej dziwki na zapleczu? Gdybyśmy to sfilmowali, moglibyśmy go szantażować. Kazałem dziewczynie zabrać Sullivana na zaplecze. Zaczęliśmy z Andym pytać, czy ktoś nie ma kamery. Ale kto przynosił kamerę do dyskoteki? W tamtych czasach nie było monitoringu. Wysłaliśmy jakiegoś gościa, żeby skombinował kamerę.

Zajrzeliśmy z Andym na zaplecze, żeby sprawdzić, co Sullivan robi z dziwką. Odsłoniła cycki, żeby łatwiej mu się było nimi bawić, ale kiedy próbowała nakłonić go do zdjęcia ubrania, zaczął świrować. Poszedł do kąta i rozpłakał się.

Zmartwiliśmy się z Andym. Nie mogliśmy pozwolić sobie na to, żeby Ed Sullivan ześwirował w naszym klubie. Posłaliśmy po jego szofera i zabraliśmy go na zaplecze. Powiedzieliśmy mu:

– Nie wiemy, co się stało twojemu szefowi, ale zaatakował dziewczynę. Musisz go stąd zabrać.

– Pan Sullivan nigdy w życiu się tak nie zachowywał – odpowiedział szofer.

Wyprowadziliśmy ich bocznymi drzwiami, a parę dni później zatelefonowałem do kierowcy, żeby zapytać, jak się miewa jego szef.

– Pan Sullivan od trzech dni nie wychodzi ze swojego mieszkania.

Nie uznaliśmy tego z Andym za dobre wieści. A co jeśli zniszczyliśmy mózg Eda Sullivana? To mógłby być skandal. Mogłoby to spowodować zamieszanie w naszym klubie. Szofer Sullivana powiedział mi, że do domu szefa przyjechał lekarz z wizytą domową. Wydobyłem od niego nazwisko lekarza i zadzwoniłem do stryjka Sama, żeby sprawdzić, czy wie, jak się dostać do tego gościa. Stryj nawet nie pytał, po co. Oddzwonił dwie godziny później. Znał kolesia, którego miałem zabrać na rozmowę z lekarzem. Wyjaśnił mi, że jeśli go ze sobą wezmę, doktor będzie chciał ze mną rozmawiać. Następnego ranka poznałem tego człowieka. Był bardzo wysoki. Miał ślady po ospie i blizny. Może był kimś, kto ucierpiał z powodu błędów tego lekarza. Nieważne kim był, kiedy zadzwoniliśmy do gabinetu, lekarz od razu zgodził się z nami spotkać.

Mam na sobie moje buty na koturnie, aksamitne spodnie i spluwę zatkniętą za pasek. Obok mnie stoi ten koleś z bliznami. Lekarz popatrzył na mnie, na niego, wziął głęboki oddech i zapytał, w czym może pomóc. Powiedziałem, że chcę wiedzieć, jak się miewa Ed Sullivan.

Powiedział, że Ed Sullivan zadzwonił do niego i powiedział, że podano mu narkotyki. Kiedy lekarz dotarł do jego domu, zastał go zabarykadowanego w sypialni.

– Mój Boże, czy już z nim wszystko w porządku? – zapytałem.

– Zastanawia się, czy nie zgłosić tego na policję. Sądzi, że narkotyki podano mu w klubie nocnym.

– Czy przeprowadził pan jakieś badania, żeby sprawdzić, czy fiut Pana Sullivana jest cały i zdrowy?

– O czym pan mówi?

– Pan Sullivan zaatakował dziewczynę. Dorwał ją, gdy była sama, krzyczała, ile sił w płucach. Musieliśmy go z niej ściągać – odpowiedziałem.

– Czy ta dziewczyna chce czegoś od pana Sullivana? – zapytał lekarz.

– Wolałaby raczej zapomnieć o całej sprawie.

Lekarz obiecał, że wyjaśni całą sytuację z Edem Sullivanem. Zadzwonił do mnie dwa dni później i powiedział:

– Rozmawiałem z panem Sullivanem. Czuje się dużo lepiej i wolałby zapomnieć o tym wypadku.

Tydzień później stryjek Joe mówi mi, że mam się z nim spotkać w La Luna w Little Italy[6]. Słyszał od stryjka Sama o mojej wizycie u lekarza Eda Sullivana. Gdy usiedliśmy przy stoliku, spytał mnie:

---

[6] Nie chodzi o restaurację Luna w Bronksie zlokalizowaną w tym samym budynku co mieszkanie rodziców Jona. La Luna była klasyczną neapolitańską restauracją zlokalizowaną przy Mulberry Street w Little Italy na Manhattanie.

– O co, kurwa, chodzi?

Opowiedziałem mu, że podaliśmy narkotyki Edowi Sullivanowi, żeby móc go szantażować. Nie przyznałem się, że początkowo zrobiliśmy to tylko dla jaj.

Gdy dotarłem do momentu, gdy dziwka próbowała dorwać się do fiuta Sullivana, a on ześwirował, wujek trzasnął szklanką z drinkiem o stół.

– Pieprzone dzieciaki, musicie spróbować wszystkiego. Trzymaj się swoich interesów. Eda Sullivana zostaw w spokoju. Oglądam jego program.

Kto by pomyślał, że ulubionym programem mojego stryjka Joego był *The Ed Sullivan Show*?

Stryjek miał rację, mówiąc, że powinniśmy ograniczyć się do swojego biznesu. Na Directoire i Salvation zarabialiśmy z Andym dużo pieniędzy. Poszliśmy do Bradleya i Bobby'ego Wooda i powiedzieliśmy: „Otwórzmy następny klub". Tak zrobiliśmy. Przekształciliśmy restaurację The Envoy East przy Czterdziestej Czwartej Ulicy w klub nocny. W śródmieściu otworzyliśmy następny, o nazwie The Boathouse i Salvation Two blisko Central Park West. Przejęliśmy miejsce, które nazywało się The Church i faktycznie było kościołem. Nazwaliśmy je Sanctuary[7]. Braliśmy dolę z innych klubów w całym Manhattanie.

Wszyscy przychodzili do naszych klubów – Mick Jagger, Ted Kennedy, Johnny Carson. Poznałem ludzi, o których istnieniu nie miałem pojęcia, jak ten szalony artysta Andy Warhol, który cały czas przychodził na nasze imprezy. Próbował namówić Andy'ego żeby mu pozował. Z tego powodu strasznie dokuczałem Andy'emu – było widać, że podoba się Warholowi. Bruce Lee był jednym z najmilszych gości, którzy przychodzili do naszych klubów. Nie był jeszcze sławny, był drobny, ale ze sposobu, w jaki się poruszał, można było wywnioskować, że był w fenomenalnej formie. Żartowałem sobie, że z nim powalczę. Cieszę się, że nigdy nie pobiłem się z Bruce'em Lee. Po tym jak zobaczyłem jego filmy, zdałem sobie sprawę, że nie dałbym mu rady, nawet mając w ręce

---

[7] Sanctuary mieścił się w starym kościele baptystów przy Czterdziestej Trzeciej Zachodniej. Na jego ścianie był fresk przedstawiający anioły popełniające cudzołóstwo. Sanctuary reklamował się jako „najbardziej dekadencka dyskoteka w historii świata".

kij bejsbolowy. Kolejnym gościem z naszych klubów, który wydawał mi się interesujący, był John Cassavetes[8]. Zadawał mnóstwo pytań o zarządzanie klubami, co robiliśmy dla przyjemności. Mimo że występował w filmach, nie snobował się.

Żaden z nich nie poświęciłby mi ani minuty swojego cennego czasu, gdyby nie Bradley Pierce. Jeślibyśmy go nie mieli, zamknęlibyśmy interes w ciągu tygodnia. Choć głosił pokój i miłość, był też bystry. Jedną z jego sztuczek było nakłonienie pewnych dziewczyn – grupy supermodelek – do tego, żeby chodziły tam, gdzie im kazał. Mówił im:

– Przychodź przez tydzień do tego klubu i pij, ile możesz.

Jeśli klub podupadał, wysyłał tam swoją armię modelek i klub znów stawał się modny.

Bradley znał też inne sztuczki. Mówił nam:

– Zawsze utrzymujcie na zewnątrz kolejkę ludzi chcących wejść do środka. Nieważne, czy w środku jest pusto. Chcę, żeby ludzie przed bramką bardzo chcieli wejść.

Bez względu na to, ile wziął LSD, Bradley wiedział, co robić, lepiej niż ktokolwiek inny.

Gdy zajęliśmy się klubami, latem robiliśmy to, co robili wszyscy. Wyjeżdżaliśmy z miasta. Wszyscy jechali do Hamptons albo na Fire Island. W różnych okresach wynajmowaliśmy z Andym domy w obu tych miejscach, ale na Fire Island znaleźliśmy na wybrzeżu niesamowitą starą farmę, którą dostaliśmy za bezcen, bo jej właściciel był zdegenerowanym hazardzistą, który był winien pieniądze mojemu stryjkowi. Kupiłem sobie pierwszą ładną łódź, Donzi[9], której używaliśmy, by pojeździć na nartach wodnych. Obaj z Andym mieliśmy psy, których nie wpuszczano na pokład promu pływającego na wyspę, więc wynajmowaliśmy helikopter albo hydroplan.

Hydroplany zabierały nas z wybrzeża East River. Któregoś dnia wsiedliśmy na pokład naładowani PCP. To, co najbardziej mnie fascynowało

---

[8] Aktor, reżyser i scenarzysta, który zmarł w 1989 roku.
[9] Luksusowa niewielka motorówka zbudowana przez legendarnego żeglarza i konstruktora łodzi, Dona Aronowa.

w lataniu nad Nowym Jorkiem, to mosty. Tego dnia, gdy wznieśliśmy się w powietrze, powiedziałem Andy'emu:

– Zmuszę tego skurwiela, żeby przeleciał pod mostem.

– Nie zrobi tego – zaśmiał się Andy.

– E tam, zmuszę go do tego.

– Co masz na myśli, mówiąc, że go do tego zmusisz?

Wyciągnąłem gnata.

– Andy, wsadzę to w tyłek pilotowi, jeśli tego nie zrobi.

– Nie rób tego pilotowi, Jon. My jesteśmy na pokładzie.

Ale odlatuję. W mojej głowie wszystko traci proporcje. Świruję, bo chcę przelecieć pod mostem. Mój pies, piękny doberman, który wabił się Brady, wyczuwał moją agresję.

Brady się stresuje i rzuca się na pilota.

– Pilnuj swojego psa – wrzeszczy pilot.

– Człowieku, rozmawiam z moim psem. Chce przelecieć pod mostami. W tym momencie boi się lecieć nad nimi – odpowiadam.

Andy tarza się ze śmiechu. Wyjmuje broń, celuje nią w pilota i mówi:

– Rób, co pies każe.

Biedny plot. Przelatuje dla nas pod każdym z mostów.

Tydzień później, gdy zadzwoniliśmy do jego firmy, żeby wynająć kolejny hydroplan, właściciel przeprosił za jego zachowanie.

– Nie powinien był się wam sprzeciwiać – powiedział.

Ten człowiek wiedział, kim jesteśmy. Miałem ledwie 21 lat, a żyliśmy z Andym jak królowie. O ile możesz sobie wyobrazić królów palących codziennie PCP.

ROZDZIAŁ 17

JUDY: Oczywiście, że chodziłam do klubów Jona. Uwielbiałam tań-czyć. Wszyscy kochali Directoire. To był świetny czas, żeby być w No-wym Jorku.

Kiedy Jon wrócił z Wietnamu, bardzo się o niego martwiłam. Był taki wycofany. Mieszkałam wtedy w Bostonie. Kończyłam studia w Emerson College, a wcześniej rozwiodłam się z mężem. Rok później przeprowa-dziłam się do Nowego Jorku.

Ten rok przyniósł wiele zmian. Jon odniósł sukces w zarządzaniu klubami nocnymi. Był na szczycie. Miał nieskazitelne ubrania. Wszyst-kie szyte na miarę. Buty robione na zamówienie i nosił laskę. Miał nie-samowitą kolekcję lasek.

Poznałam jego przyjaciela, Andy'ego. Nie rozstawali się. Andy był mi-łym gościem. Nie byłam kretynką. Wiedziałam, że naprawdę nie był miły. Być może był złym człowiekiem. Ale był przy tym miłym gościem. Dla mnie był kimś, kto dotrzymywał obietnicy. Mogłam spojrzeć mu w oczy i dostrzec, że nie był całkiem zły. Troszczył się o innych. Był prawdziwy. Wierzyłam, że ma dobry wpływ na mojego brata.

J.R.: Andy budził się codziennie z nowym planem. Znał gościa w głów-nym urzędzie pocztowym. Kiedy banki wysyłały swoim klientom nowe karty kredytowe, karty trafiały na pocztę zapakowane w torby z gru-bego materiału. Co parę tygodni znajomy Andy'ego kradł jedną taką torbę wypełnioną kartami i sprzedawał je Andy'emu. Andy podjeżdżał do mnie swoim lincolnem i krzyczał:

– Chodź Jon, zagrzejmy parę kart.

Kupowaliśmy towary za tysiące dolarów w sklepach na Manhattanie. Zarabialiśmy na tym pieniądze, ale głównie robiliśmy to dla jaj. Każdą informację, jaką mieliśmy, staraliśmy się wykorzystać. Znaliśmy szefa sali w Maxwell's Plum. Był zwyrodniałym hazardzistą. Gdy zalegał nam ze spłatą, wykupił się z długów, bo powiedział nam, gdzie w restauracji mają sejf. Wysłaliśmy tam naszych gości, którzy go okradli.

W ciągu tych dwóch tygodni, które przepracowałem w E.F. Hutton, zaprzyjaźniłem się z maklerem, który był w moim wieku. Spotkaliśmy się ponownie, gdy zajmowałem się już klubami. On przeniósł się do Merrill Lynch i miał pomysł na to, jak ukraść obligacje na okaziciela. Plan był tak wielki, że chciałem go przegadać ze stryjem Joe. Przyprowadził kolesia z innej rodziny, Vincenta Pacellego[1], który miał już na koncie akcje z biurami maklerskimi. Ukradli milion dolarów w obligacjach na okaziciela. Wszystko się udało, ale później nasz plan przysporzył stryjowi trochę problemów[2].

Każdego dnia zachowywaliśmy się z Andym jak rekiny szukające kolejnych ludzi do pożarcia.

Obaj z Andym kochaliśmy psy. On miał sukę dobermana, Nicky, która była zaprzyjaźniona z moim dobermanem Bradym. Razem szkoliliśmy nasze psy. Musisz pracować nad tym, by utrzymać u swojego psa poziom agresji. Jeśli pies od czasu do czasu kogoś nie ugryzie, rdzewieje.

To, co robiliśmy z naszymi psami, nie było zbyt przyjemne, ale wtedy nie byłem zbyt miłym gościem. Robiliśmy coś takiego: jechaliśmy na Lower East Side. Było tam miejsce, gdzie bezdomni rozpalali ogień w koszach na śmieci i stali wokół nich, popijając alkohol.

---

[1] Członek rodziny z Genui, sprzymierzonej z Gambino.

[2] Kradzież obligacji z Merrill Lynch wywołała skandal, w którego wyniku stryj Jona miał zeznawać przed władzami ustawodawczymi stanu Nowy Jork. Odmówił złożenia zeznań i nie postawiono mu żadnych zarzutów. Więcej w artykule Richarda Phalona *Hooded Informer Reveals Stock Theft*, „New York Times", 12 grudnia 1969.

Zatrzymywaliśmy się. Wysiadałem z auta z dwudziestką w ręce i mówiłem:
– Cześć stary. Masz 20 dolców.
– 20? – Bezdomny był przeszczęśliwy.
– Za parę sekund wyświadczysz mi przysługę – wyjaśniałem.
Andy wypuszczał jednego psa z samochodu i krzyczał:
– Bierz go!
Pies rzucał się na bezdomnego. Przewracał go na ziemię i gryzł po całym ciele. Kiedy pies znów miał zmysły wyostrzone dzięki zaatakowaniu człowieka, ściągaliśmy go z gościa. A jeśli bezdomny został szczególnie mocno pogryziony, dorzucałem jeszcze 20 dolców.

Andy'ego, który miał specyficzne poczucie humoru, strasznie to śmieszyło. Robiliśmy to wiele razy i za każdym było inaczej. Patrzyłeś na twarz gościa, który dostrzegał psa i zdawał sobie sprawę, że zostanie zaatakowany. Nie możesz prześcignąć psa. Niektórzy goście byli na tyle mądrzy, że leżeli bez ruchu, bo chcieli, żeby wszystko jak najszybciej się skończyło.

Inni próbowali uciekać, co było dobre dla psów, które mogły poćwiczyć. Cieszyło nas to, że mogły sobie pobiegać. Któregoś dnia trafiliśmy na bezdomnego, który był szybki, nie uwierzyłbyś, taki facet łachmanach. Ale wystrzelił za róg jak błyskawica, a mój pies pognał za nim. Wskoczyliśmy do samochodu i pojechaliśmy w tamtą stronę. Po psie ani śladu.

Wysiadłem i usłyszałem wrzaski bezdomnego. Wskoczył do wejścia prowadzącego do mieszkania w piwnicy. Trząsł okiennymi kratami z całej siły, wołając o pomoc. Za każdym razem, gdy je chwytał, Brady gryzł go po rękach. W tym przypadku przez długi czas nie zawołaliśmy psa. Pozwoliliśmy mu się zabawić. Przez tego skurwiela musieliśmy pojechać aż za róg. To było wbrew regułom.

Korzystałem z pomocy Brady'ego w klubach, trzymałem go w biurze. Jeśli na parkiecie wywiązała się bójka, napuszczałem go na tych, którzy się bili. Jeśli ktoś robił naprawdę duże problemy, zabierałem go do biura i szczułem psem.

Jeździłem z Bradym w samochodzie. W Nowym Jorku zawsze możesz trafić na ulicy na jakiegoś kretyna, który się awanturuje. Jeśli jakiś głupi kretyn pokazał mi środkowy palec, otwierałem drzwi i wypuszczałem Brady'ego. Doskakiwał do okna samochodu i gryzł gościa w twarz.

Brady był takim dobrym psem, bo szkolił go Joe Da Costa. Joe był płatnym zabójcą. Hodował też psy i był naprawdę spoko kolesiem. Jest całe mnóstwo dupków, którzy twierdzą, że potrafią wyszkolić psa. Joe był jedynym kolesiem, jakiego poznałem, który naprawdę umiał to robić. Był tak dobry, że jego psy pojawiły się w filmie *The Doberman Gang*[3].

Spędziłem mnóstwo czasu u niego w New Jersey, ucząc się o zachowaniu psów. Zakładałem ochronny rękaw, a on napuszczał na mnie swoje psy, żebym mógł się nauczyć, jak odpierać ich atak. Nauczył Brady'ego wyczuwać smar do broni. Jeśli ktoś przyszedł do mojego domu i miał przy sobie broń, mój pies stawiał go pod ścianą. Nie mówiłem nikomu, że był szkolony w tym celu.

Przyszpilał takiego dupka z bronią do ściany.

– Skąd on wie, że mam przy sobie spluwę?

– Po prostu to wie – odpowiadałem. – To dobry pies.

Joe pokazał mi, jak wyszkolić psa, żeby srał na zawołanie. Zimą, gdy było -20 stopni, mogłem wyjść z nim na spacer, powiedzieć: „Sraj", a on to robił. Bez wygłupiania się.

Ale co najważniejsze, Joe wiedział, jak wyszkolić jego serce. Robił to tak, jak to się robi z bokserami, budując ich pewność siebie. Kiedy miał nowego psa, stawał przed nim i wydawał dziwne odgłosy, ssssss, ssssss, żeby go zirytować. Gdy pies próbował go chapnąć, Joe uciekał, jakby się wystraszył. To podbudowywało psa.

Później Joe brał bambusowy kijek i walczył z psem. Uderzał go coraz mocniej, aż ten nabierał wiary w siebie. Jeśli pies był dobry, Joe brał gumowy wąż. Mógł mocno stłuc psa, ale pies się nie poddawał, bo do tego czasu stawał się nieustraszony i myślał o sobie jako o potworze. Pies, który myśli w ten sposób, będzie atakował bez końca, tak wielkie ma serce.

Wszystkie moje psy miały serce.

Przez psa skończyłem jako dobry samarytanin. W Nowym Jorku, jeśli chciałeś spróbować naprawdę dobrego ciasta – nieważne, czy miała to być

---

[3] Film typu *exploitation* movie z 1973 roku o przestępcach, którzy używają sfory psów do obrabowania banków. Teza Jona, że Joe Da Costa lub jego psy miały coś wspólnego z kręceniem tego filmu, nie mogła zostać zweryfikowana.

szarlotka, ciasto z wiśniami, orzechami itd. – mogłeś udać się tylko w jedno miejsce: Better Crust[4] przy Sto Trzydziestej Dziewiątej Ulicy w Harlemie. Podawali tam ciasto ze słodkich ziemniaków, którego nikt nie był w stanie przebić, i ciasta według niezwykłych przepisów, na przykład sernik z jagodami z wierzchnią warstwą z ciasta na precle. Niesamowite było to, co potrafili wymyślić.

Better Crust mieściło się w najgorszej części Harlemu. Nie mogłeś nawet wejść do cukierni. Mieli okienko z pleksi jak w banku. Wsuwałeś pieniądze w szczelinę i przez małe drzwiczki na obrotowym talerzyku wyjeżdżała twoja porcja ciasta. Klienci stawali w kolejce jak ćpuny czekające na swoją działkę, zabierali swoje ciasta i zwiewali.

Któregoś letniego dnia pojechałem tam po ciasto, które było tak dobre, że nie byłem w stanie zaczekać ze zjedzeniem go, aż wsiądę do samochodu. Stoję więc na chodniku, pałaszując to ciasto, gdy podjeżdża wielki cadillac, z tych, którymi jeżdżą alfonsi. Jest ponad 30 stopni, a czarny koleś, który wysiada z samochodu, ma na sobie futro. Nie zwracam na niego uwagi, delektuję się moim ciastem.

Widzę, że chodnikiem idzie gość, który trzyma w ręce papierową torbę. Zakładam, że to pijak, który niesie w niej butelkę piwa. Wtedy zauważam, że torebka staje w płomieniach. „Torebka się pali", myślę.

Alfons pada na ziemię, zanim jeszcze usłyszę strzał. Facet miał w torbie pistolet i zastrzelił alfonsa. Brady widzi, co się dzieje, i przez tylne okno wyskakuje z samochodu. Skacze na gościa, który strzelał i przewraca go. Kolo jest tak spanikowany, że upuszcza broń i krzyczy.

Dobermany gryzą po całym ciele. Inne psy wgryzają się w ramiona albo szyję i nie puszczają, dopóki się ich nie zrzuci z siebie. Ale nie dobermany. Jeśli jesteś w stanie znieść ból, w końcu pokonasz dobermana, bo choć te psy robią krzywdę, nie są konsekwentne w swoich atakach. Ale ten biedny koleś o tym nie wiedział. Leży na ziemi i wymachuje kończynami. Brady gryzie go po twarzy, brzuchu, rękach. Wrzeszczę na gościa, żeby się uspokoił. Chcę zabrać psa, zanim pojawi się policja. Ale

[4] The Better Crust Bakery była stałym elementem krajobrazu w Harlemie odkąd w 1946 roku odpalono tam piekarniki. Po tym jak w 1996 roku opublikowano w „New York Timesie" entuzjastyczny artykuł, cukiernia zamknęła swoje podwoje – najwyraźniej nowojorczycy stracili zainteresowanie jej ciastami ze słodkich ziemniaków.

im bardziej gość krzyczy, tym bardziej Brady się nakręca. Muszę wziąć swój pistolet i przyłożyć go kolesiowi do twarzy. W końcu udaje mi się ściągnąć z niego Brady'ego. Gość jest przeżuty. Jest jak kawał mięsa leżący na chodniku. Nigdzie się nie wybiera. Wsiadamy z Bradym do auta i wracamy do domu.

Później, w wiadomościach o dwudziestej trzeciej, puścili materiał o tym, jak dobry samarytanin pomógł schwytać mężczyznę, który zastrzelił „biznesmena z Harlemu" – alfonsa – przed Better Crust Bakery. Andy oglądał wiadomości i miał niezły ubaw. Pomogłem policji znaleźć sprawcę morderstwa.

Ale mimo że dobrze się bawiłem z moimi psami, nigdy nie byłem w sytuacji, gdy pies uratował mi życie. Choć psy są wspaniałe, strzelenie komuś w nogę nadal jest najlepszym środkiem perswazji. Psy są przede wszystkim towarzyszami.

ROZDZIAŁ 18

J.R.: Jeśli zajmujesz się prowadzeniem nocnych klubów, gliny zawsze dadzą ci popalić. Koncesja na sprzedaż alkoholu zawsze daje powód, by
przyjść do twojego klubu i powęszyć. W rok po starcie ściągaliśmy z Andym dużo uwagi – nie ze strony nowojorskich gliniarzy, których zawsze
można było kupić, ale ze strony FBI. Dwa wydarzenia sprawiły, że zaczęli
się nami interesować.

Pierwszą sprawą było porwanie Jimiego Hendriksa. Nigdy się specjalnie nie przyjaźniliśmy. Jimi odpłynął tak daleko, że nie wydaje mi się, żeby
miał prawdziwych przyjaciół. Był strasznym ćpunem. Cały czas ktoś się
koło niego kręcił. Dusił się przez tych ludzi. Po tym jak spotkaliśmy się
w Salvation, Jimi przyjechał do naszego domu na Fire Island, żeby od nich
trochę odpocząć. Upewniliśmy się, że nie będzie mu przeszkadzał mu nikt,
kogo nie lubił. Jimi naprawdę lubił Lesliego Westa[1] i któregoś razu obaj
grali przez całą noc w naszym salonie. Jimi musiał sobie strzelić w ramię
speeda, żeby dotrzymać tempa Lesliemu. Tak dobry był Leslie. Parę razy
zabraliśmy Jimiego na narty wodne moim Donzi. Lubił świeże powietrze
i wysiłek fizyczny, nawet gdy był naspawany.

Któregoś razu nieomal utonął. Nie ma na sobie kamizelki i nagle
spada z nart. Jest w wodzie, trzepie rękoma. Zawracam łódkę i rzucam

---

[1] Gitarzysta hardbluesowy, frontman grupy Mountain, najbardziej znanej z przeboju
Mississippi Queen.

mu linę. Unosi się na wodzie może metr od niego, ale on wymachuje łapami jak szalony. Nagle zaczynam się zastanawiać, czy on w ogóle potrafi pływać. Andy musi wskoczyć do wody i podać mu linę, bo, Jezu Chryste, jeśli ten gość nam tu umrze, będziemy mieli niezły ból głowy.

Czasem dobrze się bawiłem z Jimim, ale wyprawa na narty wodne była katastrofą.

Zostałem wciągnięty w tak zwane uprowadzenie Jimiego po tym, jak został zgarnięty przez kogoś z Salvation i jacyś ludzie oskarżyli mnie, że brałem w tym udział[2]. Powiedzieli, że miałem powiązania z porywaczami, którzy przywiązali Jimiego do krzesła i kazali mu wstrzykiwać sobie heroinę. Błagam. Nikt nie musiał zmuszać Jimiego do wstrzykiwania sobie czegokolwiek. Wystarczyło mu dać heroinę i sam ją sobie wstrzykiwał. To jego poszukiwania prochów wpędziły go w tarapaty. Andy i ja pomogliśmy mu się z nich wydostać.

Jimi miał ludzi, którzy zazwyczaj kupowali mu towar. Ale czasem odwalało mu tak bardzo, że przychodził do naszych klubów i sam szukał prochów. Któregoś wieczoru dwóch Włochów w naszym klubie – nie kolesi z mafii, tylko pozerów – zobaczyło, że jest tam Jimi i pyta o narkotyki. Postanowili: „Hej, to Jimi Hendrix. Złapmy go i sprawdźmy, co możemy z tego mieć".

Ci goście byli kretynami. Obiecali Jimiemu trochę towaru i zabrali do domu poza miastem. Nie wiem, czy chcieli pieniędzy, czy zysków z jego kontraktu płytowego, ale zadzwonili do menadżera Jimiego i zaczęli wysuwać żądania. Chwilę później Bobby Wood zadzwonił z informacją, że Jimi został uprowadzony z naszego klubu przez jakichś Włochów.

Mnie i Andy'emu wystarczyły dwa albo trzy telefony, żeby poznać nazwiska kolesi, którzy przetrzymywali Jimiego. Skontaktowaliśmy się z nimi i powiedzieliśmy jasno: „Puśćcie Jimiego albo już nie żyjecie. Niech włos mu z afro nie spadnie".

---

[2] W książce *The Jimi Hendrix Experience*, wydanej przez Arcade Publishing w 1996 roku, dziennikarz muzyczny Jerry Hopkins wymienia „Johna Riccobono" jako osobę, która mogła wziąć udział w uprowadzeniu Hendriksa z nowojorskiego klub w 1969 roku. Według Hopkinsa, John Riccobono i inni mafiosi porwali Hendriksa i przetrzymywali go w domu w Catskill Mountains, gdzie przywiązali go do krzesła i wstrzykiwali mu heroinę, żeby zmusić go do podpisania kontraktu płytowego.

Puścili go. Cała afera trwała może dwa dni. Jimi był tak naspawany, że prawdopodobnie nie zdawał sobie nawet sprawy, że go porwano. Odczekaliśmy z Andym mniej więcej tydzień i dorwaliśmy tych kolesi. Stłukliśmy ich tak, że zapamiętali to do końca życia.

I oto – po raz kolejny – zachowałem się jak dobry samarytanin. Niestety, gdy Jimi zniknął, ktoś z jego otoczenia skontaktował się z FBI. Federalni węszyli nawet po powrocie Jimiego. Ktoś podał moje nazwisko i zanim się zorientowałem, dwóch agentów wydzwaniało do mnie do klubu. Nie było dobrze. Nie miałem im nic do powiedzenia, ale byłem na ich celowniku. Kiedy FBI się z tobą kontaktowało, zakładali ci kartotekę. A jak kartoteka powstała, nigdy nie wiedziałeś, kto może później do niej zajrzeć. Przez całe to zdarzenie z Jimim Hendriksem miałem po raz pierwszy styczność z FBI.

Nasz wspólnik Bobby Wood był zamieszany w drugą sprawę, przez którą zainteresowały się nami gliny i reszta. W 1970 roku stał się prawdziwym problemem dla naszego biznesu. Jakąkolwiek złą rzecz mógłbyś wymyślić, Bobby na pewno to robił. Kradł nam pieniądze, wszczynał bójki z gośćmi, pyskował. Sądziłem, że to Bobby Wood podał FBI moje nazwisko w związku z porwaniem Jimiego Hendriksa. Gość był popieprzony.

BRADLEY: Bobby potrzebował na kokainę 1500 dolców tygodniowo. Zachowywał się dziwnie. Któregoś wieczoru podszedł do mnie i powiedział:
– Bradley, jesteś moim Jezusem Chrystusem. Wiem, że możesz mnie ochronić.
Robił przekręty finansowe, wyprowadzał z klubu pieniądze.
– Bobby, jesteś kretynem, bo w tym biznesie mamy kolesi, którzy mogą być naprawdę ostrzy. Nie bądź głupcem. Musisz kochać i szanować ludzi – powiedziałem mu.
Ale moje słowa do niego nie docierały.

J.R.: Bobby dostawał świra po zażyciu koki. Był jednym z pierwszych znajomych, na których kokaina, brana w dużych ilościach, miała negatywny wpływ. Mogliśmy sobie poradzić z tym, że podkradał trochę pieniędzy czy nawet tym, że wygadał się FBI. Zresztą, kto byłby w stanie uwierzyć takiemu dupkowi? Nie mieliśmy zamiaru go za to zabić.

Ale Bobby naraził się innym mafiosom, którzy przychodzili do naszych klubów. Bobby był Żydkiem z Jerome Avenue, który nic nie znaczył. Odwaliło mu do tego stopnia, że podrywał laski, z którymi ci kolesie przychodzili do klubu. Kiedy mówili, że powinien okazać szacunek, obrażał ich. Wiele razy braliśmy go na stronę i mówiliśmy mu:

– Bracie, powinieneś panować nad sobą.

Bobby nie posłuchał. Obraził w naszym klubie niewłaściwych ludzi. Było to na tyle poważne, że moi stryjkowie chcieli ze mną porozmawiać. Powiedzieli mnie i Andy'emu, że mamy się nim zająć. Gdy teraz o tym myślę, wydaje mi się to prawie zabawne. Nie było w Bobbym nic szczególnego, co sprawiłoby, że ktoś chciałby go zabić. Był po prostu dupkiem. Takie popełnił przestępstwo. Był tak wkurwiającym dupkiem, że musiał zniknąć.

Na początku 1970 roku, pewnej mroźnej zimowej nocy, ktoś władował w Bobby'ego Wooda kilka kulek i porzucił na ulicy jego ciało. Wszyscy mówili, że to sprawka moja i Andy'ego. Nie chcę komentować, czy ta plotka jest prawdziwa.

Niestety, zanim Bobby zszedł z tego świata, napisał do swojego adwokata list, w którym oskarżał mnie o okropne rzeczy. Jego gówniany prawnik przekazał ten list reporterowi z gazety, który zrobił z tego materiał:

Policja i agenci federalni zintensyfikowali śledztwo w środowisku nowojorskich klubów po tym, jak prawnik Roberta J. Wooda przekazał policji „listy zza grobu". Podziurawione kulami ciało Wooda zostało odnalezione 18 lutego na ulicy w Queens.

Wood, który kierował dyskoteką Salvation w Greenwich Village, pozostawił po sobie oskarżenia dotyczące barów i klubów nocnych kontrolowanych przez mafię. Sformułował swoje zarzuty w liście datowanym na 16 stycznia, który przekazał swojemu adwokatowi. List miał zostać przekazany policji, gdyby Wood został zamordowany (...).

W listach opisał, jak poznał „młodego mężczyznę, Johna Riccobono[3]", w którym wzbudził na tyle zaufania, by ten powierzył mu kierowanie

---

[3] Choć John Riccobono w wieku 13 lat prawomocnie zmienił nazwisko na Jon Pernell Roberts, wiele osób w organach ścigania nadal mówiło o nim jako o Johnie Riccobono i pod takim nazwiskiem Jon był znany na ulicy.

Salvation, z opcją na odkupienie dziesięciu procent udziałów w dyskotece. W listach jest mowa o tym, że Riccobono skłonił go do zatrudnienia
Andy'ego B. na stanowisku ochroniarza (...).

John Riccobono został w listach opisany jako syn znanego mafiosa i bratanek Josepha {Joego ze Staten Island] Riccobono, który widnieje w reje-
strach Ministerstwa Sprawiedliwości jako consigliere (doradca) rodziny
mafijnej, której głową jest Carlo Gambino.

Charles Grutzner, *Slain Man's Letters Give Impetus to Local
and Federal Investigations of After- Hours Clubs Here*,
„New York Times", 23 marca 1970

J.R.: Nie było dobrze widzieć swoje nazwisko w gazetach.

BRADLEY: Byłem w klubie, gdy przyszła policja i po raz pierwszy roz-
mawiała z Jonem i Andym o morderstwie. Gdy zapytali: „Czy wiecie,
kto mógł sprzątnąć Bobby'ego Wooda?", Andy odpowiedział: „Mogę
podać panu listę osób, które go nie lubiły". Wziął książkę telefoniczną
i wręczył ją policji.

– Każda osoba, której nazwisko tam znajdziecie, mogła mieć powód,
żeby go zabić.

Nie mogłem uwierzyć, że Jon i Andy stroili sobie żarty z policji, jakby
nic na świecie ich nie obchodziło.

J.R.: Andy'ego gówno obchodziła policja. Wsadzili nas do więzienia. Próbowali oskarżyć nas o to morderstwo, ale nie mieli dowodów, więc nie
mogli wnieść oskarżenia. Tato nauczył mnie, gdy byłem dzieckiem, że
można kogoś zabić i uniknąć kary. Miał rację.

ROZDZIAŁ 19

J.R.: Po tym, jak zamordowano Bobby'ego Wooda, wycofaliśmy się trochę z interesów. Ciągle je prowadziliśmy, ale usunęliśmy się w cień. Kiedy Bradley założył nowy klub, Hippopotamus[1], mieliśmy w nim wpływy, ale nie prowadziliśmy tam biura.

Próbowałem się wtedy ustatkować. W 1970 roku spotykałem się z moją pierwszą poważną dziewczyną, Phyllis LaTorre[2]. Poznałem Phyllis dzięki temu, że kupiłem sobie Donzi. Jednym z nawyków, jakie przejąłem po ojcu, było to, że nigdzie nie podawałem swoich danych. Jeśli coś kupowałem, dawałem komuś pieniądze, żeby kupił to na swoje nazwisko. Nie chciałem, żeby rząd na podstawie dokumentów mógł powiązać mój majątek ze mną. Jeśli była to łódź, samochód, dom, dawałem gotówkę komuś, kogo ufałem lub kogo mogłem kontrolować, i ten ktoś wszystkim się zajmował. Mnie interesowały tylko klucze. Swoją Donzi kupiłem na

---

[1] Hippopotamus, który otwarto przy Pięćdziesiątej Czwartej Ulicy, a później przeniesiony do lokalu przy Sześćdziesiątej Drugiej, był podobno klubem, który dyktował w Nowym Jorku trendy do chwili, gdy w połowie lat siedemdziesiątych założono Studio 54. W Hippopotamusie The Beatles zorganizowali swoje pożegnalne przyjęcie, gdy w 1974 roku postanowili zakończyć działalność. Było to ulubione miejsce imprezowania eklektycznej grupy, w której można było spotkać m.in. Franka Sinatrę, Micka i Biancę Jaggerów i prawnika Roya Cohna.

[2] Prawdziwe nazwisko Phyllis brzmiało Corso. Według Jona zmieniła je na LaTorre, bo to nowe „brzmiało artystycznie". Poza tym chciała uniknąć powiązań z ojcem, Peterem Corso.

nazwisko gościa, który prowadził na Manhattanie butik z hipisowskimi ciuchami. Po tym, jak kupiliśmy łódź, powiedział mi:

– Jon, możesz przyjść do mojego sklepu o każdej porze dnia i nocy. Zajmę się tobą. Zrobię, cokolwiek zechcesz.

Phyllis była kierowniczką w jego butiku i jego dziewczyną. Poznałem ją podczas pierwszej wizyty w tym sklepie. Była drobną Włoszką, gorącą jak rozgrzane żelazko. Znajomy powiedział, że mogę wziąć ze sklepu cokolwiek zechcę. Zabrałem Phyllis.

Miałem 21 lat, a Phyllis co najmniej 30. Prowadziłem taki tryb życia, że nie umiałem dogadać się z dziewczynami w moim wieku. Podobały mi się ich ciała, ale miały pusto w głowie. Phyllis miała w oczach mądrość. Wiedziała, co mam zamiar jej powiedzieć, jeszcze zanim jej powiedziałem. Gdy się poznaliśmy, nie traciliśmy czasu. Phyllis mieszkała w kamienicy na rogu Central Park West i 73. Parę dni po naszym spotkaniu powiedziała:

– Wprowadź się do mnie.

Phyllis była pierwszą kobietą, dzięki której czegoś się nauczyłem. Nawet moja matka niczego mnie nie nauczyła. Kiedy się poznaliśmy, byłem dzikusem. Phyllis z pewnością była typem nauczycielki. Znała się ma restauracjach i gotowaniu. Chodziła do kina, teatru, na wernisaże. Nie miała problemu z pokazaniem tego, co lubiła w łóżku. Phyllis miała własne zdanie. Była Włoszką, ale nie miała uprzedzeń, jak większość z nich. Lubiła Czarnych. Była dobrą znajomą komika Richarda Pryora i ludzi związanych z filmem. I nie przypominało to mojej znajomości z Jimim Hendriksem. Oni naprawdę byli jej przyjaciółmi, lubili ją. Była interesującą dziewczyną.

JUDY: Wszystko w Phyllis było fascynujące. Wyglądała interesująco. Była klasyczną włoską pięknością, miała oliwkową skórę, czarne włosy i piękne kości policzkowe. Była awangardowa. Ubierała się dziwnie. Nosiła jaskrawe kolory i futra. Któregoś lata nosiła tylko białe ubrania. Gdy się czymś zainteresowała, była niesamowita.

Jon kochał każdą kobietę, z którą się związał. Ale Phyllis była najmądrzejsza z nich. Czytała. Interesowała się polityką. Lubiła przygody. Kiedy mój przyjaciel zabrał mnie na zajęcia z medytacji transcendentalnej, poszła z nami. Próbowała nawet namówić Jona, żeby przyszedł na nasze sesje medytacyjne, miała nadzieję, że to go uspokoi. Phyllis nie dała się zastraszyć mojemu bratu. To ona dominowała rozmowy, ale jemu to nie przeszkadzało. Cieszył się obecnością silnej kobiety w jego życiu.

J.R.: Po paru miesiącach wspólnego mieszkania w jej kamienicy, przeprowadziliśmy się do penthouse'u przy tej samej ulicy. To było wspaniałe mieszkanie z wielkimi oknami i widokiem na Central Park. Naszą sąsiadką była Barbra Streisand. Nie przyjaźniliśmy się, ale to pokazuje, w jakim budynku zamieszkaliśmy.

Judy wprowadziła się do mieszkania Phyllis. Były jak siostry. Ja i Phyllis nigdy nie wzięliśmy ślubu, ale dla tych, którzy nas znali, byliśmy jak mąż i żona.

JUDY: Jon w końcu miał rodzinę. Było to dla niego naprawdę dobre. Phyllis miała wielką włoską rodzinę, która potraktowała go jak syna. Jon był blisko z ojcem Phyllis, jej siostrą Fran i ich kuzynem Henrym. Jon i Henry byli jak bracia.

J.R.: Kiedy po raz pierwszy zobaczyłem Phyllis, myślałem, że jest hipiską i Żydówką. Myliłem się. Rodzina Phyllis należała do mafii. Jej ojciec pochodził z Long Island, zajmował się heroiną. Był zabawnym gościem, który potrafił spieprzyć każdy dobry plan i trafić do więzienia. Ciągle albo szedł do paki, albo z niej wychodził[3]. Kiedy go poznałem, prowadził dobry kokainowy interes. Przez gościa z Mercka[4] miał dostęp do aptecznej kokainy. Pierwszą naprawdę dobrą kokainę, jakiej

---

[3] Ojciec Phyllis, Peter Corso, został aresztowany po raz ostatni w 1987 roku, gdy miał 65 lat, za handel kokainą. „Corso – którego kartoteka sięga do 1938 roku i obejmuje między innymi wyrok dwóch lat więzienia za handel narkotykami – podczas aresztowania miał w domu kilka kilogramów kokainy i dokumenty opisujące system jej dystrybucji". Z *29 Arrested in Dope Network Operated from Cell at Attica*, „The Schenectady Gazette", 24 sierpnia 1987. Kiedy pokazałem ten artykuł Jonowi, powiedział: „Cały ojciec Phyllis. Co za kretyn trzyma we własnym domu papiery opisujące, kto dystrybuuje jego prochy?".

[4] Merck & Co, firma farmaceutyczna, sprzedawała kokainę do celów medycznych aż do końca lat siedemdziesiątych.

spróbowałem, dostałem od mojego teścia. Jedno pociągnięcie nosem i zamarzało ci całe gardło. Później to zmrożenie się rozprzestrzeniało, aż miałeś wrażenie, że twój mózg zmienił się w bryłę lodu. Nigdy nie sądziłem, że kokaina stanie się moją przyszłością. Wtedy była to tylko dobra zabawa dla znajomych Phyllis, na przykład dla Richarda Pryora, gdy przychodził do nas na imprezy.

Mój szwagier, Henry Borelli[5], był kompletnym świrem. Starał się o przyjęcie do nowojorskiej policji. Nie udało mu się, więc przeszedł na drugą stronę. Zadawał się z grupą Włochów, których później ochrzczono „Murder Machine". Zabijali na zlecenie. W Brooklynie mieli pizzerię, gdzie w maszynach do mięsa mełli swoje ofiary, a później wynosili je w wiadrach. Musieli tak przerobić z pięćdziesięciu gości[6]. Henry dobrze strzelał i wykonał sporo zleceń dla Johna Gottiego. Nie pracowaliśmy razem zbyt często, ale byliśmy bliskimi przyjaciółmi.

Siostra Phyllis Fran była z gościem, który nazywał się Jack Bliss. Był pół-Portorykańczykiem, pół-Brazylijczykiem. Zawsze nosił wzorzyste koszule w tukany. Kochał muzykę. Kochał tańczyć. Wszyscy nazywali go „Jack w koszuli w tukany".

Jack pracował dla mojego znajomego Vincenta Pacellego. Vincent brał udział w kradzieży obligacji z Merrill Lynch, ale głównie zajmował się heroiną. Razem z ojcem prowadzili interes, który był pierwowzorem tego pokazanego w filmie *Francuski łącznik*[7]. Jack pracował dla nich jako kurier. Jeździł po całym kraju, w bagażniku wożąc towar, który dla nich

---

[5] Choć Henry był kuzynem Phyllis, zawsze nazywała go swoim bratem. Dlatego Jon mówi, że Henry był jego „szwagrem".

[6] Henry Borelli był częścią grupy związanej z rodziną Gambino, którą dowodził Roy DeMeo. Borelli zyskał przezwisko „Brudny Henry" – nawiązujące do bohatera strzelającego z magnum kalibru .44, granego przez Clinta Eastwooda – z powodu brutalności, z jaką zabijał swoje ofiary. Grupa DeMeo odpowiada podobno za zamordowanie w latach siedemdziesiątych i osiemdziesiątych blisko 200 osób, z których wiele zostało poćwiartowanych nie w pizzerii, o której mówi Jon, ale w mieszkaniu obok baru w Brooklynie. Wyczyny grupy DeMeo zostały opisane przez Gene'a Mustaina i Jerry'ego Capeciego w książce *Murder Machine*, opublikowanej w 1993 roku przez Onyx.

[7] Historia z filmu *Francuski łącznik* z 1971 roku była częściowo oparta na życiu mafiosa Pasquale Fuki, zajmującego się przemytem heroiny. Ojciec znajomego Jona, Vincenta Pacellego – Vincent Pacelli senior, był zamieszany w podobne działania, za co został skazany w 1965 roku. Proces Pacellego seniora był głośną sprawą, ze względu na to,

rozprowadzał. Jack był pierwszym znanym mi gościem, który jeździł mercedesem 280 SL, dwuosobowym kabrioletem. Ja miałem wtedy cadillaka eldorado, w bagażniku którego można by praktycznie schować całego mercedesa Jacka. Śmialiśmy się z jego małego auta.

Ale Jack pokazał mi, co potrafi jego mercedes. Któregoś dnia zadzwonił do mnie z Florydy. Pojechał tam, żeby odebrać heroinę, ale spotkał gościa, który miał 20 kilo kokainy. Na początku lat siedemdziesiątych to była niewyobrażalna ilość narkotyków. Jack zapytał, czy znam w Nowym Jorku kogoś, kto chciałby kupić tyle koki. Kosztowała milion dolarów – wtedy była to przeogromna kwota.

Goście z wąsami nadal uważali, że heroina jest OK, bo, jak sądzili, brali ją tylko Czarni. Nie wiedzieli, że Włosi też ćpali. Ale nie chcieli, żeby ktokolwiek tykał innych narkotyków, w tym kokainy. Ci starzy goście byli niezwykle uparci.

Dzięki kontaktom z klubów znałem Żyda o nazwisku Ray Mitner[8], który miał mnóstwo kasy i którego interesowały nielegalne interesy. Było to mało prawdopodobne, ale nie miałem nic do stracenia, pytając go, czy nie chce kupić 20 kilo kokainy. Ray uwielbiał sajgonki, więc żeby wprowadzić go w dobry nastrój, zabrałem go do chińskiej restauracji na Broadwayu, gdzie podawano najlepsze sajgonki w Nowym Jorku. Kiedy powiedziałem mu o znajomym z 20 kilogramami kokainy, nawet nie mrugnął. Powiedział, że jak tylko Jack dotrze z koką do Nowego Jorku, on będzie miał milion dolców.

Zadzwoniłem do Jacka na Florydzie. Wpakował te 20 kilo do swojego mercedesa i 16 godzin później był w Nowym Jorku. Zainwestowałem w ten interes parę sajgonek i zarobiłem na tym 50 000 dolarów prowizji.

Największe wrażenie zrobiła na mnie nie forsa, jaką zarobiłem na kokainie. Nie zobaczyłem jeszcze w pełni jej potencjału. Wrażenie zrobił na mnie mercedes Jacka. Przedtem zawsze z pogardą odnosiłem się do zagranicznych samochodów. Kiedy opowiedziałem Phyllis o tym, jak szybko Jack dojechał swoim małym mercedesem, wykorzystała to na swoją korzyść.

że oskarżony próbował z pomocą króliczka Playboya przekupić jednego z przysięgłych. Więcej w: *Ex-Playboy Bunny Held in Bribe Plot*, „New York Times", 13 lipca 1965.

[8] Ray Mitner to pseudonim użyty, by chronić tożsamość znajomego Jona.

– Skoro teraz lubisz zagraniczne auta, kup mi XKE – powiedziała. Odkąd pamiętałem, Phyllis truła, żebym kupił jej XKE, jaguara z dwunastocylindrowym silnikiem i przedłużoną maską. Kupiłem nam identyczne jaguary.

Biedny Jack. Zarobił tyle kasy na kokainie i rozkręcał heroinowy biznes. Skumał się z czarnym z gościem z Harlemu, Jednookim Williem, który był związany z Nickym Barnesem[9]. Jack zaczął dostarczać Nicky'emu heroinę, którą brał od Vincenta Pacellego i nieźle sobie radził. Gdy interes szedł mu lepiej, zaczął zadawać się z czarnymi laskami, które narajał mu Jednooki Willie. Jack obnosił się z tym. Gość w koszuli z tukanami jeździł w mercedesie kabriolecie z czarnymi kurwami. Trudno było to przegapić. Fran, siostra Phyllis, zorientowała się, co się dzieje, i zerwała z nim.

To zaszkodziło Jackowi. Nie był Włochem. Jego jedyną ochroną przed mafią była Fran i ojciec Phyllis. Kiedy stracił ich poparcie, był nikim. Gdy Jack odebrał następną dużą dostawę heroiny, mój szwagier Henry okradł go i przerobił w maszynce do mięsa w swojej pizzerii. Tak skończył Jack w koszuli w tukany. Jeśli zdenerwujesz Włoszkę, musisz się postarać, żeby dobrze to rozwiązać.

---

[9] Nicky Barnes był dealerem heroiny w Harlemie. Był pierwowzorem postaci granej w *American Gangster* (2007) przez Cubę Goodinga juniora.

ROZDZIAŁ 20

J.R.: Phyllis zawsze uczyła mnie, żebym był bardziej ostrożny. Mówiła mi:
– Jon, zachowujesz się jak dzikus. Ktoś cię kiedyś zastrzeli.

Wiele razy podejmowałem ryzyko, ale wiedziałem, jak rodzina Phyllis obeszła się z Jackiem w koszuli tukanem tukany, byłem więc ostrożny, jeśli chodzi o spotykanie się z innymi kobietami. Phyllis była na tyle rozsądna, że zdawała sobie sprawę, że jestem młodym mężczyzną. Nie byłem mnichem. Chciała tylko, żebym nie obnosił się przed nią z innymi kobietami. Jeśli chodzi o kobiety, oszalałem. Nie było dla mnie żadnym wyczynem pieprzyć się pięć, sześć razy dziennie. Jeśli wziąć pod uwagę kluby nocne, kasę i ciuchy, miałem dość solidną pozycję. Ale mimo to ciągle byłem dzieciakiem z ulicy. Czasem kobiety, z którymi się zadawałem, zaskakiwały mnie.

Phyllis pokazała mi restaurację o nazwie Serendipity[1]. Mieściła się na parterze kamienicy. Zaraz przy wejściu sprzedawano dziwaczne rzeczy, ekspresy do kawy i zegary z kukułką. Część restauracyjna była z tyłu i właściwie mieściła się w suterenie. Ale to właśnie tam chodzili wytworni ludzie z Nowego Jorku[2]. Podawano tam niesamowite desery i śniadania. Serwowali tam nieziemskie francuskie tosty z kremowym serkiem.

---

[1] Restauracja ciągle mieści się przy Sześćdziesiątej Wschodniej, pod numerem 225. Serendipity znana jest z chyba najbardziej ekstrawaganckich deserów lodowych na Manhattanie.
[2] Marilyn Monroe, Andy Warhol i Jacqueline Onassis regularnie pojawiali się w restauracji w różnych okresach jej istnienia.

Phyllis lubiła spać do późna, więc często sam chodziłem rano do Serendipity. Siedzę tam któregoś ranka, jem mój francuski tost, a przy stoliku obok siedzi dziewczyna, którą widziałem w filmach[3]. W jednym z nich grała dziewczynę Jamesa Bonda. Była boginią, a ja byłem zwykłym dwudziestodwulatkiem, ale i tak postanowiłem spróbować.

– Przepraszam, że przeszkadzam, ale nie mogłem się powstrzymać od przywitania się, bo jesteś absolutnie boska – powiedziałem.

Uśmiechnęła się. Musiała usłyszeć już w życiu z milion komplementów, ale każdy kolejny nadal sprawiał jej przyjemność. Kiedy się uśmiechnęła, powiedziałem, że jestem zaskoczony, że nigdy nie widziałem jej w moim klubie Sanctuary.

– O, to twój klub? – zapytała.

– Przyjdź, proszę, bądź moim gościem. Tańcz do utraty tchu. Wszystko dla ciebie. Bar jest darmowy.

Tydzień później przyszła do klubu. Nie było mnie tam, ale ochroniarz zadzwonił do mnie i powiedział:

– Jon, przyszła dziewczyna Jamesa Bonda i pyta o ciebie.

Mój bramkarz miał do czynienia z wieloma sławnymi ludźmi, ale pojawienie się tej dziewczyny było czymś niezwykłym. Kazałem mu zaprowadzić ją do specjalnego stolika i przynieść butelkę wina. Nie szampana. Butelkę wina i dwa kieliszki. Kazałem jej czekać na siebie 45 minut.

– Lubisz tańczyć? – zapytałem ją.

– Uwielbiam.

– Ja nie tańczę. Ale ty możesz zaszaleć.

– Usiądź, porozmawiajmy – zaproponowała.

Usiadłem i rozmawiałem z nią. Po jakimś czasie powiedziałem:

– Chciałbym popatrzeć, jak tańczysz.

Wstała więc i zaczęła tańczyć. Nim minęła czwarta rano, była już zmęczona tańcem i opowiedziała mi o sobie wszystko: jak to jest trudno być braną poważnie, gdy jest się tak piękną, bla bla bla. Siedziałem i słuchałem jej, była bardzo szczęśliwa.

– Co teraz zrobimy? – zapytała.

---

[3] Kobieta, o której mówi Jon, a której nazwisko nie pojawia się w książce na jej wyraźną prośbę, najpierw zrobiła karierę jako modelka, a później jako aktorka.

– Zrobimy, cokolwiek, kurwa, zechcesz.

– Chodźmy do jakiegoś klubu otwartego rano.

Zabrałem ją do śródmieścia, do klubu, do którego chodzili lubić bogacze i degeneraci z artystycznej bohemy. Ten malarz, Andy Warhol, pokazał mi to miejsce. Wiedziałem, że będzie odpowiednie dla aktorki. Wszyscy, którzy tam chodzili, brali kokainę.

– Lubisz być na haju? – zapytałem.

– Tak naprawdę to nie wiem.

– Daj już spokój z tym swoim „Nie wiem". Lubisz czy nie? Nie jestem przecież pieprzonym gliniarzem.

Zaśmiała się i wzięliśmy kokainę. Odwiozłem ją do jej mieszkania moim jaguarem. Nie próbowałem wejść do środka. Kiedy się z nią żegnałem, powiedziała:

– Wyjeżdżam do Kalifornii kręcić film, ale możesz do mnie zadzwonić.

Zapisała swój numer na kartce papieru.

Nie zadzwoniłem. Parę tygodni później przyszła znów do mojego klubu. Była zła, że nie zadzwoniłem. Powiedziałem, żeby przestała się tak zachowywać. Rozchmurzyła się. Bawiliśmy się przez całą noc. O ósmej rano powiedziała:

– Chcę coś zjeść.

Idziemy do Serendipity. Zamawiamy francuskie tosty z kremowym serkiem. Mam na nią ochotę. Odgryza kawałek tosta, a pieprzony serek spływa jej obok ust. Zaczyna się śmiać.

– Wystarczy – mówię jej. – Idziesz ze mną.

– Co?

– Jesteś brudna.

Wciągam ją do toalety. Gdy tylko zamykam za sobą drzwi, podnoszę ją i sadzam na umywalce, rozkładając jej nogi.

– Nikt tego wcześniej nie robił – mówi.

– Nie obchodzi mnie, co ktokolwiek zrobił w całym twoim pieprzonym życiu.

Zaczynamy się pieprzyć, a umywalka zaraz się urywa. Tyłkiem uderzam o drzwi. Mała toaleta w Serendipity była jak toaleta w samolocie. Ale to nas nie powstrzymuje. Nie twierdzę, że byłem największym ogierem na świecie, ale w tamtym momencie daliśmy się ponieść. Kiedy kończymy, na jej twarzy maluje się przerażenie.

– Mój Boże. Narobiliśmy tyle hałasu. Nie mogę tam wrócić.

Zostawiam ją w toalecie i wracam na salę. To naprawdę malutka restauracja. Wszyscy na mnie patrzą.

– Przepraszam państwa, restauracja jest zamknięta. Musicie się stąd wynosić. Natychmiast.

Pedalski kelner, który tam rządzi, zna mnie. Podchodzi do mnie i pyta:

– Jon, co ty wyprawiasz?

Wyjaśniłem mu, że w łazience jest kobieta, którą właśnie posuwałem, a która z powodu swojej pozycji społecznej nie może sobie pozwolić na to, żeby wyjść stamtąd, gdy banda kretynów będzie się na nią gapiła. Powiedziałem, że zapłacę tyle, ile będzie trzeba, byle wszystkich wyprosił. Kelner pozbył się wszystkich gości.

Nakrył dla nas nowy stolik pośrodku restauracji. Dokończyliśmy śniadanie tylko we dwójkę. Czułem się niezwyciężony. Miałem 22 lata i właśnie przeleciałem w toalecie dziewczynę Jamesa Bonda.

PETEY: Na początku lat siedemdziesiątych pojawił się film *Super Fly*. Pracując w klubach Jona, miałem wrażenie, że to film o mnie. Przez ten film wszyscy zaczęli się inaczej ubierać. Nosiliśmy kapelusze borsalino, garnitury z błyszczącej tkaniny na miarę. Brałem tyle prochów, że zdarzało się, że myślałem, że jestem Super Fly.

Klub Jona, Boathouse, stał się ulubionym miejscem zawodników New York Knicks. Pojawiał się Wilt Chamberlain[4] i dziewczyny ustawiały się do niego w kolejce. Walt Frazier[5] przyjeżdżał swoim rolls-royce'em, w którym zamontowano białe opony i chromowane felgi, przez co wyglądał jak bryka jakiegoś alfonsa. Prawdziwi alfonsi też przychodzili do klubu. Najsłynniejszy z nich znany był jako Latający Holender. Miał złote zęby, nosił złote łańcuchy i laskę wysadzaną brylantami. Wszyscy z Knicksów zaczęli naśladować ten styl. To nie raperzy go zapoczątko-

---

[4] Były zawodnik Harlem Globetrotter, Chamberlain był mistrzem NBA, grał w Lakers na początku lat siedemdziesiątych. Później zasłynął z twierdzenia, że podczas swojej kariery przespał się z ponad 10 000 kobiet.

[5] Frazier był członkiem Galerii Sław NBA i dwa razy poprowadził Knicksów do mistrzostwa: w 1970 i 1973 roku. Słynął z tego, że na mecze przyjeżdżał rolls-royce'em zrobionym specjalnie dla niego.

wali, a Latający Holender. Oczywiście, gdy tylko Jon i Andy zobaczyli, jak czarni celebryci obwieszali się brylantami i złotem, zaczęli wymyślać plan, jak ich okraść.

J.R.: Od dziecka podziwiałem wspaniałych koszykarzy. Ci goście wiedzieli, czym się zajmujemy z Andym, i pytali nas, czy wiemy coś na temat możliwości okazyjnego zakupu biżuterii. Zakładali, że skoro robimy to, co robimy, możemy im ją załatwić tanio. Nie miałem zamiaru ich okradać, ale sami się o to prosili.

Stryjek Sam był właścicielem sieci laboratoriów dentystycznych, kupował więc sporo złota. Dzięki niemu byłem zaprzyjaźniony z gościem z brylantowej dzielnicy, Howiem. Howie był dobrym człowiekiem. Przemycał kamienie szlachetne z całego świata. Każdy, kto w Nowym Jorku handluje brylantami, sprzedaje kamienie, które nie należą do niego albo nie płaci za nie podatków. Tak działa ten biznes.

Powiedziałem Howiemu, że znam bogatych sportowców, którzy potrzebują zegarków z brylantami i sygnetów.

– Przyślij ich do mnie. Zajmę się nimi – odpowiedział.

Howie znał sztuczkę, z której korzysta wielu handlarzy brylantami. Nazywają to „wysadzaniem kamienia". Biorą jakiś gówniany kamień albo nawet szkło i nie wiem, czy używają do tego jakiejś substancji chemicznej czy czegoś, ale sprawiają, że kamień lśni jak brylant i wydaje się równie twardy. Zaczęliśmy więc z Andym podsyłać Howiemu naszych znajomych koszykarzy, którzy mieli ochotę wyglądać jak alfonsi. Nawet białasy się tym zainteresowały. Howie zrobił ich na szaro, wciskając im swoje błyskotki, a nam odpalał działkę. Ciągnęło się to przez lata. Sportowcy byli zadowoleni. To, że nie zdawali sobie sprawy, że nosili śmieci, nie było naszą winą.

Wiele razy wychodziliśmy wieczorem z Andym, żeby się zabawić. Żadnych interesów. Żadnych kobiet. Staraliśmy się wkręcić się w towarzystwo. W Hippopotamusie próbowaliśmy być grzeczni, ze względu na Bradley'a Pierce'a, który swoim nazwiskiem firmował klub. Ale zawsze byli tam jacyś idioci, którzy robili z igły widły.

Pewnego razu w kłopoty wpędziły nas buty z Granny Takes a Trip. Siedziałem którejś nocy przy barze w Hippopotamusie i rozmawiałem z Andym, gdy przyszli jacyś makaroniarze. To były prawdziwe kmioty z Jersey – włosy zaczesane do tyłu na brylantynie, obciachowe koszule. Nie mam pojęcia, jak się dostali do środka. Ale nic nie mówię. To ma być spokojny wieczór. Gdy przechodzą obok nas, jeden z tych przygłupów komentuje moje buty.

Andy się denerwuje.

– Andy, co nas obchodzi, co jakiś dupek sądzi o butach? – mówię do niego.

Wtedy jeden z gości z Jersey odpowiada:

– Mówiłem ci, że to para pedałów.

To przeważa szalę. Łapię go za kark, a Andy rozbija mu butelkę na twarzy.

Przez szacunek dla klubu natychmiast wyciągnęliśmy gościa tylnymi drzwiami na miejsce, gdzie rozładowywano dostawy. Jego kumpel wyszedł za nami. Jeden z ochroniarzy ogłuszył go kijem bejsbolowym. Ci goście tak cwaniakowali na temat moich butów, że postanowiłem pokazać im ich możliwości.

Moje buty z Granny Takes a Trip wyglądały dobrze, ale nie zostały stworzone tylko po to, by je oglądać. Zrobiono je po to, by w nich skakać po ludziach. Jedyne, co powinieneś wiedzieć o kopaniu ludzi to to, że nie należy kopać palcami. Nieważne, czy masz buty wzmocnione stalowymi wkładkami, nigdy nie kop palcami. Nigdy, przenigdy. Jeśli kopniesz nimi mocno i wycelujesz w goleń, czy nawet żebra, połamiesz sobie palce. Żebro jest mocniejsze niż kości w palcach stopy. Nawet jeśli osoba, którą kopiesz, jest nieprzytomna, nadal może ci wyrządzić krzywdę, jeśli kopniesz ją w nieodpowiedni sposób. Spróbuj uciekać, mając połamane palce, a zobaczysz, jak daleko pobiegniesz.

Skakaliśmy z Andym po tych gościach. Jeden z nich krwawił tak mocno, że prawie upadłem na tyłek. Jego krew była jak smar pod moimi nogami. Byłem tak skupiony na biciu tych gości, że nie zauważyłem, że policja zbliża się do nas z wszystkich stron. Złapali mnie. Złapali wszystkich. Jeden z cwaniaczków leżących na ziemi podniósł palec i wskazał na mnie.

– Buty, buty – powiedział.

Policjanci poświecili latarką na moje stopy.

– I co z tego? Każdy nosi buty – powiedziałem.

– Ale nikt nie ma takich butów jak ty – odpowiedział jeden z gliniarzy. Musiał uważać się za Sherlocka Holmesa. Złapał mnie za rękę, żeby mnie skuć. Zdenerwowałem się.

– Aresztujecie mnie z powodu butów?

– Cwaniakujesz? – zapytał policjant.

– Nie, człowieku, nie cwaniakuję. Widzę glinę, który lubi buty. Może zdejmę swoje i wsadzę ci je w tyłek?

Gliniarze natychmiast chwytają pałki i zaczynają mnie okładać. Z klubu wychodzą nasi ludzie. Widzą, że obrywam i – nie zastanawiając się – atakują gliniarzy. Przybiegają kolejni policjanci. Jest cała chmara gliniarzy. Policja aresztuje wszystkich.

Siedzieliśmy w areszcie przez dwa dni, zanim moi stryjkowie dogadali się z policją. Wycofano wszystkie oskarżania. Taka jest Ameryka. Nie mogą cię trzymać w więzieniu za to, jakie nosisz buty.

Kiedy wróciłem do domu z poobijaną twarzą, przesiąknięty zapachem więzienia, Phyllis zrzędziła:

– Nie możesz gdzieś pójść i po prostu dobrze się bawić? – pytała.

Gdy tylko twarz mi się zagoiła, Phyllis zmusiła mnie do wspólnego wyjścia na imprezę. Chciała iść do Hippopotamusa. Kiedy tam weszliśmy, byłem w kiepskim nastroju. Stoimy przy barze, czekając na drinka Phyllis, gdy słyszę gościa, który mówi tak głośno, że zagłusza muzykę. Widzę tego głośnego klauna stojącego parę metrów ode mnie. Wydaje mu się, że jest niezłym graczem. Ma na sobie strój w stylu safari i rozmawia z paroma niezbyt inteligentnie wyglądającymi laskami. To jeden z tych kolesi, którzy muszą być bardzo głośno, żeby pokazać, jacy są super. Kiedy się śmieje, chce, żeby wszyscy go słyszeli i wiedzieli, jak dobrze się bawi. Działa mi na nerwy. Podchodzę do niego i grzecznie proszę, żeby się, kurwa, zamknął.

Odwraca się, jest cicho. Koniec opowieści. Oprowadzam Phyllis po klubie. Trochę tańczy. Śmiejemy się ze znajomymi. Parę godzin później zbieramy się do wyjścia. Tej nocy przyjechałem swoim zielonym eldorado, którego zaparkowałem parę przecznic od klubu, przy Pięćdziesiątej Drugiej. Zostawiam Phyllis w klubie i idę po samochód.

Parę metrów przed samochodem widzę, że koleś w stroju safari idzie w moją stronę, z pistoletem w ręce. Nie odzywa się ani słowem. W jego oczach widzę, że ma zamiar mnie zastrzelić. Nie ma w nich nic więcej. Podczas każdego starcia musisz przeanalizować sytuację. Jeśli ktoś wywija w moją stronę pięściami, nie zamierzam w niego uderzać i wzmacniać jeszcze siły jego uderzenia. Zamierzam się cofnąć i osłabić ją. Powinieneś zawsze zastanowić się, jak osłabić najmocniejszą stronę przeciwnika.

Gość jest ode mnie oddalony o jakieś sześć metrów. Gdy ktoś z bronią jest tak blisko, najlepsze, co możesz zrobić, to się schować. Ale tam, gdzie stoję, nie ma żadnej kryjówki. Nie mam przy sobie broni. A nawet gdybym miał, koleś zastrzeliłby mnie, zanim bym po nią sięgnął.

Wiem, że nie mogę stać w miejscu. To tylko pomoże mu lepiej wycelować. Ale jeśli zacznę uciekać, strzeli mi w plecy. Taka jest prawda: w sytuacji, gdy stoisz parę metrów od gościa ze spluwą, najlepsze, co możesz zrobić, to pobiec w jego kierunku. Wiem, że może to wydawać się szalone, ale przemyśl to. Gdy biegniesz w jego stronę, będzie miał okazję wystrzelić tylko raz, zanim zbliżysz się na tyle, by go zaatakować. Jeśli będziesz uciekać, dasz mu możliwość wystrzelania całego magazynku. Lepiej jest dostać jedną kulkę niż kilka. Biegnę więc na tego dupka, zakładając, że raz we mnie trafi. Nie jestem Supermanem. Nie będę w stanie zobaczyć, jak kula leci w moją stronę, i zejść jej z drogi. Mam tylko nadzieję, że nie trafi mnie w serce ani w oko.

Kretyn trafia mnie w nogę. W mięsień udowy. Jest strasznie głupi. Łapię za jego broń. Nie wypuszcza jej z ręki, ale jestem w stanie położyć palec na ryglu. W takim rewolwerze, jeśli przyblokujesz rygiel, blokujesz język spustowy i nie można wystrzelić. Skoro tylko mam jego broń, kontroluję sytuację. Koleś nie potrafi się bić. Przewracam go i walę jego głową w chodnik, zabieram mu broń i widzę, że to mały korkowiec, kalibru .22. Myślę: „Powinienem wsadzić mu lufę w gębę i pociągnąć za spust".

Ale taki dupek nie zasługuje nawet na to, by go zastrzelić. Biorę jego małą pukawkę i biję go po głowie jego własną bronią.

Jeśli uderzasz kogoś bronią, ważne jest, abyś zablokował palcem spust lub rygiel, żebyś przypadkiem się nie postrzelił, gdyby pistolet miał wypalić ze względu na siłę, z jaką uderzasz bronią o czyjeś ciało.

Gdy zabezpieczysz spust, zawsze uderzaj tylną częścią broni w czaszkę, zęby, czy co tam próbujesz połamać. Nigdy nie uderzaj lufą. Niektóre z tych spluw kupionych na ulicy to kawał złomu. Trzaśniesz kogoś lufą, a ta odpadnie i uderzy cię w twarz. Kolejną zaletą uderzania drugą stroną jest to, że większość rygli ma ostre krawędzie, dzięki którym potniesz kolesiowi twarz, a za pomocą kolby połamiesz mu kości.

Nie przyznam się, że zatłukłem gościa w stroju safari na śmierć. Ale gdy z nim skończyłem, połowa jego mózgu była w rynsztoku.

Kiedy w końcu wsiadłem do samochodu, żeby pojechać po Phyllis, wyglądałem jak kupa gówna. Całą koszulę miałem uwalaną mózgiem tego gościa. Noga krwawiła. Kiedy dostaniesz kulkę, to strasznie piecze. Gdy dotarliśmy do domu, miałem wrażenie, że moja noga się pali.

Było jasne, że nie mogę jechać do szpitala i opowiadać o tym, jak zostałem postrzelony, gdy tamten gość został na chodniku z rozłupaną czaszką. Phyllis zachowała zimną krew, pomogła mi się ogarnąć w mieszkaniu. Kula ominęła arterię udową i kość. Ale powiem ci, że tej nocy darłem się wniebogłosy. Musieliśmy z tyłu uda wyciąć dziurę, żeby wydobyć pocisk.

Phyllis zrzędziła przez wiele dni.

– Mówiłam ci, że zarobisz kulkę. Tak kończą dzicy Indianie. Może teraz zaczniesz słuchać.

Ale nigdy jej nie posłuchałem. Sytuacja była taka, że choć Phyllis wiedziała, do czego jestem zdolny, nie znała nawet połowy prawdy.

ROZDZIAŁ 21

E.W.: Śpię w pokoju gościnnym w domu Jona Robertsa. O świcie budzi mnie hałas, który brzmi jak wystrzał strzelby. Siadam i nasłuchuję innych złowrogich dźwięków, ale słyszę tylko zwyczajne, poranna odgłosy: Jon woła psy, jego syn Julian tupiąc, schodzi po schodach. Kładę się z powrotem do łóżka. O ósmej rano zastaję Jona w kuchni. Przygotowuje francuskie tosty z kremowym serkiem - takie jakie podawano w Serendipity. Po podaniu tostów Jon przeklina i masuje prawą dłoń. Jego lekarz powiedział mu, że metalowa blaszka w jego głowie naciska na nerw, przez co ma skurcze w prawej dłoni i dłoń czasem zaciska się w pięść - tak jak teraz. Jon lewą dłonią próbuje odciągnąć palce prawej dłoni. Widziałem wcześniej taką scenę. W Łowcy androidów, gdy replikant grany przez Rutgera Hauera umiera, jego dłoń się zaciska, więc prostuje palce, wbijając w dłoń gwóźdź, jak w dłoń Chrystusa. Jon rozciąga palce. Nie ma stygmatów, ale podąża za moim wzrokiem i odgaduje, o czym myślę.

J.R.: Tak, widziałem tę scenę w Łowcy androidów, gdy coś się dzieje z dłonią Rutgera Hauera. Julian uświadomił mi, że mam identyczny problem. To cena, jaką płacę za to, co zrobiłem ludziom przez te wszystkie lata. Rozumiesz, dla Boga czy Istoty Wyższej jest to sposób na ukaranie mnie za to, co w życiu zrobiłem. Akceptuję to. Stracę dłoń, później drugą, a później stracę inne części ciała. W końcu stracę wszystko. To boska zemsta.

E.W.: Co to był za głośny hałas tego ranka?

J.R.: Słyszałeś to?

E.W.: Brzmiało jak wystrzał ze strzelby.

J.R.: Byłem rano na ganku, czyściłem dywan. Spojrzałem w niebo i zobaczyłem, że nad domem przelatuje z tysiąc ptaków. Były wszędzie, jak muchy. Jeden z nich nasrał mi na głowę.

Wiesz, że gdybym został złapany na strzelaniu w tej okolicy, źle by się to dla mnie skończyło[1]. Ale powiedzmy, czysto hipotetycznie, że dźwięk, który usłyszałeś, to było strzelanie do ptaków po tym, jak się wkurzyłem, gdy jeden z nich narąbał mi na głowę.

E.W.: Czyli to, co słyszałem, to hipotetyczny wystrzał?

J.R.: Dokładnie tak. A teraz powiem ci coś dziwnego. Po tym jak hipotetycznie postrzelałem w niebo, biały ptak spadł koło moich stóp. Czy to nie znak?

E.W.: A co może oznaczać?

J.R.: Martwy, niewinny, biały ptak. To szatan daje mi znaki. To szatan mówiący: „Cześć bracie, niech ci to przypomina, że mam cię na oku. Wkrótce będziesz mój".

Oczywiście przez całe swoje życie wybierałem zło. Nikt nie był w stanie mnie przekonać, żebym postępował inaczej. Nie obchodziłoby mnie, gdyby na autostradzie pojawił się Bóg i powiedział: „Witaj Jon, jestem

---

[1] Jako skazany przestępca, Jon nie może legalnie być właścicielem broni palnej.

Bogiem. Porzuć całe to swoje złe gówno, a ja się tobą zaopiekuję". To by się nigdy nie zdarzyło. Byłem zawsze zbyt lojalny w stosunku do szatana. Jeśli istnieje niebo i piekło, wiem, dokąd pójdę. Ale nie martwię się tym. Mówi się, że Bóg opiekuje się swoimi ludźmi. Liczę, że szatan dobrze się mną zaopiekuje. Pracowałem dla niego przez całe życie. Muszę być jednym z jego najlepszych przedstawicieli.

Nie spodziewam się, że piekło będzie się bardzo różnić od mojego życia na ziemi. Dostanę spokojną pracę i wygodne łóżko. Ludziom się wydaje, że piekło jest zapełnione kurwami, które chodziły po ziemi. Ale jeśli szatan jest tak złośliwy, jak o nim mówią, chce, żeby do piekła poszły dobre dziewczyny. Dziewczyny, które z nikim się nie przespały – jak się na nie mówi?

E.W.: Dziewice.

J.R.: Dziewice. Takie dziewczyny szatan chce sprowadzić do piekła.

Kiedy ja się tam znajdę, mogę się założyć, że szatan każe wrócić do pracy. Każe mi odnaleźć dziewice i je nawrócić. Takie są zasady jego gry. Jest taki sam jak Bóg. Zawsze musi rekrutować. A kto może mu służyć lepiej niż ja? Szatan nie będzie mnie męczył w piekle. Błagam, jestem przecież jego człowiekiem.

Ale spodziewam się, że tu na ziemi nie będę miał łagodnej śmierci. Będę cierpiał przez krzywdę, jaką wyrządziłem ludziom. Dlaczego ktoś, kto rządzi wszechświatem, miałby pozwolić mi spokojnie umrzeć w łóżku? Umrę okropną, okropną śmiercią. Bóg nieźle mi wtłucze. Pokaże, kto tu rządzi, zanim otrzymam nagrodę od szatana.

E.W.: Naprawdę w to wierzysz?

J.R.: Tylko w to, że umrę straszną śmiercią. Znasz mnie, w nic nie wierzę. Chcesz jeszcze dżemu do tosta? Wiem, że lubisz morelowy, ale przysięgam, smak jest o wiele bardziej wyrazisty, jeśli weźmiesz winogronowy.

ROZDZIAŁ 22

J.R.: Dla mojego ojca zło było narzędziem. Na początku lat siedemdziesiątych zdałem sobie sprawę, że się różniliśmy. Dla mnie zło było czymś więcej niż środkiem. Lubiłem robić złe rzeczy. Gdy Phyllis mawiała, że jestem jak dzikus, nie miała pojęcia, co naprawdę robię. Zapomnij o mojej pogoni za kobietami, o małych przekrętach z kartami kredytowymi i fałszywymi brylantami. Najbardziej lubiłem okradać ludzi, tak jak wtedy gdy byłem tylko dzieciakiem.

Szalałem za tym. Nie miało to sensu. Więcej kasy mogłem wyciągnąć z klubów. Przy napadaniu na kogoś zawsze istniało niebezpieczeństwo, że wpadnę w większe kłopoty. Musiałem to trzymać w tajemnicy przed stryjami. Musiałem prowadzić podwójne życie. Ale byłem tak uzależniony od napadów, jak Petey od heroiny.

Lubiłem te sztuczki – zjednywanie sobie ludzi, a później wywracanie wszystkiego do góry nogami. Lubiłem przystawiać ludziom do głowy broń. Lubiłem widzieć w ich oczach zaskoczenie. Najlepiej mogę wyjaśnić ci, co czułem, gdy kogoś okradałem, w ten sposób: to jak pieprzenie się z kobietą. Okradanie kogoś jest podobne, choć w innym tonie. To jak orgazm, tyle że w mózgu.

Nigdy nie wrabiałem ludzi, których spotkałem w swoich klubach. Szedłem do innych klubów i restauracji i szukałem ludzi, którzy wydawali się najbardziej stylowi. Zaprzyjaźnialiśmy się, wypalaliśmy skręta.

Dowiadywałem się, czy ta osoba chciałaby coś kupić albo sprzedać. Nie miało to dla mnie znaczenia. Mogłem zabrać kasę albo narkotyki.

Częściowo kręciło mnie to, że nigdy nie było wiadomo, jak przebiegnie taki przekręt – jak zareagują ludzie, gdy wyciągnę broń. Pewnego razu poszedłem z kolesiami, którzy sądzili, że sprzedadzą mi trochę haszu, do jakiegoś mieszkania. Wyciągnąłem broń, a jeden z tych idiotów wsadził palec w lufę.

– No i co teraz zrobisz? – zapytał.

– Co teraz zrobię?

Bum. Pociągam za spust. Ale pocisk, zamiast odciąć mu palec, jak się spodziewałem, rozpada się na kawałki i trafia w jego dłoń. Cały kłykieć eksploduje. Kawałki jego dłoni są wszędzie. Upada z krzykiem na podłogę. Wszyscy w pokoju są zszokowani. Zaczynam się śmiać.

– Czy ktoś jeszcze zamierza zrobić coś głupiego? – pytam.

Jego kumple milkną. Opróżniają kieszenie, nie robiąc problemu.

Parę miesięcy później okradam maklerów. To młodzi chłopcy z Wall Street, którym wydaje się, że mogą dorabiać, handlując prochami. Spotykamy się w biurze, po zamknięciu firmy. Goście przychodzą w garniturach i białych koszulach. Wyciągam broń. Jeden z nich mówi:

– To nie jest prawdziwy pistolet.

– Wow! Jesteś tego pewien? – Udaję, że mu wierzę.

– Widziałem wiele spluw. To jest fałszywka.

– OK, przyłapałeś mnie.

Zaczyna iść w moją stronę, strzelam mu w stopę. Upada, drąc się przy tym wniebogłosy.

Patrzę na niego i jego kumpli, którzy sikają teraz w garnitury. Pogrywam sobie z nimi.

– Wiecie co? – mówię. – Ja też sądziłem, że to fałszywka. Powinienem odzyskać kasę od gościa, który mi ją sprzedał.

Nigdy nie przestali mnie zadziwiać. Najbardziej inteligentni ludzie robili często najgłupsze rzeczy.

Czasem to ja pieprzyłem sprawę. Przyjaźniłem się z czarnym kolesiem, Herbiem. Herbie był zaangażowany w ruch „Powrót do Afryki". Nosił afro, afrykańskie szaty i sandały. Był ważnym dealerem haszu. Ale przyszedł do mnie, żebyśmy wrobili paru bogatych białych hipisów. To byli studenci z NYU, którzy planowali dilować trawką, wykorzystując do tego pieniądze przeznaczone na czesne. Herbie nie chciał konkurencji. Udawał więc, że pomoże im wystartować z biznesem, żeby móc ich okraść. Poprosił mnie, żebym ja zajął się kradzieżą. Musiało to wyglądać tak, jakby Herbie był ofiarą, żeby utrzymać ich zaufanie i nadal robić z nimi interesy.

Najważniejszy z tych hipisów miał mieszkanie przy Zachodnim Broadwayu. Herbie powiedział tym gościom, że sprzedam im trawę. Miałem w zwyczaju nosić walizkę wypełnioną książkami telefonicznymi. Trzymałem w niej broń. Dzięki temu, gdyby ktoś mnie przeszukiwał, nic by nie znalazł. Wyjmowałem broń i okradałem ich po otwarciu walizki, kiedy rzekomo miałem pokazać im towar.

W momencie, gdy wszedłem do mieszkania, wiedziałem, że będą problemy. To było długie, wąskie mieszkanie. W pokoju przy wejściu było stłoczonych z dziesięciu chłopaków. Byli ściśnięci jak Portorykanie, siedzieli na poduszkach i drewnianych skrzynkach. Herbie siedział przy drzwiach. Jeden z hipisów powiedział:

– Obejrzyjmy towar, chłopie.

– Ej, koleś. Nie chcę zostać okradziony. Pokażcie mi najpierw pieniądze.

Inny koleś wyciąga spod poduszki plik banknotów i podnosi je. Otwieram walizkę i wyciągam broń.

– Wszyscy na ziemię. Chcę tylko kasę – mówię.

Nagle, nie wiadomo skąd, dwaj kolesie z tego pokoju rzucają się na mnie. Sądzę, że chcieli pokazać, jacy to z nich wielcy sportowcy. Nie chciałem nikogo zastrzelić i zmienić prostego napadu w zabójstwo, więc próbowałem z nimi walczyć. Pierwszego kolesia walę pistoletem w głowę. Upada. Drugi próbuje odebrać mi broń.

Jeśli musisz komuś odebrać broń, pierwszą rzeczą, jaką powinieneś zrobić, jest złapanie za lufę, odepchnięcie jej i wycelowanie w gościa, który ją trzyma. Dopiero w chwili, gdy broń nie jest wycelowana w ciebie, możesz próbować zablokować spust lub odebrać broń.

Gość, który próbuje odebrać mi spluwę, jest kretynem. Skierował lufę na swoją nogę i próbuje mnie bić, jakby to był jakiś pojedynek bokserski. Jest takim idiotą, że ściska moją dłoń i strzela sobie sam w nogę.

Po strzale następuje panika. Hipiski krzyczą, wszyscy skaczą dokoła. Nie byłem już w stanie już zobaczyć, gdzie są pieniądze. Bardzo się zdenerwowałem. Bałem się, że wszyscy ci chłopacy mogą spróbować na mnie napaść.

Uznaję, że najlepszym sposobem na przejęcie kontroli jest strzelenie do następnego hipisa. Kiedy strzelam po to, by kogoś przestraszyć, zawsze celuję w nogę. Strzeliłem do osoby stojącej najbliżej mnie, ale byłem tak zdenerwowany, że wystrzeliłem kilka razy. Trafiłem jednego gościa w tyłek i dziewczynę w nogę. Pamiętam, że ta biedna dziewczyna miała na sobie białe kozaczki, czołgała się i krzyczała. Nie miałem zamiaru w nią trafić. Ale nie można przewidzieć tego, co się stanie, gdy strzelisz.

Skupiłem na sobie uwagę wszystkich.

– Koniec. Przyszedłem tylko po pieniądze – krzyknąłem.

W końcu wszyscy zamarli bez ruchu. Wycelowałem w Herbiego i kazałem mu znaleźć pieniądze. Odebrał je tamtemu dzieciakowi i podał mi. Nie chciałem go tam zostawić po tym, jak postrzeliłem trzy osoby. Nawet jeśli nie zorientowali się, że uknuliśmy to razem, mogli się wściec, że mnie przyprowadził. Złapałem więc Herbiego za afro i powiedziałem:

– Czarnuch idzie ze mną. Jeśli ktoś zadzwoni na policję, zabiję go.

Kiedy byliśmy już z Herbiem na ulicy, powiedziałem:

– Ty kretynie. Dlaczego nie powiedziałeś, że będzie tam dziesięć osób?

– Człowieku, mieliśmy szczęście – odpowiada. – W pokoju na tyłach było kolejne cztery czy pięć osób.

Nie mogłem w to uwierzyć. Ten koleś był podobno sprytny, a zorganizował kradzież, gdzie przeciwko mnie było 15 osób. Jeśli Herbie kiedykolwiek wróciłby do Afryki, jak planował, swojego pierwszego dnia w dżungli zostałby zjedzony przez lwa.

Ale lubiłem Herbiego, bo zawsze był gotów na wszystko. Pewnego razu potrzebowałem kogoś, kto odegra rolę złodzieja w numerze, który zaplanowałem. Miałem się spotkać na ulicy z dwoma gośćmi, żeby im sprzedać heroinę. Chciałem, żeby nadal byli moimi klientami, musiało więc wyglądać tak, jakbym ja też został okradziony. Plan był taki: miałem podjechać samochodem, wysiąść z niego, a wtedy jakiś koleś miał wyskoczyć z bronią i okraść nas. Herbie zgodził się odegrać taką rolę.

Wybrałem zaułek przy Avenue D na Lower East Side. Podjeżdżam buickiem, którego używam do takich numerów. Goście, z którymi się umówiłem, już tam są. Wysiadam z samochodu, a Herbie wyskakuje z bramy z bronią w ręku. Jest idealnie.

Ci dwaj idioci, których próbujemy okraść, widzą Herbiego z bronią w ręku i zamiast oddać kasę, uciekają. Wściekam się. Goście wiedzą tylko tyle, że zostawili mnie z torbą w ręku i z Herbiem. Sądzą, że zdołają uciec, gdy Herbie będzie się mną zajmował.

Postanawiam odpłacić im dokładnie tym, co jak sądzą, mnie się przytrafiło. Wskakuję do samochodu i gonię ich. Nie mam zamiaru ich przejechać, ale gdy tylko znajduję się tuż za nimi, myślę: „To będzie pestka". Dociskam gaz. Jestem tak blisko, że widzę podeszwy ich butów. Zakładam, że jeśli w nich uderzę, wpadną pod mój samochód. Ale, bracie, to tak nie działa. Nauczyłem się, że jeśli kogoś potrącisz, ten ktoś przelatuje nad twoim samochodem. Jadę jakieś 70 kilometrów na godzinę. Uderzam w nich, a oni przelatują nad moim samochodem. Widzę ich w lusterku wstecznym. Jest bosko.

Daje mi to niesamowitego kopa. Normalnie, gdy uderzasz kogoś pięścią, czujesz swoją siłę. Gdy uderzasz kogoś maszyną, myślisz: „Wow, człowiek jest niczym". Ci goście przelecieli nad moim autem jakby byli kawałkami papieru.

Walę po hamulcach, cofam i wysiadam z samochodu. Goście, których przejechałem, leżą w śmieciach jak połamane zabawki. Podbiega Herbie. Jest zły, bo martwi się, że ich zabiłem. Nie są martwi, tylko pokiereszowani. Gdy opróżniam ich kieszenie, Herbie ochrzania mnie za to, że jestem lekkomyślny.

– Gdybyś dobrze wykonał swoją pracę, nie musiałbym ich przejeżdżać – odpowiadam mu.

Po wygłoszeniu kazania na temat tego, że przejechanie kogoś nie jest właściwe, Herbie wsiada do mojego samochodu i odbiera swoją część kasy. Ludzie uwielbiają opowiadać o tym, jacy to są prawi, ale rzadko kiedy odmawiają przyjęcia pieniędzy, bez względu na to, jak je zdobyłeś.

Wierzę w to, że ludzie pokazują swoje prawdziwe ja, gdy przykładasz im broń do głowy. W latach sześćdziesiątych okradałem hipisów, którzy spoglądali na moją broń i mówili:

– Człowieku, karma do ciebie wróci. Musisz kochać ludzi.

Choć nie zgadzałem się z nimi, szanowałem ludzi, którzy byli przywiązani do swoich poglądów nawet wtedy, gdy mogli za nie zginąć. Ale gdy nadeszły lata siedemdziesiąte, coraz częściej napotykałem gości, których nazywałem „udawanymi hipisami". Wyjmowałem broń, a oni proponowali wrobienie swoich przyjaciół, jeśli pozwolę im zatrzymać kasę. Za dolara gotowi byli sprzedać swoich braci.

Kiedyś skumałem się z grupą bogatych studentów, którzy mieszkali w okolicy Five Towns na Long Island. Uważali się za rewolucjonistów. Nosili berety *à la* Che Guevara i wojskowe buty. Białe dzieciaki, którym wydaje się, że są Czarnymi Panterami. Wpadli na pomysł, że zajmą się handlem haszyszem, żeby zarobić na rewolucję. Zgromadzili pieniądze, które dostali od rodziców, i postanowili kupić ode mnie towar za 10 000 dolarów.

Kiedy nadszedł dzień, w którym miałem ich okraść, zabrałem z sobą Jacka Buccino i Dominika Fiore. Lider rewolucjonistów miał mieszkanie nad garażem u rodziców.

Koleś miał dziewczynę. To ona tak naprawdę przewodziła tej rewolucji. Była małą twardą Żydówką i studiowała prawo.

Zjawiłem się w mieszkaniu z Jackiem i Dominikiem. Dzieciaki pokazują swoje 10 000 dolarów, a my pokazujemy nasze spluwy i wyjaśniamy, że nie dojdzie do żadnej transakcji.

Trzech kolesi i ta dziewczyna. Wszyscy siedzą cicho, bardzo grzecznie. Mnie trochę znają, ale nie spotkali wcześniej Jacka ani Dominika, a ci goście potrafią być straszni, gdy trzymają w rękach spluwy. Ale ta mała dziewczyna ma jaja.

– Mogę z tobą porozmawiać na osobności? – pyta.

– O czym chcesz ze mną rozmawiać? – pytam.

– Proszę – mówi. – Nie będziesz tego żałował.

Prowadzi mnie do łazienki. Gdy tylko zamykam drzwi, podciąga bluzkę. Normalnie gdy kogoś okradam, seks jest ostatnią rzeczą, o której myślę. Ale cycki tej dziewczyny wprost wyskakują w moim kierunki, a ja nie mogę uwierzyć, jaka jest odważna. Trzymam w ręce broń, a ona podchodzi do mnie i ociera się cyckami o wierzch palców, które trzymam na spuście. Dotyk jej skóry bardzo mnie rozprasza. Gdyby wiedziała, jak się bić, mogła mi wtedy odebrać broń.

– Nie bierz całych 10 000. Zostaw mi 2000. To moja kasa. Pozwól mi ją zatrzymać, a obciągnę ci tak, jak nikt wcześniej.

Nie mogę uwierzyć w to, że ta laska w ten sposób załatwia swojego chłopaka. Gdyby zaproponowała, że mi obciągnie w zamian za kasę dla siebie i swojego chłopaka, być może uszanowałbym ją. Ale to było kiepskie.

– Chcesz mi obciągnąć za 2000 dolców? – pytam.

Klęka i zaczyna robić swoje. Ta rewolucjonistka z koledżu wkłada w to całą siebie. Zaczyna się pocić. Ale ja jestem przyzwyczajony do dobrych kobiet. Może to, co robi ta laska, robi wrażenie na jej profesorach prawa, ale nie jest wyjątkowo sprawna technicznie.

Gdy kończę, spogląda na mnie i pyta:

– No i?

– Coś ci powiem, dam ci 100 dolarów.

– Nie mogę uwierzyć, że jesteś takim dupkiem.

– Nie mogę uwierzyć, że masz odwagę to powiedzieć.

– Ojciec dał mi te pieniądze na czesne.

– Powiedz ojcu, że ktoś cię napadł na ulicy.

– Nie mogę okłamać ojca.

– Wynoś się stąd, zanim cię zastrzelę.

Ta pyskata dziewczyna nie bała się. Wytarła twarz, a kiedy wróciliśmy do pokoju, gdzie byli jej koledzy, powiedziała do swojego chłopaka:

– Obiecał mi, że jeśli mu obciągnę, dostaniemy z powrotem naszą forsę.

Już jest prawniczką. Mówiąc jedno zdanie skłamała już dwa razy. Jej chłopak jest tak przez nią zdominowany, że nic nie mówi. Ale drugi koleś w tej grupie rewolucjonistów wścieka się na nią.

– Czy próbowałaś mu też obciągnąć w zamian za moje pieniądze? – pyta.

Oczywiste jest to, że laska sypiała z każdym z nich. Zaczynają się kłócić, a my mamy ich cały czas na muszce. Wydają mi się zabawni. Ale Dominic jest na głodzie i potrzebuje działki. Odwraca się do mnie i mówi:

– Jon, błagam. Musimy stąd iść, zanim zastrzelę tych dupków.

Wychodzimy. Gdy jestem przy drzwiach, rzucam na podłogę 100 dolarów.

– To za obciąganie – mówię dziewczynie.

– Pierdol się, wieprzu – odpowiada.

Muszę jej to przyznać: była twardą sztuką. Mogę się założyć, że została dobrą prawniczką.

Kiedy okradałem ludzi, którzy mieli prochy, dostawałem towar, którego nie potrzebowałem. Nie zajmowałem się sprzedawaniem narkotyków. Kiedy dostałem 10 kilo haszyszu albo 10 000 działek LSD, organizowałem coś, co nazywałem „odwrotną kradzieżą".

Po tym jak kogoś okradłem, zapisywałem sobie jego adres i numer telefonu. Jeśli okradłem dealera, który był dobrze zorientowany, wracałem później do jego domu i proponowałem mu spółkę przy sprzedaży towaru, który ukradłem innym. Oczywiście, gdy pukałem do drzwi kogoś, kto niedawno padł moją ofiarą, ta osoba raczej nie była szczęśliwa, widząc mnie ponownie. Ale ci sprytni rozumieli, że daję im szansę. Sprzedawałem im towar bardzo tanio. Jeśli mieli konkurencję, okradałem takiego dealera, a my obaj korzystaliśmy na sprzedaży mojego towaru. Stworzyłem grupę studentów z Long Island, którzy regularnie sprzedawali dla mnie narkotyki.

Łatwiej pracowało mi się ze studentami niż z gośćmi z ulicy. Ci drudzy zawsze w którymś momencie będą próbowali cię oszukać. A na studentach można było zawsze polegać. Bali się mnie, ale byli też, jak wszyscy ludzie, chciwi, a ja oferowałem im spore zyski. Inną korzyścią, jaką im zapewniałem, było to, że jeśli wkurzali ich inni studenci, mogłem tamtym spuścić porządne manto.

Na początku lat siedemdziesiątych na Long Island pracowało dla mnie czterech gości. Część z nich dzięki zarobionym przeze mnie pieniądzom płaciła czesne. Jeden z nich nawet zaprosił mnie na ceremonię zakończenia studiów.

Nie mam zamiaru zgrywać świętego tylko dlatego, że pomogłem paru studentom. Nie byłem święty, byłem złym człowiekiem. Nie roztrząsałem w myślach tych złych rzeczy, które robiłem dla jaj. Mój pogląd na życie był taki: weź pieniądze i śmiej się.

Tylko jeden raz zastanawiałem się nad tym, jak postępuję z ludźmi. Któregoś dnia szedłem ulicą na Manhattanie i zauważyłem ładną dziewczynę idącą w moim kierunku. Moją uwagę przykuło to, że dziewczyna kulała. Wyróżniała się. Śliczna dziewczyna w krótkiej spódniczce kuleje. Gdy podeszła bliżej, wydawało się, że mnie rozpoznała i utykając, poszła w przeciwnym kierunku. Na początku wydawało mi się to zabawne, taka laska wściekle kuśtykająca jak Ratso Rizzo[1]. Później zacząłem się zastanawiać, kim była. Dlaczego przede mną uciekała? Olśniło mnie. To była ta panna, którą postrzeliłem w stopę, gdy z Herbiem okradaliśmy hipisów z mieszkania przy torach kolejowych. Przez sekundę albo dwie stałem na ulicy, patrząc, jak ucieka dziewczyna, którą okaleczyłem, i zrobiło mi się niedobrze.

Wielu gości, których spotkałem, postępuje źle, a później boi się spojrzeć na to, co zrobili. Udają, że to nie oni. Albo mówią ci, że mieli dobry powód, żeby to zrobić. Ja nie boję się patrzeć na to, co zrobiłem. Mogę ci powiedzieć, że wyrządziłem ludziom wiele złego, nie mając absolutnie żadnego powodu. I nawet wtedy, na ulicy, kiedy zobaczyłem tę kulejącą dziewczynę, poczułem się źle, ale nie na długo.

I właśnie dlatego mówię, że moim prawdziwym powołaniem jest szatan. Nie wiem, czym on jest. Może to jakaś zasada, której jesteśmy podporządkowani jak grawitacji. Bez względu na to, czy szatan jest prawdziwą osobą, czy czymś innym – czymkolwiek jest – jestem zdecydowanie po jego stronie.

Choć dziś troszczę się o mojego syna, nadal nie ma w moim sercu miejsca dla większości ludzi, jestem nadal złym człowiekiem. Kiedy opowiadam ci o wszystkich tych złych rzeczach, które zrobiłem, na ogół nie czuję się źle.

Gorzej się czuję, myśląc o tych wszystkich meczach, które źle obstawiłem.

---

[1] Bohater, grany w *Nocnym kowboju* (1969) przez Dustina Hoffmana, który wyraźnie utykał.

ROZDZIAŁ 23

J.R.: W 1972 roku na rodzinę była wywierana ogromna presja z powodu zamordowanie Bobby'ego Wooda. Ani ja, ani Andy nigdy nie zostaliśmy o nie oskarżeni, ale FBI przyglądało się uważnie naszym klubom. Według moich stryjów taki był koszt prowadzenia interesów. Nie mieli pojęcia, że nadal biegam jak wariat i napadam na ludzi z bronią w ręku. Ale dotarło to do nich, gdy okradłem jakichś mafiosów. To pokazuje, jaki wtedy byłem szalony. Nie wystarczało mi okradanie hipisów. Lubiłem okradać mafiosów.

Nie ja to wymyśliłem. Ludzie z mafii zawsze się okradają nawzajem, jeśli sądzą, że ujdzie im to płazem. Jeden gość powiedział, że goście z mafii grają w pokera na Brooklynie. Na stole było 50 000 dolarów. Z informacji, które dostałem, wynikało, że nie był to nikt ważny dla rodziny Gambino. Andy powiedział, że możemy ich okraść. Wyzwaniem było to, że grali na czwartym piętrze budynku w Brooklynie. Na parterze mieli strażników, więc myśleli, że nikt nie dostanie się do środka.

Chciałem ich wystrychnąć na dudka. Tak dla jaj. Znalazłem kolesi, którzy nie mieli lęku wysokości i poszliśmy do sąsiedniego budynku. Położyliśmy deski, łącząc dachy tych domów, i przeszliśmy na drugą stronę. Weszliśmy przez okno do łazienki w mieszkaniu, w którym grali. Przeszliśmy do pokoju i okradliśmy tych gości.

Mieliśmy kominiarki, ale następnego dnia Andy powiedział mi, że jeden z okradzionych rozpoznał mój głos. Był znajomym stryjka Sama.

Musiałem oddać pieniądze. Nikt nie był na mnie zły. Zrozumieli, że dostałem mylne informacje na temat tego, kto grał w karty. Ludzie byli w stanie wybaczyć błąd.

Młodzi żołnierze mafii w latach siedemdziesiątych szaleli, gdy zobaczyli, jak wiele pieniędzy za trawę, kwas i kokainę płynie ulicami. A oni mieli staromodnych szefów, którzy nie pozwalali im handlować niczym poza heroiną. Takich kolesi łatwo było okraść. Jeśli stracili pieniądze podczas transakcji narkotykowej, nie mogli iść poskarżyć się swoim szefom. Podchodziłem więc do takich gości, mówiłem, że pozwolę im zainwestować w narkotyki, a później wymyślałem jakiś powód, dla którego stracili pieniądze.

– Brachu, gliny aresztowały kuriera na lotnisku. Wszystko przepadło.

Wiele, wiele razy wyciąłem taki numer gościom z mafii. Przez Jacka Buccino i jego promocje koncertów znalazłem drukarnię, która mogła wydrukować fałszywe artykuły z gazet. Makaroniarzom mówiłem, że wysyłam do Meksyku gościa, który kupi 10 kilo kokainy. Dawali mi forsę, a ja przygotowywałem wycinek z nieistniejącej gazety z Teksasu o gościu, którego przyłapali na granicy z kokainą w bagażniku. To był mój dowód. Nawet jeśli podejrzewali, że ich oszukałem, nie mogli na mnie donieść rodzinie.

W końcu obrobiłem cwaniaczków, którzy zapracowali sobie na taką nazwę. Znaleźli sposób na to, by odzyskać swoje pieniądze. Po tym jak wziąłem od nich kasę na transakcję, która podobno poszła źle, wycwanili się. Poszli do swojego *capo* i powiedzieli, że ich okradłem, obiecując im sprzedać obligacje na okaziciela, których nigdy im nie dostarczyłem. Wszyscy wiedzieli, że pomogłem ukraść obligacje z Merrill Lynch, więc ich opowieść wydawała się wiarygodna.

Capo, który się o tym dowiedział, udał się do stryja Joego.

Nawet Andy nie był w stanie tym razem mi pomóc. Spotkałem się ze stryjem Joem w kawiarni niedaleko jego domu na Staten Island. Stryj był wtedy tak stary, że jego ochroniarze praktycznie musieli go przynieść do stolika.

Kiedy jadł, był to obrzydliwy widok, bo się ślinił. Był głuchy, więc musiałem się pochylać do jego ucha i krzyczeć. Ale kiedy mówił, był tak bystry jak zawsze. Gdy usiedliśmy przy stoliku, zapytał:

– Powiedz mi prawdę, do cholery. Okradłeś tych gości?

– Tak. Udawałem, że mam obligacje, które mogę im sprzedać.

Nie było szans, żebym powiedział stryjowi, że wyrolowałem tych gości dzięki transakcji narkotykowej.

Stryj patrzył na mnie przez parę sekund, jakby zapomniał, kim jestem.
Jego oczy były otępiałe. Ale później znów zapaliło się w nich światło.

– Oddasz im pieniądze i odpalisz mi 10 procent, za problemy, jakich
narobiłeś – powiedział.

– W porządku – odpowiedziałem.

Stryj nadal na mnie patrzył. Na twarzy miał rozsmarowany serek
z bajgla, którego próbował zjeść. Ale jego umysł był tak samo zły jak
zawsze.

– Jon, coś tu nie gra. Nie wierzę w ani jedno słowo twojej gównianej
opowieści o obligacjach na okaziciela. Nie próbuj mnie, kurwa, oszukać – powiedział.

Andy i ja uważaliśmy się za bystrych nowych Włochów. Ale ci starzy
goście z wąsami, tacy jak mój stryjek Joe, nie dali się wystrychnąć na
dudka nawet wtedy, gdy pół ich mózgu nie działało jak trzeba.

Cóż mogłem zrobić? Powiedziałem mu, że ci goście chcieli kupić narkotyki, a ja ich okradłem.

Stryjek Joe się uśmiechnął.

– Ty mały skurwielu. Ciągnąca lachę cioto. Jestem pewien, że robisz
takie numery cały czas. I nie odpalasz mi działki?

Powiedziałem mu prawdę, że cokolwiek zarobiłem, zawsze odpala-
łem działkę Andy'emu, który przekazywał kasę rodzinie. Nie płaciłem
Urzędowi Skarbowemu, ale płaciłem rodzinie Gambino.

Stryjek nie chciał słuchać, jaki byłem lojalny.

– Jon, następnym razem, gdy kogoś okradniesz, i nie obchodzi mnie,
czy to kasa za narkotyki, czy wybijesz im wszystkie zęby, przyniesiesz
mi moją działkę, mały zasrańcu – powiedział. Po czym zapytał: – Ile zarobiłeś w ciągu roku, okradając ludzi w ten sposób?

Powiedziałem, że zarobiłem na takich kradzieżach 100 000 dolarów.

– To oznacza, że zarobiłeś przynajmniej 300 000 – powiedział. – Dam
ci nauczkę. Od tej pory, jeśli ukradniesz jakąś forsę, jestem twoim wspólnikiem. Chcę 25 procent.

Stary skurwiel. Stryj Joe mnie okradał. Ten gość nie miał serca. Tak jak goście z mafii, których obrabiałem, nie mogli pisnąć ani słowa swoim szefom, bo zajmowali się narkotykami, ja również nie mogłem powiedzieć nikomu, że stryj zabierał mi kasę z moich oszustw narkotykowych. To narkotyki zniszczyły mafię. Stworzyli wszystkie te idiotyczne zasady przeciw dragom, a później wszyscy spiskowali przeciw sobie. Mafia powinna wiedzieć lepiej. Ci wszyscy starzy goście mogli to dostrzec, gdy rząd amerykański próbował wprowadzić prohibicję. Wiedzieli, jakie to było głupie. A później sami próbowali w podobny sposób wprowadzić zakaz handlu narkotykami.

Nigdy nie lubiłem zasad. Jestem przestępcą, bo nienawidzę zasad. Ale siedziałem tam, naprzeciwko tego starego gnojka, mojego stryja, który każe mi działać według zasad, i nie miałem innego wyjścia. Byłem częścią rodziny.

Żeby mieszkać w Nowym Jorku, musiałem być częścią rodziny. Nie wyobrażałem sobie mieszkania w innym mieście. Żadne inne miejsce dla mnie nie istniało. W rok po tym jak stryj zaczął brać ode mnie kasę, stało się dla mnie i dla wszystkich innych jasne, że nie mogę dłużej mieszkać w Nowym Jorku. Opuściłem na dobre miasto i rodzinę przez kobietę, która złamała mi serce – jeśli mogę użyć tego określenia – i parę innych zabójstw.

Ale najpierw musiałem zostać postrzelony w tyłek.

ROZDZIAŁ 24

J.R.: Nie wiem, co sobie myślałem, gdy wdałem się w romans z żoną starszego mafiosa. Z pewnością nie używałem do myślenia mózgu. Ta kobieta miała na imię Marie. Jej mąż miał równie makaroniarskie imię: Luigi. Luigi pracował dla ojca Phyllis. Dzięki temu poznałem jego i jego żonę. On był starszym gościem po pięćdziesiątce, ona miała ponad 40 lat.

Nie potrafię wyjaśnić, dlaczego zacząłem się z nią pieprzyć. Była najstarszą kobietą, z jaką kiedykolwiek byłem, ale nigdy nie miałem jej dosyć. Robiła rzeczy, których wcześniej nawet sobie nie wyobrażałem. Kiedy się pieprzyliśmy, Marie potrafiła założyć nogi za moją głowę i masować mnie palcami od stóp. Ta stara baba mogła się pieprzyć godzinami – kochać się, robić masaż. Marie nauczyła mnie jednego: niektóre kobiety mają świetne cipki, bez względu na swój wiek.

Marie i Luigi mieli małe gówniane mieszkanie przy Mulberry Street. Luigi nigdy nie zarabiał zbyt dużo. Był tylko wielkim, głupim tłuściochem, który robił to, co kazał mu szef. Nienawidziłem tam chodzić. Wprawiało mnie to w depresję. Ale Marie musiała zostawać w domu, żeby odbierać telefony od Luigiego. Przysięgam ci, ta staruszka potrafiła równocześnie się pieprzyć, masować mnie, rozmawiać z mężem przez telefon i wypalić pół paczki pall malli. Z tyłu głowy kołatała mi się myśl, że nie powinienem tego robić. Ale wpadałem w jej cipkę na długie godziny. Miałem wrażenie, że ma złote kółka, które wciągają mnie do środka.

Wiedziałem, że to kiedyś nastąpi. Któregoś wieczoru byłem u niej, pieprzyliśmy się jak szaleni, gdy usłyszeliśmy, że drzwi frontowe się otwierają. To z pewnością był Luigi.

Nie bałem się go. Ale Luigi był typowym włoskim macho i gdybym się z nim skonfrontował, straciłby twarz i przez swoją dumę musiałby spróbować mnie zabić. Nieważne, co by się stało, żaden z nas nie mógł wygrać. Jeśliby mnie zabił, stryjowie chcieliby się zemścić. Gdybym ja go zabił, jego ludzie pragnęliby pomścić jego śmierć. Tacy ludzie jak my nie powinni się nigdy zabijać. Najlepsze, co mogłem zrobić, to próbować stamtąd uciec.

Słyszałem, że Luigi zbliża się do drzwi sypialni. Jedyną drogą ucieczki było wyjście przez okno i zejście na dół schodami przeciwpożarowymi. Ale kiedy próbowałem otworzyć okno, okazało się, że ma kraty antywłamaniowe i kłódkę.

– Gdzie jest ten cholerny klucz? – spytałem Marie.

Leżała na plecach, z rozchylonymi nogami, pokazując swojego bobra, jakby wszystko to gówno ją obchodziło.

– Skąd mam wiedzieć, gdzie jest klucz? – odparła.

Kiedy Luigi wszedł do pokoju, miałem na sobie tylko moją włoską koszulkę. Jego żona leżała z cyckami na wierzchu, jakby nic się stało. Luigi wyciągnął spluwę.

Nie było tak jak wtedy, gdy tamten gość postrzelił mnie przed klubem Hippopotamus. Tym razem nie miałem żadnego planu. Zeskoczyłem z łóżka i zacząłem spieprzać. Luigi zaczął strzelać.

Zdołałem go ominąć i dobiec do salonu, gdy dostałem kulkę. Siła uderzenia powaliła mnie na podłogę. Trafił mnie w kość guziczną – kość ogonową. Każdy ma kość ogonową. To kość, dzięki której małpy, chodząc na czworaka, nadal mają sterczący ogon. To jedna z mniej użytecznych rzeczy w ludzkim ciele. Nigdy o niej nie myślałem aż do momentu, gdy zostałem postrzelony.

Bolało to tak bardzo, że myślałem, że dostałem w kręgosłup i jestem sparaliżowany. Normalnie jestem w stanie znieść wiele bólu, ale umysł odmówił mi posłuszeństwa. Czułem się jak robak przyszpilony do podłogi. Nie byłem w stanie się ruszyć. Później dowiedziałem się, że gdy Luigi trafił w moją kość guziczną, kość roztrzaskała się na kawałki, które utkwiły w moich wnętrznościach. Pocisk uszkodził mi trzustkę i część żołądka. Krew leciała mi z odbytu i z ust. Wymiotowałem krwią i żół-cią. Prawie straciłem przytomność, a gdyby tak się stało, Luigi strzeliłby we mnie raz jeszcze.

Na szczęście kiedy zobaczyłem, że idzie w moim kierunku, odzyska-łem na tyle kontrolę nad swoim umysłem, by zacząć z nim rozmawiać.

– Wiesz, kim jestem. Jeśli strzelisz do mnie raz jeszcze, lepiej strzel też sobie w głowę, bracie. Bo zapłacisz za to. Wszyscy będą o tobie mó-wili – powiedziałem.

To był jedyny pozytyw, jeśli chodzi o załatwianie spraw z włoskim ma-cho. Jeśli cię zabije, będzie musiał wyjaśnić to rodzinie. Żeby się uspra-wiedliwić, będzie musiał wszystkim powiedzieć, że pieprzyłem się z jego żoną. Luigi wiedział o tym i ostatnią rzeczą, jakiej pragnął, było to, by wszyscy śmiali się z tego, co jego żona ze mną wyprawiała. Zobaczyłem w jego oczach, że zostało mu trochę rozsądku.

Podszedł do mnie i splunął. Zaczął mnie kopać. Górę wzięła nor-malna męska reakcja. Kopał i kopał, a ja nie mogłem się bronić. Zakry-łem dłońmi jaja i wsunąłem głowę pod tapczan, żeby mu utrudnić ko-panie mnie w twarz.

Bicie kogoś pochłania wiele energii. Zwolnił tempo kopania. Zaczął charczeć. Przestał kopać i zamilkł. Później zapytał:

– I co teraz zrobimy?

Spojrzałem na niego i powiedziałem:

– Jesteś łajdakiem? Połóż mnie na ulicy i zadzwoń po pogotowie.

– Nie dzwonię na pogotowie.

– Dostałeś to, czego chciałeś. Jeśli nie chcesz problemów, zajmij się tym – powiedziałem.

– OK – odpowiedział.

Dupek ściągnął mnie w dół po nie wiem ilu piętrach. Widziałem ciała zawinięte w dywan, z którymi obchodzono się łagodniej niż ze mną. Zo-stawił mnie na chodniku i nie dotrzymał słowa. Nie zadzwonił po karetkę.

Był środek zimy. Miałem na sobie tylko koszulkę. Leżałem na chod-niku, krwawiłem z odbytu i wymiotowałem kawałkami czegoś, czego nigdy wcześniej nie widziałem. Na pogotowie zadzwonił w końcu obcy człowiek, który znalazł mnie na ulicy.

Obudziłem się w szpitalu dzień albo tydzień później. Nie wiem. Gdy tam leżałem, bolało mnie bardziej niż wtedy, gdy zostałem postrzelony. Bolało tak bardzo, że zacząłem krzyczeć. I wtedy usłyszałem, że ktoś się ze mnie śmieje. Spojrzałem w tamtym kierunku i zobaczyłem dwóch gliniarzy. Dlatego nienawidzę gliniarzy. Wrzeszczę z całych sił, sikam w rurkę, a oni zaczynają swoje dupkowate gierki, chcąc się dowiedzieć, kto mnie postrzelił. Wiedzą, że nie pisnę ani słowa, ale muszą odegrać swoje role.

W końcu stryjek Sam pojawił się z paroma swoimi oprychami, którzy mieli mnie pilnować. Mając ich w pokoju, znów straciłem świadomość i spokojnie spałem. Kiedy w końcu się obudziłem, stryjek Sam pochylał się nade mną i śmiał się.

– Ty mały skurwielu – powiedział.

Zobaczyłem, że w pokoju razem ze stryjem jest Andy. Musiał mu opowiedzieć o mnie i żonie Luigiego. Stryj powiedział:

– Zajmę się wszystkim w rodzinie, ale musisz zacząć wymyślać historyjkę dla policji.

Po wyjściu stryja jeden z jego oprychów zapytał:

– Dlaczego chcesz pieprzyć czterdziestoletnią kobietę?

– Nie śmiej się, zanim sam tego nie spróbujesz – odpowiedziałem.

– Jesteś porąbany – powiedział Andy.

Andy śmiał się, ale w jego oczach widziałem zmęczenie. Ludzi zaczynały męczyć kłopoty, jakie sprawiałem. Jeśli ktoś z mafii został postrzelony, policja sporządzała dla FBI specjalne raporty. Agenci sądzili, że jeśli jeden z nas dostał kulkę, oznaczało to początek nowej wojny. Dlatego przesłuchiwali wszystkich przez wiele tygodni.

W rodzinie wszyscy z pogardą patrzyli na pieprzenie żony innego faceta. Kiedy mój stan trochę się poprawił, stryj Sam, który normalnie śmiał się z tego, co wyprawiałem, przyszedł do mnie. Wyglądał mrocznie. Powiedział:

– Jeśli jeszcze raz przelecisz czyjąś żonę, własnoręcznie odetnę ci fiuta.

Phyllis była kolejną niezadowoloną osobą. Choć była bardzo otwarta, dotknęło ją to, że zostałem postrzelony, gdy pieprzyłem żonę gościa, z którym jej ojciec prowadził interesy. Phyllis zareagowała w tak naturalnie kobiecy sposób, jak w męski sposób zareagował Luigi. Przysłała swoją siostrę Fran, która powiedziała mi, że mam nie wracać do domu, dopóki nie zagoją się moje rany. Phyllis uważała, że to nie w porządku, że miałaby się mną opiekować po tym, jak wpadłem w kłopoty, bo spałem z inną kobietą. Zrozumiałem, dlaczego Phyllis mnie zostawiła, ale poskutkowało to czymś, czego się nie spodziewałem. Zakochałem się w innej dziewczynie.

ROZDZIAŁ 25

J.R.: Andy i ja mieliśmy mieszkanie na Upper East Side, w którym urządzaliśmy imprezy. Podnajęliśmy je od przyjaciela Bradleya Pierce'a, który
bardzo dziwnie je umeblował. Wyglądało jak wnętrze statku kosmicz-
nego, z plastikowymi krzesłami w kształcie jaj i migoczącymi chromowanymi światłami. Na ścianach namalowane były chińskie damy w sukienkach. Kiedy po raz pierwszy poszliśmy tam z Andym, wycięliśmy
dziury w ustach tych namalowanych kobiet i wepchnęliśmy w nie papierosy. Chodziłem do tego mieszkania, żeby odzyskać siły.

Przez wiele lat chodziłem z laską, jakie nosili alfonsi – dębowym kij-
kiem z rączką wyrzeźbioną w kształt głowy psa i brylantami zamiast oczu.
Teraz naprawdę potrzebowałem laski. Zrobienie każdego kroku bolało
jak diabli. Pójście do toalety wiązało się z ogromnym bólem.

Któregoś dnia leżę na kanapie i wcinam chińskie żarcie na wynos,
gdy ktoś puka do drzwi. Kuśtykam do wejścia, otwieram drzwi i widzę
piękną dziewczynę, Verę Lucille[1].

Spotkałem ją w Hippopotamusie, parę tygodni przed tym, jak zostałem postrzelony. Poznałem ją przez Patsy Parks, która razem z grupą
imprezowiczek łaziła za Bradleyem Pierce'em od klubu do klubu. Patsy
Parks była niby-modelką, o której niewiele myślałem. Wyróżniała się
tylko tym, że nosiła na szyi krzyż, jak jakaś uczennica szkoły katolickiej.

---

[1] Pseudonim użyty by ochronić tożsamość byłej dziewczyny Jona.

Gdy widziałem ten krzyż, zawracałem i szedłem w przeciwną stronę, bo Patsy nie była w moim typie. Ale którejś nocy była z nią niesamowita laska, Vera. Była drobną Francuzką i miała ciemne włosy jak Phyllis, ale zupełnie inną osobowość. Było w niej coś ciepłego, nie była twarda i przebiegła jak Phyllis. Poczułem to już podczas pierwszego spotkania. Ale poznawałem wiele ładnych dziewczyn i zapomniałem o Verze aż do chwili, gdy zobaczyłem ją w moich drzwiach, trzymającą w ręce rogaliki, które kupiła w Brasserie[2].

– Słyszałam, że jesteś ranny – powiedziała.

Rozwaliło mnie to, że taka dziewczyna o mnie myślała. Kiedy zaprosiłem ją do środka, mogliśmy tylko siedzieć i rozmawiać. Przychodziła codziennie i zostawała na kilka godzin. Za bardzo mnie bolało, żebym mógł się z nią przespać. Siadała i rozmawialiśmy. Była mądrą dziewczyną. Przyjechała do Nowego Jorku, żeby studiować w Barnard College. Ale nie pochodziła z bogatej rodziny. Jej ojciec sprzedawał ryby z wózka stojącego przy drodze w jakimś małym francuskim miasteczku. Vera nosiła przy sobie zdjęcie ojca sprzedającego ryby. Możesz w to uwierzyć? Boże, była niewiarygodna. Była bardzo niewinna. Naprawdę sądziła, że jestem dobrym człowiekiem.

Zanim w ogóle jej dotknąłem, zacząłem zastanawiać się, jak uciec od Phyllis. Choć Phyllis mnie wyrzuciła z domu, uważała, że to przejściowa sytuacja. Według niej nadal byliśmy mężem i żoną.

Kiedy odzyskałem władzę w nogach, wychodziliśmy z Verą na miasto, ale staraliśmy nie rzucać się w oczy. Spędziliśmy dużo czasu w Village, chodząc do małych restauracyjek jak El Faro[3] – mojej ulubionej hiszpańskiej knajpy w Nowym Jorku – czy spędzając czas w Hamptons.

Zimą 1971 roku Andy wynajął kilka domków na plaży na południe od Acapulco w Meksyku. Pojechał tam ze swoją dziewczyną, a ja i Vera dołączyliśmy do nich już na miejscu. To był jeden z najlepszych tygodni w moim

---

[2] Nieformalna, ale szykowna restauracja francuska, od 1953 roku położona przy Pięćdziesiątej Trzeciej Wschodniej pod numerem 100.

[3] Hiszpańska restauracja przy Greenwich Street 823, założona w 1927 roku i nadal otwarta. Bardziej znana z kiczowatych malunków na ścianach przedstawiających tancerzy flamenco niż jedzenia dobrej jakości.

życiu. Można było tam jeździć konno. Vera to uwielbiała. Ja jeździłem konno tylko kilka razy w Teksasie, gdy mieszkałem u siostry. Z końmi w Meksyku było łatwiej, bo znały swoje trasy. Jeździliśmy wzdłuż wybrzeża. Przejeżdżaliśmy wiele kilometrów, nie spotykając nikogo. Fale wpływały na plażę, ale konie nie bały się wody, więc można było jechać w oceanie. Kiedy robiliśmy się głodni, płynęliśmy łodzią na małą wyspę, gdzie w chatce podawano świeżo ugotowane homary z masłem i ostrym sosem. Nikt się tam niczym się nie przejmował. Pozostałe domki zamieszkiwali ludzie z Europy. Kobiety paradowały topless. Ale nie przypominało to Klubu Playboya. Nie były prostytutkami. Wszyscy byli odprężeni. Poznaliśmy z Verą pewną parę z Francji, z którą się zaprzyjaźniliśmy. Zaczęliśmy żartować, że pojadę do Francji i będę pracował w rybnym biznesie jej ojca. To był żart, ale dla mnie było to marzeniem, które mógłbym zrealizować. Być może udałoby mi się uciec od tego wszystkiego.

Ale gdziekolwiek się udaję, spotykam takich ludzi jak ja. Działających poza prawem. Któregoś dnia siedzieliśmy z Verą przy basenie, gdy podszedł do nas chłopak w moim wieku i zaczął z nami rozmawiać. Wyglądał na Amerykanina, ale mówił z hiszpańskim akcentem.

– Nazywam się Carlos Hill. Prowadzę w mieście klub Carlo's. Bądźcie moimi gośćmi dziś wieczorem.

Carlo's była meksykańską wersją nowojorskiej restauracji specjalizującej się w stekach. Obok mieściło się nielegalne kasyno. Poszliśmy do klubu z Verą, Andym i jego dziewczyną. Carlos Hill zajmował się nami przez całą noc. Z pewnością był bystrym dzieciakiem i robił to samo, co Andy i ja.

Gdy tylko wziął kokainę, zbrataliśmy się. Opowiedzieliśmy mu z Andym o naszych klubach w Nowym Jorku.

– Pracujecie dla Gambino? – zapytał Carlos.

– Dlaczego o to pytasz? – unikałem odpowiedzi.

– Moja mama pochodzi ze Stanów. Przyjechała tu, żeby się ukryć.

– Kim do cholery jest twoja matka? – zapytał Andy.

– To Virginia Hill[4].

---

[4] Hill była przez wiele lat dziewczyną Bugsy'ego Siegela, gangstera, który pracował w Murder Inc. Z Meyerem Lanskym i stryjem Jona Josephem Riccobono, a następnie

Carlos twierdził, że jest nieślubnym dzieckiem Bugsy Siegela i Virginii Hill[5]. Nigdy nie dowiedziałem się, czy jego opowieść była prawdziwa, ale z całą pewnością miał powiązania. Widziałem, że płynie w nim, tak samo jak we mnie, szalona krew. Vera dobrze się bawiła w restauracji i klubach Carlosa. Była naiwna. Nie rozumiała tak naprawdę, czym się zajmowałem. Nie rozumiała, że jej kumpela Patsy, która nas sobie przedstawiła, była praktycznie dziewczyną do towarzystwa na imprezach. Vera była studentką z Francji. Nie miała o niczym pojęcia.

Gdy poznaliśmy się lepiej z Carlosem Hillem, miałem złe przeczucie. Z jednej strony chciałem wiedzieć, czym Carlos się zajmuje, z drugiej strony nie chciałem angażować w to Very. Chciałem, żeby nadal była naiwna. Vera zaczynała zajęcia w koledżu, więc zdecydowała się wrócić do Nowego Jorku. Andy i jego dziewczyna polecieli razem z nią. Ja zostałem jeszcze na tydzień. Carlos chciał mnie przedstawić swojemu przyjacielowi.

Tego ranka, gdy Vera wyjeżdżała, Carlos zawołał:

– Chodź na basen.

Wychodzę i widzę niskiego Meksykanina w kowbojkach siedzącego przy basenie. Carlos mówi:

– To mój przyjaciel, burmistrz Guadalajary. To szaleniec.

Carlos wskazał na sześciu gości siedzących z burmistrzem.

– Ci panowie to jego zabójcy.

Wszyscy się uśmiechają. Burmistrz nie mówi po angielsku, ale Carlos tłumaczy. Burmistrz wskazuje na jednego z grupy zabójców, chudego chłopaka z kędzierzawym wąsem.

– Jest jak mój syn – mówi. – Rafa Carlo Quintero[6].

Świat bywa czasem zabawny. Jestem na wakacjach z dziewczyną moich marzeń i ni stąd, ni zowąd spotykam gościa, który twierdzi, że jest synem Bugsy'ego Siegela, i który przedstawia mnie największemu

---

założył Las Vegas. Siegel został zamordowany w 1947 roku, gdy poczynione w imieniu mafii inwestycje nie przyniosły wystarczająco szybko zysków.

[5] Choć wiadomo, że Virginia Hill była kilka razy w Meksyku, nie ma dowodów na to, że kiedykolwiek urodziła tam syna.

[6] Meksykański baron narkotykowy, aresztowany w 1985 roku za zamęczenie na śmierć amerykańskiego agenta DEA. Został skazany i nadal przebywa w więzieniu w Meksyku.

przemytnikowi narkotyków w Meksyku. Parę lat później Rafa Quintero stanie się kimś bardzo ważnym dla mnie i Pablo Escobara.

Ale wtedy spędzałem czas z burmistrzem Guadalajary. To był gość. Miał zawsze przy sobie mnóstwo młodziutkich dziewczyn. Wskazuje na jedną z nich i mówi:

– Pieprzyłem się z nią wczoraj i dowiedziałem się, że skłamała, ile ma lat. Ma 16. Moja granica to 14.

Burmistrz chciał mnie zabrać do swojego miasta, żeby pokazać mi, jak obiecał, Najlepszą Rzecz w Meksyku. Chciał zawieźć mnie tam swoim samochodem. W Meksyku nie mogłeś kupić nowego kabrioletu. Burmistrz kupił forda 500 i odciął dach. Siedzenia były obite futrem meksykańskich jaguarów. Wyruszyliśmy jego kabrioletem. Za Acapulco zostaliśmy zatrzymani przez blokadę zrobioną przez meksykańskie wojsko.

Burmistrz wskazuje na bagażnik i mówi: „Footballs, footballs", używając angielskiego słowa. Otwiera bagażnik i pokazuje dziesięć „piłek". To paczki w kształcie piłek, owinięte w brązowy papier. Burmistrz rozcina jedną z nich, żeby pokazać żołnierzom. „Piłka" jest zrobiona z kokainy. Patrzę na żołnierzy i myślę: „Świetnie, idę do meksykańskiego więzienia".

Ale burmistrz uśmiecha się. Wręcza przełożonemu żołnierzy jedną z „piłek". Dowódca wkłada w kokainę nóż i wciąga narkotyk. Jego twarz się rozpromienia. Dowódca klepie burmistrza po plecach i gratuluje tak dobrego towaru. Ta piłka to jego zapłata. Po chwili żołnierze stoją obok burmistrza i robią zdjęcia. Burmistrz bierze strzelbę jednego z żołnierzy i udaje, że ma zamiar strzelić mu w głowę. Meksyk to istne wariactwo.

W końcu docieramy do domu burmistrza w Guadalajarze. Wcześniej sądziłem, że „burmistrz" to honorowy tytuł. Ale mój znajomy naprawdę jest burmistrzem albo przynajmniej najważniejszym politykiem w mieście. Mieszka w posiadłości, której strzeże policja. Wyjmują piłki z bagażnika. Przebieramy się, wciągamy parę kresek.

– Teraz pokażę ci Najlepszą Rzecz w całym Meksyku – oznajmia burmistrz.

Okazuje się, że ta Najlepsza Rzecz znajduje się w Del Noche El Dia, burdelu w Guadalajarze. To właśnie tam zabiera mnie burmistrz. Ma specjalny stolik na pierwszym piętrze. W budynku jest pełno czternastolatek w bikini. Podchodzą do niego i witają się:

– Witamy, panie burmistrzu.

Na widok burmistrza i tych młodych dziewcząt ściska mnie w żołądku. Ale burmistrz jest bardzo zadowolony. Wstaje.

– Teraz pokażę ci Najlepszą Rzecz.

– Lepszą niż to? – pytam, rozglądając się po sali pełnej nastoletnich dziwek.

Burmistrz chichocze i ciągnie mnie do teatru. Z przodu sali jest scena i orkiestra. Jest też piosenkarka w blond peruce i magik udający, że przecina jakąś dziewczynę na pół.

– O to chodzi – burmistrz wskazuje na scenę.

Kurtyna rozsuwa się. Na scenie jest osioł i trzy dziwki. Widziałeś kiedyś penisa osła? Nie jest to mała rzecz. Dziwki zaczynają go dotykać. Są ubrane we francuskie koronki, ale widać, że przyjechały tu prosto z jakiejś wiochy. Dobrze wiedzą, jak obchodzić się z osłem. Staje mu i jedna z dziwek wsuwa się na stoliku pod zwierzę, żeby mógł ją pieprzyć.

Uwielbiam seks, ale to jest odrażające. Dość. Nie podoba mi się Najlepsza Rzecz w Meksyku. Biedny osioł ma wystarczająco ciężkie życie, ciągnąc pług czy co on tam musi robić i nie potrzebuje tych dziwek robiących z niego show. Wiem, że jestem popieprzony, ale na widok tego robi mi się niedobrze.

Dzięki burmistrzowi uświadomiłem sobie, dlaczego nie lubię polityków. Ludzie tacy jak ja, ludzie z ulicy, my wiemy, że jesteśmy źli. Politycy robią to samo co my, ale zachowują się, jakby byli dobrzy, wygłaszają mowy, dają medale skorumpowanym gliniarzom. Politycy to najgorsze ścierwo, z jakim miałem do czynienia.

Wyjechałem z Meksyku ze złym przeczuciem. Vera pokazała mi różnice między nami. Jej życie to była jazda konno wzdłuż oceanu. Moje – to siedzenie z burmistrzem i oglądanie spektaklu z osłem w roli głównej. To był jedyny moment w moim życiu – aż do narodzin mojego syna – gdy chciałem spróbować przejść na drugą stronę. Wracając samolotem do Nowego Jorku, myślałem o tym, że czas spróbować na poważnie związać się z Verą.

ROZDZIAŁ 26

J.R.: Po powrocie do Nowego Jorku miałem pewien problem. Mój przyjaciel Vincent Pacelli żenił się. Vincent rozwijał swój heroinowy interes w Chicago i żenił się z córką jednego z ważniejszych ludzi Sama Giancany[1]. To małżeństwo było niczym umowa biznesowa. Tego właśnie nienawidziłem w mafii. Wszystko, co robiliśmy, robiliśmy dla dobra rodziny.

Problemem było to, że i Phyllis, i Vera miały być na tym ślubie. Vera ze względu na znajomość Patsy i Vincenta, Phyllis ze względu na heroinowe interesy, jakie jej ojciec prowadził z panem młodym. Poza tym to wesele było ważnym wydarzeniem w kalendarzu nowojorskiej mafii.

Przyjęcie weselne miało się odbyć w Pierre[2]. Miało być kilka orkiestr, kapela rockowa, tancerki brzucha. Co za włoskie wesele. Phyllis nie mogła tego przegapić.

Phyllis chciała, żebym się tam z nią wybrał. Uważała, że nadszedł czas, żebyśmy znów zachowywali się jak małżeństwo. Vera wiedziała o mnie

---

[1] Sam Giancana, szef mafii w Chicago, był dobrym przyjacielem Franka Sinatry i Sammy'ego Davisa juniora. Uważa się, że pomógł pozyskać Johnowi F. Kennedy'emu głosy w Cook County w czasie wyborów w 1960 roku. Był domniemanym współpracownikiem CIA i przed wspominanym tu ślubem został tajnym informatorem rządu. Giancana został zamordowany w swoim domu w 1975 roku, na kilka dni przed tym jak miał zeznawać przed Senatem Stanów Zjednoczonych na temat swoich powiązań z CIA.

[2] Zabytkowy hotel przy Central Parku, znajdujący się na rogu Sześćdziesiątej Pierwszej Ulicy i Piątej Alei.

i Phyllis i nie naciskała. Nie wymyśliłem jeszcze, jak mam rozwiązać sytuację z Phyllis. Jeśli rozegrałbym to źle, mogło się to skończyć tym, że Henry i jego kumple próbowaliby przerobić mnie na mielonkę w swojej pizzerii. Nie miałem jeszcze żadnego pomysłu.

Na wesele poszedłem z Phyllis, a Vera przyszła ze swoją przyjaciółką Patsy. To było przyjęcie w naprawdę włoskim stylu. Starzy goście z wąsami siedzieli przy stolikach ze swoimi chodzikami i maskami tlenowymi. Młodzi wymykali się do toalet i wciągali prochy, kryjąc się z tym przed starszymi. Wszyscy wpychali banknoty za bikini tancerek. Połowę kelnerów stanowili tajniacy z FBI.

Wymknąłem się, żeby porozmawiać z Verą. Staliśmy i obserwowaliśmy pijanych tłuściochów.

– Czy tak wygląda normalne amerykańskie wesele? – zapytała.

– Nasze będzie wyglądało zupełnie inaczej – odpowiedziałem.

Nie zastanawiając się, przedstawiłem jej swój plan. Moją ucieczką przed Phyllis i jej rodziną był wyjazd do Francji z Verą. Poznałbym jej rodzinę i poprosił jej ojca, sprzedawcę ryb, o rękę córki. Zostałbym we Francji tak długo, jak trwałby gniew Phyllis. Gdyby miało to zająć kilka lat, nie szkodzi. Naprawdę chciałem być z Verą. Szalałem na jej punkcie.

JUDY: Vera była wyjątkowa. Phyllis była dla mnie jak siostra. Kocham ją, ale była bardzo trudna. Vera była jak ukochana Jona z czasów liceum Farah Aboud, ale była już dojrzałą młodą kobietą.

Miała na niego ogromny wpływ. Przy niej twarz Jona przybierała łagodniejszy wyraz. Jego głos się zmieniał. Był delikatny. Cieszyłam się jego szczęściem. I wtedy nagle, któregoś dnia, Vera zniknęła. Nadal nie mam pojęcia, co się z nią stało. Pewnego razu Jon powiedział.

– Vera zniknęła. Nigdy już jej nie zobaczysz.

J.R.: Co się stało? Vera przekonała się, kim naprawdę byłem. Przestała być naiwna. Oczy otworzyło jej to, co stało się z jej przyjaciółką Patsy Parks.

Patsy twierdziła, że jest modelką, ale tak naprawdę była dziewczyną z klubu nocnego, łażącą za Bradleyem Pierce'em. Nazywano ją Park Avenue Patsy, bo zachowywała się, jakby miała mnóstwo kasy. A prawda była taka, że zarabiała na życie, przewożąc heroinę dla Vincenta Pacellego, tak jak kiedyś Jack w koszuli w tukany. Nie byłem zaangażowany w interesy Vincenta, ale wiedziałem, że Patsy przewoziła heroinę do Bostonu. Pracowała z Barrym Lipskym. Barry zawsze był w którymś z naszych klubów. Wyglądał jak student z Princeton. Idea była taka, że Patsy, która zawsze nosiła na szyi krzyż, i tak porządnie wyglądający chłopak jak Barry mogli przewozić heroinę, nie wzbudzając niczyich podejrzeń.

Ale choć Barry Lipsky wyglądał normalnie, gdy tylko zacząłeś z nim rozmawiać, zdawałeś sobie sprawę, że to cymbał. Zawsze opowiadał o horrorach. Podchodził do ludzi i stroił miny, darł się, udawał potwory. Miał nierówno pod sufitem.

Vincent Pacelli i jego ojciec od zawsze posługiwali się przypadkowymi ludźmi do przewożenia heroiny. Któregoś razu ich kurierami były króliczki „Playboya"[3]. Patsy i Barry dobrze sobie radzili mniej więcej przez rok, po czym, jakoś w tym czasie, gdy odbywało się wesele Vincenta, Patsy została złapana. Vincent miał informatora w nowojorskiej prokuraturze, który dał mu cynk, że Patsy będzie zeznawać przeciwko niemu. Była głupia, bo wyszła za kaucją. Ludzie wiedzieli, że kablowała, a ona biegała z imprezy na imprezę.

Choć moje interesy różniły się od tego, czym zajmował się Vincent, obaj byliśmy częścią rodziny Gambino. Przyszedł do mnie i powiedział:

– Patsy musi zniknąć.

Wiedziałem, że będą z tego problemy. Patsy była najlepszą przyjaciółką Very. Vera nie rozumiała zasad rządzących mafią. Zorientowała się, że nie prowadziliśmy z Andym normalnych interesów, była na weselu mafijnym. Ale nie wiedziała, co naprawdę oznacza mafia.

Miałem pewne obawy, jeśli chodzi o Verę. Wierzyłem, że jeśli zajmę się Patsy, Vera będzie wiedziała, co zrobiłem, gdy tylko spojrzy mi w oczy. Jeden raz w życiu postanowiłem nie postąpić źle. Stanąłem po stronie dobra. Poszedłem do Andy'ego i powiedziałem.

---

[3] Jon być może myli fakty dotyczące wykorzystania króliczków „Playboya" jako kurierów narkotykowych z heroinowym procesem z 1965 roku, kiedy to ojciec Pacellego próbował za pomocą króliczka Playboya przekupić jednego z przysięgłych. Możliwe jest również to, że rodzina Pacellich miała mnóstwo nikczemnych sposobów na wykorzystanie króliczków Playboya.

– Andy, Patsy to najlepsza przyjaciółka mojej dziewczyny. To wszystko jest totalnie popieprzone. Nie chcę tego robić.

Andy nawet nie mrugnął.

– Nikt nie może cię do niczego zmusić – powiedział.

Andy poszedł do przełożonych i powiedział, że nie powinienem być zamieszany w sprawę Vincenta. Przypomniał, że ciągle byłem pod obserwacją ze względu na morderstwo Bobby'ego Wooda. Wszyscy zgodzili się, że tym razem powinienem się trzymać z daleka.

Vincent podjął decyzję pod wpływem impulsu. Postanowił zająć się Patsy, a Barry Lipsky, ten kretyn, miał mu w tym pomóc. Skończyło się to totalną katastrofą. Zabili ją bez problemów, ale gdy podpalili jej ciało, zostawili przy jej spalonym samochodzie zapałki z Hippopotamusa. Świadkowie widzieli, jak kupowali benzynę. Gazety zrobiły wielkie halo z tego, że krzyż Patsy podobno nie roztopił się w pożarze. Vincent był dobrym gościem, ale tym razem spieprzył sprawę.

BRADLEY PIERCE: Widywałem Vincenta Pacellego w klubach z Jonem i Andym. Oni mogli być uznani za miłych kolesi, ale Vincent wyglądał na wrednego. Wiedziałeś, że to dzikus. Kiedy Patsy powiedziała mi, że pracuje dla niego jako „pośrednik" – przewożąc dla niego narkotyki, wiedziałem, że to nie są dobre wiadomości. To okropne, co się z nią stało. Zanim ją zabili, torturowali ją. Była miłą dziewczyną, która przychodziła do moich klubów. Ale wybrała się na wycieczkę na terytorium diabła. Jeśli wybierasz się na wycieczkę ciemną aleją, nie wiesz, jakie demony napotkasz po drodze. Zacząłem się zastanawiać, czy podróż, jaką zacząłem w kawiarnianym towarzystwie, nie przeistoczyła się w spacer ciemną aleją. Na początku lat siedemdziesiątych wielu z nas wpatrywało się w demony.

J.R.: Kiedy zginął Bobby Wood, wszyscy wiedzieli, że był gnojkiem. Kiedy zmarła Patsy, gazety przedstawiły ją jako „Patsy z Park Avenue". Opisywali jej spalone zwłoki i krzyż, jakby była aniołem.

Patsy była też świadkiem koronnym. Jeśli musisz kogoś takiego zabić, nigdy nie zostawiaj ciała. To jak machanie czerwoną flagą na gliniarzy. Kapusie muszą zniknąć. Gdybym to ja się zajął Patsy tak, jak mnie poproszono, nikt by o tym nie usłyszał. Sprawienie, by ktoś zniknął, to najprostsza rzecz na świecie.

Zapomnij o „cementowych bucikach" i wszystkich tych bzdurach, które oglądasz w filmach. Jeśli potrzebujesz pozbyć się ciała, najprostszym sposobem jest wypłynięcie łódką w morze. Wybijasz zęby młotkiem i rozrzucasz je w wodzie. Później bierzesz ostry nóż, taki jak do filetowania ryb i rozcinasz ciało od odbytu po splot słoneczny. Wnętrzności wyskoczą jak prażona kukurydza. Ryby natychmiast to zjedzą, a reszta ciała utonie. Ciała unoszą się na powierzchni wody dlatego, że soki we wnętrznościach produkują gazy. Jeśli usuniesz wnętrzności, nie masz problemu. Jeśli jest ciepło, wrzuć ciało do wody tuż obok łódki, wskocz do wody i zajmij się filetowaniem. Na łódkę nie spadnie ani kropla krwi. Jeśli jest zimniej, przesuń ciało do górnej krawędzi nadburcia. Dzięki temu będziesz miał mniej sprzątania po wykonanej pracy. W każdym razie byle idiota, który zna podstawy, będzie w stanie pozbyć się ciała na zawsze.

Gdyby Patsy po prostu zniknęła, nikt by się nie zorientował. Była taką dziewczyną, o której ludzie mówiliby: „Może uciekła. Może jechała stopem i spotkała niewłaściwą osobę".

Ale wokół Patsy rozpętała się jeszcze większa afera po tym, jak Barry Lipsky przyznał się do winy i wkopał Vincenta Pacellego[4]. To otworzyło Verze oczy. Wiedziała, że jestem zaprzyjaźniony z Vincentem. Zaledwie parę tygodni wcześniej byliśmy na jego weselu. Nie miało sensu ukrywać, czym się zajmowałem. Uważałem Verę za mądrą osobę.

Nie patrzyła mi w oczy. Przyłapałem ją na tym, że siedzi w naszym mieszkaniu, naprzeciwko mnie i wpatruje się we mnie, jakbym był potworem. Cały czas płakała. Później oskarżyła mnie o to, że byłem zamieszany w zamordowanie Patsy.

---

[4] Jak opisano w „News and Fourier" z 2 czerwca 1973: „Vincent Pacelli junior, skazany za handel narkotykami, został skazany w piątek na dożywocie za zamordowanie w ubiegłym roku Patricii „Patsy z Park Avenue" Parks, która miała zeznawać przeciwko niemu w procesie dotyczącym handlu narkotykami. Podczas procesu, jak podsumowano w ustaleniach Sądu Apelacyjnego Stanów Zjednoczonych, odrzucając apelację wniesioną 1 listopada 1973 roku przez Pacellego: „Lipsky zeznał (...) że dotarł do klubu Hippopotamus mniej więcej o drugiej po południu, zabrali ze sobą Parks i pojechali do Massapequa, na Long Island. (...) Gdy się tam znaleźli, Pacelli niemal od razu pchnął Parks nożem w gardło. Parks prosiła, by nie robić jej krzywdy, bo była matką, ale Pacelli powiedział: „Umieraj, suko" i ugodził ją w gardło jeszcze kilka razy, aż zmarła".

– To szaleństwo – powiedziałem. – Dlaczego miałbym jej zrobić coś takiego? To twoja przyjaciółka.

– Może mnie zabiją następną.

– Nie zabiją cię. Zaufaj mi.

– Skąd wiesz, że mnie nie zabiją?

Nie było sposobu, żeby wróciła do poprzedniego stanu. Ludzie nagadali jej, że z pewnością zabiłem Bobby'ego Wooda. Nie tknąłem włosa na głowie Patsy, ale nagle to ja byłem winny. Gdybym postąpił jak trzeba i zajął się Patsy, nic takiego by się nie wydarzyło. Taka jest kara za odwrócenie się od filozofii mojego ojca. Jeśli najgorszym wyjściem z tej sytuacji było zajęcie się najlepszą przyjaciółką mojej dziewczyny – i zrobienie tego jak trzeba – wszystko skończyłoby się o wiele lepiej. Byłem gówniarzem, byłem tak zakręcony na punkcie tej dziewczyny, że zapomniałem, kim jestem. Nigdy więcej nie popełniłem tego błędu.

Kiedy Vera przyszła do mojego mieszkania i powiedziała, że nie może się już ze mną spotykać, byłem oziębły, ale zapytałem, czy możemy być razem ten jeden ostatni raz. Zgodziła się, ale powiedziała to w taki sposób, że zrobiło mi się niedobrze. Patrzyłem jej w oczy, gdy zdejmowała ubranie. Były puste. Pozwalała mi na seks, żeby się mnie pozbyć. To napełniło mnie trucizną.

Vera lubiła odgrywać podczas seksu różne scenki, na przykład związywaliśmy się nawzajem przy pomocy apaszek. Postanowiłem pokazać jej, jaki naprawdę jestem. Chciała patrzeć na mnie z góry, bo była taka porządna, a ja byłem złym człowiekiem, więc chciałem jej pokazać, jak bardzo zły byłem. Związałem jej nadgarstki jedwabnymi apaszkami, tak jak lubiła, ale zamiast lekko ją poklepać, obracałem ją na wszystkie strony i biłem pasem. To nie była zabawa. Chciałem zostawić rany. Sprawiłem jej ból. Chciałem zabić wszystko, co między nami zostało. Biłem ją przez długi czas.

W końcu pozbyłem się całej trucizny. Rozwiązałem ją. Dziewczyna była wyczerpana. Spojrzała na mnie, była zszokowana.

– Zabieraj swoje graty i wynoś się stąd. Jedź na lotnisko, wynoś się z mojego kraju. Jeśli kiedykolwiek piśniesz choć słowo, obedrę cię ze skóry. Zrozumiano?

Skinęła głową. Patrzyła na mnie pustym wzrokiem. Poprosiłem Andy'ego, żeby zabrał jej zakrwawiony tyłek na lotnisko. Gdy zniknęła, poczułem się lepiej. Skrzywdziła mnie, a ja się zemściłem. Ale później nie czułem się dobrze. Oszalałem. Zacząłem wydzwaniać do domu jej rodziców we Francji. Nie mówili po angielsku, ale dzwoniłem tam codziennie i krzyczałem na nich. Nie dali córce słuchawki.

Poszedłem do Andy'ego i powiedziałem mu:

– Musisz mi pomóc ją odnaleźć.

Doprowadzałem go do szaleństwa. W końcu znalazł gościa, który pracował z ojcem Vincenta Pacellego, importując z Francji heroinę, i kazał jego ludziom szukać Very. Znaleźli ją w domu jej rodziców i zabrali. Nie traktowali jej źle. Powiedziano im, że mają nie robić jej krzywdy. Przyprowadzili ją do telefonu i kazali ze mną rozmawiać. Chciałem jej tylko wyjaśnić, że wiem, że to, co jej zrobiłem, było złe. Ale jak tylko usłyszałem jej głos, poczułem się rozdarty.

– Proszę, wróć. Pozwól mi przyjechać i cię zobaczyć. Co tylko zechcesz – błagałem.

Nie chciała mieć ze mną nic wspólnego. Była przerażona. Słyszałem to w jej głosie. Pogorszyłem tylko sytuację, każąc tym gościom ją porwać. Nie zrobiłem tego, jak trzeba. Kazałem im ją puścić. To było wszystko. Wiedziałem, że do mnie nie wróci, nigdy.

Jestem pewien, że zniszczyłem Verę. Jej fizyczne rany pewnie się zagoiły, ale sądzę, że psychicznie była zniszczona do końca życia. Żałowałem błędów, które popełniłem w jej przypadku. Tym razem nie było jak wtedy, gdy spotkałem na ulicy kulejącą dziewczynę i przez chwilę źle się czułem. Stałem się mroczny. Dlaczego musiałem ją w ten sposób skrzywdzić fizycznie? Zniszczyłem wszystkie dobre wspomnienia, jakie miałem. Gdybym kazał jej wyjść wtedy, gdy tego chciała, mógłbym przynajmniej zapamiętać dobre rzeczy. Zamiast tego robiło mi się niedobrze za każdym razem, gdy o niej pomyślałem.

Pewne rzeczy odciskają piętno w umyśle. Vera je odcisnęła. Ból, który jej zadałem, wrócił do mnie po tysiąckroć. Nie twierdzę, że moja głowa cierpiała bardziej niż jej ciało, gdy ją biłem. Ale wspomnienie o niej wraca do mnie codziennie i sprawia mi ból. Ta dziewczyna nigdy mnie nie opuści.

Jest wiele dni, kiedy wyobrażam ją sobie, do czubka jej głowy po koniuszki palców u stóp. Widzę ją dokładnie tak jak wtedy, gdy się dobrze bawiliśmy. Widzę ją, jak jedzie konno przez fale i moje serce pęka na pół. Gdybym mógł zmienić jedną rzecz w swoim życiu, nie tknąłbym jej. Nie zrozum mnie źle. Nie mam sumienia. Poczułem odrobinę bólu przez tę jedną rzecz. Jeśli zsumujesz wszystko, co popełniłem w trakcie swojego życia, i porównasz z bólem związanym z Verą, moje cierpienie jest niczym.

ROZDZIAŁ 27

J.R.: Wróciłem do Phyllis. Wczołgałem się do naszego penthouse'u i wmówiłem sobie, że wszystko wróciło do normy. Ale nie skupiałem się jak należy. Rozpraszały mnie drobne rzeczy.

Kiedy byłem z Verą, przestałem zajmować się kradzieżami. Kiedy wróciłem do tego, żeby się trochę zabawić, popełniałem głupie błędy. Zostałem aresztowany za napaść po tym, jak pobiłem jakichś chłopaków niedaleko domu, w którym mieszkał policjant. Wdałem się w idiotyczną strzelaninę, gdy goniłem jakichś gości na ulicy w Fort Lee i zostałem aresztowany za strzelanie z broni palnej. Potem znów mnie przymknęli za nielegalne posiadanie broni – gdy jechałem jaguarem, zostałem zatrzymany przez policję i pyskowałem. Zapomniałem, że mam w schowku pistolet. Zostaliśmy aresztowani z Andym, gdy pojechaliśmy do domu znajomego, który kręcił pornosy. Pojechaliśmy tam dla jaj, ale trafiliśmy akurat na dzień, w którym przyjechała policja. To nie było zachowanie godne mądrego cwaniaczka.

Gdy wszystko to się działo, rodzina miała problemy z gliniarzem, detektywem Joem Nunziatą. Był na liście płac mafii od wielu, wielu lat. Pomagał przy tak zwanym „francuskim łączniku"[1]. Film pominął dwa aspekty tej sprawy. Po pierwsze, policja nigdy nie zatrzymała tego francuskiego

---

[1] Jon nawiązuje do filmu *Francuski łącznik*, a także do kilku grup zajmujących się przemytem heroiny, które nie były tematem tego filmu.

łącznika. Przechwycili parę ładunków od kilku przemytników. To wszystko. Zabawne było to, że rodzina Gambino ukradła policji całą przechwyconą heroinę. Z magazynu z dowodami w Nowym Jorku zabrali dziesiątki kilogramów heroiny, a Nunziata był jednym z gliniarzy, którzy w tym pomogli[2]. Nunziata złożył rodzinie wiele obietnic, ale okazał się kapusiem. Nieważne, ile płacisz gliniarzowi, nigdy nie możesz mu całkowicie zaufać. Bardzo dobrze znałem Nunziatę, był najgorszym typem. Przekupiony, ale wsypywał też innych. To było w nim straszne. Pracował dla dwóch stron. Gliniarz ma o wiele łatwiej, jeśli opowie się po jednej stronie. Jeśli nie możesz brać ode mnie kasy, bądź dobrym gliną i aresztuj mnie. Inaczej to nie w porządku.

Ponieważ znałem Nunziatę, kilka osób z rodziny poprosiło mnie, bym się nim zajął. Zabicie gliniarza to duża sprawa. To nie było normą. Ale Nunziata stanowił wyjątek. Nie tylko donosił na rodzinę, wkopywał też innych gliniarzy. Nawet gliniarze nie lubią kolegów, którzy postępują w ten sposób.

Odmówiłem pomocy Vincentemu Pacellemu przy zajęciu się Patsy Parks, ale odrobiłem pracę domową dotyczącą wyboru tego, czym mam się zająć. Więc stało się tak, że detektyw Nunziata popełnił samobójstwo. Nie mam bezpośredniej wiedzy na temat tego, co zaszło, ale mogę ci powiedzieć, że to był ktoś, kogo Nunziata znał, jakiś szalony Włoch. Może siedział w samochodzie z tym kolesiem, rozmawiali i nagle, w trakcie dyskusji, chłopak wyciągnął broń i odstrzelił mu głowę?[3] Kto wie? Jedno

---

[2] Rodzina Gambino „zorganizowała rabunek" szafki z dowodami i „sprzedała 80 kilo skradzionych narkotyków w Harlemie, (...) jak dotąd jedynym podejrzanym policyjnym ogniwem w tej sprawie jest detektyw z Wydziału Narkotyków, Joseph Nunziata, którego podpis widnieje na formularzu potwierdzającym wysłanie 11 kilogramów narkotyków". Cytat z *Coffins and Corruptions*, „Time", 1 stycznia 1973. W procesie dotyczącym zamordowania Patsy Parks Vincent Pacelli bezskutecznie próbował wykorzystać zeznanie Nunziaty, który twierdził, że w czasie, gdy zamordowano Parks, Pacelli brał udział w transakcji narkotykowej w jednej z nowojorskich kawiarni. Więcej w uzasadnieniu Sądu Apelacyjnego Stanów Zjednoczonych: Stany Zjednoczone przeciw Vincentowi Pacellemu, 24 lipca 1975.

[3] Nunziata „zmarł w wyniku postrzału z własnego rewolweru. Śmierć została uznana za samobójstwo, z czym nie zgadzała się wdowa po Nunziacie (...), informatorzy mafijni mówili, że Nunziata zmarł w wyniku zabójstwa zleconego przez rodzinę Gambino". Cytat z *Coffins and Corruptions*, dz. cyt.

wiem na pewno. Nunziata był prawdziwym dupkiem, który zasłużył na śmierć. W tym przypadku możesz mi zaufać.

A jakbyśmy z Andym mieli wówczas mało problemów, władowaliśmy się w kłopoty z naszymi klubami. Wszystko zaczęło się, gdy przedstawiono nam w Hippopotamusie gościa o nazwisku Shamsher Wadud. Shamsher pochodził z Bangladeszu, miał restaurację specjalizującą się w curry niedaleko Central Parku. Nazywała się Nirvana[4]. Kiedy go poznaliśmy, powiedziano nam, że Shamsher chce się zajmować klubami nocnymi.

Ludzie ciągle przychodzili, żeby z nami o tym rozmawiać. Wiedzieli, że jeśli traktują to poważnie, muszą w pewnym momencie załatwić sprawę z nami w taki czy inny sposób. Po tym jak poznaliśmy Shamshera, sprawdziłem go i dowiedziałem się, że dobrze prowadzi swoją restaurację i ma nawet sławnych fanów[5]. Shamsher miał koncesję na sprzedaż alkoholu i czystą kartotekę. Uznaliśmy z Andym, że mógłby być pożytecznym wspólnikiem. Wysłaliśmy do niego gości, którzy zaoferowali mu kupno naszego starego klubu Salvation.

Ale Shamsher postanowił nas wykiwać. Za naszymi plecami otworzył klub nocny, nie skorzystał z naszej pomocy. Musieliśmy oczywiście wysłać tam naszych ludzi, żeby go zdemolowali i zamknęliśmy lokal. Wróciliśmy do Shamshera i daliśmy mu drugą szansę na współpracę. Ale był dumnym i upartym człowiekiem. Odmówił.

W pewnym momencie w trakcie negocjacji wysłaliśmy naszego znajomego Mikeya Shitsa, żeby przemówił Shamsherowi do rozsądku. Mikey Shits to ten koleś, który nosił z sobą puszkę zupy używanej do bicia. Gdy rozmawiał z Shamsherem, sprawy wymknęły się spod kontroli i Mikey pobił go tak mocno, że tamten wylądował w szpitalu. Jakby tego było mało, ten idiota rozmawiał z reporterami, którzy zrobili z całej sprawy wielkie halo[6].

---

[4] Nirvana nadal mieści się przy Pięćdziesiątej Dziewiątej Zachodniej, pod numerem 30.

[5] Nirvana była ulubionym lokalem Johna Lennona, który wystawiał tam swoje rysunki, traktując restaurację jako nieformalną galerię.

[6] „New York Times" opublikował później na pierwszej stronie główny materiał o problemach Shamshera *Nightclub Owner Says He Has Woes—The Mafia*, autorstwa Nicholasa Gage'a, „New York Times", 10 października 1974.

Czemu sprawiał tyle problemów? Andy i ja zajmowaliśmy się klubami od prawie pięciu lat. Na ulicy pięć lat to prawie całe życie. Rzadko kiedy spotykasz przestępców, którzy zajmują się tym samym przez więcej niż pięć lat. Wszystkie nielegalne działania mają swój koniec. Im większymi sumami obracasz i im więcej rzeczy robisz, tym więcej masz szans na problemy z prawem.

Sprytni ludzie na ogół dają radę prowadzić nielegalne interesy przez jakieś dwa lata, zanim wpakują się w kłopoty. Jeśli dasz radę działać przez dwa lata, oznacza to, że dobrze ci idzie. Naprawdę sprytni ludzie działają w jednej dziedzinie przez kilka lat, umywają ręce i zajmują się czymś nowym. Ja tak nie działałem. Zawsze wyciskałem, ile tylko się dało.

W 1974 roku gliny i federalni wiedzieli, że mam coś na sumieniu. Kiedy rodzina Gambino powierzyła mnie i Andy'emu przejmowanie klubów, wiedziano, że przyciągniemy uwagę glin. Jeśli działasz w środowisku klubów nocnych, policja automatycznie wie, że coś jest z tobą nie tak. Nocne kluby nie są dla praworządnych obywateli. Pomijając weekendy, praworządni obywatele nie spędzają czasu w klubie do trzeciej czy czwartej rano, ponieważ muszą wstać i rano iść do pracy. W ciągu tygodnia każdy klub jest wypełniony przestępcami – gangsterami, handlarzami narkotyków, prostytutkami, alfonsami. Przestępcy są niezbędni do funkcjonowania nocnych klubów. Policja o tym wie, a nie jesteś w stanie opłacić każdego gliny. Jeśli zajmujesz się tego typu biznesem, prędzej czy później ściągniesz na siebie ich uwagę.

Nie mam pojęcia, jak sobie radziłem przez pięć lat. Ale po wszystkich tych problemach z Hendriksem, Bobbym Woodem, Patsy Parks, Nunziatą i Shamsherem nie patrzyłem już śmiało w przyszłość. Widziałem tylko coraz więcej zainteresowania ze strony glin.

W tym czasie moi dawni kumple z Wyrzutków zaczęli znikać mi z oczu. Petey został po raz milionowy aresztowany za heroinę i trafił na kilka lat do więzienia. Wielki Dominic Fiore wycofał się z heroinowych interesów i wyjechał z miasta. Przeniósł się do Connecticut i założył firmę przetwórczą, która nadal prowadzi. Jeździ ciężarówką do restauracji McDonald's i Burger King, zabiera niewykorzystany tłuszcz i przetwarza go. Rocco Ciofani ciężko pracował dla rodziny Bonanno i awansował do roli *capo*. Jack Buccino spędzał sporo czasu w Ashbury Park i jeździł za Bruce'em Sprinsgsteenem. Nauczył się grać na gitarze i w końcu sam miał zacząć występować na scenie. Poślubił piękną blondynkę z Teaneck. Po ślubie jechał z nią mostem George'a Washingtona. Uderzył w betonowy słup z prędkością 170 km na godzinę. Jack został zmiażdżony, jego żona przeżyła, ale została okaleczona i była jak warzywo, nie znające swojego imienia.

Nawet Bradley Pierce nie wyszedł bez szwanku. Oszalał po tym, jak wykończono Patsy Parks, i uciekł do klasztoru.

BRADLEY PIERCE: Kiedy zaczynałem w latach sześćdziesiątych, sądziłem, że propaguję nowy rodzaj duchowości. Morderstwo mojej przyjaciółki Patsy Parks było przebudzeniem. Zmieniły się moje zainteresowania duchowe. Zostałem ochrzczony w katedrze św. Patryka i wstąpiłem do klasztoru trapistów. Później poszedłem do seminarium i zostałem księdzem[7].

Rozmyślałem nad czasem, który spędziłem z Jonem, i modliłem się. Mam dobre wspomnienia. Ale udało mi się zrozumieć zło, które w nim tkwiło. Każdy nosi w sobie godność, którą otrzymał od Boga. Jezus Chrystus jest w Jonie. Wiem, że Jon walczy sam ze sobą. Modlę się za jego duszę. Utrzymujemy kontakt przez te wszystkie lata i dzielę się z nim moją miłością podczas każdej rozmowy. Wierzę, że Jezus może każdemu dać drugie życie. Urodziłem się w Nim raz jeszcze. Każdy z nas dostaje szansę, by się ponownie narodzić, nawet Jon.

J.R.: Mój koniec w Nowym Jorku nadszedł, gdy informator powiedział glinom, że byłem zamieszany w zamordowanie Nunziaty. Powiedział, że jeśli przeszukają mieszkanie, które wynajmowaliśmy z Andym, znajdą dowody. Gdy najechali na nasze mieszkanie, nie znaleźli niczego, co mogłoby mnie połączyć z tym morderstwem, ale za to zgarnęli z tuzin nielegalnych pistoletów i jakieś pigułki. Normalnie nie byłoby to nic poważnego.

Ale gdy wyszedłem za kaucją, stryjowie przysłali prawnika, który powiedział:

---

[7] Ojciec Pierce jest obecnie dyrektorem do spraw edukacji w koledżu i seminarium Świętych Apostołów w Cromwell.

– Rodzina chce, żebyś zniknął. Wypieprzaj z Nowego Jorku. Dla nich już nie istniejesz.

Sądzę, że rodzina poszła na ugodę z nowojorską policją. Sądzę, że ktoś z rodziny powiedział im, że byłem zamieszany w zabicie Nunziaty. Gdybym zginął albo zniknął z Nowego Jorku, rodzina mogła pójść do glin i powiedzieć:

– Dobra, pozbyliśmy się waszego problemu.

A gliny mogły powiedzieć:

– Dobrze, zrobiliśmy wszystko, co w naszej mocy, żeby złapać mordercę policjanta.

W ten sposób każdy mógł zachować dobre imię i wrócić do roboty. Wyrzucenie mnie było logicznym wyborem, bo na mnie skupiała się uwaga policji. Kiedy wyszedłem z więzienia, zadzwoniłem do Andy'ego, który powiedział:

– Jesteś moim bratem, Jon, ale nie mogę się już z tobą widywać.

Z tego co mi wiadomo, Andy miał mnie załatwić. Nie sądziłem, żeby tak to miało wyglądać, ale nie chciałem stawiać go w takiej sytuacji. Odłożyłem słuchawkę i pojechałem do mieszkania Phyllis, żeby zabrać mojego psa Brady'ego. Miałem starego buicka le sabre, zaparkowanego na ulicy na wypadek nagłych sytuacji. To był stary grat. Wskoczyliśmy do niego z moim psem i odjechaliśmy. Niczego nie wziąłem z sobą. Ani butów, ani ubrań wiszących w szafie. Zmuszono mnie do ucieczki. Miałem mojego psa, 600 dolarów w kieszeni i berettę kalibru .38. To było na tyle, bracie. Wsiadłem na konia i zwiałem.

Straciłem wszystko, ale nie martwiło mnie to. Jutro miał być nowy dzień. Miałem 26 lat i w Nowym Jorku byłem martwy. Ale miałem zacząć znów żyć.

Jechałem do Miami, by zniknąć z radaru policji.

ROZDZIAŁ 28

To wspaniałe połączenie oceanu i wybrzeża uczyniło Miami jednym z najlepszych celów podróży na świecie

Fodor's Miami Travel Guide, wydanie z 1985 roku

Słyszałam, że mój młodszy brat przeprowadził się do Miami. Jon zaczął tam pracować jako treser psów. Założył tam bardzo popularny ośrodek tresury psów.

siostra Jona, Judy

J.R.: Pojechałem prosto do Miami. Nie miałem żadnej wizji, ale miałem dobre przeczucie, jeśli chodzi o Florydę. Gdy miałem 17 lat, razem z Rocco Ciofanim zarobiliśmy sporo na pewnej kradzieży i postanowiliśmy: „Pojedźmy tam, gdzie jest ciepło i można pływać, i zabawmy się w raju Miami". Świetnie się bawiliśmy w Miami Beach, uganiając się za dziewczynami w bikini. Gdy brakowało nam pieniędzy, okradaliśmy studentów, używając do tego tylko własnych pięści. W raju nie potrzebowaliśmy broni. Takie miałem skojarzenia z Miami.

Miami to ostatnie duże miasto położone przy drodze I-95, to miejsce położone najdalej od Nowego Jorku, ale ciągle na wschodnim wybrzeżu. Gdybym całkowicie zniknął z Nowego Jorku, gliny uznałyby, że nie żyję i zajęły się czymś innym. Nie potrzebowali aktu zgonu, to były łatwiejsze czasy. W latach siedemdziesiątych prawo jazdy to był kawałek papieru. Nikt nie miał komputerów podłączonych do internetu, które śledziły cię w każdym stanie. Jeśli płaciłeś gotówką i nie dałeś się złapać, nie istniałeś, bracie.

Martwiłem się o podsłuchy telefonu. W Nowym Jorku zawsze zakładałem, że federalni założyli podsłuchy w moim telefonie i innych moich znajomych. Jeśli na każdej linii, której słuchali, ludzie mówiliby, że zniknąłem, pomogłoby to im myśleć, że zniknąłem na zawsze. Nie mogłem się z nikim kontaktować przez wiele miesięcy, a gdy to zrobiłem, to niebezpośrednio.

Gdy wyjechałem z Nowego Jorku, nosiłem „pierścień kardynała", z rubinami, który kupiłem, gdy prowadziłem Sanctuary i miałem swoją laskę alfonsa – laskę z brylantami w rzeźbionej główce. (Później, gdy wydłubałem z niej brylanty i próbowałem je zastawić, dowiedziałem się, że Howie, mój gość od brylantów, użył spreparowanego szkła – takiego, jakie opychał moim kumplom z drużyny Knicksów. Oszukał mnie tak samo, jak ja oszukiwałem ich. Człowiek uczy się przez całe życie). Musiałem stanowić niezłe widowisko. Gdy zrobiłem postój w Karolinie i wysiadłem, ubrany w aksamitne spodnie, z laską w dłoni, żeby wybiegać Brady'ego, ludzie gapili się na mnie, jakbym był samym diabłem. Małe dzieci wskazywały na mnie palcem i uciekały. Mój nowojorski wygląd nie robił odpowiedniego wrażenia za granicami trójstanu[1].

Dotarłem do Miami wczesnym rankiem. Wschodzące słońce wyglądało jak kula ognia. Zatoka Biscayne była płynnym złotem. Zawsze lubiłem wschody słońca nad oceanem. Zatrzymałem samochód, przespacerowałem się po piasku, zdjąłem koszulę i pozwoliłem mojej skórze nasiąknąć słońcem.

Zameldowałem się w Castaways[2], hawajskim motelu w Miami Beach. Mieli wolny pokój na rogu, do którego mogłem przemycić Brady'ego. Mając ograniczoną ilość gotówki, ledwo mogłem sobie pozwolić na pozostanie tam przez tydzień. Moja nowa garderoba składała się z kąpielówek,

---

[1] Nowy Jork, New Jersey i Connecticut (przyp. tłum.).
[2] Castaways Island Motel był podobno „najfajniejszym kurortem w Ameryce". Motel był ikoną, zaprojektowaną przez Charlesa Fostera McKirahana, z wystrojem inspirowanym egzotycznymi wyspami. Zburzono go w 1981 roku.

hawajskiej koszuli i japonek, które kupiłem w tanim sklepiku. Naprzeciwko motelu była restauracja Arby's, w której przez kilka następnych dni żywiłem się kanapkami z pieczoną wołowiną.

Pierwszego dnia w Miami postanowiłem się z kimś przespać. Przy motelowym basenie były same rodziny, pochodzące znikąd, z miejsc typu Ohio – dzieciaki i spaleni słońcem rodzice, którzy nie mogli się bez nich ruszyć. Poszedłem na plażę i jakieś dziesięć kroków od motelu na piasku leżała bardzo atrakcyjna dziewczyna. Rozpostarłem ręcznik i położyłem się blisko niej. Nosiła okulary przeciwsłoneczne w białych plastykowych oprawkach. Uniosła okulary i spojrzała na mnie, jakby była zła, że usiadłem obok niej. Miała przepiękne zielone oczy. Było to zaskakujące przy ciemnych włosach i oliwkowej skórze. Znalezienie tak pięknej dziewczyny było oznaką szczęścia.

Zacząłem sprzedawać jej swoje nowojorskie teksty, i bla, bla, bla przestała być zła, a stała się otwarta. Upłynęło trochę czasu, gdy zapytałem ją:

– Jesteś głodna?

– Idź sam – odpowiedziała. – Uwielbiam leżeć na plaży.

Nie mogłem zrozumieć, dlaczego mnie spławiła. Poszedłem popływać w motelowym basenie. Dziesięć minut później przechodziła obok mnie. Kulała. Miała zdeformowaną stopę. To było okropne, ale musiałem się uśmiechnąć. To dlatego mnie zignorowała.

Jej zdeformowana stopa wcale mi nie przeszkadzała. Może była to zemsta za tę dziewczynę z Nowego Jorku, która przeze mnie okulała. Poza tym jej stopa nie byłaby najważniejsza, gdybyśmy poszli do łóżka. Wyszedłem z basenu i podszedłem do niej

– No, to chyba już rozumiesz – powiedziała.

– Twoja stopa wcale mi nie przeszkadza. Zjedzmy razem kolację.

Zgodziła się ze mną później spotkać. Ale nie przyszła. Jestem pewien, że wynikało to z jej kompleksów. Ale dla mnie takie spławienie było znakiem. „Jestem nowy w mieście. Jestem spłukany. A dziewczyna ze zdeformowaną stopą nie chce nawet ze mną zjeść kolacji".

Normalnie żeby zarobić, zaaranżowałbym szybki rabunek przy transakcji narkotykowej. Ale nie wiedziałem, jak to tutaj działa. Nie mogłem ryzykować aresztu w momencie, gdy w Nowym Jorku szukali mnie federalni. Musiałem znaleźć uczciwą pracę.

Jeden z chłopaków z Long Island, którzy sprzedawali dla mnie narkotyki, opowiadał mi o znajomych jego rodziny w Miami. Chłopak miał bogatych starych. Znali rodzinę Gendenów w Miami, która miała dużą firmę zajmującą się utrzymaniem terenów zielonych. Chłopak mówił mi, że powinienem ich kiedyś poznać, bo ojciec rodziny, Dave Genden lubił gangsterów i znał Ala Capone[3].

Znalazłem ich adres. Skoro już musiałem pracować, chciałem pracować fizycznie na świeżym powietrzu. Dlaczego więc nie ogrodnictwo? Pojechałem do ich szkółki. Na ulicy wiele osób w Nowym Jorku znało mnie pod moim starym nazwiskiem, Riccobono. W Miami Riccobono był martwy. Od tej pory używałem nazwiska, które przyjąłem, gdy byłem dzieckiem, Jon Pernell Roberts. Tak przedstawiłem się Gendenom.

Dave Genden był koło sześćdziesiątki. Miał syna Bobby'ego, który pomagał mu prowadzić firmę, i drugiego syna, który był sędzią. Dave był na tyle bystry, że się na mnie poznał, ale nie zadawał pytań. Zaoferował mi uczciwą pracę.

Przydzielili mnie do ekipy sadzącej drzewa, kwiaty i kładącej murawę na bogatych osiedlach. Głównie zajmowałem się sadzeniem drzew. Gendenowie poświęcili mi trochę czasu, żeby pokazać, jak to należy robić. W innych firmach po prostu kopano dziurę i wrzucano do niej drzewo i to było wszystko. Ale gdy robiłeś to jak należy, uczyli mnie, musiałeś wykopać dziurę o głębokości dwa razy większej niż długość korzeni sadzonego drzewa. Dzięki temu korzonki mogły wrosnąć w pulchną glebę. Kolejną rzeczą, o której wiele osób zapomina, było przemoczenie gleby podczas pierwszego podlewania. Należy wepchnąć wąż do dziury i lać wodę przez 15 minut albo i dłużej. Jeśli tak zrobisz, wyrośnie ci piękne drzewo. Nieważne, czy sadzisz drzewo, krzak, czy małe kwiatki, zasady są te same.

---

[3] „David »Dave« Genden opiekował się ogrodami bogaczy, promował małe kluby, podróżował po świecie i buntował się przeciw normom społecznym. Zmarł w niedzielny poranek w hospicjum w Pembroke Pines. Miał 97 lat. Choć dbanie o ogrody było jego najdłuższym przedsięwzięciem biznesowym, nie było pierwszym. W latach trzydziestych obsługiwał gangsterów i postaci ze światka literackiego w klubie z bilardem, który otworzył w South Beach". Z pośmiertnego wspomnienia o Dave'ie Gendenie, napisanego przez Christinę Vieirę i opublikowanego w „Miami Herald", 18 stycznia 2010.

Podobała mi się praca w tej firmie. Lubię rośliny. Obserwowanie, jak rosną, jest ciekawe. Żywią się tylko powietrzem, światłem słonecznym i wodą. Moja pensja była niewiele wyższa – dwa dolary za godzinę. Wystarczało na niewielkie mieszkanie w północnym Miami Beach.

Musiałem być ostrożny, bo w tej okolicy roiło się od gangsterów, a nie chciałem, żeby któryś z tych idiotów opowiedział później w Nowym Jorku, że mnie widział. Musiałem nawet uważać na mojego wujka Jerry'ego Chilli, który był *capo* i kontrolował okolice Hotelu Thunderbird[4]. Nie znałem go zbyt dobrze i trzymałem się od niego z daleka. Trzymałem się z daleka od wszystkich miejsc, w których lubili przebywać gangsterzy.

Poza granicami Miami hrabstwo Dade to zadupie. Wystarczy pojechać niewiele ponad kilometr od Collins Avenue w głąb stanu i spotykało się wieśniaków w pick-upach z półkami na strzelby. Wieszali przed domami flagi Konfederacji. Sprzedawali w swoich sklepach kiełbasy z aligatora. Nikt nie wiedział, jak to naprawdę jest w Miami, jeśli pominie się wieśniaków i turystów. Nawet Czarni – których nazywano „kolorowymi" – byli zacofani. Nie byli taki odpicowani jak ci z Nowego Jorku. To byli grzeczni, dobrze ułożeni Czarni, jak z czasów dawnego Południa. Uśmiechali się szeroko i mówili „proszę pana".

Dzięki mojej pracy widziałem, jak mieszkali ludzie przy kasie – lekarze, prawnicy, gnoje handlujący nieruchomościami. Pracowałem codziennie przy ich trawnikach. Bogaci ludzie w Miami byli bardzo wyluzowani. My pracowaliśmy, a oni leżeli przy basenach i palili trawę. Nawet wtedy widywałem ludzi wciągających kokę. Dziewczyny leżały

---

[4] Gerard „Jerry" Chilli miał na koncie dziesiątki wyroków za przestępczość zorganizowaną, spiskowanie, fałszerstwa i usiłowanie zabójstwa. Był także łączony – choć nigdy nie postawiono mu zarzutów – z morderstwem tajnego agenta DEA w Nowym Jorku w 1989 roku. Jego ostatnie aresztowanie miało miejsce na Florydzie w 2005 roku i było związane z rzekomym udziałem w zarządzaniu nielegalnymi maszynami do gier hazardowych, lichwiarstwem, oszustwami giełdowymi, obstawianiem zakładów sportowych poza granicami kraju, paserstwem, handlem narkotykami, a także organizacją kradzieży cielęciny, alkoholu i wędzonego łososia wartych ponad 300 000 dolarów. W 2009 roku, gdy oczekiwał na proces związany z aresztowaniem w 2005 roku, został oskarżony o kolejne działania w ramach przestępczości zorganizowanej. Obecnie czeka na proces we Wschodnim Okręgu Nowego Jorku.

przy basenach topless. Wiesz, jak sztywni są bogaci ludzie w Nowym Jorku? Ci z Miami byli ich przeciwieństwem. Pracowałem u bogatego gościa na podwórku, a on zaproponował, żebyśmy razem wypalili jointa. Okazało się, że był tutejszym sędzią, nazywał się Howie Gross[5], zaprzyjaźniliśmy się. Wszyscy mówili na niego Mysz, bo kochał myszy. Miał w domu sporą kolekcję, jego basen też miał kształt myszy. Mysz był największym jaraczem, jakiegokolwiek spotkałem. Zawsze mógł imprezować, bo sędziowie nie spędzają zbyt wiele czasu w pracy i mają wolne w każde pieprzone święto. Dowiadujesz się o tym, gdy czekasz na swój proces. Ty gnijesz w więzieniu, a twój sędzia prawdopodobnie robi imprezę nad swoim basenem. Ale Mysz był w porządku. Rozwalił mnie przy pierwszym spotkaniu. Jestem zbiegiem, a sędzia proponuje, żebym się z nim upalił. Gdyby tylko wszyscy sędziowie tacy byli.

Miami to małe miasto. Ludzie byli przyjaźni i głupi. Pamiętam, że pomyślałem: „Raju, tutaj łatwo wszystko zacząć od nowa. Wykorzystam możliwości, jakie daje to miasto, zanim ktokolwiek inny się zorientuje".

Gdy jeszcze pracowałem dla Gendenów, próbowałem założyć legalną firmę. Gdziekolwiek bym poszedł z Bradym, ludzie zauważali, że to niezwykły pies. Pytali mnie:

– Jak mogę tak wytresować psa?

Wpadłem na pomysł. „Pieprzyć to. Będę tresował psy". Wiedziałem, co robić, dzięki pracy z Joe Da Costą, zabójcą z Jersey, który szkolił Brady'ego. Mogłem zacząć normalny interes. Mogłem zbudować listę klientów, zatrudnić paru treserów, odpoczywać i nadzorować firmę – tak jak wtedy, gdy studenci sprzedawali dla mnie prochy. Tylko tym razem wszystko będzie legalne. Żadnych stresów związanych z podsłuchami, opłacaniem gliniarzy, strzelaniem do ludzi. Dobra mała firma, odpowiadająca potrzebom wybranych klientów. Ile kosztowałoby utrzymanie ładnego mieszkania, przyzwoitego samochodu, małej łodzi i paru

---

[5] Howard Gross, sędzia sądu hrabstwa Dade, został aresztowany w 1987 roku za przyjęcie łapówki, ale został oczyszczony z wszystkich zarzutów w trakcie procesu w 1988 roku. Pięć lat później został pozbawiony praw do wykonywania zawodu przez Sąd Najwyższy Florydy.

przyzwoitych kobiet? W 1974 roku w Miami niezbyt wiele. Mogłeś prawie żyć jak roślina, karmiąc się powietrzem i światłem słonecznym. Nazwałem swoją firmę Dogs Unlimited. Wydrukowałem wizytówki i zapłaciłem za odbieranie telefonów. Wtedy ludzie nie mieli komórek. Płaciłeś firmie 20 dolarów miesięcznie, a oni odbierali twoje telefony. Wykupiłem w gazecie ogłoszenie „Dogs Unlimited. Doświadczony treser przyjedzie do twojego domu".

Od razu zdobyłem klientów. Brałem ze sobą Brady'ego. Pokazywałem, co potrafi, i mówiłem:

– Dobrze, wytresujmy twojego psa, żeby potrafił to, co mój.

Sprawienie, żeby czyjś pies zachowywał się jak mój, było problemem. Kluczem do wytresowania psa jest wyszkolenie właściciela. Ale przeciętny właściciel psa nie chciał poświęcać na to czasu. Ludzie oczekiwali, że będę siedział w ich domu, pił kawę i słuchał ich głupich pierdół. Kiedy należało pracować, albo rezygnowali, albo byli zbyt głupi, żeby wykonywać proste polecenia.

Nauczyłem się, że jest wiele domów, w których mieszkają bardzo mądre psy, ale głupi właściciele. Więcej idiotów jest wśród ludzi niż wśród psów. Zdarzało się, że biegałem z psem jak głupek, a właściciel kretyn szedł do domu i obserwował nas przez okno. Twój pies nie będzie się uczył się jak należy, jeśli nie będziesz się uczył razem z nim. Kiedy zobaczy, że nie wkładasz w to żadnego wysiłku, też nie będzie tego robił.

Postanowiłem: „Pieprzyć to. Ci ludzie są tak głupi, że najlepiej będzie ich okraść".

Mówiłem:

– Chce pan, żebym szkolił pana psa? Potrzebuję kaucji w wysokości 200 dolarów.

Brałem pieniądze i nigdy więcej mnie nie widzieli. Jeśli chcieli do mnie zadzwonić, trafiali na firmę odbierającą dla mnie telefony. Jeden klient dowiedział się, gdzie mieszkam, i zapukał do moich drzwi. Chciał odzyskać swoje pieniądze. Musiałem go pobić i wrzucić w krzaki. Teraz już wiedziałem, dlaczego ojciec palił legalne firmy, których był właścicielem. Przeciętny klient to idiota.

ROZDZIAŁ 29

J.R.: Miałem już dość bycia duchem. Po tygodniach pocenia się jak świnia w Miami, skontaktowałem się z Phyllis w Nowym Jorku. Nie zrobiło to na niej większego wrażenia. Gdy zniknąłem, zrozumiała, dlaczego to zrobiłem. Nigdy nie myślała, że nie żyję. To była dobra strona Phyllis. Nigdy nie musiałeś jej niczego tłumaczyć. Już wiedziała, o co chodzi.

Powiedziała mi, że w Nowym Jorku już nie zaprzątano sobie mną głowy. Miałem trochę swobody. Nadszedł czas, by zbadać grunt w Miami. Chciałem zacząć znów zarabiać.

Jeśli chcesz robić coś nielegalnego, potrzebujesz innych ludzi. Okradasz bank, potrzebujesz kierowcy. Sprzedajesz narkotyki, potrzebujesz dostawcy. Niewiele jest możliwości, by przestępca mógł działać sam. Nawet fałszerz potrzebuje pomocy przy zdobywaniu specjalnych tuszów. Kiedy potrzebujesz czyjejś pomocy przy popełnieniu przestępstwa, musisz tej osobie ufać. Na ulicy niewiele jest zaufania. To oczywiste, że ludzie stamtąd muszą uważać na innych, wszyscy jesteśmy przestępcami. Kolejnym problemem są donosiciele. Skąd mam wiedzieć, że ten gość mnie nie wrabia? Skąd mam wiedzieć, że mnie nie wyda, jeśli doczepi się do nas policja? Czy ma jaja, czy sra w gacie, gdy mamy problem? Musisz to wszystko wiedzieć, zanim zaczniesz z kimś pracować.

Budowanie zaufania trwa. Musisz się z kimś najarać, żartować, uganiać za kobietami, wdać w bójki po to, by zobaczyć, jak się zachowuje w różnych sytuacjach. Odkrycie, kim jest ten człowiek może zająć wiele miesięcy.

Mafia oznaczała wiele rzeczy. Płacenie podatków, zasady i starych wąsaczy, którzy mówili ci, czego nie możesz zrobić. Mafia była też organizacją opartą na zaufaniu. Jeśli ktoś z mafii, kogo znałeś, pokazał zupełnie ci obcego człowieka i powiedział „Ten gość jest w porządku", mogłeś pójść z nim obrabować bank. Nie musiałeś spędzać z nim wielu miesięcy. Mogliście od razu skupić się na zarabianiu razem pieniędzy.

Jestem pewien, że praworządny świat działa w ten sam sposób. Jeśli handlowałbyś sprzętem stereo i otwierał sklep w nowym mieście, prawdopodobnie ułatwiłoby ci sprawę to, że przyjaciel przestawił ci dużego sprzedawcę sprzętu stereo w tym nowym mieście i powiedział: „Ten koleś jest spoko. Wiele wie o sprzęcie stereo".

To byłem ja. Ale nie handlowałem takim sprzętem.

Phyllis rozumiała, że chcę skontaktować się z gośćmi z Miami, ale muszę trzymać to w tajemnicy. Uznała, że powinienem porozmawiać z przyjacielem jej ojca, którego przezywano Two Fingers – Dwa Palce. Two Fingers zyskał swoje przezwisko, gdy któregoś dnia próbował do kogoś strzelać, a broń wybuchła i spaliła mu palce. Mieszkał w Nowym Jorku, ale wcześniej pracował w Miami z gościem o nazwisku Patsy Erra[1]. Zanim Castro wszystkich wykopał, Patsy prowadził na Kubie kasyna. Teraz prowadził kilka z największych hoteli i klubów w Miami, w tym Dream Bar, ulubione miejsce gangsterów[2].

Phyllis zadzwoniła do niego i zapytała, czy zna kogoś z Miami, z kim mógłbym się spotkać i kto siedziałby cicho ze względu na moje kłopoty

---

[1] Pasquale „Patsy" Erra był ważnym bossem w rodzinie Bonanno. Był także związany z Samem Giancaną, Santo Trafficante juniorem, i Meyerem Lanskym.

[2] Erra miał podobno udziały w słynnym hotelu Fontainebleau w Miami, a także w wielu klubach nocnych w rozrywkowej dzielnicy Miami Beach. Był znaczącą postacią w świecie nielegalnych gier hazardowych. Zmarł w 1976 roku. Dream Bar, nazywany także Dream Lounge, w czasie swojego istnienia był zlokalizowany w kilku miejscach. Było to popularne miejsce koncertów, w którym często występowali Dean Martin i Frank Sinatra. Wielki muzyk jazzowy Buddy Rich nagrał tam album. Przewodnik po lokalach rozrywkowych z końca lat pięćdziesiątych tak opisywał to miejsce: „Bardzo nowoczesny, mroczny klub z muzyką jazzową i kawałkami do tańca. Rzuć okiem na tutejsze kelnerki (noszą bardzo, bardzo przezroczyste stroje w stylu buduarowym). Otwarte od dziewiątej wieczór do piątej rano". Cytat z: „Cabaret Quarterly", Special Resort Number, t. 5, s. 74, 1956.

w Nowym Jorku. Parę dni później Two Fingers zadzwonił do mnie. Powiedział, że powinienem się spotkać z Bobbym, synem Patsy'ego Erry.

– Bobby jest szalony, tak jak ty, i jest w porządku.

Gdy zadzwoniłem do Bobby'ego Erry, był życzliwy.

– Spotkam się z tobą dziś wieczorem. Zabiorę cię do klubu, restauracji, gdziekolwiek zechcesz. Spotkajmy się w Dream Bar.

Wizyta w głównym barze gangsterów trochę mnie spięła. Jakby tego było mało, Dream Bar znajdował się w samym sercu „Siedemdziesiątej Dziewiątej Ulicy" – miejsca w północnym Miami obejmującego dziesięć kwartałów, gdzie zlokalizowane były wszystkie kluby nocne. Od lat trzydziestych był to raj dla mafiosów. Bobby zapewnił mnie, że jeśli spotkamy się odpowiednio wcześnie, w barze nikogo nie będzie.

Musiałem się roześmiać, gdy tam wszedłem. To była klasyczna makaroniarska dziura. Krzykliwa jak cholera. Złote żyrandole. Na ścianie wielki sfinks. Miejsce było martwe. Sądzę, że stare pokolenie wąsaczy było zbyt stare i niedołężne, by gdzieś wychodzić. Ledwo doszedłem do baru, gdy podeszło do mnie trzech kolesi ubranych jak studenci: Bobby Erra i bracia Teriaca – Gary i Craig. Mieli na sobie szorty, koszulki polo i mokasyny od Gucciego. Nie mogłem uwierzyć, że byli z mafii.

Ale fakty mówiły za siebie. Bobby był synem Patsy'ego Erry. Jego kumpel Gary był synem Vincenta Teriaki[3], który pracował dla Patsy'ego. Obaj byli w mafii. Wyjątkiem był młodszy brat Gary'ego, Craig. Imprezował jak każdy, ale nie był gangsterem. Craig zawodowo grał w golfa i tenisa. Był uczciwym gościem.

Ja, Bobby i Gary byliśmy mniej więcej w tym samym wieku. Gdy już otrząsnąłem się z szoku, jaki wywołał ich wygląd, bardzo się zakolegowaliśmy. Ojciec każdego z nas był w mafii. Ci dwaj byli „nowymi Włochami" jak Andy Benfante i ja, ale w jeszcze większym stopniu. Bobby i Gary studiowali wcześniej na uniwersytecie w Miami i należeli do bractw. Wyobraź sobie, gangsterzy z wyższym wykształceniem.

Obaj grali w golfa i tenisa. Zadawali się z ludźmi z wyższych sfer. Zawsze ubierali się „rekreacyjnie". Tak nazywał swój styl Gary Teriaca.

---

[3] Vincent Teriaca najdłużej pełnił obowiązki menadżera Dream Baru i uważany był za zastępcę Patsy'ego Erry.

Wyglądał, jakby zawsze był gotowy do zagrania w tenisa w country clubie. Zawsze nosili swetry zarzucone na ramiona. Nieważne, czy było ciepło, czy zimno. Mieli swetry. Rozmawiali tylko o golfie, tenisie, łódkach, ładnych samochodach. Dla nich wszystko było: „Wyluzuj. Nie przejmuj się tym". Tej pierwszej nocy pokazali mi okolice Siedemdziesiątej Dziewiątej Ulicy. Ojciec Bobby'ego miał udziały w innym klubie, który nazywał się Jilly's Top Drawer i był makaroniarskim niebem. Jilly znał się z Frankiem Sinatrą[4] i z tego powodu bardzo zadzierał nosa. Poszedłem tam parę razy, żeby obejrzeć Sinatrę i nic więcej.

Jedno, co zwracało uwagę na Siedemdziesiątej Dziewiątej Ulicy, to wszyscy ci Kubańczycy, którzy pracowali przy wejściu we włoskich klubach. Kubańczycy byli bramkarzami. Kubańczycy byli parkingowymi. W Nowym Jorku Włosi nie stawiali na bramce nikogo poza Włochami. Andy i ja zatrudnialiśmy Czarnych w naszych klubach, ale nie było to normalne. W Miami Włosi i Kubańczycy trzymali się blisko. Włosi prowadzili nocne kluby na Kubie, a gdy Castro wykopał mafię, Włosi sprowadzili do Miami Kubańczyków, którzy dla nich pracowali. Wyszło im to na dobre, bo Kubańczycy i Włosi są dobrzy w robieniu razem złych rzeczy. Tak samo jest z Żydami i Włochami. Pozostawieni sami sobie, Żydzi są w takim samym stopniu przestępcami jak wszyscy inni. Ale jeśli postawisz razem Żyda i Włocha, przestępstwo murowane.

Najlepszym miejscem, jakie pokazali mi Bobby i Gary, było Sammy's Eastside. To tam chodzili młodsi gangsterzy. Z zewnątrz wyglądało jak mordownia, ale mieli bramkarza na wejściu. Jeśli gość cię nie znał, nie wpuszczał cię do środka.

Wnętrze Sammy's było jeszcze gorsze niż to, co na zewnątrz. Sala z przodu to był tylko stary bar i kilka stolików. Klub był zawsze pełen. To miejsce było szalone. Siedzieli w nim gangsterzy, ich karabiny

---

[4] Jilly Rizzo był restauratorem, który prowadził kluby nocne na Manhattanie i w Miami. Dzięki przyjaźni z Frankiem Sinatrą osiągnął status pomniejszego celebryty. W latach sześćdziesiątych pojawiał się regularnie w komediowym show *Rowan and Martin's Laugh-In* i zagrał epizod w filmie Franka Sinatry z 1986 roku *Kobieta w cemencie*, w którym pokazano również klub Jilly'ego w Miami. Jilly został skazany na podstawie zarzutów federalnych za oszustwo w 1990 roku. Zginął w wypadku samochodowym dwa lata później, przed należącym do Sinatry Rancho Mirage w Kalifornii.

maszynowe leżały na stołach. Zawodnicy Miami Dolphins tam bywali. Jimmy the Greek i Hank Goldberg przesiadywali tam[5]. Na tyłach był pokój, w którym prostytutki z baru pieprzyły się z klientami. Sammy's był miejscem, do którego przychodziłeś o dziesiątej wieczór, a wytaczałeś się z niego o dziesiątej rano, mrużąc oczy i zastanawiając się, co się stało. Uwielbiałem Sammy's.

Tej pierwszej nocy, gdy poszedłem tam z Bobbym i Garym, Gary odciągnął mnie na bok i zapytał:

– Chcesz kreskę?

Wiedziałem wtedy, że to swój człowiek. Kiedy razem wciągaliśmy kreski – tej nocy czy kiedykolwiek indziej – Gary ukrywał to przed Bobbym. Dorastali razem, a Bobby był dla niego jak starszy brat. Ale mimo że byli sobie bliscy, bardzo się od siebie różnili. Gary był twardym Włochem, który wyglądał na spryciarza. Był wysportowany, ale nie był wojownikiem. Był ładnym chłopcem. Wszystko, co robił, miało klasę. Był urodzonym bawidamkiem. Kiedy go poznałem, zaczynał angażować się w związek z Carol Belcher. Jej rodzina była właścicielem Belcher Oil Company[6] i wyspy na Bahamach[7]. Była nie tylko bogata. Gdy Gary ją poznał, była też żoną bogatego mężczyzny z Beverly Hills w Kalifornii. Gary skradł ją mężowi[8].

Od dnia, w którym go poznałem, Gary brał kokainę. Nie wiem, dlaczego ukrywał to przed Bobbym. Bobby nie brał, ale gówno go interesowało, czym zajmował się Gary. Sądzę, że Gary miał kompleks, że dowie

[5] James „Jimmy the Greek" Snyder był komentatorem sportowym i bukmacherem, zmarł w 1996 roku. Hank Goldberg był jego protegowanym, i znaną z radia osobistością. Obecnie pracuje jako komentator w ESPN.

[6] Firma z Florydy zajmująca się transportem ropy i budową rurociągów, w 1977 roku została połączona z firmą z Teksasu.

[7] Rodzina Belcherów posiadała północną połowę Great Stirrup Cay, prywatnej wyspy na Bahamach. Sprzedali ją w 1977 roku Norwegian Cruise Line. Firma miała zbudować na niej ośrodek wypoczynkowy.

[8] Według zeznań złożonych w trakcie śledztwa federalnego, Carol Belcher poznała Gary'ego Teriakę w Miami, gdy oboje chodzili do liceum. Wyszła za mąż za mężczyznę o nazwisku Kattleman i przeprowadziła się do Los Angeles. W 1974 roku, gdy małżeństwo już miało problemy, odwiedził ją Gary Teriaca. Rozpoczęli romans i Teriaca skłonił ją do powrotu do Miami, gdzie jej ojciec kupił dla nich dom na ekskluzywnym, zamkniętym osiedlu Bay Point Estates.

się o tym jego ojciec. Więc udawał, że nie bierze kokainy, co było nie-dorzeczne. Zawsze leciało mu z nosa. Ciągle nim pociągał. Później, gdy już od kokainy stracił rozum, nadal udawał, że jej nie tyka. Ale ciągle słyszałeś tylko jego pociąganie nosem. Gary był gościem, który jak to mówią, nie pozostawał wierny sobie.

Bobby Erra był jego przeciwieństwem. Był, kim był. Nosił się jak prawdziwy mężczyzna. Zajmował się hazardowym biznesem swojego ojca. Nie był bukmacherem, tylko bankierem innych bukmacherów. Działał w całym kraju. Pracował z bukmacherami od Nowego Jorku przez Las Vegas do Los Angeles. Przy nim mogłeś obstawić w grze 200 000 lub 300 000 dolarów, a on nawet nie mrugnął. Był bukmacherem bo-gatych i potężnych. Należał do najlepszych country klubów w Miami, obsługujących członków białej anglosaskiej elity: Palm Bay i La Gorce Country Club. Bobby miał też udziały w Jockey Club razem z gościem, którym nazywał się Armand Surmani[9]. Jeśli byłeś bogaty, sławny albo byłeś politykiem i hazardzistą, były duże szanse, że znałeś Bobby'ego Errę.

---

[9] The Palm Bay był klubem i prywatnym hotelem obsługującym sławy, które odwie-dzały Miami. Robert Duvall, James Caan, Peter Ustinov, Oleg Cassini i malarz Frank Stella byli częstymi gośćmi. W portrecie klubu zatytułowanym *You Can't Buy Your Way In at Palm Bay Club* i opublikowanym przez AP 7 lipca 1982 roku, John Platero napisał „Nieżyjący już grecki magnat transportu morskiego, Arystotelis Onassis został niegdyś niemal wyproszony, Spiro Agnew w czasie, gdy pełnił obowiązki wiceprezydenta Stanów Zjednoczonych, również pozostał na zewnątrz. Ale ci, którzy przejdą przez strzeżone wejście klubu Palm Bay, poznają kwintesencję starej Florydy". Opisując takie udogod-nienia jak pochylnie okrętowe mogące obsłużyć czterdziestometrowe jachty, nawodny port śmigłowcowy i staw wypełniony japońskimi karpiami koi, wartymi 400 dolarów za sztukę, Platero cytuje córkę założyciela klubu, Gayonne Dinkler: „Ludzie, którzy tu-taj przychodzą, to nie nuworysze. Mają wrodzoną klasę i większość z nich jest taka od wielu pokoleń". La Gorce został założony w latach dwudziestych przez potentatów od nieruchomości i kolei i był placem zabaw dla elit Miami, a także kilku amerykańskich prezydentów. The Jockey Club był kompleksem mieszkaniowym przy Biscayne Bou-levard 1111, na terenie którego mieściły się również korty tenisowe, prywatne bary, re-stauracje i dyskoteki. Było to ulubione miejsce spotkań byłego wiceprezydenta Huberta Humphreya, komika Jackiego Gleasona i aktorki Evy Gabor. Surmani był menadżerem jednego z barów w Jockey Club. W czasie gdy Jon poznał Bobby'ego Errę, Erra był oskar-żony o napaść w Las Vegas, gdzie dotkliwie pobił w swoim pokoju hotelowym mężczy-znę, używając dzbanka na wodę. Mężczyzna, którego Erra zaatakował, miał zeznawać przeciwko Surmaniemu w sprawie uchylania się od płacenia podatków.

Bobby nie był tak towarzyski jak Gary. Ale dobrze grał w karty i tryktraka, i grywał całymi godzinami w klubie w La Gorce. Jednym z jego dobrych znajomych był Raymond Floyd, mistrz PGA[10]. Bobby nie był takim kobieciarzem jak Gary, ale lubił bogate kobiety. Ożenił się z Marcią Ludwig, bardzo zamożną dziewczyną, która przyjaźniła się z gubernatorem Florydy[11]. Chwalił mi się, że przyjmował zakłady od gubernatora[12].

Bobby miał ładne ubrania, ale bez względu na to, co na siebie włożył, nie było to stylowe. Na przykład włosy przycinał na kształt kasku do gry w futbol. Miał gęste, krzaczaste włosy, które wyglądały, jakby Erra udał się do fryzjera, a ten założył mu na głowę kask i obciął włosy wokół niego. Wszystko, co robił, było niefajne. Któregoś dnia sporo zarobiliśmy i postanowiłem kupić Bobby'emu audi 100, topowy samochód w latach siedemdziesiątych. Wysłałem go do dealera i kazałem wybrać

---

[10] Floyd wygrał mistrzostwo PGA w 1969 i 1982 roku, a także turniej Masters w 1976 roku i US Open w 1986 roku. W śledztwie federalnym z 1990 roku dotyczącym przestępczości zorganizowanej i działalności Erry śledczy uznali, że nie było żadnych dowodów na niestosowność wynikające z przyjaźni Floyda i Erry. Poza przyjaźnią z Floydem śledczy odkryli, że Errę łączyły biznesowe relacje z legendarnym kierowcą wyścigowym, Mario Andrettim, z którym próbował otworzyć sieć pizzerii.

[11] Erra i Ludwig oficjalnie nigdy nie wzięli ślubu, choć mieszkali razem, a Ludwig określała się jako jego „żona" w zeznaniach dotyczących jej relacji z Errą, które złożyła przed sądem federalnym w 1991 roku. Dawna Miss Orange Bowl, Ludwig pochodziła ze starej rodziny z Miami. Była bliską przyjaciółką Adele Graham, żony Boba Grahama, byłego gubernatora Florydy i senatora, a ostatnio także wybranego osobiście przez prezydenta Obamę na współprzewodniczącego Narodowej Komisji do spraw Wycieku Ropy na Platformie Deepwater Horizon BP i Przybrzeżnego Wydobywania Ropy.

[12] W 1986 roku pełniący wówczas obowiązki gubernatora Graham przeżył największy skandal w swojej politycznej karierze po tym, jak funkcjonariusze policji stanowej odkryli, że żona Grahama przykleiła na lustrze w łazience na terenie posesji gubernatora notkę, w której nakłaniała go do ułaskawienia Alberta San Pedro, wspólnika Erry. Graham nie ułaskawił go. Jednak według Mike'a Fistena, byłego detektywa z wydziału policji w Miami Dade, który w czasie służby federalnej na początku lat dziewięćdziesiątych prowadził śledztwo w sprawie hazardowej działalności Erry, wiele rozmów telefonicznych zostało przeprowadzonych między numerem używanym przez organizację Erry do przyjmowania nielegalnych zakładów i prywatną linią telefoniczną w domu gubernatora w Miami. Fisten mówi, że jego prośba o wystąpienie do sądu o zezwolenie na założenie podsłuchu na telefonie Erry i nagrywanie rozmów z prywatną linią telefoniczną gubernatora została odrzucona przez jego zwierzchników.

kolor. Tydzień później Bobby nadjechał w jaskrawopomarańczowym audi. To był najbrzydszy kolor samochodu, jaki w życiu widziałem. Cały Bobby. Nawet gdy dostał odpowiedni samochód, udało mu się sprawić, by wyglądał dziwacznie.

Nie zrozum mnie źle. Bobby był twardym, naprawdę twardym gościem. Jako nastolatek przewrócił motorówkę, a ta upadając, obcięła mu kilka palców. Kto wie, może dlatego Two Fingers go lubił? Obaj mieli okaleczone dłonie. Ale Bobby nie pozwolił, by to mu przeszkodziło. Świetnie grał w golfa, a dzięki tej okaleczonej dłoni mógł oskubywać ludzi. Mówił:

– Spójrz na moją rękę, musisz poddać parę uderzeń.

I ogrywał ich na naprawdę duże pieniądze. Po wszystkim przegrani mawiali: „A to skurwiel". Bobby był niewiarygodny. Używał swoich kikutów, by osiągać korzyści. Nie był typem gościa, który jęczy z takiego powodu.

Bobby miał niewidomego brata. Nie wiem, co spowodowało ślepotę. Bobby zawsze opowiadał o swoim bracie – jak musiał go skądś odbierać, robić dla niego to czy tamto. Ale przez wiele lat naszej znajomości, spotkałem go tylko raz. Musieliśmy zabrać go do banku, żeby podpisał jakieś papiery, bo Bobby kupował nieruchomości na jego nazwisko, żeby ukryć swój majątek[13]. Brat Bobby'ego był jak cień, którego Bobby nie pozwalał oglądać.

Pierwszej nocy, gdy imprezowałem z Garym w Sammy's Eastside, zastukał w lusterko, z którego wciągaliśmy towar, i powiedział:

– To jest to. Kokaina to jest to.

Nigdy tego nie zapomnę. Gary, choć mocno przyćpany, był inteligentny. Widział wszystko z szerszej perspektywy. Wszyscy, także jego brat, zajmowali się na Florydzie przemytem trawy. Ceny spadały. Bale trawy zgubione przez przemytników woda wyrzucała na plażę. Nazywano je „kwadratowymi okoniami". Kokaina to inna sprawa. Ciągle jej brakowało. Ludzie nie mogli dostać tyle, ile chcieli. Hurtowa cena za kilo wynosiła

---

[13] Transakcje finansowe Erry i jego niewidomego brata zostały ujawnione w 1990 roku w trakcie federalnego śledztwa dotyczącego Bobby'ego udziału w przestępczości zorganizowanej, co zakończyło się jego przyznaniem do winy. Brat uniknął oskarżenia.

50 000 dolarów, a na ulicy sprzedawało się to za dwa, trzy razy więcej. Kokaina była tak skondensowana, że mogłeś zmieścić narkotyk wart 100 000 dolarów do pudełka po butach. Żeby przewieźć trawę o tej samej wartości, praktycznie potrzebowałbyś wywrotki.

Gary mówił też o innej zalecie kokainy. Kokaina była narkotykiem z klasą. Uzależnieni od heroiny byli brudnymi świniami, którzy chodzili jak zombie. To był narkotyk ludzi z getta. Głównymi odbiorcami kokainy byli ludzie z wyższych sfer. Kokaina była zupełnym przeciwieństwem większości rzeczy, na których mafia zbijała kasę – jak na przykład loteria mojego ojca, która opierała się na zarabianiu pieniędzy dzięki biednym ludziom. Z kokainą chodziło o to, by dostarczyć bogatym coś, czego pragnęli.

Gary Teriaca miał wizję przyszłości, ale miał związane ręce. Podobnie jak w przypadku innych młodych mafiosów, ojciec zabiłby go, gdyby się dowiedział, że Gary handluje kokainą. Drugi problem Gary'ego stanowiło to, że ciężko było o stałą dostawę narkotyku. Sprzedawał kokainę swoim bogatym znajomym z country clubu, ale nie miało to wielkiego znaczenia. Jego głównym zajęciem były przekręty na rynku nieruchomości, jak na przykład sprzedawanie udziałów w nieistniejących osiedlach, ale marzył o zajęciu się handlem kokainą.

Gdy dłużej przebywałem z Garym i Bobbym, próbowałem wymyślić, co moglibyśmy razem robić, żeby stworzyć więź między nami. Jedyne, co mogłem im zaoferować, to adrenalina. Żaden z nich nie brał nigdy udziału w przekręcie przy sprzedaży narkotyków. Gdy opowiadałem im o numerach, jakie zrobiłem z Nowym Jorku, oczy świeciły się im jak dzieciakom przy choince. Zasiałem w ich głowach myśl, że jeśli mają jaja jak prawdziwi mafiosi, powinniśmy razem kogoś okraść.

ROZDZIAŁ 30

J.R.: Nie byłem zachwycony na myśl o przekręcie przy transakcji narkotykowej. Od czasu całego tego zamieszania w Nowym Jorku przeszedł mi apetyt na napady. Ale w sytuacji, w której się znajdowałem, zarobienie choćby 1000 dolarów byłoby dobrym wynikiem. I stanowiło sposób na zbudowanie więzi z Bobbym i Garym.

Bobby i Gary mieli w country clubie znajomego, który był zainteresowany kokainą. Gary powiedział mu, że jestem nowym dostawcą. Miałem przynieść towar do jego domu. Gość mieszkał niedaleko Sunset Drive w południowym Miami. Powiedzieli mi, że może chcieć sprawdzić, czy nie mam broni. Ponieważ kokaina zajmuje tak mało miejsca, nie mogłem mieć ze sobą paczki na tyle dużej, by zmieścić w niej pistolet. Zanim więc udałem się do mieszkania ofiary, ukryłem broń w skrzyni na gaśnicę obok drzwi. Sprawiłem, że poczuł się swobodnie, wyszedłem pod jakimś pretekstem z mieszkania i zabrałem broń.

Wszedłem do mieszkania ofiary czysty. Kupiłem sobie koszulkę polo i sznurowane mokasyny, jakie nosili ludzie z country clubu. Miałem sweter zarzucony na ramiona. Ofiara nawet mnie nie przeszukała. Bobby i Gary już tam byli. Zachowywali się, jakbyśmy nie spotkali się wcześniej. Klient miał fajną miejscówkę. Na jednej ścianie były półki, na których stała kwadrofoniczna wieża i duże głośniki w wysokich drewnianych szafkach. Zaoferował mi drinka. Siedzieliśmy na ładnych kanapach ze skóry, z chromowanymi elementami, rozmawialiśmy o Dolphins, jego kwadrofonicznym stereo, bla, bla bla. W końcu zapytałem:

– Masz pieniądze?

– A czy ty coś masz?

– Bez urazy – mówię. – Ale jest was trzech, a ja jeden. Nie wziąłem ze sobą niczego. Pokaż mi forsę, a pójdę po towar.

Mam mu sprzedać cztery uncje koki za 8500 dolarów. Idzie do pralni. Słyszę, że otwiera pralkę. Tam ten kretyn ma skrytkę. Wychodzi i pokazuje mi gotówkę.

– Dzięki, bracie – mówię. – Wezmę towar z samochodu.

Wychodzę na korytarz, zabieram broń ze skrzynki z gaśnicą i wracam do mieszkania. Gdy celuję mu w twarz, prawie sika w swoje malutkie spodenki do tenisa.

Bobby i Gary podnoszą ręce. Stawiam wszystkich pod ścianą. Mówię Bobby'emu i Gary'emu, że chcę kasę, którą mają przy sobie. Po ich oczach widzę, że sami też prawie sikają po nogach, ale ze śmiechu. Postanawiam pokazać im coś jeszcze bardziej zabawnego.

– A teraz ściągnijcie spodnie i połóżcie się na ziemi – mówię.

– O co ci chodzi z tym ściąganiem spodni? – pyta Bobby.

– Nie chcę, żebyście mnie gonili.

Bobby jest zły. Patrzę mu w oczy i pokazuję, że teraz ja się śmieję. Zostawiam ich na podłodze, z gołymi tyłkami.

Kiedy spotykamy się w Sammy's Eastside, żeby podzielić się kasą, Bobby mówi:

– Ty skurwielu! Ściągać spodnie?

Śmialiśmy się, ale chciałem, żeby Bobby wiedział, że gówno mnie obchodzi, kim jest on i kim jest jego ojciec. Wiedział teraz, że nie jestem jak Gary. Nie jestem jak młodszy brat, proszący o pozwolenie.

Teraz, kiedy już się zabawiliśmy, powiedziałem Gary'emu, że podoba mi się ten kokainowy interes. Chciałem zadawać się z bogatymi ludźmi z country clubu i dostarczać im towar, tak jak on to robił. Gary nie widział tego w ten sam sposób. Nie chciał wspólnika, ale zorientował się już, że nie byłem typem osoby, którą może spławić.

Powiedział, że jeśli znajdę klientów, będzie moim dostawcą. Oczywiście nie zamierzał mi powiedzieć, skąd załatwiał kokainę. Wspomniał, że od jakiegoś Kubańczyka, ale tylko tyle. Co parę tygodni dostawał kilkaset gramów[1] od tego Kubańczyka i sprzedawał je mnie i swoim klientom. Tak mały był to interes w 1974 roku.

Jedynych zepsutych bogaczy poznałem w Miami, pracując jako ogrodnik. Był wśród nich był sędzia Alcee Hastings[2]. Kupiłem od Gary'ego ćwierć uncji i pojechałem do Hastingsa zapytać, czy nie kupiłby trochę.

– Żartujesz? – odpowiedział. – Wezmę wszystko.

Był szczęśliwym sędzią.

To był mój dowód. Kiedy zajmowałeś się kokainą, awansowałeś w towarzystwie. Sprzedając kokainę, zostałem najlepszym kumplem sędziego.

Później skontaktowałem się z wujkiem Jerrym Chilli. Spotkaliśmy się w kawiarni w hotelu Thunderbird przy Collins Avenue, która była jego nieoficjalnym biurem. Wujek Jerry należał do pokolenia starych wąsaczy, ale ludzie w jego ekipie handlowali kokainą. Gdybym załatwił dużą ilość, jego ludzie sprzedawaliby ją.

Byłem w dobrym miejscu, jeśli chodzi o stosunki z mafią. W Nowym Jorku o mnie zapomniano. W Miami zaczęto mnie poznawać. Ale nie należałem do niczyjej ekipy. Korzyści, jakie płynęły ze znajomości z gangsterami, były dla mnie dostępne, w przeciwieństwie do wad, jakie pociągało za sobą bycie w mafii.

---

[1] 100 gramów to mniej więcej cztery uncje lub ćwierć funta. Jon, jak większość handlarzy narkotyków, miesza system metryczny i angielski, określając wagę.

[2] Sędzia Alcee Hastings był sędzią sądu hrabstwa w Miami, gdy prezydent Carter powołał go do sądu federalnego w Południowym Dystrykcie Florydy. W 1981 roku został oskarżony o przyjęcie 150 000 dolarów łapówki od domniemanego mafiosa. W 1988 roku amerykański Kongres postawił go w stan oskarżenia, a Senat skazał za przekupstwo i krzywoprzysięstwo – przez co był zaledwie szóstym w historii sędzią federalnym usuniętym w ten sposób ze stanowiska. Usunięty z palestry i, jak by się wydawało, nieprzystający do przyzwoitego towarzystwa, znalazł w 1992 roku schronienie w Izbie Reprezentantów Stanów Zjednoczonych. Namówił głosujących w Dwudziestym Trzecim Dystrykcie Florydy, by wybrali go do Kongresu, gdzie do dziś pełni swoją funkcję. W opinii wielu nadal jest totalnym dupkiem. 31 sierpnia 2010 roku „Wall Street Journal" określił kongresmana Hastingsa jako jednego z największych utracjuszy i prawdopodobnie wydającego publiczne pieniądze w najmniej etyczny sposób w Kongresie, a 8 marca 2011 roku, w artykule *Alcee Hastings' Scandals Collide in Sexual Harassment Lawsuit* Bob Norman napisał dla „Broward Palm Beach New Times", że przeciw kongresmanowi Hastingsowi wytoczono proces o molestowanie seksualne.

Kilka miesięcy po tym, jak z Bobbym i Garym okradliśmy ich znajomego z kwadrofonicznym stereo, Gary dowiedział się, że gościowi wpadło w łapy kilo kokainy.

– Gary, musimy zdobyć ten towar – powiedziałem.

Plan był następujący: Gary odwiedzi kolegę, a ja udam, że za nim przyszedłem, i obrabuję ich obu. Ofiara rozpoznała mnie, jak tylko otworzyłem kopniakiem drzwi. Próbował uciekać, ale powaliłem go na podłogę i kopnąłem kilka razy. Zawodził jak dziewczyna.

– Gary, jak możesz to znosić? – spytałem.

Gość spojrzał na niego i zapytał:

– Co to znaczy? Jesteś w to zamieszany?

– Ty idioto! Był zamieszany za pierwszym razem – odpowiedziałem.

Wtedy powiedział coś bardzo dziwnego:

– Nie mam już nikogo.

Zaczął płakać. Trząsł się. Zawodził. Nie miał psychicznego nastawienia, jakie powinien mieć przestępca.

– Wie teraz, kim jestem – powiedział do mnie Gary.

Żeby przestraszyć ofiarę, powiedziałem:

– Wsadźmy go do piachu.

– Proszę, nie zabijajcie mnie! – zaczął płakać tak bardzo, że zwymiotował.

– Czy ta zawodząca suka ma jakąś matkę? – zapytałem Gary'ego.

– Co z moją mamą? – zapytał gość.

– Pozwolę ci żyć, ale jeśli ja albo Gary kiedykolwiek będziemy mieli przez ciebie jakieś problemy, obedrę twoją matkę żywcem ze skóry.

Uklęknąłem, włożyłem mu do ust lufę i kazałem wysłuchać szczegółowego opisu obdzierania kogoś ze skóry, opartego na moich doświadczeniach. Zesrał się w spodnie. Było to obrzydliwe, ale wiedziałem, że gość nigdy nie będzie problemem dla mnie ani kogokolwiek innego.

Po wstąpieniu do klubu Palm Bay zacząłem się natykać na tego gościa, który też był członkiem, i zaprzyjaźniliśmy się. Jego matka również należała do klubu. Ale nigdy nas sobie nie przedstawił.

Gary zrzędził, że zniszczyłem jego przyjaźń ze znajomym z Palm Bay. Byłem poirytowany, że chociaż nauczyłem go, jak okradać ludzi, gdy

Gary sprzedawał swoim klientom kokainę, zostawiał mnie na lodzie. Ale sprawy przybierają czasem dziwny obrót. Trafiłem na naćpanych hipisów sprzedających kokainę w Coral Gables i oni doprowadzili mnie do kubańskiego dostawcy Gary'ego.

Hipisi mieszkali w komunie. Na ścianach mieli zdjęcia indyjskiego guru. Faceci chodzili w hinduskich gaciach. Dziewczyny miały kropki na czołach. Ludzie chodzili nago po domu. Nie obchodziło ich, kto tam wchodzi. Siadali nago na podłodze i medytowali. Pieprzyli się w sypialniach przy otwartych drzwiach. Byli prawdziwymi dziwakami. Nauczali się, że nudyzm jest czymś mentalnie zdrowym. No cóż, żeby świat się kręcił, potrzeba różnych świrów.

Nudysta, z którym się zadawałem, był chudy. Gdy go spotkałem po raz pierwszy, miał na sobie te hinduskie gacie, jak inni hipisi, ale gdy poczuł się zrelaksowany, stał się bardziej otwarty. Spotykaliśmy się w pokoju z boku domu, siadał na poduszce i okrywał sobie kolana ponczo. Później zaczynał mówić i ponczo spadało. Litości. Nie chcę przeprowadzać transakcji biznesowych z jakimś dziwakiem, którego fiut zwisa na widoku. To nie był mój świat.

Kupiłem od niego parę razy towar i napomknąłem, że moglibyśmy razem robić interesy, jeśli skontaktowałby mnie ze swoim dostawcą. Chłopak mówił mi tylko, że swoje prochy kupuje od Kubańczyka. Miałem już dość tej zabawy. Podczas następnej wizyty wyciągnąłem broń i powiedziałem:

– Oddawaj wszystko.

– Wyluzuj, człowieku – odpowiedział. – Kokaina pochodzi od Alberta San Pedro.

– Nie obchodzi mnie to, nawet jeśli kupiłeś ją od Ricky'ego Ricardo.

– Nie chcesz wkurzyć Alberta. To szalony Kubańczyk. Zabije cię.

Golasowi nie brakowało pewności siebie. Był spokojny, choć w niego celowałem. Na pewno myślał, że ten Kubańczyk był tak złym gościem, że powinienem się bać. To był jego błąd.

– Pierdol się. Jesteś gnojem, który siedzi tu z fiutem na wierzchu. Dość mam tych hipisowskich bredni – kopnąłem siedzącego na poduszce chłopaka tak mocno, że wbił się głową w gips na ścianie. Golas miał jaja.

– Sam się pierdol – odpowiedział.

– Oddałem ci przysługę – zaśmiałem się. – Jak teraz pokażesz się Kubańczykowi, uwierzy ci, gdy powiesz, że zostałeś obrabowany. W ramach przysługi kopnąłem go przed wyjściem jeszcze raz.

Nie minęły dwie godziny, gdy zadzwonił Gary Teriaca.

– Zabrałeś kokainę jakimś dzieciakom z Coral Gables?

– A jeśli tak, to co?

– Poszli do Kubańczyka i powiedzieli, co zrobiłeś.

– A co tobie do tego?

– Ich Kubańczyk to gość, od którego kupuję kokainę. Mówi, że chce cię zabić.

– Pieprzyć go.

– Chce się z tobą spotkać.

– Chce się ze mną spotkać czy mnie zabić?

– Prawdopodobnie jedno i drugie.

ROZDZIAŁ 31

J.R.: Spotkałem Alberta na jarmarku Fun Fair w North Bay Village[1]. Jarmark składał się z budki z hot dogami i ulokowanego za nią wesołego miasteczka. Zamówiłem właśnie hot doga – bez musztardy, z dodatkową porcją kiszonej kapusty – gdy zauważyłem zbliżającego się do mnie wielkiego dziobatego Kubańczyka z dziwnymi platynowymi włosami. To był główny ochroniarz Alberta, El Rubio, co po hiszpańsku oznacza Blondaska. Później zaprzyjaźniłem się z Rubio. Był naprawdę dobrym bokserem wagi ciężkiej. Nie żeby miał zdobyć jakiś tytuł czy coś takiego, ale potrafił przyłożyć. Po tym, jak Rubio mnie przeszukał, Albert wysiadł z czarnej corvetty, która podjechała do krawężnika.

Oceniam ludzi po tym, jak się noszą. Albert był niski, ale miał rozbudowaną klatkę piersiową i ramiona, jakby podnosił ciężary. Miał 25 lat, lecz twarz mężczyzny. Ładnie się ubierał, ale nie w koszulki polo rodem z country clubu. Miał na sobie garnitur w stylu Johna Gottiego po tym, jak ten stał się sławny, tylko że Albert był bardziej egzotyczny, nosił jaskrawe koszule. Nie miał hiszpańskiego akcentu. Brzmiał dla mnie raczej jak gangster z Nowego Jorku.

Albert nosił okulary przeciwsłoneczne, ale widać było, że coś jest nie tak z jego okiem. Parę miesięcy przed naszym spotkaniem wpadł

---

[1] North Bay Village to mała gmina położona na trzech wyspach połączonych z Miami Beach mostami.

w zasadzkę przed swoim domem, strzelono do niego pięć razy[2]. Powiedział, że skrył się za swoją corvettą, a kiedy goście, którzy próbowali go zabić, ostrzelali samochód, fragmenty karoserii z pleksi wybiły mu oko[3]. Wprawiono mu tanie, plastikowe sztuczne oko, które nie wyglądało dobrze. Bez względu na to, ile pieniędzy zarobił Albert, jego oko wyglądało beznadziejnie. Wyglądało jak oko z taniej, dziecięcej lalki i obracało się w jego głowie. Uwierz mi, nie chciałeś oglądać Alberta, gdy zdjął okulary. Jego oczy zawsze patrzyły każde w inną stronę i zawsze wyglądało, jakby się w ciebie wpatrywał. A gdy zorientowałeś się, jak szalony był Albert, fakt, że ci się przyglądał – nawet jeśli robił to swoim plastikowym okiem – sprawiał, że się denerwowałeś.

To, że Albert chodził kilka miesięcy po tym, jak został pięciokrotnie postrzelony, pokazywało, że był twardzielem. Bez względu na to, jak obrzydliwie wyglądało jego oko, nie mogłeś mu odmówić tego, że był twardy. Podczas naszego spotkania nie było żadnych pierdół.

– Wiem, że zabrałeś temu chłopakowi kokainę. Nie może mi teraz oddać pieniędzy, bo go okradłeś – powiedział.

– Wiedziałeś, że gość, który dla ciebie pracuje, łazi po domu z wywalonym kutasem? To pierdolony nudysta.

Rubio przytaknął. Najwyraźniej to on zajmował się komuną golasów.

– Nie obchodzi mnie, czy tym gościom fiuty wyrastają z twarzy, pracują dla mnie.

– Nie chcę się z tobą pojedynkować – powiedziałem.

– Znajdźmy więc najlepsze rozwiązanie dla nas obu.

Zdecydowaliśmy z Albertem, że najlepszym sposobem na odzyskanie jego kasy będzie, jeśli ja zacznę dostarczać golasom kokainę. Stałem się dystrybutorem Alberta. Miałem brać od nich dwa razy więcej kasy niż

---

[2] San Pedro został postrzelony przed swoim domem w 1975 roku.

[3] Według jego byłej żony Lourdes Valdez San Pedro urodził się z wadą wrodzoną, której efektem był zez. Twierdzi, że San Pedro wymyślił całą historię ze zranieniem oka w trakcie strzelaniny, bo sądził, że brzmi lepiej niż to, że urodził się z wadą wrodzoną. Jeden z przyjaciół Alberta z czasów dzieciństwa powiedział mi, że w szkole podstawowej dzieci dręczyły Alberta, przezywając go Bizco – to pogardliwe hiszpańskie określenie na kogoś zezowatego. Aby ukryć zeza, młody Albert mrużył oczy, przez co zyskał nieco lepsze przezwisko, El Chino, czyli Chińczyk.

zwykle aż do momentu, gdy Albert nie odzyska swoich pieniędzy i odsetek. To była kara dla nich za to, że byli tak głupi, że dali się okraść. Na co im były pieniądze? Mieszkali w komunie i nie nosili spodni.

Tak się zaczęła moja współpraca z Albertem. Trwała ponad 10 lat. Był dobrym gościem. Przez całe życie zajmował się niewłaściwymi rzeczami. Urodził się na Kubie, ale rodzice zabrali go do Miami, gdy jeszcze nosił pieluchy. Jego ojciec trenował konie na torze wyścigowym na Kubie, kontrolowanym przez Patsy'ego Errę. W Miami pracował jako mleczarz i dostawał zlecenia od Patsy'ego. Kiedy Albert dorastał, był lojalny w stosunku do Włochów, ale nie chciał być chłopcem na posyłki parkującym samochody w Dream Bar i łamiącym nogi w zamian za kieszonkowe.

Albert odbierał dla Bobby'ego Erry pieniądze, ale zapracował też sobie na posłuch w środowisku Kubańczyków. Biegał z bronią po okolicy, odkąd był dzieckiem, i miał opinię twardziela[4]. Gdy go poznałem, ludzie już mówili na niego „Naprawiacz", bo potrafił rozwiązać każdy problem. Był geniuszem wykorzystywania systemu[5].

---

[4] Według byłych detektywów z hrabstwa Miami Dade, z którymi przeprowadzałem wywiad, pierwszy znaczący konflikt San Pedra z prawem miał miejsce w 1969 roku, kiedy po spontanicznie zorganizowanym meczu futbolowym, w którym jego drużyna przegrała, wystrzelił ze starego karabinka samoczynnego w kierunku graczy z przeciwnej drużyny. Nikt nie został ranny, a San Pedro, według policji, pozbył się broni i uniknął oskarżenia. W 1971 roku, po strzeleniu do dwóch tajniaków w trakcie kupowania narkotyków, San Pedro został skazany za spiskowanie w celu popełnienia morderstwa i dostał kuratora. Jego problemy z kontrolowaniem gniewu utrzymywały się. Policjanci mówią, że został aresztowany za pobicie motocyklisty łyżką do opon podczas kłótni na drodze. Później został aresztowany za stręczycielstwo, napaść i rabunek mające związek z jego działalnością, w której posługiwał się prostytutkami wabiącymi klientów do motelu, gdzie San Pedro ich okradał. Inne napaści miały związek z tym, że San Pedro jako wolny strzelec oferował stłuczenie wskazanej osoby na kwaśne jabłko za 50 dolarów. W 1988 roku został skazany za handel kokainą i przekupienie urzędnika w hrabstwie Dade, za co spędził w więzieniu trzy lata.

[5] San Pedro został później ochrzczony przez prasę z Miami mianem „Wielkiego Łapówkarza". Od pierwszych aresztowań umiejętnie unikał kary poprzez zastraszanie świadków, niszczenie dowodów i opłacanie policjantów, sędziów i przynajmniej jednego burmistrza. Pod koniec lat siedemdziesiątych zatrudnił zawodowych lobbystów stanowych, którzy zarządzali jego politycznymi darowiznami. Podobno opłacił dziennikarzy z „Miami News", aby pisali przychylne artykuły na temat polityków, których wspierał. Podtrzymywał

Odkąd znałem Alberta, mieszkał w Hialeah[6], w domu położonym w pobliżu stacji uzdatniania wody. Kiedy udałem się tam po raz pierwszy

---

przyjaźń z lokalnym reporterem telewizyjnym, Rickiem Sanchezem, który później pracował w CNN do momentu, gdy w 2010 roku został zwolniony za antysemickie komentarze. Wiele lat wcześniej dostał wypowiedzenie z Miami TV, gdy podsłuchy policyjne zarejestrowały, że Sanchez, częsty gość w domu San Pedra, przedstawił gospodarza urzędnikom lokalnego banku w zamian za nieokreślone korzyści. Wysiłki San Pedra, by zostać zauważonym w lokalnym społeczeństwie, opłaciły się. Nawiązał bliskie stosunki z kongresmanem Claudem Pepperem, który lobbował w stanie za ułaskawieniem San Pedra po jego skazaniu w 1971 roku. W liście do stanowej komisji ds. ułaskawień, kongresman Pepper opisał San Pedra jako „przyjaciela, sumiennego młodego człowieka i bardzo odpowiedzialnego biznesmena". San Pedro otrzymał podobną pomoc od prokuratora stanowego Roberta Shevina, który napisał w liście skierowanym do komisji ds. ułaskawień, że uważał „prawość, charakter i sposób prowadzenia się San Pedra za nienaganne". Po skazaniu w 1988 roku za handel narkotykami i wręczanie łapówek, San Pedro poszedł na ugodę z prokuratorem Dexterem Lehteninem, w której ramach miał dostarczyć dowodów w federalnej sprawie dotyczącej przekupstwa burmistrza Hialeah Raula Martineza. W momencie zawarcia tej ugody Martinez był głównym przeciwnikiem żony Lehtinena, Ileany Ros-Lehtinen w wyścigu wyborczym do Kongresu. Oskarżenie o korupcję zniszczyło wiarygodność Martineza jako kandydata w wyborach, które wygrała później żona Lehtinena. Kongresman Ileana Ros-Lehtinen jest obecnie przewodniczącą Komisji Spraw Zagranicznych w Izbie Reprezentantów. Sprawa przeciw Raulowi Martinezowi została później zamknięta, ponieważ, jak opisał to prawnik San Pedra: „Nie mieli żadnych dowodów przeciw Martinezowi, bo San Pedro niczego im nie dostarczył. Wystrychnął na dudka Dextera Lehtinena i cały rząd federalny". Lehtinen zrezygnował ze stanowiska prokuratora federalnego po tym, jak Ministerstwo Sprawiedliwości wszczęło śledztwo dotyczące naruszenia zasad etycznych, niezwiązanych ze sprawą San Pedra. Immunitet, jaki San Pedro otrzymał od Lehtinena, był tak niezwykle pojemny, że uchronił go w 1991 roku od federalnej sprawy dotyczącej przestępczości zorganizowanej, która obejmowała handel narkotykami, pranie brudnych pieniędzy i morderstwo. San Pedro, jedna z najważniejszych postaci przestępczego świata w Miami w latach siedemdziesiątych i osiemdziesiątych, wyszedł na wolność w 1996 roku. Jednak nigdy nie dostał obywatelstwa amerykańskiego i w 1996 roku stanął przed sądem imigracyjnym. Podczas przesłuchania jego pasierbica zeznała, że San Pedro zaczął ją gwałcić, gdy miała 13 lat. Jej oskarżenia o molestowanie seksualne nieletniej, wsparte tym, że miała z San Pedrem dwóch synów, zostały uznane przez sędziego za na tyle wiarygodne, by wydał nakaz deportacji. Jednak ponieważ rząd amerykański nie ma normalnych politycznych relacji z Kubą, deportacja nie została przeprowadzona. San Pedro ciągle pozostaje na wolności i, według jego prawnika, jest obecnie ważnym graczem na rynku reklamy zewnętrznej w Miami.

[6] Hialeah to robotnicze miasto położone niedaleko międzynarodowego lotniska w Miami. W latach siedemdziesiątych zamieszkali je niemal sami Kubańczycy.

w 1975 roku, był to mały, robotniczy dom zbudowany z pustaków. W miarę jak Albert odnosił coraz większe sukcesy, kupował sąsiednie działki i coraz bardziej rozbudowywał dom. Zmienił go w naprawdę popieprzoną rezydencję, która wyglądała bardziej jak więzienie niż dom, w którym chciałaby mieszkać normalna istota ludzka[7]. Musiałeś być umysłowo chory, żeby mieszkać w takim domu, jaki wybudował Albert. Na dodatek, nawet gdyby Albert zbudował ładny dom, to i tak postawił go obok stacji uzdatniania wody.

Ponieważ Albert był paranoikiem, budował wokół domu mury i wartownie. Instalował kamery. Wstawił kuloodporne szyby. Miał arsenał broni, umieszczony w szafach ukrytych za regałami na książki. Opłacał policjantów, żeby stawiali radiowóz przed jego domem[8]. Miał agencję detektywistyczną, żeby bandyci, którzy dla niego pracowali, byli zawodowcami z licencją i mogli legalnie nosić ukrytą broń[9]. Wszyscy jego najbliżsi ochroniarze, którzy mieszkali u niego w domu, byli Kubańczykami, z którymi dorastał. Ich znajomość zaczęła się w liceum, gdy razem grali w piłkę i chodzili na siłownię. Najlepiej dogadywałem się z Rubiem, który zniknął, gdy wpadł w jakieś tarapaty[10]. Albert miał też innego Kubańczyka o ksywce El Oso, co oznacza „Niedźwiedź". El Oso był twardym gościem[11], a jego zajęciem, oprócz odbierania kasy i podpalania budynków, było odpalanie samochodów Alberta i upewnianie się, że nie wybuchną. Najbardziej zaufanym człowiekiem Alberta był Ricky

---

[7] W federalnym postępowaniu przeciw San Pedrowi, dotyczącym przestępczości zorganizowanej, jeden z jego byłych ochroniarzy zeznał, że San Pedro nakazał mu spalenie domu swojej ciotki po tym, jak odmówiła mu sprzedaży nieruchomości. Dom w Hialeah, w którym San Pedro nadal mieszka, to kilkupiętrowa budowla o powierzchni około 800 metrów kwadratowych, otoczona murem i zajmująca kilka sąsiadujących działek. Pozostałe domy przy tej ulicy to parterowe budynki o powierzchni około 110 metrów kwadratowych każdy.

[8] Młodszy brat San Pedra John był funkcjonariuszem policji w Hialeah. W 1986 roku San Pedro został przyłapany podczas wręczania łapówek kilku funkcjonariuszom z tego wydziału, ale nie dotyczyło to jego brata, który do tej pory pełni służbę.

[9] W 1975 roku San Pedro zakupił Transworld Detective Agency.

[10] El Rubio został skazany za zabójstwo krótko po tym, jak Jon go poznał.

[11] W 1989 roku Miguel „El Oso" Ramirez został skazany za zastrzelenie i obcięcie głowy tajnemu informatorowi pracującemu dla DEA (Drug Enforcement Administration – agencji do wdrożenia legalnego obrotu lekarstw) Larry'emu Nashowi.

Prado. Był, podobnie jak Albert, dość niski, ale ćwiczył sztuki walki i służył w wojsku w Siłach Specjalnych. Nie wyglądał na bandziora. Był cichy i profesjonalny. Był tak dobry, że po tym, jak skończył pracować dla Alberta, został zatrudniony przez CIA[12].

Albert był swoją własną jednoosobową mafią. Nawet jako dwudziestopięciolatek, którym był, gdy go poznałem, uważał się za kubańskiego ojca chrzestnego[13]. Zajmował się wieloma sprawami. Wypuszczał kasę na ulice, organizował gry w karty i zakłady. Prowadził *bolitę* – kubańską loterię. Dostarczał dziwki do hoteli przy lotnisku. Podpalał budynki w całym Miami. Był sławnym podpalaczem. Robił to, żeby wykupić nieruchomości lub po prostu wzbudzić strach w ludziach, których nie lubił. Mój ojciec by go rozumiał.

Ale nawet gdy w swojej okolicy zyskał na ważności, pozostał lojalny Bobby'emu Errze. Wszystko, co mogło stanowić konkurencję dla Włochów – jak zakłady czy lichwa – ograniczał do terenu Hialeah, który mafię gówno obchodził.

Interes z kokainą był idealny dla Alberta z powodu hipokryzji mafii odnośnie do niehandlowania większością narkotyków. Starzy bossowie mafijni zostawili całą kokainę Latynosom.

Kiedy zacząłem kupować kokę od Alberta, trzymał przede mną w tajemnicy, skąd ją bierze. Wiedziałem, że pochodzi od Kolumbijczyków, którzy przewozili ją przez Bahamy, bo wszyscy wtedy tak robili. Co parę tygodni dostawał jakieś dwa do pięciu kilo. W udanym tygodniu mogłem opchnąć wujkowi Jerry'emu i ludziom z country klubu pół kilo.

Gdy poznałem Alberta, Gary'emu Teriace jakby ulżyło. Gary nie był chłopakiem z ulicy i Albert go przerażał. Teraz ja odbierałem towar od Alberta, ale trzymaliśmy go w domu Gary'ego. Dzięki temu miał wrażenie,

---

[12] Enrique „Ricky" Prado służył w siłach powietrznych od 1971 do 1973 roku. W 1974 roku wstąpił do Straży Pożarnej w Miami-Dade. Gdy pracował jako strażak i ratownik, został także zatrudniony na stanowisku kierowniczym w Transworld Detective Agency należącej do San Pedra. Kiedy Prado pracował w straży, jego akta służbowe wskazują, że pomieszkiwał w domu San Pedra. W 1981 roku Prado został zatrudniony przez CIA i stacjonował w Ameryce Środkowej aż do połowy lat osiemdziesiątych, kiedy to, uważa się, był zamieszany w szkolenie bojówek contras.

[13] San Pedro trzymał w łazience egzemplarz *Ojca Chrzestnego* Mario Puzo i biografię Ala Capone na biurku w swoim gabinecie.

że to on ciągle panuje nad sytuacją. Nie obsługiwałem klientów Gary'ego, a on moich. Dogadywaliśmy się.

Oprócz tego, że był twardy, Albert był naprawdę dziwnym gościem. Choć zachowywał się jak Włoch, zawsze miał w gębie te głupie kubańskie cygara. Naprawdę był królem Kubańczyków w Hialeah. Obsesją Alberta był San Lazaro. Wiesz, kim jest San Lazaro? To gość, który miał rany na całym ciele i został pozostawiony na ulicy na pewną śmierć, ale jakieś psy lizały jego rany i zamiast umrzeć, wyzdrowiał. Nie twierdzę, że to prawdziwa historia. W Kościele katolickim twierdzą, że to prawda[14], a Albert naprawdę w to wierzył. San Lazaro był jego Aniołem Stróżem. Albert miał bzika na punkcie swojego świętego, bo uważał, że kiedy wpadł w zasadzkę i ukrywał się za swoją corvettą, przeżył dzięki San Lazarowi.

Albert płacił księżom w okolicznych kościołach pod wezwaniem San Lazara. Kiedy zaczął kupować konie wyścigowe, nazwał swoje stajnie San Lazaro. Wewnątrz jego domu było jeszcze gorzej. Albert mieszkał z rodzicami, a jego mama, bardzo pobożna dama, wykrzykiwała podziękowania dla San Lazara, gdy podawała nam posiłki. Aby zrobić przyjemność mamie, Albert zapełnił dom figurami San Lazara naturalnej wielkości. Były zrobione z porcelany i pomalowane jak żywi ludzie. Jego mama nakładała na nie peruki zrobione z ludzkich włosów. Albert kupił szatę utkaną przez mnichów, która była podobno zrobiona ze złota. Powiedział mi, że kosztowała 30 000 dolarów i zakładał ją na ulubioną figurę San Lazara.

Większość gości, gdy się z nimi zaprzyjaźniasz, chce ci pokazać swoje sportowe samochody albo nielegalną broń maszynową, albo mają na kanapie kobiety, które pokazują cycki i robią sobie nawzajem minetę, gdy się pstryknie palcami. Ale nie Albert. Gdy się z nim zaprzyjaźniłeś, Albert i jego mama zabierali cię do specjalnego pokoju, żeby pokazać szatę San Lazara. To był dom wariatów.

Co roku Albert organizował przyjęcie na cześć swojego patrona. Początkowo ładował figurę San Lazara na pakę swojej ciężarówki i obwoził

---

[14] W kubańskim kulcie Santerii San Lazaro – Święty Łazarz – jest postacią kluczową. Jednak Święty Łazarz w Santerii łączy w sobie elementy dwóch biblijnych postaci o tym imieniu w jedną historię.

ją po ulicach Hialeah. Później jego ludzie zawozili ją na pustą działkę i częstowali wszystkich pieczoną wieprzowiną. Potem przyjęcia stały się bardziej wyrafinowane. Wynajmował salę balową na dachu hotelu Doral i tam urządzał kolacje ku czci San Lazara, na które zapraszał wszystkich sędziów i polityków, którym wręczał łapówki[15].

Gdy Albert i ja popracowaliśmy dłużej, przedstawił mi swoją drugą religię: kubańskie voodoo Santeria. Bracie, to było wariactwo. Jego matka przygotowywała czarodziejskie napoje na tyłach jego domu, a Kubańczycy o afrykańskich korzeniach przychodzili ubrani w białe szaty i odcinali głowy kurczakom i kozom. Kiedyś Albert i ja byliśmy zamieszani w morderstwo[16], a on kazał swoim kapłanom voodoo przyjść i poodcinać kurczakom głowy, żeby mieć pewność, że wszystko pójdzie jak trzeba.

Możesz sobie wyobrazić, jaki był wystrój jego domu. Nie twierdzę, że nie miał gustu, ale ja byłem tak wychowany, że uważałem, że to, co mu się podobało, było obrzydliwe. Miał ogromne, obrzydliwe kanapy i pełno złota, wszystko to wymieszane z jego szalonymi figurami San Lazara. W jednym pokoju trzymał kociołek voodoo, wypełniony laleczkami i krzyżami. Jego dom był skrzyżowanej najbardziej krzykliwej włoskiej restauracji i horroru.

Albert nie ma poczucia humoru. Nie śmiał się i nie robił dowcipów. Ja, Gary Teriaca i Bobby Erra mieliśmy łodzie. Ale Albert nigdy nie chciał płynąć niczyją łódką. Nie interesowało go uganianie się za kobietami, jak robili to normalni faceci. Kiedy go poznałem, miał żonę. Później sprowadził do domu dużo młodszą dziewczynę, która była jego drugą żoną[17].

---

[15] „Ostatnie dwa przyjęcia [San Pedra], które kosztowały po 50 000 dolarów, były organizowane w szykownym hotelu Doral w Miami Beach, a wśród gości byli burmistrz Hialeah Raul Martinez, kongresman Claude Pepper, burmistrz Miami Beach Alex Daoud, gospodarz weekendowych programów i reporter w WSVN Channel 7 Rick Sanchez, szef policji w Miami Jack Sullivan, zwykli policjanci, polityczni fundraiserzy, prawnicy, różni prawicowi siepacze i mnóstwo sędziów. San Pedro przywiózł wysoką na ponad dwa i pół metra figurę świętego, założył frak, otoczył się ochroniarzami i pozował z zebranymi celebrytami". Ten opis pochodzi z 82 strony książki Pete'a Hamilla *Piecework. Writings on Men & Women, Fools and Heroes, Lost Cities, Vanished Calamities and How the Weather Was*, New York 1997.

[16] Jon opisuje to w rozdziale 38.

[17] Pasierbica San Pedra Jenny Cartaya zamieszkała z nim jako „żona", kiedy miała 14 lub 15 lat. Cartaya, której zeznanie w 1996 roku doprowadziło do nakazu deportacji San Pedra, opisała dom tak samo jak zrobił to Jon. Utrzymuje, że San Pedro zgwałcił ją po raz pierwszy pod posągiem San Lazara, gdy miała 13 lat i bił ją regularnie, używając do tego

Albert był dumny z tego, że jest rodzinnym człowiekiem. Chodził na wszystkie wesela, chrzty i tym podobne imprezy do gości, którzy dla niego pracowali. Był pobożnym człowiekiem, zarówno jeśli chodzi o Kościół katolicki, jak o voodoo.

Widziałeś *Chłopców z ferajny*? Albert był jak bohater grany przez Joe Pesciego, który rozwalał wszystkich dokoła. Kiedy Albert miał paranoję, musiał kogoś zabić. Bez wątpienia był szaleńcem. Miał coś z głową. To znaczy, nie było się nad czym zastanawiać. Brakowało mu piątej klepki. Był psycholem i wszyscy o tym wiedzieli. Jednego dnia siedziałeś z nim i wszystko było świetnie. Następnego dnia wrzeszczał: „Ten skurwiel musi zginąć!".

Któregoś razu padło na tego biednego Kubańczyka, który mył samochody Alberta. Ni z tego, ni z owego musiał zostać zabity.

– Albert – powiedziałem – ten dzieciak ma ledwo 18 lat. Co zrobił?

– Zaglądał pod mój samochód. Na co on się, kurwa, gapił?

– Albert, chłopak jest bardzo dokładny. Pewnie patrzył, czy nie ma tam jakiegoś brudu.

– Człowieku, mówię ci. Coś z nim jest nie tak.

Kiedy Albert wbił sobie coś do głowy, było po wszystkim. Następnego dnia, albo nawet za godzinę, ta osoba znikała. A ktoś nowy zajmował się myciem samochodów.

Nigdy niczego nie udowodniono[18], ale chłopak zniknął. Albert nazywał to „karmieniem bagien". W ten sposób wszyscy na Florydzie

skórzanych pasów do podnoszenia ciężarów. Została jego żoną po tym, jak, według niej, San Pedro wrobił jej matkę w handel narkotykami i wysłał ją do więzienia. Cartaya urodziła San Pedrowi dwóch synów, których wychowywała, podobnie jak syna swojej matki. Wszyscy byli wychowywani jako bracia, choć byli równocześnie braćmi przyrodnimi i wujkiem oraz siostrzeńcami – sytuacja rodzinna rodem z Chinatown. Kiedy Cartaya miała 19 lat, San Pedro skłonił policję w Hialeah do aresztowania jej, twierdząc, że sama dla siebie stanowi zagrożenie i próbował zamknąć ją w szpitalu psychiatrycznym. Cartaya uciekła ze stanu.

[18] Sprawa z 1991 roku przeciwko San Pedrowi, dotycząca udziału w przestępczości zorganizowanej, miała zawierać oskarżenie o cztery popełnione wcześniej morderstwa, jednak sprawa została zamknięta ze względu na nietykalność, jaką zapewniła San Pedrowi umowa z prokuratorem Dexterem Lehtinenem. Poza tym, że amerykański rząd niejako pozwolił San Pedrowi siać zamęt, także i mafia trzymała się od niego z daleka. W 1984 roku San Pedro postrzelił w ramię znanego gangstera Carmine'a Scarfone, gdy

pozbywali się ciał. Kropnij gościa, potnij go na kawałki piłą łańcuchową, kawałki ciała wrzuć na bagnach i pozwól aligatorom zająć się resztą. W filmie *Człowiek z blizną* pokazywano, jak Kolumbijczycy cięli ludzi piłami łańcuchowymi. To nie było wymyślone.

Wszyscy w otoczeniu Alberta się go bali. Spalił tyle rzeczy, przekupił tylu burmistrzów, tylu policjantów. Jeśli nie mógł cię kupić, palił twój dom. Tyle. Nie było o czym rozmawiać.

– Nie chcesz mi sprzedać swojej rzeczy? Dobrze, miło było cię poznać. Następnego dnia wszystko, co posiadałeś, było spalone na popiół. Nie było żadnego zastanawiania się. Kiedyś Albert wściekł się, bo w piekarni zabrakło jego ulubionych drożdżówek. Wieczorem jego ludzie wlali benzynę do szybów wentylacyjnych w piekarni i bum, problem rozwiązany. Nie było już piekarni[19].

Nie widziałem, żeby brał narkotyki. Był czysty jak skurwysyn, chodził do kościoła, ale był kompletnym świrem.

Jeśli chodzi o naszą współpracę, nigdy nie miałem problemów z Albertem. Bardzo ułatwił mi życie. Gdy zacząłem pracować z Kolumbijczykami, zawsze miałem wsparcie Alberta. Po Mariel[20], Miami było przepełnione ludźmi, którzy przypłynęli na łodziach i nic ich nie obchodziło. Byli jak dzicy Indianie. Było parę sytuacji, gdy trafiłem na jednego z tych kolesi i pomyślałem: „Będę miał problem z tym dupkiem".

Szedłem wtedy do Alberta i mówiłem:

– Mam problem z tymi Kubańczykami.

---

siedzieli razem przy drinkach we włoskiej restauracji Capra's w Hallandale. Kilka dni później dom Scarfone został podziurawiony nabojami z broni maszynowej i podpalony za pomocą koktajli Mołotowa. Mimo obecności świadków, Scarfone odmówił złożenia zeznań przeciw San Pedrowi w związku ze strzelaniną.

[19] Według byłego ochroniarza San Pedra Miguela Ramireza on i przyszły agent CIA Ricky Prado na polecenie szefa spalili San Bernardo Bakery przy Flagler Street, używając do tego tyle benzyny, że gdy ją podpalili, płomień spalił im brwi.

[20] Podczas akcji wypuszczania przeciwników systemu w 1980 roku kubański dyktator Fidel Castro pozwolił stu tysiącom Kubańczyków na wyjazd na Florydę i oznajmił: „Spłukałem kubańskie toalety na teren Stanów Zjednoczonych". Dużą część emigrantów stanowili brutalni przestępcy wypuszczeni z kubańskich więzień.

W ciągu dwóch, trzech godzin ci Kubańczycy wchodzili do domu Alberta ze spuszczonymi głowami i mnie przepraszali. Albert kontrolował Kubańczyków. Hialeah była jego światem. Nikt nie mógł mnie tam tknąć. Gdy tylko Albert przejechał mostek łączący Hialeah z Miami, z króla stawał się kolejnym szalonym Kubańczykiem w gównianej corvetcie. Wyższe sfery stały się w latach siedemdziesiątych na tyle liberalne, że makaroniarze tacy jak Bobby Erra czy Gary Teriaca mogli grać na najlepszych polach golfowych i należeć do klubów. Ale nie dotyczyło to szalonego zezowatego Kubańczyka, takiego jak Albert. Błagam. Dla wyższych sfer Albert był, przepraszam za określenie, jak czarnuch.

Przez to został wypchnięty poza główną część kokainowego rynku. Towaru nie kupowali biedni Kubańczycy z Hialeah, ale bogate gnojki. Albert potrzebował takich ludzi jak Gary i ja, żeby sprzedawać kokainę, którą dostawał, bo ludzie, którzy chcieli ją kupować, nie wpuściliby go do swoich klubów.

Dlatego czułem się w miarę bezpieczny przy Albercie. Potrzebował mnie. A z jego wsparciem byłem w stanie rozbudować swoją sieć dystrybucji.

Po lewej: Zanim Jon został kokainowym kowbojem, jego matka zrobiła to zdjęcie w 1956 roku, gdy był dzieckiem mającym obsesję na punkcie tradycyjnych kowbojów. Później Jon zmienił nazwisko na Jon Pernell Roberts, na cześć Pernella Robertsa, gwiazdy *Bonanzy* (JON ROBERTS)

Po prawej:
Przekleństwem
matki Jona Edie
była uroda,
która zdawała się
przyciągać tylko
złych mężczyzn
(JON ROBERTS)

Jon (trzeci od lewej) w 1973 roku na weselu w Nowym Jorku. Było to ostatnie gangsterskie przyjęcie przed jego ucieczką do Miami
(PETER GALLIONE)

Po lewej: Jon ze swoją partnerką, Phyllis La-Torre Corso, której wielonarodowe pochodzenie sprawiło, że była doskonałą towarzyszką i wspaniałym wrogiem (JON ROBERTS)

Po prawej: Albert San Pedro uważał się za kubańskiego Ala Capone. Był jednym z pierwszych kokainowych kontaktów Jona w Miami i podobno pomógł mu zaplanować zabójstwo pasierba Meyera Lansky'ego w 1977 roku (LOURDES VALDEZ)

Max Mermelstein był najważniejszym Amerykaninem w kartelu z Medellín, gdy Jon został jego wspólnikiem. Dostarczenie kokainy samochodowemu magnatowi Johnowi DeLoreanowi stało się przyczyną jego klęski (JON ROBERTS)

Rafa Cardona-Salazar był najważniejszym żołnierzem Pabla Escobara, współpracował z Jonem w Miami. Zasłynął swoimi atakami wściekłości wywołanymi kokainą (JON ROBERTS)

Po lewej: Mickey Munday, który współpracował z Jonem przy przemycie narkotyków, był geniuszem techniki, nie przeklinał ani nie brał narkotyków (JON ROBERTS)

Poniżej: Rafa Cardona-Salazar, Mickey Munday, żona Rafy Odelia, ochroniarz o przezwisku El Negro i Max Mermelstein stroją sobie żarty, udając przed obiektywem staroświeckich gangsterów podczas lokalnego jarmarku (SHARK BLUE)

Fabito Ochoa, którego ojciec zarządzał kartelem z Medellín, zatrudnił Jona na stanowisku „amerykańskiego reprezentanta" kartelu (JON ROBERTS)

Don Ochoa, ojciec chrzestny kartelu z Medellín, zabawiał Jona podczas jego wizyty w Kolumbii, prezentując mu swoje umiejętności jazdy na Paso Fino (JON ROBERTS)

Jon nazywał Henry'ego Borellego swoim szwagrem nawet po tym, gdy Borelli próbował go zamordować w 1979 roku. Borelli przebywa w więzieniu ze względu na rolę, jaką odegrał w gangu „Murder Machine" (SHARK BLUE)

Lojalny i brutalny ochroniarz Jona Bryan Carrera robił też karierę jako zawodowy zapaśnik posługujący się pseudonimem The Thing (JON ROBERTS)

Gang Griseldy Blanco zamordował aż 100 osób, gdy zajmował się przemytem tysięcy kilogramów kokainy. Jon pomagał jej w ukrywaniu się, gdy kartel zwrócił się przeciwko niej (JON ROBERTS)

Kiedy Jon był właścicielem Stajni Mephisto, wiele z jego koni zdobywało nagrody, jak na przykład Best Game w Tampa Bay Downs w 1982 roku (JON ROBERTS)

Meyer Lansky, legendarny żydowski gangster, z którym Jon spotkał się w 1977 roku, aby uzyskać pozwolenie na zabicie jego pasierba (SHARK BLUE)

Toni Moon, z którą Jon był związany przez wiele lat, pojawiła się na plakacie filmu z Ryanem O'Nealem *Jak świetnie*. Jon i Toni odtworzyli później to zdjęcie, z Jonem w roli O'Neala (BILLY CORBEN)

Zdjęcie Jona z kartoteki policyjnej zrobione w 1986 roku po aresztowaniu, które doprowadziło do upadku jego imperium (JON ROBERTS)

Jedyne znane i opublikowane zdjęcie Enrique „Ricky'ego" Prado. Jon poznał go, gdy ten pracował jako żołnierz gangu. Później Prado został wysoko odznaczonym agentem CIA (MIKE FISTEN)

Barry Seal pracował wcześniej jako pilot komercyjnych linii lotniczych. Jon zatrudnił go do przemytu kokainy, a później broni. Kiedy Seal okazał się wtyczką, Jon pomógł kartelowi przy jego zabójstwie (MDPD FILE)

Detektyw Mike Fisten, prowadzący śledztwo w jednostce walczącej z przestępczością zorganizowaną, poszukiwał Jona w połowie lat osiemdziesiątych, gdy policja wiedziała o nim tylko tyle, że był „brodatym gringo" (MIKE FISTEN)

Jon przy basenie w swoim domu w Hollywood na Florydzie (EVAN WRIGHT)

Jon wyprowadza na spacer ukochane psy Sassy i Shootera w pobliżu swojego domu w Hollywood na Florydzie (EVAN WRIGHT)

Żona Jona Noemi krótko po tym, jak się poznali w 2003 roku (JON ROBERTS)

Jon z synem Julianem i siostrą Judy (JON ROBERTS)

Jon dostaje urodzinowy prezent od syna Juliana (EVAN WRIGHT)

ROZDZIAŁ 32

J.R.: Pamiętasz Berniego Levine'a, tego grubego Żydka z Jersey, który w piwnicy swojej mamy nakręcił Wyrzutków na heroinę? Na początku lat siedemdziesiątych Bernie przeprowadził się do San Francisco i zarządzał studiem nagraniowym, którego używał zespół Grateful Dead. Skontaktowaliśmy się i powiedział mi, że ludzie w San Francisco szaleją na punkcie kokainy. Mógł sprzedać każdą ilość, którą bym mu dostarczył, po skandalicznie wysokich cenach, bo miał dojścia do celebrytów uzależnionych od kokainy, na przykład Jerry'ego Garcii[1].

– Bernie, przyjedź do Miami – powiedziałem.

Przyleciał następnym samolotem. Z niskiego i grubego dzieciaka stał się dorosłą kupą tłuszczu. Musiał ważyć ze 140 kilo. Znałem fantastyczną chińską restaurację w Coral Gables. Podawali tam kaczkę tak delikatną, że mogłeś ją jeść łyżką, a mięso odpadało od kości. Bernie pochłonął dwie całe kaczki i stał się bardzo szczęśliwym tłustym człowiekiem. Pojechaliśmy do jego hotelu i pokazałem mu kokainę, którą dostawałem od Alberta. Bernie wciągnął kreskę i oznajmił:

– Twój towar nie zda egzaminu w San Francisco.

Wyjaśnił, że ludzie w Kalifornii zadzierają nosa i biorą tylko najlepszą kokainę. Pokazał mi parę sztuczek. Sądziłem, że jeśli w kokainie było więcej grudek niż proszku, towar był czysty. Bernie wytłumaczył mi, że

[1] Garcia był wokalistą Grateful Dead.

grudki to bzdura. Każdy może sprasować gówniany towar w grudki, tak samo jak są goście, którzy potrafią sprawić, żeby szkło wyglądało jak brylant. Bernie pokazał mi, jak dobrze sprawdzić towar. Potrzebna była do tego przenośna kuchenka ze sklepu ze sprzętem AGD. Kładłeś towar na płycie i stopniowo podwyższałeś temperaturę. Całe gówno, które zaczynało topić się poniżej 80 stopni, nie było kokainą, tylko substancją, która została do niej domieszana. Dobra kokaina powinna stopić się w mniej więcej 82 stopniach. Później znaleziono coś do mieszania z kokainą, co też topiło się w 82 stopniach, więc podgrzewanie kokainy nie zawsze da ci prawdziwy obraz sytuacji, ale wtedy to, co pokazał mi Bernie, dawało mi przewagę.

Zabrałem moją kuchenkę do Alberta i pokazałem mu, jak może naukowo sprawdzać swoją kokainę. Albert uznał mnie za geniusza. Użył mojej metody, żeby pozyskać lepszy towar od ludzi, którzy mu go dostarczali. W ciągu miesiąca miałem pół kilo dobrego towaru, który mogłem sprzedać Berniemu. Przyleciał i odebrał go ode mnie. Dwa dni później wrócił, powiedział, że sprzedał całe pół kilo. Jerry Garcia był szczęśliwym ćpunem.

Zaczęliśmy z Berniem budować nasz biznes. Problemem był transport kokainy do Kalifornii. W latach siedemdziesiątych w Miami było pełno stewardes. Z powodu ciepłego klimatu linie lotnicze ulokowały swoje ośrodki szkoleniowe dla sterwardes w Miami i te dziewczyny były wszędzie – na plażach, w barach i klubach. Zaprzyjaźniłem się z Susie, która pracowała w National Airlines, a później w Pan Am – i latała na trasie do San Francisco. Zapytałem ją, czy łatwo byłoby wnieść na pokład małą paczkę.

– Mnie nie dotyczy kontrola – odpowiedziała. – Wkładam swój strój, niosę małą torbę i nikt nawet nie pyta mnie o dowód tożsamości.

Za pierwszym razem zapłaciłem jej 100 dolarów. Dałem jej pół kilo, które zmieściła do bagażu podręcznego. Bernie umówił się z nią w hotelu przy lotnisku w San Francisco i następnego dnia przywiozła dla mnie pieniądze. Łatwizna.

Parę miesięcy później Bernie brał ode mnie kilka kilo tygodniowo. Sony zaczęło sprzedawać kasety video Betamax i odkryłem, że pół kilo kokainy idealnie mieściło się w pudełku na taką kasetę. W swojej torbie na kółkach Susie mogła zmieścić 20 kaset Betamax zawierających 10 kilo kokainy. Robiła tak przez lata i nigdy nikt jej o nic nie pytał.

Jedyny raz, kiedy miałem problem z Susie, miał miejsce, gdy upiła się podczas lotu do San Francisco i dała się poderwać jednemu z pasażerów. Gdy wylądowali, zamiast przekazać Berniemu kokainę, poszła gdzieś z gościem z samolotu i pieprzyli się przez dwa dni. 10 kilo kokainy zniknęło.

Wszyscy się wkurzyli. Susie miała chłopaka w Miami. Biedny dzieciak. Dziewczyna zdradziła go z tamtym gościem, a ja i Rubio, koleś od Alberta, wzięliśmy go, złamaliśmy mu rękę i trzymaliśmy w bagażniku, dopóki Susie się nie odnalazła. Ale wszystko dobrze się skończyło. Susie pojawiła się parę dni później z całym zapasem kokainy. Przywiozła mi pieniądze, więc mogłem zapłacić Albertowi. Jej chłopak przeżył.

Z Berniem działałem w ten sposób, że podnosiłem cenę od 10 do 30 procent w stosunku do tego, co płaciłem Albertowi. Cena, jaką narzucał Albert, zmieniała się co tydzień, wahając się od 18 000 do 50 000 dolarów. Na początku były to zazwyczaj te górne granice, bo nikt nie miał dostępu do wystarczającej ilości towaru. Czasem gliny albo celnicy mieli szczęście i złapali przemytnika. Wtedy politycy pojawiali się w wiadomościach i oznajmiali:

– Przechwyciliśmy tyle narkotyków i wygrywamy wojnę z nimi.

Czy naprawdę byli aż tak głupi? Kiedy kogoś złapali, ceny rosły. Nawet jeśli wszyscy inni, tacy jak ja i Albert, mieliśmy kokainę i nasze ceny nie poszły w górę, i tak je podnosiliśmy. Po dużej wpadce dodawałem dopłatę i mówiłem Berniemu:

– Obejrzyj wiadomości. Wszystkich aresztują. Masz szczęście, że załatwiłem ten towar. Chcę o 5000 dolarów więcej.

Zawsze cieszyło mnie to, że złapano jakiegoś kretyna z łódką załadowaną kokainą. Oznaczało to więcej kasy dla mnie. Dziękuję wam, policjanci.

Jak tylko potrzeby Berniego wzrosły do pięciu lub dziesięciu kilo tygodniowo, z łatwością zarabiałem 100 000 dolarów miesięcznie. Pracowałem bardzo mało w porównaniu z prowadzeniem klubów w Nowym Jorku. Nie płaciłem podatków stryjom. Raz w tygodniu Albert kazał

Rubiowi albo Ricky'emu Prado zostawić przy rynku samochód z bagażnikiem wyładowanym kokainą. Ja kazałem chłopakowi Susie odebrać go i przepakować towar do pudełek po kasetach Betamax. Można było na nim polegać, odkąd złamaliśmy mu rękę.

Mój biznes był jak każdy inny. Poznajesz ludzi. Budujesz relacje. Ciągle szukałem większych klientów i dostawców większych niż Albert. Nie miałem zamiaru sprzedawać kokainy na gramy jakiemuś dupkowi w dyskotece, ale jeśli poznałem interesujących ludzi, którzy mnie bawili, sprzedawałem im mniejsze ilości. Lubiłem bogatych ludzi. Podobały im się te same rzeczy co mnie – piękne kobiety, łodzie, konie, samochody.

Adrenalinę, której kiedyś dostarczały mi kradzieże, teraz czerpałem z poznawania różnych dziwnych ludzi. Lubiłem na przykład biegać wzdłuż plaży. Któregoś dnia podczas joggingu poznałem bogatego żydowskiego chłopaka, Leva Davisa[2]. Zaczęliśmy rozmawiać i dowiedziałem się, że spotykał się z modelkami i króliczkami „Playboya". Miał piękną łódź, na którą zapraszał dziewczyny. Lev był prawdziwym ogierem. Imprezowaliśmy razem z wieloma kobietami. Wszyscy jego znajomi byli lekarzami, prawnikami, dentystami i wszyscy pragnęli kokainy. W tamtych czasach – w 1975 roku – normalni bogaci Amerykanie chcieli tylko mieć dobre życie. Ludzie nie mieli zahamowań. Mieli pieniądze. Mieli ładne domy na plaży. Mieli łodzie, a kokaina sprawiała, że wszystko było jeszcze bardziej przyjemne. Nikt nie myślał o glinach albo o tym, czy ktoś jest uzależniony. Nic takiego nie miało miejsca. To były po prostu dobre czasy. Któregoś dnia Lev zadzwonił do mnie i powiedział:

– Jon, zabieram cię na przyjęcie. Przedstawię cię tylu pięknym dziewczynom, ilu w życiu nie widziałeś. Idziemy do domu mojego przyjaciela. Pokocha cię, ale chcę, żebyś przyniósł mu uncję kokainy.

– Co jest takiego wyjątkowego w twoim znajomym?

– Jon, to najlepszy lekarz od cycków na świecie. Każda modelka, striptizerka i piękna kobieta, która chce o siebie zadbać, marzy o tym, by zrobił jej piersi. Kobiety przylatują z Hollywood tylko po to, by zrobić sobie u niego cycki.

---

[2] Lev Davis to pseudonim użyty w celu ochrony tożsamości znajomego Jona.

Muszę wyznać ci prawdę, pierwszą parę sztucznych cycków obejrzałem dopiero po przyjeździe do Miami. Poderwałem dziewczynę w Sammy's Eastside, jakiś rok przed poznaniem Leva. Była u mnie w domu, obracałem ją na wszystkie strony, a te cycki sterczały jak rakiety. Musiałem ją o nie zapytać. Myślałem, że mam przywidzenia. Wyjaśniła mi, że to nie były piersi, którymi obdarzyła ją matka natura. Dostała je od specjalnego lekarza. Nie słyszałem o takich rzeczach. To było jak wysłanie człowieka na księżyc. Możesz zrobić wielkie, piękne piersi z niczego?

Oczywiście kiedy Lev zaprosił mnie na przyjęcie w domu cenionego lekarza od cycków, byłem zaintrygowany.

Lekarz miał wspaniały dwupiętrowy dom przy plaży. Wszędzie były przepiękne kobiety. Połowa z nich była płaska, połowa miała wielkie piersi. To były dziewczyny Przed i Po. Lev przedstawił mnie lekarzowi. Rzuciłem mu uncję kokainy.

– Chodźmy do mojej sypialni i wypróbujmy towar – zaproponował.

Dokoła ludzie wszędzie wciągają kreski. „Po co ukrywać się na górze?", zastanawiam się. Ale idę z nim na górę. Rozpracowujemy parę kresek na lusterku. Lekarz mówi:

– Towar jest świetny, ale nie lubię go na ogół wkładać do nosa.

Patrzy na mnie dziwnie, jakby chciał, żebym zapytał, gdzie go zazwyczaj wkłada. Ale nie muszę tego wiedzieć. To, co robią ludzie, to ich sprawa.

Spędziłem resztę wieczoru, bawiąc się z dziewczynami Po. Gdy wychodziłem, lekarz powiedział:

– Wpadnij kiedyś do mojego gabinetu. Pokażę ci zdjęcia wszystkich kobiet, którym w Miami zrobiłem cycki.

Nie skorzystałem nigdy z tego zaproszenia. Nie chciałem iść do gabinetu jakiegoś lekarza i oglądać zdjęć z zabiegów chirurgicznych, nawet jeśli były na nich piersi. Bywałem jeszcze na imprezach w jego domu i widziałem, że zawsze sam idzie się naćpać. Nie miało to sensu.

Któregoś dnia wypłynęliśmy łodzią z Levem, lekarzem i pięcioma czy sześcioma dziewczynami. Wszystkie zdjęły bluzki, pływają, dobrze się bawią, a lekarz odciąga mnie na bok i pyta:

– Czy mogę iść do łazienki i zamknąć się na chwilę w środku?

– Co zamierzasz zrobić? Przelecieć kogoś? – pytam.

– Nie, nie, skądże.

– Zrozum, doktorku. U siebie w domu zawsze znikasz. Co robisz? Brandzlujesz się, zanim pójdziesz się z kimś pieprzyć, żeby nie dojść za szybko? Jesteś gejem? Nie osądzam cię, tylko chcę wiedzieć.

Lekarz prowadzi mnie za kabinę i wyciąga małą torebkę ze strzykawką w środku. Zamiast igły na jej końcu jest coś plastikowego.

– Nie mów nikomu – mówi. – To wkładam w odbyt. Robię roztwór kokainy i wstrzykuję go sobie w tyłek.

– O czym ty, do cholery, mówisz?

– Jestem lekarzem. Gdybyś zajrzał komuś w tyłek, zobaczyłbyś, że jest tam więcej połączeń z systemem krwionośnym niż gdziekolwiek indziej. Kiedy daję sobie kokainę w tyłek, dostaję najzajebistszego kopa, jakiego możesz sobie wyobrazić. A później idę się z kimś pieprzyć i mam największy odjazd w życiu.

– Przysięgasz, że nie robisz sobie ze mnie jaj?

– Chcesz, żebym ci ją tak podał?

– Odwal się ode mnie – śmieję się. – Nie jestem pedałem, OK? Ale śmiało, strzel sobie.

Z tymi bogatymi ludźmi było tak, że nigdy nie wiedziałeś, co za chwilę zrobią lub powiedzą. Nie byli sztywni i nie patrzyli na mnie z góry. Pasowałem do nich. Choć nie wkładałem sobie nic do tyłka. Na spółkę z Garym Teriaką sprzedawaliśmy wyższym sferom Miami prawdopodobnie kolejne pięć do dziesięciu kilo kokainy Alberta. To nie był świat, do którego Albert mógł z łatwością wejść. Politycy brali od niego pieniądze, ale nikt nie miał zamiaru zapraszać tego Kubańczyka o rozbieganych oczach na przyjęcia. To byłaby katastrofa. Gdyby lekarz zaproponował Albertowi, że wsadzi mu strzykawkę w tyłek, już by nie żył. Nikt na statku by nie przeżył. Całe towarzystwo stałoby się pożywieniem dla ryb.

ROZDZIAŁ 33

J.R.: Kokaina sprawiła, że wróciło moje dobre życie. Kupiłem pięknego nowego psa, dobermana, żeby Brady miał towarzystwo. Nazwałem go Chulo, co po hiszpańsku oznacza alfonsa. Kupiłem ładne ubrania, ale takie w stylu Miami. Modne były sportowe buty. Im więcej ich miałeś, tym byłeś lepszy. Wszyscy nosili białe adidasy z paskami po bokach. Dla mnie najlepsze na świecie były banany Pumy. Uwielbiałem je. Banany Pumy to były żółte buty z czarnymi wstawkami po bokach. Wytrzymywały może miesiąc, a później musiałeś wyrzucać je do kosza i kupować kolejną parę. Później była moda na dwukolorowe wiązane buty. Nie miałem ich nigdy dosyć.

Ludzie w Miami ubierali się swobodnie, ale z klasą – marynarki od Armaniego i dżinsy. Kiedy w telewizji zaczęto emitować *Policjantów z Miami*, ludzie mówili, że Don Johnson stworzył ten styl. To nie jest prawda, bracie. On nas kopiował. Nie mnie osobiście, ale każdego, kogo znałem.

Jedną z rzeczy, które lubiłem w Miami, była trawka. Cały czas ją paliłem. W Nowym Jorku ludzie byli uprzedzeni w stosunku do gangsterów, którzy palili trawkę. Ludzie dziwnie patrzyli na mnie i Andy'ego, gdy to robiliśmy. W Miami nikogo to nie obchodziło. Mogłem być sobą. Miałem szczęście. Trawa nigdy nie stępiła moich zmysłów. Nigdy nie byłem tak upalony, bym nie mógł kogoś pobić lub zastrzelić, jeśli zaszła taka potrzeba.

Mój przyjaciel Mysz, upalony sędzia, pokazał mi ładny dom w stylu hiszpańskim, położony przy sąsiadującej z nim ulicy, North Bay Drive. Posadziłem przed nim gardenie, a po nasłonecznionej stronie domu bugenwille. Uwielbiam eksplozję czerwieni i fioletu w bugenwillach, a zapach gardenii jest dla mnie niesamowity. Za domem miałem mały basen. A dalej rozciągała się już tylko zatoka Biscayne.

Zbudowałem dok i wyciąg dla łodzi i kupiłem pierwszą wyścigową motorówkę marki Cigarette – piękną ośmioipółmetrową, bordowo-złotą łódź z podwójnym silnikiem. Spodobało mi się nurkowanie i połowy małży i homarów. Czasem budziłem się przed wschodem słońca i płynąłem moją łódką na Bahamy. Jeśli morze było spokojne, mogłem tam dotrzeć w dziewięćdziesiąt minut. W Bimini była piekarnia, w której sprzedawali chleb nie z tego świata. Jest tam takie powietrze, że mogłeś poczuć w chlebie smak morza. Ten chleb świetnie pasował do homara. Takie było moje życie. Płynąłem do Bimini tylko po bochenek chleba.

Pierwszym klubem, w którym działałem, był Palm Bay. Był zbudowany na słupach ponad wodą i łodzie cumowało się, przepływając tunelem pod klubem. Wszystkie sławy odwiedzające Florydę grały w Palm Bay w tenisa. Chodziłem tam, bo było to miejsce, do którego najłatwiej było mi się dostać łodzią, no i podawali fantastyczne lunche.

Gary'emu Teriace podobały się porsche i zaraził mnie entuzjazmem do porsche 911. Zakochałem się w tym samochodzie. Pierwszy, jaki kupiłem, miał kolor szampana, czarne wnętrze i turbodoładowanie. W mieście mieliśmy świetnego dealera Porsche i Audi, który nigdy nie miał problemu z przyjęciem zapłaty w postaci torby gotówki. Przez lata kupiłem chyba sto porsche. Wiele z nich rozdałem różnym kobietom.

Bobby Erra znał się na łodziach i silnikach, i pokazał mi sklep prowadzony przez Butcha Stokesa, który był w ekipie mechaników Porsche podczas wyścigów[1].

– Chcę, żeby moje porsche było szybsze niż jakiekolwiek inne porsche – powiedziałem Butchowi.

---

[1] Abner „Butch" Stokes bardziej zasłynął tym, że był specjalistą od silników w łodziach motorowych, który założył Stokes Porsche of Hollywood na Florydzie w 1973 roku. Stokes nadal jest aktywny zawodowo.

Dwa tygodnie później odebrałem swój samochód. Wszystko wyglądało tak samo, poza tym, że Butch umieścił na desce rozdzielczej małe pokrętło. Były przy nim liczby, od 1 do 14. Butch wyjaśnił, że pokrętło służyło do regulacji turbodoładowania. Fabryczny model porsche mogłeś podkręcić do 6^2. Dzięki mojemu pokrętłu mogłem dojść do 14. Cylindry w moim aucie były podkręcone. Miałem specjalne chłodnice paliwa.

– Nauczę cię, jak jeździć, bo, jak Bozię kocham, ten samochód jest niesamowity – powiedział Butch.

– W porządku, bracie.

Wyjechaliśmy na drogę I-95 i zatrzymaliśmy się pośrodku autostrady. Inni kierowcy trąbili na nas i zatrzymywali się. Ale pieprzyć tych dupków, musiałem sprawdzić, co potrafi mój samochód. Podkręciłem swój regulator do 14 i wcisnąłem gaz. Przednie opony uniosły się nad ziemią. Przejechałem się autostradą na tylnych kołach, jakbym jechał motocyklem. Butch zaczął krzyczeć, bo jadąc w ten sposób, nie jesteś w stanie kontrolować samochodu, więc zdjąłem stopę z gazu i *bum*, przednie koła opadły na drogę. Z łatwością jechaliśmy 250 czy 280 kilometrów na godzinę. Butch nie kłamał. Samochód był nie z tej ziemi.

W ciągu następnych czterech miesięcy dostałem 36 mandatów za zbyt szybką jazdę. Miałem więcej problemów z prawem z powodu mandatów niż z powodu morderstwa. Taka jest prawda.

Gary Teriaca stawał się większym graczem. Razem z dziewczyną, Carol Belcher, wprowadzili się do wartego 400 000 dolarów domu przy Sabal Palm Drive, na osiedlu Bay Point Estates[3]. Carol przyjaźniła się z prokuratorem stanowym, Dickiem Gersteinem[4], który mieszkał w pobliżu. Gdy pierwszy raz udałem się do domu Gary'ego i zaproponował mi wypicie drinka z jego nowym najlepszym przyjacielem, najlepiej w kraju zwal-

---

[2] Numery przy tym pokrętle oznaczają ilość ciśnienia powietrza ponad normalne ciśnienie atmosferyczne wyrażone w funtach na cal kwadratowy.

[3] Sabal Palm Drive był jedną z najbardziej ekskluzywnych lokalizacji w Miami w latach siedemdziesiątych. Bay Point Estates było jednym z pierwszych zamkniętych osiedli nad zatoką Biscayne.

[4] Richard Gerstein był prokuratorem stanowym na Florydzie odpowiedzialnym za hrabstwo Dade i służył na tym stanowisku przez sześć kadencji, od 1956 do 1980 roku.

czającym przestępstwa, byłem trochę zdenerwowany. Na dole Dick Gerstein śmiał się przy barze, a na górze, w gabinecie Gary'ego trzymaliśmy kokainę od Alberta. Gary uważał, że jego dom był bezpieczną kryjówką dla kokainy, bo osiedle Bay Point było ogrodzone. Ale mnie to stresowało. Pamiętam, jak raz siedziałem w kuchni, mając w sportowej torbie pięć kilo koki, i rozmawiałem z prokuratorem stanowym Gersteinem. Nie czułem się komfortowo. Gary zawsze powtarzał, że Gerstein jest w porządku. Później dowiedziałem się, że Gerstein był zdegenerowanym hazardzistą, który obstawiał u Bobby'ego Erry, więc może Gary miał rację[5].

Ulubioną rzeczą Gary'ego, obok kokainy i cipek, był tenis. Zawsze próbował mnie namówić na grę. Któregoś razu nalegał, bym wziął swoją rakietę.
– Dobra, dobra.
Pojawiam się i widzę kilka bardzo atrakcyjnych dziewcząt skaczących po korcie w swoich kusych białych strojach. Później przychodzi koleś w swetrze zarzuconym na ramiona. To śliczny chłopiec, taki jak Gary, stary znajomy ze studiów. Nazywa się Steven Grabow.
– Dlaczego nie zagrasz ze Stevenem? – proponuje Gary.
Odbijamy piłkę przez parę godzin, wciągamy parę kresek, śmiejemy się. Później zaliczam jedną z tenisistek w domku przy kortach, co Steven, przyjaciel Gary'ego, uznaje za zabawne. To pies na cipki. Żartujemy później na ten temat i Gary mówi:

---

[5] Poza zapewnieniami Jona, nie ma dowodów na to, że Gerstein obstawiał zakłady za pośrednictwem Roberta Erry, ale raporty wywiadów policyjnych z Miami–Dade z lat siedemdziesiątych odnotowują osobiste powiązania Gersteina z osobami związanymi z przestępczością zorganizowaną, np. Meyerem Lanskym. Gerstein jest najbardziej znany z roli, jaką odegrał w demaskowaniu procesu prania brudnych pieniędzy podczas kampanii reelekcynej Nixona w 1972 roku, co pomogło ujawnić sprawę Watergate. Jak na ironię, Gerstein został przyłapany na finansowym skandalu, gdy on i obrońca F. Lee Bailey zostali dyrektorami banku CenTrust bank, zaangażowanego w 1990 roku w ogromny plan prania brudnych pieniędzy, w który zamieszani byli bank BCCi, generał Noriega z Panamy, kartel z Medellin i handlarze bronią ze Środkowego Wschodu. Gerstein uniknął oskarżenia, ale został upomniany za „naruszenie norm etycznych", a jego wspólnik, F. Lee Bailey, został usunięty z palestry. Ostatnią publiczną funkcją, jaką spełnił Gerstein, było wystąpienie w roli adwokata aktora znanego z roli Pee Wee Hermana, Paula Rubensa, który został aresztowany w kinie porno za masturbację. Dziś sąd rejonowy hrabstwa Dade w Miami nosi jego imię, zapisane wielkimi literami: The Richard E. Gerstein Justice Center.

– Mój kumpel Steven od paru lat mieszka w Aspen w Colorado i pracuje jako instruktor jazdy na nartach.

– Jak się żyje w górach?

– Jak w Miami, tylko że nikt nie może załatwić kokainy – tak określił to Steven, przyjaciel Gary'ego.

Gary wiedział, że pracuję z Berniem Levine'em nad dostawami do San Francisco. Chciał powtórzyć to w Aspen ze swoim kumplem Stevenem. Ale lotnisko w Colorado było małe i plotki głosiły, że federalni je obserwowali. Uznaliśmy, że najlepszym sposobem na dostarczenie towaru do Aspen będzie zatrudnienie gości, którzy przewiozą go samochodem. Pomogłem Gary'emu rozkręcić interes – załatwiłem samochody do transportu, a później skontaktowałem z dobrym klientem. Gary miał przehandlować kokainę wartą miliard dolarów przez tego Grabowa. Zaczęło się od gry w tenisa. Tak wtedy startowały interesy.

Przez kilka lat dobrze bawiliśmy się z Garym i Bobbym w Miami. Bobby przez parę lat trzymał się z daleka od kokainy i Alberta San Pedro, ale imprezowaliśmy razem. Stare kluby przy Siedemdziesiątej Dziewiątej Ulicy padały[6]. W pobliże sprowadzili się Kubańczycy. To, że parkowali twój samochód, gdy przyjechałeś do klubu, to jedna sprawa. Ale w klubie nikt nie chciał siedzieć obok nich.

Wszyscy przenieśli się do nowych modnych miejsc: Jockey Club, Coco nut Grove, Bombay, a później Cricket Club, dyskoteki w Quayside Towers[7]. Ludzie nazywali je „Quaalude Towers". Quaalude, czyli metakwalon, to kolejny świetny narkotyk, którzy ludzie zażywali razem z kokainą. Metakwalon był w podziemiu, gdy z Andym dodawaliśmy go do ponczu w naszych nowojorskich dyskotekach. W Miami szedłeś na drinki z panną, a ona sama zabierała z sobą metakwalon. Nie było jak dzisiaj, gdy gość wrzuca pigułki gwałtu do drinka jakiejś biednej panny po to, by mógł zrobić z nią, co chce. Wtedy laski celowo traciły przytomność.

---

[6] W 1981 roku Dream Bar zamknął swe podwoje i został przekształcony w klub punkrockowy.

[7] Quayside Towers to luksusowe apartamentowce zbudowane na początku lat osiemdziesiatych. Dziś apartamenty tam są wyceniane na kilka milionów dolarów.

Ja, Bobby i Gary, wszyscy mieliśmy łodzie. Braliśmy sześć czy siedem dziewczyn, wypływaliśmy na ocean, cumowaliśmy łodzie obok siebie, pieprzyliśmy laski nafaszerowane kokainą i metakwalonem i imprezowaliśmy. Któregoś razu mieliśmy dziewczyną tak naćpaną, że stoczyła się z pokładu i wpadła do wody. Jej kumpele były tak nawalone, że nawet nie zauważyły, że wypadła z łodzi. W końcu ja dostrzegłem tę kretynkę, unoszącą się na powierzchni oceanu z twarzą w wodzie. Wpadliśmy z Bobbym w panikę. Przy całym tym gównie, w które byliśmy zamieszani, dziewczyna, która wypada z naszej łódki i topi się, byłaby wielkim kłopotem.

Gary popłynął i wciągnął dziewczynę na pokład. Była nieprzytomna. Zaczął robić jej masaż serca, z jej ust wytrysnęła woda. Naciskał na jej klatkę piersiową, wdmuchiwał jej do ust powietrze i w końcu zaczęła wymiotować i kaszleć. Była w kiepskim stanie, ale dzięki Bogu żyła. To mogła być absolutna, kurwa, katastrofa.

Tego dnia dostrzegłem w Garym coś dziwnego, co pokazało mi, że był inny. Po tym, jak dziewczyna odzyskała przytomność, zszedł pod pokład i rozpłakał się. Jego reakcja była bardzo dziwna.

Bobby Erra lubił pić i imprezować z kobietami, ale nie chwalił się tak jak Gary. Bobby był skromny. Pod tym względem przypominał mi Carla Gambino. Miał bogatą żonę, Marcię Ludwig, ale prowadził skromniejsze życie niż my.

Bobby był takim dziwakiem, że dla niego dziką zabawą było bieganie z psami po polu golfowym w La Gorce Country Club. Bobby i Marcia mieli Airedale teriery i w nocy, gdy klub był już zamknięty, zabieraliśmy nasze psy i pozwalaliśmy im biegać po trawie. Bobby zapłacił ogrodnikom, żeby dali mu klucze do wszystkiego. Miał specjalny wózek golfowy, który był tak podrasowany, że mógł jechać z prędkością 50 kilometrów na godzinę. Psy biegały, a my rozmawialiśmy o interesach.

Gdyby Bobby nie był gangsterem, prawdopodobnie osiągnąłby sukces jako wędkarz sportowy. Nauczył mnie o łowieniu ryb więcej niż ktokolwiek inny – o łowieniu płaszczek przy Florida Keys, zawodach w łowieniu tuńczyków błękitnopłetwych na Bahamach. Miał łódź firmy

Merritt[8], wybieraliśmy się razem na pięciodniowe zawody. To, co sprawia, że tuńczyki są tak silnym przeciwnikiem, to nie tylko ich monstrualne rozmiary, ale też to, że nigdy nie przestają pływać. Jeśli chcesz złapać tuńczyka, poczekaj, aż woda będzie wzburzona, rzuć przynętę i odpłyń. Tuńczyk będzie walczył godzinami. Raz złapałem rybę ważącą 193 kilogramy, ale Bobby regularnie przywoził takie ważące po 320, co było niezwykłe, jeśli wziąć pod uwagę jego zmutowaną dłoń. Ale co roku urządzaliśmy ten konkurs, i co roku wygrywały te same gnojki w starej żółtej łodzi. Takie życie.

Bobby był tanim gnojkiem. Jego łódź nie była na tyle dobra, by zapraszać na nią kobiety. Zamiast więc kupić własną łódź marki Cigarette, pożyczał moją.

Trzymałem moją łódź podniesioną na wyciągu nad wodą. Jeśli trzymałeś ją w wodzie, ryzykowałeś, że gdy jakieś dupki przepłyną szybko obok niej, łódź może się zniszczyć, jeśli nie jest na wyciągu. Któregoś dnia Bobby pożyczał moją łódź, rozbił ją przy zdejmowaniu z wyciągu i zatopił. Twierdził, że wyciąg nie zadziałał jak trzeba. Firma ubezpieczeniowa zapłaciła za łódź, ale nie poczułem się przez to lepiej.

Miałem bzika na jej punkcie. To była moja pierwsza ładna łódź w Miami. Kupiłem nową cigarette 35, którą nazwałem Mistress. To była wspaniała łódź. Miałem później kilka innych, ale żadnej nie kochałem tak bardzo jak mojej pierwszej cigarette w Miami. Miałem złamane serce, gdy Bobby ją zatopił. Absolutnie złamane.

---

[8] Merritt to firma produkująca luksusowe sportowe łodzie wędkarskie.

ROZDZIAŁ 34

J.R.: Nasz kokainowy biznes rozkręcał się w momencie, gdy stare pokolenie mafiosów wymierało jak muchy. Mój stryj Joe Riccobono zmarł w 1975 roku. Carlo Gambino – rok później. Bobby Erra stracił ojca w tym samym miesiącu, gdy zmarł Gambino. Nie miałem dobrych wspomnień związanych z tymi ludźmi. Nie opłakiwałem końca starych dobrych czasów. Już wtedy zarabiałem na kokainie więcej pieniędzy niż kiedykolwiek wcześniej, pracując dla rodziny.

Bobby'emu Errze śmierć ojca pozwoliła na zajęcie się kokainą. Widział, ile ja i Gary na tym zarabiamy, i zaczął pomagać Gary'emu przewozić towar do jego kumpla w Aspen.

Przed końcem 1976 roku rozprowadzałem miesięcznie 50 kilo kokainy wartej pół miliona lub więcej, z tego mój zysk wynosił 10 do 30 procent. Taka gotówka była problemem. Nie każdy dealer samochodowy przyjmował jako zapłatę torbę na zakupy wypchaną pieniędzmi. Kupno domu za gotówkę też stanowi wyzwanie. Jeśli zarabiasz miliony nielegalnych dolarów, stanowią one dla ciebie ryzyko. Jeśli je wydasz albo wpłacisz do banku, możesz mieć takie same kłopoty z prawem, jakbyś został przyłapany z bagażnikiem pełnym kokainy. Kupa pieniędzy zarobionych na kokainie jest tak samo niebezpieczna jak kupa kokainy.

Jedną z rzeczy, w której mafia była naprawdę dobra, było pranie brudnych pieniędzy. Gambino kazał mnie i Andy'emu przejmować kluby nocne w Nowym Jorku po to, by prać jego brudne pieniądze. Zanim wszyscy zaczęli płacić kartami kredytowymi, mogłeś przejąć bar czy restaurację, przepuścić przez nie swoje lewe pieniądze i udawać, że pochodziły od gości. Tak prałeś pieniądze, wpłacałeś je do banku i płaciłeś podatki. Przepuszczałeś je przez coś, gdzie płacono gotówką.

Jeśli chodzi o przestępstwa, pranie brudnych pieniędzy stanowi niemal specjalizację samą w sobie. Ja nie widziałem w tym zabawy, jak w okradaniu ludzi, nigdy więc nie przywiązywałem do tego uwagi. W Nowym Jorku, jeśli chciałem kupić coś drogiego, znajdowałem przekupnego biznesmena, który brał gotówkę i kupował na swoje nazwisko to, na czym mi zależało. Papiery zostawały przy nim, więc dla banku wyglądało to jak jego własność, ale ja robiłem z tego użytek.

W Miami kupiłem w ten sposób parę domów. A przez moje imprezy i zużywanie samochodów byłem w stanie wydać co miesiąc paręset tysięcy dolarów. Ale doszło do tego, że bez względu na to, jak bardzo zaszalałem, miałem w zapasie pudła wypełnione pieniędzmi. Dławiłem się gotówką. Wypełniałem nią puszki albo torby i zakopywałem je w ziemi niedaleko domu. Ziemia była moim bankiem.

Bobby Erra nadal miał udziały w klubach, restauracjach i hotelach, które kontrolował wcześniej jego ojciec i przepuszczał przez nie pieniądze zarobione na hazardzie. Jednak przepuszczanie forsy przez miejsca kontrolowane przez mafię było problemem. Mafia chciała wiedzieć, jak zarobiłeś pieniądze. Dzięki narkotykom? Była tak samo upierdliwa jak urząd skarbowy.

Bobby zaczął więc pracować nad praniem pieniędzy z Albertem San Pedro. Zajęli się klubem ze striptizem, Pink Pussycat[1] w Hialeah. Takie miejsca, ze względu na duży przepływ gotówki, były świetnym sposobem na wypranie pieniędzy. Nadal są.

Następny przekręt, jaki zrobili Bobby i Albert, był związany z portorykańską loterią. Albert znalazł gościa z agencji rządowej odpowiedzialnej za loterię i zapłacił mu za informacje o tym, jeśli przyjdzie ktoś ze zwycięskim losem. Jeśli zwycięzca nie zrealizował jeszcze swojego losu, gość Alberta kupował go od niego, płacąc za to gotówką Alberta. Koleś, który sprzedał los, dostawał torbę pieniędzy. Wydanie ich tak, by nie dać

---

[1] Klub ze striptizem zlokalizowany w Hialeah tuż przy granicy z Miami, działający do dziś.

się przyłapać i nie płacić podatków, było już tylko jego problemem. Albert i Bobby dostawali legalny los. Dawali go krewnemu lub zaufanemu wspólnikowi, który go spieniężał. Płacili podatki, ale pieniądze, które im pozostały, były czyste. W ten sposób przez portorykańską loterię przepuszczono miliony dolarów. W ten sposób Albert i Bobby opłacali ludzi. Dawali im zwycięski los portorykańskiej loterii[2].

Wyjaśniam to tylko po to, żebyś wiedział, ile pracy kosztuje wypranie pieniędzy. Moim zdaniem trudniej jest wyprać pieniądze, niż je zarobić. Jedyną rzeczą związaną z mafią, za którą tęskniłem, było to, że nie miałem tak mądrych ludzi jak moi stryjowie do pomocy przy praniu pieniędzy.

Ale tęskniłem też za innymi rzeczami. W Nowym Jorku moi stryjkowie mogli załatwić prawie każdy problem z prawem, aż do usiłowania zabójstwa. Przy poważniejszych sprawach również mogli pomóc, ale nie miało się wtedy w pewności, że skutecznie. W Miami wykańczały mnie mandaty za wykroczenia drogowe. Wyrzucałem je przez okno, tak, jak wcześniej robiłem to w Nowym Jorku, ale wkrótce policja z Florydy zaczęła konfiskować moje samochody i grozić mi więzieniem. Nie mogłem w to uwierzyć.

Poszedłem do mojego przyjaciela Myszy, ujaranego sędziego i opowiedziałem mu o swoim problemie.

– Nie martw się – powiedział. – Załatwię to tak, żebyś pojawił się w moim sądzie, i zajmę się tym.

I tak zrobił. Mysz prawie się załamał, gdy stanąłem przed nim na sali sądowej. Ale po tym, jak mi pomógł, znów dostałem wiele mandatów.

– Jon, kocham cię – powiedział – ale tylko tyle mogę dla ciebie zrobić.

---

[2] Dochodzenie w sprawie prania brudnych pieniędzy poprzez loterię portorykańską było prowadzone na początku lat dziewięćdziesiątych w ramach śledztwa przeciwko San Pedrowi i Errze. Konkubina Erry, Marcia Ludwig – od wielu lat zaprzyjaźniona z Adele, żoną gubernatora Florydy Grahama – zeznała przed sądem przysięgłych, że podczas wizyty w Puerto Rico zakupiła los na loterii, który przyniósł jej ćwierć miliona dolarów. Zaprzeczyła, że los nabyto w nielegalny sposób. Śledczy zauważyli, że Ludwig wygrała na loterii w tym samym czasie, kiedy wybuchł skandal, gdy ujawniono, że prosiła żonę Grahama o pomoc w przekonaniu go do ułaskawienia Alberta San Pedro w związku z wyrokiem skazującym z 1971 roku.

Nie wściekłem się. Mysz obstawał przy swoim. Ale bez jego pomocy musiałem sobie poradzić z prawdziwymi problemami. Powiedziałem o swoich kłopotach Gary'emu Teriace.

– Jon, nie przejmuj się. Znam prawnika, który potrafi wszystko załatwić. Nazywa się Danny Mones.

Danny Mones był Żydem. Był mniej więcej w tym samym wieku co ja, dorastał w Miami. Nie był w mafii, ale był powiązany z grupą gości, których wychowywał Meyer Lansky[3]. Nie żeby zachowywał się jak ich ojciec, ale pomógł im dostać się na prawo i pokazał, jak się robi nielegalne interesy. Ojciec Danny'ego, Al Mones[4] był przestępcą starej daty, który pracował dla Lansky'ego.

Pod koniec lat siedemdziesiątych w Miami Meyer Lansky był jak najbardziej żywy. Był chodzącym dinozaurem, podobnie jak moi stryjkowie, i tak jak oni do końca swoich dni robił przekręty. Miejscem, w którym można go było spotkać, była restauracja Forge[5], jedna z najlepszych w Miami. Gary Teriaca i jego młodszy brat Craig praktycznie tam mieszkali. To było główne miejsce spotkań gangsterów i żydowskich złodziei,

---

[3] Meyer Lansky pracował z Luckym Luciano nad stworzeniem włosko-żydowskiej unii, która zdominowała przestępczość zorganizowaną w Ameryce w XX wieku. Finansowe przekręty Lansky'ego umożliwiły wypranie miliardów dolarów należących do mafii, umożliwiły sfinansowanie budowy Las Vegas. Lansky współpracował z kubańskim dyktatorem Fulgencio Batistą nad stworzeniem włosko-żydowskiego przestępczego imperium na Kubie. Wraz z upadkiem reżimu Batisty w 1959 roku Lansky przyłączył się do diaspory amerykańskich gangsterów, którzy wyjechali z wyspy. Aby uniknąć oskarżenia w amerykańskich sądach, szukał azylu w Izraelu, ale został stamtąd wykopany w 1972 roku. Po tym, jak sytuacja prawna z władzami amerykańskimi zaczęła przypominać pat, przyjechał do Miami, gdzie, jak sądzono, pozostał głównym zarządzającym ogromnymi finansowymi transakcjami mafii. Kiedy zmarł w 1983 roku, formalnie jego majątek składał się z garniturów wiszących w szafie wynajmowanego mieszkania, które dzielił z Thelmą, z którą ożenił się ponad 30 lat wcześniej.

[4] Al Mones był wspólnikiem Meyera Lansky'ego.

[5] The Forge, dziś ciągle popularna, została otwarta w 1969 roku i stanowiła definicję szyku z Miami w latach siedemdziesiątych. „Bogato zdobiona, miała przypominać restaurację z San Francisco na przełomie wieków. Jedzenie i obsługa w The Forge są na równie wysokim poziomie, co czyni ją jedną z najlepszych restauracji południowej Florydy. Jeśli poszukujesz znakomitej wołowiny podanej z butelką Cheval Blanc rocznik 1947 lub Lafite rocznik 1959, elegancko podanych, tutaj je znajdziesz". Cytat z książki Harveya Steimana *Guide to Restaurants of Greater Miami*, Los Angeles 1977, s. 84.

bo jego właścicielem był Al Malnik, średnio rozgarnięty żydowski gangster, któremu zależało na wspięciu się w hierarchii społecznej[6].

The Forge miała wspaniały bar, gdzie wszyscy spędzaliśmy sporo czasu[7]. Któregoś wieczoru Gary Teriaca powiedział:

– Jest tu ktoś, kogo musisz poznać.

Zabiera mnie do prywatnej jadalni za barem. Widzę starego Żyda, Meyera Lansky'ego. Ma gęste włosy i jest ubrany w garnitur, ma muchę. Wygląda jak sprzedawca ze sklepu z AGD. Gary przedstawia mnie jako Jona Robertsa.

Lansky odchyla głowę do tyłu i mówi z mocnym akcentem Żyda starej daty:

– Jak się nazywał twój ojciec?

– Nat Riccobono.

Patrzy na mnie, jakby zobaczył ducha. Łapie mnie za ramię i mówi:

– Znałem twojego ojca 40 lat temu. Cały czas był z Luckym Luciano.

Nie wiedziałem, czy to prawda, czy nie, bo mój ojciec prawie się nie odzywał. Lansky zapytał o mojego ojca. Powiedziałem mu, że wrócił do Włoch i od tamtej pory o nim nie słyszałem.

– Jeśli będziesz czegoś potrzebował, daj znać – powiedział Lansky.

---

[6] Mówiono, choć nigdy nie zostało to potwierdzone, że Alvin „Al" Malnik był przedstawicielem Lansky'ego. Po śmierci Lansky'ego w 1983 roku przypuszczano, że Malnik odziedziczył jego przestępczą organizację, choć Malnik zaprzeczał, że miał cokolwiek wspólnego z przestępczością zorganizowaną. W 1982 roku przed Cricket Club wybuchła bomba podłożona w rolls-roysie Malnika, nieomal zabijając parkingowego. Nigdy nie wykryto sprawcy. Malnik, który ma obecnie 80 lat, jest najbardziej znany ze swojej znajomości z piosenkarzem Michaelem Jacksonem. W 2003 roku, gdy Jackson miał stanąć przed sądem w Kalifornii za molestowanie seksualne nieletnich, schronił się w domu Malnika w Miami. Malnik został ojcem chrzestnym jego dziecka, Prince'a Michaela Jacksona II, zwanego również jako „Blanket". Później Jackson poróżnił się z Malnikiem i oskarżył go o spiskowanie w celu przejęcia jego katalogu muzycznego, wartego wiele milionów dolarów. Po śmierci Jacksona Malnik twierdził, że Jackson mianował go wykonawcą swojego testamentu. Prawdziwość tych twierdzeń była kwestionowana przez niektórych ekspertów.

[7] „Największą wadą [the Forge] jest bar, z którego dochodzą dźwięki hałaśliwej muzyki rockowej. Słychać ją aż w restauracji, co nie sprzyja podawaniu eleganckich potraw". Z poprzednio cytowanego *Guide to Restaurants of Greater Miami*.

Gdy Gary Teriaca usłyszał te słowa, sądził, że łączą mnie z Lanskym jakieś szczególne stosunki. Niczego takiego nie było, ale przez to, że Gary'emu i innym ludziom teraz się tak wydawało, miałem później z tego powodu kłopoty.

Włosi czcili Lansky'ego. Mówili o nim, jakby był papieżem. Oczywiście był ważniejszy niż papież, bo pomagał im ukrywać ich pieniądze. Kiedy poznałem Danny'ego Monesa, nie podzielał tego pobożnego szacunku dla Lansky'ego.

– Słyszałem, że znasz tego starego lachociąga – powiedział.

Danny Mones znał go lepiej niż ktokolwiek inny dzięki swojemu ojcu. Wspólnik Danny'ego, Ronnie Bloom, był synem Yiddy'ego Blooma, innego słynnego gangstera starej daty[8]. Danny znał każdą sztuczkę, jaką kiedykolwiek wymyślono.

Danny zrobił dla mnie o wiele więcej, niż tylko zajęcie się się mandatami. Robił wszystko. Był jak moja mafia. To on pomógł mi wyprać miliony dolarów. Stał się moim wspólnikiem, jeśli chodzi o nieruchomości, kupno koni i zarządzanie lipnymi firmami. Był tak dobry w przekrętach, że w końcu został prawnikiem Alberta San Pedro. Byliśmy jego głównymi klientami.

Danny był zabawnym gościem. Miał może metr sześćdziesiąt pięć wzrostu. Był gruby i miał małą twarz z przymrużonymi oczami, jak jakiś gryzoń. Naprawdę miał szczurzy pysk. Czasem zgrywał twardziela, ale gdy mleko się rozlało, zwiewał z podkulonym ogonem. Był prawdziwym tchórzem, ale z wielką gębą.

Danny nie wiedział, jak przemawiać w sądzie. Miał innego prawnika, który się tym zajmował. Za to Danny potrafił przekupić sędziów. Był Albertem Einsteinem łapówek, geniuszem. Po tym, jak poznałem Danny'ego z Albertem San Pedro, ta dwójka praktycznie rywalizowała ze sobą o to, kto jest w stanie przekupić więcej polityków w hrabstwie.

---

[8] Ojciec Ronny'ego Blooma, Harry „Yiddy Bloom" Blumenfeld, był bratem Isadore'a „Kid Canna" Blumenfelda, gangstera z Minneapolis skazanego za morderstwo i sutenerstwo. Obaj bracia przeprowadzili się do Miami w latach sześćdziesiątych i współpracowali z Meyerem Lanskym.

Albert urządzał swoje kolacje ku czci San Lazara, w trakcie których przekupywał sędziów.

Danny organizował obiady „na cześć", podczas których świętowano osiągnięcia jakiegoś sędziego albo przekupionego urzędnika. Przychodził do mnie i mówił:

– Organizuję przyjęcia na cześć sędziego takiego a takiego za zlikwidowanie przestępczości wśród nieletnich – albo wymyślał inne podobnie szlachetne gówno – i potrzebuję 100 000 dolarów.

Przyjęcia kosztowały ułamek tej sumy. Reszta szła na łapówki. Danny urządzał te obiady albo w Coral Gables Biltmore albo w klubie na Uniwersytecie Miami, także zlokalizowanym w Coral Gables. Była to dobra lokalizacja, bo w Coral Gables mieszkało wielu sędziów i urzędników. Mogli pić na umór i nie musieli daleko jechać, żeby wrócić do domu.

Mogliśmy korzystać z klubu uniwersyteckiego, bo młodszy brat Danny'ego tam studiował. Miałem wrażenie, że studiował przez 10 lat. Musiał być prawdziwym uczonym. Danny sponsorował jego studia i stał się kimś ważnym dla uczelni, bo przekazywał na jej rzecz darowizny. Organizowanie tam obiadów sprawiało, że wyglądały one na uczciwe. Czasem podczas takiej imprezy Danny przekazywał czek, z moimi pieniędzmi, na rzecz jakiejś organizacji charytatywnej. Ale politycy przychodzili tam ze względu na prezenty, jakie dostawali. Danny wiedział, co lubił każdy z przekupnych sędziów: cygara Cohiba, whisky Jim Beam, koszule z Londynu. Dawał sędziom drobne podarunki, a do każdego była dołączona koperta z gotówką. Danny był niewiarygodny. Załatwił sędziów stanowych, rejonowych, komisarzy hrabstwa. Nie był w stanie się dobrać tylko do sędziów federalnych. Są powoływani na stanowisko, więc nie muszą finansować kampanii i trudniej ich przekupić. Ale cała reszta, nawet jeśli była zbyt uczciwa, by brać łapówkę, godziła się na finansowanie kampanii. Pomogłem wielu sędziom podczas wyborów w latach siedemdziesiątych i osiemdziesiątych.

Gdy Danny i ja załatwiliśmy już sędziów, sztuką była praca z prokuratorami. Z perspektywy prawa, nawet jeśli masz sędziego w kieszeni, o wiele lepiej będzie, jeśli nie dojdzie do procesu. No i do kosztów łapówki dochodzą wtedy jeszcze koszty procesu.

Danny szedł do prokuratora przed rozpoczęciem procesu. Nie mógł mu powiedzieć, że przekupił sędziego. Mówił więc:

– Jaki sens ma męczenie się i kierowanie tej sprawy do sądu, skoro wiesz, że trafimy do sędziego takiego a takiego, a wiemy, że to bardzo liberalny sędzia.

„Liberalny sędzia" to termin, którego używał Danny na określenie sędziów, których miał w kieszeni. W większości przypadków Danny był w stanie przekonać prokuratora do zarzucenia sprawy zanim jeszcze trafiła do sądu.

Choć Danny był świetny we wręczaniu łapówek, jako prawnik był kretynem. Miał wspólnika, Franka Marksa, który zajmował się przemawianiem w sądzie.

FRANK MARKS: Danny i ja pracowaliśmy w tej samej kancelarii przez 17 lat. Danny nie miał zbyt wielu przyjaciół. Był bardzo kiepskim adwokatem i obrażał innych prawników. Dostawał sprawę i oznajmiał rywalowi:

– Wytrę twoją dupę o chodnik. Gówno wiesz.

Po czym wbiegał do kancelarii i mówił:

– Frank, musisz przejąć tę sprawę.

To ja byłem prawnikiem procesowym. Poznałem Danny'ego, gdy prowadził przeciwko mnie sprawę w sądzie, którą wygrałem. Obraził mnie na korytarzu i dostał ode mnie pięścią w twarz. W jakiś sposób po takim początku poprowadziliśmy razem kancelarię.

Byłem bardzo głupi, gdy zacząłem z nim pracować, bo nie wiedziałem, że daje w łapę sędziom. Dowiedziałem się po tym, jak przejąłem sprawę Danny'ego. Wygrałem. Sądziłem, że tak się stało dzięki mojej elokwentnej przemowie. Tydzień później szedłem Flagler Street i natknąłem się na tego sędziego. Wspomniał o sprawie, którą wygrałem w jego sądzie:

– Danny to największy kutwa, jakiego znam. Uważam, że za tę sprawę należał mi się większy napiwek.

Wróciłem do kancelarii i powtórzyłem Danny'emu, co powiedział sędzia.

– Co za skurwysyn! Dałem mu dziesięć tysięcy – powiedział.

Pracowałem w zawodzie w Miami ponad 10 lat i do tamtego dnia nie wiedziałem, że można było przekupić sędziego. Zaoferowanie komuś łapówki przerażało mnie. Ale Danny miał talent[9]. Dawał sędziemu do zrozumienia:

– Jeśli potrzebuje pan przysługi, proszę dać znać.

Albo po wydaniu przez sędziego orzeczenia dawał legalną darowiznę na rzecz jego kampanii wyborczej, nie można więc było tego powiązać z czymś konkretnym.

Danny miał śmieszne ręce, które nie pozwalały mu na noszenie gotowych koszul, musiał więc szyć je na miarę. Jeśli sędzia skomplementował jego koszulę, Danny odpowiadał:

– Załatwię panu taką.

Po czym wysyłał do jego gabinetu młodą damę. Miała zdjąć miarę i zrobić wszystko, co sprawiło sędziemu przyjemność. Mieliśmy starszego sędziego w sądzie stanowym, który cały czas wpadał do nas po koszule. Inni przychodzili z konkretnymi prośbami.

– Mój syn żeni się z cudowną dziewczyną. Nowożeńcy potrzebują dwudziestopięciocalowego telewizora.

To, co się działo, było niewiarygodne. Znałem przynajmniej pół tuzina sędziów, których opłacał. Tylko niektórzy z nich zostali złapani. Paru nadal sprawuje swoje urzędy.

Spośród wszystkich klientów Danny'ego, było dwóch takich, o których nigdy nie mówił przez telefon: Jon Roberts i Albert San Pedro. Gdy Danny miał z nimi porozmawiać, biegł do budki telefonicznej.

– Przy tych klientach musimy uważać na FBI – powiedział.

Później Danny i Jon mieli własne biuro, gdzie mogli spotkać się i porozmawiać. Był takim paranoikiem, jeśli chodzi o rozmawianie z nim przez telefon.

Ponieważ Danny był patologicznym tchórzem, lubił chwalić się, jakim twardzielem jest jego przyjaciel Jon. Kiedy poznałem Jona, byłem zaskoczony. Nie mówił, jaki to był ważny, nie zgrywał twardziela. Uważałem,

---

[9] W 1989 roku darowizny Danny'ego Monesa na rzecz sędziów wywołały ogólnonarodowy skandal, co David Lyons przedstawił w artykule *Court. Campaign Gift Was Conflict for Judge* w wydaniu „Miami Herald's" z 21 września 1989. Pomoc Monesa w finansowaniu kampanii doprowadziła do sporów w sądzie apelacyjnym i potrzeby reformy, później zarzuconej pod naciskiem sędziów i prawników, którzy woleli skorumpowany system finansowania kampanii, jaki wtedy istniał i istnieje do dziś.

że był ciepły, sympatyczny. Jestem od niego o kilka lat starszy. Dla mnie Jon był dzieciakiem, który odnosił sukcesy. Dobrze wyglądał. Miał trochę kędzierzawe włosy, ale tak wtedy wyglądali młodzi mężczyźni. Lubiłem go. Był w stu procentach szczery. Największą pracą, jaką dla niego wykonałem, było uchronienie go przed karą więzienia za mandaty za zbyt szybką jazdę. Miał ogromny problem z przekraczaniem prędkości. Był porywczy. Danny robił z nim mnóstwo interesów, ale ja trzymałem się od nich z daleka. Nie urodziłem się wczoraj.

J.R.: Danny i ja zaczęliśmy kupować nieruchomości w Coral Gables. Kupiliśmy budynek ze 100 mieszkaniami, kolejny z 60 i kilka innych, mniejszych. Później zajęliśmy się rozwojem Aventury. Mieliśmy razem kilka firm: J.P. Roberts Investments, Straight Arrow Investments, Good Deal Autos, Prestige Automotive, Stadninę Mephisto. Prowadziliśmy wszystkie te firmy z biura przy Biscayne Boulevard.

Zajęliśmy się leasingiem i handlem samochodami, bo był to dobry biznes do prania pieniędzy. Do prowadzenia interesów sprowadziliśmy profesjonalnego menadżera z salonu Forda w New Jersey. Współpracowaliśmy też z Ronem Tobachnikiem[10]. Ron był zabójcą z Chicago, ale miał też firmę samochodową w Miami. Był bardzo złym człowiekiem, miał jaja, ale niestety był bardzo głupi. Prowadził w Holiday Inn na lotnisku w Fort Lauderdale firmę wynajmującą samochody, od której odpalał mi działkę.

Jeśli chodzi o rozwój moich legalnych interesów, nigdy nie miałem wizji w stylu „Wybudujmy fabrykę, produkujmy żarówki i zróbmy coś użytecznego". Potrzebowałem prostej, łatwej drogi do prania pieniędzy.

Przy prowadzeniu firm samochodowych świetne było to, że gdy zacząłem dystrybuować kokainę na terenie kraju, mogłem korzystać z firmy i używać wielu aut. Dawałem moim kierowcom różne wynajmowane samochody, więc trudniej było wykryć w tym jakiś schemat. Poza tym, gdyby, Boże broń, któryś z moich kierowców został zatrzymany i znaleźliby prochy w bagażniku, mógł się bronić, mówiąc, że to nie jego samochód. Skąd miał wiedzieć, że w bagażniku są narkotyki?

---

[10] Ron Tobachnik to pseudonim użyty w celu ochrony tożsamości byłego wspólnika Jona.

Podczas pierwszych lat pobytu w Miami miałem tylko jeden problem z prawem, niezwiązany z prowadzeniem samochodu. Moje firmy miały się coraz lepiej. Próbowałem trzymać się z dala od kłopotów. Ale któregoś dnia, chyba w 1977 roku, byłem z Garym Teriaką w Palm Bay Club. Jakiś ważniak kretyn wygłosił w stronę Garyego obraźliwy komentarz. Gary mu odpowiedział, a gość go uderzył. Gary był gangsterem, który nie potrafił walczyć. Zadziałałem instynktownie i stanąłem w jego obronie. Gary zawsze pił johnny'ego walkera. Stała przed nim butelka i szklanka. Chwyciłem butelkę i potłukłem ją gościowi na głowie. Popełniłem błąd, bo po tym jak gość upadł na ziemię, wskoczyłem na niego i wcisnąłem mu potłuczoną butelkę w twarz.

Ludzie w klubie nie chcieli tego oglądać. Nie byli przyzwyczajeni do tego, jak ludzie w prawdziwym świecie walczą. Zaczęli krzyczeć. Jakiś idiota zadzwonił na policję. Po chwili wyprowadzili mnie z Palm Bay w kajdankach. Było to dla mnie dziwne doświadczenie.

Miałem zostać oskarżony o napad przy użyciu niebezpiecznego narzędzia. Gościowi, którego zaatakowałem, praktycznie odciąłem nos. Prokurator powiedział Danny'emu Monesowi:

– Ta sprawa trafi do sądu.

Jednak tak bardzo wierzyłem w łapówkarskie umiejętności Danny'ego, że dzień przed procesem imprezowałem na całego. Następnego dnia zadzwoniłem do sądu i powiedziałem:

– Powiedz sędziemu, że się nie pojawię.

Danny opłacił lekarza, który zaświadczył, że byłem zbyt chory, by stawić się w sądzie. A gość, którego podobno zaatakowałem, wyprowadził się do innego stanu i odmówił złożenia zeznań. Postarałem się, żeby tak się stało. Sędzia zdał sobie sprawę, że przed nim trudna kampania wyborcza, która stałaby się jeszcze trudniejsza, gdybyśmy zaczęli finansować kampanię jego przeciwnika, więc odrzucił sprawę.

Kiedy byłem młodszy, wierzyłem, że potęga mafii pochodziła z brutalnej siły. Ale gdy lepiej poznałem świat i przeanalizowałem swoje interesy, zdałem sobie sprawę, że siła może doprowadzić nas tylko do pewnego momentu. Większą potęgę daje opłacanie właściwych polityków. Kiedy myślałem o tym, co osiągnęli moi stryjkowie i Gambino, wiedziałem, że zrobiliby o wiele więcej, gdyby współpracowali z prawnikami i opłacali kogo trzeba, niż zabijali ludzi. To jest prawdziwe dla każdego poziomu nielegalnej działalności. Jeśli masz zamiar popełnić przestępstwo, nie bądź idiotą i znajdź dobrego prawnika. Najpierw załatw sobie prawnika i opłać sędziego i polityków, a dopiero później działaj nielegalnie. Podziękujesz mi, jeśli podążysz za moją radą.

J.R.: Nigdy w życiu nie zapaliłem papierosa. Zawsze zależało, żeby być w formie. Codziennie biegałem wzdłuż plaży w Miami przynajmniej osiem kilometrów. W ten sposób poznawałem też ludzi. W latach siedemdziesiątych nie chodziło o kokainę i metakwalon. Panował szał na fitness. Dzięki temu poznałem Harveya Kluga[1]. Biegał wzdłuż plaży. Jego krewni byli właścicielami sklepu Nathan's Hot Dog Store, a on był jednym z tych czystych chłopaków, którzy dorastali, nie musząc się o nic martwić. Niestety, zainteresował się obstawianiem i po tym jak poznałem go z Bobbym Errą, popadł w długi. Prawda jest taka, że jeśli się ze mną zadawałeś, nigdy nie byłeś w 100 procentach uczciwy. Ale wszyscy lubili Harveya. Był tak dobrym biegaczem, że trenował z paroma najlepszymi sportowcami. Któregoś dnia Harvey powiedział:

– Muszę poznać cię z moim przyjacielem.

– Kim jest twój przyjaciel?

– To Mercury Morris[2].

Merc był niesamowitym biegaczem, świetnie grał w piłkę i tak dalej. Grywałem z nim i jego kumplami z NFL w koszykówkę i ci kolesie byli

---

[1] Harvey Klug to pseudonim użyty w celu ochrony tożsamości znajomego Jona.

[2] Eugene „Mercury" lub „Merc" Morris jest byłym running backiem (biegaczem) Miami Dolphins, który dwa razy pomógł poprowadzić drużynę do zwycięstwa w Super Bowl. W 1982 roku został skazany za handel kokainą. Po odbyciu kary czterech lat więzienia jego wyrok został uchylony w wyniku apelacji. Dziś wygłasza motywacyjne przemowy.

tak dobrzy, że mogli grać w NBA. Skopywali mi dupę, ale warto było, choćby po to, by zagrać z najlepszymi sportowcami na świecie. Merc był też jednym z pierwszych ambasadorów sportowego sprzętu Nautilus. Podróżował po całym kraju i propagował fitness. Uwielbiał też palić trawkę i wciągać kreski. Któregoś dnia byliśmy w klubie i wciągaliśmy kreski prosto ze stolika. Jakiś dupek fan podszedł do niego i powiedział:
– Jesteś zawodowym sportowcem. Nie możesz ćpać.
Merc zaśmiał się:
– Człowieku. Zobacz w telewizji, jak gram. Przekonasz się wtedy, jaki jestem naćpany.

Trochę smutne było to, że kiedy się tak chwalił, był już po przeniesieniu do innej drużyny i mniej więcej w tym czasie przechodził na emeryturę. Wtedy dostarczałem mu kilogramy kokainy, które razem z Randym Cowlerem[3], kolejną sławą z NFL, rozprowadzał wśród kolegów z ligi.

Prawdopodobnie sprzedawałem im kokainę dlatego, że lubiłem z nimi przebywać. Gwiazdy filmowe nie robią na mnie wrażenia. Sportowcy tak, a jedną z tych magicznych rzeczy, jakie zawdzięczałem kokainie, było to, że dzięki niej ci bohaterowie znaleźli się w moim świecie. Merc był wyjątkowy. Był nie tylko świetnym sportowcem, miał też serce. Wpadł w kłopoty. W którymś momencie zjawił się u mnie i naprawdę potrzebował pieniędzy. Zaproponował, że sprzeda mi swoje ferrari daytona. Był tak zdesperowany, że zaoferowałem mu absurdalną cenę, jakieś 15 000. Kiedy w 1982 roku aresztowali go za przemyt narkotyków, nie miał przy sobie narkotyków ode mnie, ale i tak mógł mnie wydać. Nie zrobił tego. Był dobrym gościem. Miałem trochę wyrzutów sumienia, że zachowałem się tak obrzydliwie w kwestii ferrari. Ale ja nie jestem dobrym gościem. To nie moja rola.

Choć kokaina często pomagała mi się wybić, czasem sprowadzała mnie też na dno.

Któregoś dnia na mecz w Miami przyjeżdżali Buffalo Bills i Merc zadzwonił do mnie.

---

[3] Crowder jest byłym zawodnikiem Penn State All-American Gdy grał w obronie the Dolphins, został w 1977 roku aresztowany za sprzedaż tajniakowi funta kokainy. Jest ojcem grającego obecnie w NFL Channinga Crowdera.

– Jon, przyprowadzę do ciebie do domu gościa – powiedział.

– Merc, bracie, przyprowadź, kogo zechcesz.

Jestem w domu przy Bay Drive, wchodzi Merc z O.J. Simpsonem. Byłem zszokowany. Oto w moim domu był O.J. Simpson – Juice[4], jeden z najlepszych running backów w historii. Usiedliśmy i zaczęliśmy wciągać kreski, wszyscy byli najarani jak skowronki, wszyscy się śmiali. O.J. odwraca się do mnie i mówi:

– Człowieku, jeśli będziesz kiedyś w Buffalo, zajrzyj do mnie.

– „Kiedyś w Buffalo"? Juice, kompletnie ci odjebało? Będę w Buffalo tylko jeśli wysadzą je w powietrze, pozbierają kawałki, wsadzą je do barki i przywiozą tutaj, gdzie jest ładnie. Co z tobą jest nie tak?

Nie mam pojęcia, co mnie naszło. Chyba O.J. źle na mnie działał. Po godzinie przebywanie z nim zaczynało być męczące. Choć wszyscy z nas brali kokainę, na O.J. działała bardziej. Był fanatykiem kokainy. Był wariatem.

Gdy z nim rozmawiałem, odniosłem też wrażenie, że miał naprawdę fart" będąc utalentowanym running backiem. Bez tego miałby szczęście, gdyby znalazł pracę przy smażeniu hamburgerów. Nie twierdzę, że O.J. był idiotą. Opowiadał mnóstwo anegdot. Ale był bardzo pewny siebie, a nie zauważyłem, żeby był na tyle mądry, by było to uzasadnione.

Ucieszyłem się, gdy tego pierwszego wieczoru O.J. wyszedł.

Parę tygodni później on i Merc znów się u mnie zjawili. Po paru godzinach Merc musiał wrócić do domu zająć się dziećmi. Tak jak mówiłem, to był dobry człowiek.

Jestem teraz sam z O.J. Przyszedł do mnie w czwartek wieczorem. Następnego dnia nadal siedzi u mnie w pokoju, nawalony do nieprzytomności, wciąga kolejne kreski. Nagle zostałem jego nianką. Poza wciąganiem mojej kokainy interesowało go tylko pieprzenie każdej białej laski w zasięgu wzroku. Ale był zbyt rozszalały, by wyjść z domu. Najłatwiej było wsadzić go do pokoju gościnnego i sprowadzić parę dziwek. Mogły być brzydkie, byle tylko miały rozjaśnione włosy i były białe. Zabawiał się z jedną lub dwiema przez parę godzin, po czym zapraszał następne.

---

[4] Juice to popularne w latach siedemdziesiątych przezwisko Simpsona.

Trzymałem małe stadko dziwek w salonie, częstując je koką i alkoholem, żeby były gotowe dla O.J.

W sobotę wieczorem wchodzę do pokoju O.J i mówię:

– Słuchaj koleś, czy nie powinieneś trenować z drużyną? Nie masz jakichś ograniczeń?

– Ograniczeń? Jestem O.J. Mogę robić, co chcę.

– Juice, masz jutro mecz w Buffalo.

– Jeśli tylko rano wsadzisz mnie do pierwszego samolotu, wszystko będzie w porządku.

W niedzielę rano gość zupełnie nie kontaktuje. Wziął tyle koksu, zaliczył tyle dziwek, że nie widzi na oczy na oczy. Jest przytomny, ale głowa opada mu na piersi.

Dzwonię do kumpla, żeby pomógł mi zanieść go do samochodu. Gdy docieramy na lotnisko, O.J. jest już w innym świecie. Uderzam go w twarz i krzyczę:

– Juice, dam ci wielką pieprzoną kreskę.

Wciskam mu do nosa górę koksu. Myślałem, że dzięki temu się obudzi, ale działanie ma odwrotny skutek. Traci przytomność.

Kiedy wynosimy go z samochodu, jest prawie w śpiączce. Bagażowy przyprowadza nam wózek i wwozimy O.J na lotnisko. W tym czasie O.J. zasłynął reklamą, w której skacze przez bramki na lotnisku[5]. Mój kolega, wioząc go przez lotnisko, parodiuje reklamę i krzyczy:

– Dawaj O.J.! Dawaj!

Doprowadzamy go aż do bramek. Znajduję stewardessę i mówię:

– Proszę pani, pan Simpson wczoraj odrobinę za dużo wypił. Czy może pani wlać w niego trochę kawy i upewnić się, że wsiądzie do samolotu do Buffalo?

O.J. w końcu otwiera oczy.

– Człowieku, gdzie ja jestem?

– Wsiadasz do samolotu.

– Jon, zostawiłem przed twoim domem samochód z wypożyczalni.

– Nie przejmuj się. Oddam go.

---

[5] Reklama Hertza emitowana w latach siedemdziesiątych, w której O.J. skakał przez przeszkody na lotnisku, a starsza pani krzyczała: „Dawaj O.J.! Dawaj!".

– Zostaw go do następnego weekendu.

– Co masz na myśli? Do następnego weekendu?

– Wrócę, stary. Zabawimy się jeszcze.

– Juice, nie będzie mnie w mieście.

Oczywiście kłamałem. W następny weekend miałem zamiar spokojnie pobiegać po plaży i pracować nad swoją formą.

ROZDZIAŁ 36

J.R.: Phyllis zaczęła odwiedzać mnie w Miami po tym, jak w 1975 roku rozwinąłem swój kokainowy biznes. Włoszki są jak kleszcze. Gdy zajdą ci za skórę, ciężko się ich pozbyć. Miałem mieszane uczucia. Nadal były momenty, gdy na przykład udzielała mi mądrej rady, kiedy cieszyłem się, że jest w moim życiu. Innym razem mój żołądek skręcał się w supeł na dźwięk jej głosu. Jedyne, co mnie ocaliło, gdy Phyllis przeprowadziła się do Miami, to fakt, że nie podobał się jej mój dom w Bay Harbor. Był dla niej za mały. Dałem jej apartament w jednym z budynków w Coral Gables, których byłem właścicielem. Idea była taka, że mieliśmy zamieszkać razem, gdy znajdzie dla nas przyzwoite lokum. Przez większość wieczorów miałem ją z głowy. Cieszyła się, gdy zapewniałem jej pieniądze na zakupy. Ja cieszyłem się, gdy mogłem uganiać się za innymi kobietami.

Któregoś wieczoru jestem w Sammy's Eastside z Hankiem Goldbergiem i Jimmym Grekiem – kolejnym gościem, z którym zaprzyjaźniłem się dzięki kokainie – gdy Hank zauważa przy barze piękną dziewczynę. Podchodzi do niej, zaczyna ją urabiać, opowiadając jej, jaki to jest ważny, a ona mówi:

– Gówno mnie to obchodzi. Jesteś dla mnie zbyt brzydki. Przedstaw mnie swojemu koledze.

Jimmy Grek wstaje i pyta:

– Mnie?

– Jesteś jeszcze brzydszy – odpowiada dziewczyna.

Wskazuje na mnie. W ten sposób poznałem Lee Sweet[1]. Lee była związana z gościem, który był właścicielem salonów Chevroleta rozsianych po całym kraju. Płacił za wynajem jej mieszkania w Charter Club, nowym budynku nad zatoką[2]. Wszystkie dziewczyny, które tam mieszkały, miały kogoś, kto je sponsorował. Nawet po tym, jak się spiknęliśmy, trzymała się tego starego sprzedawcy samochodów, żeby za nią płacił.

Lee była przeciętną blondynką, ale dobrze się z nią spędzało czas, bo lubiła łódki. Zostawała na noc, rano wypływaliśmy na ocean, a później pływaliśmy wzdłuż wybrzeża w Miami, szukając fajnego miejsca, by coś zjeść. Któregoś dnia zatrzymaliśmy się w Palm Bay na lunch. Byłem słony od pływania w oceanie, więc powiedziałem Lee, że wezmę prysznic przy basenie i spotkamy się w restauracji.

Postanawiam przepłynąć się w basenie. Gdy docieram na jego drugi koniec, widzę wystrzałowego rudzielca siedzącego na krawędzi. Podpływam do niej. Pierdu, pierdu, żartuję, przedstawiam się.

– Jestem Betty Collins – mówi[3].

– Lubisz łódki, Betty?

– Nie.

– Wiem, że skoro tu przebywasz, to lubisz wydawać pieniądze.

– Kto twierdzi, że to moje pieniądze?

– Ktokolwiek się tobą opiekuje, musi być nadziany, bo masz uśmiech wart milion dolarów.

– Cóż, Donny Soffer się mną opiekuje.

Znałem Donny'ego Soffera. To znany deweloper z Miami, który zbudował Aventurę[4]. Był jednym z deweloperów, którym pożyczaliśmy z Dannym Monesem pieniądze, gdy mieli problemy z normalnymi bankami.

---

[1] Lee Sweet to pseudonim użyty w celu ochrony tożsamości przyjaciółki Jona.

[2] The Charter Club, zbudowany w 1973 roku to dwudziestodwupiętrowy budynek przy Północno-Wschodniej Trzydziestej Szóstej Ulicy pod numerem 600 w Miami.

[3] Betty Collins to pseudonim przyjaciółki Jona, która w momencie, gdy się poznali, pozowała nago w popularnym magazynie dla mężczyzn.

[4] „Nietypowy plan Donalda Soffera, aby pełne komarów bagno w hrabstwie North Dade na Florydzie przekształcić w luksusowe, rozplanowane osiedle, został zapoczątkowany ponad 50 lat temu, gdy Soffer kupił 785 akrów bagiennego terenu i naszkicował swoją wizję na papierowej serwetce. Dziś ta działka znajduje się w sercu City of Aventura, jednej z najbardziej prestiżowych części Florydy". Z profilu firmy Turnberry Associates,

– Ten stary pierdziel się tobą opiekuje? Dlaczego nie popływasz ze mną jutro?

– Dobrze – odpowiada.

– Przyjadę po ciebie, gdzie mieszkasz?

– W Charter Club.

– Żartujesz? Znam kogoś, kto tam mieszka.

– Jak ma na imię twoja przyjaciółka?

– Czemu sądzisz, że to kobieta?

– Jestem całkiem pewna, że masz przyjaciółkę, która mieszka w Charter Club, nie przyjaciela. Ale to mi nie przeszkadza. Jesteśmy dorośli.

Podobało mi się jej nastawienie.

W przeciągu niecałych 10 minut spłukałem z siebie słoną wodę, przepłynąłem się i umówiłem na randkę.

Zjadłem dobry lunch z drugą dziewczyną, Lee Sweet, i pozbyłem się jej po południu.

Następnego dnia zabrałem Betty na swoją łódź i przeżyłem najlepszy seks w swoim życiu. Widywaliśmy się tak przez parę tygodni. Choć miała Donny'ego, Betty osiągnęła w życiu ten moment, gdy chciała się związać z kimś na poważnie.

Zaprosiła mnie na kolację do swojego mieszkania w Charter Club. Kiedy przyszedłem, przygotowywała eskalopki cielęce. Czekam, aż skończy i postanawiam sprawdzić, czy ktoś nagrał dla mnie jakieś wiadomości. Jest pilna wiadomość od Lee Sweet, która mieszka w tym samym budynku. Idę do sypialni Betty i dzwonię do Lee.

– Wiem, że jesteś w budynku – mówi.

Ale ze mnie głupek. Przyjechałem tam swoim złotym porsche. To wyjątkowy samochód, a parkingowy zostawił go przed wejściem. Stąd Lee wie, że tu jestem, i wychodzi teraz z siebie.

Mówię Betty, że muszę zabrać coś z samochodu, i jadę na piętro, na którym mieszka Lee. Gdy tylko przekraczam próg jej mieszkania, Lee ściąga mi spodnie i zaczyna mi obciągać. Zdziera ze mnie koszulę,

opublikowanego w 2011 roku. Mimo zapewnień Jona, że zapewnił finansowe zaplecze dla inwestycji Donalda Soffera, nie był w stanie zaprezentować dokumentów, żeby to potwierdzić.

bieliznę, a ja nie mogę jej powstrzymać, bo, mówię ci prawdę, nikt tak nie obciąga jak ona. Nie byłem w stanie się bronić. Liże moje nogi, ssie palce u stóp, wsadza język Bóg wie gdzie. To, jak obciągała, było niewiarygodne.

– Stań tam – mówi. – Wiem, że lubisz wyglądać przez okno i patrzeć na łodzie, gdy ja kończę.

Wiedziała, że kręci mnie to, że mogę patrzeć na łodzie, kiedy dochodzę. To była moja słabość. Ciągnie mnie w kierunku drzwi balkonowych i bum, eksploduję, patrząc na przepływające łodzie. Po czym widzę, że Lee wyrzuca przez okno moje spodnie, koszulę, bieliznę i buty. Całe to obciąganie było sztuczką.

– Nie wyjdziesz stąd, dopóki mi nie powiedz, kim jest ta druga dziewczyna – mówi.

– Pozwól, że się umyję, i porozmawiamy.

Idę do łazienki, łapię ręcznik i wybiegam z mieszkania. Nie ma sensu dyskutować z dziewczyną, która wścieka się z zazdrości. Teraz naprawdę zaostrzyłem sobie apetyt na eskalopki, które przyrządzała Betty. Może zabrzmi to dziwnie, ale obciąganie, które zafundowała mi Lee sprawiło, że byłem jeszcze bardziej napalony na Betty. Pomyślałem: „jedna dziewczyna najlepiej obciąga, a druga jest najlepsza w łóżku, zaliczę więc obie jednej nocy".

Wracam na piętro Betty i pukam do drzwi. Otwiera, widzi mój ręcznik.

– Postanowiłem wskoczyć do basenu, a jakiś dupek ukradł mi ciuchy z przebieralni.

Niestety, Betty nie jest głupia.

– Spotkałeś się z drugą dziewczyną, prawda?

– Betty, to był tylko seks oralny.

Po jej twarzy widzę, że powiedziałem coś niewłaściwego.

– Zamknę teraz drzwi – mówi. – Umówmy się na jutro na lunch. Ale dziś nic się nie wydarzy.

Rozumiem. Idę w kierunku windy, gdy wchodzę, wpada Lee Sweet. Śledziła mnie.

W windzie są ludzie. Rodzina zabiera babcię na kolację. To, że jestem w ręczniku, nie stanowi problemu. To Miami. Wyglądam, jakbym wracał z basenu. Ale Lee zaczyna się śmiać.

– Co jest pod ręcznikiem? – pyta.

Ludzie w windzie patrzą na tę szaloną sukę i przyciskają się do ścian. Lee próbuje zerwać ze mnie ręcznik. Łapię ją za ręce, a ona zaczyna ze mną walczyć.

– Ty skurwysynu – mówi. – Chcę, żebyś wyszedł stąd z gołym tyłkiem. W szale nabiera jakiejś dzikiej siły, uwalnia się z mojego uścisku i ściąga ze mnie ręcznik. Stoję tam, bez ubrania, bez butów, bez niczego. Rodzina w windzie bzikuje. Matka odwraca dzieciom głowy. Babcia patrzy na mnie, jakby to była moja wina. Spoglądam na Lee i mówię:

– Wiesz co? Pierdol się.

Drzwi się otwierają, a ja wychodzę do lobby z gołym tyłkiem. Wychodzę frontowymi drzwiami. Parkingowi mnie znają. Nic nie mówią.

Główny parkingowy biegnie do mojego samochodu i podjeżdża z piskiem opon. Wysiada, przytrzymuje mi drzwi, a ja mówię tylko:

– Oczywiście napiwek dam ci później.

Nigdy więcej nie widziałem już Lee Sweet. Spotkałem się z Betty, ale to nie było już to samo. Były półprofesjonalistkami. Umawiały się z gośćmi dla pieniędzy, ale prawda jest taka, że nawet dziwki mają uczucia. Tak naprawdę dziwki mają takie same serca jak tak zwane normalne kobiety. Przez to doświadczenie uznałem, że dam szansę swojemu związkowi z Phyllis. Mogłem zostać aresztowany, gdy nago szedłem przez lobby. Takiego ryzyka nie mogłem podjąć. Musiałem się ustatkować.

ROZDZIAŁ 37

J.R.: Kiedy siostra w końcu przyjechała mnie odwiedzić, powiedziałem jej, że przerzuciłem się z tresowania psów na nieruchomości i poszczęściło mi się przy paru inwestycjach. Dzięki Danny'emu Monesowi było to częściowo prawdą. Mieliśmy prawdziwe biuro[1] i spędzałem niewiele czasu na handlu kokainą. W oczach mojej siostry wyglądało to, jakbym był w nowym świecie.

Wtedy była już dyrektorem działu kadr w dużej firmie w Nowym Jorku i była tak uczciwa jak to tylko możliwe. Mój pozorny sukces inwestycyjny bardzo ją uszczęśliwił.

Judy martwiła się o naszego dziadka Poppy'ego. Babcia zmarła, a Poppy mieszkał sam w Teaneck. Postanowiłem sprowadził go do Miami. Załatwiłem mu mieszkanie w South Beach, gdzie wówczas mieszkali wszyscy starsi ludzie. Po tym, jak się urządził, zabierałem go na łódkę i łowiliśmy ryby. Gdy był już zbyt słaby na łódki, przeprowadziłem go do mieszkania przy moście, na którym starzy ludzie mogli stać i zarzucać wędki. Później przeniosłem go do mieszkania na osiedlu z opieką dla dla starszych osób. Znalazł sobie nawet jakąś starą babę, która przychodziła i go bajerowała – piekła mu ciasta i gotowała obiady – bo sądziła, że skoro tak mu pomagam, musi mieć sporo pieniędzy.

---

[1] Biuro Jona i Danny'ego Monesa mieściło się w ładnym budynku w stylu neokolonialnym, pod adresem Biscayne Boulevard 12700, który obecnie jest siedzibą Transatlantic Bank.

JUDY: Poppy był bardzo dumny. Jon załatwił mu mieszkanie, które było o wiele droższe, niż Poppy mógłby sobie pozwolić z emerytury. Jon powiedział właścicielowi, żeby nie mówił Poppy'emu prawdy, a sam pokrył różnicę. Kiedy Jon zabierał Poppy'ego do sklepu, żeby kupić mu ubranie, mówił ekspedientowi: „Proszę nie mówić dziadkowi, ile to naprawdę kosztuje". Oglądanie ich razem było bardzo wzruszające.

J.R.: Kiedy sprowadziłem Poppy'ego do Miami, używałem jego mieszkań jako magazynów na kokainę, którą dostawałem od Alberta. Kto by pomyślał, że taki stary pryk wymagający opieki trzyma 20 kilo kokainy? Nie twierdzę, że nie cieszyło mnie oglądanie staruszka, ale miałem w tym też swój cel.

Kolejną osobą z przeszłości, która wróciła do mojego życia, był mój stary przyjaciel Wyrzutek – Petey. Mniej więcej w tym czasie, gdy uciekłem z Nowego Jorku, on wpadł za narkotyki i odsiedział parę lat. Gdy dowiedziałem się, że wychodzi, zaprosiłem go do siebie.

PETEY: Ucieszyłem się, że zobaczę Jona. Słyszałem, że nie żyje, a tu proszę. Jego życie w Miami przekraczało wszystkie moje wyobrażenia. Miał sześciu służących, mieszkał w pięknym domu, który nie był jednak strasznie duży. *Sześciu służących, Jon?* Musiałem się roześmiać.

Byłem czysty. Podczas ostatniego roku pobytu w więzieniu wstąpiłem do programu antynarkotykowego, żeby wykiwać radę do spraw zwolnień warunkowych, ale po jakimś czasie to, co mówiono podczas tego programu, zaczęło wydawać się sensowne. Kiedy odwiedziłem Jona, próbowałem uporządkować swoje życie i chciałem mu o tym powiedzieć. Chciałem, żeby wiedział, że nadal jest moim bratem, choć ja zostawiam za sobą nasz świat.

J.R.: Petey miał religię. Któregoś razu nie dał mi spać, bo opowiadał, że przez całe życie mieszkaliśmy w piekle, a teraz on z niego wychodzi. Chciał, żebym do niego dołączył. Nie, dziękuję.

Ale rozumiałem to. Nie chciał już być złym gościem. Próbował porzucić złą stronę.

Któregoś dnia zostawiłem go samego, a kiedy wróciłem, zastałem go z twarzą w kupce kokainy. Naruszył mój zapas na imprezy i wciągał go jak prosię. Niestety pobyt w moim domu sprawił, że poczuł się na tyle bezpiecznie, by wrócić do starych nawyków.

PETEY: Ostatni raz, gdy coś wziąłem, była to kokaina Jona. Gdy zszedłem na złą drogę, Jon powiedział, żebym się nie martwił, że zajmie się mną. Miałem innego znajomego, który zaoferował mi posadę kierownika w księgarni porno w Miami. Ale coś w środku mówiło mi: wyjedź. Widziałem, że Jon był mocno zaangażowany w swoje kokainowe przekręty. Ale ja miałem dość. Pojechałem do ośrodka odwykowego w Jersey i zacząłem iść w nowym kierunku. Sercem jestem z ludźmi z ulicy. Po tym, jak się otrząsnąłem, czerpałem radość z pracy z gośćmi w więzieniu i pomagania każdemu, kto chciał uciec z piekła, z którego i ja uciekłem[2].

J.R.: Zazwyczaj nie ufam ludziom, którzy wychodzą na prostą, ale byłem dumny, gdy Petey wyjechał z mojego domu, żeby dojść ze sobą do ładu. Cieszę się, że udało mu się opuścić mój świat.

Kłamstwa, które powiedziałem siostrze o tym, jak to zajmuję się czymś całkowicie legalnym, wydawały się niemal prawdziwe. Kokaina wzniosła mnie nad poziom ulicy. Załatwiałem interesy w ekskluzywnych klubach. Mój prawnik był dla mnie prawdopodobnie cenniejszy niż spluwa. Ale choć moje życie wydawało się uczciwe, było w nim mniej ograniczeń niż kiedykolwiek wcześniej. Żeby się zabawić, popadałem w skrajności.

Kiedy myślę o tym, co stało się z kotką Princess, muszę przyznać, że to, co zrobiłem, było trochę szalone. Princess była moją kotką. Zawsze lubiłem koty. Ludzie mówią, że lubi się albo psy, albo koty, ale nie zgadzam się, że musisz wybierać. Pies jest lepiej przygotowany psychicznie i fizycznie do tego, żeby coś z tobą robić, ale koty, jak na swój rozmiar,

---

[2] Peter „Petey" Gallione pomagał walczyć z uzależnieniem od narkotyków, a później został starszym kierownikiem programu resocjalizacji w więzieniach, który obejmował cały stan New Jersey. Jako urzędnik związany przysięgą miał odznakę i nosił broń, jak każdy inny glina. Po przejściu na emeryturę w 2009 roku kupił dom na południowej Florydzie, kilka przecznic od Jona. Nie wiedząc, że mieszkają tak blisko siebie, spotkali się przypadkiem w 2010 roku i szybko odnowili łączącą ich przyjaźń, ale nie wspólną działalność kryminalną.

mają wielkie serca. To, w jaki sposób tropią i polują, pokazuje, że są bystre. Szanuję koty tak samo mocno, jak szanuję psy.

Na moim podwórku przy Bay Drive przesiadywały bezdomne koty. Na pustej działce obok, gdzie zagrzebywałem puszki z pieniędzmi, bawiły się i polowały. Z wszystkich kotów, które tam były, wyróżniała się trójkolorowa kotka. Wchodziła do mojego domu i wcale nie bała się moich psów. To byli zabójcy, ale ta mała bezczelna kotka przechodziła obok nich. Nazwałem ją Princess.

Któregoś dnia znalazłem Princess ukrywającą się w kącie. Musiała wcześniej polować lub walczyć z innym kotem, bo miała wybite oko. Nie narzekała, ale kiedy spojrzała na mnie swoim jednym dobrym okiem, serce mi pękło.

Włożyłem ją do porsche i popędziłem do weterynarza z prędkością 200 kilometrów na godzinę. Była w stabilnym stanie, ale lekarz nie mógł uratować jej oka. Polecił mi lekarkę weterynarii, która była specjalistką w tej dziedzinie. Ona również nie uratowała oka kotki, ale zaszyła je i Princess wyzdrowiała. Po paru dniach znów biegała po okolicy, jakby miała dwoje zdrowych oczu.

Nie upłynął miesiąc, a Princess zniknęła. Zdenerwowałem się. Przeszukałem okolicę, żeby sprawdzić, czy nie przejechał jej samochód. Ani śladu Princess. Pomocnik Alberta, Rubio, przyjechał do mnie i pukaliśmy do drzwi wszystkich sąsiadów, pytając, czy widzieli kotkę. W ostatnim domu mieszkała wścibska baba. Ona i jej mąż zawsze stali w ogródku i patrzyli, jak przejeżdżam obok nich samochodem. Zawsze miałem w związku z nimi złe przeczucia. Twierdzili, że odnoszą sukcesy w handlu winem, i patrzyli na wszystkich z góry.

Kiedy ta baba otworzyła drzwi, powiedziała, że nie wie nic na temat kotki z jednym okiem. Ale ledwo otworzyła usta, Princess przebiegła jej między nogami. Zabrałem kotkę i powiedziałem:

– Dziękuję bardzo, kłamliwa snobko.

Poszedłem od razu do Alberta.

– Albert, przy mojej ulicy mieszkają tacy ludzie. Chcę, żebyś spalił ich dom i wykurzył ich z mojego życia – powiedziałem.

– Chcesz kupić ich własność? To dobra inwestycja?

Wyjaśniłem Albertowi, że chcę spalić ich dom, bo ukradli mi kota.

– Czy tobie kompletnie odpierdoliło?

– Albert, chcę, żeby ci złodzieje wynieśli się z tego domu. Nigdy nie proszę cię o przysługi, prawda?

Albert poczekał, aż któregoś wieczoru moi sąsiedzi wybrali się na kolację, i spalił ich dom. Dotrzymał słowa i Princess nie groziło już niebezpieczeństwo porwania ze strony moich dziwnych sąsiadów.

Przyznaję, że gdy tydzień później zobaczyłem zgliszcza ich domu, nawet ja pomyślałem, że posunąłem się trochę za daleko.

I tak miałem się wyprowadzić z tej okolicy.

Phyllis była zdeterminowana, żeby znaleźć dla nas dom. Po tym, jak zostałem przegoniony bez ubrania przez tę wariatkę z Charter Club, byłem otwarty na pomysł stabilizacji.

Phyllis z Dannym Monesem zajęli się poszukiwaniem domu. Danny mieszkał na wyspie La Gorce[3] w szalonym domu z kopułą nad sypialnią, którą kazał pomalować jak Kaplicę Sykstyńską, tyle że anioły wyglądały jak króliczki „Playboya". Phyllis bardziej szanowała go za doradztwo finansowe niż jego gust w kwestii malowanych aniołów.

Zakochała się w posiadłości w South Beach. Chcieli za nią 180 000 dolarów i sądziłem, że to wyjątkowa okazja. To był wielki pałac w stylu weneckim. Mogłem sobie wyobrazić, że w nim mieszkam. Ale pokazałem go Danny'emu, a on powiedział:

– Okolica jest do dupy. Nigdy nie kupuj nieruchomości w South Beach.

Danny nie miał racji, jeśli chodzi o tę okolicę i ten dom. Parę lat później Versace kupił tę posiadłość[4]. Byłem idiotą, że posłuchałem Danny'ego.

Zdarzyło się tak, że mieliśmy z Dannym Monesem do załatwienia interes z Donnym Sofferem, gościem, którego dziewczyna gotowała mi kolację, gdy wygoniono mnie z Charter Club. Donny potrzebował pożyczyć pieniędzy na osiedle w Aventurze i gdy o tym rozmawialiśmy, powiedział mi o domu do wynajęcia na wyspie Indian Creek[5]. Nie był to największy

---

[3] La Gorce Island to jedna z najdroższych lokalizacji w Miami Beach.

[4] Gianni Versace, włoski potentat modowy, został zamordowany przed tym domem w 1997 roku. Dziś mieści się tam hotel i klub o nazwie The Villa.

[5] Wyspa Indian Creek Island to coś w rodzaju Liechtensteinu amerykańskich samorządów miejskich. Jest powiązane z Miami Beach, ale stanowi też oddzielną społeczność

dom na wyspie, ale zbudowany prawie nad powierzchnią wody. Z jadalni wyglądało to tak, jakbyś był na statku. Płaciłem straszliwe pieniądze za to, by tam mieszkać, 30 000 dolarów miesięcznie, ale tyle zarabiałem na dwóch czy trzech kilogramach. Phyllis była zadowolona. Próbowaliśmy prowadzić domowe życie. Organizowaliśmy przyjęcia. Spotykaliśmy się z sąsiadami. Zabierałem Poppy'ego z jego domu opieki, przywoziłem na kolacje, zostawał u nas na noc. Uwielbiał jadalnię, bo była nad wodą.

Ale prawie w tym samym momencie, gdy się wprowadziliśmy, Phyllis znalazła inne lokum, które podobało jej się bardziej, posiadłość przy Palm Avenue 121 na Palm Island[6]. Główny dom był wielki, w stylu hiszpańskim. Posiadłość sąsiadowała z domem, w którym Al Capone schronił się po wyjściu z więzienia. Capone miał zwyczaj łowić ryby za domem i mówią, że zmarł tam w trakcie wędkowania, co jest dobrą śmiercią dla gangstera.

Phyllis namówiła mnie na kupno tego domu za 275 000 dolarów[7]. Jej życiowym powołaniem stało się urządzenie tego miejsca. Władowałem w ten dom setki tysięcy dolarów, ale koszt nie był ważny – wykopałem z ziemi parę wiader gotówki. Wtedy większość firm budowlanych na Florydzie przyjmowała gotówkę.

W moim świecie wszystko było możliwe. Chodziłem do każdego klubu, wszystkich znałem. Najpierw dlatego, że miałem kokainę. Później dlatego, że miałem pieniądze. Byłem szczęśliwy, gdy nie musiałem przynosić kokainy do klubu. Zarabiałem więcej na hurtowej dystrybucji. Z gościa od kokainy zmieniłem się w bogatego gościa od kokainy, a później byłem już tylko bogatym gościem.

---

złożoną z 23 domów. Jest na ósmym miejscu w USA jeśli chodzi o roczny przychód na jednego mieszkańca. Kiedy Jon mieszkał tam z Phyllis, w sąsiedztwie mieszkali między innymi Julio Iglesias, przejmujący firmy Carl Icahn, Don Shula i emerytowany senator George Smathers.

[6] Kolejna enklawa na wyspie, na której zbudowano kilkadziesiąt domów, z których każdy osiąga dziś cenę ponad 10 milionów dolarów.

[7] Dokumenty wskazują, że dom na Palm Island nie został kupiony przez Jona, ale przez osobę, której nazwisko widnieje w dokumentach firm założonych przez Jona i jego prawnika Daniela Monesa. Jon mówi, że ta osoba została zatrudniona po to, by pomóc mu ukrywać jego majątek.

Pieniądze dawały inną władzę niż bycie gangsterem w Nowym Jorku. Widziałem bogatych ludzi i widziałem, że wszystko im wolno. Mają władzę, bo najwięksi politycy w Ameryce ssą im pałki tylko po to, by dostać szansę przepłynięcia się ich jachtem czy przespania w ich rezydencji. A kiedy najwięksi politycy są twoimi przyjaciółmi, jesteś ustawiony. Naprawdę bogaci ludzie sprawili, że mafia wyglądała przy nich jak banda nieudaczników.

Widziałem, jak to działa, gdy mieszkałem na Indian Creek. Jednym z moich sąsiadów był emerytowany polityk George Smathers[8]. Poszliśmy z Phyllis na przyjęcie do jego domu i poznałem tam gościa o nazwisku Bebe Rebozo[9].

Bebe i ja bardzo się zaprzyjaźniliśmy. Wiele razy byliśmy na rybach. Był przestępcą wielkiego formatu, jak Carlo Gambino, tyle że był właścicielem banków. Pomagał mi przez kilka lat prać pieniądze. Wszyscy mówili, że Bebe był najważniejszym człowiekiem Nixona, ale nie rozumiałem, jak wielka jest jego siła, dopóki nie wydarzyła się pewna mała rzecz.

Jedną z moich ulubionych restauracji była Joe's Stone Crab w South Beach[10]. Nie ma nic podobnego do Joe's, bo gatunek krabów kamienistych nie jest jak kraby z Maryland, które mają jadalne mięso korpusu. Jeśli chodzi o kraba kamienistego, to jesz tylko jego odnóża i szczypce. Nigdzie indziej nie podają tych krabów. W Joe's zawsze mieli swoje własne łodzie do ich połowu. Ich kraby są ogromne, podają je z doskonałym sosem musztardowym. Pokazałem restaurację Berniemu Levine'owi, gdy przyjechał z San Francisco, i oszalał na ich punkcie.

Któregoś dnia poszedłem do Joe's z Bebem Rebozo. Powiedziałem mu, że chciałbym, żeby mój przyjaciel z Kalifornii mógł zjeść te kraby, a Bebe powiedział:

---

[8] Były senator USA George Smathers, zmarły w 2007 roku, był pierwotnie demokratą i zwolennikiem segregacji, ale zmienił swoje poglądy. Był blisko związany zarówno z Johnem F. Kennedym, jak i Richardem Nixonem. Sprzedał Nixonowi posiadłość na Key Biscayne, która służyła jako oficjalna rezydencja prezydenta podczas jego kadencji.

[9] Charles „Bebe" Rebozo, zmarły w 1998 roku, był założycielem banku Key Biscayne Bank i jednym z najbliższych przyjaciół Richarda Nixona. Rebozo mieszkał obok posiadłości Nixona na Florydzie. Sugerowano, że Rebozo brał udział w wielu przekrętach finansowych i praniu brudnych pieniędzy, ale nigdy nie został skazany.

[10] Otwarta w 1918 roku Joe's Stone Crab była ulubioną restauracją wielu pokoleń klientów, od Ala Capone przez J. Edgara Hoovera po George'a i Barbarę Bushów.

– Mogę to załatwić, Jon. Chcesz, żebym jutro wysłał mu kraby?

Następnego dnia poszedłem do Joe's i poprosiłem Calvina, czarnego gościa, który pracował w kuchni, żeby ugotował porcję krabów. Bebe kazał mi zapakować je do lodówki turystycznej. Zawiozłem lodówkę do bazy Homestead Air Force[11] i poprosiłem o spotkanie z porucznikiem, którego nazwisko podał mi Bebe. Porucznik zabrał lodówkę, kazał swoim ludziom załadować ją do odrzutowca bojowego i zawieźć do Kalifornii.

Parę godzin później zadzwonił do mnie Bernie. Powiedział, że kiedy wrócił do domu z bazy Air Force w Kalifornii, kraby były nadal gorące.

– Jak do kurwy nędzy to zrobiłeś?

– Nie martw się, bracie. Rząd to dla mnie zrobił.

Jestem pewien, że ten tłuścioch prawie się zadławił, jedząc te kraby. Tego wieczoru Bebe zaprosił mnie do siebie i dał dwie skrzynki piwa Coors[12]. Przyleciały odrzutowcem z San Francisco.

– Zaczęli przewozić dla mnie rzeczy odrzutowcami, gdy Nixon przebywał w moim domu[13] – wyjaśnił.

– Co? Zapomina wziąć z Kalifornii kapci, więc przywożą mu je samolotem?

– Tak to działa, Jon.

Pomyśl o wszystkich ludziach, którzy płacą podatki, by opłacać coś tak głupiego. Szkolą tych pilotów, żeby byli najlepszymi pilotami bojowymi na świecie, a później każą im przewozić szczypce krabów i piwo Coors. Taką siłę miał Bebe. Choć Nixon był próżniakiem wyrzuconym z urzędu, nadal miał tyle władzy, że Bebe mógł używać sił powietrznych jak firmy dostawczej dla swoich przyjaciół. Prości normalni ludzie nie mają o tym pojęcia.

Wszyscy, których znałem w Miami, ciągle szukali nowych rozrywek. Domowe ognisko nie dawało mi tyle szczęścia, ile obiecywała Phyllis, więc wychodziłem z domu pod byle pretekstem. Ja, Gary Teriaca i Bobby Erra

---

[11] Baza Homestead Air Force jest zlokalizowana w odległości 60 kilometrów na południe od Miami.

[12] W latach siedemdziesiątych piwo Coors nie było sprzedawane na wschód od Gór Skalistych i było bardzo poszukiwanym towarem na Wschodnim Wybrzeżu.

[13] Po tym jak Nixon ustąpił ze stanowiska i sprzedał swój dom na Florydzie, często zatrzymywał się u Reboza.

zaczęliśmy systematycznie organizować kolacje w restauracji Forge, które przeistoczyły się w orgie. Wszystko zaczęło się, gdy nasz przyjaciel Leonard Codomo[14] wpadł na pomysł, żeby wydać kolację, na której będziemy tylko my i króliczki „Playboya". Klub „Playboya" był wtedy wielkim hitem w Miami i króliczki albo potencjalne króliczki były wszędzie. Orgie zaczęły się przez przypadek. Za pierwszym razem, gdy organizowaliśmy kolację tylko z króliczkami, posadzono nas w głównej sali. Niektóre króliczki zażyły za dużo metakwalonu i stały się hałaśliwe. Zaczęły uprzykrzać życie normalnym ludziom, którzy zabrali babcię na kolację czy coś w tym stylu i Al Malnik, właściciel Forge, powiedział, że następnym razem posadzi nas w ustronnym miejscu.

Gdy pojawiliśmy się tydzień później na kolejną kolację z króliczkami, skierowano nas do prywatnej sali. To była ta sama sala, w której poznałem Meyera Lansky'ego. Miała jeden wielki stół, przy którym mogło usiąść 18 osób. Ściany były pokryte kolorowymi tkaninami. Były tam kryształowe żyrandole, orientalne dywany. Niesamowite pomieszczenie. Gdy tylko pojawił się szampan i metakwalon, króliczki oszalały.

Jedna z nich nie była króliczkiem, ale modelką na targach żeglarstwa. Miała na imię Monique. Przyjechała do Miami na studia, ale została modelką i dziwaczką. Byłem z nią raz, na wiele miesięcy przed tą kolacją, i była pierwszą dziewczyną, jaką znałem, która miała kolczyki – kółka, jak do uszu – w cipce. Wszyscy zaczynają się bawić i widzę, że nie ma Monique. Szukam jej w głównej sali. Posyłam dziewczynę do łazienki, żeby tam jej poszukała. Ani śladu Monique.

Wracam do naszej prywatnej sali i widzę, że Monique jest pod stołem. Bobby posuwa ją szparagiem. Normalnie, jeśli myślisz o pieprzeniu dziewczyny jakimś warzywem, myślisz o ogórku albo cukinii, ale Bobby wsuwa i wysuwa małego szparaga. Bobby był tradycyjnym gościem, nie jakimś dziwadłem. Tak podziałała na niego Monique. Jej dziwność była zaraźliwa. On się śmieje. Ona się śmieje.

---

[14] Leonard Codomo to przedsiębiorca z południowej Florydy. Jego ojciec budował hotele w Miami i został aresztowany w 1951 roku za udostępnienie członkom rodziny Bonanno swoich hoteli do robienia przekrętów – sprzedawali tam przez telefon fałszywe akcje i przeprowadzali oszukańcze transakcje na nieruchomościach, przyjmowali także nielegalne zakłady. Codomo senior wynegocjował ugodę, która pozwoliła mu uniknąć więzienia.

– Bobby, dlaczego nie możemy się wszyscy tym nacieszyć? – pytam.

– Masz rację – odpowiada. Postanawia położyć Monique na podłodze pośrodku pokoju, żeby wszyscy mogli patrzeć. Bobby chce rozłożyć na podłodze serwetę, żeby miała się na czym położyć. Żeby pochwalić się swoimi magicznymi zdolnościami, chwyta swoją dłonią ze szponami serwetę i szarpie nią. Sądził, że ją ściągnie, a wszystkie butelki i talerze zostaną na stole, tak jak to się dzieje w filmach. Zamiast tego wszystko spada ze stołu. To, co zostaje, Bobby zrzuca na podłogę.

W ten sposób zaczęło się demolowanie sali.

Króliczki mają teraz ubrania wybrudzone jedzeniem i winem, więc zaczynają je z siebie zdzierać. Monique wspina się na stół. Bobby bierze szparaga, żeby jej znów wsadzić, a Leonard Codomo mówi:

– Bobby, czy twój fiut jest większy niż ten szparag?

Nie mogłem uwierzyć, że Codomo miał tyle jaj, żeby sobie stroić żarty z Bobby'ego. Leonard nie był wcale twardzielem, a Bobby był kimś i jeśli nabijałeś się z niego, nie zapominał o tym[15].

Ale Bobby tylko się zaśmiał. Wyciąga swojego fiuta, było to naprawdę obrzydliwe, bo trzymał go swoją poharataną ręką, i mówi:

– Mój fiut jest większy niż szparag, skurwysynu.

Bobby zaczyna pieprzyć Monique na stole. Później wyjmuje fiuta i wkłada jej szyjkę butelki od wina. Musiał wlać w Monique czerwone wino, bo gdy wepchnął z powrotem swojego fiuta, z cipki Monique zaczęło tryskać wino.

Jestem tak uwalony, że myślę: „Mój Boże, ona krwawi".

Ale inny króliczek zaczyna lizać cipkę Monique i uświadamiam sobie, że to wino.

Po drugiej stronie pokoju słyszę plask plask plask. Gary Teriaca ma innego króliczka opartego o stół. Pieprzy ją od tyłu, a w każdej ręce ma kawałek żeberek i wali ją w tyłek wołowiną. Kiedy ją uderza, powtarza:

– Bobby, wygląda na to, że jesteśmy teraz w piekle, prawda?

Gary, z tą swoją wołowiną, miał nierówno pod sufitem.

---

[15] Być może nie zapominał. Podczas dochodzenia przeciwko Errze w 1990 roku policja odkryła, że w latach osiemdziesiątych dostawał od Codoma duże ilości gotówki, gdyż groził mu uszkodzeniem ciała i śmiercią.

Później organizujemy konkurs. Każemy króliczkom uklęknąć w rządku, z tyłkami uniesionymi w powietrzu. Między pośladki wkładamy im wiśnie, jakbyśmy układali piłki golfowe na podstawkach i klepiemy je w tyłki. Wiśnie odbijają się od ściany i dziewczyna, która jest w stanie złapać ustami taką wiśnię w locie, dostaje 500 dolarów. Możesz sobie wyobrazić, że dziewczyny skaczą jak tresowane foki, żeby złapać wiśnie.

W pewnym momencie Gary zaczyna posuwać te dziewczyny, zaliczając każdą w rządku. Ja, Bobby i Leonard idziemy w jego ślady. Pieprzymy króliczki aż miło, gdy nagle puk, puk, puk, jakiś biedny kelner puka do drzwi. Bobby wpada w szał, bierze pistolet i strzela w sufit. Pokój napełnia się dymem z broni. Wszyscy kaszlą i śmieją się. Kuśtykam do drzwi i uchylam je.

Na podłodze leżą dwaj kelnerzy, chowają się.

– Nie wchodźcie tutaj – mówię.

Wracam do środka, mijają godziny, zanim stamtąd wychodzimy. Sala jest zdemolowana. Króliczki wyglądają okropnie – ubrudzone śmieciami, jedzeniem, winem, spermą. Zaczynają przekopywać się przez śmieci i szukać ubrań, rozczesują włosy, nakładają makijaż, jakby miało to w czymkolwiek pomóc. Monique się wścieka, bo nie może znaleźć złotego kolczyka, który wypadł jej z cipki i oskarża inną dziewczynę o to, że go ukradła.

Gdy w końcu otwieramy drzwi, restauracja jest zamknięta. Kelnerzy, którzy zostali, są w ciężkim szoku. Szef sali podchodzi, żeby coś powiedzieć. Wpycham mu w rękę zwitek mokrych banknotów i mówię:

– Jestem zbyt najebany, by rozmawiać. Niech Al po prostu prześle rachunek. Czegokolwiek trzeba, zajmę się tym.

Parę dni później idę do biura z Dannym Monesem. Dostał rachunek od Ala Malnika.

– Al twierdzi, że zniszczyłeś jego restaurację. Ma budowlańców, którzy będą naprawiać szkody.

– Czego chce?

– 46 000 tysięcy dolarów. Al mówi, że tkanina na ścianach była wyjątkowa. Tak samo dywany. Jon, to miejsce z klasą.

Bobby, Gary i ja daliśmy Alowi pieniądze i odbudował salę. Wróciliśmy, organizowaliśmy kolejne orgie i niszczyliśmy salę jeszcze wiele razy. Zawsze płaciliśmy Alowi za wyrządzone szkody. Warto było wydać 50 kawałków w jedną noc, żeby się tak zabawić. Piekło jest drogie.

ROZDZIAŁ 38

J.R.: Niestety, nie tylko my szukaliśmy w Forge szalonych rozrywek. Któregoś wieczoru w 1977 roku młodszy brat Gary'ego Teriaki, Craig, został zastrzelony w restauracyjnym barze[1]. To była tragedia dla rodziny Teriaca. Mimo że Gary i jego ojciec Vincent byli gangsterami, łączyła ich z Craigiem specyficzna więź. Nie chcieli, żeby mieszał się w ich interesy. Chcieli, żeby był normalnym chłopakiem z Miami, spędzającym czas na polu golfowym, uganiającym się za dziewczynami i tak dalej. Craig był dobrym chłopakiem. Czasami wychodził gdzieś z nami i naprawdę nie miał w sobie nic złego. Zawsze uważałem, że Gary go trochę przypominał i dlatego nie czuł się sam z sobą komfortowo i próbował ukrywać przed Bobbym to, że brał kokainę. Obaj bracia byli dość delikatni.

Z jakiegoś idiotycznego powodu Craig pił czasem w Forge z gościem, który nazywał się Richard Schwartz. Zdany sam na siebie, Richard Schwartz był dla mnie „udawanym gangsterem". Był śmieciem, który miał bar z hamburgerami na Bay Harbor Island[2]. Ale ponieważ jego matka wyszła za mąż za Meyera Lansky'ego – dzięki czemu Schwartz został jego pasierbem – Richard uważał, że wszystko mu wolno. Jeśli Meyer Lansky jest twoim ojczymem, jest to w dużej mierze prawdą.

---

[1] Craig Teriaca został zabity w Forge 30 czerwca 1977 roku.

[2] Bay Harbor Island była i jest modną okolicą niedaleko Miami Beach, w której znajdowały się sklepy, kluby nocne i osiedla mieszkalne. To łańcuch wysp połączonych drogami i mostami z bogatymi wyspami mieszkalnymi, gdzie spotykali się Jon i jego przyjaciele.

Nikt nie wie, dlaczego tak naprawdę Richard zastrzelił Craiga Teriakę. Nie byli dobrymi przyjaciółmi. Nie łączyły ich żadne interesy. Wiadomo tylko tyle, że Richard stał przy barze obok Craiga, a potem poszedł do łazienki się odlać. Kiedy wrócił, oskarżył Craiga o kradzież 10 dolarów, które zostawił na barze.

– Ty gnoju. Ukradłeś moje 10 dolarów – krzyknął i strzelił Craigowi w twarz. Moim zdaniem Richard Schwartz był tak pijany i tak uwalony kokainą, że w ramach rozrywki zastrzelił swojego kumpla[3].

Gary'ego nie było na miejscu, gdy postrzelono jego brata, ale dowiedział się o tym w ciągu paru minut. Craig jeszcze żył, gdy przywieziono go do szpitala. Gary kazał nam wszystkim przyjechać i oddać krew. Tej nocy wszyscy – ja, Bobby, Albert San Pedro, nawet jego ochroniarz Ricky Prado – pojechaliśmy do szpitala St. Francis[4]. Okazało się, że nadaremnie. Zanim zdążyliśmy wypełnić papiery potrzebne do oddania krwi, chłopak już nie żył. Zmarł w objęciach Gary'ego. To załamało Gary'ego. Szlochał jak dziecko. Nie osądzam go. Każdy ma prawo w ten sposób się zachować, jeśli młodszy brat umiera w jego obecności.

Richard Schwartz został aresztowany, ale jego ojczymem był Meyer Lansky, więc nie było mowy, by politycy pozwolili na to, żeby poszedł siedzieć za morderstwo[5]. Nie bądź śmieszny. Pomyśl, ilu sędziów mieliśmy w kieszeni ja i Danny Mones, a w porównaniu do Lansky'ego byliśmy mali. Sędziowie w tym mieście raczej strzeliliby sobie w głowę, niż postawili jego pasierba przed sądem za morderstwo.

Świadomość, że Schwartz zostanie uwolniony, postawiła wszystkich w trudnej sytuacji. Żyd zamordował Włocha. Każdy Włoch kocha zemstę, ale Lansky był głównym specjalistą od finansów w mafii. Dał im

---

[3] Choć świadkowie nie zgadzają się, czy strzelanina wynikła z zabawy bronią, która źle się skończyła, czy z poważnej kłótni, większość zgadza się, że Schwartz wyglądał jakby był pod wpływem używek i nie panował nad sobą.

[4] Prado, który w czasie gdy dorabiał na boku u San Pedra, pracował na cały etat jako strażak w Miami-Dade, ma w swoich aktach personalnych w straży notkę, że tej nocy, której miała miejsce strzelanina, wziął wolne „z powodu nagłego wypadku i konieczności oddania krwi".

[5] Krótko po aresztowaniu Schwartza nagrania połączeń telefonicznych z komisariatem policji wykonanych z baru – które byłyby pomocnym dowodem dla prokuratury – zostały w tajemniczy sposób zniszczone w policyjnym magazynie.

Las Vegas. Nie było tak, że sam był jego właścicielem, ale wiedział, kto był. Wiedział, gdzie były wszystkie tajne konta bankowe.

A Gary musiał też stanąć twarzą w twarz z faktem, że jego młodszy brat nie był gangsterem. Czy mafia ryzykowałaby wkurzenie Lansky'ego z powodu zastrzelenia chłopaka, który był nikim? Ich ojciec Vincent nie był nikim ważnym. Był żołnierzem, który przez całe życie pracował dla ojca Bobby'ego Erry, Patsy'ego, a Patsy już nie żył. Teraz Bobby wszystkim zarządzał i nie chciał rozpoczynać wojny.

Włosi cenią honor, ale jeśli porównasz go z pieniędzmi, okaże się, że bardziej cenią pieniądze.

Ludzie mówili, że sam Lansky nie darzył pasierba żadnymi uczuciami, ale szalał na punkcie jego matki. Był z nią już wiele lat i choć był twardzielem, trzymała go za jaja[6].

Wszyscy mieli nadzieję, że nikt nic nie zrobi. Ale Richard Schwartz zrobił coś głupiego. Zamiast siedzieć w więzieniu i czekać, aż emocje opadną, wyszedł za kaucją. Ten kretyn wyszedł z więzienia parę tygodni po strzelaninie i wrócił do pracy w swoim barze z hamburgerami.

Gary przez to oszalał. Jego ojciec też oszalał[7]. Gary przyszedł do mnie i powiedział:

– Jon, musimy się tym zająć.

– Gary, zapomnij o tym – powiedziałem. – Oczywiście masz prawo zabić gościa, który zabił twojego brata, ale to pasierb Meyera Lansky'ego.

– Pierdolić to. Zrobię to, co mam zrobić, i gówno mnie to obchodzi.

Z Garym nie dało się dyskutować. Mnie osobiście gówno obchodziła cała ta sprawa. Dwóch pijanych gości zaczęło do siebie strzelać w barze. Wielka mi rzecz. Mnie martwiły nasze kokainowe interesy. Ja i Gary nie byliśmy tak naprawdę wspólnikami, ale jeśli zacząłby wojnę i ściągnął uwagę glin, mogłoby to mieć na mnie wpływ. Dostałem nauczkę podczas wszystkich tych strzelanin w Nowym Jorku.

---

[6] Matka Schwartza, Thelma, była związana z Lanskym od końca lat czterdziestych. W opinii niektórych osób Lansky był do niej bardzo przywiązany.

[7] Policyjni śledczy z wydziału w Miami-Dade spekulowali, że próba wysadzenia w powietrze samochodu Ala Malnika, właściciela Forge, w 1982 roku została przeprowadzona na rozkaz Vincenta Teriaki, który obarczał Malnika winą za zastrzelenie syna. Teoria ta nie została nigdy udowodniona.

– Jeśli nie jestem w stanie ci tego wyperswadować, popracujmy nad tym razem i zróbmy to jak trzeba – powiedziałem.

Bobby, który bardziej angażował się z narkotykowe interesy z Garym, widział to w ten sam sposób. Mieliśmy pomóc Gary'emu, więc pozbycie się Richarda przebiegłoby tak gładko, jak to tylko możliwe.

Jeśli masz zabić kogoś, kto jest związany z takim gościem jak Lansky, musisz poprosić o pozwolenie. Jeśli nie zapytasz i po prostu go zabijesz – nawet jeśli jest to ktoś taki jak Richard, kogo masz prawo zabić, bo zastrzelił kogoś bez powodu – wtedy taki człowiek jak Lansky ma prawo zrobić ci, co tylko zechce. W ten sposób bez powodu wszczyna się wojny.

W normalnych czasach mafia by się w to zaangażowała. Ale strzelanina przypadła na okres, w którym wymierało całe starsze pokolenie. Stare rodziny mafijne były pogrążone w chaosie. Więc ja, Bobby i Gary sami musieliśmy się tym zająć.

Mnie przydzielono zadanie porozmawiania z Lanskym i uzyskania pozwolenia na zabicie jego przybranego syna. Gary słyszał, co Lansky mówił o moim ojcu, kiedy się poznaliśmy, więc w jego opinii Lansky i ja byliśmy ze sobą blisko związani. Ja nie byłem tego taki pewien. Opowieść Lansky'ego o moim ojcu to tylko słowa starego człowieka, wypowiedziane w restauracji. Ale Gary był w to za bardzo zaangażowany, żeby wykonać ten ruch. A Bobby ze względu na swoje hazardowe interesy zdecydowanie chciał pozostać w cieniu. Wszystko zależało ode mnie.

W moim kręgu znajomych najlepiej znał Lansky'ego mój prawnik, Danny Mones. Poradził mi, że najlepiej udać się na plażę przy Imperial House, gdzie mieszkał Lansky[8]. Jego żona miała parę małych hałaśliwych psów, które Lansky każdego ranka wyprowadzał na spacer wzdłuż plaży. Tak żył ostatni gigant starego pokolenia.

Poszedłem tam dwa razy, ale za każdym razem się rozminęliśmy. W końcu zobaczyłem, że idzie plażą. Trzeba mu to przyznać, szedł bez ochroniarzy. Był po prostu starszym panem wyprowadzającym miniaturowe pieski na spacer. To, że mając za sobą takie a nie inne życie, szedł sam po plaży, nie martwiąc się niczym, pokazywało jego prawdziwą siłę.

---

[8] Budynek, w którym mieszkał Lansky, nadal mieści się przy Collins Avenue 5255.

Kiedy podszedłem do niego, wyglądał, jakby się mnie spodziewał.

– Mój przyjaciel jest bardzo zdenerwowany – powiedziałem

– Mój pasierb jest bardzo głupi, ale obiecałem jego matce, że zrobię dla niego, co w mojej mocy. Nie zgodzi się na nic innego. Tyle mogę zrobić.

Choć powiedział, że robi, co w jego mocy, mówił w taki sposób, że wydawało się, że ma na myśli coś zupełnie przeciwnego – jakby się poddał i umywał od tej sprawy ręce.

– Co innego może pan zrobić? Ludzie są zdenerwowani – powiedziałem.

– Mają do tego prawo. – Po czym dodał: – Jesteś dżentelmenem, ponieważ przyszedłeś porozmawiać ze mną, gdy spaceruję z psem. Porozmawiajmy kiedyś ponownie.

Parę dni później Danny Mones powiedział mi, że powinienem się udać do Pumpernick's[9], gdzie Lansky lubił jadać śniadania. Poszedłem tam następnego ranka po rozmowie z Dannym, a Lansky siedział przy stole i jadł swojego łososia. Kiedy podszedłem, skinął głową i powiedział:

– Masz wolną rękę. Niech Bóg cię błogosławi.

Wiedział, że jego pasierb był pieprzonym kretynem. Zastrzelił biednego chłopaka, który nigdy nie zrobił nikomu krzywdy. Załatwiliśmy to jak trzeba. Poprosiliśmy o pozwolenie. Pozwolił nam zabić Richarda Schwartza.

Albert San Pedro napalił się, żeby nam pomóc. Lubił zabijać ludzi i choć szalony, był lojalny. Był też sprytny. Budował swoje imperium w Hialeah, ale zawsze szukał sposobów, by pokazać swoją wartość Włochom.

Zaletą było to, że Albert był Kubańczykiem. Policjanci byli tak głupi, że nie wyobrażali sobie, że Włosi i Kubańczycy mogą ze sobą tak blisko współpracować. Wszyscy widzieli, że Kubańczycy parkowali samochody we włoskich klubach, ale to, że mogą być wspólnikami w ważnej akcji, glinom nie przyszło do głowy. Nadal patrzyli na Kubańczyków, jakby ci byli małpami.

Albert powiedział, że da nam swojego najlepszego strzelca, Ricky'ego Prado. Ricky był czysty. Nigdy nie został aresztowany. Miał normalną pracę w straży pożarnej i pracował w agencji detektywistycznej, którą prowadził Albert. Był poza podejrzeniami.

---

[9] Delikatesy i bistro w Miami, które zamknięto w latach osiemdziesiątych.

Pracowałem z Rickym, kiedy dostarczał nam samochody z kokainą Alberta. Można było na nim polegać, był cichym, porządnym chłopakiem[10]. Ale nie miałem do niego tyle zaufania, by zlecić mu to morderstwo. Ricky narobił mi wstydu parę miesięcy wcześniej. To był drobny incydent, ale pamiętałem o nim, bo miałem z tym gościem zająć się morderstwem.

Albert poprosił mnie o pomoc w załatwieniu mu psa. Zadzwoniłem do mojego kumpla Joego Da Costy z New Jersey i powiedziałem:

– Joe, potrzebuję naprawdę złego psa.

Joe przyjechał do Miami z Sarge'em, monstrualnym owczarkiem niemieckim. Jak wiesz, jeśli chcesz dobrze wytresować psa, powinieneś ćwiczyć wraz z nim. Albert rozumiał to, Joe spędził u niego w domu tydzień i pracował razem z nim. Joe był ogromnym gościem i przywiózł sobą paru kolesi, którzy byli równie wielcy. Jadę tam któregoś dnia, Ricky siedzi ze mną, Joe i jego kumplami. Ricky jest drobny, sądzę, że chce pokazać, jaki to z niego chojrak, bo zaczyna opowiadać o specjalnym szkoleniu, jakie przeszedł, na którym uczono zabijać, o tym, że zna karate[11]. To dziwne, bo normalnie Ricky prawie się nie odzywa. Nagle zaczyna mówić tym ludziom, że jego ręce to śmiercionośna broń i takie tam bzdury. Jest tak żałosny, że gdy zbiera się do wyjścia, jeden z gości Da Costy wskazuje na pistolet Ricky'ego i pyta:

– Nie powinniśmy mu ukraść tego lizaka?

Śmiali się z tego przez parę dni. Wcale mnie nie cieszyło, że Albert chciał, żeby to Ricky był strzelcem. Ale nie mogłem mu odmówić i powiedzieć:

– Nie mam zaufania do twojego strzelca.

Albert uznałby to za osobistą zniewagę.

Kiedy spotkałem się z Rickym, był bardzo podekscytowany zadaniem. Powiedział mi, że ma zamiar wykonać zlecenie w przebraniu – turystyczna koszula, doklejona broda – a ja miałem złe przeczucie. Pomyślałem sobie: „Ten chłopak obejrzał zbyt wiele filmów szpiegowskich".

Oczywiście nie miałem racji. Ricky, zabijając Richarda Schwartza, spisał się doskonale.

---

[10] Prado miał wówczas 27 lat.

[11] W tym czasie Prado trenował sztuki walki w klubie w Miami razem z innym ochroniarzem San Pedra, Miguelem „El Oso" Ramirezem.

ROZDZIAŁ 39

E.W.: Wysiadamy z Jonem z jego cadillaca niedaleko miejsca zbrodni, przy East Bay Harbor Drive i Dziewięćdziesiątej Szóstej Ulicy. Bryza znad zatoki Biscayne łagodzi nieco letni upał. Jon ma na sobie szorty i krzykliwą koszulę w białe i niebieskie paski, która wygląda jak coś, co Simon Le Bon mógł nosić w teledysku Duran Duran z lat osiemdziesiątych. Pokazuje na ścieżkę wzdłuż pobliskich apartamentów Seascape Club. Ścieżka prowadzi do małego doku, ale nie widzimy go, bo zasłaniają go gęste, kwitnące krzaki.

– To tam czekałem w łodzi tego ranka, kiedy Ricky zastrzelił Richarda Schwartza.

Przechodzimy przez ulicę w kierunku lokali położonych wzdłuż brukowanego, obramowanego drzewami chodnika. Mijamy agencję nieruchomości i salon piękności dla zwierząt, później docieramy do restauracji Asia Bay. W 1977 roku mieścił się tu bar Richarda Schwartza z hamburgerami dla smakoszy, restauracja Inside.

– Przychodził tu do pracy co rano – mówi Jon.

Idziemy na parking za restauracją. Jon zatrzymuje się przy miejscu parkingowym położonym obok tylnego wejścia do restauracji.

– Tu Richard Schwartz parkował swój samochód. To tu należało go dorwać – mówi.

Z miejsca, w którym stoimy, do East Bay Drive i ścieżki do doku po drugiej stronie krzaków jest jakieś 30 metrów.

– Po tym jak Ricky go zastrzelił, miał tylko pójść do doku, gdzie czekałem już w mojej łodzi. Moim zadaniem było wrzucenie broni do oceanu.

J.R.: W idealnym świecie zamordowałbyś kogoś w odosobnieniu. Tak jest bezpieczniej. Nie musisz się spieszyć i możesz upewnić się, że nie ma świadków. Ale Richard Schwartz musiał przynajmniej podejrzewać, że ktoś będzie chciał go zabić, a kiedy ktoś spodziewa się, że zostanie zamordowany, trudniej się do niego zbliżyć na osobności.

Nie jest łatwo zastrzelić kogoś na ulicy. Masz świadków. Niespodziewane rzeczy mogą potoczyć się źle. Bay Harbor ma tylko kilka mostów, którymi możesz się wydostać. Ale jedną z zalet zastrzelenia kogoś na otwartej przestrzeni jest to, że ofiara się tego najmniej spodziewa.

To, co sprawiło, że parking przy restauracji Richarda był dobrym miejscem, był fakt, że dok był blisko, więc Ricky mógł mi dać broń po morderstwie. Pierwsze, co powinieneś zrobić po zastrzeleniu kogoś, to pozbyć się broni. Nie mogę tego wystarczająco mocno podkreślić. Oddziel strzelca od broni. Jeśli złapią strzelca, nie będą mieli broni, jeśli nie mają broni, o wiele trudniej jest go oskarżyć. Zawsze pozbywaj się broni, a twoje życie będzie o wiele łatwiejsze.

Razem z Rickym ćwiczyliśmy przez wiele dni. Kiedy zaczęliśmy obserwować bar z hamburgerami, nie mogliśmy uwierzyć, że Richard, po tym jak wyszedł za kaucją, przychodził co rano do pracy. Mieszkał z rodziną w bloku parę przecznic dalej, ale ten leniwy skurwiel zawsze przyjeżdżał do pracy niebieskim cadillakiem. Może jadąc samochodem, czuł się bezpieczniej. Czasem zjawiał się o dziewiątej, czasem później. Ale zawsze się pojawiał.

Ricky wszystko skoordynował w czasie. Miał mieć ze sobą obrzyna schowanego w reklamówce z centrum handlowego Bal Harbor. Miał użyć strzelby z podwójną lufą na zawiasach, która nie wyrzucała łusek. Nie chciał zostawić po sobie śladu. Dojście z parkingu do doku miało zająć mniej niż minutę. Przy doku rosły krzaki, więc nikt nie mógł zobaczyć, jak Ricky przekazuje mi broń. Później Ricky miał przejść częściowo pustą działką do Dziewięćdziesiątej Szóstej Ulicy i East Bay Harbor Drive. Albert albo jeden z jego ludzi mieli go zabrać i wywieźć z wyspy.

Muszę przyznać, Ricky mi zaimponował. Kiedy po raz pierwszy mówił o przebraniu, sądziłem, że jest niespełna rozumu. Ale kiedy ćwiczyliśmy, zawsze wyglądał inaczej, ale normalnie, a nie jak jakieś dziwadło, które wytykałbyś palcem lub zapamiętał.

Gary i Bobby postanowili, że przypłyną ze mną moją łodzią cigarette. Gary z pewnością nie miał zamiaru tego przegapić. Bobby miał przyjść, żeby pilnować Gary'ego. Musieliśmy wybić Gary'emu z głowy, że to on ma zastrzelić Richarda. Później chciał wziąć swoją łódź i sam pozbyć się broni. Chciał mieć jakiś związek z morderstwem. Jaki sens ma zemsta, jeśli nie jest czymś osobistym? Ale łódź Gary'ego miała tylko jeden silnik. Gdyby, broń Boże, podczas ucieczki zepsuł się korbowód albo przewód paliwowy, zatonęlibyśmy. Popłynęliśmy więc moją łodzią, bo miała dwa silniki.

Zabiliśmy Richarda w dzień roboczy[1]. Ja, Gary i Bobby zacumowaliśmy przed dziewiątą. Zabraliśmy ze sobą sprzęt wędkarski i wygłupialiśmy się na łodzi, jakbyśmy szykowali się na wycieczkę. Gary zachowywał się jak klaun. Wciągał łyżki kokainy za każdym razem, gdy sądził, że Bobby nie patrzy. Obaj się śmiali. Nagle *bum, bum*. Niecałe 30 sekund później nadszedł Ricky. Miał na sobie hawajską koszulę i kapelusz typu panama. Niósł reklamówkę z centrum handlowego Bal Harbor. Kiedy zbliżył się do łodzi na odległość paru kroków, zobaczyłem, że się uśmiecha. Dlaczego nie? Wykonał swoją robotę jak trzeba.

Kiedy Ricky wyciągnął z reklamówki obrzyna, Gary podniósł rękę i zamachał, jakby chciał, żeby Ricky rzucił broń. Ricky był prawie na tyle blisko, żeby mu ją podać, ale ją rzucił. Zrobił, co do niego należało. Odszedł i odjechał samochodem, który na niego czekał.

Gary był tak naćpany, że upuścił broń do wody. Bobby się wkurzył. Woda nie była głęboka, ale musiał odepchnąć łódź, żeby Gary mógł zanurkować i wyciągnąć broń. Gdy odgrywaliśmy na łodzi *Zakręcone trio*,

---

[1] Wtorek, 11 października 1977 roku.

usłyszeliśmy syreny, a później rozdzierający krzyk. Jakaś dziewczyna na parkingu wrzeszczała z całych sił. Przynajmniej wiedzieliśmy, że Ricky celnie strzelił[2].

---

[2] Dokumenty kadrowe z posterunku straży pożarnej w Miami-Dade wskazują, że morderstwo Schwartza zostało popełnione podczas jednego z wolnych dni Prada. W 1991 roku Prado stał się celem tej samej federalnej grupy śledczej, która prowadziła dochodzenie w sprawie zaangażowania Alberta San Pedro w przestępczość zorganizowaną. Świadkowie i dowody medycyny sądowej wskazywały na związek Prada z podpaleniami, napadami i trzema morderstwami (poza zamordowaniem Schwarza) rzekomo zleconymi przez San Pedra. W lipcu 1991 roku śledczy federalni przesłuchali Prada w sprawie jego związku z San Pedrem w siedzibie CIA w Langley, w stanie Virginia. Przyznał, że pracował dla niego w latach siedemdziesiątych ale zaprzeczył, że miał jakiś związek lub wiedział coś na temat przestępczej działalności San Pedra. Po interwencji E. Page'a Moffetta, jednego z najważniejszych prokuratorów w CIA, który później został mianowany głównym doradcą Agencji Bezpieczeństwa Narodowego, śledztwo w sprawie domniemanych związków Prada z San Pedrem zostało nagle zakończone. Moffett przynajmniej jeden raz przyjechał do Miami i lobbował w tamtejszym Biurze Prokuratora Generalnego. Moje źródła, które były zaangażowane w tę sprawę, mówią, że Moffett argumentował, że oskarżenie Prada zagrażało „bezpieczeństwu narodowemu". CIA także odmówiło przekazania całych odcisków palców Prada, żeby pomóc śledczym FBI zidentyfikować częściowe odciski palców, które sądzono, że należą do niego, a które zostały znalezione na miejscu innego morderstwa. Ale Prado uzyskał największą ochronę dzięki poprzedniej ugodzie, jaką federalny prokurator Dexter Lehtinen wynegocjował z San Pedrem. Kiedy sędzia uznał w 1992 roku, że wcześniejszy immunitet San Pedra chronił go przed oskarżeniem w sprawie związanej z przestępczością zorganizowaną, kontynuacja oskarżenia Prada stała się trudniejsza. Po tej sprawie i oskarżeniach o morderstwo Prado zniknął z Miami, wybił się w hierarchii CIA i stał się kierownikiem wykonawczym w Centrum Zwalczania Terroryzmu CIA, za co dostał od Nagrodę George'a H.W. Busha za wybitne osiągnięcia za swoją służbę podczas wojny z terroryzmem. Odszedł na emeryturę w 2004 roku jako SIS-2, odpowiednik generała dywizji. W 2005 roku został starszym oficerem w Blackwater, prywatnej firmie teraz znanej jako Xe. W 2009 roku, po tym jak dyrektor CIA Leon Panetta poinformował Kongres, że agencja stworzyła prawdopodobnie nielegalną „jednostkę ds. celowanych zabójstw" albo „szwadrony śmierci", jak określiły ją media – skupioną na zabijaniu terrorystów na całym świecie – Prado został zidentyfikowany jako szef tej jednostki. Został również zdemaskowany jako osoba, która przeniosła program „szwadrony śmierci" do Blackwater bez organizowania przetargu. Niedawno Prado był celem śledztwa dotyczącego działań w Blackwater, którym rzekomo przewodził, a które miały na celu korzystanie z nieistniejących firm do zdobywania broni i popełniania innych prawdopodobnie nielegalnych czynów. Opisując działania Prada w Blackwater w artykule *30 False Fronts Won Contracts for Blackwater* opublikowanym 4 września w „New York Times", James Risen i Mark Mezzitti napisali: „Oprócz innych rzeczy, szefowie firmy oskarżeni są o pozyskanie dużych ilości AK-47

Świadkowie zeznali, że usłyszeli strzały i pobiegli na tył parkingu, gdzie znaleźli Schwartza, który umierał na chodniku obok swojego niebieskiego cadillaka. Przechodzień powiedział, że wydawało mu się, że jakiś mężczyzna podszedł do samochodu tuż przed strzelaniną.

Verne Williams i Bill Gjebre, *Lansky Stepson Murdered*, „Miami News", 12 października 1977.

Zabójca strzelił z odległości około 40 centymetrów, kula przeszła na wylot, rozbijając szyby w oknach po obu stronach. Nie pozostawiono łusek ani śladów opon. Córka Schwartza Debbie wybiegła z mieszkania [rodziny] znajdującego się kilka przecznic dalej. „Wiedziałam, że to się stanie", wykrzyknęła, kiedy zobaczyła go leżącego na chodniku. „Tatuś nie żyje".

Revenge Thought Murder Motive, UPI, 13 października 1977.

Ależ byliśmy bandą ciołków. Spędziliśmy z pięć minut, wyławiając broń z wody. Zanim odpaliliśmy łódź, na parkingu już rozpętało się piekło. Ale nikt nie zwracał na nas uwagi.

Wypłynąłem łodzią półtora kilometra na południe do Haulover Cut i wypłynąłem do zatoki Biscayne. Przyspieszyłem i po 15 kilometrach Gary wyrzucił broń do oceanu. Wychodził z siebie. Pozbył się broni, z której zabito gościa – mordercę jego brata. Bobby otworzył butelkę johnny'ego walkera. Razem z Garym zaczęli wiwatować i przybijać piątki, jakby wygrali ważny mecz.

i automatycznych karabinków M-4 i sprawienie, by wyglądało na to, że zostały kupione przez biuro szeryfa w Camden County w Karolinie Północnej". Dodają: „Niejasne jest, jak wiele powiązań między Blackwater a CIA zostanie ujawnione w trakcie śledztwa w Karolinie Północnej, ponieważ administracja Obamy pozyskała nakaz sądowy ograniczający użycie utajnionych informacji". Oficjalnie Jon Roberts po raz pierwszy opowiedział o zabiciu wraz z Pradem Richarda Schwartza agentom FBI w 1992 roku, na długo przed tym, jak Prado został publicznie zdemaskowany jako agent CIA. W czasie, gdy Jon złożył zeznania dotyczące domniemanej roli Prada w zabójstwie, prowadzący śledztwo ciągle mieli nadzieję na postawienie Prada przed sądem federalnym za udział w przestępczości zorganizowanej lub przed sądem stanowym za morderstwa, pomimo prawnych przeszkód w sprawie przeciwko San Pedrowi. Jeden z tych śledczych, były detektyw z posterunku policji w Miami-Dade i członek oddziału specjalnego ds. walki z przestępczością zorganizowaną,powiedział mi niedawno: „Ciągle mam nadzieję, że wsadzę Prada do więzienia za morderstwo".

To było dziwne. Tego ranka zrobiło mi się trochę smutno. Popatrzyłem na Bobby'ego i Gary'ego i pomyślałem: „Tyle było zabijania". Ludzie w Miami cały czas znikali, ale informacje o tym nie trafiały do mediów. Niektórzy z tych ludzi zasługiwali na śmierć. Inni nie. Kilku z nich było moimi przyjaciółmi. Jeśli bagna i ocean w tej okolicy kiedykolwiek wyschną, będę ciekaw, co odkryjemy na ich dnie.

Tego ranka, kiedy zabiliśmy Richarda Schwartza, poczułem się zmęczony. Ale otrząsasz się z tego. Wieczorem zjedliśmy na kolację dobre steki. Od gliny, którego znał Danny Mones, dowiedzieliśmy się, że nastoletnia córka Richarda Schwartza była pierwszą osobą, która go znalazła po tym jak odstrzelono mu twarz[3]. Teraz jego mała dziewczynka mogła poczuć to, co poczuł Gary, gdy stracił brata. Taka jest sprawiedliwość. Nie cieszyłem się, ale mam nadzieję, że Richard Schwartz czuł się dobrze z tym, że zmusił nas do zrobienia czegoś takiego.

---

[3] Schwartz został trafiony raz w tors, a raz w głowę, z tak bliskiej odległości, że elementy łusek zostały wbite w jego klatkę piersiową.

ROZDZIAŁ 40

J.R.: Mój dziadek Poppy zmarł przed Bożym Narodzeniem w 1977 roku. Zmarł w wannie. Lubił brać kąpiele. Jego serce przestało bić, gdy się kąpał. Poppy ciężko pracował przez całe życie, lubił spędzać czas, łowiąc ryby i pisząc te swoje głupie wiersze. Był dobrym człowiekiem. Kochał wodę i zmarł w wannie pełnej ciepłej wody.

Poppy trzymał słój z prochami babci. Chciał, żebyśmy z siostrą zmieszali ich prochy i rozrzucili na oceanie niedaleko Nowego Jorku, gdzie wędkował. Chciał leżeć w wodzie razem z babcią w pobliżu miasta, w którym się poznali i zakochali w sobie.

Nie miałem ochoty odmrozić sobie jaj w środku zimy w Nowym Jorku, rozsypując prochy z pokładu łodzi. Chciałem zaczekać z tym do lata, ale siostra ześwirowała i utrudniła całą sprawę.

JUDY: Śniło mi się, że Poppy był uwięziony w słoiku i nie mógł być z babcią, dopóki nie wymieszamy ich prochów w wodzie. To był okropny sen. Zadzwoniłam do Jona i powiedziałam:

– Poppy chce teraz trafić do oceanu. Nie możemy czekać.

Jon bywa czasem takim dobrym bratem. Rzucił wszystko, przyleciał do Nowego Jorku i wynajął helikopter. Polecieliśmy nad ocean. Pilot powiedział nam, że nie wolno nam wysypywać prochów do oceanu, gdzie chcemy, ale Jon poinformował pilota, że zrobimy to tylko tak, jak on chce.

J.R.: Kiedy siostra zadzwoniła i opowiedziała mi o swoim szalonym śnie, powiedziałem:

– To niedorzeczne. Nie są już naszymi dziadkami. To dwie puszki po kawie wypełnione popiołem.

Ale moja siostra miewa czasem silną wolę i łatwiej wtedy z nią nie walczyć. Więc pojechałem do Nowego Jorku. Załatwiłem helikopter. Pokłóciłem się z pilotem, żeby pozwolił nam wyrzucić prochy tam, gdzie chcieliśmy. Otworzyliśmy drzwi, żeby rozsypać prochy i była to katastrofa. Mróz. Prochy wiejące w każdą stronę. Przynajmniej miałem siostrę z głowy.

JUDY: Czy Jon powiedział ci, że płakał? Zareagował bardzo emocjonalnie, gdy wsypaliśmy do wody prochy dziadków. Jon był tak blisko z Poppym. Wsiadałam w samolot i przyjeżdżałam do jego domu przy Indian Creek. Gdy Poppy osłabł, Jon musiał nosić go do samochodu na rękach. Jedliśmy razem wspaniałe posiłki. Jon bywa czasem humorzasty, ale nigdy nie był taki w obecności Poppy'ego. Bardzo o niego dbał.

Wiem, dlaczego Jon płakał po śmierci Poppy'ego. Dał upust uczuciom. Jon dusił wszystko w sobie, kiedy zmarła nasza matka. Przy Poppym czuł się bezpieczny, bo wiedział, że Poppy go kochał. Kiedy zaczął płakać, wylał z siebie wszystko, co powstrzymywał przez wiele lat. Załamał się. W końcu płakał z powodu naszej matki. Mój sen był prawdziwy. Ale w słoju uwięziony był nie tylko dziadek, ale też Jon. Tego dnia pokazał się z najlepszej strony. Cieszę się, że byłam tego świadkiem. To był dzień pełen radości.

J.R.: Moja siostra opisuje ten koszmarny przelot helikopterem, jakby to było *Przeminęło z wiatrem*. Nie płakałem. Miałem łzy w oczach, bo wiatr dmuchał mi prochami Poppy'ego w twarz.

ROZDZIAŁ 41

J.R.: Miałem 29 lat, kiedy zmarł Poppy. Przez całe życie myślałem tak, jak nauczył mnie ojciec, gdy pokazywał, jak przetrwać. Mówienie, że „zbrodnia nie popłaca" jest najbardziej niedorzecznym zdaniem, jakie słyszałem w życiu. Sadząc drzewa, zarabiałem 400 dolarów na miesiąc, a handlując kokainą 400 000.

Miałem tyle pieniędzy, że mogłem zrobić sobie parę lat przerwy. Ale nigdy nie odpoczywałem. Pieniądze nie były już dla mnie priorytetem. Handlowanie kokainą dostarczało mi takiego kopa, jak napady w Nowym Jorku. Później, mniej więcej w tym czasie, gdy zmarł Poppy, ekscytacja związana ze sprzedażą kokainy zaczęła zanikać. Znudziłem się. Na szczęście w 1978 roku pojawiło się nowe wyzwanie. Przestałem się zajmować sprzedażą kokainy, zająłem się importem. Stało się tak, gdy poznałem Kolumbijczyków.

Poznałem ich dzięki jednemu z synów Dona Aronowa. Aronow był mistrzem wyścigów motorowodnych i konstruktorem łodzi wszech czasów[1]. Jego rodzina zbudowała łódź Donzi, którą wypłynąłem na Fire Island wtedy, gdy Jimi Hendrix próbował pływać na nartach wodnych. Pamiętasz moją bordową cigarette, którą zniszczył Bobby Erra? Kupiłem

---

[1] „Między 1963 a 1975 rokiem Aronow dwukrotnie zdobył mistrzostwo sportów motorowodnych, trzy tytuły w Stanach Zjednoczonych, ustanowił liczne rekordy prędkości i zasłynął jako »ojciec chrzestny sportów motorowodnych«. Elizabeth A. Ginns, *The Tale of Two Cities*, „Power & Motor Yacht Magazine", czerwiec 2003.

ją w 1976 roku po tym, jak zobaczyłem ją na targach sportów wodnych. Wtedy nie znałem Aronowa. Zobaczyłem łódź, zakochałem się w niej, a kiedy powiedziałem sprzedawcy, że chcę ją kupić, odpowiedział, że nie jest na sprzedaż.

– Żartujesz sobie ze mnie?

– Będzie pan musiał porozmawiać z panem Aronowem.

Salon wystawowy Aronowa był także jego fabryką. Zlokalizowany przy Thunderboat Row, gdzie mieściły się najlepsze firmy świata produkujące łodzie wyścigowe[2]. Aronow był najlepszy przy Thunderboat Row. Kiedy wchodziłeś do jego sklepu, na jednej ze ścian były powieszone zdjęcia Dona ze znanymi ludźmi, którzy kupili jego łodzie –Lyndonem Johnsonem, Steve'em McQueenem, szachem Iranu, George'em Bushem[3].

Don był fenomenalnym sprzedawcą. Był wysoki. Wyglądał jak gwiazdor filmowy. Sprawiał wrażenie gościa z klasą. Kiedy przedstawiłem się i powiedziałem, że chcę kupić bordową cigarette, zaprosił mnie do swojego gabinetu na piętrze.

Wyglądał jak luksusowy apartament. W podłodze były okna, przez które było widać, jak powstaje twoja łódź. Jeśli byłeś dobrym klientem, Don zapraszał cię na imprezy, które tam organizował. Wszędzie dokoła były piękne dziewczyny. Wszystkie piękne kobiety lubią szybkie łodzie, więc błagały o zaproszenie na jego przyjęcia. Mogłeś imprezować przez całe popołudnie z jedną z takich dziewczyn i równocześnie oglądać, jak montują kil w twojej łodzi. To był sekret sukcesu sprzedażowego Dona. Nie kupowałeś tylko łódki. Kupowałeś każdą piękną kobietę, jaką kiedykolwiek widziałeś i jaką miałeś dopiero zobaczyć, i oczywiście radość z pływania najszybszą łódką na świecie.

Kiedy się spotkaliśmy, Don powiedział mi, że nie może sprzedać mi bordowej cigarette, bo zbudował ją dla jednej ze swoich dziewczyn.

---

[2] Thunderboat Row, położone wzdłuż głównego kanału prowadzącego do Zatoki Biscayne przy Sto Osiemdziesiątej Ósmej Ulicy, było „półkilometrową ulicą, dawniej kojarzącą się z zapachem schnącego włókna szklanego i hałasem wielkich silników". Z poprzednio cytowanego artykułu *The Tale of Two Cities*.

[3] George H. W. Bush, wówczas dyrektor w CIA, był – podobnie jak Jon – entuzjastą łodzi motorowych Aronowa i właścicielem kilku z nich.

Napaliłem się na tę łódź jeszcze bardziej, zaproponowałem mu absurdalną kasę i w końcu zgodził się ją wziąć.

Miesiąc później odebrałem moją łódkę i udałem się do jego sklepu, żeby powiedzieć mu, jak bardzo jestem z niej zadowolony. Kiedy tam wszedłem, oskarżył mnie o to, że przespałem się z jego dziewczyną. Był to jeden z niewielu przypadków, gdy koleś mówił mi coś takiego i nie było to prawdą. Nie wiem, czy jego dziewczyna wymyśliła to, żeby wzbudzić w nim zazdrość czy coś takiego, ale napadł na mnie tak gwałtownie, że nie miałem możliwości się bronić. Krzyczał:

– Sprzedałem ci najlepszą łódź, a ty tak mi się odwdzięczasz.

– Kim ty kurwa jesteś? Producentem łódek? Weź te swoje łódki i wsadź je sobie w dupę.

Czułem się bardziej urażony niż zły. Dopiero co zaprzyjaźniłem się z najlepszym producentem łodzi na świecie, a już chciał się mnie pozbyć ze swojego życia. Parę dni później Don zaprosił mnie do swojego sklepu. Powiedział:

– Po tym jak sobie poszedłeś, rozmawiałem z kimś o tobie. Nie miałem pojęcia, kim jesteś. Przepraszam.

Nigdy nie mieliśmy z sobą problemu. Don nie był złym gościem. Dorastał w New Jersey. Nie pochodził z bogatej rodziny, ale ożenił się z bogatą dziewczyną, której ojciec wprowadził go do przemysłu budowlanego. Dobrze sobie z tym poradził i przeprowadził się na Florydę, żeby wyrobić sobie renomę w przemyśle motorowodnym[4].

Don był urodzonym cwaniakiem. Sprzedawał łodzie przemytnikom, bo dzięki jego technologii i dizajnowi były takie szybkie. Wykorzystywał swoją przyjaźń z George'em Bushem, żeby sprzedawać rządowi łodzie, którymi ścigali przemytników. Don był geniuszem, bo łodzie, które sprzedawał rządowi, były odrobinę wolniejsze niż te, które sprzedawał

---

[4] Aronow przeprowadził się z rodziną na Florydę na początku lat sześćdziesiątych, po tym jak dostał obsesji, że New Jersey zostanie zniszczone w wyniku wojny nuklearnej. Wkrótce po jego przyjeździe do Miami kryzys kubański doprowadził Florydę na skraj ataku nuklearnego. Jednak Aronow pozostał w Miami, ponieważ w tym czasie miał już nową obsesję – łodzie.

przemytnikom[5]. Nie było mowy, żeby pozwolił złapać przemytników. Byli jego najlepszymi klientami[6].

W tym samym czasie Aronow pomagał rządowi toczyć wojnę z narkotykami. Zainstalował za swoim salonem dwudziestotrzytonowy podnośnik dla łodzi, który wynajmował przemytnikom trawy. Przemytnicy podpływali tam łodziami załadowanymi tonami marychy, a on podnosił całą łódź i ładował ją na ciężarówkę, którą można było rozładować w spokoju w magazynie. Rozładowywanie wiązało się dla przemytników z największym ryzykiem złapania. Podnośnik łodzi Dona rozwiązywał ten problem. W ostatecznym rozrachunku przemytnictwo przysporzyło mu trochę problemów, ale i tak odniósł spory sukces[7].

Nigdy nie używałem łodzi Dona do przewożenia narkotyków. Miały tylko dostarczać przyjemności. Ale jego sklep był jak kwatera główna przemytników w Miami. Wszyscy, którzy zajmowali się narkotykami, pojawiali się u Dona. Raz na jakiś czas musiał oczyścić teren, gdy z wizytą miał się zjawić jego kumpel George Bush. Poza tym to miejsce należało do nas. Wszyscy poznali synów Dona. Świetne dzieciaki. Jeden z nich został okaleczony w wypadku samochodowym, ale zdołał zostać bardzo dobrym treserem koni. O ile mi wiadomo, żaden z synów Dona nie był zaangażowany w handel kokainą, ale mieli pojęcie, czym się zajmuję. Któregoś dnia jeden z nich przyszedł do mnie i powiedział, że w salonie spotkali gościa, którego powinienem poznać.

W tym czasie, w 1978 roku, nadal byłem z Phyllis, ale miałem też oddzielne mieszkanie w Coral Gables, w którym urządzałem imprezy.

---

[5] Nie ma dowodów na to, że George'a H.W. Busha łączyły z Aronowem nielegalne interesy. Jednakże, kiedy Bush został wiceprezydentem i głównym ekspertem ds. wojny z narkotykami, służby celne podpisały z Aronowem lukratywny kontrakt. Zbudował dla nich flotę trimaranów, które teoretycznie były szybsze niż łodzie cigarette, jednak tylko na spokojnym morzu. Na wzburzonych wodach cigarette, które Aronow sprzedał przemytnikom, z łatwością wyprzedzały łodzie sprzedane celnikom. Program został przez większość uznany za bezużyteczny, a także ośmieszył Busha, który z wielką pompą osobiście testował szybkość łodzi Aronowa i uznał je za „nie do pokonania".

[6] Firmy produkujące motorówki zostały zdziesiątkowane z powodu kryzysu naftowego w latach siedemdziesiątych. Zakupy czynione przez przemytników narkotyków były kluczem do ich przetrwania.

[7] Aronow został zastrzelony przed swoim salonem Thunderboat Row 3 lutego 1987 roku, przez dilera narkotyków, który poczuł się przez niego oszukany.

Powiedziałem synowi Dona, żeby skierował tam tego gościa. Przyszedł niski przysadzisty Kolumbijczyk, Pancho. Miał dwadzieścia parę lat. Wyglądał jak wieśniak, któremu ktoś kupił garnitur i krawat i ubrał go w te ciuchy, jeszcze zanim nauczył go wiązać buty. Słabo mówił po angielsku. Kiedy się uśmiechał, pokazywał krzywe złote zęby. Był twardy, spodobał mi się.

Mój hiszpański, który podłapałem od Kubańczyków, był lepszy niż angielski Pancha. Poszliśmy razem do paru klubów. Poderwaliśmy parę dziewczyn, wciągnęliśmy parę kresek. Po paru nocach powiedział mi:

– Wiesz, mogę załatwić naprawdę tanio kokainę.

Nie powiedziałem mu, czym się zajmuję, ale było to wystarczająco jasne. Zapytałem, jaka byłaby cena kokainy, i podał sumę, która była zdecydowanie za wysoka. Wyśmiałem go.

– Okej, przyprowadzę znajomego. Może on będzie w stanie zaoferować ci lepszą cenę –powiedział.

Tydzień później Pancho podjechał pod mój dom kabrioletem Rolls--Royce'a. Obok niego siedział mały chłopak, który prawdopodobnie nie był w stanie wyhodować sobie trzech włosów na brodzie. Miał długie czarne włosy. Wyglądał niemal jak dziewczyna.

Kiedy wyszedłem przed dom, Pancho obszedł samochód i otworzył dzieciakowi drzwi. Chłopak miał na sobie kobaltową marynarkę. Podszedł do mnie, sięgnął do wewnętrznej kieszeni i wyciągnął butelkę.

„Beve, beve, beve" – pij, pij, pij – mówi.

Uważam, że jest zabawny, więc biorę butelkę i pociągam łyka. Czuję się, jakbym połknął koktajl Mołotowa. Cała klatka piersiowa płonie. Dowiedziałem się, że nazywają ten napój aguardiente[8] i jest to niemal narodowy napój Kolumbijczyków. Piją to jak Gatorade.

Kaszlę i umieram, a chłopak się śmieje. Klepie mnie po plecach i mówi:

– Cześć chłopie, jestem Fabito. Zabawmy się[9].

---

[8] Aguardiente to skrót od słów „woda" i „ognisty". W Kolumbii spożywają go głównie ludzie z górzystych części kraju – w których również najlepiej uprawia się liście koki.

[9] Fabio Ochoa Vasquez. Jon nazywa go Fabito, zdrobnieniem, które można przetłumaczyć jako „mały Fabio".

Fabito miał 21 lat, gdy się poznaliśmy. Niedawno przyjechał do Miami, żeby pomóc ojcu w prowadzeniu rodzinnego interesu. Jego ojcem był Don Ochoa, ojciec chrzestny kartelu z Medellín[10]. W 1978 roku kartel dopiero się rozkręcał. W rodzinie było trzech synów, Jorge, Juan i najmłodszy Fabito. Fabito przyjechał do Miami, żeby pomóc w rozwoju rodzinnego biznesu. Szukali ludzi, którzy pomogliby im rozprowadzać kokainę – importować ją i dystrybuować. Mieli już w Miami i innych miastach Kolumbijczyków, którzy rozprowadzali towar. Trudniejszym zadaniem było dostarczenie jej do kraju. Fabito wysyłał więc swojego ochroniarza, Pancha, na poszukiwanie gości, którzy mogliby im pomóc. Jeśli ktoś wydawał się godny zaufania, Fabito spotykał się z nim.

Poznałem się z Fabitem w czasie, gdy kokainowy biznes zaczynał się rozwijać. Przyjechał do Miami, żeby zbudować rodzinne imperium, a ja pomogłem mu to zrobić. Odnalazłem w tym swoją prawdziwą życiową pasję. Chodziło o pokonanie amerykańskiego rządu. Na tym polegał przemyt. Wciągnęło mnie to bardziej niż wszystko, co robiłem wcześniej. Nigdy nie uzależniłem się od kokainy, ale na pewno uzależniłem się od przemycania jej.

---

[10] Nazywał się Fabio Ochoa Restrepo, ale posługiwał się grzecznościową formą „Don Ochoa". Ochoa zmarł w 2002 roku i pochodził z kolumbijskiej rodziny polityków i bogatych właścicieli ziemskich o długich tradycjach. Przez całe życie zaprzeczał, że miał cokolwiek wspólnego z kartelem z Medellín. Jego synowie Fabio, Jorge i Juan byli kluczowymi członkami kartelu.

ROZDZIAŁ 42

J.R.: Ojciec Fabita, Don Ochoa, był wielkim tłustym kolesiem, który uwielbiał jeździć na tych małych białych koniach, Paso Fino. Niektóre tłuściochy gdy jadą konno, wyglądają śmiesznie. Don Ochoa nie był śmieszny. Był świetnym hodowcą koni wyścigowych[1], jednak jego największym osiągnięciem było zbudowanie kartelu z Medellín. W ciągu paru lat Kolumbijczycy zarobili więcej pieniędzy niż mafia przez całe stulecie[2].

Żebyś zrozumiał, co zrobili Ochoa, muszę wytłumaczyć ci parę rzeczy. Przemyt narkotyków na Florydzie wymyślili Kubańczycy. Wielu z tych

---

[1] W opublikowanej własnym nakładem autobiografii Don Ochoa napisał o sobie, że w świecie hodowli koni w Kolumbii jest tym, czym Garcia Márquez w świecie liter.

[2] Kiedy Jon używa określenia „Kolumbijczycy", ma na ogół na myśli członków należącego do Ochoi kartelu z Medellín, zdecydowanie największego z kolumbijskich karteli. Istniały jednak inne, na przykład kartel Cali. Porównanie amerykańskiej mafii i kolumbijskich karteli nie jest łatwe. Jedna z prób oszacowania osobistego majątku Carla Gambino, gdy w latach sześćdziesiątych był u szczytu swojej potęgi, przyniosła liczbę 1,5 miliarda dolarów (uwzględniono inflację), jednak wpływ mafii, kontrola związków zawodowych i możliwość wpływania na wyniki wyborów poprzez korupcję urzędników dawała Gambino wpływy sięgające poza czysto finansową skalę działań gangsterów. Szacuje się, że kartel z Medellín wypracował dla swoich właścicieli w latach osiemdziesiątych dochody rzędu 50 miliardów dolarów. W 1987 roku „Forbes" oszacował, że Pablo Escobar, człowiek numer dwa w kartelu, ma majątek wartości 24 miliardów dolarów, co czyniło go siódmym najbogatszym człowiekiem na świecie. Choć porównania są mało precyzyjne, w jednym punkcie Jon z pewnością ma rację: kartel z Medellín zbił jedną z największych na świecie fortun i zrobił to w przeciągu zaledwie dekady.

Kubańczyków, których mafia sprowadziła na Florydę po pojawieniu się Castro, zostało zrekrutowanych do walki w Zatoce Świń[3]. Kiedy inwazja się nie udała, wrócili do pracy w klubach nocnych przy Siedemdziesiątej Dziewiątej Ulicy[4]. Kiedy Amerykanie zaczęli w latach sześćdziesiątych palić trawkę, Kubańczycy, którzy zostali wyszkoleni przez CIA do używania łodzi i samolotów na potrzeby inwazji w Zatoce Świń, postanowili wykorzystać swoje umiejętności do przemytu trawy[5]. Takie były początki przemytu. Udawali się tam, gdzie rosła marihuana, na Jamajkę, do Kolumbii czy Meksyku, odbierali towar i dostarczali go do Miami.

Jeśli idzie o trawę, łatwo było ją hodować, problemy pojawiały się przy przemycaniu. Z kokainą było inaczej. Liście koki rosną tylko w pewnych częściach Kolumbii i Boliwii i nie możesz tak po prostu zerwać liści i wciągnąć ich nosem. Produkcja kokainy to proces. Wymaga środków

---

[3] Inwazja w Zatoce Świń to nieudana próba inwazji na Kubę, podjęta w 1961 roku przez armię kubańskich emigrantów wyszkolonych przez CIA. Wielu z nich pracowało dla firm kontrolowanych przez mafię, zarówno przed, jak i po tej spartaczonej operacji.

[4] Federalna grupa do zadań specjalnych odnotowała, że jeszcze w 1975 roku kilku z Kubańczyków zatrudnionych na parkingu prowadzonego przez mafię Dream Bar, było członkami Brygady 2506, głównej jednostki bojowej w dowadzonej przez CIA inwazji.

[5] Wśród najważniejszych kubańskich przemytników, mających powiązania z CIA, byli członkowie rodziny Tabraue, którzy w 1989 roku zostali skazani za import 225 000 kilogramów marihuany. Kiedy patriarcha rodziny, Guillermo Tabraue, stanął przed sądem, wezwał emerytowanego agenta CIA jako świadka obrony. Jak donoszą w *CIA for Defense*, w wydaniu „The Nation" z 17 kwietnia 1989 roku David Corn i Jefferson Morley, starszy Tabraue służył jako szkolony przez CIA najemnik podczas inwazji w Zatoce Świń i otrzymywał od Agencji tygodniówkę w wysokości 1400 dolarów nawet wtedy, gdy prowadził jedną z największych grup szmuglujących narkotyki w USA. Inny kubański przemytnik, Manuel Revuelta, zaczął karierę jako krupier w prowadzonym przez Patsy'go Errę kasynie w Hawanie, później służył jako szkolony przez CIA pilot podczas działań w Zatoce Świń, utrzymując równocześnie posadę kasjera w Dream Bar i hotelu Fontainebleau. W 1982 roku Revuelta został skazany za przewodzenie dużej grupie zajmującej się przemytem marihuany. Akta FBI dotyczące Revuelty, które przeglądałem, odnotowują historię jego zatrudnienia w CIA. Pierwsze aresztowanie dotyczyło kradzieży bomb z Bazy Sił Powietrznych w Homestead w 1959 roku. Bomby miały zostać spuszczone na elektrownie w Hawanie, w ramach planu CIA. Kiedy rozmawiałem z Revueltą w 2009 roku, powiedział mi, że zajął się przemytem narkotyków po tym, jak pod koniec lat sześćdziesiątych CIA obcięła mu pensję. Kiedy rozmawialiśmy, Revuelta zakończył już odsiadywanie ponaddziesięcioletniego wyroku i pracował jako kasjer w sklepie z bajglami dla smakoszy w Aventurze.

chemicznych. Wymaga pracowników i czasu. Żeby ją wytworzyć, potrzebujesz fabryki.

Na koniec tego procesu otrzymujesz towar, który w latach siedemdziesiątych wart był dziesięć razy więcej niż złoto[6]. Wielu Kolumbijczyków podjęło wyzwanie i zaczęło produkować kokainę. Ci mądrzejsi nie chcieli tylko wrzucić wartego 50 000 dolarów kilograma kokainy na łódź kierowaną przez Kubańczyka i pomachać mu na pożegnanie. Chcieli kontrolować cały proces.

Kiedy Don Ochoa, który prowadził interesy w Medellín, startował w biznesie, miał przewagę. Już był bogaty. Miał rancza na terenie całej Kolumbii. Miał sieć restauracji. Już na początku miał w kieszeni sędziów i polityków. Jako biznesmen wiedział, jak zarządzać organizacją.

Inni Kolumbijczycy nie byli tak mądrzy. Zbierali liście, ale nie mogli zbudować fabryk, żeby je odpowiednio przetworzyć. Dlatego Albert miał problemy z jakością kokainy. Jego towar został wyprodukowany przez opieprzających się Kolumbijczyków.

Don Ochoa prowadził swoją firmę jak IBM. Jeśli wysyłał 500 kilo do Stanów Zjednoczonych, każda paczka była oznaczona. Ten znak mówił ludziom przemycającym towar, do kogo ten kilogram miał trafić i ile Kolumbijczycy mieli za niego dostać. Znak informował też Kolumbijczyków, gdzie ten kilogram został wyprodukowany, ile kosztowały środki chemiczne potrzebne do produkcji, skąd pochodziły liście i jak czysty był towar. Ludzie Ochoi wiedzieli wszystko o każdym pieprzonym kilogramie kokainy, jaki kiedykolwiek wysłali. Kontrolowali towar od momentu, gdy był liśćmi na drzewie, do momentu tuż przed tym, jak jakiś idiota wciągnął go nosem w łazience w Los Angeles albo w Des Moines. Ich biznes był uporządkowany.

Don Ochoa był jak dyrektor generalny tej firmy. Jego najstarszy syn Jorge był prezesem. Kiedy zaczynali, wszyscy w Kolumbii walczyli między sobą. Ale rodzina Ochoa tak dobrze prowadziła interes, że gdy udali się do swoich konkurentów w Medellín i powiedzieli: „Połączmy siły, a wszyscy na tym skorzystamy", inni ludzie zdecydowali się do nich dołączyć.

---

[6] Złoto kosztowało w połowie lat siedemdziesiątych około 200 dolarów za uncję, czyli około 28 gramów, co oznaczało, że kilogram złota kosztował około 7000 dolarów. Kilogram kokainy osiągał w hurcie cenę 50 000 dolarów i schodził na ulicy za cenę dwu-, trzykrotnie wyższą, był więc o wiele cenniejszy niż złoto.

Oczywiście rodzina Ochoa musiała stoczyć parę bitew, żeby móc im przewodzić, ale mniej więcej takie były początki kartelu.

Ludzie w kartelu mieli różne talenty. Na początku Carlos Lehder był ich najlepszym specem od transportu[7]. Pablo Escobar pracował na ulicy i walczył z rodziną Ochoa, ale doszło do rozejmu i przejął nadzór nad produkcją[8]. Choć Escobar był twardy, Ochoa zawsze mieli przewagę, bo mieli liście.

Don Ochoa pozostawał w cieniu. Wszystkich wystawiał przed siebie. Pablo Escobar został czołowym żołnierzem imperium. To on stanął w blasku reflektorów. Ale Don Ochoa był z nich wszystkich najmądrzejszy. Kiedy pozostali toczyli jego wojnę, on siedział na swoim ranczu i patrzył, jak spływały do niego pieniądze. Jeździł konno i jadł świetne jedzenie. Był jak każdy inny gruby skurwiel szefujący wielkiej korporacji.

---

[7] Lehder był Kolumbijczykiem niemieckiego pochodzenia. Początkowo był złodziejem samochodów w Medellín, jako pierwszy zaczął używać łodzi marki Bahama jako środka transportu do przewożenia kokainy Ochoi do Miami. Był wśród pierwszych Kolumbijczyków, którzy zepchnęli Kubańczyków na boczne tory. Pod koniec lat siedemdziesiątych wypadł z łask rodziny Ochoa z powodu swojej megalomanii – nalegał na to, by podczas spotkań biznesowych siedzieć na olbrzymim złoconym tronie – i z powodu swojego uwielbienia dla Adolfa Hitlera, które przejawiało się w noszeniem swastyk i witaniem wspólników nazistowskim pozdrowieniem. W 1987 został poddany ekstradycji do Stanów Zjednoczonych, gdzie odsiaduje długi wyrok, pomimo próśb o przeniesienie do „Ojczyzny" – Niemiec – gdzie jak sądzi, czułby się bardziej komfortowo.

[8] Escobar urodził się w 1949 roku i w latach osiemdziesiątych był zdecydowanie najsłynniejszym członkiem kartelu.

ROZDZIAŁ 43

J.R.: Spędziłem z Fabitem kilka tygodni, zacieśniając więzi. Spotykaliśmy się w moim mieszkaniu w Coral Gables, wciągaliśmy kreski i chodziliśmy do barów i klubów. Pancho zawsze szedł z nami. Któregoś dnia Fabito pojawił się sam. Powiedział:

– Chodź. Ty i ja idziemy razem na imprezę, taką jak lubię.

– Jakie imprezy lubisz?

– Pokażę ci.

Wsiedliśmy z Fabitem do jego rolls-royce'a kabrio i pojechaliśmy na uniwersytet w Miami. Zaparkował przy sali wykładowej. Spojrzał na zegarek i powiedział:

– Jeszcze pięć minut.

Upłynęło pięć minut i nagle setki studentów zaczęły wylewać się z sali. Musiały to być jakieś zajęcia głównie dla dziewcząt, pielęgniarstwo czy poezja, bo większość z nich to były kobiety. Dziesiątki osiemnasto- i dziewiętnastolatek przechodziły obok naszego samochodu. Uśmiechały się do nas, zaciekawione, kim są goście w rolls-roysie. Fabito patrzy na mnie i mówi:

– Spójrz.

Wyjmuje ze schowka torebkę z metakwalonem i podnosi ją w górę. Wszystkie dziewczyny zatrzymują się i patrzą.

– Metakwalon – mówi. To jedyne słowo po angielsku, jakie zna, i jedyne jakiego potrzebuje przy tych studentkach. Rzuca wszystkie tabletki w powietrze. Na nasz samochód spada deszcz metakwalonu. Dziewczyny wskakują do samochodu, żeby je złapać. To było tak, jakbyśmy popłynęli z Bobbym Errą na ryby, a tuńczyk wskoczyłby nam na pokład. Fabito zapełnia samochód studentkami i mówi do mnie – po hiszpańsku – „A teraz przelećmy te suki".

Podjeżdża do apartamentowca w pobliżu Omni – ekskluzywnego centrum handlowego, które niedawno wybudowali w Miami[1]. Parkując samochód, wyjaśnia mi, że ma mieszkania rozsiane po całym mieście, kupione na różne osoby, więc jeśli wpadnie w kłopoty, nikt nie udowodni, że mają z nim coś wspólnego.

– Ostro imprezuję, więc muszę być ostrożny.

Gdy docieramy do mieszkania, dziewczyny są już mocno naładowane. Mieszkanie jest ładne, położone wysoko, ma ładny widok. Jedyne meble to kilka kanap, wieża stereo i blender w kuchni. Fabito od razu podchodzi do blendera i miesza lód i alkohol z garściami metakwalonu. Dziewczyny piją do dna zabójcze koktajle, a my siedzimy i słuchamy muzyki disco.

Pół godziny później wszyscy są rozebrani, pieprzymy się na kanapach. Świetnie się bawimy, gdy nagle jedna z tych naćpanych studentek otwiera szeroko oczy i mówi:

– Chcę wrócić do szkoły.

Przeczołguje się do jednej ze swoich kumpelek.

– Chodźmy – mówi.

– Pomogę tej dziewczynie się stąd wydostać – mówi Fabito.

Dziewczyna jest tak nawalona, że nie wie, gdzie się znajduje. Fabito podnosi ją i niesie na balkon. Myślę, że chce, żeby zaczerpnęła trochę świeżego powietrza, ale niesie ją w stronę barierki. Obserwuję go zza przesuwanych drzwi.

– Jon, czy to będzie w porządku, jeśli ją zrzucę? – pyta Fabito.

– Bracie, zwariowałeś?

– Nikt się o niczym nie dowie. Wszystko mi wolno.

---

[1] The Omni International Mall of Miami, gdy otwarto go w podupadającym pasażu handlowym na rogu Piętnastej Ulicy i Biscayne Boulevard pod koniec 1976 roku, był wyrazem dążenia do rewaloryzacji zabudowy miejskiej. Po tym jak większość znaczących kontrahentów zrezygnowała z wynajmu powierzchni handlowej w latach dziewięćdziesiątych, opustoszałe centrum walczy o przetrwanie, oferując niskie ceny wynajmu.

– No dobrze, Fabito. Ty jesteś gospodarzem. To twój dom. Jeśli chcesz zrzucić dziewczynę z balkonu, proszę bardzo.

Fabito opuszcza dziewczynę na barierkę. Jej goły tyłek zwisa 10 pięter nad ziemią. Jedyne, co powstrzymuje ją od przechylenia się do tyłu, to fakt, że trzyma Fabito za szyję, jest ledwo przytomna. Fabito się podnieca, rozchyla jej nogi i zaczyna ją pieprzyć, przesuwając jej tyłek coraz dalej. Kiedy skończył, chyba się nad nią zlitował, bo pociągnął ją do siebie, więc spadła na balkon. Walnęła tak mocno, że podłoga się zatrzęsła. Jestem pewien, że obudziła się później z wielkim sińcem na jednej stronie ciała, nie wiedząc, skąd się wziął i jak wielkie miała szczęście, że ma tego siniaka. Jej mała wyedukowana na uniwersytecie dupka mogła walnąć o beton 10 pięter pod nami.

Fabito był przytomny.

– Chodźmy. Każę Panchowi wpaść tu i zająć się dziewczynami – rzucił.

Jak tylko wsiedliśmy do samochodu, Fabito powiedział:

– Jon, lubię cię. Rozumiesz, kim jestem.

To, co stało się tamtej nocy, zbudowało między nami zaufanie. Fabito wiedział, że nie osądzałbym go, gdyby wyrzucił tę dziewczynę z balkonu. Byłbym zdenerwowany, będąc zamieszany w morderstwo. Ale wiesz, jaki jestem. Nie miałem serca do tej dziewczyny. Teraz Fabito też o tym wiedział. Ufaliśmy sobie.

Po raz pierwszy rozmawialiśmy o interesach. Fabito powiedział:

– Powiem ci, kim jestem. Jestem gościem, który dostarczy ci tyle kokainy, ile kiedykolwiek potrzebowałeś.

ROZDZIAŁ 44

J.R.: To, co mi powiedział, było białym kłamstwem. Prawdą było to, że miał całe mnóstwo kokainy. Ale nie miał jej w Miami. Była na Bahamach. W 1978 roku Carlos Lehder realizował swój plan szmuglowania kokainy kartelu z Bahamów do Miami[1]. Lehderowi pomógł lokalny biznesmen Everette Bannister, który miał tam hotele. Znałem Bannistera, bo w którymś momencie Albert, zezowaty Kubańczyk, próbował otworzyć kasyno w jednym z hoteli na Bahamach po to, by móc prać brudne pieniądze, ale nigdy mu się to nie udało[2]. Ten gość, Bannister, miał dobre powiązania. Miał w kieszeni premiera Bahamów, skorumpowanego czarnego gościa, który dał Lehderowi swoją własną wyspę, na którą ten przywoził kokainę z Kolumbii[3].

---

[1] O ile nie zaznaczono inaczej, „kartel", o którym mówi Jon, to kartel z Medellín.

[2] Albert San Pedro przez kilka lat próbował otworzyć kasyno na Bahamach, posunął się nawet do tego, że planował kupić lokalną gazetę, aby za jej pomocą wpłynąć na opinię publiczną tak, by popierała jego plany.

[3] „Skorumpowany czarny gość", o którym mówi Jon, to Lynden Pindling, czczony na Bahamach jako pierwszy premier tej brytyjskiej kolonii po odzyskaniu niepodległości w 1969 roku. Przewodził krajowi do 1992 roku i zmarł w 2000. Pindling zaczął przyjmować łapówki od Bannistera w 1977 roku, dzięki czemu Lehder mógł korzystać z wyspy podczas szmuglowania kokainy. Przyłapano go później na przyjmowaniu 56 milionów dolarów podczas kontrolowanej transakcji. W 1982 roku amerykański rząd oskarżył Pindlinga o przekształcenie Bahamów w główne centrum przemytu kokainy i prania brudnych pieniędzy i nałożył sankcje gospodarcze na ten wyspiarski kraj. Niemniej jednak Pindling ustąpił ze stanowiska, ciesząc się ogromną popularnością i wielkim majątkiem.

Zaletą korzystania z miejsc na Bahamach było to, że były oddalone o niecałe dwie godziny drogi motorówką. Mogłeś mieć ludzi do obserwacji łodzi służb celnych w okolicach Miami i kiedy celnicy robili sobie przerwę na lunch, twoi ludzie mogli powiadomić wspólników na Bahamach i kazać im wysyłać łodzie załadowane kokainą. Nie było to aż tak łatwe, ale było blisko. Kubańczycy używali Bahamów od lat.

Kolumbijczycy z łatwością transportowali kokainę na Bahamy, bo opłacali tamtejszy rząd, ale kiedy poznałem Fabita, mieli akurat trochę problemów z dotarciem motorówkami na Florydę. Jeśli to Kolumbijczycy prowadzili łodzie z kokainą, ciągle ich aresztowano. W tamtych czasach służba celna oceniała Latynosów na podstawie uprzedzeń rasowych. To były inne czasy i Latynosi nie mogli skarżyć się na to, że ich prawa były łamane.

Kolumbijczycy chcieli, żeby gringo kierowali ich łodziami. Pojechałem na Norman Cay, ich wyspę na Bahamach, żeby porozmawiać ze wspólnikami Fabita o kierowaniu ich motorówkami, a kiedy wróciłem, powiedziałem mu, że się nie zgadzam.

Nie chciałem się ścigać. To była robota dla przydupasów. Powiedziałem Fabitowi, że mam lepszy pomysł. Załatwię mu bezpieczną przystań w Miami.

Kiedy poznałem Fabita, pracowałem już z przekupnymi gliniarzami w North Bay Village. Miałem w kieszeni cały posterunek policji[4].

Poznałem North Bay Village na samym początku mojego handlu kokainą w Miami. W 1974 roku, gdy szukałem dostawców, wpadłem na starego znajomego z Jersey Pata Pucciego. Przyjechał do Miami jeszcze wcześniej niż ja i zakumplował się z tutejszym gangsterem Rickym Cravero. Wówczas Ricky handlował trawą i kokainą, ale nigdy nie robiliśmy żadnych interesów. Zamiast tego zaprzyjaźniliśmy się dość mocno

---

Lehder korzystał z wyspy Norman Cay, na której zbudował zaplecze do transportu lotniczego i morskiego. Zatrudniał około 40 osób, które opiekowały się samolotami, motorówkami i magazynami kokainy.

[4] North Bay Village, połączona z Miami Beach za pomocą grobli komunikacyjnej o nazwie 79th Street, jest oddzielną gminą składającą się z trzech wysp. Kiedy Jon „miał w kieszeni" komisariat policji, pracowało w nim mniej więcej 25 policjantów.

z Rickym i Patem i przesiadywaliśmy w North Bay Village, bo tam mieszkał Ricky. Niestety, Ricky Cravero i Pat wdali się w biznesową kłótnię i Pata znaleziono w kamieniołomie w Jersey. Nie wiem, co się stało, tylko się z nimi kumplowałem. Nawet po zniknięciu Pata Pucciego nadal przyjaźniłem się z Rickym Cravero.

Ricky był w porządku. Można się z nim było dobrze bawić. Przypominał mi szalone czasy w Nowym Jorku. Ważył może z 70 kilo, ale był twardym gościem. Walczyłby z każdym. Dzikus. Miał ze sobą trzech albo czterech gości. Wszędzie pozostawiali za sobą ciała. Ricky Cravero był najprawdziwszym skurwysynem. Interesowało go tylko to, co naprawdę złe[5].

Jego ulubionym miejscem była restauracja Place for Steak, która mieściła się niedaleko Dino's[6]. Ricky uwielbiał takie włoskie knajpy. Któregoś wieczoru byliśmy w barze, zobaczyłem Paula Hornunga, obrońcę z drużyny Green Bay Packers[7]. W porównaniu z Rickym Hornung był olbrzymem. Ale taki był Ricky Cravero. Idzie do łazienki, wpada na Paula Hornunga i mówi:

– Złaź mi z drogi, tłusty gnoju.

---

[5] Władze opisały Richarda „Ricky'ego" Cravero jako „okrutnego" zabójcę po jego aresztowaniu w połowie lat siedemdziesiątych za przewodzenie gangowi Dixie Mafia, który to gang miał mieć na koncie 40 morderstw. Cravero został skazany za trzy zabójstwa i otrzymał wyrok wielokrotnego dożywocia. W 1987 roku uciekł z więzienia o zaostrzonym rygorze i ukrywał się przez pięć miesięcy. Jak donosił Dan Christensen w artykule opublikowanym 28 stycznia 1988 roku w „Miami News" w artykule *Hiding Was Rough on Escape* Cravero został aresztowany, gdy zauważono go w cadillaku rocznik 1977 prowadzonym przez byłego członka jego gangu Charlesa Grasso – został on wcześniej skazany za śmiertelne pobicie osiemnastomiesięcznego dziecka, nad którym opiekę nierozsądnie powierzyła mu jego dziewczyna. Cravero zmarł w więzieniu w 2005 roku.

[6] The Place for Steak było lubianym przez gangsterów miejscem, w którym jeden z rywali dokonał egzekucji na gangsterze z Miami Thomasie Altamurze, gdy ten czekał na stolik. Dino's to nocny klub, którego właścicielem był artysta estradowy Dean Martin.

[7] Historia Jona o spotkaniu z Paulem Hornungiem – zdobywcą Heisman Trophy w 1956 roku, znanym jako „złoty chłopiec" NFL – nie została potwierdzona. Ale w 1963 roku Hornung został zdyskwalifikowany ze względu na rolę, jaką odegrał w hazardowej intrydze, którą ESPN umieścił na czwartym miejscu największych afer dotyczących typowania wyników w historii amerykańskiego sportu. Choć zawieszenie Hornunga było spowodowane obstawianiem przez niego niewielkich sum pieniędzy, liga obawiała się, że miał powiązania z mafią poprzez bukmacherów, u których obstawiał zakłady.

Paul Hornung wstaje, razem z nim dwóch czy trzech kumpli. Obserwuję to z drugiego końca baru, razem z ludźmi Ricky'ego.

– Wydaje mi się, że będziemy musieli mu pomóc – mówię. Jeden z ludzi Ricky'ego się śmieje:

– On nie potrzebuje naszej pomocy.

Słyszę, jak Paul Hornung mówi:

– Nie wiesz, kim jestem? – Ledwo kończy zdanie, a Ricky kopie go w jaja. Hornung skręca się z bólu. Nie nosi ochraniaczy, które zawsze ma na sobie podczas meczu, i widzę, że jest naprawdę zaskoczony tym, jak bardzo boli, gdy dostanie się tam kopniaka. Wydaje z siebie pisk.

Wtedy Ricky bierze z baru butelkę keczupu Heinza. W tamtych czasach Heinz robił porządne butelki, które nie rozbijały się na czyjejś głowie jak normalne butelki. Były jak kije. Ricky wali Hornunga keczupem w głowę tak mocno, że tamten pada. Ricky odwraca się do kupli Hornunga i pyta:

– Który z was, głupków, jest następny?

– Żaden, przekonałeś nas – odpowiada jeden z nich.

Zanim Ricky do nas wraca, słyszymy już syreny.

– Człowieku, sądzę, że powinniśmy stąd spadać. Zadzwonili po gliny – mówię.

Ricky śmieje się:

– Gliny? Jaja sobie ze mnie robisz?

Do czasu przyjazdu policji, kumple Hornunga sadzają go z ręcznikiem przytkniętym do twarzy, który ma powstrzymać krwawienie, a my siedzimy w naszym końcu baru i pijemy następną kolejkę. Porucznik policji podchodzi do nas, skinieniem głowy wita się z Rickym jak ze starym kumplem.

– Co się stało?

– Ten gość mnie zaatakował – mówi Ricky. – Chcesz się czegoś napić, Andy? – dodaje.

Podaje mu kieliszek i mówi:

– To mój przyjaciel, porucznik Andy Mazzarella.

Pijemy z porucznikiem, gdy przyjeżdża karetka i ratownicy zajmują się Hornungiem. Aresztowanie Ricky'ego Cravero za napaść nie wchodzi nawet w rachubę.

Po tym, jak porucznik Mazzarella wychodzi, Ricky mówi mi:

– Cokolwiek byś chciał zrobić w North Bay Village, Andy się tym zajmie. Jest Włochem z Long Island. Wie, kim jesteś.

Jakiś rok po aresztowaniu Ricky'ego[8] zaprosiłem porucznika Mazzarellę do Forge. Al Malnik udostępnił nam prywatną salę, na tyle dużą, bym zmieścił się tam ja, porucznik Mazzarella i parę kurew. Wypiliśmy trochę, zjedliśmy smaczny posiłek, a jedna z dziewczyn obciągnęła porucznikowi pod stołem jeszcze przed deserem. Zostawiłem go sam na sam z dziewczynami na godzinę czy dwie. Kiedy wróciłem, zastałem szczęśliwego gliniarza.

Porucznik Mazzarella wyjaśnił mi, że ma w swoim wydziale mnóstwo możliwości pomocy przyjaciołom. Na komisariacie był człowiekiem numer dwa. Powiedział, że policjanci dzielili się na takich jak on i „pajaców". Tak określał nieprzekupnych gliniarzy. Powiedział, że jeśli kiedykolwiek potrzebowałbym zrobić coś nielegalnego w jego małej wiosce, upewni się, że na zmianie nie ma akurat pajaców. To było tak proste.

To było, zanim poznałem Fabita. W tym czasie zacząłem pracować z Ronem Tobachnikiem, moim wspólnikiem w firmie zajmującej się wynajmem samochodów, nad dostarczaniem kokainy do Chicago, skąd pochodził. Kupowałem kilka kilogramów od Alberta, a Tobachnik płacił jakimś chłopakom za dowiezienie ich na miejsce wynajętym samochodem. Żeby przetestować porucznika Mazzarellę, zapytałem go, czy możemy skorzystać z parkingu w jego wiosce, żeby zaparkować tam nasze samochody z kokainą schowaną w bagażniku, które mieli odebrać nasi kierowcy. Przydzielił swoich ludzi, żeby pilnowali samochodów.

Gdy zobaczyłem, jak dobrą robotę wykonał, dałem jemu i jego ludziom następne zlecenia. Zanim poznałem Fabita, płaciłem jednemu z ludzi porucznika Mazzarelli za to, że mogliśmy w jego domu w North Bay Village magazynować kokainę. Było to nawet lepsze niż przechowywanie jej w domu Poppy'ego. Nie ma bezpieczniejszego miejsca na przechowywanie dużych ilości narkotyków czy gotówki niż mieszkanie policjanta.

---

[8] Cravero trafił do więzienia w 1975 roku za morderstwo, szczegółowo opisane we wcześniejszym przypisie.

Kiedy poznałem Fabita, wpadłem na pomysł wykorzystania policjantów z North Bay Village do rozładowywania łodzi z kokainą przypływających z Bahamów. Rozładowywanie narkotyków stanowiło największe ryzyko. W tych czasach, jeśli służba celna i Straż Przybrzeżna miały jakieś podejrzenia odnośnie do motorówki wpływającej do zatoki Biscayne[9], często nie zatrzymywały jej na wodzie, bo samo podejrzenie nie było dobrym powodem, żeby przeszukać łódź. Czekali, aż łódź zatrzymała się na rozładunek i dopiero wtedy wkraczali do akcji.

Policjanci z komisariatu North Bay Village idealnie nadawali się do rozładowywania łodzi. Kiedy ci powiem, dlaczego, będziesz się tarzał ze śmiechu. Komisariat mieścił się nad wodą. Mieli własny dok zaledwie parę przecznic od ulubionego miejsca gangsterów, Place for Steak. Kiedy powiedziałem porucznikowi Mazzarelli, że mogę pomóc jemu i jego policjantom zarobić więcej kasy, niż im się kiedykolwiek przyśniło – jeśli pomogą mi rozładować łodzie z narkotykami – zgodził się od razu. Udostępnił mi nawet policjantów, którzy fizycznie pracowali przy rozładunku, wkładali towar do swoich radiowozów i przewozili je do magazynu.

To był komisariat zapewniający pełną obsługę.

Kiedy powiedziałem Fabitowi, że udostępnię mu dok w zatoce Biscayne chroniony przez policję, uznał mnie za amerykańskiego mistrza kryminalnej intrygi – a nie gościa, który zaprzyjaźnił się z gliniarzem po tym, jak jego kumpel rozbił butelkę keczupu na czyjejś głowie.

Zamiast zajmować się pływaniem dla Kolumbijczyków, stałem się gościem, który zatrudniał dla nich ludzi. Nie zatrudniałem prostaków, którzy przesiadywali u Dona Aronowa. Szukałem gości, którzy zajmowali się wędkarstwem sportowym, bo mieli większe umiejętności.

---

[9] Zarówno służba celna, jak i Straż Przybrzeżna śledziły ruchy przemytników w okolicy wybrzeża Florydy. Ale służba celna, która w latach siedemdziesiątych i osiemdziesiątych zbudowała flotę coraz bardziej zaawansowanych technicznie łodzi i samolotów, których celem było powstrzymanie przemytników, bardziej skupiała się na „Wojnie przeciwko narkotykom". Straż Przybrzeżna, która odpowiada za bezpieczeństwo na morzu, nigdy nie mogła w pełni poświęcić się walce z narkotykami. W efekcie przemytnicy uważali, że służba celna stanowi większe zagrożenie niż Straż Przybrzeżna.

Rozładowywałem łodzie i umieszczałem towar w dziupli, później go dostarczałem. Kolumbijczycy mieli własnych dystrybutorów, którym dostarczałem kokainę, dbałem też o moich ludzi: Berniego Levine'a w Kalifornii, wujka Jerry'ego w Miami Beach i Rona Tobachnika w Chicago. Coraz mniej towaru sprzedawałem indywidualnym ćpunom.

Dostawałem opłatę za transport od każdego kilograma, który dostarczyłem – było to około 5% wartości hurtowej. Kiedy zaczęliśmy z Fabitem przemycać narkotyki przez North Bay Village, przerzucaliśmy kilkaset kilogramów miesięcznie, a czasami 1000 kilo lub więcej.

Nie byłbym w stanie tego dokonać bez policjantów. To, co zrobiliśmy, było szalone. Którejś nocy, po tym jak skończyliśmy rozładowywać łódź, rozmawiałem z porucznikiem Mazzarellą i wspomniałem mu o mandatach za zbyt szybką jazdę, które dostawałem w Miami. Porucznik Mazzarella powiedział:

– Jon, czyś ty zgłupiał?

Zdenerwowałem się, że skorumpowany gliniarz nazywa mnie „głupim", ale wytłumaczył:

– Jeśli będziesz chciał się ścigać, zamknę główną ulicę, żebyś mógł to zrobić bezpiecznie.

North Bay Village miało po obu stronach mosty, a droga prowadziła prosto przez miasto, idealnie się więc nadawała na wyścigi dwóch samochodów. Parę dni później zadzwoniłem więc do Merca Morrisa:

– Merc, przekonajmy się, kto pojedzie szybciej: ty ferrari czy ja porsche.

Policjanci porucznika Mazzarelli zamknęli ulicę i użyli swoich radarów do wskazania zwycięzcy. Za każdym razem, gdy chciałem się ścigać z którymś z przyjaciół, jechaliśmy do North Bay Village. Obstawialiśmy w zakładach torby gotówki. Obstawialiśmy samochody. Kobiety. Była to tylko dobra zabawa. To małe miasteczko było moim placem zabaw.

Fabito widział, że nigdy go nie okradłem. Dotrzymywałem słowa. Wzmacniało to więź między nami. Korzystaliśmy z North Bay Village od 1978 do mniej więcej 1980 roku. Przerzuciliśmy tysiące kilogramów kokainy przez dok przy posterunku policji. Przy tej samej ulicy mieściło się biuro NBC News w Miami. Reporterzy przejeżdżali wozami transmisyjnymi obok moich gliniarzy rozładowujących narkotyki. Tropiciele z mediów nie mieli o niczym zielonego pojęcia[10]. Nigdy nie zostałem przyłapany w North Bay Village. W przeciągu tych lat, kiedy zatrudniałem porucznika Mazzarellę, zapłaciłem mu kilka milionów dolarów. Gdy zająłem się czymś innym, on podjął współpracę z prawdziwymi gnojami. Wrobili go i porucznik Mazzarella i cały wydział z North Bay Village wpadł[11]. Mazzarella nigdy mnie nie wydał. Nie mówię tego często o mundurowych, ale on był dobrym gliniarzem.

---

[10] Aż do końca lat osiemdziesiątych biuro lokalnego oddziału NBC mieściło się w North Bay Village, niemal w zasięgu wzroku był dok używany przez skorumpowanych policjantów do przemycania narkotyków. Dziś to studio należy do WSVN Fox 7.

[11] Jak odnotowano w artykule *Three Officers Charged with Protecting Cocaine Shipments* w „St. Petersburg Times" z 28 lutego 1986.

ROZDZIAŁ 45

J.R.: Kiedy nawiązałem znajomość z Fabitem, oznaczało to koniec z kupowaniem od Alberta. Kokaina z Medellín była lepszej jakości i było jej więcej. Ale obrażenie Alberta byłoby dla mnie bardzo niebezpieczne. Musiałem to zrobić tak, żeby sytuacja rozeszła się po kościach.

Albert miał do mnie zaufanie. Mimo że był zezowatym psychopatą, miał uczucia i ważna była dla niego lojalność. Żeby się wykazać, wyświadczałem mu drobne przysługi. Któregoś wieczoru Albert wpadł do mnie i powiedział:

– Musisz coś dla mnie zrobić.

– Jasne.

– Chciałbym, żeby Blondie przez jakiś czas zamieszkał z tobą.

Blondie to był Rubio, jego ochroniarz.

– Dlaczego Blondie ma ze mną mieszkać? – zapytałem.

– Strzelił gościowi w głowę i zabił go. Musi się ukryć.

Zdarzyło się tak, że Rubio się zakochał w jakiejś dziewczynie. Rubio był bokserem, a ci mają wielkie serca. Dzięki temu wytrzymują w ringu. I choć fizycznie są bardzo silni, łatwo im te serca złamać. Dziewczyna, w której się zakochał, złapała jego serce i porwała je na strzępy. Zostawiła go dla innego faceta. Rubio tak bardzo ją kochał, że emocje wzięły górę i strzelił temu nowemu chłopakowi w twarz.

Niestety, zrobił to przy kilku świadkach. Wszedł i zrobił to przy stole, przy którym cała rodzina jadła obiad. Ja uważam, że nic dobrego nie wyniknie z tego, że zastrzelisz gościa, z którym pieprzy się twoja kobieta. Jeśli go zabijesz, nie sprawi to, że ona bardziej cię polubi. Ale taka jest moja opinia. Nie osądzam Rubia. Był tradycjonalistą, jeśli chodzi o załatwienie tej sytuacji[1].

Przyjąłem Rubia do domu, który mieliśmy z Phyllis w Indian Creek. Nikt nie wpadłby na to, żeby tam szukać wielkiego jasnowłosego Kubańczyka poszukiwanego za morderstwo. Rubio kręcił się po domu przez parę tygodni, ale nie był w stanie znieść tej bezczynności. Któregoś wieczoru wymknął się z domu na walki. Gliniarze wiedzieli, jak bardzo kocha boks, i czekali na niego. Rubio był prawdziwym mężczyzną. Nigdy nie powiedział glinom, gdzie się ukrywał. Odsiedział swoje i ruszył dalej[2].

Choć Albert był wdzięczny, że pomogłem Rubiowi, nie mogłem liczyć na to, że jakieś pozytywne wibracje poprawią jego nastrój, kiedy skończę robić z nim interesy. Albert zarabiał na kokainie, którą mi sprzedawał, przynajmniej kilkaset tysięcy miesięcznie. Dla niego nie miało znaczenia, czy chodziło o dolara, czy o 10 milionów, był tanim skurwysynem. Któregoś dnia byłem u niego w domu, gdy zdałem sobie sprawę, że zostawiłem w domu portfel. Poprosiłem Alberta, żeby pożyczył mi trochę gotówki na wieczór. Ten skurwiel wręczył mi dwudziestodolarowy banknot.

Uznałem, że najlepiej sobie z nim poradzę, jeśli znajdę nowego klienta, który mnie zastąpi. Miałem kumpla, Joeya Ippolito, który chciał dostarczać towar do Los Angeles. Joey pochodził z Newark w New Jersey. Jego rodzina zajmowała się śmieciami, ale on zajął się szmuglowaniem trawy i przyjechał na Florydę. Później przeniósł się do LA i zakumplował się z ludźmi z filmów. Joey przeszedł długą drogę od śmieci do sław i osiągnął spory sukces[3].

---

[1] Dokumenty wskazują, że początkowo do Roberto „El Rubio" Garcii strzelał zazdrosny mąż, z którego żoną miał romans Garcia. Później Garcia zwabił do swojego domu owego męża i jego ojca i zastrzelił pierwszego na oczach drugiego. Choć opowieść Jona zawiera nieco zniekształcone szczegóły, Jon prawdopodobnie ma rację, gdy twierdzi, że Garcia rozwiązał sytuację w sposób, jaki zrobiłby to „przywiązany do tradycji mężczyzna", zakładając, że mężczyzna jest brutalnym psychopatą.

[2] Dzięki pomocy prawników San Pedra, Garcia został uniewinniony od zarzutu morderstwa w strzelaninie, która zakończyła się śmiercią Rafaela Torresa. Został uwolniony i wygląda na to, że wyszedł z przestępczego podziemia na prostą.

[3] Joey Ippolito, zmarły w 2002 roku, miał powiązania z rodziną Bonanno i Meyerem Lanskym. Uważa się, że Ippolito, podobnie jak Jon, udzielił pożyczek deweloperowi

Joey powiedział mi, że może rozprowadzić w LA 50 kilo miesięcznie albo więcej. Mój pomysł był taki, że miał kupować kokainę od Gary'ego Teriaki i Bobby'ego Erry, którzy kupowali od Alberta. Dla Joeya kupowanie od nich miało sens, bo przewozili kokainę do kumpla Gary'ego Stevena Grabowa do Aspen. Mógł odebrać stamtąd towar, miał bliżej niż do Miami. Oczywiście, prościej byłoby sprzedawać Joeyowi Ippolito kokainę bezpośrednio od Ochoa, ale moim celem było szczęście Alberta.

Drugą częścią mojego pomysłu było pójście do Alberta i zaproponowanie mu, żeby zaczął kupować kokainę od rodziny Ochoa. Mogli przebić każdą cenę. Albert był, pod wieloma względami, dumnym Kubańczykiem. Ale podobnie jak u wielu ludzi, jego chciwość była silniejsza od dumy, postanowił więc kupować od kartelu z Medellín.

Do 1978 roku zatoczyliśmy z Albertem pełne koło. Zacząłem od okradzenia go, przez kupowanie od niego kokainy, a skończyło się na tym, że zrobiłem z niego klienta kartelu. Podobało mi się to, że dostawałem opłatę transportową od towaru, który przeszmuglowałem dla kartelu. Im bardziej ich interes się rozwijał, tym więcej zarabiałem. A ich interes rozwijał się, bo Amerykanie wciągali kokainę w takich ilościach, w jakich to tylko było możliwe. Wszyscy chcieli coraz więcej.

Donny'emy Sofferowi na budowę Aventury. Po tym, jak został skazany za przewiezienie na Long Island kilku ton marihuany, Ippolito zajął się prowadzeniem restauracji w Malibu i Brentwood w Kalifornii. Przez pewien czas powiernik O.J. Simpsona, Al „A.C." Cowlings, pracował dla Ippolita jako ochroniarz. Ippolito został aresztowany za handel kokainą krótko po zabójstwie Nicole Simpson i Rona Goldmana. Krążyły plotki, że to on zlecił zamordowanie tej pary po nieudanej transakcji narkotykowej. Przez cały ten czas Ippolito pielęgnował przyjaźnie z celebrytami. Podobno aktor James Caan wpłacił za niego kaucję po aresztowaniu w 1994 roku. Według Eddiego Trotty, byłego wspólnika Ippolita, który później wrócił na właściwą drogę, „To Joey wymyślił, że pomógł w zabiciu Rona i Nicole, ponieważ pragnął sławy. Był moim najlepszym przyjacielem i mogę ci powiedzieć, że był kompletnym świrem. Któregoś razu uciekł z obozu pracy przy więzieniu federalnym o złagodzonym rygorze bo zamówił limuzynę, która po niego przyjechała. Wydostał się za bramy, ale został aresztowany dwie minuty później". Sam Trotta został raz aresztowany razem z Ippolitem przez policję z Los Angeles podczas wizyty w domu ich przyjaciela, Jamesa Caana.

ROZDZIAŁ 46

J.R.: W 1979 roku mój interes kwitł. Uczciłem ten rok, obstawiając w Super Bowl pół miliona dolarów. Steelers grali przeciw Cowboys w Orange Bowl, postawiłem na Steelers. Bukmacherzy przyjmowali niewypraną gotówkę i taką płacili, jeśli wygrałeś, były to praktycznie zabawkowe pieniądze. Obstawiałem głównie po to, żeby zwiększyć przyjemność oglądania meczu. Kiedy obstawiałem, lubiłem oglądać mecze w telewizji. Czasem, kiedy moja drużyna nie grała zbyt dobrze, niszczyłem różne rzeczy i wolałem to robić w domu albo w barze, który dobrze znałem. Ale na kilka dni przed meczem zadzwonił do mnie Merc Morris.

– Chcesz iść na mecz?

Choć wolałem obejrzeć go w telewizji, nie miałem zamiaru odrzucić jego zaproszenia.

– Jasne, Merc.

Zaśmiał się.

– W takim razie musisz zapłacić.

Tego wieczoru siedzę w salonie w moim imprezowym domu w Coral Gables, gdy ktoś puka do drzwi. Otwieram, a tam Merc, a za nim ściana drągali – paru zawodników Pittsburgh Steelers. Gdy tylko wchodzą do środka, Merc mówi:

– Dawaj towar, stary.

Podaję ćwierć mojej imprezowej kupki i wszyscy zaczynają wciągać grube krechy najczystszej kokainy na świecie. Ci goście byli olbrzymami i wciągnęli góry towaru. Niektórzy z nich byli dla mnie bohaterami i byłem naprawdę zainteresowany, gdy słuchałem ich opowieści. Dopiero przed świtem uświadomiłem sobie: „Postawiłem na tych kolesi pół miliona dolarów, a oni na dzień przed meczem są tak naćpani, że niewiele kojarzą".

Pomyślałem sobie, że może powinienem zadzwonić do Bobby'ego i postawić trochę pieniędzy na Dallas, żeby zabezpieczyć swój tyłek. Zapytałem jednego ze Steelersów:

– Będziecie w ogóle w stanie grać po wciągnięciu tego wszystkiego? Nigdy tego nie zapomnę. Jeden z nich spojrzał mi w oczy i powiedział;

– Słuchaj, bracie. Cała ta rywalizacja między Pittsburgh i Dallas jest rozdmuchana. Sprawiają wrażenie, że Dallas może wygrać. A Dallas jest do dupy. Gówno mnie obchodzi to, czy gram na trzy czwarte swoich możliwości, a reszta tych skurwieli zaledwie na połowę. Jesteśmy lepszą drużyną. Obiecuję ci, bracie. Wygramy. Postaw swoje pieniądze.

– W porządku, bracie.

Inny Steeler powiedział:

– Załatwię ci miejsce przy linii bocznej. Będziesz mógł oglądać mecz z bliska. Nie zawiedziemy cię.

– W porządku, stary. To bardzo mocne słowa.

Poszedłem na Orange Bowl i z linii bocznej oglądałem zwycięstwo Steelersów. To była wyrównana walka[1], ale wygrali. Cała drużyna oszalała, ale nie zapomnieli o mnie. Jeden z nich podbiegł do mnie i powiedział:

– Bracie, mam nadzieję, że zabrałeś dla nas trochę towaru. Robimy imprezę w Eden Roc[2].

Zanim pojechałem na mecz, kazałem swojemu kierowcy czekać przed stadionem w drugim samochodzie z kilogramem kokainy. Wiedziałem, że bez względu na wynik Steelersi będą chcieli poimprezować. Mój człowiek pojechał za mną do Eden Roc. Zanim jeszcze dotarliśmy na piętro, na którym odbywała się impreza, wyczuliśmy marihuanę w windach. Na

---

[1] Steelers wygrali 34 do 31.
[2] Eden Roc to klasyczny modernistyczny hotel w Miami, otwarty w 1956 roku. Obecnie należy do sieci Marriott.

górze mieli apartament z rzędem sypialni, zapełnionych niekończącą się ilością kobiet. Jeden z moich nowych kumpli ze Steelersów podchodzi do mnie i mówi:

– Załatwię ci panienkę. Lubisz czarne kobiety?
– Lubię kobiety. Koniec kropka.

Kumpel wskazuje na atrakcyjną czarną dziewczynę, która podchodzi do nas i mówi do niej:

– Będziesz pieprzyć się z tym facetem tak mocno, aż zacznie krwawić z fiuta.

Dziewczyna zabiera mnie i nie wypuszcza przez parę godzin. Dopiero kiedy następnego ranka wytoczyłem się z Eden Roc i obejrzałem wschód słońca nad zatoką Biscayne, uświadomiłem sobie, że postawiłem pół miliona dolarów na mecz i wygrałem.

ROZDZIAŁ 47

J.R.: Na początku 1980 roku Fabito poprosił mnie o pomoc w nowej sytuacji. Jego starszy brat Jorge znalazł amerykańskiego pilota, który był dobry w przewożeniu kokainy do kraju. Rodzina Ochoa zawsze szukała nowych sposobów przewożenia towaru. Rozumieli, że jeśli robisz coś nielegalnego, musisz ciągle zmieniać sposób prowadzenia interesu. Z czasem policjanci robią się mądrzejsi, donosiciele donoszą, konkurenci się zbliżają. Rząd amerykański zaczął się przyglądać Bahamom. Na dodatek rodzina Ochoa podejrzewała Carlosa Lehdera. Zdążyłem go już poznać, gość był świrem. Był gorszy niż Albert San Pedro i jego voodoo. Carlos Lehder czcił Hitlera. Otwarcie o tym mówił. Nie obchodzi mnie, kim jesteś, ale jeśli mówisz, że chcesz stworzyć nazistowski kraj w południowej Ameryce i zostać nowym Hitlerem, ludzie stracą do ciebie zaufanie.

Ten nowy pilot, którego znaleźli, mógł zabrać kokainę z Kolumbii i przewieźć ją do Stanów Zjednoczonych, ale był jeden problem. Mógł wylądować samolotem tylko w Baton Rouge, w stanie Luizjana. Był właścicielem hangaru na tamtejszym lotnisku, a wtedy nie uważano Baton Rouge za centrum przemytu narkotyków[1]. To było na plus. Wadą było to, że pilot nie był zainteresowany dalszym losem kokainy po tym, jak

---

[1] W Baton Rouge mieściło się mnóstwo niewielkich firm zajmujących się transportem lotniczym, które obsługiwały przemysł naftowy w zatoce. Loty zmierzające do Baton Rouge od strony Zatoki Meksykańskiej na ogół nie wzbudzały podejrzeń.

dostarczył ją do swojego hangaru. Chciał, żeby Kolumbijczycy ją odbierali. W Luizjanie mieszkali sami wieśniacy. Mieszkali tam Czarni i członkowie grupy etnicznej Cajun, ale nie Latynosi. Kolumbijczyk w Luizjanie za bardzo by odstawał.

Fabito zapytał mnie, czy pojechałbym z nim do Luizjany, żeby spotkać się z tym pilotem i wymyślić sposób, jak kierowcy mają odebrać kokainę. Polecieliśmy komercyjnym lotem do Baton Rouge. Po drodze Fabito powiedział mi, że jego rodzina uważa, że pilot był godny zaufania. Ale Fabito go nie lubił. Coś w tym gościu mu nie pasowało.

Pilot nazywał się Barry Seal[2]. Spotkaliśmy się z nim w kawiarni w Ramada Inn. Barry Seal nie był wysokim gościem, ale był duży, ważył ponad 100 kilo i robił dużo hałasu. Był porywczy. Wyglądał jak bufon. Kiedy usiedliśmy, opowiedział kawał i śmiał się zbyt głośno, i ludzie w kawiarni gapili się na nas.

Fabito przeszedł od razu do sedna. Powiedział:

– Barry, Jon to mój przyjaciel. To mój *compadre*. Jest mną. Nie musi mnie pytać o to, co będziesz z nim robić. Macie tylko zrobić to, czego potrzebujemy.

---

[2] Barry Seal, który stał się tematem filmu HBO z 1991 roku, zatytułowanego *Doublecrossed*, jest jedną z najczęściej portretowanych postaci związanych z wczesną epoką przemytu narkotyków. W 1955 roku, w wieku 16 lat, Seal wstąpił do Cywilnego Patrolu Powietrznego w Baton Rouge, klubu lotniczego, którego członkiem był między innymi przyszły zabójca prezydenta Lee Harvey Oswald. W 1963 roku Seal został zrekrutowany przez CIA do Operation 40. Ta grupa, mająca siedzibę w Meksyku, składała się m.in. z Franka Sturgisa, który zasłynął później jako jeden z włamywaczy z Watergate, i Porter Ross, późniejszy kongresman z Florydy i dyrektor CIA w latach 2004–2006. W czasie, gdy Seal pracował z tymi mężczyznami, Operation 40 była jednostką, którą założono po fiasku w Zatoce Świń, żeby dostarczać broń bojownikom walczącym z Castro w Ameryce Centralnej i na Karaibach. Seal został zatrudniony jako pilot specjalizujący się w przewożeniu broni dla Operation 40. Później wstąpił do Sił Powietrznych i został pilotem w jednostce Sił Specjalnych w Wietnamie. W 1966 roku został zatrudniony w TWA i został wkrótce certyfikowany jako najmłodszy pilot na świecie latający 747. Pracując dla TWA, Seal kontynuował swoją tajną pracę dla CIA. W 1972 roku został aresztowany w Meksyku za przemyt dwóch ton C-4 dla kubańskiej grupy zesłańców planujących atak terrorystyczny na rząd Castro. Seal twierdził, że CIA wyparło się go po jego aresztowaniu w Meksyku w 1972 roku. Następnie Seal został zwolniony z TWA. Aby się utrzymać, zajął się przemytem narkotyków. W czasie, gdy poznał go Jon Roberts, Seal został niedawno zwolniony z więzienia w Hondurasie, gdzie był przetrzymywany za przemyt marihuany.

Znałem Barry'ego przez kolejne sześć lat. Z pewnością był szpanerem. Jeździł kabrioletem eldorado z opuszczonym dachem bez względu na pogodę. Powtarzał tylko:

– Jestem w tym najlepszy. Jestem w tym taki dobry.

Barry miał powody do chwalenia się. Był znakomitym pilotem. Uwielbiał latać. Do przemytu narkotyków używał samolotów. Małymi maszynami łatwiej było wylądować w różnych miejscach i pozostać niezauważonym. Ale dla przyjemności Barry uwielbiał latać learjetem.

Krótko po tym jak poznałem Barry'ego, poleciał do Miami na spotkanie. Kiedy skończyliśmy, powiedziałem mu, że jadę na wyścigi konne w Nowym Orleanie. Wówczas stajnia z końmi wyścigowymi, którą założyłem, żeby prać pieniądze, dobrze sobie radziła, jeździłem więc na tory wyścigowe w całym kraju i kupowałem konie.

– Podrzucę cię – zaproponował Barry.

Pojechaliśmy do Opa-locka[3]. Barry miał małego learjeta. Samolot wyglądał nieźle. Kiedy do niego wsiedliśmy, Barry powiedział:

– To będzie najlepszy przelot, jaki przeżyłeś.

Kiedy wystartowaliśmy, Barry postawił samolot na ogonie. Polecieliśmy w górę, jak rakieta. Kiedy wznieśliśmy się wysoko, Barry powiedział:

– Myślisz, że to było niezłe? Poczekaj, aż polecimy w dół.

Ten skurczybyk obrócił samolot nosem w dół. Później odwrócił go do góry nogami. Normalnie raczej się nie boję, ale ten skurwysyn mnie przestraszył. Muszę mu to przyznać. Po wylądowaniu powiedział:

– Learjet to najbezpieczniejszy samolot, jaki kiedykolwiek wyprodukowano. Szwajcarzy zamierzali go używać jako samolotu bojowego. Nawet gdybyśmy stracili moc, mógłbym go posadzić na ziemi. To jedyny samolot tego typu, którym można to zrobić.

Taki był Barry Seal. Uwielbiał latać tak, jak ja uwielbiałem okradać ludzi. Niektórzy mówili, że był uzależniony od kokainy, ale nigdy nie widziałem go naćpanego. Nigdy nie widziałem, żeby uganiał się za kobietami. Miał dziewczynę, która była jego sekretarką. Była w nim zakochana. On też był w niej zakochany. Kiedy nie był w powietrzu, byli nierozłączni. Tak wyglądało całe jego życie poza lataniem.

_____

[3] Opa-locka to duże lotnisko, zarówno wojskowe, jak i ogólnodostępne, położone niedaleko Miami.

Barry mógł za jednym razem przewieźć aż 1000 kilogramów – więcej niż większość pilotów. Po lądowaniu układał kokainę w stosy w swoim hangarze. Doprowadzało to Fabita do szaleństwa. Barry nie zamykał nawet drzwi do hangaru. Gówno go to obchodziło. Praca na ziemi była poniżej jego godności.

Ta robota należała do mnie: zorganizowanie samochodów, kierowców, magazynów, tak żeby kolumbijscy dystrybutorzy Fabita w Miami i Nowym Jorku mogli dostać swoją kokainę.

Stałem się tym gościem, do którego Fabito zwracał się, gdy miał jakiś problem. Nie miałem jakichś specjalnych zdolności poza tym, że byłem białym, który potrafił działać w Ameryce. Jeśli chodzi o rodzinę Ochoa, moje słowo było święte. W ich organizacji stawałem się niemal uczciwym biznesmenem.

Kolumbijczycy, których Ochoa sprowadzili do Stanów Zjednoczonych jako swoich żołnierzy – prowadzących dla nich samochody, ochraniających ich magazyny – byli Indianami z gór. Byli wieśniakami ze złotymi zębami i spluwami i stanowili kręgosłup systemu dystrybucji rodziny Ochoa w Stanach Zjednoczonych. Przewozili kokainę do Nowego Jorku, Los Angeles i wszędzie tam, gdzie byli odbiorcy. To im dostarczałem kokainę rodziny Ochoa. W zamian dostawałem pieniądze należące do Ochoa.

Zawsze, gdy kokaina płynie w jakimś kierunku, pieniądze płyną w drugim. Gotówka i kokaina o tej samej wartości miały podobne wymiary. Różnica była taka, że gotówka była dwa razy lżejsza. Jeśli przewiozłem 100 kilo kokainy, dostawałem za to 50 kilo pieniędzy.

Początkowo te wymiany nie przebiegały gładko. Kolumbijscy żołnierze mieli zwyczaj robić to tak, jakby grali w filmie gangsterskim. Przywozili pieniądze jednym samochodem, a pięć innych, wyładowanych bronią maszynową i nożami, jechało za nimi. Ci goście byli w porządku, ale jednego dnia mieszkali w dżungli, a drugiego jeździli po Miami, dobrze uzbrojeni, autami z bagażnikami załadowanymi kokainą i pieniędzmi. Większość z nich była pod wpływem kokainy i *aguardiente*. Całe szczęście, że nie było wówczas punktów kontroli trzeźwości. Ci wariaci po prostu zaszlachtowaliby policjantów.

Pierwszą rzeczą, jaką kolumbijski wieśniak z gór robił w Miami, było kupno samochodu za 500 dolarów i zainstalowanie w nim systemu stereo za 1000. Gdy pierwszy raz robiliśmy wymianę, wybrałem odosobniony parking. Nadjechali ci goście, mocno uzbrojeni, ze sprzętem stereo podkręconym na cały regulator. Mogli sprowadzić policję tylko przez samo zakłócanie spokoju. Po wszystkim spotkałem się z Fabitem.

– Musimy zmienić to, jak pracują twoi ludzie. Niech wszyscy się zrelaksują. Musimy być bardziej stonowani. Nikt nie musi jeździć po okolicy z bronią wystawioną przez okno samochodu. Wszyscy stoimy po tej samej stronie.

Sposób, w jaki ja dostarczałem kokainę albo odbierałem pieniądze, wymagał tego, żeby ludzie się nie spotykali i pozostali anonimowi. Jeśli dostarczam towar, mój człowiek pakuje go do bagażnika samochodu i jedzie do normalnej, rodzinnej restauracji takiej jak Denny's. Zostawia samochód na parkingu i ukrywa kluczyki w męskiej ubikacji. Wychodzi, a ktoś inny po niego przyjeżdża. Ludzie, którzy przywożą pieniądze, robią to samo w innej restauracji. Gdy dostajemy kluczyki do samochodu z forsą, mówimy im, gdzie stoi samochód z kokainą i gdzie są ukryte kluczyki. W ten sposób wszyscy są bezpieczni.

Gliniarzowi czy praworządnemu obywatelowi byłoby bardzo trudno dostrzec w którejś z tych restauracji, że odbywa się tam transakcja narkotykowa. Nasza działalność pozostawała niewidoczna.

Gdy potrzebowałem coraz więcej kierowców, unikałem zatrudniania ludzi z ulicy. Nie potrzebowałem do tego uzbrojonych kolesi. Zatrudniałem chłopaków, którzy próbowali zarobić pieniądze na czesne albo normalnie pracujących gości, którzy potrzebowali paru dolców ekstra na spłatę hipoteki. Byli szczęśliwi, gdy mogli zarobić parę groszy, prowadząc samochód z punktu A do punktu B. Nie chcieli zaglądać do bagażnika ani zadawać głupich pytań. Chcieli po prostu zarobić. W 99 procentach przypadków nie miałem z nimi żadnych problemów. W tych nielicznych przypadkach, gdy miałem, bardzo tego żałowali.

Dawałem moim ludziom fałszywe prawa jazdy. Znalazłem gościa, którego kuzyn pracował w stanowym wydziale komunikacji. Mogłem wysłać do niego kogoś, a on za parę stówek robił zdjęcie, wydawał prawo jazdy na fałszywe nazwisko i wprowadzał je do systemu, więc jeśli policja sprawdziła numery, dokument wyglądał na prawdziwy. Jeśli któryś z moich gości został aresztowany, mógł użyć tego fałszywego dokumentu. Wpłacałem za nich kaucję, a oni zwiewali. Oczywiście, jeśli gość trafił do aresztu, zdejmowano jego odciski palców, ale system działał wówczas tak wolno, że mógł na ogół wyjść na wolność, zanim zorientowano się, kim naprawdę jest.

Zawsze starałem się zatrudniać ludzi przez pośredników. Jeśli znalazłem kogoś, na kim mogłem polegać, kazałem mu zatrudnić pomocników, których potrzebował. Kiedy robisz coś nielegalnego, lepiej jeśli trzymasz się jak najdalej od ludzi, którzy dla ciebie pracują. Używaj swojego nazwiska tak rzadko, jak to możliwe. Nie staraj się pokazać każdemu, jaki jesteś ważny. Jeśli zdarzało się, że odbierałem samochód od kogoś, kto mnie nie znał, zachowywałem się tak, jakbym był innym kierowcą. W ten sposób, jeśli gość jest aresztowany i chce sypać, nie wie, kim naprawdę jesteś.

Postępowałem z Kolumbijczykami od Fabita tak samo jak z chłopakami z Florydy. Załatwiałem im fałszywe prawa jazdy i kazałem Danny'emu Monesowi zająć się wszystkimi problemami, jakie mogli napotkać. Ci kolumbijscy chłopi byli świetni, ale mieli zbyt dużo energii. Ciągle trafiali do aresztu za bójki w barach, strzelaniny, gwałty – co tylko sobie wymyślisz. Gdy tylko dali się aresztować, wpłacaliśmy za nich kaucję i wsadzaliśmy ich w samolot do Kolumbii. Nie chcesz, żeby twój człowiek siedział w więzieniu. To tam wpadają na pomysł, żeby sypać.

Miałem taką samą zasadę jak mafia: zawsze opiekuj się swoimi ludźmi.

Dzięki współpracy z Barrym Sealem dowiedziałem się, że po całych Stanach rozsiane były małe lotniska, którym nikt się nie przyglądał. Na Florydzie DEA pilnowała nawet najmniejszych lotnisk. W innych stanach stały otworem. Mały samolot lecący z Baton Rouge na północ stanu Nowy Jork czy do Kalifornii mógł bez problemów lądować.

Fabito miał w Los Angeles kolumbijskiego dystrybutora i chciał, żebym dostarczał mu kokainę, którą Barry przywoził do Baton Rouge. Postanowiliśmy zawieźć ją samolotem na lotnisko w Van Nuys.

Mój przyjaciel Joey Ippolito także prowadził tam działalność dzięki kokainie, którą Gary i Bobby dostarczali mu w Aspen, ale rynek rozrastał się w takim tempie, że nikt nie martwił się tym, że w mieście będzie więcej niż jeden dystrybutor. W LA ludzie wciągali tyle koksu, że mogłeś zbombardować miasto kokainą, a oni ciągle prosiliby o więcej. W innym miastach, w których rodzina Ochoa zaopatrywała kilku dystrybutorów, toczyły się między nimi wojny. Ale to był ich problem, nie mój.

Kiedy dostarczaliśmy kokainę do Van Nuys, nie chcieliśmy, żeby ludzie Fabita przywozili ją na lotnisko, bo mogli przyciągnąć uwagę glin. Rozmawiałem z moim prawnikiem, Dannym Monesem na temat dobrego sposobu na wywiezienie kokainy z lotniska i pomógł mi kupić małą firmę transportową w Kalifornii. Firma miała małą flotę ciężarówek, których używali do przewożenia mebli i materiałów biurowych. Zmieniłem nazwę firmy na JF Transportation, co oznaczało „Jon" i „Fabito". Gdy teraz o tym myślę, użycie naszych inicjałów było chyba głupim pomysłem, ale wtedy wydawało mi się to zabawne.

Kiedy dostarczaliśmy kokainę samolotem do Van Nuys, pakowaliśmy ją do pudełek podpisanych „materiały biurowe". Nasi kierowcy przyjeżdżali na lotnisko w Van Nuys z dokumentami do tych towarów. Wszystko było jak należy. Zacząłem dostarczać kokainę z Van Nuys za pomocą naszych ciężarówek do mojego kumpla Berniego Levine'a w San Francisco. Bernie znał właścicieli winnic w swojej okolicy, więc w powrotną drogę nasi ludzie zabierali wino, które dostarczali do restauracji w LA.

Firma transportowa osiągnęła zyski. Sprzedaliśmy ją rok później, gdy jeden z naszych kierowców upił się i spowodował wypadek. Firma została pozwana do sądu i był to koszmar. Transportowanie kokainy to jedna sprawa. Zajmowanie się procesami sądowymi to coś zupełnie innego.

Wszystko, co robiłem, miało na celu doprowadzenie do tego, żeby interesy szły gładko i spokojnie. Pod koniec lat siedemdziesiątych zaczęto mówić o „kokainowych kowbojach" opanowujących ulice[4]. *Człowiek z blizną*

---

[4] *Cocaine Cowboys* to tytuł kultowego filmu Ulliego Lommela z 1979 roku, w którym wystąpił Andy Warhol. Film opowiada o gwiazdach rocka walczących z mafią. Oprócz nadgorliwego reportera z Miami prawdopodobnie mało kto widział ten film. Krótko po jego premierze określenia „kokainowi kowboje" zaczęto używać w gazetach w Miami do opisania latynoskich gangów narkotykowych, które spowodowały wzrost przemocy na południu Florydy.

miał premierę, gdy byłem na szczycie[5]. Okrucieństwo zostało w tym filmie dobrze oddane, ale kiedy go obejrzałem, nie mogłem się nie zaśmiać. Moim celem było prowadzenie interesów zupełnie inaczej, niż robił to Al Pacino. Kręgosłupem mojej działalności byli Amerykanie, którzy robili małe fuchy raz na jakiś czas, zarobili parę dodatkowych dolarów i trzymali gębę na kłódkę.

Zawsze starałem się wykonywać swoją pracę bez użycia przemocy. Takie było moje życzenie.

---

[5] *Człowiek z blizną* z Alem Pacino w roli głównej opisywał wzrost i upadek fikcyjnego kubańskiego dealera kokainy w Miami. Film miał premierę w 1983 roku.

ROZDZIAŁ 48

J.R.: Podczas pierwszych kilku lat współpracy z Fabitem miałem tylko kilka powodów do niepokoju. Całe zamieszanie było spowodowane życiem osobistym. Phyllis była okropną kobietą, a ja zawsze do niej wracałem. Było tak już wtedy, gdy byłem dzieciakiem w Nowym Jorku. Bez względu na to, za iloma kobietami się uganiałem, wracałem do domu do niej, i, ni z tego ni z owego, pragnąłem jej naprawdę mocno, a ona nie chciała się ze mną pieprzyć za nic w świecie. Kiedy mnie odpychała, odbijało mi. Ale Phyllis była taką kobietą, że gdyby przystawić jej broń do głowy, zaczęłaby się śmiać. Mogłem wściekać się na nią bez końca, a ona i tak się nie bała.

Kiedy w końcu uznawała, że chce się pieprzyć, nie było na świecie kobiety, która byłaby w tym lepsza. To trzymało mnie na smyczy. Kiedy tylko chciała, wodziła mnie za nos. Kupowałem jej domy, brylanty, konie, wszystko. Kiedy powiedziała mi, żebym kupił jej specjalną edycję Mercedesa 6.9, którą zobaczyła w jakimś czasopiśmie, sprowadziłem jej ten samochód samolotem towarowym prosto z fabryki w Niemczech.

Dbałem o całą jej rodzinę. Za każdym razem, gdy jej ojciec wpadł, opłacałem mu prawników. Jej siostra Fran ciągle przyjeżdżała do Miami na zakupy z Phyllis. Zapłacenie za całe to gówno, które kupowały, wymagało wielu łodzi napełnionych kokainą. Ich kuzyn Henry – mój „szwagier" – został jednym z najbardziej znanych zabójców w Nowym Jorku, ale zarabiał słabo. Nie miał głowy do interesów. Pewnego razu związał się z jakimiś kretynami, którzy wysłali go do Pakistanu, żeby odebrał tam hasz. Wylądował i od razu trafił do więzienia. Phyllis oszalała. Henry był jej małym aniołkiem. Żeby go stamtąd wydostać, wydałem na prawników ćwierć miliona dolarów. Urządziliśmy dla niego w Miami przyjęcie powitalne. Henry powiedział:

– Jon, jeśli będziesz kiedykolwiek potrzebował tu pomocy, to, bracie, moglibyśmy zarobić razem mnóstwo pieniędzy.

– Jasne, Henry.

Co innego mogłem powiedzieć? Choć Henry był kolesiem, który z paru kilo haszu zrobił międzynarodową aferę, ale był dumą rodziny. Kiedy mówię, że wydawałem na Phyllis mnóstwo pieniędzy, mam na myśli to, że ciągle płaciłem za całą jej rodzinę.

Opowiem ci coś o Phyllis. Uwielbiała Czarnych. Większość jej facetów przede mną była czarna. Nigdy nie miałem z tym problemu. Któregoś razu lekarz zrobił mi test i powiedział, że być może jestem „psychopatą". To może prawda, może jestem psychopatą, ale nigdy nie byłem rasistą.

Począwszy od Richarda Pryora w Nowym Jorku, większość przyjaciół Phyllis stanowili Czarni. Po przeprowadzce do Miami Phyllis zaczęła spędzać mnóstwo czasu w Kalifornii z Pryorem, Herbiem Hancockiem i Billym Dee Williamsem[1]. Żaden z nich nie był jej chłopakiem. Była matką chrzestną córki Billy'ego Dee Williamsa. Stanowili jej małą grupkę. Gdy kupowałem dla Phyllis domy i finansowałem jej dekoratorskie zachcianki, ona wyjeżdżała do Kalifornii, żeby się zrelaksować. Spędzała tam za każdym razem po kilka tygodni. Odwiedzałem ją co jakiś czas, jeśli miałem jakiś interes do załatwienia. Głównym zajęciem Phyllis i jej przyjaciół z Kalifornii była gra w karty. Ich gry mogły trwać całymi dniami. Billy Dee Williams nie był wielkim entuzjastą pokera, ale ożenił się z Japonką, Teruko, która uwielbiała grać w karty. Siostra Herbiego Hancocka, Jean, była kolejnym graczem. Była geniuszem matematycznym, latała po całym kraju i naprawiała komputery, była też

---

[1] Herbie Hancock to nagradzany Grammy klawiszowiec i kompozytor jazzowy. Billy Dee Williams jest najlepiej znany z wystąpienia u boku Jamesa Caana w *Piosence Briana* (1971) i z roli Lando Calrissiana w *Imperium kontratakuje* (1980).

muzykiem[2]. Phyllis miała artystyczną duszę, więc trzymała się blisko z Jean. Jean wiele razy zatrzymywała się w naszym domu w Miami. Herbie był bardzo szczerym gościem. Najbardziej z tego towarzystwa lubiłem jego, jego żonę Gigi, siostrę Jean i Richarda Pryora. Kolejną osobą, która grała z nimi w karty, był Richard Dreyfuss. Bardziej niż karty lubił kokainę[3]. Dostarczałem Phyllis tyle kokainy, że ich gry mogły się ciągnąć całymi dniami. Większość kokainy szła do Dreyfussa i Pryora.

Nigdy nie było wiadomo, co Richard Pryor powie albo zrobi. Był nie tylko geniuszem, był też szalony. Miał w zwyczaju przedstawiać mnie znajomym:

– To Jon, mój przyjaciel z mafii, który zajmuje się handlem kokainą.

Tylko Richardowi Pryorowi mogło ujść na sucho mówienie takich rzeczy.

Któregoś razu Richard nie pojawił się na wieczorze karcianym. To nie było nic nowego. Kilka godzin później ktoś z impetem otworzył drzwi i wszedł do środka. To był Richard, zupełnie nagi. Nie miał na sobie nawet skarpetek.

– Przepraszam za spóźnienie.

Wszyscy patrzą na niego zszokowani. Ktoś pyta:

– Richard, wszystko gra?

– Nie, człowieku. Nie gra. Zostałem zgwałcony.

Nikt nic nie mówi. Widzę, że włosy Richarda są po jednej stronie skołtunione. Ma zadrapania na ręce. Mówi:

– Przejeżdżałem przez Sunset, gdy grupa czarnych kobiet otoczyła mój samochód, kiedy zatrzymałem się na światłach. Wyciągnęły mnie z samochodu i rzuciły na ziemię. Zerwały ze mnie ubrania. Jedna z nich była prześliczna. Wyciągnąłem do niej rękę, ale najgrubsza suka w tej grupie usiadła na mnie. Przyszpiliła mnie swoim grubym dupskiem i zgwałciła mnie. Później się zmieniały. To było straszne.

---

[2] Jean Hancock, programistka komputerowa, zajmowała się także komponowaniem muzyki ze swoim bratem Herbiem. Napisała numer *Win or Lose* dla Earth, Wind & Fire na ich wydany w 1980 roku album *Faces*.

[3] Richard Dreyfuss dostał w 1977 roku nagrodę Akademii Filmowej dla najlepszego aktora za rolę w *Dziewczynie na pożegnanie*. W 1982 roku został aresztowany za posiadanie kokainy po tym jak stracił przytomność, a jego samochód uderzył w drzewo.

Billy Dee Williams tylko na niego spojrzał.

– A co się naprawdę stało, Richardzie?

– Wsiadłem do samochodu, żeby tu przyjechać, i w połowie drogi zorientowałem się, że nie mam na sobie ubrań. Jestem trochę naćpany. Billy, pożyczysz mi jakieś ubrania?

Był zabawnym gościem, ale po narkotykach mu odwalało[4]. Gdybym nie musiał załatwiać w Kalifornii interesów, nigdy bym tam nie jeździł. Nie lubiłem aktorów. Aktorzy filmowi strasznie się przeceniają. Inni słynni ludzie muszą coś robić – grać na gitarze jak Jimi Hendrix albo biegać jak O.J. Simpson. Aktorzy tylko mówią i stroją miny.

Phyllis spędzała tyle czasu poza domem, że doprowadziło to do czegoś, czego mi nigdy nie wybaczyła. Przeleciałem jej siostrę, Fran. Ciągle była u nas w domu i była tak podobna do Phyllis, że momentami nie byłem w stanie ich odróżnić. Nie miałem wrażenia, że zdradzam Phyllis. Te siostry były jak Coca-Cola i Pepsi. Różnica była taka, że Fran nie bawiła się w żadne gierki. Zawsze była gotowa.

Pieprzyłem się z nią w domu tylko wtedy, gdy Phyllis była w Kalifornii. Kiedy wracała do domu, spotykałem się z Fran w International Inn, tanim motelu w Miami Beach[5]. Wydawało się, że sprawy mają się tak dobrze, że fantazjowałem, że któregoś dnia będę miał je obie. Wiesz, co wydawało mi się interesujące? Gdybym przekonał je, żeby położyły się przede mną z wypiętymi tyłkami i mógłbym zrobić porównanie, pieprząc jedna po drugiej. Wspomniałem o tym kiedyś Fran, wydawało mi się, że uzna to za zabawne, ale zamiast tego się wkurzyła. Powiedziała Phyllis i tak to się skończyło. Musiałem ukryć broń, która była w domu.

---

[4] W 1981 roku Pryor był bliski śmierci po tym, jak przez przypadek podpalił się, gdy wdychał opary z kokainy podgrzewanej na łyżce.

[5] The International Inn nadal mieści się przy Normandy Drive 2301 w Miami Beach, i jeśli wierzyć anonimowym recenzentom tripadviser.com, pozostaje beznadziejnym motelem, do którego przyjeżdża się na seks. Jak opisał to jeden z ostatnich recenzentów „Najgorsze miejsce na świecie. Kórwy [sic] przed motelem, alfonsi się na ciebie gapią. Czułem się jakbym grał w CSI, w odcinku, w którym umieram". Albo, jak opisał to inny użytkownik: „Widok z okna był przyjemny, ale nie spodziewam się zobaczyć na pościeli krwi, włosów i innych niezidentyfikowanych rzeczy".

Byłem pewien, że mnie zastrzeli. Mogłem przelecieć 1000 kobiet i nie przeszkadzało to Phyllis, ale sypiając z jej siostrą, przekroczyłem granicę. Rozśmieszyło mnie to, jak Phyllis postanowiła mnie ukarać. Władowała setki tysięcy dolarów w urządzenie posiadłości na Palm Island, którą dla niej kupiłem. Przyszła do mnie i powiedziała:

– Ty dupku, nigdy nie wprowadzę się z tobą do tego domu.

– To korzyść dla nas obojga, możesz wsadzić sobie ten dom głęboko w dupę.

Następnego dnia sprzedałem dom. Wydawało się, że sprawy między mną a Phyllis wróciły do normy. Ale Phyllis była prawdziwą Włoszką i nigdy mi nie wybaczyła. Nosiła w sobie urazę i gdy następnym razem ją sprowokowałem, trucizna wylała się z niej i niemal mnie wykończyła.

ROZDZIAŁ 49

J.R.: Nasz koniec nastąpił, gdy poznałem Toni Moon. W 1980 roku przyjaciel mojej siostry i jego żona poznali mnie z Toni. Przyjaciel siostry był adwokatem w New Jersey i często przyjeżdżał do Miami w interesach. Zaprzyjaźniliśmy się, bo podsuwałem mu klientów. Podczas którejś ze swoich wizyt w Miami przyjechał z nową dziewczyną, modelką w agencji Ford[1]. Była pięknym rudzielcem, pobrali się później. Ruda usłyszała, jak nieszczęśliwy byłem z Phyllis, i umówiła mnie z Toni Moon, modelką, która pracowała w tej samej agencji.

Zaprosili mnie na drinki do swojego hotelu w Miami. Przyszła Toni Moon[2]. Była prześliczna, naprawdę robiła wrażenie. Czy zakochałem się w niej? Nie było tak, że gdy ją zobaczyłem, czułem się, jakbym właśnie wypalił PCP i miałem wrażenie, że moja głowa zaraz wybuchnie. Byłem za stary, żeby tak zachwycać się dziewczyną. Ale Toni zwróciła moją uwagę.

Była wysoka. Wyglądała lepiej niż większość gwiazd filmowych. Była bystra. Podróżowała po świecie. Mieszkała w Paryżu, Nowym Jorku, Los Angeles. Brała lekcje aktorstwa u najlepszego nauczyciela w Nowym Jorku, Lee Strasberga[3]. Ale nie była snobką. Nie była dziewczyną

---

[1] Najważniejsza agencja modelek w Nowym Jorku i prawdopodobnie najsłynniejsza wówczas agencja na świecie.
[2] „Toni Moon" to pseudonim artystyczny Toni Mooney.
[3] Lee Strasberg był dyrektorem uznanego Actors Studio w Nowym Jorku i ojcem chrzestnym aktorstwa metodycznego.

z miasta, dorastała na prowincji na Florydzie. Jeździła konno. Potrafiła polować. Nie poznałem wcześniej takiej kobiety. Niczego nie udawała. Była naturalna.

Gdy tylko ją poznałem, wyobraziłem sobie, że ułożymy sobie razem życie.

Popełniłem błąd, mówiąc o tym Phyllis.

Sądziłem, że najlepszym sposobem na uczciwe zakończenie związku z Phyllis będzie powiedzenie jej, że zakochałem się w innej. Nie mogłem po prostu powiedzieć, że się wyprowadzam albo że chcę od niej odpocząć. Robiłem to milion razy. Musiałem to definitywnie zakończyć.

Zabrałem Phyllis na kolację do jej ulubionej restauracji, Café Chauveron, małej knajpki w Bay Harbor – niedaleko miejsca, w którym pomogłem zabić Richarda Schwartza – w której podawali nieziemską pieczeń jagnięcą. Usiedliśmy. Zaczekałem, aż Phyllis zje trochę mięsa, i powiedziałem jej, że z nami koniec. Powiedziałem, że może wybrać, w którym domu w Coral Gables chce zamieszkać, że może zatrzymać samochody i karty kredytowe, ale z nami koniec. Poznałem dziewczynę i zakochałem się w niej.

Gdy teraz o tym myślę, widzę, jaki błąd popełniłem. Wystarczająco źle jest złamać serce dziewczynie, która jest w tobie zakochana. Ale jeśli zrobisz to dziewczynie, która już cię nienawidzi, to, bracie, będzie niebezpiecznie, zwłaszcza, jeśli chodzi o taką złośnicę jak Phyllis. Pamiętasz, jak ci opowiadałem, że w Nowym Jorku jej siostra Fran namówiła ich kuzyna Henry'ego Borellego, żeby okradł i zabił jej chłopaka, Jacka w koszuli z tukanem, gdy stała się o niego zazdrosna? Mówiłem ci, jak podobne do siebie w łóżku były te siostry? Miały ze sobą wiele wspólnego także w innych aspektach. Phyllis próbowała namówić Henry'ego do tego, żeby mnie zabił[4].

---

[4] Kilka razy rozmawiałem z Phyllis przez telefon, żeby potwierdzić tę i inne opowieści. Phylis wydawała się odklejona od rzeczywistości i niesprawna umysłowo, jakby cierpiała na demencję starczą. Jeden z jej krewny powiedział mi, że jest „bardzo chora na umyśle". Jon jest jedynym źródłem opowieści o tym, że Phyllis nasłała na niego Henry'ego Borellego. Siostra Phyllis Fran, którą Jon miesza w morderstwo jej chłopaka Jacka, zmarła, zanim mogłem z nią porozmawiać.

Parę tygodni po tym, jak zerwałem z Phyllis, romansuję z Toni Moon jak jakiś kretyn – jazda konna na plaży, kolacje przy świecach, życie jak we śnie – gdy dzwoni do mnie koleś, który przewodził kiedyś gangowi Ricky'ego Cravero. Mówi, że mój były szwagier Henry przyjechał do miasta i zatrzymał się w International Inn.

Henry zyskiwał sławę wśród gangsterów dzięki morderstwom, które popełniał w Nowym Jorku. To, że przyjechał do miasta bez zapowiedzi, nie miało sensu. Fakt, że zameldował się w hotelu, w którym spotykałem się z Fran, pokazał mi, że te dwie wredne siostry sprowadziły go do Miami z jakiegoś powodu.

Zadzwoniłem do mojego przyjaciela gliniarza, porucznika Mazzarelli i zapytałem go, czy kilku jego ludzi mogłoby obserwować Henry'ego. Motel nie znajdował się na jego terenie, ale miał znajomych gliniarzy w Miami Beach, którzy w ramach zawodowej przysługi pozwolili jemu i jego ludziom pilnować motelu. Po kilku dniach Mazzarella powiedział mi, że Henry dzielił pokój z jakimś mężczyzną. Henry z pewnością nie był gejem. Ukrywał się z tym gościem, jakby coś planowali.

Poszedłem do motelu o świcie. Wziąłem ze sobą wielkiego gościa, który czasem pomagał Bobby'emu Errze odbierać pieniądze. Zabrałem pistolet z tłumikiem. Moi gliniarze otworzyli drzwi do pokoju Henry'ego, wszedłem do środka razem ze swoim gościem. Policjanci zostali na zewnątrz. Wycelowałem w Henry'ego.

– Co się dzieje, bracie?

Henry miał jaja. Siada i patrzy mi w oczy, jakby wycelowana w niego broń nic nie znaczyła.

– Witaj, bracie.

– Henry, wiesz, że cię kocham – mówię. – Jesteś dla mnie jak rodzina. Ale jeśli nie grasz ze mną czysto, to w tym pokoju po raz ostatni zobaczysz światło dzienne. Chcę to teraz wyjaśnić. Jeśli nie powiesz mi, co się dzieje, to znaczy, że nie możemy sobie tego wyjaśnić i z nami koniec.

Henry mówi mi, że Phyllis nakręciła go opowieściami o wszystkich tych okropnych rzeczach, które jej zrobiłem i powiedziała mu, że nigdy nie miałem zamiaru się nią zająć, choć miałem tyle kasy. Postanowił więc przyjechać tu i mnie obrobić. Henry nie był taki jak ja. Kiedy okradałem ludzi, zostawiałem ich przy życiu po to, bym mógł wrócić i okraść ich raz jeszcze. Kiedy Henry kogoś okradał, zabijał go. Właśnie dlatego był tak kiepski w zarabianiu pieniędzy.

– Henry, wiesz, że dałbym Phyllis wszystko, co mam – mówię, wysłuchawszy go.

– Nie wiem, co sobie myślałem, Jon.

– Zastanawiam się, jak możemy to rozwiązać. Byłeś ze mną szczery, ale nie wiem, co powiedzieć.

– Cokolwiek zechcesz, Jon.

– Wiesz co, Henry? Mam świetną odpowiedź. Pozwól mi zrobić tę jedną rzecz, żeby ci pomóc rozwiązać problem.

Podchodzę do gościa Henry'ego, który jest na łóżku. Mój człowiek trzyma go za kark. Gość Henry'ego ma slipy i biały podkoszulek. Wygląda jak głupek, który wyrabia ciasto w pizzerii. Ma wielkie mięśnie i złote łańcuchy.

– Miałeś zamiar mnie obrobić? – pytam.

– Spierdalaj – odpowiada.

– Nic nie masz, gnoju.

Głupi skurwiel przyjeżdża do mojego miasta, żeby mnie okraść, i mi pyskuje? Co za głąb. Celuję w jego kolano i strzelam. Tylko raz. Gość uskakuje na bok i wbija głowę w ścianę, jakby chciał uciec przez warstwę gipsu. Mój człowiek popycha go z powrotem na łóżko.

– Strzelam ci tylko w kolana – mówię.

Mój pierwszy strzał był udany. Trafił w kolano i rozwalił kości. Normalnie, jeśli chcesz rozwalić komuś kolano, powinieneś przycisnąć lufę do boku kolana i wyczuć kość, która wystaje. Jeśli strzelasz z góry, rzepka może odbić pocisk. Pewnego razu w Nowym Jorku widziałem, jak gość odchodzi po tym, jak przestrzeliłem mu rzepkę. Nie uszedł daleko, ale zaskakujące było to, że zrobił ten jeden krok. Jeśli strzelisz w kość z boku, twój gość nie będzie w stanie iść.

Po tym pierwszym udanym strzale jestem ostrożniejszy. Łapię gościa Henry'ego za zdrową nogę i badam ją lufą. Dociskam lufę do kości i trzask, po kolanie. Gość słabnie z szoku.

– Bardzo łatwo mógłbym odstrzelić ci głowę, ale chyba odczytałeś moją wiadomość – mówię. – Przez resztę życia za każdym razem, gdy będziesz próbował iść, będziesz pamiętał, że pozwoliłem ci żyć.

Koleś Henry'ego stracił cały rezon, który miał jeszcze 30 sekund wcześniej.

– Dziękuję – dyszy.

Moja dłoń wygląda obrzydliwie. Gdy oddawałem drugi strzał, jego krew i chrząstka rozprysnęły się i ubrudziły mi rękę. Idę do łazienki się obmyć.

Kiedy wychodzę, Henry wygłasza małą przemowę, jaką dla mnie przygotował.

– Jon, nigdy nie powinienem myśleć o tym, żeby cię obrabować. Nigdy wcześniej nie mieliśmy problemów. Jesteśmy braćmi. Byłem głupi. Zaraz stąd wyjadę. Nigdy nie wrócę bez powiadomienia.

– Henry – odpowiadam – jeśli nie będziesz przyjeżdżał w odwiedziny, złamiesz Phyllis serce. Zostań na noc. Odwiedź rodzinę i dopiero potem wyjedź.

– Chcesz zjeść z nami kolację?

– Może następnym razem.

Pokażę ci, jakiego typu człowiekiem był Henry. Zadzwonił do mnie tego wieczoru.

– Jon, chcę, żebyś coś zobaczył.

Spotkaliśmy się przed komisariatem policji w North Bay Village, w bezpiecznym miejscu. Henry otworzył bagażnik swojego samochodu. W środku był gość, któremu przestrzeliłem kolana. Henry wpakował mu kulkę w głowę.

– Jon, nie chciałem, żeby robił ci problemy, chciałem to naprawić.

Gość w bagażniku był jego przyjacielem. Ale Henry chciał mi pokazać, że mówił szczerze, więc podjął dodatkowy wysiłek. Mimo wszystkich swoich wad, Henry był w sumie dobrym człowiekiem.

Całe to zdarzenie miało dobry wpływ na Phyllis. Choć Henry'emu nie udało się mnie zabić, Phyllis wyrzuciła z siebie całą tę truciznę. Pozostaliśmy przyjaciółmi. Przez lata utrzymywałem jej dom. Henry i ja znów staliśmy się prawie braćmi.

W 1985 roku siostra Herbiego Hancocka Jean przyleciała na Florydę i zatrzymała się w domu w Coral Gables, który wynajmowałem dla Phyllis. W ostatni wieczór jej pobytu zjedliśmy razem kolację. Następnego dnia odwieźliśmy ją z Phyllis na lotnisko. Pocałowaliśmy ją na do widzenia, a kilka godzin później jej samolot się rozbił. Taki był koniec Jean[5]. Przez to zdarzenie myślałem o filozofii mojego ojca dotyczącej zła. Jean Hancock była jedną z niewielu dobrych osób, jakie znałem. I znalazła się w samolocie, który się rozbił. Henry, Phyllis i ja żyliśmy dalej. Jeśli jest na świecie sprawiedliwość, dlaczego tacy ludzie jak ja i Henry mogą żyć dalej?

Kilka lat później, gdy Henry poszedł do więzienia[6] i gdy ja też tam trafiłem, natknąłem się na niego za kratami, kiedy pracował jako fryzjer. Śmialiśmy się do rozpuku, jak się zobaczyliśmy. Przez wiele miesięcy obcinał mi włosy. Świetnie było go znów widzieć. Oczywiście więzienni fryzjerzy mieli tylko elektryczne maszynki do golenia, więc wiedziałem, że nie poderżnie mi gardła.

---

[5] Jean Hancock zmarła 2 sierpnia 1985 roku, kiedy samolot Delta Airlines, którym leciała z Miami do Los Angeles, rozbił się w Grapevine w Teksasie podczas lądowania awaryjnego.

[6] Henry Borelli został skazany na dożywocie i dodatkowe 150 lat więzienia w 1986 roku. Choć przewodniczący składu sędziowskiego przyjął dowody świadczące, że Borelli był zamieszany w między 70 a 200 zabójstw na zlecenie, z powodów formalnych został skazany za 15 przypadków kradzieży samochodu.

ROZDZIAŁ 50

J.R.: Toni Moon nie zna ceny, jaką zapłaciłem za bycie z nią. Nigdy nie dowiedziała się o Henrym i gościu, któremu przestrzeliłem kolana. Inaczej niż z Phyllis, z nią nigdy nie rozmawiałem o moich najważniejszych interesach. Gdy się poznaliśmy, powiedziałem jej, że zajmuję się nieruchomościami i końmi. Ale nie była głupia. Z czasem dostrzegła, że działałem też na innych polach.

Toni była staromodna. Pragnęła faceta, z którym będzie mogła zbudować przyszłość. Kiedy się poznaliśmy, mieszkała z mamą w małym domku w West Palm Beach. Jej praca wymagała wyjazdów do Nowego Jorku i LA, ale Toni chciała mieć razem ze mną jakieś miejsce, w którym mogła uciec od wszystkiego.

Znaleźliśmy farmę w Delray Beach[1]. Była o godzinę jazdy na północ od Miami. Część Delray położona przy plaży to małe miasteczko pełne bogatych ludzi, ale farma, którą znalazła Toni, była w głębi lądu, przy Everglades. Były tam tylko farmy, bagna i wieśniacy w starych ciężarówkach. Jedyne zdobycze cywilizacji to stacja benzynowa Texaco,

---

[1] Choć Delray Beach było położone zaledwie 100 kilometrów na północ od Miami, w latach osiemdziesiątych ta okolica nadal była głównie rolnicza i stosunkowo słabo rozwinięta. Rozciąga się na zachód od plaży do rezerwatu dzikiej przyrody Loxahatchee, który ma powierzchnię mniej więcej 1000 kilometrów kwadratowych i mieści się w samym sercu Everglades.

kawiarnia przy postoju dla ciężarówek i Hole in the Wall, sklep z paszą dla zwierząt[2]. I to wszystko.

Nieruchomość, którą znaleźliśmy, mieściła się na niedokończonym osiedlu o nazwie Tierra Del Ray. W latach siedemdziesiątych jakiś deweloper postanowił zbudować luksusowe posiadłości – minirancza o powierzchni od czterech do sześciu hektarów. Ale gospodarka siadła i inwestycja nigdy nie została dokończona. To było ogrodzone osiedle, na którym skończyły się pieniądze. Zamiast ludzi z country clubów mieszkali tu bogatsi wieśniacy. Niektóre z posiadłości pozostały niewykończone, a ludzie mieszkali w przyczepach kempingowych przed nimi. Samochody były zaparkowane na trawnikach, a oni jeździli monster truckami. Na tyłach domów odpalali swoje ślizgacze z napędem śmigłowym. Nosili ogrodniczki i chodzili po okolicy ze strzelbami. Na tym obszarze toczono ciągłą wojnę z aligatorami, które wychodziły z bagien i zjadały psy albo próbowały złapać małe wieśniackie dzieciaki jeżdżące na malutkich rowerkach. To było niebo dla wieśniaków.

Dom, który znalazła Toni, był w połowie ukończony, zbudowany w hiszpańskim stylu, na końcu La Reina Road. Działka miała powierzchnię sześciu hektarów, a za nią były się bagna. Pojechaliśmy tam w upalny dzień. Wyszedłem na czterdziestopniowy skwar, komary próbowały odgryźć mi rękę, końskie muchy wielkości ptaków latały wokół nas, a ja spojrzałem na ten rozpadający się dom i pomyślałem: „Co to, kurwa, jest?".

Ale Toni zmusiła mnie do przespacerowania się po okolicy. Były tam kilometry szlaków konnych. Były drzewa, wyspy i kanały. Wszędzie były niezwykłe ptaki i dzikie kwiaty. Odkąd byłem dzieckiem, marzyłem o tym, żeby mieć własne ranczo, takie jak w Bonanzie. Sześć hektarów w Delray to żadna Ponderosa[3], ale wystarczyło. Kupiłem je za 300 000 dolarów. To był zdecydowanie najlepszy dom, w jakim kiedykolwiek mieszkałem.

Razem z Toni przeobraziliśmy to miejsce w luksusowy wieśniacki pałac. Dobudowaliśmy basen, dok na tyłach posiadłości, pole do strzelania do glinianych rzutek, szopę, garaż na sześć samochodów, boisko do

---

[2] Sklep The Hole in the Wall nadal mieści się w Delray.
[3] Ponderosa to rancho rodziny Cartwrightów z serialu *Bonanza*.

kosza, dom dla gości. Miałem tak dość dojeżdżania tam samochodem z Miami, że kupiłem helikopter Hughes 500. Parkowałem go na trawniku i zatrudniłem na cały etat pilota, który mieszkał w domu dla gości. Do jazdy po mieście kupiłem chevy blazer z podniesionym zawieszeniem, dzięki któremu wtapiałem się w tłum.

Cieszyłem się, że wydostałem się z Miami. W ciągu ostatnich kilku lat poziom przemocy w mieście bardzo wzrósł[4]. Kolumbijscy chłopi jeździli po mieście i handlowali kokainą. Nie tylko ludzie Fabita z kartelu z Medellín. Aż do początku lat osiemdziesiątych Medellín było jedną z wielu grup. Oprócz nich byli Marielitos, którzy zalewali miasto[5]. Nawet Czarni zorganizowali w Liberty City powstanie z powodu jakiegoś gościa, który został pobity przez gliniarzy[6].

Problemem nie był brak kokainy. Nawet jeśli na ulicy była nadpodaż towaru, gangi walczyły o to, kto zarobi na nim pieniądze. Pracując z Fabitem, wszedłem do czegoś, co można nazwać zarządzaniem. Drobni dystrybutorzy, walczący na ulicy o pół kilo towaru, nie byli moim problemem. Człowiek, który pracuje w fabryce motocykli, nie martwi się tym, że jakiś kretyn wjedzie w latarnię motocyklem, który on zbudował. Pracowałem ciężko nad dostarczaniem kokainy. To, co ludzie z nią robili, mnie nie interesowało.

Przekształciłem naszą rezydencję w Delray w doskonałą kryjówkę. Odgrodziłem główny dom. Zainstalowałem rury do moździerzy, z których mogłem rozpylić bomby z gazem łzawiącym na intruzów na podjeździe. Moździerze mogły być odpalone z wyrzutni znajdujących się wewnątrz domu. Opóźniłyby działania każdego, kto przyszedłby na naszą posiadłość i szukał kłopotów, a gaz łzawiący nie był niezgodny z prawem.

---

[4] Wskaźnik zabójstw w regionie Miami-Dade wzrósł z około 50 rocznie w 1975 roku do ponad 600 w 1981.

[5] Określenie dotyczy około 10 000 Kubańczyków, którzy w 1980 roku przedostali się na południową Florydę za pomocą łodzi.

[6] Zamieszki w 1980 roku w Liberty City zostały wywołane, gdy oczyszczono z zarzutów pięciu białych policjantów, którzy pobili na śmierć czarnego kierowcę. W trakcie ponownego procesu jeden z oskarżonych policjantów poszedł na ugodę i dostarczył informacje na temat korupcji w wydziale policji w North Bay Village, co doprowadziło do dwuletniego dochodzenia przeciwko przyjacielowi Jona, porucznikowi Mazzarelli i jego aresztowania.

Kupiłem sporą ilość strzelb i kałasznikow. Wszyscy wieśniacy byli dobrze uzbrojeni. Pasowaliśmy do naszych sąsiadów.

Toni zaraziła mnie miłością do przyrody. Odkąd pojechałem z Verą do Meksyku, lubiłem jeździć konno. Przejechaliśmy wszystkie szlaki w Delray. Toni namówiła mnie na wyprawy kajakiem po bagnach. Wiosłowaliśmy, paliliśmy trawę, piliśmy wino i obserwowaliśmy zwierzęta.

Wykopałem sadzawkę, w której mogły zamieszkać kaczki. Toni kolekcjonowała egzotyczne ptaki i zbudowaliśmy na zewnątrz ptaszarnię, którą połączyliśmy z domem, żeby ptaki mogły w nim latać.

Wzdłuż jednej ze ścian domu zbudowaliśmy klatkę dla naszego kota, Cuchy[7]. Cucha była siedemdziesięciokilogramową pumą. Kupiliśmy ją, gdy była jeszcze kociakiem, od kobiety, która hodowała wielkie koty na farmie w Broward. Cucha była piękna. W jej klatce były drzwi, dzięki którym mogła swobodnie wędrować po domu. Moje psy lubiły koty, bo przez wiele lat mieszkały z Princess, moją małą jednooką kotką. Ponieważ kupiliśmy Cuchę, gdy była mała, psy zdołały się do niej przyzwyczaić, zanim urosła do 70 kilogramów.

Cucha lubiła ludzi. Chodziła po domu za Toni i spała z nami w łóżku. Naszym jedynym problemem z nią było to, że lubiła zjadać egzotyczne ptaki. Przyczajała się i wydawała ciche świergoczące odgłosy, które myliły ptaki, a później atakowała. Cucha była w stanie skoczyć w każdym kierunku na odległość trzech, czterech metrów. Ciągle musiała walczyć.

Wnętrze naszego domu było piękne. Nie było krzykliwe, żadnych kryształowych żyrandoli. To był wiejski dom. Najładniejszym meblem był nasz stół w jadalni, który zamówiłem we Włoszech. Cały był zrobiony z hebanu, inkrustowany kością słoniową. Ludzie spoglądali na ten stół i zapierało im dech. To był najbardziej niesamowity stół, jaki widziałeś w życiu. Mieliśmy kilka abstrakcyjnych obrazów Franka Stelli, którego znałem z Palm Bay Club i który był zabawnym gościem[8]. Miałem też

---

[7] *Cucha* w hiszpańskim slangu oznacza „cipkę".

[8] Frank Stella jest jednym z najbardziej uznanych artystów drugiej połowy XX wieku. W 2009 roku prezydent Obama podczas ceremonii w Białym Domu odznaczył go Narodowym Medalem Sztuki. W latach osiemdziesiątych Stella słynął także z afiszowania się ze swoją miłością do koni wyścigowych i sportowych samochodów ferrari. Często odwiedzał Miami i zatrzymywał się w Palm Bay Club.

obrazy Erté[9] i rzadką kolekcję grafik przedstawiających życie markiza de Sade, którą trzymałem w salonie w aksamitnej książeczce i pokazywałem gościom.

Moim ulubionym miejscem w domu był szklany pokój. Po zachodniej stronie domu zbudowałem pomieszczenie, które było całkowicie przeszklone – ściany, sufity, nawet podłoga. Wstawiłem do niego ogromną kanapę i spędzałem tam więcej czasu niż w jakiejkolwiek innej części domu. W szklanym pokoju czułem się bezpieczny. Miałem swoje płoty, gaz łzawiący, strzelby, psy i mojego siedemdziesięciokilogramowego kota. Cucha była bardzo lojalna.

Miałem w zwyczaju zakładać Cuchy na szyję łańcuch ze smyczą i jeździć z nią po okolicy moim blazerem. Zabierałem ją do miasta na lunch. Zajmowaliśmy stolik na zewnątrz i przywiązywałem ją do słupa telefonicznego. Wszyscy znali Cuchę.

Zabierałem ją także na plażę. Lubiła walczyć z falami. Któregoś razu jechałem wzdłuż plaży, Cucha wystawiała łeb przez okno. Poniosło mnie i wjechałem do wody. Bum. Nadeszła fala i wciągnęła samochód do oceanu. Musieliśmy z Cuchą walczyć o wydostanie się na ląd. Cucha wyciągnęła mnie z wody dzięki swojej smyczy. Zostawiłem swojego blazera na łaskę fal.

Później miasto przysłało mi rachunek za wyciągnięcie go z wody.

To był szczęśliwy okres. Było to zasługą Toni. Nie była jak większość leniwych, kupujących pierdoły w galeriach handlowych kobiet, jakie znałem. Była inna.

TONI MOON: Wiesz, jak to jest, gdy kochasz kogoś bardziej, niż można w to uwierzyć? Gdy jesteś w kimś zakochany do szaleństwa, gdy jest w tym namiętność? Jon był właśnie tak szalenie, namiętnie, dziko we mnie zakochany, a ja czułam do niego dokładnie to samo. Jeśli teraz mówi, że było inaczej, przemawia przez niego duma. Nie jest w stanie przyznać się do czegoś, co jest jego zdaniem oznaką słabości. Szkoda, bo jego zdolność

---

[9] Erté, mistrz art déco w latach dwudziestych i trzydziestych, znany jest ze stylizowanych obrazów przedstawiających kobiety obsypane klejnotami i piórami, którym często towarzyszą lamparty.

kochania jest jedyną wartością, jaką kiedykolwiek posiadał, i nad zniszczeniem jej pracuje najciężej.

J.R.: Wtedy nareszcie nauczyłem się, że jeśli robisz coś nielegalnego, nie powinieneś za bardzo zbliżać się do swojej kobiety. Więzienia wypełnione są gośćmi, na których doniosły ich kobiety. Będąc z Phyllis, nauczyłem się trochę o kobiecym gniewie. Kiedy związałem się z Toni, wiedziałem, że najlepszą drogą będzie miłe spędzanie z nią czasu, ale trzymanie jej zawsze na dystans. Mimo wszystko, dobrze nam się żyło razem.

Czy widziałeś kiedykolwiek prawdziwą burzę z piorunami na Florydzie? W Delray najbardziej niesamowite burze na świecie wyłaniały się z Everglades i pochłaniały nasz dom. Leżałem w szklanym pokoju z Toni, moim kotem, moimi psami i obserwowałem to godzinami. Nic nie mogło się z tym równać. Takie było moje życie, gdy znajdowałem się na samym szczycie.

ROZDZIAŁ 51

J.R.: Choć Toni nie zdawała sobie z tego sprawy, pomogła mi poznać człowieka, który wprowadził mnie na szczyt działalności kartelu z Medellín w Ameryce. Przez cały czas, gdy pracowałem z Fabitem, wiedziałem, że inni Amerykanie pomagają kartelowi, ale aż do mniej więcej 1980 roku, kiedy poznałem Maksa Mermelsteina, nie wiedziałem, kim byli. Max robił to samo, co ja dla Fabito, ale on pracował dla brata Fabita, Jorgego, i dla Pablo Escobara. Mieli oddzielną drogę importowania towaru i sprowadzali go więcej. Wkrótce Max i ja połączyliśmy nasze siły i nasza wspólna działalność stanowiła największą część przemytu Kolumbijczyków.

Kiedy poznałem Maksa, coraz trudniej było przewozić towar przez Bahamy łodzią. Wszyscy szukali pilotów, którzy mogliby przewieźć kokainę z Kolumbii do Stanów Zjednoczonych. Miałem Barry'ego Seala, ale szukałem kolejnych osób, które mogłyby dla mnie latać. Toni znała wielu pilotów. Jaki modelka często dostawała zlecenia, przy których musiała dolecieć samolotem na miejsce pracy. A dzięki temu, że była piękną kobietą, dostawała mnóstwo ofert od bogatych dupków, którzy zapraszali ją na przyjęcia na Bahamach czy Florida Keys. Zanim mnie poznała, zaprzyjaźniła się z pilotem o nazwisku Shelton Archer.

Shelton był tak naprawdę bardzo złym pilotem. Zanim go poznałem, nieomal zabił Toni, gdy rozbił samolot, którym leciała. Ale miał miłą osobowość i pozostali przyjaciółmi z Toni, mimo że prawie ją zabił. Shelton był Anglikiem, dzięki czemu uchodziło mu na sucho bycie takim kretynem. Ludzie słyszeli jego akcent i sądzili, że jest bardziej inteligentny niż w rzeczywistości. Shelton nie był Anglikiem z wyższych sfer. Pochodził z niższych klas, tych, które spotykasz w ciepłych miejscach, takich jak Floryda czy Kalifornia, znasz ten typ. Być może w Londynie był kierowcą taksówki, ale w Ameryce używał swojego akcentu, żeby udawać, że jest angielskim lordem. Shelton był prawdziwą angielską szumowiną. Najlepiej wyjaśnię, jakim był człowiekiem, gdy opowiem, co najbardziej – oprócz rozbijania samolotów – lubił robić. Brał aparat fotograficzny, w którym nie było kliszy, szedł do galerii handlowej i udawał, że jest angielskim fotografem mody, dzięki czemu podrywał dziewczyny z liceum i pieprzył się z nimi. Taki był Shelton w najlepszej formie.

Shelton przypominał mi ojca Phyllis. Miał dobry pomysł albo trochę szczęścia, a później kompletnie to schrzaniał. Był typem gościa, który za każdym razem, gdy włoży buty, wdepnie w psie gówno. Wcielał w życie swój plan, a najczęściej tydzień później dowiadywałeś się, że samolot się rozbił, jego dostawca został aresztowany, a on przeleciał żonę lub córkę niewłaściwego faceta. Dziwi mnie, że w tych wszystkich przypadkach nie został zabity[1].

Jedyną zaletą Sheltona było to, że znał wszystkich. Tolerowałem go, mimo że był idiotą, dlatego że znał innych pilotów, którzy byli dobrzy. A co najważniejsze, Shelton znał Maksa Mermelsteina.

Kiedy Shelton spotkał się ze mną, zacząłem wypytywać go o pilotów i wkrótce zorientował się, że nieruchomości nie były głównym polem mojego działania. Wspominał, że mógłby przewozić dla mnie wszystko, czego potrzebuję, ale ignorowałem go. Oczywiście nie miałem ochoty zatrudniać gościa, który nieomal zabił moją dziewczynę.

---

[1] Shelton Archer (używał także imienia Sheldon), począwszy od połowy lat osiemdziesiątych był wiele razy aresztowany i trafiał do więzienia z powodu przestępstw związanych z przemytem narkotyków. Według policji Archer został wtyczką po wcześniejszych aresztowaniach, ale informacje, które dostarczał, okazały się niepewne. Po raz ostatni został skazany w 1999 roku, w wieku 65 lat, za prowadzenie plantacji marihuany na północy Florydy. Po odbyciu kary dwóch lat więzienia przeprowadził się do Indonezji i poślubił kobietę młodszą od siebie o 49 lat. W 2011 roku prowadził serwis internetowy oferujący żony z Azji: Indonesian-wife.com.

Tak więc Shelton spróbował mnie podejść z innej strony. Przyszedł do mnie któregoś wieczoru i powiedział:

– Johny – ten angielski palant zawsze tak mnie nazywał – zamierzam wyświadczyć ci największą przysługę w całym twoim życiu. Będziesz moim dłużnikiem.

– Za co?

– Za to, że przedstawię cię największemu przemytnikowi w Miami.

Tydzień później Shelton powiedział, że ten gość chce się ze mną spotkać w restauracji Howard Johnson's przy Collins Avenue. I w ten oto sposób po raz pierwszy spotkałem Maksa Mermelsteina[2].

Spotkaliśmy się z Maksem w Howard Johnson's nad talerzem firmowej potrawki z małży. Danie było okropne i cieszę się, że ta sieć restauracji została zamknięta, ale Howard Johnson's było ulubionym miejscem spotkań Maksa przez następne kilka lat naszej współpracy. Ten leniwy flejtuch mieszkał przy tej samej ulicy w Sunny Isles[3].

Shelton powiedział mi, że Max to postawny mężczyzna z wąsem. Przyszedłem do restauracji jako pierwszy i czekałem. Wszedł gość z wąsem. Był o kilka lat starszy ode mnie i miał na sobie tweedową marynarkę. Na początku pomyślałem, że będzie kolejnym angielskim dupkiem jak Shelton. W pośpiechu podszedł do mnie, jakby robił mi wielką przysługę, że poświęca mi swój czas.

– To ty jesteś znajomym Sheltona? – zapytał.

Usłyszałem, że to Amerykanin. Pod tweedową marynarką miał jedwabną koszulę i złotą gwiazdę Dawida na szyi. Usiadł i wydął policzki, patrząc na mnie tak, jakbym powinien uważać go za ważnego człowieka. Max był tłustym skurwielem. Miał może metr osiemdziesiąt wzrostu, ważył ponad 100 kilo. Chodził jak kaczka. Był bardzo nerwowy, palił papierosa za papierosem. Trzęsły mu się dłonie. Jego pokazówka nie udała się. Dla mnie był tylko nerwowym tłuściochem z wąsem.

---

[2] W rozmowie w filmie dokumentalnym *Kokainowi kowboje* Jon powiedział, że najpierw poznał kolumbijskiego wspólnika Maksa. Teraz Jon uważa, że spotkanie z Maksem w Howard Johnson's było ich pierwszym spotkaniem. W wywiadzie ze mną Toni Moon także wspominała, że Shelton Archer przedstawił Jona bezpośrednio Maksowi.

[3] Sunny Isles to luksusowe osiedle na Sunny Isles Beach, na północ od Miami Beach.

Na ogół kiedy próbowałem wyczuć człowieka, wciągaliśmy parę kresek i podrywaliśmy laski. Max nie brał kokainy. Praktycznie nie pił i bardzo dyskretnie spotykał się z kobietami, bo bał się swojej żony. Tak więc zamówił potrawkę z małży i opowiadał o Papucci, sklepie z butami w hotelu Four Ambassadors, którego był właścicielem[4]. Sklep służył praniu pieniędzy, ale Max opowiadał o nim, jakby był królem obuwia w Miami. Kiedy mówiłem o łodziach, Max dopilnował, żeby mi powiedzieć, że ma łódź większą od mojej.

Tak wyglądało moje pierwsze spotkanie z Maksem. Powiedział mi, że jeśli pójdę do Papucci, da mi rabat na świetne buty importowane z Hiszpanii.

Wkrótce dowiedziałem się, że Max był dokładnie taki, jak opisał go Shelton, choć jednocześnie był nikim. Wewnątrz tego tłustego ciała był bardzo mały człowiek. Max nie był takim przestępczym bossem, za jakiego chciał uchodzić. Naprawdę się liczył, ale był też najbardziej wystraszoną cipą, jaką kiedykolwiek spotkałem. Każdym papierosem zaciągał się tak, jakby oddychał po raz ostatni.

Strach Maksa stanowił moje dojście do niego. Zostaliśmy wspólnikami, ponieważ był zbyt wielkich tchórzem, by samemu zbudować imperium. Potrzebował kogoś, kto będzie go trzymał za rękę.

---

[4] Hotel ciągle mieści się przy Brickell Bay Drive 801 w Miami.

ROZDZIAŁ 52

J.R.: Zaraz po spotkaniu z Maksem kazałem Danny'emu Monesowi sprawdzić kartotekę Maksa, poprzez jego kolegę w wydziale policji w Miami,. Jeśli gość jest wtyczką, często ma długą historię kryminalną. Max był czysty.

Później spotkałem się z Fabitem. Umówiliśmy się w centrum handlowym Omni w barze z surowym jedzeniem, w którym podawano najlepsze ostrygi na całej Florydzie. Kiedy wspomniałem o Maksie, Fabito dziwnie na mnie spojrzał i powiedział:

– Wiedziałem, że to kiedyś nastąpi.

– Co masz na myśli?

– Robi to samo co ty, ale pracuje dla mojego brata Jorge i Pabla Escobara.

Wówczas nie wiedziałem, kim był Pablo Escobar. Dowiedziałem się, że to gość z Kolumbii, który zna się na rzeczy i zarządza fabrykami kokainy, a Max był jego człowiekiem w Miami i pilotował na Florydę samoloty z kokainą, które lądowały na polach na obrzeżach Miami. Kiedy po raz pierwszy rozmawialiśmy o tym z Fabitem, jego największym zmartwieniem było to, że obrażę się, że jego rodzina zatrudniała innego człowieka do wykonywania tej samej pracy co ja, albo że uznam Maksa za swojego rywala.

Powiedziałem Fabitowi, że nie obchodzi mnie Max. Nie miałem ambicji, żeby piąć się w górę organizacji i eliminować konkurencję. Byłem zadowolony z tego, co robiłem.

To Max pracował nad tym, żeby bardziej wciągnąć mnie do swojej organizacji. Po naszym lunchu w Howard Johnson's zaprosił mnie na swoją farmę w Davie[1]. Max na farmie zachowywał się absurdalnie. Założył kapelusz kowbojski i kowbojki, i chwalił się swoją kolekcją koni Paso Fino. Nie wiedziałem jeszcze, że te karłowate konie ze swoim słynnym krokiem paradnym były ulubieńcami ojca Fabita, Dona Ochoi i symbolem rodziny Ochoa. Max chwalił się, że dostał je od „przyjaciela" z Kolumbii. Kiedy chodziliśmy po jego farmie, zauważył, że patrzę na drewnianą huśtawkę na ganku jego domu. To była bardzo duża huśtawka, na której mogły usiąść dwie osoby. Max zapytał mnie, czy mi się podoba.

– Oczywiście – odpowiedziałem.

Parę dni później byłem z Toni w domu w Delray, gdy nadjechała ciężarówka z wielką drewnianą huśtawką. Max zadzwonił do mnie.

– Pomyślałem, że tobie i twojej dziewczynie może podobać się widok z huśtawki – powiedział.

– Okej, Max. Dzięki za pieprzoną huśtawkę.

To było zabawne. Gość próbował mnie skaptować za pomocą huśtawki. Żeby zrozumieć, dlaczego Max tak gorliwie próbował pozyskać mnie jako pomocnika, musisz wiedzieć, w jaki sposób Max zaczął pracować dla kartelu.

Max pochodził z Nowego Jorku, ale na początku lat siedemdziesiątych przeprowadził się do Puerto Rico i zaczął pracować w hotelu. Zawsze chwalił się, że jest „inżynierem", jakby był gościem, który buduje rakiety albo mosty. Ale mi się wydaje, że był tego rodzaju „inżynierem", którego zatrudniają w hotelu, żeby przyszedł do twojego pokoju i wymienił spaloną żarówkę albo przyniósł nową baterię do pilota[2].

---

[1] W Davie, w hrabstwie Broward, hodowano wcześniej bydło, dopiero w latach siedemdziesiątych pojawiły się tam osiedla mieszkaniowe. Dziś jego chlubą jest atmosfera rodem ze starego Zachodu i główna ulica, która została zaprojektowana jak uliczka z miasteczek na Dzikim Zachodzie.

[2] Max Mermelstein był inżynierem mechanikiem, twierdził, że uzyskał tytuł inżyniera the New York Institute of Technology na Manhattanie. Jeśli to prawda, to historia zatrudnienia Maksa jako konserwatora technicznego w hotelach i country clubach wskazuje, że nie wykorzystał potencjału, jaki dało mu wykształcenie – przynajmniej nie do momentu, gdy został szefem transportu w kartelu.

Max pozyskał dojście do Kolumbijczyków w Puerto Rico, gdzie poznał piękną tancerkę w klubie ze striptizem. Miała na imię Cristina, była od niego o kilka lat młodsza, ale miała już dwójkę dzieci. Max całkowicie się w niej zakochał i ożenił się z nią. Wychowywał jej dzieci, jakby były jego dziećmi i zawsze mi powtarzał, jakie miał szczęście, że ma Cristinę.

Cristina dała Maksowi coś więcej niż tylko uśmiech i piękne ciało. Miała w Kolumbii kuzyna, który nazywał się Pablo Escobar. Nie wiem, czy naprawdę była kuzynką Pabla, czy tylko używali tego słowa, tak jak Henry Borelli i ja nazywaliśmy się „braćmi", ale Cristina i Pablo byli na tyle blisko, że Max pozyskał specjalne zaufanie Pablo Escobara. Sądzę, że Max Mermelstein jest jedynym Amerykaninem, który może twierdzić, że wżenił się w kartel z Medellín. To stanowiło jego siłę.

Kiedy Max ożenił się z Cristiną, kartel praktycznie nie istniał. Max był raczej uczciwym, pracującym gościem, który przynosił ludziom w hotelu żarówki. Na boku, żeby zarobić na kieszonkowe, sprzedawał trochę torebek trawy, ale tylko tak daleko sięgała jego kryminalna kariera. W 1976 roku przeprowadzili się z Cristiną do Queens, a kiedy się tam znaleźli, Max był bez grosza.

Przybyli do Queens w momencie, gdy mała społeczność imigrantów z Kolumbii zaczynała zajmować się kokainą. Na niewielką skalę. Ich krewni przysyłali po parę kilo w walizkach, zwykłymi komercyjnymi lotami z Kolumbii, a ci przybysze sprzedawali je w Nowym Jorku. W miarę rozwoju działalności, Pablo Escobar przysłał gościa z ulicy, Rafę, swojego zaufanego porucznika[3]. Zadaniem Rafy było nadzorowanie importu. Kiedy przyjechał do Queens, odszukał kuzynkę Pabla, Cristinę i w ten sposób poznał Maksa.

Max od początku cieszył się zaufaniem ze względu na to, że dzięki Cristinie należał do rodziny Pabla; był też użyteczny, bo był gringo. Mógł gdzieś pojechać, odebrać kilo kokainy i nie wyglądać tak podejrzanie jak Kolumbijczyk.

---

[3] Rafael „Rafa" Cardona-Salazar miał około 21 lat, gdy w 1976 roku poznał go Mermelstein. Wówczas było bardziej prawdopodobne, że Rafael będzie wypełniał rozkazy Jorge Ochoi, a nie Escobara, który dopiero rozpoczynał swoją karierę w kartelu.

W 1978 roku – w tym czasie, gdy Fabito przyjechał do Miami i spotkał się ze mną – Rafa zdecydował, że Max i Cristina powinni przeprowadzić się do Miami, żeby rozbudować biznes. Max zaczął pomagać przy łodziach, samolotach, pilotach i samochodach, tak jak ja. Kiedy go poznałem, on i piloci pracujący dla niego przewozili więcej kokainy niż moi ludzie, bo w kartelu Pablo był bardziej agresywny, jeśli chodzi o ilości wysyłanej kokainy.

Kilka lat później Max wygłosił najbardziej absurdalną pretensję, jaką w życiu słyszałem. Opowiedział ludziom, że nigdy nie chciał zajmować się kokainą, ale człowiek Pabla Escobara, Rafa, „porwał" go i zmusił go do zrobienia tego wszystkiego[4]. Błagam, nigdy nie widziałem, żeby ktoś przystawiał Maksowi broń do głowy i zmuszał go do przemytu kokainy.

Max kochał pieniądze i kochał bycie *El Jefe* – szefem. Lubił, żeby tak nazywali go Kolumbijczycy, którzy pracowali dla Rafy. Nikt bardziej niż Max nie kochał bycia szychą.

Przyznaję, że w opowieści Maksa o byciu porwaniu go przez Rafę i zmuszeniu do szmuglowania kokainy wbrew jego woli, było trochę prawdy. Rafa zawsze mieszkał blisko Maksa i zawsze był przy nim. Mawiał, że jego zajęciem jest „pomaganie" Maksowi, ale był tak naprawdę szefem Maksa. Rafa wykonywał polecenia Pabla Escobara. Z powodu małżeństwa Maksa i pozycji, jaką miał jako gringo, Rafa musiał traktować go z szacunkiem. Ale był jak wściekły pies, który, gdziekolwiek się udał, zostawiał za sobą ciała i budził w Maksie przerażenie.

Pod całą tą przykrywką El Jefe, Max był nerwowym grubasem, który przez przypadek wżenił się w pracę na szczycie kartelu z Medellín. Sądzę, że przysłał mi huśtawkę i zaangażował do pomocy, ponieważ potrzebował ochrony. Nigdy tego w ten sposób nie sformułował, ale gdy go poznałem, spostrzegłem, że nie chciał być jedynym gringo otoczonym przez szalonych Kolumbijczyków. Jeśli miałby mnie przy sobie, a coś poszłoby nie tak przy transporcie, mógł zrzucić winę na mnie. To było dla Maksa dużą pomocą. I wiedział, że nigdy nie byłbym w stanie zająć jego miejsca z powodu

---

[4] W książce *The Man Who Made It Snow* wywiadzie rzece Maksa Mermelsteina i Robina Moore'a, opublikowanej przez wydawnictwo Simon & Schuster w 1990 roku, Mermelstein faktycznie twierdzi, że żył w takim strachu przed Rafą, że praktycznie był jego więźniem przez blisko dekadę.

jego małżeństwa, które sprawiło, że dla Kolumbijczyków był jak rodzina królewska. Max był jak król, który chciał, żeby ktoś pomógł mu rządzić krajem. Ale tak długo, jak był marionetką udającą króla, był zadowolony.

Kiedy przebywałeś z Maksem, widziałeś, że wszystko, co robił, miało pokazać, jakim był twardzielem. Na swoim ranczu w Davie ubierał się w strój kowboja. Kiedy pojechałeś do jego domu w Sunny Isles, chwalił się swoją kolekcją broni. Był właścicielem całego arsenału, w skład którego wchodziło wszystko, począwszy od zabytkowych strzelb po karabiny maszynowe. Kiedy pokazał mi je po raz pierwszy, zapytał:

– Lubisz polować?

– To nie jest mój ulubiony sport – odpowiedziałem.

Max uważał się za wielkiego myśliwego. Miał w zwyczaju jeździć na farmę w Teksasie, gdzie jakiś szalony naukowiec skrzyżował krowy z bizonami i stworzył ogromne dziwolągi zwane beefalo. Max i banda innych idiotów płacili za to, żeby móc tam pojechać i polować na te śmieszne zwierzęta. Do dziś nie rozumiem, jaką można z tego czerpać satysfakcję. Zabić zwierzę będące na pieprzonej uwięzi? To jak pójście do zoo, obejrzenie lwa i strzelenie mu w głowę. Czy to daje radość? Czy to naprawdę pokazuje twoje umiejętności? Któregoś razu Max dał mi całą zamrażarkę mięsa z beefalo, które upolował. Zaciągnąłem je na bagna i rzuciłem na pożarcie aligatorom. Wolałbym zjeść sarenkę Bambi niż to zwierzę.

Później Max zainteresował się walkami kogutów. Urządzał je na swojej farmie razem z wszystkimi tymi Kolumbijczykami, którzy pracowali dla Rafy. Ale im bardziej Max starał się pokazać, jakim jest twardzielem, tym wyraźniej widziałem, że jest gościem z wielką cipką między nogami.

Choć uważałem Maksa za odpychającego, pasowaliśmy do siebie. On chciał być figurantem, który nie musi pracować, a ja chciałem rządzić, ale nie chciałem być szefem. Ja i Max zostaliśmy najważniejszymi Amerykanami w kartelu z Medellín[5]. Nie twierdzę, że to dzięki mnie Kolumbijczycy osiągnęli sukces. Nie twierdzę, że stało się tak dzięki Maksowi. Ale dzięki mnie i Maksowi wznieśli się na poziom, na który wcześniej nie byli w stanie się wspiąć.

---

[5] Max i Jon zostali oskarżeni przez rząd federalny jako najważniejsi „amerykańscy reprezentanci" kartelu.

ROZDZIAŁ 53

J.R.: Pierwszą rzeczą, jaką kiedykolwiek zrobiłem z Maksem, było coś, co zasugerował Fabito. Pod koniec lat osiemdziesiątych przestałem korzystać z dziupli u gliniarzy w North Bay Village. Zacząłem opłacać niektórych z zatrudnianych przeze mnie kierowców i wynajmować ich garaże. Wybierałem gości, którzy mieli najnudniejsze, najbardziej normalne domy na przedmieściach, jakie tylko mogłem znaleźć. Parkowaliśmy samochód z kokainą w garażu i zostawialiśmy aż do momentu, w którym musieliśmy ją dostarczyć. Napotkałem problem, gdy jeden z moich kierowców zaczął się obawiać, że jacyś gliniarze obserwują jego dom. Czekaliśmy na duży transport, a ja nie miałem gdzie go przechować. Fabito powiedział mi, że człowiek Maksa, Rafa, może pozwolić użyć którejś ze swoich kryjówek.

Rafa mieszkał blisko Maksa, tuż za rogiem, na Sunny Isles. Był twardym gościem, a przez to, że ciągle palił coś, co Kolumbijczycy nazywali „bazukami", był zawsze mocno nakręcony. Bazuka była normalnym papierosem, tyle że wyciśnięto z niego połowę tytoniu i zastąpiono kokainą. Rafa miał ochroniarza o imieniu Flaco, którego głównym zadaniem było chodzenie za nim i skręcanie bazuk.

Kiedy poszedłem spotkać się z Rafą, wiedział już, że mam przyjść. Spotkałem go wcześniej kilka razy razem z Maksem i zawsze był bardzo sympatyczny. Zawiózł mnie do swojej dziupli w Kendall, na przedmieściu rozbudowanym w latach siedemdziesiątych dla ludzi z Miami, którzy chcieli ukryć się przed Kubańczykami. Teraz okolicę przejęli Kolumbijczycy tacy jak Rafa[1]. Wyglądała, jakby wszyscy Kolumbijczycy w Kendall korzystali z z usług tego samego architekta, którego zatrudnił Albert przy budowie swojej rezydencji szaleńca w Hialeah. W Kendall ludzie kupowali dom przy zwykłej podmiejskiej ulicy, dobudowywali do niego kilka pięter, wstawiali wszędzie kraty antywłamaniowe i ogradzali pięciometrowym murem. Kryjówka Rafy była fortecą.

Kiedy zaprosił mnie do środka, pokazał mi coś, czego nigdy wcześniej nie widziałem, chyba że w filmach. Weszliśmy do zwyczajnie wyglądającej sutereny. Rafa wziął pilota do bramy garażowej, nacisnął przycisk, a ściana się otworzyła. W środku była sterta przynajmniej 1000 paczek kokainy i plików banknotów ułożonych w stos sięgający sufitu.

– Tu będzie dobrze? – zapytał.

– Oczywiście, Rafa.

To właśnie tam mój kierowca dostarczył kokainę.

Później znalazłem sąsiada – wieśniaka z Delray, który był świetnym elektrykiem i budowlańcem, i potrafił stworzyć takie kryjówki jak ta u Rafy. W przeciwieństwie do Rafy, wolałem kryjówki na anonimowych osiedlach w hrabstwach Dade i Palm Beach. Wybierałem domy należące do ludzi, którzy mieli normalną pracę i nie byli notowani za żadne przestępstwa.

Rafa i ja od początku trzymaliśmy się blisko. Łatwiej było się z nim obchodzić niż z Maksem. Nie twierdzę, że był do rany przyłóż. Był podobny do Alberta w tym sensie, że czasem zabijał kogoś bez żadnego powodu. Był niemal jak mały chłopiec. Wielu kolumbijskich gości z ulicy było takich. Mogli w jednej chwili kogoś zastrzelić, a w drugiej śmiać się lub płakać. Kiedy Rafa oglądał odcinek *Domku na prerii* – swojego ulubionego amerykańskiego serialu telewizyjnego – płakał jak bóbr.

Najbardziej ulubionym miejscem na świecie Rafy był Disneyland. Dla mnie jest jak pieprzone więzienie, z dziećmi i gościem przebranym

---

[1] Kendall było początkowo enklawą dla białych, którzy wyprowadzali się z osiedli zalewanych przez kolorowych. W latach osiemdziesiątych sprowadziło się tu wielu Kolumbijczyków zajmujących się handlem narkotykami. Policja w końcu nazwała dzielnicę „Prochowicami".

za szczura[2]. Ale Rafa i jego ludzie uwielbiali to miejsce. Nawet Pablo Escobar, w czasie, gdy był najbardziej poszukiwanym człowiekiem na ziemi, pewnego razu wymknął się na Florydę tylko po to, by odwiedzić Magic Kingdom.

Sekretem radzenia sobie z Rafą była wiedza o tym, jak bardzo był w danym momencie naćpany. Łatwo było to określić na podstawie obserwacji tego, jak on albo jego ochroniarz Flaco zwijali bazuki. Podczas skręcania wyciągali z niej tytoń i układali go w kupkę na stole. Jeśli kupka była niewielka, wszystko z Rafą było w porządku. Jeśli duża, mogło mu odbijać.

Rafa ożenił się z drobną Kolumbijką, Odelią. Szliśmy gdzieś razem na kolację, ona na niego źle spojrzała, a on uderzał ją pięścią. Nigdy czegoś takiego nie widziałem. Któregoś razu połamał jej kości twarzy i trafiła do szpitala. Wyszła z niego z drutami w szczęce, które trzymały ją w jednym kawałku. Wyglądało to, jakby miała na głowie klatkę dla ptaków. Miesiąc później razem z Rafą byli w Disney World, śmiejąc się jak dzieci.

Rafa był najbardziej niestabilną osobą, jaką mogłeś spotkać. Jednak zawsze miał w głowie choć trochę rozsądku. Wiedział, że nie może tknąć Maksa, bo Max miał po swojej stronie Pabla Escobara. Rafa rozumiał, jaką siłę miał Pablo. Jeśli ktoś nie miał za sobą wsparcia, Rafa mógł pociąć takiego gościa na kawałki.

Nigdy nie miałem problemu z Rafą, może tylko raz czy dwa. Głównym problemem było jego imprezowanie. Ponieważ palił kokainę, kiedy z nim imprezowałeś, chciał, żebyś palił razem z nim. Łaził za mną: „Dym, dym, dym" – zapal.

– Rafa, nie palę papierosów, zacznę się dławić – powtarzałem.

– Pieprzyć to. Zapal ze mną.

Były takie momenty, gdy siedziałem z nim w jego domu i byłem tak naćpany, że nie mogłem się ruszyć. Moje ręce i nogi były odrętwiałe, a ja myślałem: „Co ja sobie zrobiłem?".

Rafa siedział naprzeciwko mnie pokryty popiołem. Wypalał swoje bazuki do końca, nie zauważając, że popiół sypał mu się na klatkę piersiową. Byłem sparaliżowany, słyszałem bicie własnego serca, ale ledwo byłem w stanie ruszyć źrenicami. Rafa chciał robić coś jeszcze.

---

[2] Jon ma na myśli Myszkę Miki.

– Już koniec – mówiłem mu.

– O nie, nie, nie! Nie możesz teraz wyjść – powtarzał. – Siedzisz tu, dopóki nie skończę.

– Rafa, wychodzę.

– Czego chcesz? Chcesz dziewczynę? Chcesz dziwki?

Któregoś razu spędziłem dwa dni uwięziony w jego domu. Nie wiem, czy z medycznego punktu widzenia jest to możliwe, ale wydaje mi się, że we dwóch wypaliliśmy całe kilo. Być może Flaco nam pomógł. Inni goście, którzy pracowali dla Rafy, wchodzili, żeby zadać jakieś pytanie, a on krzyczał: „Wynoście się" i ostrzeliwał ściany i sufit. Ćwiczyliśmy strzelanie do celu na żyrandolach. Zobaczyłem swoje odbicie w lustrze, również byłem pokryty popiołem z bazuki. Wyglądałem jak mumia. Mogłem tylko śmiać się z tego pieprzonego świra. Rafa był kompletnie, zupełnie świrnięty. Impreza nie skończyła się, dopóki Rafa nie stracił przytomności. Gdy padł, nie sprawdziłem nawet, czy nadal ma puls.

– Zabierz mnie do cholery do domu – powiedziałem do Flaca.

Flaco i jego ludzie wsadzili mnie do samochodu i dostarczyli do domu w Delray, jakbym był kawałkiem mięsa beefalo. Znikałam bez śladu na dwa dni. Rafa był niewiarygodny. Będę szczery, kiedy zacząłem pracować z Maksem, 50 procent mojej pracy stanowiła opieka nad Rafą.

ROZDZIAŁ 54

J.R.: W czasie, gdy zaprzyjaźniałem się z Maksem i Rafą, nadal pracowałem z Barrym Sealem. Któregoś dnia Max zapytał mnie, czy byłbym w stanie dla niego załatwić transport ładunku kokainy z Kolumbii na Florydę. Max miał innego gościa, z którym pracował i który załatwiał dla niego przeloty, ale chciał mnie wypróbować.

To, czego chciał Max, było inne od tego, co robił dla mnie Barry Seal. Max chciał, żeby mój samolot zabrał czterystokilogramowy ładunek z lotniska położonego niedaleko Barranquilli[1] i zawiózł go na Florydę. Chciał, żeby pilot nie lądował na lotnisku, ale dostarczył ładunek na puste pole. Taką metodę stosował wówczas Max.

Shelton Archer, angielski kretyn, ciągle był napalony na jakieś zlecenie ode mnie. W tamtych czasach piloci często nie byli otwarcie zatrudniani po to, żeby coś przemycać. Na ogół ktoś zarządzał ich pracą, jak ja zadaniami Barry'ego Seala, po to, żeby pilot mógł skupić się na lataniu. Ale nie miałem do niego zaufania, więc wybrałem innego pilota.

Tego pilota poznałem dzięki Sheltonowi, jednak w przeciwieństwie do niego ten gość był utalentowany. Zatrudniałem go na trasie z Baton Rouge do Van Nuys. Ten gość był najlepszym pilotem, z jakim

---

[1] Barranquilla to miasto na wybrzeżu położone około 320 kilometrów od Medellín. Na ogół kokaina z Barranquilli była kontrolowana przez mniejszy kartel rywalizujący z tym z Medellín.

kiedykolwiek pracowałem. Co sprawiało, że był tak dobry? Nigdy nie dał się złapać. Przewiózł setki ładunków, zbił fortunę i przeszedł na emeryturę. To najlepszy pilot-przemytnik, jakiego można znaleźć. Dziś jest żonaty, ma wnuki i stanowi filar lokalnej społeczności, więc nazwę go Roger. Roger pochodził ze starej rolniczej rodziny z Florydy. Biedni jak myszy kościelne. Nauczył się latać, gdy zajął się opryskiwaniem upraw. Zanim go poznałem, zajmował się już przemytem marihuany. Był wielkim, cichym wieśniakiem.

Mieszkał przy północnej granicy stanu. Zadzwoniłem do niego, żeby porozmawiać o tej nowej robocie.

– Przyjedź do Yeehaw Junction i porozmawiamy – powiedział.

– Roger, daj spokój, człowieku. Wymyślasz to gówno. Nie ma na świecie miejsca, które nazywa się Yeehaw Junction.

– Ależ jest, Jon. Chcę, żebyś je zobaczył. Spotkamy się w restauracji.

Wsiadłem do samochodu, jechałem przez parę godzin na północ i naprawdę było tam Yeehaw Junction. Jest tam tylko jedna restauracja. Jej wnętrze jest udekorowane martwymi żabami zwisającymi z sufitu i paszczami aligatorów wystającymi ze ścian. Każdy wieśniak tego świata siedział w tej gównianej restauracji, jadł i był szczęśliwy jak skowronek.

Usiadłem z Rogerem i zamówiłem miskę kaszy kukurydzianej. Jankesi sądzą, że kasza kukurydziana jest jak owsianka dla głupków z południa i że jesz ją posypaną cukrem. Nic bardziej mylnego. Wieśniacy nauczyli mnie, że jesz ją z masłem i odrobiną soli. Dzięki temu bardzo dobrze smakuje.

Sprzedałem Rogerowi pomysł odebrania 400 kawałków w Barranquilli i powiedział, że nie będzie to problemem. Latał samolotami King Air, które mogły unieść taki ładunek i pokonać ten dystans[2], ale po przekroczeniu granic Florydy nie chciał lądować, rozładowywać kokainy i ponownie startować. Chciał zrzucić ładunek. Zaciągnął mnie do Yeehaw Junction, żeby pokazać mi odpowiednie miejsce, farmę poza granicami miasta. Pojechaliśmy na pole otoczone drzewami, dzięki którym nikt z głównej drogi nie byłby w stanie zobaczyć, jak samolot podchodzi nisko, żeby zrzucić bele kokainy.

---

[2] King Air był stosunkowo dużym i szybkim samolotem o silniku turbośmigłowym, produkowanym przez Beechcraft.

Roger miał bardzo dobrego kickera z czasów przemycania marihuany. Kicker to gość, który wypycha kokainę z samolotu. Jest kluczem do zrzucania ładunku. Samolot ma małe drzwi i kicker musi pracować szybko, żeby nie rozsypał ładunku na przestrzeni kilku mil. Ale nie może się ruszać na tyle szybko, by wypaść drzwiami. Często zdarzało się tak, że kickerzy tak się ekscytowali zrzucaniem ładunku, że wypadali z samolotu lub ich stopy zaplątywały się w pasy i zwisali na nich z dużej wysokości. Spośród wszystkich ludzi, którzy zajmowali się przemytem, kickerzy żyli najkrócej. Gość Rogera przemycał z nim marihuanę od wielu lat.

Roger chciał, żeby kokaina była sprasowana w dwudziestopięciokilogramowe bele. Miał małą ekipę gości, którzy przywozili pickupami wozy terenowe na farmę. Parkowali swoje ciężarówki w starej stodole i wymykali się wozami terenowymi, żeby zabrać kokainę.

Wszystko, co miałem zrobić, to wysłać do szopy moich kierowców, żeby odebrali towar. Roger nigdy wcześniej nie leciał z kokainą, a ja nie zbierałem jej z pola. Jednak on był pewny siebie, więc i ja nabrałem pewności. Poszedłem do Maksa i powiedziałem mu, że mogę załatwić ten lot z Barranquilli. Max powiedział mi, że ma samochód, którego powinienem użyć do odebrania kokainy z Yeehaw Junction. Musiałem go powstrzymać w tym momencie. Jeden samochód na 400 kilo kokainy nie wystarczy. 400 kilo to prawie pół tony. Waga towaru mogła złamać oś. Nawet gdyby tak się nie stało, samochód siadłby tak bardzo, że policjanci zatrzymaliby cię, żeby sprawdzić, co jest w bagażniku.

– Max, nie potrzebuję twojego samochodu. Mam dużo swoich.

– Jon, chcesz to auto.

Max zaprowadził mnie do garażu i pokazał zielonego continentala. Był to obrzydliwy lincoln z winylowym dachem – takim samochodem jeździli wtedy starsi ludzie.

– Max, nie biorę tego grata.

Uśmiechnął się i otworzył bagażnik. Był tak głęboki, że mogłeś postawić w nim wysokiego karła i byłbyś w stanie zamknąć klapę. Max wyjaśnił, że miał gościa, który na zamówienie przerobił samochód. Pogłębił bagażnik poprzez usunięcie baku spod spodu. Pod tylnym siedzeniem zainstalował aluminiowy bak z samochodu wyścigowego. Samochód miał specjalne amortyzatory, które podnosiły tył, jeśli zapakowałeś bagażnik. Samochód mógł przewieźć pół tony i wyglądać normalnie. Silnik był podrasowanym potworem, ale z zewnątrz nigdy byś nie poznał, że to podrasowana bryka. Gość, który zrobił ten samochód dla Maksa, był geniuszem. Nazywał się Mickey Munday. Wkrótce miałem go poznać, ale nastąpiło to i tak zbyt późno.

Niestety, continental, którego Mickey przerobił dla Maksa, był tak dobry, że stałem się zbyt pewny siebie. Podszedłem do tej pracy niefrasobliwie. Pomyślałem, że fajnie będzie pooglądać zrzut, więc plan był taki, żeby pojechać tam w jednym aucie z kierowcą. Podrzuciłby mnie do restauracji w Yeehaw Junction, zjadłbym kaszę kukurydzianą, gdy on odbierałby towar z szopy. Ponieważ nie lubiłem jeździć w tym samym samochodzie, którym przewożono towar, wysłałbym kierowcę do Miami samego, a po mnie przyleciałby helikopter.

Postanowiłem zatrudnić jako kierowcę mojego nowego szwagra – młodszego brata Toni, imieniem Lee, który niedawno wprowadził się do naszego domu w Delray. Był dużym, jasnowłosym wieśniakiem, który miał 19 lub 20 lat. Przypominał mi gości, których oglądałem w telewizji w serialu *Diukowie Hazzardu*. Za pierwszym razem, gdy dałem mu kluczyki do jednego ze swoich samochodów, skasował auto w ciągu pół godziny. W jakiś sposób, po tym jak dachował na drodze, przewrócił samochód z powrotem na koła i przyjechał z powrotem z rozbitym dachem. Dach był niżej o 15 centymetrów.

– Wybacz, Jon – powiedział.

Co mogłem zrobić? Dzieciak był moim szwagrem. Postanowiłem nauczyć go odpowiedzialności, dając mu pracę.

– Lee, czy potrafisz jeździć bez skasowania samochodu albo bycia zatrzymanym za zbyt szybką jazdę? – zapytałem.

Zrobiłem z niego mojego kierowcę w zleceniu przy Yeehaw Junction. W dzień zrzutu wyjechaliśmy z domu przed wschodem słońca. Zatrzymaliśmy się przy restauracji z martwymi żabami. Już miałem wejść do środka i zjeść miskę pysznej gorącej kaszy kukurydzianej, kiedy otworzyłem drzwi i usłyszałem szum samolotu na niebie.

– Zostań, nie ruszaj samochodu – powiedziałem.

Wyszedłem na zewnątrz. Nie mogłem dostrzec samolotu Rogera, ale był tak głośny, że brzmiał jak samolot kamikadze w filmach. Coś było nie w porządku. Miał nadlecieć wolno i cicho. Całe miasto szumiało. Wtedy zorientowałem się, że warkot mieszał się z innymi dźwiękami: odrzutowcem, helikopterami, syrenami.

Otworzyłem drzwi lincolna po stronie kierowcy i kazałem Lee się posunąć. Nie chciałem, żeby odstawiał jakieś numery rodem z *Diuków Hazzardu.*

– Czy to radiowozy? – zapytał Lee, gdy syreny stały się głośniejsze.

– Powoli wywiozę nas stąd – powiedziałem.

W tym momencie widzimy, że do miasta wjeżdżają radiowozy, mają włączone światła. Wyjeżdżamy trzy kilometry za miasto. Jeden z radiowozów zawraca i jedzie za nami. Daje sygnał światłami, zatrzymuję się. Oczywiście w samochodzie niczego nie ma. Ale nie wiedziałem, co do cholery działo się na niebie, a jeśli gliniarz zacznie węszyć i zobaczy specjalne amortyzatory i bak, może go to sprowokować do zadawania pytań.

Gliniarz, który podchodzi do mojego okna, jest najgorszym wieśniakiem. Okulary przeciwsłoneczne. Krzaczasty wąs. Jabłko Adama wielkości pięści. Zachowuję spokój. Zarówno ja, jak i Lee mamy fałszywe prawa jazdy. Wręczam swoje policjantowi. Pyta mnie o nazwisko, podaję mu to, które jest na fałszywym dokumencie. Zadaje Lee kilka pytań, a ten, jako chłopak z Południa, zachowuje się grzecznie.

– Tak, proszę pana. Nie, proszę pana – mówi.

Gliniarz pyta, co robimy w Yeehaw. Mówię mu, że odbywam jazdę próbną samochodem, który podrasował gość w Miami i chciałem przetestować go na dłuższym dystansie.

– Dlaczego przyjechaliście do Yeehaw?

– Przejeżdżałem tędy w drodze do Disney World i od tamtej pory się tu zawsze zatrzymuję, bo to takie zabawne.

Gliniarz jest trochę obrażony.

– Co w tym takiego zabawnego?

– Nazwa, Yeehaw. Brzmi jak nazwa tego programu telewizyjnego, *Hee Haw.*

– Mieszkam w tym mieście i nigdy nie porównywałem go do programu telewizyjnego – odpowiada. Mam teraz gliniarza, który chce wdać się w kłótnię, więc postanawiam obejść się z nim bardzo ostrożnie.

– Panie władzo, z całym szacunkiem, powie mi pan, że Yeehaw to nie jest zabawna nazwa? Na dodatek macie restaurację wypełnioną martwymi żabami.

– Był pan w niej?

– Ciągle tam jadam. W Miami nie dostanie się takiej kaszy kukurydzianej.

– Jada pan kaszę kukurydzianą?

Opowiadam mu, jak to dorastałem na północy i nie wiedziałem o kaszy kukurydzianej, dopóki nie przeprowadziłem się na południe i ktoś nie pokazał mi, jak należy jeść ją z masłem. To zmienia zupełnie jego nastawienie. Oddaje mi prawo jazdy i mówi, że zawsze jestem mile widziany w Yeehaw Junction. Teraz, gdy już jesteśmy najlepszymi kumplami, marzę o tym, żeby zapytać go, o co chodzi z tymi syrenami i helikopterami, ale zanim zdążę zadać pytanie, pyta mnie:

– Zamierza pan kupić ten samochód?

Prawie zapomniałem o mojej ściemie o jeździe próbnej.

– Być może, jest szybki – odpowiadam.

Gliniarz uśmiecha się.

– Poproszę pana o przysługę. Kiedy pan ruszy, przyciśnie pan gaz do dechy? Chcę zobaczyć, jak szybko jedzie pana samochód. Pojadę za wami, żebyście nie mieli kłopotów.

Patrzę na Lee. Zastanawiam się, czy to jakaś wieśniacka sztuczka, czy nie da mi mandatu po tym, jak przekroczę dozwoloną prędkość. Lee tylko wzrusza ramionami. Pieprzyć to. Kiedy gliniarz wsiada do radiowozu, wrzucam bieg i cisnę gaz do deski. Przyspieszam do 180. Później zwalniam, żeby gliniarz mógł mnie dogonić. Jedzie obok nas i opuszcza szyby. Obaj jedziemy z prędkością 130 kilometrów na godzinę i zajmujemy oba pasy jezdni. Gliniarz wyszczerza zęby. Pokazuje uniesione kciuki i krzyczy „Yeehaw!".

Wtedy Lee nachyla się nade mną, wystawia głowę przez okno i krzyczy „Yeehaw" do gliniarza. Niemal wjeżdżam w radiowóz. Ci dwaj wieśniacy rechoczą. Gliniarz włącza koguta i zapewnia nam wieśniacką eskortę aż do autostrady. Niewiarygodne.

Tego wieczoru dowiedziałem się od Rogera, że gdy leciał do Yeehaw Junction, zaczął go gonić samolot służby celnej[3]. Roger był już wcześniej ścigany nad oceanem i wiedział, co zrobić. Piloci nazywali to „wyzwolnieniem" rządowych samolotów. Jeśli samolot leci zbyt wolno, spadnie. King Air czy inny samolot ze śmigłami może lecieć dużo wolniej niż odrzutowiec. Więc kiedy ich ścigano, zmniejszali prędkość. Samolot służby celnej musiał zataczać kręgi, żeby lecieć za wolniejszym samolotem przemytników. Pilot-przemytnik, jeśli był dobry, mógł zrobić następującą rzecz: poczekać, aż samolot rządowy odbije w przeciwnym kierunku, i wtedy wśliznąć się pod położoną nisko chmurę i uciec poza zasięg radarów. Roger znalazł tego ranka chmurę i wymknął się. Zrzucił kokainę daleko od farmy, na której czekali jego ludzie, i wszyscy wyszli z tego cało. Ale służba celna wezwała na pomoc helikoptery i policję, i szukali narkotyków. Dla nas te narkotyki przestały istnieć.

Kiedy powiedziałem Maksowi, że straciłem ładunek, spanikował. Ja byłem spokojny. Dzięki pracy z Fabitem wiedziałem, że Kolumbijczycy nie mieli problemu, jeśli straciłeś narkotyki. Koszt ich wytworzenia był tak niski, że bez kłopotu mogli nadrobić tę stratę. Kolumbijczycy byli w stanie zaakceptować to, że straciłeś ładunek, o ile przechwycili go gliniarze. Błąd mógł się zdarzyć.

Nie mogło się natomiast zdarzyć to, że ich okradłeś. Jeśli straciłeś ładunek, musiałeś zdobyć dowód, że zabrali ci go gliniarze. Było to bardzo ważne. Jeśli mogłeś pokazać im artykuł z gazety, który udowadniał, że to policja zabrała kokainę, byłeś w porządku.

Czekanie było najtrudniejsze. Ponieważ słabo znałem Maksa i Rafę, codziennie chodziłem do domu Maksa i czekałem razem z nim. Ale nie było żadnych informacji na ten temat. Kiedy Max się zdenerwował, miał problemy z oddychaniem i robiło mu się słabo. Musiał oddychać do papierowej torby, żeby nie zemdleć. Spędziłem w jego jadalni pięć dni. Po jednej stronie siedział Max charczący do papierowej torby, a później robiący sobie przerwy na papierosa. Po drugiej – Rafa palił bazukę za bazuką. Ależ była z nich zabawna para.

---

[3] Służba Celna używała samolotów Cessna Citation w celu przechwytywania towaru przemytników.

Dzięki Bogu był Danny Mones. Jak tylko dostałem informacje od Rogera, kazałem Danny'emu poprosić gliniarzy, których znał, żeby zajrzeli do raportów policyjnych. Jeden z nich znalazł wewnętrzny raport DEA. Nie było żadnych informacji w newsach o narkotykach zrzuconych w Yeehaw Junction, bo Roger zrzucił je w innej części stanu.

Wszyscy się wyluzowali, gdy pokazałem im raport DEA. Rafa był spokojny, a Max mógł znów normalnie oddychać. Doceniłem Rogera za to, że udało mu się uciec. Ale byłem rozczarowany sobą. Przeprowadziłem tę robotę jak kretyn.

W myślach wracałem do wyjątkowego samochodu Maksa, lincolna continentala. Chciałem poznać gościa, który go zbudował, Mickeya Mundaya. Rafa powiedział mi, że dzięki Mickeyowi przewieźli ładunki z wielu samolotów. Kiedy poruszyłem temat Mickeya z Maksem, odpowiedział:

– A, ten gość. To tylko głupi wieśniak.

To pokazuje, jak głupi naprawdę był Max. Po tym, jak zacząłem działać z Mickeyem, ten głupi wieśniak pokonywał przez wiele lat cały rząd Stanów Zjednoczonych. Mickey był największym geniuszem, z jakim kiedykolwiek pracowałem. Był też jedną z najdziwniejszych osób. Mickey naprawdę żył w swoim świecie.

ROZDZIAŁ 55

*Każdy dzieciak chce być piratem. Spójrz na jakąkolwiek mapę jakiego-
kolwiek wybrzeża na świecie i zapewniam cię, że znajdziesz tam miejsca
o nazwach „Zatoczka piratów" czy „Zatoka przemytników". Jest w tym
coś romantycznego. To fantazja, a ja nią żyję.*

Mickey Munday

J.R.: Po fiasku w Yeehaw Junction, Max powiedział mi, że powinienem
przewieźć ładunek z Sheltonem, tym angielskim idiotą. Powiedziałem
Maksowi, że chcę się spotkać z Mickeyem. Ale Max mnie spławił. Później zdałem sobie sprawę, że skłaniał mnie do współpracy z innymi pilotami, bo chciał zepchnąć Mickeya na boczny tor. Max nie lubił Mickeya, bo ten był od niego mądrzejszy. Mickey miał milion pomysłów na
przemyt. Maksowi nigdy nie wpadło do głowy nic użytecznego poza po-
ślubieniem kuzynki Pabla Escobara. Max nie tylko lubił pełnić funkcję
El Jefe, uważał też siebie za mózg organizacji, a Mickey zagrażał temu
wizerunkowi, bo sprawiał, że Max wychodził na głupka. Powiedziałem
mu, że jeśli jeszcze raz wspomni nazwisko Sheltona Archera, wpakuję
kulkę w ptasi móżdżek Anglika.

Powodem, dla którego ścigano w Yeehaw Junction mojego pilota Rogera, było to, że rząd zwiększył wysiłki mające na celu łapanie przemytników. Wchodziliśmy w bardzo trudny okres. Rząd rozmieszczał więcej

samolotów i łodzi, rozszerzając działania w swojej „Wojnie przeciwko narkotykom". Skończyły się czasy, gdy mogłeś opłacić paru gliniarzy i wynająć rybaków, żeby korzystać z ich łodzi. To była nowa gra. Posiadanie tak sprytnego gościa jak Mickey stało się ważniejsze niż kiedykolwiek wcześniej.

W końcu, któregoś dnia przez przypadek poznałem Mickeya. Pojechałem na farmę Maksa, żeby obejrzeć broń, którą chciał mi sprzedać. Gdy się zatrzymywałem, zobaczyłem wieśniaka parkującego ciężarówkę. Tym wsiokiem był Mickey. Jego imię było napisane na naszywce na kombinezonie mechanika. Mickey rozładowywał wóz terenowy, który podrasował dla jednego z przybranych dzieci Maksa. Takie rzeczy kazał Max robić temu geniuszowi.

Mickeya trudno było przegapić. Miał dobrze ponad metr osiemdziesiąt i gęstą blond czuprynę. Ludzie nazywali go Red, z powodu rudych włosów, ale dla mnie one wyglądały na żółte. Zmartwiłem się, że Max wyjdzie na zewnątrz i będzie próbował wejść mi w drogę, więc od razu podszedłem do Mickeya i przedstawiłem się.

MICKEY: Pierwszą rzeczą, jaką zauważyłem u Jona, był jego samochód. To był robiony na zamówienie mercedes AMG za silnikiem o superwysokiej mocy, przy którym 450SL wyglądał jak kupa gówna. Uważam, że koni mechanicznych nigdy dość, ale nie podobał mi się samochód Jona. W Miami były tylko trzy takie i wszystkie należały do handlarzy narkotyków. Równie dobrze na samochodzie Jona można było powiesić znak z napisem „handluję koką". Przez to Jon zrobił na mnie złe pierwsze wrażenie, ale kiedy porozmawialiśmy, polubiłem go. Mówił jak ktoś bardziej inteligentny, niż wynikało z tego, jaki samochód prowadził

J.R.: Mickey od razu chciał, żebym się z nim czołgał po ziemi, żeby mógł mi pokazać, jakie silniki zamontował w wozie Maksa. Skończyło się na tym, ze próbował dać mi lekcję historii silników spalinowych od zarania dziejów. Wkurzał mnie ten gość. Był jak profesor z prowincji.

Ale zaintrygował mnie. Opowiedział mi, jak sam budował motorówki i samoloty, które były szybsze niż wszystkie inne. Miał takie zabawne wyrażenie, które stanowiło jego motto: „Jeśli się toczy, pływa na wodzie albo lata, mogę sprawić, że będzie robić to szybciej".

Mickey nie był gościem, z którym można było się zakumplować dzięki zaproszeniu go na orgię w Forge. Był ode mnie o kilka lat starszy, ale mówił jak dziecko. Mówił jak harcerzyk, na przykład „ojejku".

Mickey nie był pilotem. Miał kolegę pilota, z którym pracował, nazywał się Ray Delmer[1]. To pokazuje, jakim dziwakiem był Mickey. Delmer był prawie w tym samym wieku co on, ale Mickey nazywał go Tatą. Powiedział: „Tato dużo wie o samolotach". Początkowo myślałem, że miał na myśli to, że budował samoloty ze swoim ojcem, ale później dowiedziałem się, że jego ojciec nie żyje. Tato był jego przyjacielem.

Mickey nie pasował do mojego świata. Nie brał kokainy. Nie przeklinał. Najbardziej lubił pić mleko i jeść ciasteczka, które upiekła jego mama. Mieszkał z nią. Dziś powiedziałby ci, że miał wtedy własne mieszkanie, ale nie było w nim żadnych mebli. Robił pranie u mamy. Jadł u niej. Czasem w niedziele odwoził ją do kościoła.

Nie twierdzę, że był świrem, że ubierał się w kostium uszyty ze skóry mamy, jak w tym filmie[2]. Miał dziewczyny prawie jak normalny człowiek. Przez pewien czas umawiał się z małą chudą dziewczyną, o jasnych włosach jak jego własne, która ubierała się tylko w ciuchy z białego dżinsu. Mickey kupił sobie pasujące do niej białe dżinsy. Jeździli razem motocyklem Mickeya, oboje w białych dżinsach i z blond włosami. Wyglądali, jakby polowali wcześniej razem na jednorożce.

Mimo wrażenia, jakie robił Mickey, nie był popychadłem. Nie był twardzielem, który często używał pięści. Ale nigdy nie widziałem, żeby się bał. Nie lubił brutalnych ludzi, ale nie zachowywał się jak tchórz w ich towarzystwie. Był bardzo uparty. Znał się na wszystkim. Mógł cię rozwścieczyć. Wiele razy mnie zirytował.

Jednak ja i Mickey razem wznieśliśmy kartel na kolejny poziom. Mickey stworzył system, którego, bez względu na to, jak bardzo chciano powstrzymać import narkotyków, nie dało się zatrzymać. Mickey nie

---

[1] Na prośbę Mickeya Mundaya, nazwisko jego przyjaciela pilota zostało zmienione na Ray Delmer.

[2] Nawiązanie do Normana Batesa w *Psychozie*.

przemycał największych ładunków, ale zawsze dostarczał je na miejsce. Jeśli chodzi o narkotyki, był jak FedEx. Gdybyś zobaczył go na ulicy, nigdy byś sobie nie pomyślał, że ten gość był technicznym mózgiem kartelu z Medellín. Stanowiło to część jego siły. Gość skopał amerykański rząd po jajach, a wyglądał jak twój sąsiad – pod warunkiem, że twój sąsiad byłby trochę dziwny i wieku 35 lat nadal mieszkał z mamą.

ROZDZIAŁ 56

*Prezydent Reagan odwiedził dziś południową Florydę, żeby zwrócić uwagę
na swoją kampanię przeciwko narkotykom i przysiągł „złamać siłę mafii
w Ameryce". Wizyta prezydenta miała zwrócić uwagę na sukces oddziału
do zadań specjalnych, który Reagan stworzył w styczniu, aby powstrzymać napływ nielegalnych narkotyków. Wiceprezydent George Bush stoi
na czele tego oddziału.*

Reagan Pledges War on Drugs, „Daily News", 15 listopada 1982

J.R.: Jak tylko poznałem Mickeya, chciałem z nim pracować, bo widziałem, że był na tyle dobry, żeby poradzić sobie z obławą, jaka czekała na
przemytników. Skłoniłem Maksa do rozwinięcia działki Mickeya. Max
nazywał go naszym „pracownikiem", ale Mickey i ja pracowaliśmy ramię w ramię, jak partnerzy[1]. Poza pracą prawie nigdy nie spędzaliśmy
razem czasu, ponieważ prywatnie zupełnie do siebie nie pasowaliśmy.

---

[1] Akt oskarżenia sformułowany przez władze federalne w następujący sposób opisywał podział pracy między Maksem, Jonem i Mickeyem: „Kartel z Medellín i kon-
trolujący go członkowie Jorge Ochoa-Velasquez, Fabio Ochoa-Velasquez, Juan David
Ochoa-Velasquez, Rafael Cardona-Salazar i Pablo Escobar-Gaviria byli reprezentowani
w Stanach Zjednoczonych przez współkonspiratorów Maksa Mermelsteina i Jona Robertsa. Mermelstein i Roberts podejmowali kroki wspólnie z The Munday Organization
[do której należał też przyjaciel Mickeya „Delmer"] w celu transportowania narkotyków

MICKEY: Dzieciaki powinny wiedzieć, że nie popieram narkotyków. Nigdy nie zaciągałem się marihuaną ani nie wciągałem kokainy. Jedynym uzależnieniem, jakie miałem, było żucie gumy. Przez większość czasu między 30 a 40 urodzinami nie byłem w stanie pracować, jeśli nie miałem w ustach kawałka gumy. Dziwne, co? Chyba można powiedzieć, że guma do żucia była moim narkotykiem.

Dorastałem w dobrym domu. Moja matka uczyła w szkole i była diakonem w Kościele prezbiteriańskim. Rodzice pochodzili z Ohio. Moja mama zdobyła tytuł Miss Cincinnati, a tato dostał się na studia dzięki stypendium za grę w futbol. W Cincinnati grał zawodowo w futbol przez kilka lat, ale to nie było zajęcie dla niego. W latach czterdziestych rodzice przeprowadzili się do Miami, a ojciec założył firmę budowlaną. Wynalazł nowy rodzaj pustaka – z wentylacją – który był bardzo popularny na Florydzie, zanim w każdym domu zaczęto instalować klimatyzację. Wynalazek mojego taty przepuszczał powietrze, ale zatrzymywał deszcz i światło słoneczne. Pustaki, które wynalazł tato, noszą nazwę Munday Blocks i można je znaleźć w hotelach i szkołach na Florydzie i w Ameryce Łacińskiej. Tato produkował je u siebie w warsztacie. Zbudował z Munday Blocks dom, w którym dorastałem z bratem.

Nasz dom znajdował się na idealnym osiedlu z lat pięćdziesiątych. Mieszkaliśmy niedaleko kanału i celowo „przez przypadek" wpadałem do niego każdego dnia. Zbudowałem własną łódkę, kiedy byłem w szkole podstawowej. Uwielbiałem zwiedzać bagna. Uwielbiałem mapy.

Warsztat taty mieścił się przy tej samej ulicy. W pobliżu były też warsztaty ślusarzy, mechaników, elektryków. Interesowało mnie wszystko i praktykowałem w każdym z tych warsztatów. Nauczyłem się wszystkich fachów. Zanim mogłem prowadzić, przebudowywałem swoje samochody, motocykle i łodzie.

Tato był takim porządnym człowiekiem. Uwielbiał wyścigi konne. Zawsze żałowałem, że Jon nie poznał mojego ojca, bo obaj kochali konie.

---

z nieujawnionych lokalizacji w Kolumbii". Dalej było napisane, że „Jon Roberts służył jako pośrednik między właścicielami kokainy w Kolumbii a tymi, którzy dystrybuowali ją po tym, jak została dostarczona do Stanów Zjednoczonych, koordynował z The Munday Organization transport kokainy do Stanów Zjednoczonych i odbierał ją po dostarczeniu jej do Stanów Zjednoczonych.

Tato nie obstawiał wyścigów jak Jon. Obstawiał zakłady za dwa dolary. Był uczciwy. Był oszczędny, ponieważ robota w budowlance była sezonowa. Zawsze mawiał: „Jeśli masz kurczaki, upewnij się, że zachowałeś ich pióra, bo może się któregoś dnia okazać, że to wszystko, co ci zostało".

Kiedy byłem młody, tato zmarł od palenia papierosów. Prowadziłem jego firmę, odkąd byłem nastolatkiem. Ale upadła. Wyprodukowanie Munday Blocks wymagało wiele pracy, a pod koniec lat sześćdziesiątych klimatyzacja zabijała cały przemysł produkujący tego rodzaju pustaki.

Ścigałem się na ulicach motocyklami i samochodami. Uwielbiam silniki tłokowe. Uwielbiam prędkość. Zaprzyjaźniłem się z czarnym klubem motocyklowym, bo byłem jedynym białym mechanikiem, który ich nie oszukiwał. Od tego zacząłem budować warsztat podrasowujący samochody i motory.

Moim najlepszym przyjacielem był gość, z którym musiałem ścigać się z 1000 razy. Nazywał się Ray Delmer, ale mówiłem do niego Tato, bo nauczył mnie więcej o silnikach i życiu niż ktokolwiek inny. Po śmierci mojego taty Delmer był mi bliższy niż wszyscy inni i miło było mieć kogoś, kogo mogłem nazywać Tatą.

Delmer dostał licencję pilota mniej więcej w tym samym czasie, gdy Jimmy Carter został prezydentem, a gospodarka zmieniła się w bagno. Mój warsztat ledwo na siebie zarabiał. Delmer powiedział mi, że on i inni piloci zajmą się przemytem. Trzymałem się od tego z daleka, aż pewnego dnia w 1978 roku Delmer powiedział mi, że jego znajomy zgubił ładunek marihuany, do którego nikt teraz nie rościł praw i który leżał w bagnach Everglades. Uznałem, że wyciągnięcie tych beli trawki będzie skorzystaniem z rady mojego ojca, który mówił o zachowywaniu piór kurczaków.

– Jedźmy po tę marihuanę – powiedziałem.

Nie było to takie proste. Bele zostały zrzucone na dużym podmokłym terenie. Przez cały dzień lataliśmy z Delmerem nad tym obszarem i szukaliśmy wskazówek. To było jak zagadka dla braci Hardy[2]. W końcu zauważyłem na ziemi te bele.

---

[2] Bohaterowie popularnej serii książkowej dla młodzieży (przyp. tłum.).

Dowiedziałem się, że mam wyjątkowy talent do znajdowania rzeczy. A właściwie coś więcej. Jeśli pokażesz mi coś na ziemi, znajdę to z powietrza, a jeśli zobaczę to z powietrza, znajdę to na ziemi. Później, gdy szukałem lądowisk w Kolumbii, ta umiejętność bardzo mi się przydała. Sprzedaliśmy te bele marihuany za 25 000 dolarów. Wtedy 12 000 dolarów stanowiło mój roczny dochód. Od tamtej pory można było na mnie liczyć, jeśli chodziło o przemyt. Nauczyłem się latać, ale nigdy nie zdobyłem licencji. Pracowałem jako kicker, mechanik, nawigator.

Choć nie paliłem marihuany, nie widziałem powodów, dla których rząd miał mówić ludziom, co powinni zrobić ze swoim życiem. Dla mnie stratą czasu i pieniędzy było to, że rząd zajmował się pogonią za takimi ludźmi jak ja. Nazywałem wszystkie agencje, które na nas polowały – policję, DEA, Służbę Celną, straż przybrzeżną – „konkurencją". Poświęciłem się temu, żeby być lepszym niż konkurencja.

Nauczyłem się, że sukces zaczyna się od logistyki. Większość przemytników nie miała planu awaryjnego. Nie wybierałem jednego miejsca, w którym mógł wylądować nasz samolot. Wybierałem trzy lub cztery, żebyśmy mieli jakąś alternatywę. Dawałem mojej ekipie radia, żebyśmy mogli się komunikować. Jeśli potrzebowałem jednego, przynosiłem trzy na wypadek, gdyby pierwsze dwa zdechły. Jeśli stało się tak z wszystkimi, moja ekipa na ziemi miała latarki i znała podstawy alfabetu Morse'a, więc nadal mogli się porozumiewać.

Budowałem swoją ekipę z przyjaciół, którzy pracowali w warsztatach, serwisach ogumienia, i z czarnego klubu motocyklowego. Na każdym z nich można było polegać. Jeden z motocyklistów uwielbiał łowić ryby. Wybrałem jako główne lądowisko przy kanałach. Wysyłałem kumpla na połów okoni łodzią z masztem, z lodówką wypełnioną piwem, radiem i lornetką, żeby mógł obserwować drogi dojazdowe i pilnować konkurencji.

Robiłem z moimi samolotami wszystko, co możliwe, żeby poprawić ich zasięg, prędkości i ładowność. Podkręcałem liczbę koni mechanicznych. Gdy to zrobisz, twoje śmigła będą kawitować – to tak jakby koła samochodu kręciły się w miejscu. Starasz się złagodzić skutki, instalując dłuższe śmigło, ale zainstalowanie dłuższych śmigieł w małych samolotach wzbudza podejrzenia konkurencji. Żeby śmigła wyglądały na mniejsze, instalowałem potrójne śmigi zrobione dla samolotów o silniku turbośmigłowym. Nie mogłeś się zorientować, że były to turbośmigła, a dzięki nim wydawało się, że moje samoloty mają właściwe proporcje.

Żeby zwiększyć zasięg, znalazłem firmę, która produkowała gumowe baki do samochodów wyścigowych. Były jak łóżka wodne. Mogłeś je zwinąć, schować do samolotu i napełnić, gdy było to potrzebne. Paliwo jest kluczem. Jeśli skończy ci się paliwo, gdy jesteś w powietrzu, nie możesz postawić nóżki i zaparkować na chmurze.

Dodatkowe obciążenie samolotów sprawiało, że siadały bardzo ciężko. Zainstalowałem amortyzatory azotowe, żeby samoloty, nawet gdy będą w pełni załadowane, siadały prosto i dumnie, tak jak powinny wyglądać samoloty.

Oszustwo było podstawą. Robiłem wszystko, co w mojej mocy, żeby moje samoloty, łodzie, samochody wyglądały przeciętnie. Zawsze, gdy malowałem samochód, mówiłem lakiernikowi: „Chcę, żebyś go bardzo dobrze pomalował, ale niech wygląda, jakby miał ze dwa, trzy lata".

Wierzę też w szybkość na lądzie. Kiedy moje samoloty lądowały na polach Florydy, moja ekipa mogła uzupełnić paliwo w niecałe trzy minuty. Bagażniki, które wbudowywałem w moje samochody, mogły pomieścić sześć kanistrów o pojemności ponad 50 litrów każdy. W dwóch samochodach wiozłem prawie 700 litrów. W samolotach instalowałem cztery wlewy paliwa. Kiedy docieraliśmy do samolotu, czterech ludzi jednocześnie uzupełniało paliwo. Opróżnienie kanistra zajmuje 43 sekundy. Czasem tankowaliśmy samolot w nieco ponad dwie minuty. To było tempo godne ekipy technicznej NASCAR, prawda?

Moja ekipa miała przy sobie szczoteczki do zębów. Po wyjęciu ładunku czyściliśmy każdą szczelinę. Na lądowiska przywoziliśmy dodatkowe fotele i instalowaliśmy je w strefie bagażowej po opróżnieniu samolotu. W ten sposób, gdy samolot wrócił na lotnisko, wyglądał, jakby nie mógł przewozić niczego innego niż turystów na wyprawie wędkarskiej.

W 1978 roku konkurencja niewiele zrobiła, żeby nas powstrzymać. Ale w 1980 roku, kiedy ja i Tato zaczęliśmy organizować loty dla Maksa, robili się coraz lepsi – sprawdzali lotniska, samoloty, pilotów, doki. Przemytnicy przez wiele lat mieli łatwo i gdy konkurencja podwyższyła poziom gry, ci goście szybko zostali pokonani. My musieliśmy podnieść swój poziom.

Max był inteligentny, ale nie miał cierpliwości do nowych pomysłów. Nie chciał wydawać pieniędzy. Kiedy poznałem Jona, zaangażował się. Nie bał się wypróbować nowych pomysłów. Rozumiał, że musieliśmy się ciągle doskonalić.

J.R.: Mickey robił niesamowite rzeczy. Organizował loty czarterowe z Miami na Bahamy. Płacił kobietom, żeby latały takimi rejsami. On i jego pilot przebierali się w mundury i zawozili je do luksusowych hoteli. Kiedy dziewczyny się zameldowały, Mickey i pilot wylatywali stamtąd i przez cztery dni przemycali narkotyki. Później sprzątali samolot, zakładali mundury, odbierali dziewczyny i dostarczali je z powrotem do Miami. Mickey nazywał te dziewczyny „przykrywkami"[3]. W końcu zamknęli trasę na Bahamy, bo zaczęto przeszukiwać każdy samolot. Ale Mickey latami robił w konia rządowych ważniaków pilnujących prawa. Pomimo że wyrażał się jak grzeczny amerykański chłopiec, Mickey miał nikczemny umysł.

Ciągle miał nowe pomysły na to, jak oszukać ludzi. Kiedy gliniarze w Dade County zrobili się bardziej agresywni jeśli chodzi o zatrzymywanie samochodów i przeszukiwanie bagażników, Mickey wpadł na pomysł kupna firmy specjalizującej się w pomocy drogowej. Kiedy przemieszczaliśmy nasze samochody z narkotykami w bagażniku po terenie hrabstwa, wkładaliśmy je na lawety. Kierowcy mieli wypisane zlecenia. Gliniarze nigdy nie wpadli na to, żeby zatrzymać lawetę i przeszukać samochód, który był na niej przewożony.

Jedną z najlepszych rzeczy, jaką zrobił Mickey, było rozmieszczenie tajnych lądowisk w miejscach, w których nikt się ich nie spodziewał – na terenach należącym do rządu. Mickey przywoził większość

---

[3] Federalny akt oskarżenia Jona i Mickeya przedstawia taką wersję planu z „przykrywkami": „The Munday Organization jako jednego ze środków transportu używała samolotu Piper Navajo, N9096Y (zwanego dalej Navajo), który latał na trasie ze Stanów Zjednoczonych na Bahamy i przewoził różne pasażerki znane jako „przykrywki", którym płacono za podróż, dzięki czemu Navajo łatwiej przechodził przez odprawę celną na Bahamach i w Stanach Zjednoczonych. Piloci często nosili mundury, żeby podtrzymać wrażenie, że każdy z tych lotów był legalnym lotem czarterowym. Przykrywki zostawały na Bahamach, gdy piloci kierowali Navajo do Kolumbii, żeby odebrać stamtąd narkotyki".

naszej kokainy na teren dawnych baz wojskowych. Co za pokręcony koleś. Niech cię nie zwiedzie jego wesoły uśmieszek.

MICKEY: Rządowe lokalizacje, które znalazłem, były opuszczonymi bazami rakietowymi zbudowanymi dla pocisków Nike[4]. Zostały zbudowane z zachowaniem wysokich standardów, począwszy od silosów rakietowych po drogi dojazdowe. Stanowiły znakomite lądowiska.

Kiedy zacząłem badać bazy, szedłem z wędką i małym palnikiem acetylenowo-tlenowym, który chowałem w torbie. Bazy ciągnęły się przez wiele kilometrów i były ze wszystkich stron ogrodzone. Jeździłem małym motocyklem Honda 70, który był na tyle lekki, że można go było przerzucić przez ogrodzenie. Dzięki temu mogłem wspiąć się, przeskoczyć przez ogrodzenie i jechać dalej.

W tych bazach trawa była pięknie utrzymana. Miejsca były opuszczone, ale nadal regularnie koszono trawniki. W przypadku ataku nuklearnego nikt nie mógłby narzekać, że były źle utrzymane. Wszystko było ogrodzone i zamknięte na kłódkę.

Wojsko używało kłódek, które wyglądały jak Master Lock numer pięć, ale klucz miał z boku wyżłobienie. Miałem kumpla, który dostarczył mi identyczne kłódki. Gdy znalazłem obszar, na który chciałem wrócić, odcinałem rządową kłódkę za pomocą palnika i zastępowałem ją jedną z moich. Teraz mogłem przychodzić i wychodzić, kiedy tylko chciałem. Kiedy zamieniałem rządową kłódkę na swoją, upewniałem się, że było drugie wejście. W ten sposób, kiedy konserwatorzy przyjeżdżali na miejsce, a ich klucz nie pasował do kłódki, mogli dostać się drugim wejściem. Mogli napisać raport o „wadliwym zamku", ale ponieważ chodziło o rząd, trwałoby całe miesiące lub lata, zanim ktoś by się tą sprawą zainteresował.

Kolejnymi lądowiskami, które znalazłem, były należące do państwa ziemie wzdłuż kanału Aerojet. W latach sześćdziesiątych, kiedy zaczęto

---

[4] Pociski Nike były bronią taktyczną z głowicami nuklearnym, które miały zdetonować atomowe bomby z dala od amerykańskiego wybrzeża na wypadek ataku Sowietów. Teoretycznie miały zniszczyć nadciągające rakiety lub samoloty. System został zdemontowany pod koniec lat sześćdziesiątych, gdy władze zdały sobie sprawę, że zdetonowanie setek małych bomb atomowych wzdłuż wybrzeża Ameryki może być równie złe, o ile nie gorsze od sowieckich ataków, które miało udaremnić.

program lotów na Księżyc z przylądka Canaveral, wykopano na Everglades kanał, którym transportowano silniki rakiet zbudowane przez Aerojet[5]. Zakończono program i zamknięto budynki Aerojetu wzdłuż kanału. Kiedy na Florydzie buduje się kanały, umieszcza się wzdłuż nich „nasyp z odkładu" – stertę wykopanej ziemi, której wierzch wyrównano i wybudowano na nim drogę. Na terenach Aerojetu były kilometry takich dróg, które stanowiły doskonałe pasy startowe. Były odgrodzone, podobnie jak bazy rakietowe, więc założyłem własne kłódki, żeby wracać i odwiedzać te miejsca, gdy było to potrzebne.

Bazy Nike i tereny Aerojetu dały mi mnóstwo czterokilometrowych pasów startowych. Taka długość pasów była jak święty Graal, bo potrzebujesz tylko dwóch kilometrów, żeby wylądować albo wystartować. Kiedy samolot lądował, moja ekipa pojawiała się w połowie czterokilometrowego pasa. Kiedy pilot startował, nie musiał odwracać samolotu. Oszczędzało to czas. Mogliśmy wylądować, rozładować samolot, uzupełnić paliwo, wyczyścić go i być znów w powietrzu w przeciągu sześciu minut.

Na terenach rządowych, które wykorzystywaliśmy, pracowali robotnicy, ale byli tam tylko w normalnych godzinach pracy – od dziewiątej do piątej co najwyżej, i wszystkie święta mieli wolne. Przez resztę czasu te miejsca należały do mnie.

J.R.: Po tym jak wylądowaliśmy samolotami z narkotykami na terenach należących do rządu, nadal musieliśmy dostarczyć je na lotnisko i zrobić przegląd. Mickey wpadł na pomysł, żeby zbudować własny hangar serwisowy. Zakupiliśmy ponaddwustuhektarową farmę w Lakeland, jakieś 320 kilometrów na północ od Delray, pośrodku niczego. Były tam szopy, które Mickey przekształcił w tajne hangary. Założyliśmy fałszywą firmę zajmującą się opryskiwaniem upraw i trzymaliśmy tam samoloty. Czasem pilot Mickeya faktycznie opryskiwał uprawy rolników, więc nikt nie mógł powiedzieć, że nie była to prawdziwa firma.

Czasem Kolumbijczycy ładowali tysiące kilogramów kokainy na trawler rybacki i wysyłali statek do Zatoki Meksykańskiej. Wysyłaliśmy motorówki, żeby rozładować ładunek.

---

[5] Aerojet, obecnie część Gencorp, ma siedzibę w Rancho Cordova w Kalifornii i pozostaje największym wytwórcą cywilnych i wojskowych silników rakietowych.

Ultimate Boats był warsztatem, w którym Mickey zaczął produkować łodzie do przemytu[6]. Jego łodzie były kompletnym przeciwieństwem tych, które budował Don Aronow. To nie były łodzie do wyrywania lasek, wyglądały jak złom. Mickey budował łodzie, na które – gwarantuję ci to – nie wsiadłaby żadna dziewczyna, obojętnie, czy by ją nafaszerować metakwalonem, czy nie. Ale instalował w nich ogromne silniki i skrytki do przechowywania ładunków. Mickey był tak pewien swoich łodzi, że któregoś dnia, gdy przewoził ładunek kokainy i zobaczył łódź Straży Przybrzeżnej, która miała problemy z silnikiem, rzucił im linę i doholował ich do brzegu. Zrobił to, mając na pokładzie pół tony kokainy. Oczywiście Mickey przyjaźnił się z połową strażników, ponieważ poddawał statek wszystkim dobrowolnym inspekcjom i przychodził na specjalne zajęcia z bezpieczeństwa na statku, które organizowali.

Mickey wszędzie rozmieszczał obserwatorów. Jego ludzie obserwowali Homestead Air Base, gdzie latały samoloty służby celnej, żeby sprawdzić, ile samolotów było w powietrzu. Obserwowali doki strażników. Wynajmowaliśmy mieszkanie z widokiem na Haulover Cut w zatoce Biscayne i umieściliśmy tam dziewczynę, która obserwowała i informowała nas o tym, kiedy wpływały rządowe łodzie. Gdy nasz samolot z narkotykami wracał z Kolumbii, Mickey wysyłał samoloty z obserwatorami, które szukały rządowych samolotów.

Ale największym przegięciem było to, że Mickey podsłuchiwał rozmowy nadawane przez rządowe radia. Nasłuchiwał i nagrywał ich rozmowy 24 godziny na dobę. Wiedzieliśmy, kiedy i gdzie wysyłają patrole. Jeśli lecieli na południe, my lecieliśmy na północ. Jeśli któregoś dnia szukali tylko czerwonego samolotu, upewnialiśmy się, że latamy tylko zielonymi.

W Ultimate Boats mieliśmy pokój radiowy. Chodziłem tam dla zabawy i słuchałem idiotów z służby celnej, którzy rozmawiali o tym, co tego dnia zrobią, żeby nas powstrzymać.

MICKEY: Kiedy zacząłem działać jako przemytnik, nie wiedziałem nic o radiach. Jedną z najlepszych szkół, jakie znalazłem, był miejscowy sklep

---

[6] Ultimate Boats mieściło się w przemysłowej części Miami przy Północno-Zachodniej Trzydziestej Ósmej Ulicy pod numerem 3254.

RadioShack. Moja edukacja zaczęła się, gdy kupiłem policyjny skaner, a ludzie, którzy tam pracowali, pokazali mi, jak można podsłuchiwać straż przybrzeżną. Znalezienie częstotliwości, której używali, było kluczem. Okazało się, że RadioShack sprzedawał za pięć dolarów książkę, która wymieniała częstotliwości używane przez większość agencji rządowych.

FAA [Federalna Administracja Lotnicza] organizowała otwarte dla publiczności wycieczki po głównym centrum kontroli ruchu powietrznego w Miami. Pokazywali radary, mapy i radia. Mogłeś zadawać pytania, a ja pytałem o ich radia. Było to bardzo pomocne.

Każda z agencji miała jakieś kanały, które pozostawały tajne. Ale po otwartych wycieczkach w budynkach i łodziach Straży Przybrzeżnej zauważyłem, że operatorzy radia zapisywali na taśmach, które przyklejali do swojego sprzętu częstotliwości, których używali do rozmów ze służbą celną. Pewnego razu zabrałem ze sobą znajomą, która była księgową i miała niemal fotograficzną pamięć jeśli chodzi o liczby. Była też młodą damą o dobrze zbudowanej klatce piersiowej i kiedy marynarze podziwiali jej walory, ona podziwiała ich częstotliwości i zapamiętywała je.

Podstawową cechą radionadajników jest to, że częstotliwość determinuje długość anteny. Zacząłem objeżdżać budynki należące do Straży Przybrzeżnej i Służby Celnej na Florydzie i wzrokiem mierzyć ich anteny. Nie mogłem uzyskać dokładnych długości, ale zbliżałem się na tyle, że wiedziałem, jaki jest zakres częstotliwości, których powinienem nasłuchiwać.

Później znalazłem urządzenie, które nazywa się skaner częstotliwości. Jeśli widzisz antenę i wycelujesz w nią urządzenie, ono powie ci, na jaką dokładnie częstotliwość jest nastawiona. Patrzcie i podziwiajcie, służba celna miała jedną z głównych anten w pobliżu starego hotelu Dupont Plaza[7]. Mogłem wynająć w nim apartament, z którego miałem widok na anteny celników. Meldowałem się tam co kilka tygodni, brałem swój skaner częstotliwości i namierzałem najnowsze częstotliwości, z których korzystali.

---

[7] The Dupont Plaza Hotel to zabytkowy budynek zlokalizowany przy Biscayne Boulevard 300. Hotel zamknięto w 2004 roku.

Gdy znałem już więcej częstotliwości radiowych, zbudowałem radia połączone z dyktafonami aktywowanymi głosowo. Na każdym z kanałów radio odbierało rozmowy tylko przez kilka minut w ciągu doby. Kiedy miałem już dużo paplania na taśmie, nauczyłem się puszczać je w szybszym tempie, ale nadal wychwytywać kluczowe słowa.

Służba celna i Straż Przybrzeżna rozmawiały ze sobą i z miejscową policją. Otwarcie rozmawiali o operacjach, które przeciwko nam prowadzili. Jęczeli na temat tego, co DEA i FBI kazały im robić. Nie mieli pojęcia, że ktoś ich słucha. Nie kodowali nawet swoich kanałów.

Czasem przegapiałem, co robili, nawet słuchając radia, ale oglądałem też lokalne stacje telewizyjne, na których pokazywali konferencję prasową, gdzie jakaś ważna osobistość z rządu oznajmiała: „W ten weekend rozpoczynamy operację Pomarańczowy Grzmot" – zawsze wybierali dziwne nazwy – żeby powstrzymać przemytników narkotyków działających na wybrzeżu". Nie mówili, gdzie będą działać, ale ponieważ idioci zdradzili nazwę operacji, wracałem do moich taśm i szukałem „Pomarańczowego Grzmotu", żeby poznać szczegółowe informacje o tym, gdzie zastawiali na nas pułapki.

Lubiłem, kiedy konkurencja organizowała naprawdę duże operacje. Zatrzymywaliśmy się po prostu na tydzień czy 10 dni, kiedy trwały działania i pozwalaliśmy im łapać innych przemytników. Kiedy operacja się kończyła, wiedziałem, że wszystko będzie puste, bo muszą zabrać swoje łodzie i samoloty do konserwacji. Ich ludzie przepracowali nadgodziny. Agencjom skończyły się budżety na dodatkowe paliwo. Przez następny miesiąc ograniczali się tylko do podstawowych działań.

Wszystkie agencje zazdrościły sobie nawzajem. Celnicy sprzeczali się ze Strażą Przybrzeżną. I jedni, i drudzy źle mówili o DEA albo FBI, albo o miejscowej policji. Służbie celnej naprawdę zależało na chwale. Nienawidzili pozostałych agencji, bo całymi tygodniami badali grupę przemytników, a w ostatniej chwili FBI albo DEA robiła obławę, aresztowała przemytników i przypisywała sobie zasługi. Wszyscy walczyli o to, kogo pokażą w telewizji podczas konferencji prasowej.

Choć czasem sprzeczaliśmy się z Jonem, nie mieliśmy takich problemów. Nie byliśmy tak infantylni. Dla jasności, nie chcę obgadywać tutaj Straży Przybrzeżnej. Zawsze bardziej koncentrowali się na bezpieczeństwie ludzi na morzu i reagowaniu na katastrofy naturalne niż na aresztowaniu przemytników. Jeśli o mnie chodzi, to każda osoba służąca w Straży Przybrzeżnej codziennie jest bohaterem.

Mógłbym stroić sobie żarty z konkurencji, bo za każdym razem z nimi wygrywaliśmy. Ale jeśli wygraliśmy z nimi, oni wracali na noc do domu. Jeśli oni raz by wygrali, bylibyśmy skończeni. Nie mogłem z tego powodu spać. Cały czas poświęcałem konkurencji.

J.R.: Jedyne, czego nie potrafił Mickey, to mówić po hiszpańsku. Wkurzało mnie to. Sądziłem, że celowo nie nauczył się języka, żeby mieć wymówkę i nie musieć zadawać się z Kolumbijczykami. To zadanie przypadło mnie.

MICKEY: Rafa był małym skurwysynem. We wszystkich budził śmiertelne przerażenie. Max się go bardzo bał, a Rafa był przecież jego przełożonym. To, co powiedział Rafa, było tak samo ważne, jak słowa Pabla Escobara.

Rafa prawie nie mówił po angielsku i miał ochroniarza Flaco, który w ogóle nie znał angielskiego. Jedną z najgorszych rzeczy, jakie kiedykolwiek musiałem zrobić, było pójście do domu Maksa i powiedzenie Rafie, że był problem z moim samolotem, który miał opóźnienie. Kiedy wszedłem do środka, Kolumbijczycy, którzy byli w domu, byli bardzo zdenerwowani. Maksa nie było, a Rafa i Flaco siedzieli przy długim stole w jadalni. Pokój był wypełniony dymem, bo palili kokainę i byli nakręceni.

Zacząłem tłumaczyć Rafie, że miałem mały problem z samolotem – *problemo*. Rafa zaczął coś do mnie wykrzykiwać łamanym angielskim i do Flaco po hiszpańsku. Flaco mu odpowiadał, również krzycząc. Było to coraz bardziej przerażające, bo im więcej Rafa krzyczał, tym mniej byłem w stanie zrozumieć. Nie była to sytuacja, w której chciałbym się ponownie znaleźć.

J.R.: Mickey przyszedł do mnie i powiedział:
– Im mniej będę miał do czynienia z Kolumbijczykami, tym lepiej.
Mogłem się zająć Rafą. Mogłem się zająć Maksem. Max chciał tylko siedzieć na swojej tłustej dupie, a ja parę razy w tygodniu przynosiłem

mu pudełka po butach wypełnione forsą. Kluczem było traktowanie go jak wielkiego króla, El Jefe. Kluczem do radzenia sobie z Rafą było palenie z nim kokainy i nieokazywanie słabości.

Im więcej pracowałem z Mickeyem, tym mniej mówiliśmy Maksowi. Nie powiedzieliśmy mu, gdzie znajdowała się nasza farma ani gdzie były zlokalizowane nasze skrytki. Nic. Mickey i ja pilnowaliśmy, żeby wszystko działało. Mickey zajmował się stroną techniczną, ja ludźmi.

MICKEY: Jon był twardy. Przeszedł wiele w Wietnamie i było to po nim widać. Miał w sobie jakiś gniew. Ludzie się go bali. Ja jestem przeciwny przemocy. Nie pozwalałem swoim pilotom wnosić broni na pokład. Uważałem, że broń może pogorszyć większość sytuacji. Jon umiał sobie radzić w trudnych sytuacjach. Moim zadaniem było przetransportowanie paczek z punktu A do punktu B. Powodem, dla którego nam się tak dobrze pracowało, było to, że Jon był dobry w swojej działce, a ja w swojej.

Pozwól mi coś wyjaśnić. Nigdy nie robiłem tego dla pieniędzy. Małe zielone kawałki papieru nic dla mnie nie znaczą. Zrobiłem to, bo mogłem bawić się wspaniałymi zabawkami i była to naprawdę wielka przygoda.

J.R.: Taka jest różnica między Mickeyem a mną. Ja jestem przestępcą i zdaję sobie z tego sprawę. Jemu wydawało się, że jest piratem. Był trochę jak dziecko. Odnieśliśmy sukces, bo to było trochę tak, jakbyśmy połączyli kogoś, kto żył według filozofii mojego ojca, z harcerzykiem. Razem byliśmy niemal niepokonani.

MICKEY: Gdyby zsumować wszystkie pieniądze, jakie wydałem na radia, łodzie, samochody i samoloty, prawdopodobnie nie przekraczało to 5 milionów dolarów rocznie. Mnie i Jonowi pomagało ponad 40 osób. A konkurencja miała tysiące ludzi. Kiedy ogłosili „Wojnę przeciwko narkotykom", wydawali setki milionów dolarów rocznie po to, by nas powstrzymać. Nie chcę wyjść na aroganta, ale rzadko byli godnym przeciwnikiem[8].

---

[8] W przeciwieństwie do wystawionej przez Mickeya pogardliwej oceny rządowych wysiłków mających na celu powstrzymanie lotniczego przemytu, ocena jego działań

J.R.: Zabawne było to, że im bardziej rząd starał się powstrzymać przemytników, tym lepsze to było dla nas. Kiedy aresztowali przemytników, eliminowali naszą konkurencję. Kiedy Mickey i ja zaczynaliśmy współpracę w 1981 roku, było mnóstwo innych przemytników. W 1985 roku byliśmy tylko my. „Wojna przeciw narkotykom" pomogła kartelowi zostać monopolistą[9]. Rządzie, bardzo ci dziękujemy.

---

wystawiona przez amerykański rząd w akcie oskarżenia jego i Jona jest niemal czołobitna: „The Munday Organization dostarczała samoloty, których celem było prowadzenie kontrinwigilacji. Organizacja korzystała z zaawansowanych urządzeń elektronicznych do monitorowania radiowej komunikacji organów ścigania, komunikowania się z samolotami i motorówkami oraz lokalizowania transportów narkotyków. Organizacja także starała się zaprojektować, rozwinąć, wyprodukować i testować sterowane pilotem elektroniczne urządzenie ostrzegawcze, które umieszczano w ukrytych ładunkach narkotyków, aby ułatwić odbiór narkotyków przez łodzie. Organizacja również kupowała, posiadała i używała innych elektronicznych urządzeń, w tym noktowizorów, wykrywaczy radarów, kamer na podczerwień i radionadajników, które kodowały komunikację w celu uniknięcia wykrycia przez organy ochrony porządku publicznego Stanów Zjednoczonych".

[9] Od początku do połowy lat osiemdziesiątych – w czasie gdy Jon, Mickey i Max pracowali razem nad transportem narkotyków dla kartelu – udział kartelu w rynku kokainy w Stanach Zjednoczonych wzrósł do 80 procent.

ROZDZIAŁ 57

J.R.: Kiedy Kolumbijczycy zobaczyli, że pracuję z Maksem, Fabito wycofał się. Miałem więcej do czynienia z Rafą. Ale ciągle pracowałem z Barrym Sealem i moim pilotem Rogerem. Pomagałem Mickeyowi z radiami. Transportowałem kokainę na lądzie i zajmowałem się dziuplami. Szedłem równocześnie w ośmiu różnych kierunkach.

Najbardziej irytującą częścią mojej pracy było radzenie sobie z Maksem. Gdybym mógł go obalić, gołymi rękoma wepchnąłbym mu kulkę w ten tłusty łeb, jednak było to niemożliwe ze względu na jego małżeństwo. Choć to my wykonywaliśmy większość pracy, Max musiał czasem pokazać, że rządzi jako El Jefe.

Robił to, zapraszając mnie na spotkania o dziwnych porach. Było to niedorzeczne, bo trzymaliśmy w tajemnicy to, co robiliśmy. Co mógł mi powiedzieć na spotkaniu? Ale żeby poprawić mu nastrój, zawsze mówiłem: „Jasne, Max, porozmawiajmy".

Pewnego razu Max zadzwonił do mnie w środku nocy i nalegał, żebyśmy spotkali się tak szybko, jak to tylko możliwe.

– Dobrze, Max. Przyjedź do mnie rano. Zrobię śniadanie.

Następnego dnia pokazuje się późnym popołudniem. Przyjeżdża swoim mercedesem kombi. Siedzi na tylnym siedzeniu, obok niego Rafa. Człowiek Rafy, Flaco, siedzi za kierownicą. Flaco wysiada z samochodu i śmieje się. Cieszył się opinią prawdziwego skurwiela. Kiedy miał kogoś zabić, mówiono, że lubił wbić tej osobie nóż w twarz i wyciąć na niej uśmiech. Taki miał dowcip. Sam Flaco nie należał do szczególnie uśmiechniętych gości. Ale tego dnia się śmieje.

– Max i Rafa przeszli operacje tego ranka – szepcze do mnie.

– Co się stało? Ktoś ich postrzelił?

– Nie, zapłacili lekarzowi, żeby wyssał z nich tłuszcz.

– Żartujesz.

Flaco wyjaśnił, że zabrał ich do lekarza, który wepchnął w nich rurki i wyssał tłuszcz. To było, zanim w ogóle usłyszałem o liposukcji.

– Lekarz wyssał z nich tłuszcz za pomocą rurki?

Flaco otwiera tylne drzwi, a Max i Rafa ledwo są w stanie wstać. Musi ich wyciągnąć. Obaj wyją z bólu.

Rafa wskazuje na swój żołądek i mówi:

– Lekarz zrobił psss, psss, psss – co, jak sądzę, było odgłosem maszyny do liposukcji.

– Rafa, przecież jesteś chudy.

Max wyjaśnia, że kiedy Rafa usłyszał, że on będzie miał operację, postanowił, że też ją przejdzie, dla „zabawy".

Kiedy wchodzimy do domu, Rafa podnosi koszulę. Zdziera bandaże i pokazuje mi te odrażające dziury w brzuchu. To w nie lekarz włożył rurki.

– Pieprzony lekarz, zabiję go! – zaczyna wrzeszczeć Rafa.

Kładę ich na podłodze, na poduszkach. Siadam obok nich.

– W porządku, Max. O czym chciałeś rozmawiać?

– Jon, w tym momencie nie mogę z tobą rozmawiać. Za bardzo mnie boli.

I to było wszystko. Nigdy nie powiedział mi, czego miało dotyczyć spotkanie. Tak naprawdę nie było żadnego powodu, dla którego Max miałby się ze mną spotkać, ale poprzez zwołanie spotkania czuł się ważny.

Po wyjściu ode mnie Rafa pojechał do szpitala. W jego rany wdała się infekcja, która prawie go zabiła. Był człowiekiem Pabla Escobara w Miami, a Max niemal go wykończył niepotrzebną operacją.

Wszystko, co Max próbował samodzielnie zrobić, kończyło się katastrofą. Pewnego razu poznał gościa, który powiedział mu, że jeśli pojedzie z nim do Meksyku, może umówić go z ludźmi, którzy mogliby przemycić kokainę do Teksasu. Max pojechał do Meksyku i zabrał ze sobą żonę. Jak tylko zameldowali się w hotelu, do pokoju wpadli tamtejsi federalni i zażądali okupu. Cała ta sprawa była ukartowana. Zebranie pieniędzy zajęło Maksowi dwa dni. Przez cały czas, kiedy federalni trzymali go w hotelu, imprezowali – zamawiali alkohol, dziwki i tak dalej – wszystko na rachunek Maksa. Po tym jak zapłacił okup federalnym, hotel zatrzymał go, dopóki nie zebrał drugiej części pieniędzy, tym razem na opłacenie rachunku.

Oczywiście Max nigdy nie znalazł możliwości przemycania narkotyków przez Meksyk.

Jedną z rzeczy, które robił Max, żeby przypomnieć wszystkim, że wżenił się w kartel, było to, że pozwalał nielegalnym imigrantom z Kolumbii zatrzymywać się u niego w domu. Twierdził, że wszyscy w jego domu byli jakoś powiązani z Pablem Escobarem lub Donem Ochoą. A tak naprawdę większość z nich stanowili po prostu chłopi z gór. Kosili jego trawnik, myli samochody. Część z nich awansowała na ochroniarzy kolumbijskich dystrybutorów w Miami i innych miastach.

Pewnego razu Max powiedział mi, że musi załatwić pracę dla swojego „siostrzeńca". Ten chłopak różnił się od wieśniaków, którzy mieszkali u Maksa. Był łagodny. Wyglądał jakby był bogaty. Żaden z Kolumbijczyków go nie chciał. Max kazał mi, żebym wyszkolił go na kierowcę.

Poszedłem do pokoju, w którym mieszkał chłopak. Miał 20 lat, oglądał w telewizji *Ulicę Sezamkową*, śmiał się z Wielkiego Ptaka. Wyłączyłem telewizor i powiedziałem, że spotkamy się nazajutrz. Miał być ubrany w niebieskie dżinsy, roboczą koszulę i czapkę bejsbolówkę. Wyjaśniłem mu, że przyjadę po niego i podrzucę go do samochodu. Miał pojechać tym autem do Burger Kinga i zostawić kluczyki w łazience.

– Ach, tak. To naprawdę łatwe. Nie ma problemu – powiedział.

Następnego dnia przyjechałem po wkurzającego siostrzeńca Maksa swoim buickiem Rivierą, którego używałem do pracy. Chłopak ma na sobie czapkę, dżinsy, roboczą koszulę. Bardzo dobrze. Zawożę go za samochodu, którym ma pojechać do Burger Kinga. To jeden ze specjalnych samochodów Mickeya, ma w bagażniku pół tony kokainy. Wręczam gówniarzowi kluczyki.

– Dobrze, jedź teraz do Burger Kinga – mówię.

Dzieciak zastyga. Nie bierze nawet w rękę kluczyków.

– Do widzenia! – mówię.

Sięgam, żeby wypchnąć go z auta, a on zaczyna bić mnie jak dziewczyna. Buick Riviera ma szeroką deskę rozdzielczą i grubą dźwignię zmiany biegów. Łapię chłopaka za włosy i walę jego twarzą w deskę rozdzielczą. Powtarzam to kilka razy, aż traci przytomność. Wjeżdżam w boczną uliczkę i wypycham go z auta. Jeśli nie pracujesz, jesteś zwolniony.

Skończyło się na tym, że sam pojechałem do Burger Kinga. Nie podobało mi się to, ale nie miałem wyboru. Kiedy skończyłem, zadzwoniłem do Maksa.

– Coś ci powiem. Jesteś grubym gnojem. Twój siostrzeniec to gnojek. Wszyscy jesteście dupkami. Miłego dnia – powiedziałem.

Następnego dnia Rafa każe mi przyjść na spotkanie w spelunie przy Miami River, w której przesiadywało mnóstwo przemytników z Kolumbii.

– Chodź, przelećmy kogoś. Naćpajmy się – mówi.

Wchodzimy do środka w środku dnia. Wciągamy parę kresek, odsyłamy dziwki. Pytam go, co się dzieje.

– Żydek bardzo się zdenerwował – mówi Rafa.

Rafa zaczął się uczyć angielskiego i wymyślił dla Maksa nowe przezwisko – „Żydek".

– Co jest nie tak z Maksem?

– Żydek płacze, że pobiłeś jego siostrzeńca.

Wyjaśniam Rafie, co się stało. Zamiast się uspokoić, chce teraz zabić siostrzeńca Maksa.

– Ten dzieciak to kupa gówna. Jest nikim. Zajmę się nim. Pieprzyć Żydka.

– Rafa, zapomnij o tym dzieciaku. Dostał wpierdol. Na tym koniec.

Ale nie sposób było dotrzeć do Rafy. Nigdy więcej nie zobaczyłem tego chłopaka. W końcu Max nie mógł narzekać, ponieważ, mimo że bardzo chciał pokazać, że on tu rządzi, wszyscy wiedzieli, że w środku był nikim.

Najgorszym aspektem pracy z Maksem były jego imprezy. Czasem urządzał je na swojej farmie w Davie. Główną atrakcją imprezy u Maksa był moment, gdy wkładał strój hiszpańskiego *caballero*, wciągał swoją tłustą dupę na Paso Fino i pozdrawiał wszystkich, jakby był kowbojskim klaunem. Max miał takie zdjęcie Dona Ochoi na koniu i we własnym mniemaniu próbował pokazać wszystkim, że jest tym samym typem człowieka co Don Ochoa.

Jednym z powodów, dla których nie lubiłem chodzić na imprezy Maksa, było to, że dużą część gości stanowili kolumbijscy dystrybutorzy, którym dostarczałem kokainę. Wszystko było ustawione – korzystanie z różnych samochodów, zalecanie kierowcom, żeby zostawiali kluczyki w restauracjach – nigdy więc nie musiałem ich widywać. To dystrybutorzy szaleli na ulicach. Każdym z nich interesowała się policja. Nie chciałem, żeby wiedzieli, jak wyglądam.

Ale chodziłem na imprezy, żeby Max był zadowolony. Któregoś razu, gdy byłem u niego w domu, zobaczyłem, że Rafa rozmawia ze starszą kobietą, która miała 35 lat. Przypominała mi kolumbijską wersję Phyllis, tylko że nosiła jaskrawe ubrania. Coś w niej mnie zainteresowało. Normalnie gdy Rafa rozmawiał z kobietą, albo z nią flirtował, albo nią pomiatał. Przy tej kobiecie był podporządkowany.

Podszedłem do Rafy i zapytałem:

– Kim ona jest?

– Zapomnij o niej. To Griselda – odpowiedział.

Griselda Blanco prowadziła gang, który rozprowadzał setki kilogramów miesięcznie. Handlowała kokainą, którą dostarczałem jej dystrybutorom, ale nigdy wcześniej jej nie spotkałem. Później dowiedziałem się, że znała Rafę jeszcze ze slumsów w Kolumbii. Na początku lat siedemdziesiątych przyjechała do Nowego Jorku i pracowała jako dziwka. Kiedy Rafa pojawił się w Queens w 1976 roku, została jednym z jego pierwszych dużych dystrybutorów. Rafa i Griselda byli w stosunku do siebie bardzo lojalni. Rafa traktował każdą kobietę, jaką z nim widziałem, jak śmiecia, ale Griselda była jego księżniczką. Była idealna. Kiedy ją poznałem, nie wiedziałem, że była już poszukiwana w związku z masakrą w Dadeland i że była na najlepszej drodze do zamordowania w sumie podobno dwustu osób[1]. Gdybym to wiedział, byłbym wściekły, że Max

---

[1] Uważa się, że w 1979 roku Griselda Blanco i jej ludzie urządzili zasadzkę na Kubańczyków z rywalizującego z nimi gangu handlującego kokainą w Dadeland Mall, ostrzeliwując bronią maszynową kilka sklepów i pobliski parking. Bezczelna strzelanina w środku dnia, która zakończyła się śmiercią trzech osób, została nazwana „masakrą w Dadeland”.

zaprosił ją na przyjęcie, bo kobieta, która miała opinię tak skandalizującej, przyciągała dużo uwagi policji[2].

Ale kiedy pytałem o nią Rafę, powiedział mi tylko:
– Ta suka jest trochę szalona.

Nie mogłem oderwać od niej wzroku, co nie miało sensu. Griselda już robiła się gruba. Za parę lat miała stracić całą swoją urodę i zmienić się w prawdziwą bestię. Choć nie była najbardziej atrakcyjną kobietą na przyjęciu, kręciła mnie. Nie mogłem znaleźć przyczyny. Jest coś w kobiecie u szczytu jej morderczej sławy.

Powiedziałem Rafie, że mam zamiar ją poderwać.
– Jon, nazywają ją Czarną Wdową, bo po tym, jak wykorzysta mężczyznę, zabija go[3] – powiedział.
– Daj spokój. Nie pozwolę się jej zabić.

Myślę sobie, że taka szalona suka może być najlepszym towarem w łóżku. Podszedłem do Griseldy i zacząłem z nią rozmawiać.
– Nigdy nie spotkałam gringo, który mówi tak naturalnie po hiszpańsku. Musisz być zabawnym gringo – powiedziała.

To był głupi żart, ale śmiałem się razem z nią, bo wychodziłem ze skóry dla tej suki. Jaja aż mnie swędziały. Chyba mam słabość do złych kobiet. Rafa wrócił i odciągnął mnie na bok.
– Jon, zapomnij o niej – powiedział. – Jeśli ją przelecisz, zaszkodzisz naszym interesom.

Możesz w to uwierzyć? Rafa był głosem rozsądku.

Moim ostatnim spotkaniem towarzyskim z Maksem było przyjęcie świąteczne. Max chciał, żebym przyszedł z Toni Moon. Co za farsa. Nie miałem zamiaru zabierać jej na zgromadzenie kolumbijskich psychopatów. Max lubił myśleć o sobie jak o żydowskiej wersji Joe Kennedy'ego. Nie

---

Władze uważają, że Blanco i jej ludzie zabili aż 200 osób. Jej główny ochroniarz przyznał, że kiedy mordował rywala, często szukał jego żony i dzieci i ich również zabijał.

[2] Wbrew zmartwieniom Jona, policja nie miała pojęcia, kim jest Griselda, do momentu, kilka lat po zakończeniu jej morderczego szału, gdy została aresztowana za inne przestępstwo. Dopiero wówczas jeden z jej wspólników opowiedział policji o całej działalności gangu.

[3] Uznaje się, że Griselda zamordowała trzech swoich mężów.

wiedziałem nawet, kim był Joe Kennedy, do momentu, gdy Max nie powiedział mi, że był ojcem, który stworzył rodzinną fortunę dzięki przemytowi alkoholu, i użył tych pieniędzy, by zrobić z syna prezydenta. Max ciągle gadał o Joe Kennedym. Nie sądzę, żeby chciał ze swoich pasierbów zrobić prezydentów, ale dla niego Kennedy był bohaterem, bo udowodnił, że przemyt jest szanowanym zajęciem.

Nie obchodziło mnie, czy to, co robiłem, było szanowane przez społeczeństwo, czy nie. Dla mnie impreza to grupa króliczków „Playboya" na metakwalonie w pokoju na tyłach Forge. Ale Max miał inny pomysł. Na swoje przyjęcie świąteczne udekorował dom światłami. Grała świąteczna muzyka. Wisiała jemioła. Max miał na sobie czapkę świętego Mikołaja, żeby zrobić przyjemność małym dzieciakom Kolumbijczyków, które chodziły na czworakach po dywanie. Kiedy przyjechałem do domu Maksa i zobaczyłem go w czapce Mikołaja, pomyślałem: „To będzie okropne przyjęcie".

Jedzenie było dobre. Kolumbijczycy nie jedzą w święta indyka czy normalnej szynki, którą kroi się w plasterki. Podano chleb arepa, fasolę, ryż, podłużne kanapki z serem i oliwkami. Jedzenie wyłożono w formie bufetu, co było w porządku.

Wszyscy zaczęli pić i ćpać. Zjadłem trochę, pośmiałem się.

– W porządku, muszę już iść – powiedziałem Maksowi.

– Daj spokój, Jon, zostań.

– Dobrze, Max. Jeszcze pół godziny.

20 minut później usłyszałem bum, bum. Normalnie jeśli ktoś wystrzeli z broni w zatłoczonym pokoju, kobiety zaczynają krzyczeć. Ale wszyscy milkną. Widzę, że w jednym końcu pokoju jeden z gości Maksa leży na stole z odstrzeloną twarzą. Rafa stoi w odległości metra czy dwóch, ma w ręku pistolet, mówi do siebie i śmieje się. Oszalał, pali bazuki. Nikt nic nie mówi, bo znają Rafę. Nikt nie chce wydać odgłosu i być następną osobą, którą zastrzeli.

Rafa opuszcza broń.

– W porządku. Nie martwcie się – mówi.

Część osób próbuje znów zachowywać się normalnie, rozmawiać, śmiać się, udawać: „Och, co za cudowna świąteczna impreza".

Widzę, że Rafa rozmawia z Maksem, po czym Max podchodzi do mnie, paląc papierosa jak wariat.

– Jon, on chce, żebym pomógł mu wynieść ciało. Musisz mi pomóc – mówi.

– Pierdol się, Max. Chciałem stąd wyjść pół godziny temu.

Podchodzę do Rafy i pytam, czy mogę wyjść.

– Hej, człowieku. Dzięki, że przyszedłeś.

Gdy wychodzę na zewnątrz, Max i Flaco wywlekają ciało gościa, którego zastrzelił Rafa. Max skamle jak szczeniak, bo jest tak kurewsko przerażony[4].

– Wesołych świąt, kolego – mówię mu.

Dwa dni później spotykam Maksa na jego farmie. Pali równocześnie pięć papierosów. Mówi mi, że Rafa i Flaco wozili go całą noc w samochodzie z martwym Kolumbijczykiem. Za każdym razem, gdy znaleźli dobre miejsce do porzucenia ciała, zatrzymywali się, wyciągali zwłoki do połowy i Rafa zmieniał zdanie. Kazał Flaco jechać w inne miejsce. O świcie w końcu pojechali z powrotem do domu, żeby w garażu poćwiartować zwłoki. Później Rafa i Flaco wrzucili je gdzieś do bagna. Max powiedział mi, że gość, którego zastrzelił Rafa, był mężem kobiety, którą znał Rafa. Obraził Rafę, nie okazując szacunku swojej żonie. Honor jest dla Kolumbijczyków tak samo ważny jak dla innych ludzi.

W ostatecznym rozrachunku odniosłem korzyść z tej strzelaniny. Mogłem to zawsze wypomnieć Maksowi. Odtąd zawsze, gdy kazał mi zrobić coś idiotycznego, pytałem:

– Czy będzie jak na twoim świątecznym przyjęciu?

A drugim pozytywem było to, że miałem wymówkę, żeby już nigdy nie przyjść do niego na żadną imprezę.

---

[4] W cytowanej wcześniej książce *The Man Who Made It Snow* Max umieszcza świąteczną strzelaninę w 1978 roku i uznaje ją za punkt zwrotny procesu w którym praktycznie stał się ofiarą porwania – trochę jak Patty Hearst – zmuszoną przez Rafę do prowadzenia działalności kartelu w Stanach Zjednoczonych. Jon umieszcza strzelaninę w 1981 roku. Mówi, że Max zmienił datę, żeby móc wysuwać w tej książce „absurdalne twierdzenia" na temat bycia zmuszonym do przemytu kokainy.

ROZDZIAŁ 58

J.R.: Oczywiście, kiedy zajmujesz się czymś nielegalnym, musisz zaznaczyć swoją dominację z taką siłą, żeby nikt nie próbował cię wyruchać. Kolumbijczycy poszli w tym zbyt daleko.

Pewnego razu Rafa poprosił mnie o pomoc w odebraniu pieniędzy, które był mu winien jakiś Kolumbijczyk. Którejś nocy jeździliśmy po okolicy, gdy Rafa dowiedział się, że gość siedzi w barze.

– Jon, idź do tego baru. Zaprzyjaźnij się. Powiedz mu, że masz dobrą kokainę. Zaufa ci, bo jesteś gringo. Kiedy wyjdzie tymi drzwiami, Flaco i ja złapiemy go i odbierzemy naszą kasę.

– W porządku Rafa. Zobaczymy, co z tego wyjdzie.

Siedziałem godzinę z tym gościem w barze i w tym czasie Rafa zmienił zdanie. Wychodzimy z baru, a dwóch indiańskich popierdoleńców – wieśniaków z płaskimi twarzami, którzy odwalali dla Rafy brudną robotę – zeskakuje z motocykla. Podchodzą z macami-10 i strzelają do gościa, który stoi półtora metra za mną[1]. Proces myślowy Rafy był następujący: raczej zabije gościa, niż odzyska pieniądze, które ten był mu winien.

Możesz sobie wyobrazić, jak bardzo byłem wściekły. Mogłem zostać zastrzelony. Kiedy następnego ranka odnalazłem Rafę i powiedziałem:

---

[1] MAC-10 był małym, szalenie nieprecyzyjnym pistoletem maszynowym, popularnym wśród zabójców z Miami w latach osiemdziesiątych z powodu swoich niewielkich rozmiarów i możliwości zainstalowania długiego tłumika, dzięki któremu był niewiele głośniejszy od szeptu.

– Ty walnięty pojebie. Co byś zrobił, gdyby mnie zabili?

– Jon, dałem się ponieść.

W taki sposób postępowali. Kolumbijczycy byli bardzo agresywni. Pewnego razu Griselda wysłała swoich ludzi, żeby wysadzili samochód kogoś, z kim była skłócona. Wsadzili do samochodu tyle dynamitu, że w powietrze wyleciał też dom, przed którym był zaparkowany. To był kolumbijski sposób.

Ludzie w Miami byli zdenerwowani z powodu coraz większej ilości ciał. Kolumbijczycy zyskali opinię szalonych. Na ulicach walczyli między sobą. Wyżej w hierarchii byli tacy goście jak Rafa, którzy czasem wypalili za dużo kokainy i im odbijało. Pomimo że mieli jaja, Kolumbijczycy nie potrafili zdominować ulic Miami. Kubańczyków było 20 razy więcej. Na dłuższą metę Kubańczycy zawsze kopali im tyłki.

Od początku sprytni Kolumbijczycy, tacy jak Ochoa, rozumieli, że nie mogą pracować sami. Byli szczęśliwi, mogąc sprzedawać towar Kubańczykom, Włochom – każdemu, kto miał pieniądze. Nie działali zupełnie irracjonalnie.

Według mnie Kolumbijczycy nie zabijali częściej niż inni. Jedynie bardziej się z tym obnosili. Zastrzelili kogoś i zostawiali ciała na ulicy. Nie sprzątali po sobie.

Moja sytuacja nie pozwalała mi spoglądać z góry na Kolumbijczyków z powodu ich brutalności. Popatrz, jak zajęliśmy się Richardem Schwartzem w jego barze z hamburgerami. Ludzie mogli powiedzieć, że zabiliśmy go dla honoru Gary'ego Teriaki, żeby pomścić jego młodszego brata. Ale nie byliśmy lepsi niż Kubańczycy czy Kolumbijczycy.

Na początku lat osiemdziesiątych Bobby Erra zaczął zajmować się szafami grającymi i automatami do gier. Kiedy jakieś pizzerie nie chciały mu zapłacić tyle, ile chciał, za jego automaty na monety, Bobby wynajmował Alberta, żeby wysadził w powietrze wszystkie lokale[2]. Wszystko to z powodu jego automatów. Pieniądze nie były dla Bobby'ego ważne.

---

[2] W „Wojnach o pizzę" prowadzonych od 1980 do 1983 roku, zdetonowano 10 bomb na terenie i w okolicach Miami. Udział Erry i San Pedra w zamachach bombowych został ujawniony w 1986 roku w trakcie procesu San Pedra dotyczącego handlu kokainą.

Chciał tylko zrobić wrażenie na ludzich, pokazując, że może zniszczyć ich restauracje.

Gary Teriaca dowiedział się o jakimś gościu z brylantowej dzielnicy w Miami importującym kokainę wspólnie z Kolumbijczykami, o których nigdy nie słyszeliśmy. Gary nie lubił gościa od brylantów, bo ten próbował sprzedawać kokainę niektórym z jego klientów. Gary chciał go okraść. W tamtym czasie Gary już oszalał. Był pierwszym „kokainowym ćpunem", jakiego kiedykolwiek widziałem. Wcześniej był takim przystojnym, wysportowanym chłopakiem. Teraz był blady i wychudzony, dostawał krwotoków z nosa, których nie sposób było powstrzymać. Zatykał sobie nos chusteczkami higienicznymi, a krew lała mu się ustami. Był ruiną. Wiele razy mówiłem mu, że powinien zacząć palić bazuki, jak Rafa. W ten sposób przynajmniej dałby odpocząć swojemu nosowi.

Ale Gary miał rację odnośnie do gościa od brylantów. Gość dostawał setki kilogramów kokainy. I sprowadzał je w bardzo sprytny sposób. Znalazł fabrykę, która produkowała plastikowe wieszaki na buty – worki, które wieszasz w szafie i trzymasz w nich buty. Zamówił w fabryce specjalne wieszaki ze szwami z tyłu, dzięki którym można było schować w nich kilo kokainy. Paczki prasowano tak, że nie dało się ich nawet wyczuć przez plastik. Wysyłali puste wieszaki do Kolumbii, a Kolumbijczycy odsyłali je wypełnione.

Gość od brylantów stanowił konkurencję, więc obrabowanie go miało sens. Zawsze chcesz dopieprzyć konkurencji. Nie byłem już na takim etapie, że chciałem okradać ludzi w Miami, ale miałem pewien pomysł.

Mój były szwagier, Henry Borelli, zawsze błagał mnie, żebyśmy robili razem interesy. Po incydencie w International Inn, gdzie musiałem przestrzelić kolana jego człowiekowi, rozstaliśmy się w przyjaźni. Z radością mogłem wyświadczyć Henry'emu przysługę. Zaprosiłem go, żeby przyjechał i obrabował dla nas tego gościa. Zrobi, co trzeba, a nikt nie powiąże rabunku z nami.

Henry przyjechał z kilkorgiem swoich ludzi. Bum. Bum. Obrabowali kolesi pracujących dla gościa od brylantów. Henry dotrzymał słowa, odpalił działkę mnie i Gary'emu. Koniec historii.

Najsłabszym ogniwem był w tym przypadku Gary Teriaca. Zaczął się przechwalać się, że ściągnął swoich ludzi z Nowego Jorku, którzy zorganizowali rabunek. Dotarło to do gościa od brylantów, który też miał swoich ludzi. Parę tygodni później w środku dnia Gary szedł Siedemdziesiątą Dziewiątą Ulicą i ktoś otworzył do niego ogień. Dostał trzy razy. Miał szczęście, bo mimo że został trafiony w klatkę piersiową, kule ominęły jego serce.

Niestety, psychicznie Gary nigdy nie doszedł do siebie. Odkąd jego młodszego brata zastrzelono w Forge, nigdy nie był taki sam. To, że został postrzelony na ulicy, osłabiło go jeszcze bardziej. Kiedy ludzie słabną, to nieuniknione, że inni zwracają się przeciwko nim.

Albert San Pedro bał się słabych. Gary stał się dla niego bardzo ważny. Kupował od niego miesięcznie setki kilogramów, które wysyłano do Kolorado. Część trafiała do jego przyjaciela Stevena Grabowa. Duża część do Joeya Ippolito i innych gości w Kalifornii. Bywały takie miesiące, w których ludzie z Kalifornii brali po 1000 kilo. To wiele znaczyło dla Alberta. Kiedy zobaczył, że Gary, jego główny partner, ciągle krwawi z nosa i zostaje postrzelony na ulicy, bardzo się zdenerwował.

Tak się zdenerwował, że któregoś dnia poprosił mnie o spotkanie i zapytał, czy będę miał problem z tym, że on pozbędzie się Gary'ego i Bobby'ego. Argumentował, że ponieważ Bobby i Gary byli starymi przyjaciółmi i stali się mocnymi partnerami w kokainowym biznesie w Kolorado, Bobby nie prowadziłby go dalej, gdyby Albert zabił Gary'ego.

– Staniesz po mojej stronie, Jon?

Nie uważałem, żeby polowanie na Bobby'ego było mądrym pomysłem. Był częścią mafii, a jego ojciec był kiedyś kimś ważnym. Jednak Albert był uparty i czuł się na tyle silny, by wyeliminować Bobby'ego. Miał pomysł, że po zniknięciu Gary'ego i Bobby'ego on przejmie trasę do Kolorado. Plany Alberta postawiły mnie w niewygodnej sytuacji. Byłem lojalny w stosunku do Bobby'ego i Gary'ego. Dobrze się razem bawiliśmy. Ale prawda była taka, że Albert kupował kokainę od kartelu, a ja pracowałem z kartelem. To Albert był moim klientem – a nie Bobby i Gary – a klient ma zawsze rację. Na dodatek Albert miał na ulicy więcej poparcia niż Bobby.

– Jeśli chcesz pozbyć się Gary'ego i Bobby'ego, sprowadź kogoś z zewnątrz – powiedziałem mu.

Albert lubił Joe Da Costę, mojego tresera psów, odkąd ten sprzedał mu psa, Sarge'a. Joe był także strzelcem. Pojechałem do New Jersey spotkać się z nim i zorientować się w sprawie zabicia Bobby'ego i Gary'ego. Joe chciał ich załatwić w Nowym Jorku.

Kilka razy w roku Bobby i Gary udawali się do Nowego Jorku, żeby odwiedzić rodzinę. Lubili zatrzymywać się w UN Plaza Hotel[3]. Przy okazji następnej wizyty Joe miał ich poszukać.

Problem z zabójcami polega na tym, że to nie jest tak jak w filmach. Nie wyciągają tak po prostu swoich snajperskich karabinów i nie załatwiają gościa, strzelając z dachu. Zawodowi strzelcy, nawet taki wredny skurwiel jak Joe Da Costa, potrafią być bardzo wybredni. Wszystko musi być jak trzeba.

Joe Da Costa spędził trzy dni, obserwując Gary'ego i Bobby'ego w UN Plaza Hotel. W końcu zadzwonił do mnie.

– Człowieku, to będzie jakaś krwawa katastrofa – powiedział. – Oni praktycznie nie wychodzą z pokoju. Dziewczyny przychodzą i wychodzą. Nie chcę zabić pięciu czy sześciu osób tylko po to, by dorwać tych dwóch.

Poszedłem do Alberta i powiedziałem mu, że załatwianie Bobby'ego i Gary'ego nie idzie najlepiej. Albert był takim świrem, że powiedział:

– W porządku. Nie chcę zabijać Bobby'ego. Zmieniłem zdanie.

Odczułem ulgę. Możesz sobie wyobrazić, jak to jest, gdy przyjaźnisz się z dwoma kolesiami i musisz z nimi cały czas przebywać, żeby znaleźć najlepszy moment, żeby płatny zabójca mógł ich załatwić? Bracie, nie jest to łatwe.

Gary i Bobby byli moimi najlepszymi przyjaciółmi w Miami. Ostatni raz, kiedy nasza trójka dobrze się razem bawiła, miał miejsce podczas drugiej walki Duran – Leonard[4]. Oglądaliśmy ją na telewizorze z dużym ekranem w Cricket Club, a kiedy Duran zaprzestał walki, Bobby rzucił butelką Cutty Sark w ekran i wywołał minizamieszki. Śmialiśmy się jak głupki. To była tylko dobra zabawa.

Albert dogadał się z Bobbym, ze szkodą dla Gary'ego, że Bobby przejmie trasę do Kolorado. Zaczęli eliminować go z gry. Wcześniej Gary

---

[3] Hotel nadal znajduje się przy United Nations Plaza 1 przy Czterdziestej Czwartej.

[4] Walka miała miejsce 25 listopada 1980 roku.

wyprowadził się już z domu, który dzielił z Carol Belher i zamieszkał w apartamencie w Bay Harbor. Stał się takim paranoikiem, że zlikwidował normalne drzwi wejściowe do swojego mieszkania i zainstalował stalowe, takie jak w bankowym skarbcu. Zamykał się czasem w środku na kilka dni.

Pod koniec 1981 roku któregoś wieczoru kilka razy próbował się do mnie zadzwonić. Później już nikt o nim nie słyszał. Albert i Bobby powiedzieli mi, że ukradł im 800 000 dolarów, bo wściekł się, że przejmowali jego kokainowe interesy w Kolorado. Wtedy mój prawnik Danny Mones powiedział mi, że gdyby ktoś kiedyś pytał, powinienem powiedzieć, że „Gary uciekł do Europy". Wiedziałem, że to bzdura.

Sądzę, że Albert i jego ludzie załatwili Gary'ego. Ale nikt nigdy nie znalazł ciała. Później gliniarze próbowali udowodnić, że Albert i jego ludzie poszli do mieszkania Gary'ego i pobili go na śmierć[5]. Dowiedzia-

---

[5] Uważa się, że Gary Teriaca został zamordowany na początku października 1981 roku. Jego zniknięcie zostało uznane za wynik morderstwa w trakcie śledztwa przeciwko Albertowi San Pedro w 1991 roku. Śledczy federalni zaangażowani w tę sprawę odkryli, że krótko po zniknięciu Gary'ego Teriaki, Albert San Pedro wynajął zespół techników kryminalistycznych z policji w Hialeah po to, by poza godzinami swojej pracy wyszorowała apartament, a później zlecił jego malowanie. W 1991 roku specjaliści z FBI usunęli nowsze warstwy farby w dawnym mieszkaniu Teriaki i znaleźli ślady krwi, prawdopodobnie odpowiadającej jego krwi, na ścianach i suficie sypialni. Świadkowie zidentyfikowali San Pedra jako przywódcę grupy, która w czasie gdy zniknął Teriaca wyważyła łomem drzwi wejściowe do jego apartamentu. Później słyszano krzyki dochodzące z mieszkania. Wśród mężczyzn, którzy przyszli do mieszkania Teriaki w czasie morderstwa, zidentyfikowano ochroniarza San Pedra, Ricky'ego Prado. Inni świadkowie rozpoznali Prada jako kierowcę samochodu, którym San Pedro przyjeżdżał do mieszkania po morderstwie. Prado wyprowadził się z Miami i wstąpił do CIA mniej więcej cztery tygodnie po zabójstwie Gary'ego Teriaki. Śledczy prowadzący dochodzenie przeciwko San Pedrowi w związku z udziałem w zorganizowanej grupie przestępczej planowali włączyć sprawę zabójstwa do postępowania jako wcześniejsze przestępstwo, które może zostać użyte do podniesienia wyroku za późniejsze przewinienia, a także skierować akt oskarżenia przeciwko Ricky'emu Prado. Przeszkodziła im w tym jednak wcześniejsza ugoda wynegocjowana z prokuratorem generalnym Dexterem Lehtinenem, która zapewniła San Pedrowi nietykalność. Stan Floryda – którego nie dotyczyła ugoda San Pedra – brał pod uwagę wniesienie oddzielnych aktów oskarżenia w związku z zabójstwem przeciwko San Pedrowi i Pradowi, ale adwokat San Pedra, Fred Schwartz, złożył pozew sugerujący, że policjanci z posterunku w Miami-Dade pełniący służbę w jednostce federalnej prowadzącej sprawę przeciw San Pedrowi, dopuścili się nieprawidłowości. Pozew Schwartza

łem się, że byłem ostatnią osobą, do której zadzwonił Gary. Miałem wyrzuty sumienia, że nie odebrałem telefonu[6].

Po jego śmierci coś we mnie pękło. Nie miałem do niego serca, ale nie lubiłem wyobrażać sobie, że był taki samotny. Kiedy jechali do niego, byłem jedyną osobą, do której mógł się zwrócić, a rok wcześniej, gdy Albert poprosił mnie o pomoc, byłem po prostu kolejnym gościem gotowym zabić Gary'ego.

Męczy mnie słuchanie o tym, jakimi to bestiami byli Kolumbijczycy w latach osiemdziesiątych. Wszyscy byliśmy zwierzętami. Wszyscy zostawiali za sobą ciała. Wzniosłem się ponad poziom ulicy i bardziej przypominałem biznesmena. Byłem kierownikiem wyższego szczebla w kartelu. Ale zajmowałem się działką, w której – gdyby kartel był firmą z listy 500 największych przedsiębiorstw według „Fortune" i gdybyś spojrzał na zarząd – wszyscy dyrektorzy generalni i prezesi nosili przy sobie broń albo kije bejsbolowe. W jednym momencie rozmawiali o fuzji, a za chwilę rozwalali komuś głowę. Takim byłem biznesmenem.

został oddalony, a on sam został wyrzucony z palestry w związku z nieprawidłowościami ujawnionymi w innej sprawie, ale władze stanowe odmówiły dalszego postępowania w tej sprawie. W 2010 roku przeprowadziłem wywiady z byłymi żonami San Pedra – Lourdes San Pedro i Jenny Cartayą – które przedstawiły nowe dowody, które, jak sądzą, mocniej łączą San Pedra i Prada z morderstwem Gary'ego Teriaki. Policjanci zaangażowani w śledztwo dotyczące morderstwa Teriaki pozostają optymistami i wierzą, że San Pedro i Prado zostaną oskarżeni. Bobby Erra nigdy nie został powiązany z morderstwem Gary'ego Teriaki, ale w 1990 roku przyznał się do winy i do udziału w zorganizowanej grupie przestępczej częściowo opierającej się na działalności związanej z przemytem kokainy, którą to w 1981 roku przejęli z Albertem od Teriaki. Erra spędził w więzieniu prawie 10 lat. Dziś posiada udziały w Mezzaluna, sieci eleganckich włoskich restauracji w południowej Florydzie.

[6] Raporty policjantów prowadzących dochodzenie w sprawie zabójstwa Gary'ego Teriaki wskazują, że ostatnim numerem, jaki wykręcił, był numer Jona.

ROZDZIAŁ 59

Zaczęliśmy aresztowania drobnych handlarzy narkotyków z Kolumbii, któ-
rzy opowiadali nam o brodatym gringo. Mówili, że „brodaty gringo" był
przy lądowaniu samolotu. „Brodaty gringo" był w pokoju z pieniędzmi.
„Brodaty gringo" był wszędzie.
– Czy on ma jakieś imię? – pytaliśmy.
– John.
Przez lata szukaliśmy „Johna, brodatego gringo".
Nigdy nie wpadłem na to, że może zapisywać swoje imię bez „h". Zdo-
bywaliśmy strzępki informacji. Był psychopatycznym weteranem z Wiet-
namu. Był niesamowicie brutalny. Podróżował z olbrzymem.
– Olbrzymem? Jaja sobie robisz?
– Gringo pracuje z olbrzymem u boku – nalegali.
Tego szukaliśmy latami: Johna. Gringo z brodą. Podróżuje z olbrzymem.

Mike Fisten, były główny śledczy jednostki specjalnej
zorganizowanej przez FBI przy wydziale policji w Miami-Dade
w latach 1986–1995

J.R.: W latach osiemdziesiątych zapuściłem brodę, bo wiele razy rano nie
miałem czasu się ogolić. Musiałem skupić się na pracy. Rafa ciągle mi
powtarzał, że musimy sprowadzać więcej kokainy. Musiałem zajmować
się Toni i naszym życiem w Delray. Miałem Mickeya. Był geniuszem, ale

nigdy za jednym razem nie przerzucał więcej niż 400 kilogramów kokainy i robił to tylko wtedy, gdy wszystko było w porządku. Nie musiał zajmować się Kolumbijczykami, którzy cały czas powtarzali, że potrzebujemy więcej towaru. Ciągle miałem moich pilotów, Barry'ego Seala i Rogera, którymi zarządzałem. Miałem kierowców i dziuple. Do wszystkiego potrzebni byli różni ludzie.

Moja siostra kiedyś narzekała, jak ciężko pracuje, zarządzając personelem w korporacji, a ja się z niej śmiałem. Teraz zaczynałem rozumieć, co miała na myśli. Znaczną część mojej pracy stanowiło zarządzanie ludźmi. Jeśli coś z kimś poszło nie tak – jakiś człowiek się nie pojawił, jakiś chłopak próbował nas okraść – wszystko to spadało na mnie.

Ciągle wisiałem na telefonie. Jeśli omawiałem konkretne szczegóły jakiegoś zadania, dzwoniłem z automatu. Do ogólnych rozmów zainstalowaliśmy sobie z Maksem telefony w samochodach. Później kupiliśmy pierwsze telefony komórkowe Motoroli. Jeżdżąc z Delray do Miami i z powrotem, mieszkałem w samochodzie.

Choć możesz myśleć, że posiadanie własnego helikoptera i pilota było wielkim udogodnieniem, w Miami poza Palm Bay Club, gdzie mieli lądowisko, ciężko było znaleźć miejsce, w którym można było wylądować. Helikopter był świetny, żeby latać po kraju i na farmy, żeby oglądać konie wyścigowe. Był magnesem na cipki. Zaoferowałeś dziewczynie przelot helikopterem i była cała twoja. Jest coś takiego w dużych wysokościach, co powoduje, że kobiety się podniecają. Ale w większości przypadków w pracy jeździłem samochodem.

Potrzebowałem kierowcy. Danny Mones powtarzał, że potrzebuję ochroniarza, choćby po to, by trzymał mnie z dala od bójek. Potrzebowałem człowieka, na którym można polegać, któremu mogłem zaufać na tyle, by wiedział, czym się zajmuję. Potrzebowałem gościa, którego bano by się tak samo jak mnie. Tak naprawdę potrzebowałem asystenta wykonawczego, który będzie pasował do świata moich interesów.

Znalazłem to wszystko w Bryanie Carrerze. Bryan zajmował się dorywczymi pracami, był Włochem, dorastał na Florydzie. Poznałem go dzięki Bobby'emu Errze, dla którego od czasu do czasu odbierał długi. Bryan był o kilka lat młodszy ode mnie. Był ogromny. Miał ponad dwa metry wzrostu i ważył jakieś 135 kilo. Był wybrykiem natury. Mógł w przysiadzie dźwignąć 270 kilo. Bzikował na punkcie sterydów. Jego nogi wyglądały jak jakaś część ciała słonia.

Kiedy się poznaliśmy z Bryanem, najpierw głównie ćwiczyliśmy razem na siłowni. Czasem dawałem mu małe zlecenia. To on pojechał ze mną do International Inn i pomógł mi załatwić sprawę z Henrym Borellim, kiedy musiałem przestrzelić kolana jego człowiekowi. Powoli budowaliśmy zaufanie i na początku lat osiemdziesiątych. Bryan został moim kierowcą na cały etat. Bryan miał serce równie wielkie jak jego monstrualne ciało. Był najbardziej lojalnym gościem, jaki kiedykolwiek dla mnie pracował.

Boże wszechmogący, Bryan był wielki. Któregoś dnia siedział na tylnym siedzeniu, a ja prowadziłem. Przed nami doszło do wypadku, a gdy wcisnąłem hamulce, Bryan złamał moje siedzenie i niemal zgniótł mnie na śmierć.

MICKEY MUNDAY: Pamiętasz Lucę Brasiego, oprycha z *Ojca chrzestnego*? Bryan był Lucą Brasim Jona. Chodził za nim jak cień. Wyglądało to, jakby Bryan i Jon porozumiewali się telepatycznie. Jeśli byłeś gdzieś z Jonem i on zbierał się do wyjścia, Bryan pojawiał się na zewnątrz w samochodzie. Nie wymienili między sobą ani słowa. To było niewiarygodne.

Czy Jon powiedział ci, gdzie Bryan na stałe pracował? Był zawodowym zapaśnikiem. Zakładał kostium, szedł na arenę i walczył jako The Thing.

J.R.: Dzieciaki uwielbiały Bryana. Pracował dla mnie w ciągu tygodnia, a później w sobotnie wieczory szedł na arenę czy na jakąś salę treningową i dawał swój show. Nosił swój kostium. Miał fanów. Rozdawał zdjęcia z autografem. Na ringu był wariatem. Wkładał żyletki do rękawic i sam sobie ciął twarz, żeby krwawiła i żeby walka dzięki temu była bardziej atrakcyjna.

Bryan był naprawdę obłąkany. Uzależnił się od sterydów dla koni. Obwiniam o to siebie. Miałem konie wyścigowe, którymi zacząłem się zajmować, żeby prać brudne pieniądze, a Bryan spędzał ze mną czas w stajniach. Wówczas podawano koniom lek o nazwie Equipoise, który miał zwiększyć ich siłę. Equipoise był nie tylko sterydem, zawierał także koński testosteron. Dawałeś go wałachowi – koniowi, któremu odcięto jaja – a dzięki temu lekowi koń znów produkował męskie hormony. To była ciężka, oleista ciecz zapakowana w woreczki jak do kroplówki. Wieszało się je przy koniach i podawało dożylnie. Któregoś dnia wchodzę do szopy, a Bryan ma podłączoną dożylnie torbę Equipoise[1]. Doprawiał się końskim testosteronem i sterydami co kilka tygodni. Możesz sobie wyobrazić, w jakim stanie była jego głowa, skoro wpadł na pomysł, żeby to zrobić. Po kilku latach brania tego gówna niewiele mu już w niej zostało.

Nie osądzam Bryana, ale jeśli poszczułem go na kogoś, odbijało mu. Korzystałem z jego usług, tylko jeśli bezwzględnie musiałem to zrobić. W latach osiemdziesiątych robiłem wszystko, żeby uniknąć kłopotów. Jeśli jakiś gość przez przypadek wjechał w mój samochód, nie wyskakiwałem z auta, żeby skopać mu tyłek. Nawet jeśli to on spowodował wypadek, kupowałem mu nowy samochód, żeby później, gdyby dowiedział się kiedykolwiek, że robię coś nielegalnego, pomyślał: „Wow, ten gość kupił mi nowy samochód. Widziałem wczoraj, że robi coś nielegalnego, ale nie zakapuję go, bo mi pomógł".

Taką miałem teorię. Traktować ludzi dobrze. Nie straszyłem ich, o ile nie postanowili sobie ze mną pogrywać. Jeśli chcesz sobie ze mną pogrywać, dopilnuję, żeby był to najgorszy dzień w twoim życiu.

Zawsze największe problemy, przy których musiałem prosić Bryana o pomoc, sprawiali mi goście, którzy byli totalnymi zerami. Któregoś razu byli to dwaj chłopacy, którym zleciłem prowadzenie motorówki. Kolumbijczycy mieli w zatoce komercyjny trawler rybacki, na którym było kilka tysięcy kilogramów kokainy. Mickey był zajęty przemytem, więc zamiast skorzystać z jego łodzi, znalazłem ludzi na zlecenie, którzy mieli własne motorówki. Większość osób, które dla mnie pracowały, bały się mnie – albo z powodu mojego charakteru, albo dlatego że wiedziały, że współpracuję z szalonymi Kolumbijczykami.

Jakimś cudem nie udało mi się wystarczająco wystraszyć tych dwóch wynajętych chłopaków. Podpłynęli do kutra, zabrali ładunek, zapakowali

---

[1] Equipoise, steryd anaboliczny, który naśladuje działanie końskiego testosteronu, jest sprzedawany w Kanadzie z ostrzeżeniem „Tylko dla koni. Ten środek nie może być podawany koniom, które zostaną zabite i przerobione na jedzenie".

go do samochodu i zostawili go tam, gdzie mieli zostawić. Odebrali drugi samochód i opłatę. Problem polegał na tym, że chłopcy się wycwanili. Zamiast zostawić w bagażniku pierwszego samochodu 400 kilo, zostawili tylko 310.

Podliczyliśmy towar dopiero po tym, jak zapłaciliśmy tym klaunom. Twierdzili, że te 310 kilo to wszystko, co zabrali z kutra, i ukryli się. Wywnioskowali, że nie mogę skontaktować się z ludźmi z kutra i dowiedzieć się, co naprawdę się stało, i dzięki temu poczuli się bezpieczni. Sądzili, że mogą ukrywać się przez parę tygodni, a ja o nich zapomnę. Byli w błędzie.

System prowadzony przez rodzinę Ochoa był szczelny. Jeśli miałem jakiś poważny problem, mogłem zadzwonić do Fabita albo jego brata Jorge w Kolumbii. Mogłem porozmawiać bezpośrednią z Rafą, ale nie zawsze mogłem ufać, że poradzi sobie ze złymi wiadomościami.

Sposób, w jaki kontaktowałem się z rodziną Ochoa w Kolumbii, był zabawny. Mieli restaurację, która nazywała się Las Margaritas. Główna lokalizacja była w Bogocie i Ochoa mieli tam telefon przeznaczony do prowadzenia rozmów ze mną. Kiedy dzwoniłem pod ten numer, odbierał gość, który pracował dla Fabita i Jorge.

Po tym, jak dostarczono mi zbyt mało towaru, zadzwoniłem do człowieka Ochoa w restauracji i powiedziałem mu o problemie. Tydzień później zadzwonił do mnie Fabito. Fabito miał w zwyczaju nazywać mnie *cabron*, co znaczy przyjaciel.

– *Cabron*, sprawdziliśmy każdego – powiedział. – Wydali 400 kilo. Wiesz, że nie okłamałbym cię. Problem leży po stronie twoich ludzi.

Przypadło mi w udziale zrekompensować te 90 kilo, które ukradli ci chłopacy. Na tamtym etapie mojego życia te pięć milionów dolarów – czy ile musiałem nadrobić – nie było wielkim problemem. Chodziło o zasadę. Dwóch śmieci sądziło, że może mnie okraść. Posłałem Bryana, żeby szukał ich w całym Miami. Ale wyglądało na to, że tych gości nigdy nie było na tym świecie.

Minęło kilka miesięcy i któregoś dnia ja i Bryan wyjeżdżaliśmy na autostradę nowym mercedesem AMG, którego niedawno odebrałem. Mimo że nazywałem Bryana moim kierowcą, na ogół siedział na fotelu pasażera. Był moją dodatkową parą oczu. Ni stąd, ni zowąd Bryan mówi:

– Jon, to ci chłopacy.

Zatrzymują się po naszej prawej stronie w małym gównianym japońskim samochodzie. Zauważają wielki łeb Bryana siedzącego obok mnie i próbują wcisnąć gaz do dechy. Pozwalam im zostawić mnie w tyle. Jadę AMG. Nie ma szans, żeby mnie zgubili.

– Bryan, otwórz okno i schyl się, żebym mógł do nich strzelić.

To był pierwszy raz, kiedy próbowałem kogoś zastrzelić, jadąc samochodem w towarzystwie Bryana. Pistolety nie były jego najmocniejszą stroną. Jego siła leżała w jego rękach[2]. Mógł podnieść człowieka jedną ręką i udusić go.

Jedziemy równo z samochodem tych chłopaków, Bryan próbuje się schylić, ale jest takim wielkim kafarem, że pochyla się o jakieś pięć centymetrów. Wystrzeliwuję jedną kolejkę, ale nie czuję się pewnie ze względu na Bryana, który zasłania całe okno.

– Przesiądę się na tył, Jon. – Próbuje przejść na tylne siedzenie, ale nie jest na tyle zwinny.

– Pieprzyć to, Bryan. Odetnę tym małym skurwielom drogę i zmiażdżę ich.

Jechaliśmy 130–150 kilometrów na godzinę. Dzięki Bogu, w zasięgu wzroku nie było żadnych glin. Ci chłopacy próbują zjechać na drogę I-95. Doganiam ich, żeby stuknąć ich samochód z boku. Jeśli lekko pukniesz zderzakiem w tylne koło czyjegoś samochodu, zacznie kręcić się w kółko, a kierowca nie będzie miał nad nim kontroli. Gdy jestem coraz bliżej, bum! Goście strzelają ze strzelby.

Nie trafiają w nas, ale wkurzam się przez to tak bardzo, że walę w ich zderzak. Mój AMG jest o tyle cięższy od ich samochodu, że ten zaczyna jechać bokiem. Kręci się po drodze przez kilkaset metrów, odbijając się od barierek. Kiedy zatrzymujemy się, ich samochód jest zniszczony, a przez potłuczone szyby nie widzę, czy chłopacy żyją czy zginęli. Nadal mają swoją strzelbę.

Bryan wyskakuje z auta.

– Bryan, pomyśl. Oni mają strzelbę – mówię.

Nie obchodzi go to. Sięga na stronę kierowcy i wyciąga jednego z chłopaków, trzymając go za gardło. Ostrożnie podchodzę z drugiej strony samochodu, w ręce trzymam broń.

---

[2] Bryan Carrera był wielokrotnie aresztowany za napaść i został po raz pierwszy skazany w 1978 roku. W żadnej z tych napaści nie użyto broni.

Ale chłopak na siedzeniu pasażera stracił przytomność. Otwieram drzwi, zabieram strzelbę, która leży u jego stóp i wyciągam chłopaka. Rzucam go na ziemię i rozwalam mu twarz strzelbą. Biję go bez końca. Kiedy przestaję, nie sprawdzam, czy ma tętno, ale sądzę, że raczej się nie obudzi i nie zacznie znów kraść kokainy. Patrzę na chłopaka, którego dusił Bryan, i widzę, że jego twarz zmieniła kolory od czerwonego przez niebieski do białego. Bryan puszcza go.

– Chcę udusić twojego gościa – mówi.
– Nie musisz, Bryan. Nie rusza się.
– I tak chcę go udusić. Chcę sprawdzić, czy ich szyje trzyma się inaczej.

Dla Bryana duszenie było niczym eksperyment naukowy. Taką miał mentalność[3].

Bryan był ekstremalny. Któregoś razu zmusił jakiegoś gościa, żeby ten zjadł swój pistolet. Nigdy wcześniej czegoś takiego nie widziałem. Przytrafiło się to Kubańczykowi, który sądził, że jest prawdziwym gangsterem, a był tak naprawdę kolejnym śmieciem. W jakiś sposób Rafa spiknął się z tym Kubańczykiem i chciał, żebym sprzedał mu trochę kokainy. Pod koniec lat siedemdziesiątych Kubańczycy przenieśli się na Siedemdziesiątą Dziewiątą Ulicę i przejmowali stare włoskie kluby. Ten gość chciał się ze mną spotkać w starej włoskiej knajpie, którą teraz prowadzili tłuści Kubańczycy. Kiedy usiadłem, ten klaun zaczął się ze mną kłócić o cenę, próbując obniżyć tę, którą wcześniej wynegocjował z Rafą.

– Jeśli ci się to nie podoba, nikt cię nie zmusza do kupowania u nas – powiedziałem. – Do widzenia. Miło było cię poznać.

Odchodzę, a ten śmieć mówi:

– Jeśli nie sprzedasz mi towaru, obrobię ci dupę.

Odpowiadam coś tej tłustej kupie gówna, a gość wychodzi za mną na zewnątrz i pierdzieli od rzeczy. Bryan, który czeka na mnie na zewnątrz,

---

[3] Były urzędnik organów ścigania na Florydzie, który sprawdzał ten fragment, powiedział, że dokumenty wskazują na to, że taki wypadek miał miejsce na początku lat osiemdziesiątych. Zauważył, że istniały zeznania świadka, który opisał, że widział dwóch mężczyzn, z których jeden był „wyjątkowo ogromny", którzy napadli na jedną lub więcej osób podróżujących samochodem, na miejscu wypadku przy autostradzie. Policjanci, którzy odpowiedzieli na zgłoszenie, odnaleźli zniszczony samochód i ślady walki, ale nie znaleźli ciał.

widzi, że gość po coś sięga. Zachodzi gościa od tyłu i łapie w rękę jego dłoń. Dłoń Bryana jest tak wielka, że dłoń tamtego gościa wygląda jakby należała do małego dziecka. Ale w tej malutkiej rączce jest mały rewolwer kalibru .38 z krótką lufą.

Bryan mocniej ściska dłoń gościa i pyta:

– Co tam masz?

– Nic, człowieku.

– Wygląda to na broń.

Bryan podnosi gościa za gardło drugą ręką i przypiera go do ściany budynku. Wyciąga z jego dłoni – która na pewno jest już złamana – broń i podnosi ją.

– Nie jestem do końca pewien, jak się używa broni. Czy to właśnie z nią robisz? – pyta.

Wpycha gościowi lufę do ust. Widziałem to już wcześniej. Ale później Bryan robi coś nowego. Wpycha cały pistolet do ust tego gościa. Rewolwer nie chce się tam zmieścić, ale Bryan uderza go otwartą dłonią. Broń znika w gardle kolesia. Jego szczęka z pewnością została złamana. Krew leje się mu z ust. Próbuje kopnąć Bryana i z nim walczyć, ale mając pistolet wepchnięty do gardła, słabnie.

– Bryan, nie rób tego – mówię. – Po prostu pociągnij za spust.

– Jon, nie lubię broni.

Bryan uwielbiał podnosić ludzi i rzucać ich na chodnik. Lubił sprawdzać, czy może ich podrzucić. Więc teraz podnosi tego gościa nad głowę i zaczyna go podrzucać.

– Bryan, bądź ostrożny. Broń, którą ma w gardle, może wystrzelić i ranić któregoś z nas – mówię.

Bryan rzuca gościa i spogląda na mnie, śmiejąc się. Ha, ha, ha! Podnosi go i znów go podrzuca. Jest jak duży pies z zabawką, której nie chce oddać.

Nie chcę, żebyś miał złe wyobrażenie o Bryanie. Robił coś więcej niż tylko uszkadzał ludzi. Miał mózg. Nie był Mickeyem Mundayem, ale potrafił liczyć. Dobrze zapamiętywał to, co mu powiedziałem. Kiedy miałem jakieś zadania dla moich kierowców, to on je przekazywał. Stał się moją twarzą.

Bryan nie był osobą, na którą patrzyłeś i myślałeś: „Musi być w nim coś miłego". Im był starszy, tym straszniej wyglądał dzięki sterydom, końskiemu testosteronowi i cięciu sobie twarzy żyletką. Większość ludzi, gdy na niego spojrzała, zdawała sobie sprawę, że najlepiej było schodzić mu z drogi, a jeśli już go rozsierdzili, cokolwiek miało się z nim stać, musiało się wydarzyć.

Ale ponieważ Bryan potrafił dobrze liczyć i miał dobrą pamięć, pomagał mi przy liczeniu kilogramów kokainy w naszych dziuplach. Zawsze miałem ich trzy lub cztery.

Wszystkie kryjówki należały do ludzi, którzy mieli normalne prace. Ich domy nie wyglądały z zewnątrz jak magazyny narkotyków. Przyjeżdżałem tam w ciągu dnia, gdy właściciele byli w pracy. Miałem własnego pilota do drzwi garażu. Parkowaliśmy samochód i wchodziliśmy do środka. Trzymałem narkotyki w ukrytych szafach wielkości mniej więcej połowy sypialni. Zamykaliśmy je, żeby uchronić właściciela domu przed pokusami. Nie musiał sobie zaprzątać głowy zastanawianiem się, ile kokainy albo gotówki było tam ukryte.

Co tydzień jeździłem od domu do domu i dzieliłem towar dla poszczególnych dystrybutorów, którym sprzedawałem kokainę. Kiedy zabieraliśmy z domu ładunek, kazałem Bryanowi przyprowadzać do garażu pusty samochód i napełnialiśmy bagażnik.

Tylko raz napotkaliśmy na problem. Nosiliśmy z Bryanem kilogramowe paczki, które mieliśmy załadować do samochodu stojącego w garażu.

– Jon, te paczki wydają mi się dziwne. Są lekkie – powiedział Bryan.

Wówczas nie mieliśmy tych magicznych małych wag elektronicznych, które mogłeś nosić w kieszeni. W każdej z kryjówek trzymałem wagę przesuwnikową z trzema dźwigniami, taką jaką można było znaleźć w liceach w laboratorium chemicznym. Wyjąłem wagę, zacząłem ważyć paczki i odkryłem, że każda z nich była za lekka o pięć do dziesięciu gramów. Bryan miał rację.

Jego zdolność do zważenia w ręku paczek i dostrzeżenia, że były o kilka gramów za lekkie, pokazuje, że mimo że wyglądał jak potwór, trzymał się kursu.

Czasem się zastanawiałem, czy przyjmowanie końskich hormonów nie wyostrzyło mu zmysłów, jak u zwierzęcia.

Kiedy rodzina Ochoa przysłała kilogram, zawsze ważył dokładnie 1000 gramów. Wiedziałem, że w tamtym domu jest szczur. Chłopak, który był właścicielem tego domu, był sprytny. Prowadził odnoszącą sukcesy firmę, która zajmowała się malowaniem znaków w South Beach i dostawał ode mnie co miesiąc 10 000 dolarów za wynajęcie szafy. Ale coś sprawiło, że zgłupiał. Znalazł sposób na włamanie się do skrytki i wsadził do każdej paczki słomkę. Rozciął każdą paczkę wzdłuż sklejenia i zakleił na zgięciu taśmą, więc ciężko było dostrzec, co zrobił. Jeśli zrobił tak z tysiącem paczek i ukradł z każdej pięć do dziesięciu gramów, zgarnął pięć do dziesięciu kilo.

Pojechaliśmy z Bryanem prosto do jego firmy. Kiedy weszliśmy, była akurat pora lunchu.

– Czego chcecie? – pyta chłopak.

– Spokojnie – odpowiadam mu. – Zabieram cię do Forge.

Zawozimy go do restauracji. Gadamy o pierdołach. Patrzę na tego chłopaka, próbując dostrzec w jego oczach, jak bardzo jest przerażony, ale on tego nie okazuje. Idziemy do prywatnej sali. Zamawiamy jedzenie. Bryan, ze względu na cały ten buzujący w nim koński testosteron, je jak koń. Zamawiasz swój lunch, zaczynasz jeść jak cywilizowana osoba, a Bryan krzyczy do kelnera:

– Ej, przynieś mi mój trzeci lunch.

Bryan żre bez opamiętania, ale w atmosferze wykwintnej restauracji chłopak się rozluźnia.

Wtedy mówię mu:

– Zauważyłem, że włamujesz się do mojej skrytki i kradniesz moją kokainę.

– Niczego takiego nie robię – odpowiada. – To z pewnością twoi kierowcy.

Myślałem już o tym. Ale moi kierowcy, nawet gdyby chcieli kraść, nie mieli czasu na to, żeby ostrożnie zrobić małą dziurkę w każdej torbie i zakleić ją. To ten chłopak musi być szczurem.

– Płacę ci duże pieniądze, a ty mnie okłamujesz? – pytam.

Nie mówię nic więcej. Bryan łapie chłopaka za gardło lewą ręką i ściska, nie przestając jeść.

Chłopak ma dwadzieścia parę lat. Ćwiczy. Waży prawie 90 kilo. Ale nie może sobie poradzić z Bryanem. Bije go, kopie. Oczy wychodzą mu na wierzch.

Spoglądam na niego i mówię:

– Przyznaj się, co zrobiłeś, zanim cię, kurwa, zabije.

Bryan rozluźnia swój uścisk, a chłopak kiwa głową.

– Bardzo ci dziękuję – mówię.

Chłopak zaczyna mówić, a Bryan postanawia ścisnąć go raz jeszcze. Wystarczyło lekkie szarpnięcie jego tłustymi palcami, a ja słyszę dźwięk, jakby ktoś rozrywał surowego kurczaka. Pęka chrząstka w szyi chłopaka.

– Przestań, nie w restauracji – mówię do Bryana.

Kiedy Bryan go puszcza, chłopak ląduje twarzą w talerzu. Bryan łapie go za włosy i wali po twarzy. Chłopak jest bez życia. Biegnę do wyjścia i krzyczę do szefa sali:

– Dzwońcie po pogotowie. Mój znajomy dławi się jedzeniem!

Gdy dociera karetka, chłopak oddycha. Ale jest w szoku. Ratownicy podają mu tlen i zauważają okropne ślady na jego szyi.

– Co tu się stało? – ratownicy patrzą na mnie i Bryana, jakby mieli zaraz wezwać gliny.

Chłopak wskazuje na Bryana i sapie:

– To mój przyjaciel. Pokazywał mi przed lunchem chwyt zapaśniczy. Źle się ruszyłem i zrobiłem sobie krzywdę.

Ratownicy nie wierzą w naszą opowieść. Nagle jeden z nich spogląda na Bryana i pyta:

– Czy to ty jesteś The Thing?

– Tak – odpowiada Bryan. Podnosi ręce i robi minę, która jest bardzo popularna wśród jego fanów.

– Mój syn pana uwielbia – mówi ratownik.

Teraz ratownicy żartują i śmieją się z nami. Bryan zawsze nosi przy sobie zdjęcia, na których jest ubrany w kostium The Thing, na wypadek spotkań z fanami. Idzie po nie do samochodu, a gdy wraca ze zdjęciami i je podpisuje, ratownicy mają ubaw nie z tej ziemi. Nadal muszą zabrać gościa, którego poddusił Bryan, do szpitala, ale nie ma już mowy o wzywaniu glin.

Na szczęście dla mnie, dzieciaki uwielbiały Bryana.

ROZDZIAŁ 60

J.R.: Ochoa byli naprawdę sprytni. Ich kartel zrobił coś, czego nie wymyśliłbym, nawet gdybym zastanawiał się przez milion lat. Gdybym prowadził interes i miałbym konkurencję, pozbyłbym się jej, załatwiając ją. Ale Ochoa radzili sobie z tym w inny sposób: sprzedawali kokainę taniej niż ktokolwiek inny. Zamiast wybijać ludzi po kolei, obniżali ceny bardziej niż ktokolwiek inny.

Przekonałem się o tym, gdy przyprowadziłem im Alberta jako klienta. Fabito powiedział mi, że sprzedadzą mu towar za każdą cenę, byle tylko go pozyskać. Zdarzało się, że widziałem, że sprzedawali kokainę po 3500 dolarów za kilo – mniej niż płacili mnie za jej transport. Gdy klient był ich, mogli zacząć podnosić ceny. Zniszczyli więcej osób swoją polityką cenową niż przy użyciu broni. Słynęli z brutalności. Ale dominację osiągnęli dzięki cenom.

Przekonanie mojego ojca, że zło jest silniejsze od dobra, działało na ulicy. Ale pomysł, żeby wykończyć konkurentów, oferując najniższe ceny? Ojciec nie wymyśliłby tego nawet za milion lat. Kartel z Medellín był nie tylko zły. Był jak Walmart.

Transport był kluczem do ich dominacji. Potrzebowali dużych dostaw, żeby walczyć z konkurencją. Rafa cały czas przychodził do mnie i mówił: „Musisz przewozić więcej i więcej".

Na początku Rafa powiedział mi, że jego szef, Pablo Escobar, chce się ze mną spotkać, żeby porozmawiać o tym, jak zwiększyć ilość przewożonych narkotyków. Mickey spotkał się wcześniej z Pablem i uważał, że takie spotkania biznesowe były czystą stratą jego czasu.

MICKEY: Miałem lepsze rzeczy do roboty. Kiedy podróżowałeś z Maksem i Rafą, ledwo wyjechali z miasta, a już dzwonili pod 1–800–ZA-ŁATW–MI–DZIWKĘ. Taką mieli mentalność. „Naszych żon nie ma w pobliżu, zabawmy się".

J.R.: Sądziłem, że niechęć Mickeya do Kolumbijczyków była w pewnej części pozą. Im mniej się z nimi dogadywał, tym więcej ja musiałem z nimi załatwiać. Mickey nie był głupi. I wierz mi, nie był w stu procentach harcerzykiem. Jeśli jakaś laska przechodziłaby przez ulicę i pokazałaby mu cipkę, pobiegłby za nią, jak każdy normalny człowiek.

Tak więc nie tylko musiałem sobie radzić z Rafą w Miami, musiałem też znaleźć czas, żeby jeździć na spotkania z Pablem. Pierwsze odbyło się w Panamie. Pablo czuł się tam bezpiecznie, bo przyjaźnił się z generałem Noriegą, który wówczas doszedł do władzy jako dyktator Panamy[1].

Ponieważ Max nalegał, że pojedzie razem ze mną, a bał się – on, El Jefe przemytu – latania małymi samolotami, musieliśmy lecieć komercyjnym lotem. Miałem fałszywy paszport. Leciałem jako „John Epstein" i jadłem z Maksem koszerne jedzenie.

Max lubił Holiday Inn w Panamie, bo w pokojach w tym hotelu były cienkie paski papieru na sedesie, na których było napisane „zdezynfekowane dla twojej ochrony" i myślał, że oznaczało to, że w tej okolicy i dziwki były czystsze. Mickey miał rację co do jednego. Zawsze musiałeś zarezerwować sobie kilka dodatkowych dni, jeśli podróżowałeś z Maksem, żeby mógł spędzić trochę czasu z kurwami, zanim wrócił do żony.

Spotkaliśmy się z Pablem w amerykańskiej kawiarni niedaleko hotelu. Było z nim kilku gości, którzy usiedli przy stolikach w pobliżu, ale

---

[1] Porucznik Manuel Noriega przejął kontrolę nad Panamą w 1981 roku po tym, jak jego przełożony Omar Torrijos, Główny Przełożony Panamskiej Rewolucji, znany jako dyktator Panamy, zginął w wypadku lotniczym – który spowodowała, jak twierdzą porucznicy Noriegi, bomba, umieszczona przez Noriegę na pokładzie. Noriega wzmocnił swoją pozycję w 1983 roku, kiedy sfałszował wyniki krajowych wyborów, awansował się na generała i został nowym dyktatorem Panamy.

był stonowany. Czuł się w Panamie bezpiecznie ze względu na przyjaźń z generałem Noriegą.

Wprawdzie Pablo Escobar był człowiekiem z ulicy, ale był przystojnym mężczyzną, choć trochę przyciężkawym, i był bardziej elegancki, niż się spodziewałem. Zadał mi kilka osobistych pytań. Czy byłem żonaty? Czy lubiłem piłkę nożną? Zapytał mnie, co porabia Mickey. Pablo i Kolumbijczycy, których spotkałem, mieli bardzo dobre zdanie o Mickeyu. Dla nich był jak niemiecki naukowiec, który budował dla nich rakiety kosmiczne. Szkoda, że Mickey patrzył na nich z góry. Gdyby poprosił, daliby mu własną wyspę, nad którą mógłby przejąć kontrolę, jak szalony zły naukowiec w filmie o Jamesie Bondzie.

Pablo był bardzo pewny siebie, bardzo skoncentrowany. Przypominał mi Alberta, ale nie był takim psychopatą. Podczas tego pierwszego spotkania wspomniał o czymś, co, jak się dowiedziałem później, było jego ulubionym tematem. Chciał, żebyśmy transportowali więcej kokainy. Produkował jej w swoich fabrykach coraz więcej.

Wtedy dzieli się ze mną swoim wielkim pomysłem.

– A co z lalkami? – pyta Pablo. – Schowajmy kokainę w lalkach i przewieźmy ją w ten sposób.

– To wspaniały pomysł – mówi Max. Gdyby Pablo kazał mu położyć się na podłodze i polizać swój odbyt, Max byłby już na czworakach i wystawiał język.

– Lalki? Widziałem, że do szmuglowania narkotyków używano plastikowych wieszaków na buty – mówię

– Nie, myślałem o lalkach. Mickey mógłby to zrobić.

– Mickey powinien skupić się na samolotach. Jeśli masz człowieka, który chce pracować z lalkami, porozmawiam z nim. Nie rozpraszajmy Mickeya. Nie chcemy, żeby bawił się lalkami.

– W porządku. Być może mam gościa, z którym możesz porozmawiać o lalkach.

Tak wyglądało moje pierwsze spotkanie z Pablem Escobarem. Rozmawialiśmy o lalkach. Nigdy nie porozmawiałem z jego człowiekiem, który wiedział, jak je wyprodukować, a on nigdy więcej o nich nie wspomniał. W ten sposób działa kierownictwo wysokiego szczebla w dużej organizacji. Wszyscy muszą skakać, gdy szefowie wpadną na błyskotliwy pomysł, bez względu na to, jak bardzo jest niedorzeczny.

Mickey miał problem ze zdobyciem paliwa na lot powrotny do Stanów Zjednoczonych, podobnie jak mój pilot Roger, kiedy wysłałem go do Kolumbii. Roger chciał latać częściej. Wysłałem go na kolejną próbę po Yeehaw Junction, ale kiedy wylądował w Kolumbii, trzymali go na ziemi przez cały dzień, czekając na paliwo. Barry Seal był jedynym pilotem, z którym pracowałem, który nie potrzebował paliwa, gdy wylądował w Kolumbii. To dlatego, że miał układy na innych lotniskach w Ameryce Centralnej, na których zatrzymywał się, żeby napełnić zbiorniki[2].

Problem z paliwem dodatkowo pogarszał fakt, że bardzo często piloci nie mogli znaleźć miejsc do lądowania w środku dżungli. Latali w kółko, spalając paliwo, i szukali miejsca, w którym mieli wylądować. W końcu Mickey poleciał tam i zrobił mapy dla całego kraju, żeby ułatwić pracę pilotom.

MICKEY: Wiele lądowisk było zlokalizowanych w niezwykle gęstej dżungli. Nie było wówczas GPS-ów. Kolumbijczycy oznaczali lądowiska samochodami, które pełniły funkcję strzałek albo odpalali race. Ale piloci nie mogli ich dostrzec przez pokrycie lasu. Czasem samoloty wracały puste, bo pilot nie mógł znaleźć lądowiska.

W końcu poleciałem do Kolumbii z Tatą, moim pilotem, lotem komercyjnym. Mieliśmy ze sobą sprzęt wędkarski i wynajęliśmy samolot, jakbyśmy wybierali się na ryby. Oblecieliśmy obszar, na którym Kolumbijczycy rozmieszczali lądowiska. Wziąłem ze sobą standardowe mapy nawigacyjne i oznaczyłem dodatkowe cechy terenu, które mogły pomóc pilotom szukającym konkretnego miejsca.

Wówczas w samolotach jako urządzeń pomagających w nawigacji używano kompasów radiowych. Na całym świecie były rozmieszczone stacje, które nadawały sygnały nawigacyjne. Kompas radiowy szuka tych

---

[2] Barry Seal znał lotniska w Ameryce Środkowej z czasów, gdy przewoził dla CIA broń w latach sześćdziesiątych i na początku lat siedemdziesiątych.

stacji i pokazuje, gdzie się znajdujesz, na podstawie siły odbieranego sygnału. W Kolumbii były miejsca, gdzie te sygnały były słabe. Szukałem też więc normalnych, komercyjnych stacji radiowych w Kolumbii, które miały silny sygnał. Jeśli zaznaczyłeś dokładną lokalizację tej stacji, mogłeś używać jej sygnału jako narzędzia nawigacyjnego.

Spędziliśmy z Tatą tydzień, latając nad Kolumbią i nanosząc na mapę każdą nawigacyjną wskazówkę, jaką mogłem znaleźć. Gdy naniosłem wszystko, przypiąłem mapy do ściany w hotelu i sfotografowałem je. Później wszystko spaliłem i poleciałem z powrotem z kliszą w aparacie. Wywołałem ją dopiero po powrocie do Stanów Zjednoczonych.

Za pomocą stworzonych przeze mnie map piloci, których wysyłałem do Kolumbii, mogli zlokalizować lądowiska w każdym miejscu w dżungli. Ale paliwo nadal stanowiło problem. Było tak jeszcze przed tym, jak zacząłem pracować z Maksem.

Za pierwszym razem, gdy leciałem do Kolumbii na przemytniczą misję, ja i mój pilot zeszliśmy nisko i znaleźliśmy miejsce do lądowania, które wyglądało jak złomowisko. Po obu stronach były rozrzucone wraki samolotów, którymi lecieli, prawdopodobnie, pijani lub naćpani Kolumbijczycy. Mieli zawsze niedbałe podejście do wszystkiego.

Kiedy wylądowałeś, Kolumbijczycy wyjeżdżali w twoim kierunku starymi ciężarówkami używanymi na farmach. Chcieli załadować samolot, a później urządzić imprezę. Proponowali nam drinki, dziewczyny. Mówiłem: „Benzyna, paliwo".

Podczas tej pierwszej wyprawy Kolumbijczycy wskazali szlak w dżungli. Był tam stary traktor ciągnący na przyczepie cysternę na pestycydy, którą napełnili paliwem lotniczym. Traktor poruszał się tak wolno, że obok niego szedł gość, który musiał co jakiś czas się zatrzymywać, żeby pojazd go dogonił.

Kiedy traktor dociągnął cysternę do naszego samolotu, nadbiegł kolejny gość z przenośną pompą – zasadniczo był to wąż pożarniczy z pompą wodną zasilaną starym silnikiem z kosiarki do trawy. Silnik nie miał żadnej osłony i iskry tryskały wszędzie. Ale po co przejmować się iskrami? Ludzie od paliwa i tak palili papierosy. Po tym jak uruchomili tę gównianą pompę, puścili wąż, który zaczął tańczyć jak anakonda i tryskać wszędzie paliwem. Pokryli nim cały bok samolotu.

Kiedy wystartowaliśmy, ukucnąłem za pilotem z dwiema gaśnicami – jedną wycelowaną w niego, drugą we mnie. Gdybym zobaczył choć jedną iskrę, użyłbym ich, żebyśmy mieli choć pół sekundy na ucieczkę przed tą kulą ognia, która wybuchłaby w naszym samolocie.

Ci Kolumbijczycy potrafili spieprzyć najprostsze zadanie. Po tym zdarzeniu powiększyłem zbiorniki na paliwo w moich samolotach, więc w razie potrzeby mogły lecieć z powrotem bez tankowania. Dałem moim pilotom ręczne pompki. Wyposażyłem każdy samolot w zestaw narzędzi i części zapasowych.

Jon ma o Kolumbijczykach dobre zdanie. Ja – złe.

J.R.: Mickey zawsze narzekał na Kolumbijczyków. Choć był świetny, jego samoloty nie przewoziły nigdy więcej niż 400 kilo. Miałem pilotów, takich jak Roger i Barry, którzy w 1982 roku przewozili ładunki ważące dwie tony. Samoloty Mickeya miały tyle paliwa i zapasowych części do silnika, że ledwo starczało miejsca na kokainę. Ich zaletą było to, że zawsze dały radę się przedostać, a pozostali piloci musieli czasem czekać tygodniami, żeby wrócić, ale miałem dość tego, że Mickey patrzył z góry na Kolumbijczyków.

Fabryki kokainy, którymi zarządzał Pablo, były niewiarygodne. Pierwsza, do której mnie zabrał, mieściła się w środku dżungli. Była większa niż fabryka łodzi Dona Aronowa. Mieli kadzie do fermentowania liści tak wielkie jak baseny. Do tego salę z setkami kuchenek mikrofalowych, których używali do pieczenia kokainy. Były generatory prądu, goście chodzący w maskach i kombinezonach używanych przy zagrożeniach chemicznych, sypialnie dla pracowników. Jedna fabryka mogła wyprodukować jakieś 1000 kilo dziennie.

Chemikalia z fabryki były tak silne, że mogłeś je wyczuć aż z samolotu. Uruchamiali produkcję na tydzień, później zamykali fabrykę i przenosili się do następnej. Byli w stanie je rozebrać i ciężarówkami przewieźć w inne miejsce. Kolumbijczycy nie byli idiotami. Nie postępowali tak, jak Amerykanie. Nie przebywali w klimatyzowanych biurach, z narzędziami ułożonymi w rządku na stole warsztatowym, jak kazałby im to robić Mickey. Ale gdy postanowili coś zrobić, nikt nie był w stanie ich powstrzymać.

Zacząłem jeździć co kilka miesięcy do Kolumbii. Rafa był właścicielem salonu samochodowego w Medellín. W salonie wystawowym był jeden cadillac rocznik 1980, corvetta z 1979 roku, audi, które nie miało numerów nadwozia. Z wszystkich ciekło. Kilka razy w ciągu dnia chłopcy, którzy tam pracowali, ścierali mopem olej.

Rafa miał biuro na górze. Obok jego gabinetu była kuchnia, w której stał długi stół i przy nim odbyłem kilka kolejnych spotkań z Pablem Escobarem. Pytanie zawsze brzmiało tak samo: „Czy możesz przewozić więcej kokainy?".

Podczas kilku wizyt Pablo kazał mi zostać dzień czy dwa dłużej, żeby jeden z jego ludzi mógł mi pokazać Medellín. Medellín w porównaniu z Barranquillą czy Bogotą było jak miasto na zachodzie Stanów Zjednoczonych. Ale Pablo był bardzo dumny z boisk piłkarskich, które wybudował w slumsach. Był próżny, jeśli chodziło o jego działalność charytatywną. Startował do Kongresu w Kolumbii i wygrał[3]. Poza byciem przestępcą był też politykiem, nie różniącym się od amerykańskich sędziów czy kongresmenów.

Wieczorami Rafa zawsze chciał chodzić do dyskoteki, w której grano okropnego, straszliwego hiszpańskiego rocka. Nawet na początku lat osiemdziesiątych, zanim zrobiło się naprawdę źle, Medellín było pełne przemocy. W dyskotekach było tylu bramkarzy, że nigdy nie dało się tam zrelaksować.

Któregoś wieczoru jechaliśmy do dyskoteki, zatrzymaliśmy się na światłach i zobaczyliśmy chłopaków podbiegających do samochodu. Sięgnęli do okna i chwycili kierowcę za rękę, żeby ukraść mu zegarek. Kiedy zaczął z nimi walczyć, jeden z chłopaków odrąbał mu rękę maczetą. Tak kradziono zegarki w Medellín.

Podczas naszego trzeciego lub czwartego spotkania Pablo zapytał mnie:
– Czy możesz zdobyć dla mnie środki chemiczne: aceton lub eter?
Tych związków chemicznych używano do produkcji kokainy. Pablo wyjaśnił mi, że rząd amerykański ograniczył ich sprzedaż w Kolumbii.

---

[3] W 1982 roku Escobar został wybrany do narodowego Kongresu Kolumbiii.

Pomyślałem: „Co ja wiem o zdobywaniu przemysłowych związków chemicznych?". Kolumbijczycy mieli wygórowane wyobrażenia na temat Amerykanów – jakbyśmy posiadali magiczne moce.

– Jeśli mi w tym pomożesz, będziesz moim przyjacielem do końca życia.

Oczywiście Pablo był zdradzieckim skurwysynem i nie wierzyłem w ani jedno jego słowo, ale powiedziałem mu, że zrobię co w mojej mocy. Kiedy wróciłem do Miami, pytałem wszystkich o te substancje. Pytałem lekarzy, którzy kupowali ode mnie kokainę. Pytałem pilotów. Parę tygodni później byłem z wizytą w San Francisco u mojego przyjaciela Berniego Levine'a i zapytałem go, jak można zdobyć te związki chemiczne.

– Mam w Niemczech kuzyna, który handluje całym tym gównem dla fabryk – odpowiedział.

Okazało się, że kuzyn Berniego zna gościa, który mógł kupić tysiące litrów tego gówna i wysłać je statkiem z Niemiec do Kolumbii.

Danny Mones założył firmę krzak, żeby składać zamówienia i przepuścić je przez port w Kolumbii. Przez jakieś sześć miesięcy robiliśmy niezłe obroty. Zorganizowaliśmy Pablowi tyle acetonu, że w końcu powiedział:

– Dość, wystarczy mi na 50 lat.

Załatwienie Pablowi tych substancji spowodowało, że zyskałem w kartelu szacunek.

Fabito zaczął częściej zapraszać mnie do Kolumbii na spotkania towarzyskie. Odwiedzałem go w Bogocie, gdzie Ochoa mieli jedną ze swoich rodzinnych restauracji – Las Margaritas, tę, do której dzwoniłem, żeby skontaktować się z Fabitem lub jego bratem. Podawano tam niesamowite steki. Ojciec Fabita, Don Ochoa, zaczynał jako farmer i w restauracji podawano dania z jego krów.

Tym, co sprawiało, że Las Margaritas była wyjątkową restauracją, był wewnętrzny ring, na który wprowadzano żywego byka i zabijano go, gdy goście jedli swoje steki. Dla Kolumbijczyków była to elegancka restauracja. Ja nie chcę oglądać walki byków, gdy jem. Lubię łowić ryby, ale nie zobaczysz, jak patroszę ryby przy stole.

Fabito zabrał mnie na rodzinną *finca* – ranczo – żebym poznał jego ojca, Don Ochoę. *Finca* miała tysiące hektarów powierzchni. Dla mnie było to jak wizyta w prawdziwej Ponderosie. Jeśli kiedykolwiek istnieli prawdziwi Cartwrightowie, była nimi rodzina Ochoa. Mieli ranczo, ojca, a wszyscy lojalni synowie prowadzili rodzinne interesy. Ich *finca* była jak miasto. Rodzina Ochoa miała tyle pieniędzy, że synowie budowali na jej terenie własne posiadłości. Wszędzie były buldożery i żurawie. Brat Fabita Jorge budował garaż, który mógł pomieścić jego kolekcję 200 samochodów i motocykli. Ilość pieniędzy, jakie zarabiała ta rodzina, była niedorzeczna.

Don Ochoa mieszkał w zwykłym, dużym wiejskim domu, który wyglądał niemal jak wymyślna szopa. Kiedy tam poszliśmy, Fabito powiedział:

– Nie możemy robić żadnego syfu przy moim ojcu.

Przy ojcu był jak mały chłopiec zachowujący się najlepiej, jak potrafi. Byłem tam na kilku proszonych obiadach. Nikt nie wspomniał o kokainie. Nie było orgii ani dziwek biegających dokoła jak na imprezie w Miami. Panowie ubierali się jak eleganccy kowboje. Kobiety nosiły skromne sukienki lub eleganckie stroje do jazdy konnej.

Wielką rozrywką w tym domu było oglądanie, jak Don Ochoa jeździ na swoich Paso Fino. Im bardziej kartel rósł w siłę, tym grubszy był Don Ochoa, a gdy go widziałem po raz ostatni, musiał ważyć ponad 180 kilo. Gdy zachodziło słońce, wszyscy wychodzili na dwór i patrzyli, jak ten wielki facet wsiada na swojego konia. Później cwałował obok nas, a wszyscy go oklaskiwali i mówili, w jak dobrej był formie, upierając się, że był prawdziwym *caballero*. Powinni oklaskiwać tego biednego konia, który musiał dźwigać jego ciężką dupę.

Za każdym razem, gdy tam przyjeżdżałem, Don Ochoa starał do mnie podejść i zapytać o konie wyścigowe. Fabito powiedział mu wcześniej, że miałem kilka koni. Rozmawialiśmy trochę o tym, jakie konie lubię, a Don Ochoa śmiał się. W Kolumbii nie było takich torów wyścigowych, jakie mamy w Ameryce. Za każdym razem, gdy rozmawialiśmy o amerykańskich koniach wyścigowych, pytał:

– Dlaczego konie zawsze biegają w kółko?

Kreślił palcem koła i śmiał się. Nie twierdzę, że był kretynem, ale nigdy nie odbyłem z nim inteligentnej rozmowy na jakikolwiek temat. Kilka razy powiedział: „Wiem, że sobie poradzisz". I na tym się kończyło.

Ten człowiek był na czele odnoszącej największe sukcesy organizacji przestępczej, jaka kiedykolwiek istniała. Miał takich ludzi jak Escobar, miał swoich synów, Rafę, Griseldę Blanco, Mickeya Mundaya i mnie, którzy odwalali czarną robotę, a pieniądze po prostu płynęły. Don Ochoa był jednym z najszczęśliwszych ludzi, jakich kiedykolwiek spotkałem. Wszystko było dla niego żartem. Mówią, że zbrodnia nie popłaca. Co za farsa.

ROZDZIAŁ 61

J.R.: W pewien sposób Mickey miał łatwo. Zakres jego prac był jasny. Albo w samolocie było paliwo, albo nie. Większość moich zadań stanowiło zarządzanie relacjami. Wszystkich trzeba było dopieszczać. Jeśli sytuacją nie zajęto się należycie, wszystko mogło się zepsuć.

Po tym jak zginął Gary Teriaca, Bobby Erra i Albert przejęli dystrybucję kokainy do Stevena Grabowa w Aspen w Kolorado. Przyjechał do mnie Joey Ippolito. Nie chciał kupować kokainy, którą sprzedawał w LA, od Bobby'ego Erry. Nie chciał jej już dobierać. Gary Teriaca był jego przyjacielem, a gdy go zabrakło, Joey chciał kupować kokainę bezpośrednio od kartelu.

Ale ja chciałem, żeby kupował towar od Bobby'ego i Alberta i transportował go przez Kolorado, bo dzięki temu tamci dwaj byli szczęśliwi. A mnie zależało na ich zadowoleniu, bo musiałem się z nimi dzielić Miami.

Joey utrzymywał, że Steven Grabow w Aspen teraz, gdy zabrakło jego przyjaciela Gary'ego, był słaby. Żeby Joey był zadowolony, obiecałem mu, że pojadę do Aspen i sprawdzę Grabowa. Musiałem to zrobić, żeby okazać Joeyowi szacunek.

Okazało się, że mój pies Brady, którego miałem przez te wszystkie lata, zachorował na raka szczęki. Weterynarz w Miami wysłał go na leczenie do Angell Clinic w Bostonie[1]. Ale kiedy go tam dostarczyłem, powiedziano mi, że najlepszym miejscem dla niego będzie klinika przy

---

[1] The Angell Animal Medical Center w Bostonie jest jednym z najlepszych szpitali weterynaryjnych na świecie.

uniwersytecie w Kolorado. Wyczarterowałem więc samolot, zabrałem Brady'ego i umówiłem się z Grabowem, że odbierze mnie w Denver.

Po zawiezieniu Brady'ego do kliniki, pojechałem ze Stevenem do Aspen. Nie wiedział z całą pewnością, że jego przyjaciel Gary Teriaca nie żył. Ja również nie wiedziałem dokładnie, co się z nim stało, ale wiedziałem, że historia, którą opowiadaliśmy ludziom – o tym, że podróżuje po Europie – była bzdurą.

Kiedy spojrzałem Stevenowi w oczy, widziałem, że gdy wspominam o Garym, robi się bardziej nerwowy, ale poza tym wydawało się, że wszystko z nim w porządku. Był ćpunem, jak Gary, ale nie był rozkojarzony. Prowadził w Aspen dobre życie razem z uroczą żoną Lindą. Przez kilka wieczorów wychodziliśmy na kolację. Grabow sprzedawał kokainę, którą dostarczali mu Bobby i Albert, pięknym ludziom w Aspen. Jednak większość jego pracy stanowiło magazynowanie kokainy przywiezionej samochodami z Miami, którą goście z Kalifornii mogli odebrać i zawieźć do LA do Joeya Ippolito i innych dystrybutorów. Goście z Kalifornii przywozili Stevenowi pieniądze, które on ładował do samochodów wracających na Florydę. Dobrze sobie radził. Korzystał z garaży w kilku różnych budynkach i w nich trzymał samochody i dokonywał transferów. Rozprowadzał wówczas dużą ilość kokainy – 200 lub 300 kilogramów miesięcznie. Przez jego ręce przechodziła kokaina warta rocznie pół miliarda dolarów i nikt nigdy nie zgłaszał żadnych problemów.

Nawet po tym, jak stracił przyjaciela, widziałem, że Steven dobrze się trzymał. Wróciłem do Joeya Ippolito.

– Nie panikuj. Wszystko w Aspen działa jak należy – powiedziałem mu.

Niestety, podczas tej wizyty dowiedziałem się, że raka Brady'ego nie da się leczyć. Musiałem wrócić z nim na Florydę i uśpić go.

Joey Ippolito nie mógł narzekać na to, jak go potraktowałem. Ale nigdy nie przestał próbować wydębić ode mnie bezpośredniego kontaktu z kartelem. Miał w zwyczaju przyjeżdżać do mnie do Miami i pracować nade mną. Joey był zaprzyjaźniony z Donnym Sofferem, który zbudował Turnberry Towers[2] i większość Aventury. W przeszłości ja i Danny Mones

---

[2] Turnberry Towers tworzą serce luksusowego osiedla–kurortu zbudowanego przez Soffera w Aventurze w latach siedemdziesiątych i osiemdziesiątych. w 2007 roku Soffer wybudował podobne wieżowce, także nazwane Turnberry, w Las Vegas.

zainwestowaliśmy pieniądze w firmę Soffera, kiedy ten miał problemy z pozyskaniem normalnego finansowania. Joey Ippolito zrobił to samo[3].

Na początku lat osiemdziesiątych, kiedy Soffer potrzebował dodatkowych pieniędzy na rozwój Turnberry, Joey namówił mnie w zainwestowanie razem z nim w mieszkania w jednej z wież. Kiedy ukończono budynek, dostaliśmy z powrotem nasze pieniądze plus cztery narożne mieszkania. Ja chciałem się pozbyć tych mieszkań.

Ale Joey wpadł na inny pomysł:

– A może byśmy je ładnie urządzili i wynajmowali sławom, które znam w LA, żeby mogły się zatrzymać w ładnym miejscu, gdy przyjadą do Miami?

Joey przedstawił mnie babce, która twierdziła, że jest ekspertem w urządzaniu wnętrz. Spotkaliśmy się w jednym z apartamentów, które mieliśmy urządzić. Był całkiem nowy, ale dekoratorka chciała tam mieć dwupoziomowe podłogi, większe okna i chciała kupić meble odpowiednie dla gwiazd filmowych.

– Mogę to zrobić za 100 tysięcy dolarów – powiedziała.

– Kobieto, to więcej niż jest warte to mieszkanie.

– Nadrobi to pan, biorąc więcej za wynajem.

– Dobrze – odpowiedziałem. – Ale pod jednym warunkiem.

– Jakim?

– Jesteś bardzo atrakcyjna. Zatrudnię cię. Możesz urządzać, ile dusza zapragnie. A kiedy skończysz, zaprosisz mnie tutaj i przelecę cię tak, że na zawsze to zapamiętasz.

– Umowa stoi.

---

[3] Choć Jon nie dostarczył dowodu na rzekome transakcje finansowe, jakie on i Joey Ippolito mieli przeprowadzać z Sofferem, informowano, że Ippolito mieszkał w jednej z Turnberry Towers i pozostawał w relacjach z Sofferem, który nie stronił od kontrowersji. Bliski przyjaciel konstruktora łodzi Dona Aronowa Soffer podobnie jak Aronow zatrudniał rzekomo drogie hostessy, które miały zabawiać potencjalnych klientów, inwestorów i innych przyjaciół. W 1987 roku najważniejszy kandydat na prezydenta, Gary Hart, żonaty, był świadkiem zawalenia się swojej kampanii, gdy opublikowano fotografie, na których baraszkuje na jachcie z imprezowiczką Donną Rice (obecnie znaczącą przeciwniczką pornografii). Gdy wybuchł skandal, Rice była podobno zatrudniona na część etatu przez Soffera, którego Hart poznał podczas przyjęcia w Turnberry. Monkey Business, jacht na którym doszło do skandalu, również należał do Soffera. Soffer był bohaterem fascynującego portretu napisanego przez Mark Muro dla „The Boston Globe” *Where Stars Play and Also Fall* z 31 maja 1987 roku.

Ta kobieta naprawdę mnie naciągnęła. Zanim skończyła, zapłaciłem dużo więcej niż wycena, którą przygotowała. Zanim mogłem obejrzeć mieszkanie i wyegzekwować wypełnienie jej części umowy, musiałem wyjechać z miasta w związku z interesami. Kiedy wróciłem, Joey powiedział:
– Dobre wieści. Wynająłem apartament mojemu przyjacielowi Jimmy'emu.

Nie mam pojęcia, kim jest Jimmy, ale świetnie, jeśli podpisał umowę najmu na 200 lat, być może odrobię to, co kosztowała mnie ta dekoratorka. Miesiąc później dzwoni do mnie Jimmy:
– Możesz przypłynąć swoją łodzią do mariny przy Turnbery Isles i zabrać mnie i Jimmy'ego, naszego lokatora? Chcę zabrać go na miasto i pokazać, jak się dobrze bawić.
– W porządku Joey, jesteś moim kumplem. Będę tam.

Przyjazd do Miami i wypływanie łodzią z mojej przystani było problematyczne, ale Joey Ippolito jest nie tylko moim przyjacielem, jest też partnerem w interesach. Kiedy cumuję w Turnberry, podchodzi Joey z Jimmym, naszym lokatorem. Gość wydaje mi się trochę znajomy, ale nie wiem, skąd go znam.

Jimmy ściska moją dłoń i mówi: „Siemka, Jon", jakbyśmy byli starymi kumplami.

Domyślam się. „Jimmy" to James Caan, ten aktor. To dlatego Joey tak bardzo chciał, żebym przypłynął. Chciał się pochwalić, że pozyskał Jamesa Caana jako naszego lokatora.

Gdy tylko wypływamy z przystani, Joey pyta mnie, czy przyniosłem trochę kokainy. Zawsze mam coś na łodzi dla rozrywki. Joey załatwił dziewczyny. Wszyscy wciągają po parę kresek. Wszyscy się śmiejemy. Fiolka, w której przyniosłem kokainę, leży na lustrzanej tacy, z której wszyscy wciągnęli swoje kreski. Kątem oka widzę, że Caan wkłada sobie do nosa słomkę i wpycha ją do fiolki. Gwiazda filmowa siedzi tam jak jakiś flejtuch i wciąga całą moją imprezową działkę. Joey widzi, że patrzę na Caana.

– Przykro mi, Jon – mówi. – Ten gość jest jak odkurzacz. Nie mogę uwierzyć, że nie ma jeszcze dziur w nosie.

Jak tylko wykończył całą moją kokainę, Caan odczuwa palącą potrzebę.

– Masz więcej towaru?
– To wszystko, co miałem, bracie.

– Zabierz mnie do Palm Bay Club. Załatwię sobie towar. Ludzie dają mi go ze względu na to, kim jestem.

– W porządku, szefie.

Płynę łodzią do Palm Bay, a gdy cumujemy, Caan mówi:

– Jesteś świetnym gościem. Daj mi swój numer, żebym miał go, gdy tu wrócę. Chcę móc do ciebie zadzwonić, gdy będę w Miami.

– Nie dam ci swojego numeru.

– Dlaczego nie dasz mi swojego numeru?

– Bo chcę, żebyś mnie, kurwa, zostawił w spokoju.

Caan ma na sobie kąpielówki i klapki, ale podchodzi do mnie, jakby był kimś ważnym.

– Masz gówniane podejście.

– Pamiętam cię w *Ojcu chrzestnym* – mówię – i pamiętam, że pobiłeś jakiegoś gościa koszem na śmieci, czy jakkolwiek to tam było, ale nie jesteś twardzielem. Może ci się tak wydawać, bo wziąłeś tyle kokainy, że nie kojarzysz, jak się nazywasz, ale jesteś tylko dupkiem w klapkach.

Caan nic nie mówi, tylko się odwraca i schodzi z łodzi. Joey mówi:

– Jon, naprawdę to spieprzyłeś. Jimmy cię teraz nie lubi.

– Joey, ten gość jest poniżej twojego poziomu.

Jimmy pozostał naszym lokatorem przez następne parę lat. Kiedy wrócił do LA po tym, jak go poznałem, zadzwoniłem do dekoratorki i powiedziałem jej, że ciągle nie wypełniła swojej części umowy.

– Ale mieszkanie zostało wynajęte – powiedziała.

– Lokator wyjechał z miasta, a ja mam klucz.

– W porządku.

Kiedy spotykamy się w mieszkaniu, mówi:

– Mam nadzieję, że nic sobie o mnie nie pomyślisz, ale czasem, żeby się rozluźnić, lubię wziąć metakwalon. Przyniosłam go ze sobą.

– Może dodam go do drinków?

– Byłoby wspaniale.

Wrzucam do blendera garść metakwalonu. Wznosimy toast za jej wspaniałą pracę, a pół godziny później ona zmienia się w totalny wybryk natury. Dotyka się. Błaga mnie, żebym wylizał jej cipkę. Jest niesamowita. Pieprzymy się godzinami, jakbyśmy grali w filmie porno. O czwartej rano muszę wracać do Toni, do domu w Delray, więc znoszę laskę do samochodu i odwożę ją do jej mieszkania. Następnego dnia dzwoni do mnie:

– Jon, nie pamiętam niczego, jeśli chodzi o ostatnią noc. Wiem, że musieliśmy się dobrze bawić. Wszystko mnie boli. Mam nadzieję, że nie zrobiłam niczego niegodnego damy.

– Wcale. Działo się tylko tyle, że posuwałem cię w tyłek przez jakieś siedem godzin w łóżku Jamesa Caana.

– Mój Boże – mówi.

Takiego określenia użyła, „mój Boże". Rozśmieszyło mnie to.

Choć lubiłem spędzać czas z Joeyem i przeżywać razem nasze małe przygody, Joey był także współpracownikiem, bo kupował od Bobby'ego i Alberta niedorzeczne góry kokainy. Miałem tuzin innych podobnych relacji, którymi ciągle musiałem zarządzać.

W 1983 roku Steven Grabow został aresztowany w Aspen za handel kokainą[4]. Nie wydał Alberta, Bobby'ego, Joeya czy mnie, ale nikt nie chciał ryzykować. Zginął od wybuchu przed siłownią. W jego samochodzie podłożono bombę i na tym się skończyło[5]. Policja znalazła w samochodzie kupę gówna, a ciało Stevena znaleziono w krzakach[6].

---

[4] Grabow został oskarżony o handel 700 kilogramami kokainy w przeciągu trzech miesięcy. Zeznał policji, że jego kokaina pochodziła z Miami, ale nie wskazał swojego źródła. Został wypuszczony za kaucją w oczekiwaniu na proces.

[5] Grabow zginął 8 grudnia 1985 roku w wyniku wybuchu dużej bomby, którą podłożono w jego samochodzie przed Aspen Club, którego mottem jest „Zdrowie, fitness i rozpieszczanie". Była to pierwsza bomba podłożona w samochodzie, w wyniku której doszło do zabójstwa w historii Kolorado. W Lewiston Journal z 17 grudnia 1985 roku Don Knox i Chance Conner cytowali wypowiedź Grabowa, który powiedział kiedyś „Wolałbym być spłukany i pracować na zmywaku w Aspen niż być królem Francji", choć w artykule zauważono, że „Grabow miał upodobanie do szybkich sportowych samochodów, drogich garniturów i dobrego jedzenia. Pił z kryształowych kieliszków firmy Waterford". Jego morderstwo nigdy nie zostało oficjalnie rozwikłane, ale kiedy śledczy z Miami pracowali w 1991 roku nad sprawą Alberta San Pedro, odkryli, że San Pedro i Bobby Erra dostarczali Grabowowi kokainę, przyjeżdżali do Aspen. Odkryto, między innymi, że bomba, której użyto do zabójstwa Grabowa, była podobna do tej użytej przy próbie zabójstwa Ala Malnika, właściciela restauracji Forge, w wyniku czego w 1982 roku jego rolls-royce wyleciał w powietrze. Śledczy planowali zakwalifikować morderstwo Grabowa jako dodatkowe, wcześniej dokonane przestępstwo w swoim pozwie przeciw San Pedrowi dotyczącym przestępczości zorganizowanej, jednak ta droga została zamknięta, gdy odkryto jego ugodę, w wyniku której uzyskał nietykalność.

[6] Według raportów policyjnych, które oglądałem, Grabow siedział na bombie w momencie jej wybuchu. Jego jelita zostały wyprute z ciała. Niemniej, zanim umarł, zdołał przebiec 25 metrów, wołając o pomoc.

Jego aresztowanie było prawie końcem dla nas wszystkich. Byłem pewien, że gdyby przeżył, wygadałby, bo groziło mu wiele lat więzienia. Pozbycie się go było tym, co należało zrobić. Ale było mi go żal. Jedyną osobą, której to wyszło na korzyść, był James Caan. Joey Ippolito i ja przedstawiliśmy go Stevenowi Grabowowi i jego żonie Lindzie, kiedy przyjechali z wizytą do Miami. Caanowi Linda spodobała się już w momencie pierwszego spotkania. Po tym, jak Steven wyleciał w powietrze, Caan zaoferował jej ramię, na którym mogła się wypłakać, a w końcu się pobrali[7]. Dobrze dla niego.

Na początku lat osiemdziesiątych moja praca zawodowa była tak wykańczająca, że potrzebowałem czegoś, co pozwoliłoby mi się oderwać od tego wszystkiego. Znalazłem to schronienie wśród koni wyścigowych. Była to pasja, którą dzieliłem z Toni w naszym wspólnym życiu. Bez względu na to, jak szalona zrobiła się moja praca, znajdowałem czas dla naszych koni.

---

[7] Caan poślubił wdowę po Grabowie, Lindę, w 1996 roku. Mają dwójkę dzieci.

ROZDZIAŁ 62

Kiedy Jon Roberts ogląda konia, którego mógłby kupić, najważniejsze są uszy.
– Uwielbiam konie z wielkimi uszami – mówi Roberts. – Pierwszy raz, kiedy ujrzałem Best Game, była rocerniakiem, stała w polu. Była dużą, dobrze wyglądającą źrebicą, bardzo nieokrzesaną. Wystartowała jak błyskawica. Musiałem ją mieć.

W niecałe sześć tygodni później Best Game wygrała ligę Poinsettii. Best Game jest jedyną młodą klaczą, która wygrała dwa Hibiscus Stakes[1] w 1983 roku.

Roberts mówi:
– Jeśli pobiegnie dobrze w Nowym Jorku, w Kalifornii są wyścigi, gdzie stawką jest 100 000 dolarów.

Kolejne założenie Robertsa okazało się równie szczęśliwym trafem. Kupił Noholme's Star za 30 000 dolarów. Ten wałach wygrywał później wyścigi i w ciągu swojej kariery zarobił 170 369 dolarów, wygrywając 18 wyścigów.

– Kiedy wygrał Florida Turf Cup, dostarczył mi największych emocji, jakich doświadczyłem – mówi Roberts. – Ugiął obie nogi i biegł do mnie ze wszystkich sił.

Roberts urodził się w Bronksie 34 lata temu i dorastał na dolnym Manhattanie. Przeprowadził się do Miami w 1973 roku i zajął się sprzedażą samochodów.

---

[1] Coroczne wyścigi konne organizowane do 2001 roku w Hialeah (przyp. tłum.).

– Miałem kilka komisów samochodowych – mówi. – Poznałem Danny'ego Monesa, który został moim prawnikiem i partnerem w interesach. Kupiliśmy zniszczony budynek, bardzo tanio, wyremontowaliśmy go i sprzedaliśmy. Sporo zarobiliśmy i tak to się zaczęło. Od tamtej pory naprawdę dobrze radzimy sobie na rynku nieruchomości.

– Nigdy się nie ożeniłem. Nie mam dzieci. Konie stały się moimi dziećmi. Uwielbiam jeździć do Ocali i kupować konie. To jedno z najładniejszych miejsc na Florydzie i któregoś dnia kupię farmę w tej okolicy. Moja dziewczyna Toni Moon kocha konie tak samo jak ja.

Panna Moon, bardzo atrakcyjna dama, jest modelką, aktorką i pojawia się w reklamach telewizyjnych.

– Za Best Game zaoferowano mi pół miliona dolarów, ale nie chcę jej sprzedać. Pomyśl, ile warte będą jej dzieci. Hodowla jest czymś, co mnie teraz najbardziej interesuje. Zamierzam zacząć budować grupę klaczy zarodowych i tym się zająć.

Pierwszym doświadczeniem Robertsa jeśli chodzi o hodowlę koni było wysłanie jego klaczy Winning Fate do ogiera Cerf Volant.

– Źrebię miało bardzo krzywe nogi, ale nie pozwoliliśmy jej uśpić. Wychowaliśmy ją i dałem ją Toni, żeby na niej jeździła.

Art Grace, *The Best Game in Town* – profil Jona Robertsa
opublikowany we „Florida Horse", czerwiec 1983

Kwiecień 2009 – Aventura i Bay Point Estates

E.W.: Nie uświadamiałem sobie, jak bardzo Jon jest zaangażowany w wyścigi konne, aż do pewnego wieczoru w Padrones, ekskluzywnej kubańskiej restauracji w Aventurze. Wychodziliśmy stamtąd z jedzeniem zapakowanym na wynos, gdy głęboki głos zagrzmiał: „Papa! Papa!".

Właściciel tego głosu – niski, elegancki mężczyzna – podszedł wzdłuż chodnika z wyciągniętymi ramionami.

– To Angel Cordero. Ten mały sukinsyn nazywa mnie Papą – powiedział Jon.

Cordero, uważany za jednego z największych dżokejów wszechczasów, objął Jona ramionami. Ci dwaj spędzili pół godziny, dzieląc się opowieściami. Kiedy Jon był właścicielem Stajni Mephisto, Cordero był jednym z jego najlepszych dżokejów. Kiedy spotkali się ponownie tego wieczoru w 2009 roku, Cordero zalał się łzami, gdy opowiadał o śmierci żony, a Jon poklepywał go po ramieniu, żeby go pocieszyć. Gdy się pożegnaliśmy, Angel powiedział mi:

– Papa był jednym z porządnych gości.

To było zaskoczenie – zobaczyć Jona poza kontekstem jego przestępczego życia i ujrzeć, że jest uważany za kogoś ukochanego. Aż do tego momentu w rozmowach z Jonem zakładałem, że konie były głównie potrzebne po to, by prać pieniądze ze sprzedaży narkotyków.

Po spotkaniu Cordera, Jon umówił mnie na spotkanie z Seymourem „Sy" Cohenem, który pomagał prowadzić Stajnie Mephisto. W czasie, gdy Cohen pracował dla Jona, był felietonistą w zlikwidowanej już gazecie „Miami News", specjalizującym się w ustalaniu handicapów. Cohen był także stałym bywalcem towarzyskich imprez z Miami. W Palm Bay Club zasłynął zaciekłą rywalizacją na korcie tenisowym i często grał z Olegiem Cassinim i Robertem Duvallem. Cohen doradzał uznanemu malarzowi i entuzjaście wyścigów konnych Frankowi Stelli przy dokonywaniu zakupów. Gdy jechaliśmy do domu Cohena, Jon wyjaśnił:

– Geniusz Sy'a nie polegał tylko na obserwowaniu konia. On wiedział też, gdzie je rozstawiać, żeby wygrały.

Cohen mieszka w Bay Point Estates, na tym samym zamkniętym osiedlu, na którym Gary Teriaca kiedyś magazynował w swoim domu kokainę. Po tym jak Jon i ja dostajemy pozwolenie od strażnika na wjazd na teren osiedla, mijamy ogromne domy oddalone od drogi. Trawnikami zajmują się małe armie ogrodników, których kosiarki spalinowe wypełniają okolicę swoim szumem. Przed domem Cohena na trawniku stoi pomalowany na jaskrawy kolor żelazny dżokej. Kiedy wchodzimy do środka, pokojówka prowadzi nas przez korytarz, którego pokryte boazerią ściany obwieszone są oprawionymi w ramy fotografiami koni. Jon wskazuje na swoje zdjęcie sprzed lat, na którym stoi obok konia razem z Sy'em, wysokim mężczyzną z uśmiechem zdradzającym pewność siebie.

– To Sy – mówi Jon. – Widzisz, jakim był przystojnym kolesiem?

– Nadal jestem, ty sukinsynu – grzmi głos Sy'a z sąsiedniego pokoju. Wchodzimy do sypialni na tyłach, Sy ma 76 lat i leży na łóżku wsparty na poduszkach. Przewody i rurki zwisają ze stojącej obok aparatury medycznej. Niedawno przeszedł operację. Choć jego twarz jest szara, podnosi się i wita Jona.

– Co się dzieje, dziecino?

Jon zaczyna się z nim przekomarzać, co brzmi jak dialog wyjęty z filmu, którego akcja toczy się w starym klubie nocnym w Miami. Jak żywcem wzięte z *Ludzi rozrywki*[2].

– Boże wszechmocny, dobrze wyglądasz, człowieku – mówi Jon.

– Pewnie, maleńki. Nadal co wieczór wypijam drinka.

– Tylko jednego? Nie okłamuj mnie, lachociągu.

Wspominają dobre czasy w starym Palm Bay Club, który w latach dziewięćdziesiątych został przekształcony w osiedle mieszkaniowe. Sy odwraca się w moją stronę.

– Chłopcze, powinieneś był tam być – mówi. – Palm Bay był naprawdę dobrym miejscem.

Jon siada przy łóżku i bierze Sy'a za rękę. Zauważam na ścianach kilka obrazów Franka Stelli – wiszących nierówno i przyprószonych kurzem.

– Czy to autentyki? – pytam.

– Oczywiście, że autentyki, chłopcze. Pomagam Frankowi kupować konie wyścigowe.

– Jezu, uczyłem się o nim na studiach.

– Na studiach – mówi Jon, rozbawiony i pełen pogardy. Przewraca oczami do Sy'a, po czym odwraca się znów do mnie. – Frank był szaleńcem. Lubił imprezować. Dał mi parę swoich obrazów, takich jakie kiedyś miał w zwyczaju tworzyć, na których brał kwadraty i inne gówna i składał je w całość. Ze wszystkich sławnych osób, z którymi się przyjaźniłem, Frank Stella był jedynym człowiekiem, który kiedykolwiek mi coś dał. Był dobrym człowiekiem[3].

– Mam nadzieję, Jon, że nadal masz te obrazy – mówi Sy.

---

[2] Film z 1998 roku z Rayem Liottą w roli Franka Sinatry (przyp. tłum.).

[3] Zaintrygowany znajomością Jona i Franka Stelli, zadzwoniłem do pracowni malarza latem 2010 roku, żeby zapytać go o jego związek z Jonem. Stella pamiętał, że go znał, ale oddzwonił do mnie następnego dnia, bardzo podenerwowany i powiedział: „Proszę

Jon wzrusza ramionami.

– Zniknęły, gdy straciłem wszystko.

Pytam Sy'a, jaki był Jon, gdy go poznał.

Sy zastanawia się przez chwilę, po czym mówi:

– Kiedy Jon poprosił mnie o pomoc przy Stajniach Mephisto, był poważny. Chciał się uczyć. Podjął wielki wysiłek. Słuchał uważnie i prawie nigdy nie kwestionował tego, co mówiłem. Później oczywiście wyrobił sobie własne opinie.

– Pieprz się – mówi Jon, śmiejąc się.

– Chcesz prawdy, czyż nie?

– Masz rację, Sy. Wyrobiłem sobie własne opinie, a powinienem zostać przy twoich.

– Jon związał się z tą dziewczyną, Toni Moon – objaśnia mi Sy. – Sądził, że ona wie co nieco o koniach. I zaczęły się zdarzać takie sytuacje, że znalazłem konia dla Jona, a ta dziewczyna mówiła mi, że jej się ten koń nie podoba. Nie byłem na to gotowy.

– Byłem idiotą, Sy. Nie powinienem był pozwolić na to, by stanęła między nami dziewczyna.

– Mieliśmy parę dobrych wyścigów, chłopcze. Ludzie nadal mówią o Stajniach Mephisto w Ocali.

– Naprawdę o nich mówią, Sy?

– Nie okłamywałbym cię, mały.

Gdy wsiadamy do samochodu i mamy odjeżdżać, Jon mówi:

– Kocham tego człowieka nad życie, bo dał mi najwięcej przyjemności dzięki koniom.

Jon zamyślony mija ochronę osiedla Bay Point.

– Jak mogę ci wyjaśnić, czym są dla mnie konie? Szczerze mówiąc, jeśli porównasz konia do pieprzenia najpiękniejszej kobiety, to kobieta przetrwa tylko parę minut. Nawet gdybyś pieprzył tę piękną kobietę godzinami, a twój koń wygra dwuminutowy wyścig, i tak będziesz miał lepsze wspomnienia na temat konia. Nie ma nic mocniejszego niż koń, który wygrywa.

---

nie pytać mnie nigdy więcej o Jona Robertsa. To bardzo, bardzo niebezpieczny człowiek. Moja żona jest przerażona, że w ogóle o nim rozmawiamy".

J.R.: Konie były jedyną dobrą rzeczą, którą poznałem dzięki ojcu. Uwielbiał wyścigi. Po tym, jak zarobiłem pierwsze duże pieniądze, sprzedając kokainę Berniemu Levine'owi w Kalifornii, Danny Mones powiedział mi, że konie wyścigowe to dobry sposób na pranie brudnych pieniędzy. Wielu sprzedających konie brało część zapłaty w gotówce. Kupowałem konia za fałszywą, niską cenę i na taką kwotę wystawiałem czek. A później oddawałem właścicielowi różnicę w gotówce. Kiedy później sprzedawałem konia, sprzedawałem go za właściwą kwotę i płaciłem podatek od zysku. Teraz moje pieniądze były czyste i legalne.

Danny Mones i ja założyliśmy Stajnie Mephisto w 1977 roku. Kupowanie koni różniło się od kupowania mieszkań. Lubiłem patrzeć na konie. Lubiłem oglądać, jak biegną. Lubiłem rozmawiać z ludźmi w stajniach. Lubiłem o nich myśleć.

Gary Teriaca przedstawił mnie Sy'owi Cohenowi w Palm Bay Club. Sy dobrze doradzał w sprawie koni. Mianowałem go prezesem moich stajni. Zaczął zabierać mnie do Kentucky, Luizjany, Kalifornii i Nowego Jorku po to, by kupować konie. Doszło do tego, że przewoziłem konie samolotem po całym kraju po to, żeby mogły wystartować w wyścigach. Oczywiście w ten sposób poznałem też wielu dobrych pilotów, których zatrudniłem do pomocy przy moim kokainowym biznesie.

Handlowanie kokainą przyniosło mi awans do wyższych sfer. Posiadanie koni wyścigowych wywindowało mnie do stratosfery. Za pierwszym razem, gdy Sy zabrał mnie do Lexington, z lotniska odebrał nas jego przyjaciel, sędzia Joe Johnson[4], który był gospodarzem aukcji koni. Sędzia Johnson sam nas odwiózł swoją limuzyną, długim mercedesem. Był pijany w sztok. Przejeżdżaliśmy bez zatrzymywania się na czerwonych światłach i znakach stopu. Nikt go nie zatrzymał. Miał gliniarzy w kieszeni. To było szalone. Byłem w limuzynie, którą prowadził pijany sędzia, z pudełkiem po butach wypełnionym pieniędzmi ze sprzedaży kokainy.

---

[4] Sędzia w hrabstwie Fayette w latach 1968–1992 Joe Johnson pochodził z rodziny baronów węglowych i słynął z ekscentrycznych opinii, jakie wygłaszał z sędziowskiej ławy, m.in. nakłaniania miejscowej policji do strzelania do włamywaczy i grożenia reporterom, których nie lubił, aresztowaniem. „Miał wizerunek kowboja, ale był całkowicie uczciwym, szczerym i godnym zaufania człowiekiem" – tę wypowiedź konsultanta do spraw koni rasowych z Lexington i starego przyjaciela zacytowano w pośmiertnym wspomnieniu opublikowanym 3 kwietnia 2008 roku w „Lexington Herald-Leader".

Zatrzymaliśmy się w domu sędziego Johnsona. Gościł u siebie kupców z całego świata. Przyjeżdżali Japończycy, Arabowie. Chodziliśmy na pokazowe wyścigi, podczas których licytowałeś konie. Sędzia Johnson wziął mnie pod swoje skrzydła i wyjaśnił mi, jak działa płatność gotówką w Kentucky. Sędzia nie wiedział, w jaki sposób zarabiałem na życie. Pomagał w ten sposób wszystkim swoim przyjaciołom. Nawet zwykli bogacze potrzebują raz na jakiś czas wyprać trochę pieniędzy.

Sędzia Johnson należał do tych dobrych sędziów. Był kimś, kogo nazywają „koniarzem z Kentucky". Mówił, co myślał. Był pijany, kiedy wieczorem kładł się spać. Był pijany, gdy jadł śniadanie. Był niesamowitym gościem. Trzymałem się blisko niego przez wiele lat. To dzięki niemu zaprzyjaźniłem się z Cliffem Perlmanem, który był właścicielem Caesar's Palace. Kiedy zatrzymywałem się w Caesar's i dostawałem prezenty, wszyscy sądzili, że to dzięki moim znajomościom z mafii. Nie, miałem kontakty w hotelu dzięki sędziemu z Kentucky.

Ludzie zajmujący się wyścigami konnymi byli bardzo uprzejmi. Sprawiali, że bogaci lekarze, z którymi wciągałem kokainę, wyglądali jak śmieci. Nieważne, jak wysoko wspiąłem się w Miami, zawsze byłem „gościem od kokainy". W świecie koni byłem tylko gościem z kupą szmalu. Jedną z prawd o Ameryce, które naprawdę dobrze poznałem, było to, że gdy miałeś wystarczająco dużo forsy, by znaleźć się na szczycie, nikt nie pytał, skąd ją masz. To jedna z reguł, której, w ramach uprzejmości wobec innych, przestrzegają bogaci ludzie. Nie pytaj, nie mów.

Okazało się, że Toni i ja dobrze do nich pasowaliśmy. Zaprzyjaźniliśmy się z Alem Tanenbaumem i jego dziewczyną, Glorią. Al był gościem, który odniósł sukces w dziedzinie sprzętu audio[5]. On i Gloria byli starszą parą, którą poznaliśmy na aukcji w Ocali. Al i ja byliśmy dwójką obcych sobie ludzi stojących obok siebie na aukcji i ni z tego, ni z owego, Al zapytał mnie, czy nie zainwestowałbym razem z nim w konia. Zgodziłem się

---

[5] Jak napisano w jego nekrologu, opublikowanym w „New York Times" 26 czerwca 1991, Alvin „Al" Tanenbaum był przedsiębiorcą, który założył Yorx Electronics. „Był innowatorem w przemyśle elektronicznym. Pan Tanenbaum wprowadził Space Saver, kompaktowy system stereo i inne produkty audio". W artykule nie ma wzmianki o jego dziewczynie Glorii.

i zacząłem licytować. Stanęło na tym, że założyłem za niego 40 000 dolarów, bo Al nie był w stanie tego dnia wypisać czeku na tak wysoką kwotę.

– Umowa dżentelmeńska – powiedział. – Wyślę ci czek po powrocie do Nowego Jorku.

– Nie ma problemu – odpowiedziałem. Być może był naciągaczem, ale chciałem to sprawdzić.

Parę dni później pocztą nadszedł czek. Po tym zdarzeniu zostaliśmy dobrymi przyjaciółmi. Al i Gloria mieszkali w apartamencie w Regency Hotel w Nowym Jorku[6]. Zaczęliśmy jeździć tam z Toni, a Al wysyłał po nas swojego kierowcę. Razem chodziliśmy do ulubionych miejsc Toni – The Russian Tea Room i Elaine's[7].Któregoś wieczoru, po tym, jak wypiliśmy z Alem kilka drinków, zapytał mnie:

– Jon, mężczyźni nigdy nie powinni o to pytać, ale czuję, że cię znam. W co ty grasz?

Sposób, w jaki zadał to pytanie, był bardzo elegancki. Odpowiedziałem więc:

– Powiem ci tylko tyle. Zajmuję się nieruchomościami. Mam swoje stajnie. Ale czasem zajmuję się także importem.

Al zaśmiał się.

– Proszek do pieczenia z Boliwii?

Zabawny koleś. Takiego użył określenia.

– Myślę, że można to tak nazwać.

– Pieniądze to pieniądze, Jon. Skoro je masz, jakie to ma znaczenie?

Wskazał na Glorię.

– Wiedziałeś, że rozwiodła się z mężczyzną, który ma więcej pieniędzy niż ty i ja razem wzięci? Jest tak bogata, że ma samochód i szofera tylko po to, żeby obwiózł ją i jej pieprzonego małego psa po parku, żeby pies mógł sobie popatrzeć przez okno na drzewa. Tylu ludzi na świecie umiera z głodu, a ona wydaje swoje pieniądze na coś takiego. Ale kim jesteśmy, żeby ją osądzać?

---

[6] Obecnie Loew's Regency przy Park Avenue 540.
[7] The Russian Tea Room i Elaine's były symbolem nowojorskiego szyku i wyrafinowania w latach osiemdziesiątych.

Tych ludzi gówno wszystko obchodziło. Nie osądzali mnie. Niczego ode mnie nie chcieli. Pragnęli tylko dobrze się bawić.

Kupiliśmy razem kilka koni i wystawaliśmy je w Saratoga Springs na północy stanu Nowy Jork[8]. Zatrzymywaliśmy się w domu Ala, a on i Gloria przyjeżdżali do Delray i zatrzymywali się u nas. Była to najlepsza znajomość, jaką miałem. Trwała przez wiele lat.

To dzięki Alowi zaprzyjaźniłem się z kolejnym interesującym człowiekiem, sędzią Tomem Rosenbergiem, który był ważną postacią w hrabstwie Cook[9]. Kiedy go poznałem, sędzia Rosenberg był gościem w domu Ala w Saratoga Springs. Skończyło się na tym, że przyjechał na Florydę i kupiliśmy razem parę koni. Był prawdziwym hazardzistą[10] i poznałem go z Bobbym Errą, który przyjmował zakłady o co się dało. Pod koniec pierwszej wizyty sędziego Rosenberga w Miami zabrałem go do Joe's Stone Crab na kolację.

– Nalegam, żebyś odwiedził mnie w Chicago – powiedział. – Przyjedź do Sportman's Park[11]. Odbywa się tam wyścig o nazwie Color Me Blue, który na pewno ci się spodoba. Zabierz z sobą jednego ze swoich koni.

Parę tygodni później moje stajnie wysłały mojego konia, Best Game, do Chicago. Kiedy po południu przylatujemy tam z Toni, sędzia Rosenberg załatwia nam odebranie z lotniska przez specjalny oddział gliniarzy. Zabierają nas do hotelu przy Water Tower[12]. Gdy odpoczęliśmy, eskortują nas do restauracji. W jej wnętrzu jest jak w ryczących latach dwudziestych. Wszyscy są ubrani bardzo elegancko. Sędzia Rosenberg siedzi

---

[8] W Saratoga Springs mieści się jeden z najstarszych torów wyścigowych w kraju.

[9] Sędzia Thomas Rosenberg pracował przez 12 lat w sądzie okręgowym w hrabstwie Cook i odszedł na emeryturę w 1981 roku. Wcześniej był radnym w 44. Okręgu, blisko związanym z burmistrzem Richardem Daleyem.

[10] We wspomnieniu pośmiertnym opublikowanym 21 sierpnia 1999 roku w „Chicago Sun-Times", jego syn Tom pisze o ojcu: „Był dzikim człowiekiem. W jego życiu nie było ani chwili, która nie była wypełniona zabawą, polityką lub hazardem". Tom Rosenberg to nagrodzony Oscarem producent *Za wszelką cenę*, który został także uznany za ofiarę wyłudzenia w 2008 roku w procesie przeciwko skorumpowanemu finansiście z Chicago, Tony'emu Rezko.

[11] Tor wyścigowy na obrzeżach Chicago został zburzony w 2003 roku.

[12] Prawdziwa wieża ciśnień niedaleko Miracle Mile, która została uznana za zabytek.

przy stoliku jak jakiś książę, otoczony lizodupami i pięknymi kobietami. Kiedy wstaje, żeby się z nami przywitać, wygląda to, jakby morze się przed nim rozstępowało. Wszyscy robią krok do tyłu i gapią się na niego, a później na mnie i na Toni. Głównie na Toni, bo ona zawsze wyglądała najlepiej, gdy była otoczona pieniędzmi. Po kolacji sędzia mówi:

– Zabiorę was do miejsca, które na pewno wam się spodoba.

Gliniarze wiozą nas na drugi koniec miasta do rewii kabaretowej. Jeden z oprychów przy drzwiach mówi:

– Dobry wieczór, panie sędzio. Czy chciałby pan stolik przy barze, czy idzie pan na górę?

– Pójdziemy na górę – odpowiada.

Poszliśmy na górę, były tam wielkie podwójne drzwi.

– Jak się pan dziś miewa, wysoki sądzie? – pyta stojący przy nich bramkarz.

Otwiera drzwi, a w środku są zielone stoliki i każda gra, w jaką możesz zagrać w Las Vegas, jednak to miejsce ma więcej klasy. Mężczyźni mają na sobie smokingi, kobiety obwieszone są klejnotami. Wszyscy przychodzą się przywitać: „Witam, wysoki sądzie".

Sędzia Rosenberg odwraca się do mnie:

– Załatwię ci trochę żetonów – mówi. – To miejsce działa w ten sposób, że nikt nie wychodzi stąd z pieniędzmi. Jeśli wygrasz, załatwię, że ktoś przywiezie ci jutro gotówkę.

Godzinami gram w kości. To moja ulubiona gra, ale w towarzystwie Toni, sędziego Rosenberga i wszystkich tych ludzi, którzy wyglądali jakby grali w filmie – to było istne szaleństwo. Pod koniec wieczoru wygrałem 50 000 dolarów. Następnego dnia, zgodnie z obietnicą, jeden z gliniarzy sędziego przywiózł mi moją wygraną.

Dzień później pojechaliśmy do Sportsman's Park na wyścigi, w których biegł mój koń Best Game. Podczas startu nie zaczął jak trzeba. Serce mi zamarło. Sędzia Rosenberg musiał zauważyć moją minę, bo nachylił się i powiedział:

– Nie martw się tym, Jon. To tylko wyścig konny.

Sędzia Rosenberg nie tylko miał klasę, był też uprzejmy. Wiedziałem, że obstawi mojego konia, ale starał się też mnie rozluźnić. Całe moje zamartwianie się było niepotrzebne. Best Game spiął się i wygrał.

Świetnie bawiliśmy się w Chicago. W czasie, gdy gościłem u sędziego Rosenberga, mój wspólnik Ron Tobachnik i ja sprzedawaliśmy w Chicago kilkaset kilo miesięcznie. Nie żebym o tym kiedykolwiek wspomniał sędziemu. Przez całe moje życie byłem w jakiś sposób gangsterem, ale pierwszy raz, kiedy żyłem jak gangster – tak jak sobie wyobrażałem Ala Capone u szczytu sławy – zdarzył się podczas tych nocy w Chicago, kiedy sędzia Rosenberg pokazał mi miasto.

Na początku, kiedy zaczynałem kupować konie, były dla mnie jak kawałki mięsa. Bez względu na to, czy wygrywały, czy przegrywały, zarabiałem na nich, bo wykorzystywałem je do prania brudnych pieniędzy. Ale dość wcześnie zainteresowałem się wygranymi. Miałem konie, z których wręcz wylewała się gotówka. Kupiłem konia, który nazywał się Noholme's Star, za 30 000 dolarów, a on zarobił dla mnie 850 000 dolarów.

Sy nauczył mnie, jak szkolić konie, żeby podczas wyścigów dawały z siebie wszystko. Ale nauczyłem się też, jak ustawiać wyścigi. Było tak wiele sztuczek. Zatrudniałem tak zwanych znachorów – przekupnych weterynarzy, którzy brali marnego konia i faszerowali go wspomagaczami tak, że biegł ile sił w nogach. Na początku wspomagacze oznaczały heroinę. Dawano ją kontuzjowanym koniom, żeby były w stanie biec mimo zranionych kończyn. Oczywiście po tym, jak koń przebiegnie wyścig lub dwa na wspomagaczach, przestaje istnieć. Pod koniec lat siedemdziesiątych znachorzy wymyślali różne rodzaje egzotycznych środków. Był testosteron, który wstrzykiwał sobie Bryan. Był lek o nazwie Sublimaze[13], po którym konie fruwały jak Superman. Kiedy zakazano jego sprzedaży w Stanach Zjednoczonych, znalazłem gościa w Kolumbii, który mógł mi go załatwić i nadawał go razem z transportem kokainy.

Tory wyścigowe zaczęły się wycwaniać w kwestii dopingu i ustanowiono zasadę, że konie musiały przejść testy w szopach, w których urzędnicy mogli zbadać ich mocz. Goście, którzy nadzorowali te szopy na torach na Florydzie, byli zatrudniani przez władze stanowe. Na ogół byłem

---

[13] Sublimaze to uzależniający środek przeciwbólowy, który zmieszany z amfetaminą i nielegalnie wstrzykiwany koniom został okrzyknięty „paliwem rakietowym".

w stanie znaleźć jednego, którego byłem w stanie przekupić za zamianę pojemników z moczem. W ten sposób mogłem bez problemu wygrać, mając konia na dopingu.

Jeśli nie było możliwości opłacenia gościa w szopie, znalazłem lekarza, szalonego naukowca, który rano przed zawodami wypompowywał z konia całą krew i zastępował ją natlenioną krwią. Miałem drugiego gościa, który wykonywał bardzo prostą sztuczkę. Tuż przed wyścigiem wpompowywał koniowi w tyłek czysty tlen. Tlen wypełnia wszystkie żyły w tym miejscu i koń pobiegnie jak skurwysyn, a testy nic nie wykażą.

Był też staroświecki sposób ustawienia zawodów: zapłacić dżokejowi. Niektórzy z nich przemycali pałki rażące prądem w rękawach. Taka pałka działa jak paralizator. Kiedy porazi się konia, będzie biegł szybciej.

Naprawdę dobry dżokej jest w stanie wstrzymać konia podczas biegu. Będzie okładał go szpicrutą jak szalony, ale potajemnie będzie go powstrzymywał. Jeśli zrobi się coś takiego z tym samym koniem kilka razy z rzędu, wszyscy myślą, że to słaby koń. Koń spada w rankingach, a wtedy kierujesz nim tak, żeby wygrał.

Albert San Pedro interesował się wyścigami, podobnie jak Bobby Erra. Któregoś razu przemyśleliśmy razem sytuację i postanowiliśmy: „Ustawmy bieg w Calder dzięki przekupieniu wszystkich dżokejów[14]".

Opłaciliśmy wszystkich i obstawiliśmy trzy pierwsze miejsca.

Poszło doskonale. Na początku. Wszystkim się udało. Bobby, Albert i ja zacieraliśmy dłonie. Był to jeden z niewielu momentów, gdy widziałem, jak Albert się uśmiecha. I nagle, na ostatniej prostej, koń na czele wbiega w małą dziurę i łamie nogę. Przewraca się, a cały peleton w niego wjeżdża. Konie padają, dżokeje latają w powietrzu. Katastrofa. Planujesz, planujesz, a w ostatniej chwili twój koń wpada w małą dziurę.

Na początku kierowałem swoimi końmi tak jak swoim życiem. Jeśli była jakaś zła droga, znalazłem ją. Dostawałem nagrody, a dobrzy ludzie zostawali ukarani. W Calder był dżokej o nazwisku Nick Navarro, który dla mnie pracował. Był jednym z tych dobrych gości. Nie powstrzymywał

---

[14] Tor wyścigowy Calder Race Course – w którym obecnie mieści się kasyno – jest zlokalizowany w Miami Gardens.

koni, nie raził ich prądem, nie dawał im wspomagaczy. Był bardzo utalentowany i jeśli moje konie biegły czyste, zatrudniałem Nicka.

Któregoś dnia w 1977 roku, wystąpił dla mnie w wyścigu w Calder. Podszedłem do niego po skończonym biegu. Podniósł rękę, żeby do mnie zamachać i w tym momencie nastąpił silny wybuch. Z nieba zstąpiła błyskawica i uderzyła w niego. Rozerwała go na kawałki. Rozwaliła jego kask na pół, uderzyła z taką siłą, że wyskoczył z butów[15]. Był jednym z najporządniejszych ludzi. Miał żonę, dwójkę dzieci. A ja stoję parę metrów od niego. Bóg zsyła piorun. I zamiast trafić we mnie, zabija porządnego gościa. Błagam. Nie mów mi, że źli zostaną ukarani.

Gdy zaczynałem, robiłem wiele rzeczy, z których nie jestem dumny. Czasem faszerujesz konia dopingiem, a kiedy już go wykorzystasz, zabijasz go, żeby dostać ubezpieczenie. Był taki gość, który był płatnym zabójcą koni. Przychodził do stajni i podawał koniowi zabójcze środki, które nie zostawiały śladów. Wyglądało, jakby koń miał atak serca. Ostatni raz, kiedy coś takiego zrobiłem, sam dałem koniowi zastrzyk. Poszedłem coś zjeść, a kiedy wróciłem, zobaczyłem, że wyciągnął kopyta w swoim boksie. Ten martwy koń miał okropny wyraz pyska. Choć był martwy, patrzył na mnie. W jego oczach dostrzegłem, że w ostatniej minucie życia przysporzyłem mu cierpienia, a on dawał mi jedynie radość.

Nigdy więcej nie zabiłem konia. Częściowo na zmianę mojego stosunku do koni wpłynęła Toni Moon. Kochała konie. Uwielbiała jeździć konno i miała dobre oko do koni wyścigowych. Kiedy ona się pojawiła, zaczęła się strasznie spierać z Sy'em o to, jak prowadzić moje stajnie, i wygrała. On ciągle źle mówi o koniach, które ona wybrała, ale to tylko przejaw frustracji. Toni miała dobry instynkt i naprawdę dbała o zwierzęta.

Jeśli zależy ci na twoich zwierzętach, mogą ci złamać serce. Przytrafiło mi się to z koniem, który nazywał się Desperado. Toni i ja znaleźliśmy go w Kentucky. Wyszliśmy na farmę wczesnym rankiem. Słońce dopiero wschodziło. Była gęsta mgła. Z tej mgły wybiegł koń. Desperado. Był szary w czarne ciapki.

---

[15] Ten wypadek tego dnia – 28 grudnia 1977 roku trafił do ogólnokrajowych mediów dzięki materiałowi w agencji prasowej UPI *Jockey Killed by Lightning*.

Spojrzeliśmy na siebie z Toni. Wiedzieliśmy, że to ten koń. Zawsze marzyłem o wygraniu Kentucky Derby. Mogłem zdominować wiele torów, ale wygrać z tymi wszystkimi arystokratycznymi dupkami w Kentucky Derby? Nic nie mogłoby się z tym równać. Poczułem, że Desperado to mój zwycięzca.

Kiedy go kupiłem, był jeszcze źrebakiem. Nie uczono go, jak się ścigać, ale już potrafił fruwać po trawie i miał dobre instynkty. Nie lubił innych koni. Nie chcesz towarzyskiego konia. Takie trzymają się w peletonie. Chcesz konia, który lubi biec na czele, przed wszystkimi innymi. Desperado był zabójcą.

Nazwałem go tak, bo zobaczyłem w jego oczach siebie. Zabraliśmy go do Ocali, bo Ocala jest najlepszym miejscem na wychowanie źrebaków. Na ziemi nie leży śnieg, więc koń się nie pośliźnie i nie zrobi sobie krzywdy. Ocalę zbudowano na wapieniach, które przesiąkają do wody, więc kiedy młody koń pije tę wodę, robi się coraz silniejszy.

Nogi małego źrebaka są delikatne. Jeśli pozwolisz zwierzęciu zbyt szybko samodzielnie myśleć i zaczniesz go zbyt wcześnie trenować, może się rozbrykać i ulec kontuzji. Znaleźliśmy cierpliwego trenera, Juana Sancheza. Juan pracował wcześniej dla Horatia Luro i szkolił Northern Dancer, którego wiele osób uważa za najwspanialszego konia wyścigowego wszech czasów[16].

Wychowałem Desperado odwrotnie, niż mój ojciec wychował mnie. Ten koń był moim synem i dałem mu to, co najlepsze. Niedaleko mojego domu były plantacje marchwi. Mogłeś zapłacić rolnikom i wyrywać marchewki prosto z ziemi. Miałem w zwyczaju wstawać wcześnie, wyrywać pęki marchwi i zawozić je do Ocali helikopterem, żeby nakarmić Desperado.

Po wielu miesiącach Juan i ja posadziliśmy chłopaka na Desperado i zaczęliśmy go szkolić. Kazaliśmy chłopakowi, żeby powstrzymywał konia, ale Desperado poruszał się jak błyskawica. Juan odwrócił się do mnie.

– Jest naprawdę pewny siebie – powiedział. – Wie, jaki jest dobry.

---

[16] Horatio Luro jest uważany za jednego z najlepszych trenerów, częściowo dlatego że Northern Dancer, koń, którego szkolił razem z Juanem Sanchezem, jest jednym z najbardziej utytułowanych koni w historii.

Postanowiliśmy go rozbiegać – pozwolić mu na dłuższy, nieforsowny bieg następnego ranka. Desperado postanowił zaszpanować. Pobiegł z całych sił. Rano pobił rekord prędkości toru. Pobiegł raz jeszcze i pobił rekord szybkości toru popołudnia. Spojrzałem na Toni.

– Jedziemy na Kentucky Derby – powiedziałem.

Parę tygodni później trenowaliśmy Desperado przed pierwszym wyścigiem i chyba zrobił się zarozumiały. Wyrwał się z bramek i skręcił nogę. Upadł. Podbiegłem do niego. Próbował raz po raz wstawać, ale nie mógł się utrzymać na tej nodze. Nie rozumiał. Musiałem przytrzymać mu głowę, żeby powstrzymać go przed kolejną walką o to, by wstać. Kiedy spojrzałem mu w oczy, ten biedny koń mógł wyczytać z mojej twarzy, że to jego koniec. Widzieć, jak ten koń z dumnego zmienia się w pokonanego, było najgorszą rzeczą, w moim życiu.

Ten koń zabił mnie w środku. Ale nigdy nie byłem na niego zły. Próbowałem pokazać mu, że mnie nie rozczarował. Zapłaciłem za operację, podczas której próbowano usunąć odłamek kości w kolanie. Wysłałem go na rehabilitację, gdzie konie pływały w basenach. Ale nigdy nie był już taki sam. W końcu dałem go komuś, kto pozwolił mu mieszkać na farmie niedaleko Ocali. Nadal przywoziłem mu marchewki.

Toni podsunęła mi pomysł, że powinienem wycofać się z interesów w Miami. Chciała kupić farmę na północy. Zdobyłbym uprawnienia trenera koni. Mieliśmy wizję, że zamieszkamy tam i będziemy hodować konie.

Miałem wówczas 34 albo 35 lat. Miałem dziesiątki milionów dolarów. Odkąd przyjechałem do Miami niecałą dekadę wcześniej, stałem się, razem z Maksem Mermelsteinem, jednym z dwóch najważniejszych Amerykanów w kartelu z Medellín. Pomogłem im zbudować imperium. Przetrwałem, choć mnóstwo ludzi z mojego otoczenia gryzło piach. Mądry człowiek zrezygnowałby, ale ja taki nie byłem. Wierzyłem, że mogę zatrzymać oba światy: moje interesy z Kolumbijczykami i moje życie z Toni, i że takie życie się nigdy nie skończy.

Ale świat tak nie funkcjonuje.

ROZDZIAŁ 63

Kiedy Jon sprowadził się do tej okolicy, ludzie mówili o nim, bo był chłopakiem z Nowego Jorku. Zawsze widywałem go przy aparatach telefonicznych przy głównej drodze. Zastanawiało mnie to, ale uważam, że ten kraj jest wspaniały dlatego, że ludzie w nim są wolni. Wkrótce zostaliśmy dobrymi sąsiadami.

Earl, wieśniacki sąsiad Jona z Delray[1]

J.R.: Kiedy przyprowadziłem się do Delray, nigdy nie sądziłem, że będę tak dobrze dogadywał się z wieśniakami. Nadal miałem swoje nowojorskie uprzedzenia. Wydawało mi się, że większość wieśniaków była uprzedzona, że strzelają do Czarnych i mają wąskie horyzonty. Trochę czasu mi zajęło poznanie ich, ale dowiedziałem się, że moi wsiowi sąsiedzi byli bardzo otwarci. Kiedy zorientowali się, że zajmuję się narkotykami, nie nastąpił koniec świata. Kilku z nich też się w to zaangażowało.

Podczas pierwszych kilku miesięcy pobytu w Delra nikt z nami nie rozmawiał. A później, któregoś dnia, wielki facet w ogrodniczkach

---

[1] Dawny sąsiad Jona, z którym rozmawiałem w 2010 roku przed sklepem z paszą Hole in the Wall, nadal mieszka w Delray. Poprosił, żeby opisać go po prostu jako „Earla" lub „wieśniackiego sąsiada" Jona.

zapukał do naszych drzwi i przedstawił się jako „Earl". Jeśli jesteś w stanie wyobrazić sobie Anioła Piekieł w ogrodniczkach, posługującego się gwarą, to widzisz Earla. Hodował świnie.

Earl przyszedł omówić „problem z aligatorami". Aligatory opanowały kanał, który łączył jego działkę z moją. Earl chciał się dowiedzieć, czy miałem coś przeciwko temu, by zabił je w nocy.

– Nie ma problemu. Wybij je.

– Dobrze. Chodź ze mną we wtorek wieczorem, zabijemy je razem.

„To może być fajne", pomyślałem. We wtorek wieczorem zjawiam się w domu Earla. Wyciągamy kajak, bierzemy sześciopak piwa i wypływamy. Earl wręcza mi strzelbę Springfield 30-06, z przymocowaną do niej latarką.

– Jeśli zobaczysz aligatora, zaświeć mu w oczy i rozwal go – mówi Earl. – Traf go w oczy, bo jeśli strzelisz gdziekolwiek indziej, nie zabijesz go. Skóra aligatora jest jak metal.

Earl wręcza mi piwo i zaczyna wiosłować.

– Jeszcze jedno. Aligatory mają czerwone oczy. Jeśli zaświecisz w nie, będą jaskrawoczerwone.

No i oczywiście pięć minut później widzę te pieprzone czerwone ślepia. Celuję, pociągam za spust i bum, jestem raczej pewien, że trafiłem skurwiela w oko. Na wszelki wypadek strzelam raz jeszcze.

– Nie marnuj naboi. Dostał – mówi mi Earl.

Earl wskakuje do wody. Słyszę pluski. Nic nie widzę, bo moja latarka jest przymocowana do strzelby, a nie chcę celować nią w Earla, żeby przypadkiem go nie zastrzelić. Ostatnią rzeczą, jakiej pragnę, jest siedzenie samemu w kajaku otoczonym przez wściekłe aligatory. Słyszę trzask i kajak zaczyna się przechylać na jedną stronę. Earl wrzucił aligatora do kajaka. Jego ogon uderza mnie w stopy.

– Kurwa, człowieku, zabierz go stąd!

Earl stoi w wodzie obok kajaka, zaciskając rękoma paszczę aligatora. Jest bardzo spokojny.

– Jon, za lodówką z piwem leży moja maczeta – mówi. – Weź ją i ciachnij go tuż za karkiem, tam gdzie znajdują się nerwy.

Patrzę na ogon, który rozbija się w kajaku, i myślę: „Pieprzyć to". Celuję lufą w głowę aligatora.

– Jeśli chcesz go zastrzelić, nie rób tego w kajaku. Zatonie – mówi Earl. Spokojnie wyciąga głowę aligatora nad wodę. Przyciskam strzelbę bezpośrednio do jego wściekłego czerwonego oka i pociągam za spust. Jeden dobry strzał prosto w oko wykańcza go.

Earl krzyczy: „Juhuuu!". Po czym mówi:

– Załatwmy jeszcze parę. Następnym razem użyj jednego pocisku, nie trzech. Zrozumiałeś, chłopcze?

Wieśniacy są oszczędni.

Kilka godzin później wracamy do domu Earla i zanosimy do szopy trzy martwe aligatory. Earl zaczyna odcinać im głowy piłą łańcuchową.

– Dobrze, sąsiedzie, a teraz najlepsza część. Obedrę ogony ze skóry, wyfiletuję mięso, zamarynuję je i zaproszę cię na obiad.

Tydzień później Toni i ja udaliśmy się do niego na przyjęcie na świeżym powietrzu. Earl przez kilka dni moczył mięso w sosie własnym, a później je uwędził. Myślałem, że będzie smakowało jak gówno, ale było pyszne. Wtedy Earl zrobił coś, czego nigdy nie zapomnę. Zaprezentował szczękę aligatora z wyszczerzonymi zębami i wręczył mi ją.

– Oto mój dar przyjaźni dla ciebie – powiedział. Później zabrał mnie do gościa mieszkającego w przyczepie, który ze skóry z ogona zrobił bardzo porządne kowbojki.

Po tym jak się zbrataliśmy przy zabijaniu aligatorów, Earl pokazał mi inną stronę Delray.

Któregoś wieczoru przyszedł do mnie do domu.

– Idziemy.

– Wynoś się z mojego życia, bracie. Nie idę dziś w nocy polować na aligatory.

– Nie, sąsiedzie. Dzisiaj jest imprezowy wieczór.

Podjechaliśmy jego ciężarówką do tej gównianej knajpy przy sklepie z paszą. Znałem ją, bo były przed nią budki telefoniczne, z których dzwoniłem do Maksa i Rafy. Nie wiedziałem natomiast, że po zamknięciu knajpy dwie siostry, które były jej właścicielkami, urządzały imprezę. Przygotowywały smażonego kurczaka i podawały piwo i alkohol bez akcyzy. Zapraszały dziewczyny, które robiły pokazy w bieliźnie. Główną atrakcją była gra w pokera, która trwała całą noc. Właścicielki knajpy organizowały te imprezy kilka razy w miesiącu. Zjawili się Earl, jego dwaj bracia, zastępca szeryfa i inni farmerzy. Paru z tych gości było baptystami. Dla nich to było jak miasto grzechu. Według moich standardów, stawki były marne. Ale to była miejscowa wieśniacka struktura władzy, a mnie dano do niej dostęp.

Dowiedziałem się, że jeden z moich sąsiadów hazardzistów zajmował się od dawna przemytem marihuany, a teraz cienko prządł ze względu na nadpodaż na rynku. Zatrudniłem tego przemytnika, Earla i jego braci do pomocy przy kokainie. Znaleźli opuszczone szopy na zadupiu, których mogłem używać jako kryjówek dla narkotyków. Zacząłem sprzedawać jednemu z tych gości kilogramy kokainy, które rozprowadzał w takich miejscach jak Georgia czy Alabama. W końcu ci goście sprzedawali setki kilogramów kokainy miesięcznie na głębokim południu.

W którymś momencie zdenerwowałem się na Mickeya ze względu na zbyt wolny transport kokainy. Był taki dwumiesięczny okres, kiedy wstrzymał wszystkie dostawy, żeby przebudować swoje samoloty. Mój pilot Roger uważał, że nauczył się oszukiwać patrole powietrzne służby celnej równie efektywnie jak Mickey, i żeby to udowodnić, zaoferował, że odbierze swoim king airem osiemset kilo. Przekręt polegał na tym, że kazałem mu zrzucić ładunek kilka mil od mojego podwórka w Delray.

Zajęli się tym moi sąsiedzi wieśniacy. Jeden z farmerów wynajął nisko latający samolot do opryskiwania plonów w ten poranek, gdy miał nastąpić zrzut, żeby zagłuszyć hałas nadlatującego king aira Rogera. Roger miał zrzucić 800 kilo w bagna Everglades. Earl i jego bracia zorganizowali kajaki i wozy terenowe, żeby odebrać ładunek i zawieźć go do dziupli.

W dzień zrzutu obserwowałem, jak nadlatuje samolot Rogera, chłodząc się przy basenie. Przepłynąłem kilka długości, gdy moja armia wieśniaków odebrała cały ładunek.

Darzyłem tych prostaków pewną dozą zaufania, nie tylko dlatego, że w przeszłości przemycali trochę trawki. Prawda jest taka, że wszyscy nienawidzili rządu. Wierzyli, że pokazywanie, że nie dadzą sobą pomiatać, jest niemal ich patriotycznym obowiązkiem. Nawet ten zastępca szeryfa, który grywał z nami w karty, myślał podobnie. Nie współpracowaliśmy z nim przy przemycie, ale wszyscy ci wieśniacy jarali się możliwością oszukiwaniu rządu tak samo jak ja.

Tylko dwa razy zorganizowałem zrzuty kokainy w mojej okolicy. Nie chciałem przeciągać struny. Ważne było to, że miałem dobrych sąsiadów. Miałem kontrolę nad tymi wieśniakami.

W Delray było tak bezpiecznie, że zorganizowałem tam kryjówkę dla Griseldy Blanco, która do 1983 roku zamordowała już tak wielu ludzi, że musiała wyjechać z Miami. Była jednym z najstarszych i największych dystrybutorów kartelu, ale wyczerpała już swój limit szczęścia. Jednak Rafa pozostał lojalny tej potwornej kobiecie do samego końca. Kiedy wszyscy pragnęli jej śmierci, przyszedł do mnie i zapytał, czy pomógłbym jej się ukryć.

Znalazłem kawałek dalej dom, którego właściciel przyjął ode mnie zapłatę w postaci 250 000 dolarów i pozwolił mi z niego korzystać. Earl kazał jakimś gościom wybudować ogrodzenie i przywiózł rottweilery, które biegały po podwórzu. Kiedy Griselda przyjechała do tego domu, wyglądała jak świnia. Przytyła 20 kilo, była okropna. Żyła na kocią łapę z gościem z Argentyny, który twierdził, że jest lekarzem, i podawał jej uspokajające zastrzyki 24 godziny na dobę. Prawdopodobnie utrzymywał ją pod wpływem leków w nadziei, że go nie zabije, jak zazwyczaj postępowała z mężczyznami.

Griselda i jej chłopak nie wychodzili z domu. Kazałem Bryanowi dowozić im zakupy. Ta przerażająca morderczyni żyła w strachu. Zabiła okna deskami i ukrywała się w ciemnościach. Raz udało mi się tam z Bryanem. Dom śmierdział gorzej niż toaleta przy autostradzie. Kiedy wszedłem do środka, zebrało mi się na wymioty. Griselda zapaliła nocną lampkę. Ujrzałem ją w rogu pokoju – tę grubą, śmierdzącą sukę z czerwonymi oczami.

Miałem odruch, żeby strzelić jej w oczy, jak aligatorowi. Powinienem był to zrobić. Kiedy ukryła się w Delray, Rafa odciął ją od dystrybucji. Griselda wpadła w szał. W końcu ukradła 150 kilo jednej z kuzynek Fabita Ochoa i zabiła ją. To był koniec Griseldy. Nie możesz zabić kogoś z Ochoa.

Rafa nie mógł jej już dłużej chronić. Nawet wtedy pozwolił jej uciec. Choć Rafa był szalony, traktował ją wyjątkowo. Griselda zbiegła do Kalifornii i dalej kradła i zabijała, dopóki jej nie złapano[2]. Byłem zadowolony, że ta zepsuta dziwka zniknęła. Siała zniszczenie w całej okolicy.

---

[2] Griselda Blanco została aresztowana w Kalifornii w 1985 roku. Choć władze podejrzewały Griseldę i jej ludzi o udział w dziesiątkach lub setkach morderstw, a jeden z jej

Toni i ja rozbudowywaliśmy nasz dom rok po roku. Jej młodszy brat Lee zamieszkał z nami. Wprowadziła się matka Toni. Przywiozła ze sobą swoją pasierbicę, Amber. Amber była córką eks chłopaka mamy Toni. Miała 14 lat. Była uroczą uczennicą, która biegała po okolicy z dzieciakami z sąsiedztwa. Dopilnowałem, aby Bryan albo Lee codziennie odwozili ją do szkoły i żeby zawsze odrabiała lekcje.

Bryan uwielbiał Delray. Choć był Włochem, dorastał na Florydzie i przesiąknął takim wiejskim trybem życia. On i Earl zostali najlepszymi przyjaciółmi. Cały czas polowali razem na aligatory. Bryan lubił próbować zatłuc je na śmierć gołymi rękoma.

Rozbudowaliśmy stajnię, żeby zrobić miejsce na kolejne konie, które kupowałem. Główna stajnia Mephisto była zlokalizowana przy torze wyścigowym. Jednak moje najcenniejsze konie przeniosłem do Delray. Codziennie rano przyjeżdżali pracownicy, których zatrudniałem.

LISA „BITSY" BENSON: Prawie cała moja rodzina pracowała dla Jona i Toni. Mój ojciec był trenerem u Jona[3]. Mój kuzyn Chris, który miał 15 lat, ujeżdżał dla niego konie. Mój chłopak pracował u niego jako kowal. Ja miałam firmę, która zajmowała się laseroterapią jego koni.

Jon i Toni byli świetną parą. Toni była tak kurewsko atrakcyjna, że nie było to już śmieszne, a Jon był w porządku dla każdego, kto u niego pracował. Kochał konie i traktował nas dobrze, bo o nie dbaliśmy.

Jon mówił, że zajmuje się nieruchomościami, ale wiedzieliśmy. Któregoś dnia pracownicy kopali w pobliżu stajni i znaleźli torbę z 300 000 dolarów w środku. Kiedy Jon przyszedł, zachowywał się, jakby to było nic specjalnego. Ludzie mówili, że Jon zajmował się przemytem narkotyków. Ale to były czasy *Policjantów z Miami*. Wydawało mi się to wytworne.

---

ochroniarzy zeznawał przeciwko niej, szczegóły natury formalnej uniemożliwiły postawienie jej zarzutów o morderstwa. Została skazana za kilka zarzutów federalnych dotyczących handlu narkotykami, przebywała w więzieniu do 2004 roku, a później została deportowana do Kolumbii. Niedawno pojawiły się fotografie rzekomo pokazujące Griseldę żywą i dobrze się mającą w Kolumbii. Na niektórych widać kobietę dobrze po sześćdziesiątce, która jest do niej podobna. Jon wierzy, że takie sobowtóry mogą być spokrewnione z Griseldą, ale to na pewno nie ona. Jak stwierdził Jon: „Zaufaj mi, ta suka była tak pogardzana, że została zamordowana, gdy tylko wysiadła z samolotu w Kolumbii".

[3] Harry Benson nadal pracuje jako trener i hodowca na Florydzie.

Jon i Toni byli wspaniali. Mieli wszystko i sprawiali wrażenie bardzo zakochanych, nawet kiedy robiło się burzliwie. A tak się działo. Z pewnością zdarzało się im kłócić.

J.R.: Trzaskałem drzwiami, Toni je wyważała. Któregoś dnia próbowała mnie przejechać. Zaparkowałem na podjeździe i zobaczyłem, że czarny mercedes Toni jedzie w moim kierunku z dużą prędkością. Wjechała w mój samochód, a ja jeździłem za nią po posiadłości, dopóki oba samochody były na chodzie. Zniszczyliśmy wszystko na naszej drodze. Tak wyglądały nasze sprzeczki.

W ten sposób się ze sobą komunikowaliśmy. Później śmialiśmy się z tego. Robiliśmy w domu mnóstwo szalonych rzeczy. Miałem w zwyczaju nakładać kask, gdy oglądałem futbol amerykański na moim telewizorze z dużym ekranem. Jeśli moja drużyna przegrywała, demolowałem telewizor, wbiegając w niego. Zatrudniałem stolarza, który mieszkał za stajnią. On po prostu chodził za Toni i za mną, odbudowując to, co zniszczyliśmy.

Nasz dom wewnątrz był jak *Dzikie Królestwo*. Jeśli masz kilka psów i siedemdziesięciokilogramowego kota takiego jak Cucha, zniszczenia są nieuniknione. Cucha była przyjazna dla ludzi. Mogłeś mieć w domu małe dzieci czy niemowlęta, a ona była w porządku. Jedyne, co ją przerażało, to dżokeje. Sądzę, że w swojej kociej głowie mogła zrozumieć dzieci albo dorosłych, ale dżokeje – dorośli ludzie o wzroście 150 centymetrów – doprowadzali ją do szaleństwa. Dżokeje byli dla niej jak kocimiętka. Za każdym razem, gdy w naszym domu pojawiał się dżokej, zaczynała się czołgać, kręcić ogonem, szykować się do skoku.

Angel Cordero wpadał do nas, żeby dawać Toni lekcje jazdy konnej. Nie jest tajemnicą, że Angel lubił sobie czasem zapalić. Jest u nas w domu któregoś dnia po lekcji, pali porządnego skręta i wstaje, żeby wziąć sobie coś do jedzenia. Sądziłem, że Cucha była w kojcu. A tu bum, podłoga zatrzęsła się od siły tylnych łap kota szykującego się do skoku. Widzę, że Cucha leci w powietrzu. Angel sądził, że weźmie sobie przekąskę, Cucha zdecydowała, że to on nią będzie. Mimo wszystkich złych rzeczy, które zrobiłem, nie miałem zamiaru umrzeć jako gość, którego kot zjadł jednego z największych dżokejów w historii. Na szczęście miałem nowego

dobermana Apolla, który był bardzo opiekuńczy wobec Angela. Podsko-
czył i osłonił go. Czterdziestopięciokilogramowy pies zderzył się z sie-
demdziesięciokilogramowym kotem. Kiedy się zwarli, zniszczyli ścianę.
Angel po prostu stał tam, nadal trzymając w ręce skręta. „Wow" –
tylko tyle powiedział.

MICKEY MUNDAY: Nie rozumiem, jak oni trzymali te wszystkie zwierzęta. To nie były tylko koty, psy i ptaki. Toni ratowała stworzenia, które
znalazła na poboczu.

Była wyjątkowa. Z taką urodą mogła być zarozumiała, ale była przyjazna dla wszystkich. W głębi serca była chłopczycą. Jak dziewczyna
z Dzikiego Zachodu. Potrafiła jeździć konno, strzelać, przeklinać. W tym
domu ona była zwierzęciem alfa. To dlatego te wszystkie stworzenia nie
pozabijały się nawzajem, jak powinny według praw rządzących naturą.
Toni nimi rządziła. Spojrzała, a kot chyłkiem się oddalił.

Mieli w domu taki korytarz, który musiał mieć ze 30 metrów długości.
Któregoś dnia staliśmy tam z Jonem i rozmawialiśmy, a przez jego ramię
zobaczyłem, że jego ulubiony ptak idzie korytarzem. Jon bardzo lubił
tego ptaka. To była zielona papuga, której przycięto skrzydła, przez co
chodziła jak pingwin. Później zobaczyłem Cuchę, przyczajoną za pta-
kiem, śledzącą go.

– Jon... – powiedziałem.

– Nie martw się, Mickey.

Jak Jon mógł być tak spokojny? Patrzyłem, jak kot skacze. W powietrzu zawisło 70 kilogramów śmierci. Wtedy usłyszałem, że Toni krzyczy: „Cucha!". Kot upadł na podłogę, odwrócił się i odszedł z podkulonym ogonem. Ptak kontynuował swój spacer. Nie miał pojęcia, że ledwo
uniknął pożarcia.

Toni rządziła w tym domu. To było jasne. Była żywiołem natury.

J.R.: Gdy Toni była w szczytowej formie, umiała sobie poradzić ze wszystkim. Kiedy rano wybierała się na przejażdżkę konno, zabierała strzelbę
albo jeden z naszych AK-47, żeby zająć się aligatorami. Mój pies Apollo
uwielbiał jeździć razem z nią. To on wyznaczał trasę. Biegł z przodu, żeby
wskazać koniowi drogę.

Któregoś ranka Apollo trafił na aligatora. Joe Da Costa wytresował psa tak, że ten wierzył, że jest niezwyciężony. Ale bez względu na to, jak silny duchem jest pies, pojedynek pies kontra aligator nie skończy się dla psa dobrze. Nie jest w stanie nawet ugryźć aligatora, bo jego skóra jest jak metal.

Apollo robił, co w jego mocy. Ten aligator tak rozpłatał mu brzuch, że wypadły jelita. Ale ten wielki pies nie poddał się. Ugryzł z całej siły i wbił się w grzbiet aligatora. Aligator zrzucił go z siebie i połamał mu kły, które wbiły się w skórę.

Ten aligator nie liczył na Toni. Zaatakowała go swoim kałasznikowem i władowała w niego cały magazynek. Wpakowała w bydlę 30 kulek. Załatwiła go.

Po tym ataku Toni zeszła ze szlaku. Koń szedł za nią, ona niosła na rękach Apolla, przytrzymując dłonią jego wnętrzności. Taka była Toni w najlepszej formie. W królestwie zwierząt była dzika.

Wezwaliśmy niezwłocznie weterynarza. Pozszywał Apolla, a ten wydobrzał w dwa miesiące. Niestety, nie miał kłów.

Znałem dentystę biorącego kokainę, który, jak sądziłem, mógł pomóc. Leczył ludzi, ale namówiłem go, żeby przyjął Apolla jako pacjenta. Przywoziliśmy go w niedziele, żeby normalni pacjenci nie byli zaskoczeni widokiem psa na fotelu dentystycznym. Zajęło to parę weekendów, ale wstawiliśmy w miejsce kłów Apolla piękne złote implanty.

Pies całkowicie wyzdrowiał i przez resztę swojego życia cieszył się złotymi zębami.

Na początku, kiedy przeprowadziłem się do Delray, moim celem było odizolowanie domu od pracy. Ale później zatrudniłem sąsiadów, a brat Toni Lee pracował jako kierowca przy przewożeniu towaru. Lee zaczął blisko współpracować z ochroniarzem Rafy. Nigdy byś tego nie przewidział, ale Lee i Flaco zostali najlepszymi przyjaciółmi, mimo że żaden z nich nie znał ani słowa w języku, którym posługiwał się ten drugi. Flaco był psychopatycznym zabójcą z dżungli. Lee był dużym amerykańskim chłopakiem rodem z *Diuków Hazzardu*. Ale byli sobie bardzo bliscy. Dla mnie było to korzystne. Nie musiałem już tyle załatwiać bezpośrednio z Rafą. Flaco przekazywał Lee polecenia Rafy na temat tego, kto miał zabierać co z której kryjówki, i wszystkim się zajmowaliśmy. Obserwowanie, jak

Flaco i Lee się dogadywali, było niesamowite. Porozumiewali się okaleczonym językiem, który nie był ani angielskim, ani hiszpańskim. Był to zmutowany sposób mówienia, ale rozumieli się doskonale. Zrozumiałem, że żołnierze, których Rafa sprowadzał z gór, byli po prostu kolumbijskimi wieśniakami. Pomimo wszystkich różnic pomiędzy nimi, Lee i Flaco byli się w stanie ze sobą dogadać jak wieśniak z wieśniakiem.

Tylko raz zdarzyło się, że przemieszanie mojego życia rodzinnego i pracy spowodowało problem. Dałem się namówić pilotowi Sheltonowi Archerowi, skretyniałemu angielskiemu kumplowi Toni, na to, by przewoził dla mnie ładunki. Shelton zaczął pracować z innym gównianym Angolem, który organizował wszystko i pracował jako kicker. Był jak biedna wersja Mickeya Mundaya. Kazałem im przewieźć ładunki z Luizjany do Berniego Levine'a w San Francisco. Wielki błąd.

Choć Bernie był jednym z moich najstarszych przyjaciół, nie był gościem, któremu można zaufać. Wystarczyło go skumać z przekupnym Anglikiem takim jak Shelton i kłopoty musiały się przydarzyć. Popełniłem błąd, czyniąc Sheltona odpowiedzialnym za dostarczenie mi z Kalifornii pieniędzy, które Bernie był winien kartelowi.

Jedną rzeczą, której nie robiłem, było liczenie pieniędzy. Rafa miał ludzi, którzy się tym zajmowali. Nawet Mickey czasem liczył pieniądze. Nie chcę oglądać maszyn do liczenia pieniędzy. Nie chcę dotykać pieniędzy. 10 razy w tygodniu wchodziłem do pomieszczeń wypełnionych po sufit gotówką. Taka ilość gotówki śmierdzi. Przesiąknęła zapachem wszystkich ludzi, którzy kiedykolwiek jej dotykali i się na nią pocili. Są na niej zarazki. Ludzie zwijają banknoty i wsadzają je sobie do nosa, żeby wciągnąć kokainę. Kto wie, jakie inne obrzydliwe rzeczy robili z naszą kasą za narkotyki?

Kiedy tacy dystrybutorzy jak Bernie dostawali ode mnie kokainę, cenę ustalał kartel, i to od dystrybutorów zależało, czy do toreb, które odsyłali, włożyli odpowiednią ilość pieniędzy. Kazałem pakować im pieniądze po 100 000 dolarów, a czasem nawet w milionowe paczki. Odliczałem moją część paczek i odsyłałem resztę Rafie, żeby przekazał kartelowi.

Wiedziałem, że Rafa rozpakowywał swoje paczki i liczył każdy banknot. Nie zawracałem sobie głowy liczeniem swoich. Wiedziałem, że gdyby był jakiś problem, Rafa wychwyciłby go u siebie. Nigdy nie miałem żadnych problemów z dystrybutorami oddającymi mniej pieniędzy niż byli winni – dopóki Shelton nie poznał Barry'ego.

Nie ja wyłapałem problem. Znalazł go Rafa. W dziupli zgromadził 10 czy 15 milionów dolarów, które przywieziono od Barry'ego i policzył je w jeden weekend. Zobaczył, że w każdej paczce brakowało po kilka tysięcy. Razem wyszła z tego suma kilkuset tysięcy dolarów. Skradzionych. Zamiast powiedzieć mi, na czym polegał problem, Rafa oszalał. Zorganizował kolumbijski szwadron śmierci i wysłał go do mojego domu w Delray.

Uratowała mnie bliska przyjaźń, jaka łączyła Lee i Flaca. Któregoś dnia wyjechali odebrać samochód, a Flaco powiedział Lee, że Rafa sądzi, że go okradłem. Według Flaca Rafa wysyłał do mojego domu „szwadron śmierci". Lee od razu do mnie zadzwonił.

– Jon, w drodze do twojego domu jest *escuadrón de la muerte* wysłany przez Rafę – powiedział.

Escuadrón de la muerte – szwadron śmierci – to nazwa, której lubiła używać Griselda, gdy zbierała kilku swoich ludzi i wysyłała ich, żeby kogoś zabili. W jakiś sposób Lee podłapał to określenie od Flaca. Zabijali wszystkich w domu – dzieci, psy. Jeśli w akwarium były ryby, dolewali do wody wybielacz. Najwyraźniej Rafa zaplanował dla mnie to samo. Wpadał na takie pomysły, gdy wypalił zbyt wiele bazuk.

Kiedy tylko skończyłem rozmawiać z Lee, spróbowałem zadzwonić do Maksa. Wykręcam numer i widzę samochód Rafy na podjeździe, a za nim trzy inne. Wysiada z grupą uzbrojonych Kolumbijczyków z gór. Wówczas na terenie mojej posiadłości pracowało tylu ludzi, że brama nigdy nie była zamknięta. Gdybym użył gazu łzawiącego, wszyscy ci Kolumbijczycy zaczęliby strzelać. Musiałem sobie jakoś poradzić z tą sytuacją. W domu była Toni. Bryan siedział w kuchni i jadł. W stajniach było paru gości, a w pralni pracowała kubańska pokojówka. To była moja armia. Gdyby doszło do strzelaniny, było po nas. Toni zobaczyła przez okno samochody. Kazałem jej wyjąć broń i poszedłem na dół.

Zawołałem Bryana i wyszedłem przywitać się z Rafą. Podszedł do mnie, a za nim w rzędzie stali jego ludzie.

– Jon, wiesz, dlaczego tu jestem.

Tak naprawdę to w tamtej chwili nie wiedziałem, że oskarżał mnie konkretnie o kradzież. Lee nie był w stanie dowiedzieć się od Flaca, co dokładnie niby miałem zrobić. Ale jeśli okazałeś Kolumbijczykom słabość, byłeś skończony. Wdeptaliby cię w ziemię. Nie mogłeś ustąpić nawet o krok. Powiedziałem Rafie:

– Lepiej pomyśl, zanim popełnisz największy błąd w swoim życiu.

– Nie przyszedłem tu, żeby rozmawiać o swoim błędzie, Jon.

Gdy myślę o tym, co mu odpowiedzieć, spoglądam za niego i widzę, że nadciągają ciężarówki, wozy terenowe, konie. Toni zadzwoniła do Earla, a ten zorganizował wszystkich wieśniaków w sąsiedztwie. Stworzyli kawalerię. Bracia Earla siedzą na koniach i trzymają strzelby. W dwóch ciężarówkach na pace siedzą wszyscy ich krewniacy z wycelowanymi strzelbami. Żołnierze Rafy widzą tych ludzi i zaczynają syczeć i trącać się łokciami. Wtedy zauważam, że w naszej sypialni otwiera się okno i wychyla się z niego Toni z karabinem AK. To jest jak scena żywcem wyjęta z *Bonanzy*, gdy Indianie przyjeżdżają z zamiarem urządzenia masakry, a osadnicy odwracają sytuację i otaczają ich.

Toni krzyczy z okna:

– Skurwysyny! Wypierdalajcie z mojej ziemi!

Rafa spogląda to na Toni, to na uzbrojonych wsioków, którzy są coraz bliżej za nim, i robi dziwną minę. Choć jest szalony, jednocześnie się martwi. Zdenerwował wściekły tłum białych ludzi.

– Rafa – mówię – proszę, tu nie ma dobrej atmosfery. Porozmawiajmy o tym u Maksa.

– Dobrze, Jon.

– Dzięki, Rafa. Jesteś dobrym kumplem.

Wszyscy wsiadają do samochodów i odjeżdżają.

Następnego dnia spotykam się z Rafą u Maksa, i wyglądało to tak, jakby do niczego między nami nie doszło. Powiedział mi o pomyłce księgowej. Obiecałem mu, że to naprawię.

Wiedziałem, że odpowiedzialny za to był Shelton. W ciągu sześciu lat Bernie nie oszukał nas nigdy nawet o dolara. Shelton zaczął przewozić ładunki i nagle były lżejsze o parę dolarów. Podejrzewałem, że Bernie także był odpowiedzialny, bo wydawało mi się, że pieniądze musiały zostać wyciągnięte z paczek, zanim je zapakowano i włożono do samolotu.

Wiedziałem, że jeśli dojdzie do konfrontacji z Sheltonem, będzie kłamał jak z nut. Bernie byłby obrażony, a cała sprawa pozostałaby nierozwiązaną zagadką. Jeśli sądzisz, że ktoś cię oszukał, a nie jesteś w stanie tego udowodnić, najlepiej jest pokazać, o co ci chodzi, w inny sposób.

Kazałem Bryanowi przywieźć gościa, z którym Shelton biegał i który pracował jako jego kicker. Bryan związał go kablem elektrycznym i wsadził do bagażnika. W dzikich okolicach Delray był kanał, w którym trzymaliśmy łódkę. Kiedy Bryan chciał przestraszyć ludzi, którzy przysporzyli mi kłopotów, ciągnął ich za łódką. Nazywał to „ciąganiem wśród aligatorów". Przeciągał gościa między błotnymi wysepkami, gdzie lubiły przesiadywać aligatory. Jeśli nie byłem na tego człowieka bardzo zły, Bryan zawracał, nie pozwalając aligatorom złapać gościa. Wyciągaliśmy go, a koleś zyskiwał przygodową opowieść dla swoich wnuków.

W przypadku kolegi Sheltona chodziło nam tylko o nastraszenie. Chciałem, żeby wrócił do Sheltona i opowiedział mu o swoich doświadczeniach, co stanowiłoby ostrzeżenie. Jeśli Shelton zrobił coś złego, sprawiłoby to, że przemyślałby wszystko dwa razy. Nawet jeśli jakimś cudem Shelton był niewinny, to ciąganie i tak udowodniłoby, że jestem nieprzewidywalny i powinien zawsze na mnie uważać.

Tego dnia, kiedy Bryan miał przeciągnąć kolegę Sheltona wśród aligatorów, wyszedłem mu na spotkanie. Kiedy dotarłem na miejsce, zobaczyłem, że Bryan wiosłuje z całych sił. Zasuwał tak szybko, że czubek tej małej jolki był podniesiony w górę jak w motorówce. Co pięć lub sześć ruchów wiosłem Bryan odwracał się i bił wiosłem kolegę Sheltona. Wyglądało to tak, jakby chciał dla zabawy zatłuc tego biednego dupka na śmierć.

Później, gdy łódź podpłynęła bliżej, zobaczyłem, że gonił ich aligator, który gryzł tego kolesia po stopach. Bryan próbował go odgonić. Podpłynął łodzią do brzegu kanału i wyciągnął kolesia z wody. Dupowaty kolega Sheltona krzyczał:

– Moje palce, moje palce!

Bryan podtrzymywał go jedną ręką jak rybę. Jedna stopa gościa była całkiem obgryziona.

– Bracie, zapomnij o palcach. Nie masz jednej stopy.

Śmiałem się do rozpuku. Ten gość stanowił dobry przykład dla Sheltona. Po tym, jak jego kolega wyszedł ze szpitala, Shelton oddał mi pieniądze. Nigdy nie przyznał się do kradzieży. Powiedział, że schował pieniądze w innym miejscu. Nigdy więcej nie miałem problemu z nim ani z Berniem Levine'em.

Na tym polegało piękno Delray. Żyłem sobie z Toni. Miałem wieśniaków. Miałem nawet aligatory do pomocy. Byłem tam nietykalny.

ROZDZIAŁ 64

J.R.: W swojej działalności przemytniczej przynajmniej raz wykonałem każdą pracę. Leciałem jako kicker i wyrzucałem ładunek z samolotu. Prowadziłem samochody z kokainą i samochody z pieniędzmi. Leciałem z Rogerem i Barrym Sealem i przejąłem stery ich samolotów, gdy lecieliśmy w linii prostej. Ale zbytnie angażowanie było nierozsądne. Po tym jak zobaczyłem, na czym polegała praca, trzymałem się w cieniu tak bardzo, jak to tylko było możliwe.

Jednym z zadań, od którego nie mogłem trzymać się z daleka, była obsługa radia. Naprawdę kochałem pokoje radiowe Mikeya. Mogłeś kontrolować stamtąd całą przemytniczą misję. W Ultimate Boats, warsztacie Mickeya w Miami, pokój radiowy był na piętrze w małej mansardzie. Prowadziła do niego wąska klatka schodowa i łącznik. W środku był stół z radiami i magnetofonem i łóżko stojące w rogu. Czasem spędzałem tam 24 godziny, obserwując postęp transportowania ładunku. Za każdym razem, gdy któryś z naszych ładunków prześlizgnął się między wszystkimi tymi rządowymi dupkami w ich łodziach i samolotach i dotarł na amerykańską ziemię, podniecałem się tak bardzo, że aż czułem to w jajach.

Właśnie dlatego nie mogłem skończyć z przemytem. Musiałem czerpać z tego przyjemność.

Również Kolumbijczycy nie potrafili przestać. Ich uzależnienie nie miało podłoża psychologicznego. Było czysto ekonomiczne. Im skuteczniej przemycaliśmy towar, tym mniej pieniędzy zarabiali na każdym kilogramie. Na tym polegał przekręt. Zalaliśmy rynek taką ilością kokainy, że od 1983 roku cena za kilogram spadała. Obniżyła się z 50 000 dolarów pod koniec lat siedemdziesiątych do zaledwie 6000 dolarów w którymś momencie. Oznaczało to, że aby zarobić w 1983 roku tyle samo co w 1978 roku, Kolumbijczycy musieli sprzedać 10 razy więcej kokainy.

Dzięki połączeniu sił Mickeya, Barry'ego Seala, Rogera i ludzi, którzy sporadycznie przewozili za pomocą łodzi kokainę pochodzącą z kutrów rybackich kartelu, zdarzały się miesiące, gdy transportowałem 10 000 kilogramów. Czasem ograniczało się to do wąskiego strumyczka, ale zawsze coś przemycaliśmy.

Kartel sam sobie w pewien sposób utrudniał życie poprzez swój niefrasobliwy sposób dystrybucji kokainy. Mieli własnych przedstawicieli w całym kraju i przyjmowali każdego. Moi ludzie: Bernie w San Francisco, Ron Tobachnik w Chicago, wieśniacy w Delray, wujek Jerry Chilli w Miami Beach, Albert i Bobby Erra w Miami, a także ludzie w LA razem sprzedawali tylko dla mnie 1000 kilogramów miesięcznie. Zawierałem też jednorazowe transakcje, gdy jakiś człowiek, którego znałem, kupował za jednym zamachem 500 czy 1000 kilogramów. Od czasu do czasu robiłem tak z Johnem Gottim w Nowym Jorku i innymi gangsterami.

Ale oczywiście kartel miał oprócz mnie wielu innych dystrybutorów. Większość kokainy, którą importowałem, była przeznaczona dla ich ludzi, nie dla moich. Nie obchodziło ich to, czy sprzedawali towar 10 ludziom w tym samym mieście. Ich filozofia zakładała, że sprzedając towar każdemu, kontrolowali rynek. Jednak skończyło się to w ten sposób, że wszyscy ich dystrybutorzy w danym mieście konkurowali ze sobą. W Miami wywołało to wojny na ulicach. W innych miastach spowodowało spadek cen.

Z punktu widzenia kartelu ich interesy niemal miałyby się lepiej, gdyby rząd był w stanie odciąć nas na kilka miesięcy. Dzięki temu ceny poszłyby w górę.

Ale rząd nie był w stanie nas powstrzymać.

Przede wszystkim nie był w stanie powstrzymać Mickeya Mundaya. Przed 1983 rokiem DEA i służba celna połączyły wysiłki z siłami powietrznymi i korzystali z ich radarów oraz samolotów szpiegowskich. Próbowali zbudować niewidzialny mur wokół wybrzeża Florydy.

Piloci, tacy jak Roger i kilku gości, z którymi pracował – latali na Florydę, czasem robili sobie kilkutygodniowe przerwy. Nie latali. Kiedy organizowali lot, korzystali z samolotów Super King Air, które mogły przewieźć 2000 kilogramów. Rafa i ja robiliśmy zapasy. Zapełnialiśmy nasze kryjówki wystarczającą ilością kokainy, żeby starczyło na kilka miesięcy dla wszystkich.

Mickey miał inne podejście. Przewoził swoje czterystukilogramowe ładunki co tydzień czy dwa. Czasem zwalniał tempo, ale nigdy nie przestawał. Lubił wyzwania. Jeśli ktoś by mu powiedział, że może przemycić samolotem tylko kilogram, zrobiłby to tylko po to, żeby wszystkim pokazać. Pod tym względem Mickey był taki sam jak ja. Przemycał towar dla przyjemności.

Kiedy rząd próbował odgrodzić Florydę za pomocą radarów i samolotów szpiegowskich, Mickey znalazł dziurę w ich planie. Rząd postanowił śledzić samoloty przylatujące na Florydę z Kolumbii. Śledzono nawet hydroplany, jeśli wylądowały na wodzie przy wybrzeżu i próbowano z nich przeładować kokainę na łódź. Wiedziałem o tym, bo kilka razy używaliśmy hydroplanów i mieliśmy problem, bo je śledzono.

Ale Mickey wpadł na pomysł. Postanowił, że jego samoloty będą zrzucać torby z kokainą do wody. Ludzie robili tak w pobliżu wybrzeża z trawą. Ale pomysł Mickeya zakładał, żeby robić to 30, 50 kilometrów w głąb morza. Samolot zrzuciłby kokainę i poleciał z powrotem do Kolumbii lub wylądował na lotnisku na Florydzie, jakby wracał z wycieczki turystycznej.

Pomysł Mickeya był taki: kiedy kokaina była w wodzie, trzeba było wysłać po nią kuter rybacki. Jeśli kuter wypływał w morze 30 lub 50 kilometrów, zarzucał sieci przez cały dzień i wracał, rządowi nie wydawało się to podejrzane, bo kuter nie zatrzymywał się na wyspie i nie miał styczności na wodzie z hydroplanem, jak miałoby to miejsce, gdyby odbierał kokainę.

Nikt nie potrafił sobie wyobrazić, że mogliśmy zrzucić kokainę 50 kilometrów od brzegu i odnaleźć ją dzień później. To było niemożliwe do wykonania – dla każdego poza Mickeyem.

MICKEY: Zrzucenie kokainy do wody było łatwe. O ile jest zapakowana w coś wodoodpornego, będzie unosić się na wodzie. Znalezienie jej jest trudne. Nawet jeśli pilot i kicker znali dokładne współrzędne miejsca, w którym zrzucili paczki z kokainą, paczki w ciągu kilku godzin dryfowały na odległość kilku kilometrów.

Zbudowałem radiolatarnie w bojach, które mogliśmy namierzyć dzięki odbiornikom radiowym na łodziach. W tamtym czasie zacząłem również korzystać z wojskowych noktowizorów. Nie było łatwo je zdobyć, ale pozyskałem kilka zestawów, żeby pomóc odnajdować drogę do pasów startowych, kiedy lataliśmy w nocy. Inną dobrą cechą noktowizorów jest to, że wychwytują podczerwień, która jest niewidoczna gołym okiem. Kiedy budowałem moje radiolatarnie, przymocowałem do każdego z nich stroboskopy emitujące podczerwień widoczną z blisko pół kilometra na wodzie. Po tym jak zbudowałem radiolatarnie, zrzuty do oceanu stały się proste. Pakowaliśmy kokainę w pięćdziesięciokilogramowe paczki, wiązaliśmy je razem i przymocowywaliśmy do nich radiolatarnie, które mogliśmy zlokalizować bez względu na to, jak daleko podryfowały. Tak działała prosta amerykańska pomysłowość.

J.R.: Jedynym problemem, jaki mieliśmy z paczkami kokainy, które pakowali dla nas Kolumbijczycy, było to, że na oceanie przeciekały. Mickey testował wszystkie możliwe sposoby pakowania produktu. Wymyślił, jakiego dokładnie rodzaju plastiku użyć, jak go zwijać i jak zaklejać, ale nie mógł skłonić Kolumbijczyków do wypełniania jego zaleceń.

MICKEY: Przygotowałem komiks pokazujący wszystkie etapy potrzebne do zapakowania paczek. Znalazłem Kolumbijkę z bardzo zmysłowym głosem. Była tak seksowna, że kiedy do niej zadzwoniłeś i powiedziała „cześć", dosłownie się rozpływałeś. Kazałem tej dziewczynie opowiedzieć do magnetofonu instrukcje, które przedstawiłem w komiksie. Kazałem jej tak opowiadać, jakby opakowywanie kokainy było erotycznym doświadczeniem: „Wsuń swój palec pod folię. Ciasno, nieprawdaż?". Wysłałem moje książki i taśmy z nagraniem tej dziewczyny do Kolumbii, ale goście, którzy zajmowali się pakowaniem, i tak nie robili tego jak trzeba.

J.R.: To dlatego, że byli zbyt zajęci brandzlowaniem się przy tych głupich nagraniach, które przygotował Mickey. Ponieważ Mickey nie znał hiszpańskiego, dziewczyna nie wyjaśniła tego jak trzeba po hiszpańsku. Te taśmy były bełkotem. Poleciałem do Kolumbii, poszedłem do ludzi Pabla w fabryce kokainy i osobiście pokazałem im, jak ją pakować. Gdy to zrobiłem, nie mieliśmy już problemów.

MICKEY: Wtedy zdecydowałem się przenieść to na wyższy poziom. Konkurencja zaczęła zatrzymywać przypadkowe łodzie wpływające do przystani. Zbudowałem więc łódź niewidzialną dla stacji radiolokacyjnych, którą mogłem przemknąć w nocy. W magazynie lotniczym zobaczyłem artykuł o nowym rodzaju samolotów, które budowało wojsko, niewidzialnych dla stacji radiolokacyjnych. Miały niepozorny profil i asymetryczne powierzchnie z włókna węglowego, które zmniejszały ich wykrywalność przez radary.

Postanowiłem zbudować łódź opartą na tych samych zasadach. To była prawdopodobnie najlepsza zabawka, jaką kiedykolwiek stworzyłem. Moja łódź miała sześć metrów długości i była wysoka na 45 centymetrów. Była jak naleśnik. Wyposażyłem ją w fotel z samochodu wyścigowego, w którym leżałem jak na sankach. Na tyle zamocowałem dwa silniki o mocy 300 koni mechanicznych, które przykręciłem dwiema śrubami, i zbudowałem asymetryczne pokrywy na silnik z włókna węglowego. Zainstalowałem zęzy, które dawało się odwrócić, więc gdyby mnie zauważono, mogłem zalać łódkę i zatopić ją w niecałe pięć minut. Kiedy nią pływałem, nosiłem skafander piankowy i miałem tlenowy aparat. Gdybym musiał ją zatopić, dałbym radę odpłynąć.

Mogła udźwignąć 400 kilogramów kokainy i pływać z prędkością 130 kilometrów na godzinę. Zamontowałem w niej sprzęt stereo najwyższej klasy zintegrowany z moimi radiami, więc mogłem słuchać piosenek przez słuchawki podczas monitorowania moich odbiorników. Na pierwszą trasę przygotowałem trwającą 90 minut kasetę z ulubioną piosenką Phila Collinsa *In the Air Tonight* i wyruszyłem. Ta łódź była jak rakieta. Kiedy jesteś 45 centymetrów nad wodą i płyniesz z prędkością 130 kilometrów na godzinę, widzisz tę prędkość w falach rozbijających przed twoimi oczami. Jak Scotty[1] przyspieszający Enterprise do prędkości ponaddźwiękowej w *Star Treku*. Wszystko się rozpływa.

Prowadziliśmy misję zrzutów na wodę przez intensywny trzymiesięczny okres, kiedy konkurencja rozmieściła wszystkie swoje siły, żeby odciąć wybrzeże. Po tym jak złapali paru innych przemytników i zorganizowali jakąś konferencję prasową, ogłosili zwycięstwo. Oni zaprzestali swoich wysiłków odcięcia wybrzeża, a my z powrotem lądowaliśmy naszymi samolotami na terenach baz wojskowych Nike.

J.R.: Choć Mickey był świetny, gdy chodziło o podstawowe rzeczy, był bardzo uparty. Któregoś razu potrzebowałem przewieźć samolotem trochę kokainy z Florydy do Los Angeles. To był zwykły krajowy lot. Zapytał Mickeya, czy jego pilot mógłby się tym zająć.

– Nie. W tej chwili to niemożliwe – odpowiedział.

Mickeyowi łatwo było powiedzieć „nie", bo nie miał kontaktu z Kolumbijczykami. Dla mnie nie było to takie proste. Obiecałem wcześniej Fabitowi, że przewiozę tę kokainę. Na szczęście zrobiłem sobie burzę mózgu: samolot ratunkowy. Ciągle widywałem je na lotniskach, gdy latałem kupować konie. Samolot ratunkowy przypominał normalny samolot, ale był wyposażony w nosze. Wszystko, czego potrzebowałeś, żeby wyglądało to jak trzeba, to pielęgniarka, ktoś chory i kartka od lekarza informująca, że ekipa ratownicza musi dotrzeć do szpitala w mieście, w którym mieliśmy lądować.

Załatwiłem zaprzyjaźnionego przekupnego lekarza w Miami, który wypełnił wszystkie papiery. Dał mi swoją pielęgniarkę. Owinęliśmy jednego z moich kierowców bandażami i zapakowaliśmy kokainę do pojemników medycznych, które przywieźliśmy na lotnisko karetką. Pilot samolotu, który wynajęliśmy, nawet nie wiedział, że przewozi dla nas kokainę. Wszystko udało się tak dobrze, że musiałem to powtórzyć osiem albo dziesięć razy. Wystartowaliśmy z lotniska Fort Lauderdale-Hollywood. Za którymś razem owinęliśmy nawet Bryana bandażami, ale był tak duży, że był problem z przetoczeniem go na noszach. Głównie byłem

---

[1] Główny inżynier Montgomery „Scotty" Scott, grany przez Jamesa Doohana w pierwszej serii *Star Treka*.

szczęśliwy, że udowodniłem Mickeyowi, że to, co jego zdaniem było niemożliwe, zostało zrobione.

Za każdym razem, gdy pojawiała się myśl, że powinienem skończyć z przemytem, pojawiało się nowe wyzwanie. Dzięki temu, że Mickey i ja łączyliśmy nasze pomysły, niewiele można było zrobić, żeby nas powstrzymać. A my nie mogliśmy się powstrzymać, bo tak dobrze się przy tym bawiliśmy.

ROZDZIAŁ 65

J.R.: Kiedy odwiedziłem Don Ochoę na jego ranczu pod koniec 1982 roku, powiedział mi, że ma ogromny problem z komunistami. Schodzili z gór, kradli jego krowy i próbowali podburzać przeciwko niemu ludzi. Nawet porwali jedną z jego córek. To wzmocniło kartel, bo należące do niego rodziny zjednoczyły się w walce przeciw komunistom[1]. Żeby walczyć, potrzebowali broni. Potrzebowali jej także do ochrony fabryk kokainy i prowadzenia małych wojen na ulicach. Kolumbijczycy nie mogli zdobyć wystarczającej ilości broni. Chcieli ją ściągać z Ameryki, bo tu łatwiej ją dostać niż w Kolumbii. Poza tym, wielu handlarzy bronią na Florydzie przyjmowało zapłatę w gotówce. Kolumbijczycy mogli prać pieniądze dzięki broni w ten sam sposób, jak ja dzięki koniom.

Mickey nie przewoził broni. Było to niezgodne z jego filozofią unikania przemocy. Zająłem się więc tym z Maksem. Okazało się, że jedyną rzeczą, w której Max był dobry, było kupowanie broni. Załatwił

---

[1] W 1981 roku córka Don Ochoi, Martha Nieves, została porwana przez M-19, lewicową rewolucyjną grupę. W odpowiedzi na porwanie rodzina Ochoa połączyła siły z pozostałymi przywódcami kartelu i bogatymi właścicielami ziemskimi i stworzono paramilitarną jednostkę o nazwie Muertas a Sequestradores – Śmierć Porywaczom. Wzrost znaczenia tej i innych prywatnych armii pomógł zdestabilizować sytuację w Kolumbii przez następne dwie dekady.

skrzynie pełne AR-15 i innych wspaniałych sprzętów[2]. Max miał dojście do przekupnego gliniarza z brygady antyterrorystycznej w Wydziale Policji w Miami. Kiedy gliniarze skonfiskowali egzotyczną broń, taką jak plastik albo karabiny maszynowe, sprzedawali je Maksowi na tyłach komisariatu.

Raz w miesiącu wzywałem Rogera, który swoim king airem zawoził broń do Kolumbii. Loty nie były problemem. Policja szukała napływających narkotyków, ale nikt nie przejmował się wywożoną bronią.

Kiedy dzięki wysyłkom broni zapracowałem na większe zaufanie ze strony kartelu, poprosili mnie o pomoc w wywożeniu pieniędzy na Florydę. Aż do mniej więcej 1982 roku Kolumbijczycy mieli obstawione banki w Miami, do których mogli wejść z workami na śmieci wypełnionymi gotówką i dokonać wpłaty. Wszyscy tak robili. Pod koniec lat siedemdziesiątych mój przyjaciel Bebe Rebozo miał bank, w którym pozwalał mi wpłacać gotówkę przynoszoną w pudłach, bez zadawania żadnych pytań[3]. Na początku lat osiemdziesiątych policja zaczynała obserwować banki na Florydzie z powodu tych napływów gotówki[4] Było wiele takich miesięcy, kiedy przywoziłem Rafie pół tony pieniędzy – setki milionów dolarów – zapłaty od dystrybutorów. Skrytki były przepełnione.

W końcu generał Noriega, który przyjaźnił się z Pablem Escobarem, powiedział, że kartel może korzystać z jego banków w Panamie do lokowania swoich pieniędzy. Pranie brudnych pieniędzy było jego specjalnością[5].

---

[2] AR-15 to cywilna wersja używanego w amerykańskiej armii karabinku automatycznego M-16.

[3] Bliski powiernik byłego prezydenta Nixona, bankier o którym Jon mówił w rozdziale 37.

[4] W 1982 roku the Bank Rezerw Federalnych ogłosił, że banki w Miami przyjęło ponad 2 miliardy dolarów w gotówce, która to kwota nie mogła pochodzić z legalnej działalności gospodarczej.

[5] CIA korzystało z banków w Panamie w celu prania brudnych pieniędzy i potajemnego finansowania swojej działalności w Ameryce Centralnej w latach osiemdziesiątych. Noriega, który stał się jedną z najbardziej pomocnych osób, jeśli chodzi o pranie pieniędzy Agencji w Panamie, oferował podobne usługi przemytnikom narkotyków, co

Rafa poprosił mnie, żebym zorganizował loty z gotówką do Panamy. Obiecał, że będzie tam łatwo wylądować. Noriega miał dać naszym samolotom na lotnisku wojskową ochronę.

Do pierwszego lotu zatrudniłem Rogera. Zabraliśmy kilka pudeł z 50 milionami dolarów jako ładunek testowy. Jak tylko wylądowaliśmy, nasz samolot otoczyły wojskowe ciężarówki. Wysiedli uzbrojeni żołnierze. Wielki gość z dziobami po trądziku na twarzy wyszedł naprzód. Później wredna mała kobieta w wojskowym mundurze wyszła przed niego. Nie wyglądało to obiecująco.

Ale kobieta powiedziała:

– Zabierzemy was do banku.

Żołnierze rozładowali samolot i pojechaliśmy do banku w kolumnie samochodów, z włączonymi syrenami. Później ten gość z dziobami na twarzy zawiózł Rogera i mnie na drugi koniec miasta do wielkiego domu. Zaprowadził nas do gabinetu na spotkanie z generałem Noriegą. Podobnie jak koleś z naszej eskorty Noriega miał na twarzy blizny po problemach skórnych i zastanawiałem się, czy ci dwaj mężczyźni byli ze sobą spokrewnieni. Ale Noriega był niski. Był trollem. Chciał, żebym przyszedł do jego gabinetu, żebym był świadkiem, jak podpisuje dowód wpłaty z banku, bym mógł powiedzieć Kolumbijczykom, jak poważnie traktował swoją posadę bankiera.

Podczas następnej wizyty Noriega zachowywał się bardziej serdecznie. Zaprosił mnie do swojego domu. Chciał pokazać mi pokój, w którym trzymał niektóre ze swoich ulubionych pamiątek. Miał półki zapełnione zdjęciami z okresu studiów w szkołach wojskowych w Ameryce[6] i kilkoma obrazami, które wyglądały na drogie. Powiedziałem generałowi, że obrazy są bardzo ładne, i zapytałem, gdzie je kupił.

Uśmiechnął się dziwnie.

– Ukradłem je – powiedział.

---

zostało przedstawione w artykule Larry'ego Collinsa *Banker of Choice to the Company*, który ukazał się 23 lipca 1991 roku w „New York Timesie".

[6] Jako młody panamski oficer w latach sześćdziesiątych Noriega przebywał na szkoleniach organizowanych przez amerykańskie wojsko w bazach w Panamie i w Stanach Zjednoczonych w Fort Bragg.

Jego najcenniejszymi eksponatami były fotografie, na których pozował z wiceprezydentem Bushem[7]. Ulubione zdjęcie Noriegi było naprawdę dziwne. Siedział na nim na kolanach Busha[8]. Wskazał na to zdjęcie i zaśmiał się:

– Widzisz? Jestem najlepszym przyjacielem Ameryki. Bush jest moim szefem.

Nie obchodziło mnie, kim byli jego przyjaciele, Noriega był odrażającym osobnikiem. Podczas jednego z wyjazdów do Panamy poszedłem na przyjęcie w rządowej rezydencji. Zaczęło się normalnie – wszyscy wciągali kreski, wszędzie były piękne Latynoski. Wszedłem do jakiegoś kąta, a tam na kanapie siedział Noriega z dwiema małymi dziewczynkami, może dziewięcioletnimi, jedna po jednej stronie, druga po drugiej i pieścił je. Miał na twarzy dziwny uśmiech, jak wtedy, gdy pokazywał mi zrabowane dzieła sztuki.

Ale mimo jego wad rząd amerykański wierzył, że można na nim polegać. Był przyjacielem Busha i na imprezach u niego, gdy nie przystawiał się do dziewięcioletnich dzieci, mogłeś zobaczyć, jak rozmawia z porządnymi Amerykanami z ambasady.

Kiedy Noriega powiedział mi, że mogę otworzyć własne konta w jego bankach i że osobiście się mną zaopiekuje, dostrzegłem w tym okazję. W ciągu następnych dwóch czy trzech lat przekazałem mu 150 milionów

---

[7] Bush senior często spotykał się z Noriegą począwszy od połowy lat siedemdziesiątych, kiedy to był dyrektorem CIA. Jak donosił artykuł *Files Detail Noriega CIA Connection*, opublikowany 16 maja 1991 roku w „Chicago Tribune", przed rozpoczętym w 1992 roku procesem przeciwko Noriedze, w którym oskarżono go o przestępczość zorganizowaną, handel narkotykami i pranie brudnych pieniędzy, jego obrona twierdziła, że CIA zapłaciło mu ponad 10 milionów dolarów. Podczas procesu główny oskarżyciel rządu amerykańskiego, prokurator generalny Dexter Lehtinen, zakwestionował tę kwotę, argumentując, że Noriedze zapłacono zaledwie około 300 000 dolarów w postaci miesięcznej pensji, którą otrzymywał od 1971 do 1986 roku – co oznaczało, że w tamtym czasie przekupienie dyktatora rządzącego w kraju Trzeciego Świata kosztowało około 1500 dolarów miesięcznie.

[8] Jon prawdopodobnie mówi o zdjęciu Busha i Noriegi zrobionym w latach siedemdziesiątych. Na tej fotografii Bush i Noriega siedzą wyjątkowo blisko siebie na kanapie i być może, z powodu dziwnej perspektywy, wydaje się, że Noriega siedzi Bushowi na kolanach.

dolarów moich własnych pieniędzy – gotówki, którą wykopałem z kryjówek rozsianych po Delray. Cieszący się zaufaniem dyktator z ważnego kraju pracował dla mnie jako osobisty bankier. Jedyną bardziej szaloną rzeczą byłoby, gdyby rząd amerykański zatrudnił mnie jako przemytnika.

Ale to byłoby niemożliwe, czyż nie?

ROZDZIAŁ 66

Szanowny Panie Roberts,
  jestem zaszczycony, mogąc Pana poinformować, że podczas ostatniego
zebrania członków Narodowej Republikańskiej Ligi Reelekcyjnej Pańskie
nazwisko zostało nominowane przez kongresmana Teda Jonesa i został
Pan przyjęty w poczet członków.

list od Narodowej Republikańskiej Ligi Reelekcyjnej[1] do Jona, 1984 rok

J.R.: Nigdy nie spotkałem polityka, który nie podałby mi dłoni podczas spotkania. Któregoś wieczoru w 1983 roku, po tym jak zacząłem organizować przewozy pieniędzy dla kartelu, zabrałem Toni do Joe's Stone Crab. Siedzimy w restauracji z Toni i Bryanem, gdy szef sali przynosi nam butelkę wina. Pytam, kto ją nam przysłał, a szef sali wskazuje na starszego pana siedzącego przy narożnym stoliku w otoczeniu gości w garniturach.

– Kongresmen Ted Jones[2].
– Co pije kongresmen? – zapytałem.

---

[1] Narodowa Republikańska Liga Reelekcyjna to kryptonim prawdziwej republikańskiej organizacji zajmującej się zbieraniem funduszy, którą wspierał Jon. Dowody na przynależność Jona w organizacji wydają się prawdziwe, jednak ze względu na wysoką pozycję jej członków nazwa została zmieniona.
[2] Kongresman Ted Jones to pseudonim kongresowego lidera, który był jedną z najważniejszych postaci w Waszyngtonie w latach osiemdziesiątych istnieją dowody na to,

Podał nazwę jakiegoś gównianego wina, a ja kazałem mu przekazać dwie butelki kongresmanowi.

Później podszedł do nas jeden z gości w garniturach siedzących przy stoliku kongresmana. Powiedział, że kongresman chciałby się ze mną spotkać. W Indian Creek mieszkałem obok senatora Smathersa, który nigdy nie sprawiał żadnych kłopotów, ale był na emeryturze. Ten kongresman nadal piastował urząd, co oznaczało, że miał władzę i mógł robić złe rzeczy. To, że wysłał swojego goryla, żeby mnie przyprowadzić, zestresowało mnie.

Podszedłem do jego stolika. Kongresman Jones wstał. Nie był wysokim gościem, ale wyciągnął rękę z dużą pewnością siebie. Kiedy się przedstawiłem, powiedział:

– Wiem o panu wszystko.

Te słowa sprawiły, że trochę się spociłem. Później zaśmiał się i powiedział, że miło było mnie poznać, ale nie może przyjąć mojego „hojnego podarunku" – w postaci tego gównianego wina, które przysłałem do jego stolika. On mógł mi dać prezent, ale ja nie mogłem nic dać jemu. Takie były zasady. Wręczył mi swoją wizytówkę i powiedział, żebym dzwonił do niego, kiedy zechcę.

– Dobrze. Miło było pana poznać – powiedziałem.

Wróciłem do swojego stolika tak szybko, jak to było możliwe. Nie podobało mi się, że kongresman mówił, że o mnie wie. Nie smakowała mi reszta mojego dania z krabów. Kiedy polityk wyszedł, zauważyłem, że jego goryle nieśli nieotworzone butelki wina, które mu przesłałem. Ktoś mógł przyjmować prezenty.

Zacząłem otrzymywać listy z prośbą o darowizny na rzecz kongresmana Jonesa i Narodowej Republikańskiej Ligi Reelekcyjnej. Były to masowo rozsyłane listy, ale zestresowały mnie. Nigdy nie dawałem nikomu mojego adresu. Nie zarejestrowałem się do głosowania.

Poszedłem do mojego prawnika, Danny'ego Monesa i pokazałem mu listy. Kazał mi się uspokoić.

że Jon się z nim kontaktował, jednak oskarżenia dotyczące jego nadużyć, jakie formułuje Jon, nie mogą być udowodnione.

Kongresmana pewnie zaintrygowało to, gdy zobaczył mnie z Bryanem i Toni, i zapytał o mnie kelnerów. Zdobycie mojego adresu było proste.

– Co więc mam zrobić z tymi pieprzonymi listami?

– Wyślij tym lachociągom pieniądze – odpowiedział Danny, śmiejąc się.

– Ten kongresman wymusza je od ciebie. Teraz, gdy wie, kim jesteś, nie możesz mu odmówić. Dobry z niego kanciarz.

Kazałem Danny'emu wysłać w moim imieniu czek na 5000 dolarów, największą dozwoloną sumę.

– Teraz musisz do niego zadzwonić – powiedział Danny. – Powiedz mu, że cieszysz się, że możesz mu pomóc.

Zadzwoniłem pod numer na wizytówce kongresmana i dodzwoniłem się do któregoś z jego przydupasów. Powiedziałem mu, że złożyłem darowiznę. Kilka dni później kongresman oddzwania i dziękuje mi. Po czym pyta, czy lubię łowić ryby. Zanim zdążyłem się zorientować, zgodziłem się pojechać z kongresmanem i kilkoma jego przyjaciółmi na wyprawę wędkarską na wyspę Hilton Head w Karolinie Południowej.

Kiedy powiedziałem o tym Danny'emu Monesowi, bardzo się podekscytował.

– To dobrze. Powinieneś wziąć ze sobą trochę gotówki.

– Ile?

– 50 000 dolarów to odpowiednia kwota dla amerykańskiego kongresmana. Nie jest to fortuna, ale pokazuje, że jesteś szczery.

Poleciałem do Hilton Head z Bryanem i pudełkiem na sprzęt wędkarski z 50 000 dolarów w środku. Kiedy poszedłem na przystań, jeden z przydupasów kongresmana czekał w restauracji. Powiedział mi, że kongresmanowi coś wyskoczyło w pracy. Położyłem pudło na stole i powiedziałem:

– Szkoda. Przywiozłem coś dla niego.

– Dopilnuję, żeby to do niego trafiło.

Kongresman zadzwonił do mnie kilka dni później i przeprosił za to, że nie dotarł na wyprawę na ryby. Ludzie z jego biura zorganizowali kilka kolejnych wypraw. On nigdy na nie nie dotarł. Zawsze zabierałem ze sobą pudełka pełne pieniędzy. Podczas trzeciej lub czwartej wyprawy człowiek kongresmana wziął ode mnie pudło i powiedział:

– Najlepiej będzie, jeśli od tej chwili nie będzie się pan z nami kontaktował.

Mnie to odpowiadało. Te wymuszenia były dla mnie źródłem stresu.

Ale republikańskie grube ryby, którym wysyłałem czeki, nie skończyły ze mną. Powiedziano mi, że jestem teraz członkiem Ligi Reelekcyjnej. Zaproszono mnie na uroczysty lunch w Waszyngtonie organizowany dla takich ludzi jak ja, których upychano tam, żebyśmy mogli uścisnąć dłoń wiceprezydenta Busha. Spotkanie z Bushem wydawało się niemalże mieć sens. Mieliśmy wspólnych znajomych. Don Aronow i generał Noriega byli jego przyjaciółmi. Dlaczego nie ja?

Poleciałem tam z Bryanem. Lunch odbywał się w sali bankietowej hotelu Marriott. Wewnątrz kilkuset pachołków kręciło się bez celu w garniturach z przypiętymi identyfikatorami, czekając na uścisk dłoni wiceprezydenta. Bryan chciał tylko się najeść. Gdy wchodziliśmy do głównej sali, podeszło do mnie trzech gości. Wyglądali jak agenci FBI. Włosy stanęły mi dęba. Myślę: „Cała ta szopka to oszustwo, zorganizowane po to, by zastawić na mnie pułapkę", ale główny dupek o wyglądzie agenta FBI uśmiecha się i mówi:

– Jon? Masz wielu przyjaciół. Opowiedzieli nam o tobie. – Jego koledzy dupki wszyscy uśmiechają się tak, jakby opowiedział dowcip. – Czy możemy porozmawiać?

Zostawiam Bryana w sali bankietowej. Wychodzimy do hallu. Jeden z jego ludzi wspomina moją przyjaźń z kongresmanem Tedem Jonesem i wszyscy znów się uśmiechają. To najszczęśliwsze rządowe dupki, jakich w życiu widziałem.

– Słabo go znam – mówię.

– A co sądzisz o wojnie w Nikaragui?

– Nie śledzę wiadomości.

– No cóż, Jon. W Nikaragui są problemy – mówi jeden z rządowych dupków. – Naprawdę źli ludzie przejęli władzę. Inni ludzie chcą z nimi walczyć – „bojownicy o wolność" – i potrzebują naszej pomocy. Ale Kongres uchwalił ustawę, która nie pozwala nikomu im pomóc[3]. Sądzimy, że to nie w porządku.

---

[3] Między 1982 a 1984 rokiem Kongres uchwalił pakiet ustaw znanych jako the Boland Amendments, które zabraniały rządowi amerykańskiemu dostarczać broni Contras, którzy walczyli wówczas z rządem sandinistów w Nikaragui.

– To bardzo interesujące. Ale co to ma wspólnego ze mną?

– Chcemy, żebyś im pomógł.

– Chcecie, żebym pomógł bojownikom o wolność? – Nigdy nie słyszałem bardziej absurdalnego pomysłu.

– Czy miałbyś ochotę spotkać się z naszymi przyjaciółmi w Miami?

Cóż mogłem powiedzieć?

Kiedy wróciłem do sali bankietowej, Bryan był w bardzo złym nastroju. Jedzenie, które podawano członkom Ligi, nie odpowiadało jego standardom. Po południu polecieliśmy do Miami, żeby zjeść przyzwoity posiłek.

Nigdy nie uścisnąłem dłoni wiceprezydenta.

Tydzień później miałem spotkałem dwóch nowych gości w hotelu Fontainebleau, żeby porozmawiać o pomocy dla bojowników o wolność w Nikaragui. Spotkaliśmy się w lobby. Jeden z gości wyglądał jak Steve McQueen. Drugi był starszy. Powiedziałem temu starszemu, żeby trzymał się ode mnie z daleka. Będę rozmawiał tylko z jednym z nich.

Mój stryj Joe mówił mi, że jeśli spotykasz się z ludźmi mającymi powiązania z rządem, powinieneś rozmawiać tylko z jednym. Dwóch gości z rządu może pozmyślać kłamstwa na twój temat i twierdzić, że powiedziałeś coś, czego nie powiedziałeś. Jeśli sprawa trafi do sądu, ci dwaj będą się wspierać. Nawet jeśli będą mieli podsłuch i będą cię nagrywać, jeśli jest tylko jeden gość, możesz twierdzić, że powiedziałeś coś, czego podsłuch nie wychwycił, co sprawi, że twoja wina będzie mniej widoczna. Dupki z rządu na ogół przychodzą parami. Jeśli możesz ich rozdzielić, zyskasz nie tylko większą ochronę, ale sprawisz też, że ten gość, który został pominięty, będzie się czuł jak idiota. Im więcej zawiści i braku zaufania możesz zasiać wśród ludzi z rządu, tym lepiej.

Wychodzę na zewnątrz z tym gościem, który wyglądał jak Steve McQueen.

– Masz wysoko postawionych przyjaciół.

– Jak na razie zyskałem dzięki temu tylko tyle, że naciągnięto mnie i podano gówniane żarcie na bankietach. Czego chcesz?

– Pracuję dla agencji, która uważa, że możesz nam pomóc.

– Z bojownikami o wolność?

– Potrzebujemy kogoś, kto może nam pomóc z samolotami.

– Bracie, nie jestem pilotem.

– Chcemy, żebyś pracował z Barrym Sealem.

Stresuje mnie to, że wymienia nazwisko pilota zajmującego się przemytem, z którym pracowałem.

– Spokojnie – mówi. – Nie obchodzi mnie twoja działalność. Oto moje pytanie: czy jesteś prawdziwym Amerykaninem i czy jesteś dobrym Amerykaninem?

– Daj spokój z tym amerykańskim gównem – mówię. – Mów szczerze i powiedz, o co, kurwa, tutaj chodzi?

– Pozwolimy ci superokazyjnie kupić samoloty – mówi. – Mamy parę C-123[4]. Możesz załadować do nich dziewięć ton czego tylko zapragniesz.

– Co chcecie, żebym w nich przewoził?

– Broń dla bojowników o wolność w Nikaragui.

– Dlaczego ja?

– Bo jesteś przemytnikiem.

Miało to sens. Jeśli jesteś porządnym kolesiem, który pracuje dla rządu, i musisz złamać prawo, potrzebujesz wynająć kogoś takiego jak ja, kto robi nielegalne rzeczy. Było to logiczne, ale chciałem się dowiedzieć, kto powiedział tym dupkom, że byłem przemytnikiem. Kiedy go o to zapytałem, odpowiedział.

– Ricky.

– Ricky?

– Ricky. Mówi, że możesz go pamiętać jako „człowieka Alberta".

Człowiekiem Alberta San Pedro był Ricky Prado, który pomógł zabić Richarda Schwartza. Ta informacja prawie mnie zabiła. Wiedziałem, że Ricky wyjechał z Miami. Co on mógł mieć wspólnego z tymi dupkami? Czy był informatorem?

Sobowtór Steve'a McQueena powiedział:

---

[4] Fairchild C-123 to wojskowy samolot cargo, mniejszy niż używane dziś w armii C-130 i C-17, ale na tyle duży, by pomieścić mały pojazd pancerny lub 70 uzbrojonych żołnierzy.

– Ricky i ja pracujemy razem, pomagając bojownikom o wolność w Nikaragui. Załatwiamy dla nich broń[5]. Ricky mówi, że można na tobie polegać. Uważa, że byłbyś dobrym pomocnikiem.

Dostałem dużo informacji do przetrawienia. Ricky kiedyś dostarczał mi i Albertowi kokainę i gotówkę, ale nigdy nie rozmawiałem z nim o przemycie. Albert wiedział, czym się zajmowałem, a on i Ricky nadal trzymali się razem[6]. Nigdy nie zakładasz, że gość, z którym pracowałeś na ulicy, skończy w rządzie. Przerąbane. Ricky mógł powiedzieć każdemu w rządzie wszystko, co wiedział o mnie z czasów pracy na ulicy. Być może dzięki temu, że pracował dla tych gości, dostał immunitet za te rzeczy, które robił w przeszłości, ale ja go nie miałem.

Najpierw te szczury nagabywały mnie do donacji na rzecz funduszu Republikanów. Później chcą, żebym przewoził dla nich broń. To było gorsze niż dogadywanie się ze stryjkiem Joe w mafii.

Następnym razem, gdy spotykałem się z sobowtórem Steve'a McQueena, wybrałem miejsce – kawiarnię w Best Western Thunderbird Hotel. To było miejsce mojego wuja Jerry'ego Chilli. Miał ekipę starych gangsterów z krzywymi nosami, którzy siedzieli całymi dniami w kawiarni, grając w remika. Czułem się tam bezpieczny.

---

[5] Na początku zadaniem Prada w CIA, po tym jak został zatrudniony przez agencję w 1981 roku, była pomoc w szkoleniu i wyposażeniu contras. Niedawno Prado publicznie oświadczył, że był „pierwszym agentem CIA mieszkającym w antysandinistowskich obozach contras". Wydaje się, jako pracownik CIA mieszkający za granicą utrzymywał kontakty z członkami podziemia w Miami i próbował wykorzystać te kontakty do swojej misji w CIA. W toczącym się w 1991 roku śledztwie w sprawie San Pedra dotyczącej przestępczości zorganizowanej śledczy przesłuchiwali handlarza bronią z Miami z przeszłością kryminalną, który poinformował ich, że spotkał się z Pradem w Ameryce Centralnej i że Prado poprosił go o pomoc w pozyskaniu broni w Miami i wysyłaniu jej do Ameryki Środkowej – prawdopodobnie w ramach swojej pracy dla CIA.

[6] Podczas śledztwa w sprawie przestępczości zorganizowanej toczącego się w 1991 roku przeciwko San Pedrowi, śledczy dowiedzieli się, że San Pedro dzwonił do zagranicznych ambasad, gdzie Prado stacjonował jako oficer CIA w latach osiemdziesiątych i na początku lat dziewięćdziesiątych. Podczas przesłuchania przez śledczych federalnych w kwaterze głównej CIA, Prado przyznał, że odwiedzał San Pedra w Miami nawet po tym, jak San Pedro został skazany za handel kokainą i przekupienie urzędnika publicznego.

Gość z rządu wyjaśnił mi, że chcą, żebym założył firmę, która mogła kupić samoloty C-123 dla Barry'ego Seala. Rząd miał w Teksasie broń, którą musiałem dostarczyć Barry'emu Sealowi, żeby mógł ją zawieźć ją samolotem na lotnisko w Nikaragui. Mieli dać nam kody radiowe, żebyśmy mogli bez problemu wrócić do Stanów Zjednoczonych. Za każdy dostarczony ładunek miałem dostać 100 000 dolarów na pokrycie kosztów, w tym wynagrodzenia Barry'ego.

Miałem jeszcze jedno pytanie.

– Dlaczego wysłano do mnie w restauracji kongresmana?

– Jon, nie wysyłamy kongresmanów po to, by rekrutowali ludzi. To był zbieg okoliczności. Mieliśmy zamiar z tobą porozmawiać, zanim go poznałeś. A to, że on sądzi, że jesteś dobrym Amerykaninem, nie zaszkodzi.

– Czy dostanę jakąś ochronę za to, że wam pomagam?

– Teraz wiemy, że jesteś dobrym Amerykaninem. Sądzę, że to wiele znaczy.

Pudła na sprzęt wędkarski wypełnione gotówką dla kongresmana i kilka czeków dla Ligi Republikańskiej i tyle za to kupiłem. Jestem dobrym Amerykaninem.

Pojechałem do Barry'ego Seala w Luizjanie i nakreśliłem sytuację.

– Barry, goście z rządu chcą dać mi kilka wojskowych samolotów cargo C-123, żebyśmy dla nich zawieźli broń dla jakichś kolesi walczących o wolność w Nikaragui.

– Odpierdol się ode mnie, Jon. Coś tu jest bardzo nie w porządku. Zapomnij o tym – powiedział Barry.

Barry na ogół lubił duże wyzwania. Przemawiały do niego, lubił się przecież chwalić. Byłem zszokowany. Wyjaśniłem mu, że sądzę, że nie mam w tej kwestii żadnego wyboru. Amerykański kongresman wyłudzał ode mnie pieniądze. Inni goście wykręcali mi rękę i nazywali dobrym Amerykaninem.

Barry zaśmiał się.

– W porządku, Jon. Taka praca to dla mnie żadna nowość[7]. Ściągnijmy tu te samoloty C-123. Ale pod jednym warunkiem.

---

[7] Historię Barry'ego Seala i jego współpracy z CIA, dla której przemycał broń, odnotowano w rozdziale 47.

– Pod jakim?

– Jeśli będę przewoził broń, nie będę z tobą przewoził kokainy.

W tamtym momencie pomyślałem, że ten warunek był dziwny, ale się zgodziłem.

Danny Mones pomógł w założeniu firmy krzaka, która miała przejąć od rządu C-123 i dostarczyć je do Barry'ego w Baton Rouge. Dostałem kody radiowe od gościa, którego spotkałem na stacji benzynowej niedaleko bazy Homestead Air Force[8]. Zmieniały się co tydzień, więc za każdym razem, gdy Barry leciał do Nikaragui i z powrotem, musiałem jechać do Homestead po nowe kody.

Broń pochodziła z arsenału Gwardii Narodowej w Corpus Christi w Teksasie[9]. Przed centrum handlowym niedaleko arsenału miały czekać dwie wynajęte ciężarówki. Ciężarówki pochodziły z firmy o nazwie ATI.

Przed naszym pierwszym kursem dupek wyglądający jak Steve McQueen powiedział:

– Musisz przywieźć kierowców, którzy nie będą pijani albo naćpani.

Poczułem się trochę urażony. Moi kierowcy w ciągu ostatnich lat rozwieźli tysiące kilogramów kokainy po całym kraju i nigdy nie miałem żadnych problemów. Nie podobało mi się to, że potraktowano mnie jak jakiegoś pachołka.

Zaznaczyłem całą trasę na mapie drogowej TripTik z Automobile Club of America i poleciałem z Bryanem do Baton Rouge. Spotkaliśmy się tam z naszymi kierowcami i pojechaliśmy dwoma wynajętymi samochodami do Corpus Christi. Kiedy popołudniu dotarliśmy na miejsce, ciężarówki ATI były na miejscu w pobliżu marketu. Koleś z rządu, który siedział w samochodzie zaparkowanym nieopodal, dał mi kluczyki.

---

[8] Według byłego pracownika CIA, z którym rozmawiałem, w Homestead mieści się siedziba jednej z największych krajowych kwater CIA. Otwarto ją na południowej Florydzie pod koniec lat pięćdziesiątych w celu nadzorowania przygotowań do inwazji w Zatoce Świń.

[9] Według raportu FBI, który przeglądałem, już w 1959 roku CIA nakazała swoim agentom kradzież broni z krajowych baz wojskowych w celu wzmocnienia różnych inicjatyw skierowanych przeciw Fidelowi Castro.

– Musicie od razu wyruszyć – powiedział.

– Moi ludzie muszą najpierw coś zjeść – odpowiedziałem.

– Te ciężarówki nie mogą tu stać.

– Może wsadzisz sobie te kluczyki w tyłek i sam poprowadzisz te ciężarówki?

Nie podobało mi się to, że taki kretyn wtrącał się w moje sprawy. Im więcej o tym myślałem, tym bardziej byłem pewien, że to ja wyświadczam rządowi przysługę. A nie odwrotnie.

Nakarmiłem Bryana i kierowców i wyruszyliśmy po zmroku. Bryan i ja jechaliśmy za ciężarówkami w wynajętych samochodach. Dotarliśmy do hangaru Barry'ego Seala wczesnym rankiem następnego dnia i rozładowaliśmy ciężarówki. Broń, którą dostarczaliśmy bojownikom o wolność, nie należała do tego rodzaju, który mogłeś kupić w Miami. Były tam karabiny maszynowe M-60, granatniki M-79, granatniki M-72 LAW[10] i prawie pięć ton amunicji.

Podzieliliśmy broń na dwie części. Każdy z C-123 był załadowany trochę bardziej niż do połowy, ale wieźliśmy też wielkie pojemniki zapasowego paliwa. Barry i jego ludzie z powodzeniem przeprowadzili pierwszy kurs.

W następną trasę poleciałem z Barrym, żeby na własne oczy zobaczyć Nikaraguę. Wylądowaliśmy na farmie. Bojownicy o wolność, których spotkaliśmy, byli ubrani w szmaty. Byli wieśniakami, żaden z nich nie miał więcej niż 150 centymetrów wzrostu. Razem z nimi walczyły kobiety, małe twarde suki z bronią w ręku. Pomogli rozładować samoloty. Jeden z mężczyzn powiedział mi, że kobiety walczyły razem z nimi, mimo że niektóre miały ze sobą małe dzieci. W Wietnamie dziewczyna w wiosce mogła mieć broń, ale te bojowniczki o wolność mieszkały na bagnach. Miały serce. Zostaliśmy parę dodatkowych godzin tylko po to, by zobaczyć, jak te kobiety testują M-60. Były niesamowite.

---

[10] M-60 to karabin maszynowy z poziomym donośnikiem taśmy nabojowej, używany przez piechotę, a także mocowany w helikopterach. Powszechnie używany przez armię amerykańską podczas wojny w Wietnamie. M-79 to granatnik jednostrzałowy także używany w Wietnamie. Używano tam również granatników LAW. Te dostarczone contras miały wadę konstrukcyjną, która powodowała, że czasem broń wybuchała podczas odpalania, co kończyło się okaleczeniem osoby, która ją obsługiwała.

Po tej wyprawie odsunąłem się od działań przemytniczych tak bardzo, jak to tylko było możliwe. Barry przeniósł C-123 na nowe lotnisko w Arkansas. Przejął przywożenie broni z różnych arsenałów Gwardii Narodowej. Jedyną rzeczą, jaką ja musiałem zrobić, było zdobycie kodów radiowych z Homestead. Ludzie z rządu nie mogli dać ich nikomu innemu. Przemycanie broni dla rządu mi się nie podobało. Nie czerpałem z tego żadnej przyjemności. Wręcz przeciwnie. Rząd wszystko utrudniał. Początkowo obiecali mi wpłacać pieniądze do wskazanego banku w Panamie. Zmienili jednak zdanie. Płacili mi gotówką – dużą ilością banknotów o niskich nominałach. To pewnie tylko zbieg okoliczności, ale suma, jaką płacili mi za przemyt, była mniej więcej równa temu, co zapłaciłem kongresmanowi. Wyglądało to tak, jakbym zapłacił im za zatrudnienie mnie i Barry'ego.

Nigdy nie korzystałem z rządowych samolotów do przewożenia kokainy. Kody radiowe, które dostaliśmy, umożliwiały nam bezkarny powrót do Stanów Zjednoczonych. Ale nigdy nie zaufałem rządowi, nie wiedziałem, czy mnie nie oszuka. Ograniczałem się tylko do przewożenia ich nielegalnej broni[11].

---

[11] Jon po raz pierwszy opowiedział o tym, jak pomagał CIA uzbroić contras, adwokatowi w 1986 roku – ponad dekadę przed tym, jak ujawniono, że Prado pracował dla CIA. Policja i agenci zaangażowani w śledztwo w sprawie San Pedra uznali zeznania Jona dotyczące domniemanej roli Prada w zamordowaniu Richarda Schwartza za wiarygodne. Jego zeznania dotyczące jego rzekomej współpracy z Pradem przy zbrojeniu contras nie były badane w ramach tego śledztwa. Ale trzech detektywów z komisariatu Miami-Dade, z którymi rozmawiałem, a którzy pracowali w grupie specjalnej prowadzącej śledztwo przeciwko Pradowi, powiedzieli mi, że biuro prokuratora generalnego w Miami było naciskane przez CIA, aby zaprzestał przyglądać się sprawie Prada, dlatego że groziło to „ponownym nagłośnieniem skandalu z contras". Jeden z zastępców prokuratora generalnego, z którym rozmawiałem, a który zajmował się tą sprawą, pamiętał, że odbywał spotkania dotyczące Prada z radcą prawnym CIA, E. Pagem Moffettem. Jednak ten zastępca prokuratora generalnego nie pamiętał, o czym rozmawiał z Moffettem, ani dlaczego wezwanie sądowe wzywające Prada do złożenia zeznań, które wydało jego biuro, zostało unieważnione. Kiedy zapytałem Dextera Lehtinena – który w czasie śledztwa pełnił funkcję prokuratora generalnego – o tę sprawę, gwałtownie zaprzeczył, że jego biuro kiedykolwiek ugięło się pod presją CIA. Zapewnienia Jona na temat pomocy w uzbrojeniu contras są wiarygodne ze względu na jego wcześniejszą znajomość z Pradem, jednak Jon nie przedstawił dodatkowych dowodów, które by je potwierdzały. Próbowałem zapytać o to Prada, ale nie odpowiedział na moje pytania.

Po sześciu wyprawach powiedziano mi, że powinniśmy zostawić samoloty w Hondurasie. Zmieniali sposób przemycania broni i nie byłem im już więcej potrzebny.

Wypełniłem swój obowiązek wobec kraju. Wypisywałem czeki Lidze Republikańskiej. Dawałem gotówkę kongresmanowi. Przemycałem broń. Nikt nie mógł powiedzieć, że nie jestem dobrym Amerykaninem. Nadal czekam na ten uścisk dłoni wiceprezydenta Busha.

ROZDZIAŁ 67

J.R.: W moim związku z Toni było sporo spięć. Jedne z największych były związane z jej marzeniem o zostaniu gwiazdą filmową. Kiedy się poznaliśmy, dostała małą rolę w filmie z Ryanem O'Nealem zatytułowanym *Jak świetnie*. To był głupi film o gościu, który wynalazł dżinsy z plastikowymi okienkami z tyłu, dzięki którym można było oglądać tyłki. Toni wypowiadała w całym tym filmie może jedną linijkę. Ale ponieważ była taka piękna – i dlatego, że miała tak świetny tyłek – kiedy *Jak świetnie* pojawiło się w kinach w 1981 roku, na plakacie dali Toni z Ryanem O'Nealem. Ten mały sukces podziałał na jej wyobraźnię i Toni nadal pielęgnowała swój sen o Hollywood.

Byliśmy oboje zajęci w Delray – moimi interesami i naszą pracą przy koniach – ale jej sen o Hollywood nadal jaśniał mocnym blaskiem, gdy Toni wciąż pracowała jako modelka w Nowym Jorku, a po premierze *Jak świetnie* jeździła do Los Angeles na przesłuchania. Kiedy jechałem z nią, zatrzymywaliśmy się w Beverly Hills Hotel[1]. Mieli tam parterowe domki, w których mogliśmy zamieszkać z psami. Toni i ja chodziliśmy do naszych ulubionych miejsc – Mr. Chow's i Spago[2] – i pracowaliśmy. Ona chodziła na przesłuchania, ja miałem swoje sprawy. Zazwyczaj braliśmy

---

[1] Hotel nadal mieści się przy Sunset Boulevard 9641 w Beverly Hills.
[2] Oba te miejsca należały do ulubionych przez celebrytów w LA w latach osiemdziesiątych.

ze sobą Bryana i upewnialiśmy się, że wszystko szło jak trzeba z samolotami, które lądowały na lotnisku w Van Nuys. Czasem trzymałem kokainę w walizkach w przechowalni bagażu hotelu Beverly Hills i rozwoziłem ją po mieście. Korzystałem z Nate 'n Al's[3] deli w Beverly Hills, bo lubiłem tamtejsze jedzenie, a w pobliżu był teren należący do miasta, gdzie moje samochody z kokainą były bezpieczne. Nikt w Beverly Hills nie kradł samochodów.

Toni ubiegała się o rolę w filmie *Czerwona Sonia*, gdzie potrzebowali wysokiej blondynki biegającej w pelerynie po dżungli. Toni świetnie się nadawała, ale rolę dostała dziewczyna Sylvestra Stallone, Brigitte Nielsen.

Taki sam wynik przyniosły castingi do filmu *Klan niedźwiedzia jaskiniowego* – filmu, do którego potrzebowali wysokiej blondynki biegającej z dzikimi zwierzętami. Toni była na kilku castingach, ale rola przypadła innej gigantycznej blondynie, Daryl Hannah.

Mój przyjaciel Joey Ippolito dzięki swoim kokainowym transakcjom miał znajomości w firmie o nazwie TriStar Pictures. Przedstawił mnie paru szefom.

– Pozwólcie mi kupić film, żeby moja dziewczyna mogła zagrać w nim główną rolę – powiedziałem im.

Zgodzili się mi pomóc. Najlepsze było to, że goście chcieli brać gotówkę. Dałem im parę milionów dolarów w pudełkach po butach. Dałem im nawet pudełko banknotów o niskich nominałach, które dostałem od rządu za przewożenie broni. Tym gościom było wszystko jedno. Dorzuciłem parę paczek kokainy, żeby ich uszczęśliwić, i mogliśmy kręcić film. Znaleźli człowieka, który miał napisać scenariusz. Ryan O'Neal zgodził się w nim zagrać. Ale film w końcu nigdy nie powstał[4]. Uważałem, że ci goście mnie oskubali, ale Joey Ippolito powiedział:

– Jon, co ty, kurwa, wiesz? To Hollywood. To nie handel kokainą, gdzie kilo zawsze oznacza kilo.

---

[3] Oficjalnie miejsce to nazywa się Nate 'n Al of Beverly Hills Delicatessen i nadal cieszy się popularnością. Mieści się przy North Beverly Drive 414.

[4] W niezatytułowany filmowy projekt Jona Robertsa z początku lat osiemdziesiątych zaangażowany był odnoszący sukcesy producent i scenarzysta, który nadal pracuje w zawodzie. Według innych osób, z którymi rozmawiałem, Jon utopił w tym projekcie dwa lub trzy miliony dolarów.

Próbowałem pomóc Toni w każdy możliwy sposób. Kiedy w naszym mieście zaczęli kręcić *Policjantów z Miami*, poprosiłem znajomego, żeby zapoznał mnie z Donem Johnsonem. Spotkaliśmy się w klubie noszącym nazwę Mutiny on the Bay w Coconut Grove. Cały klub w środku był ze szkła, żeby ludzie mogli wciągać kokainę w dowolnym miejscu. To był raj dla ćpunów, a ja siedzę tam z ludźmi, którzy muszą być gwiazdami grającymi gliniarzy i przemytników w telewizji. Mój przyjaciel prowadzi mnie do Dona Johnsona i tego czarnego gościa, który grał Tubbsa[5], i mówi:

– Jon, poznaj ludzi, którzy co tydzień w telewizji udają, że cię ścigają.

Proszek do nosa sprawia, że natychmiast się zaprzyjaźniamy, a następnego wieczoru jesteśmy w restauracji rybnej w South Beach. Ten czarny mówi mi:

– Don i ja jesteśmy tak sławni, że możemy zrobić, co tylko zechcemy. Mogę dostać każdą rolę. Jestem większy niż Beatlesi[6].

O ile dobrze pamiętam, ten facet nie wciągał kokainy jak reszta towarzystwa, ale z pewnością był upojony własną wspaniałością. Sława może powodować równie wielkie omamy jak narkotyki.

– Czy ci kompletnie odpierdoliło? – pytam. – Jesteś pieprzonym czarnuchem w drugoplanowej roli w serialu telewizyjnym. Pierdol się.

Don Johnson mówi:

– Przepraszam za mojego przyjaciela. Czy mogę coś zrobić, żebyś zapomniał o tych głupotach, które on wygaduje?

– Możesz załatwić mojej dziewczynie rolę w telewizji?

Trzeba oddać Donowi Johnsonowi sprawiedliwość – próbował, ale Toni dostała same epizodyczne role. Kiedyś siedziałem z reżyserem i obserwowałem, jak kręci serial. Zaczął się przechwalać tym, że wprowadzał do telewizji realizm.

– Nie sądzisz?

– Kręcisz scenę, w której dealer narkotyków otwiera bagażnik samochodu wypełniony kokainą pośrodku ulicy. To amatorskie gówno.

Ten dupek reżyser mówi:

---

[5] Philip Michael Thomas.
[6] Thomas wydał w latach osiemdziesiątych dwie płyty, z których żadna nie osiągnęła sukcesu porównywalnego do Beatlesów.

– Nie, tak to wygląda. Mam eksperta, który mi doradza.

– W porządku. To ty jesteś gościem z Hollywood. Co ja tam wiem? Powiedziałem Toni, że lepiej będzie, żeby zrezygnowała z filmów, skoro granie w nich oznaczało zadawanie się z tymi zadufanymi dupkami. Ale jeździła na castingi, dopóki jej marzenie nie zniszczyło jej samej. Podczas ostatniej wizyty w LA zostawiłem ją na tydzień samą w naszym hotelu i pojechałem w interesach do Meksyku. Kiedy wróciłem, była w opłakanym stanie. Zabrała z przechowalni bagażu walizkę z kilkoma kilogramami towaru. Wzięła słomkę i robiła nią dziury w kilogramowych paczkach. Wyglądały jak ser szwajcarski.

– Dobrze się bawiłaś? – zapytałem.

Była naćpana.

– Tak! Wspaniale się tu bawiłam – odpowiedziała.

– Wracaj do domu na Florydę. Twoja kariera aktorska się skończyła – powiedziałem.

Ktoś musiał jej powiedzieć prawdę. *Mistrz kierownicy ucieka 3* – to był jedyny film, w jakim zagrała po *Jak świetnie*. Nikt nie dawał jej Oscara za to, że zagrała drugą dziewczynę w tylnym rzędzie w sequelu *Mistrz kierownicy ucieka*.

Nasze stosunki w domu w Delray stawały się napięte. Toni czasem nie była w stanie wyjść z łóżka. Kiedy z wizytą przyjeżdżała moja siostra, nerwom nie było końca. Te dwie nie mogły się ze sobą dogadać.

JUDY: Po raz pierwszy spotkałam Toni, kiedy ona i Jon przyjechali do Nowego Jorku. Miała wokół siebie grupę mężczyzn, którzy jej nadskakiwali – pisarza Noela Behna i Boba Fosse'a[7] – i pamiętam, że widziałam Jona w ich towarzystwie w Russian Tea Room, i pomyślałam, że naprawdę zawróciła mu w głowie. Mając taką urodę i figurę, była naprawdę niezłym towarem. Ale nie zrobiła na mnie wrażenia. Przyjaźniła się z literatami, ale nie uważałam, żeby była bardzo oczytana czy dobrze wykształcona.

---

[7] Behn był dramaturgiem i powieściopisarzem, najbardziej znanym z powieści *The Kremlin Letter* i sztuk, które napisał dla Cherry Lane Theater w latach pięćdziesiątych i sześćdziesiątych. Fosse to choreograf i nagrodzony Oscarem reżyser *Kabaretu* i *Całego tego zgiełku*.

I wybacz, że to mówię, ale Toni słabo dbała o dom.

Wszystko, co robił mój brat, miało na celu uszczęśliwienie tej kobiety. Jon jest bardzo niepewny siebie. Niech cię nie zwiedzie jego postawa macho. W głębi duszy jest tylko małym chłopcem, który sądzi, że niewiele może zaoferować ludziom. Dlatego pieniądze były dla niego tak ważne. Wierzył, że pomogą mu nadrobić braki, które, jak sądził, ma. Toni była kobietą, która wiedziała, jak nim sterować.

Podczas jednej z moich wizyt okropnie się pokłócili. Następnego ranka poszłam do Toni.

– Gdybyś bardziej dbała o dom, mój brat byłby szczęśliwszy i nie kłócilibyście się tak często – powiedziałam.

Ta kobieta wyrzuciła mnie z domu. Jon nie zrobił nic, żeby ją powstrzymać. Bardzo mnie to zabolało. Nadal jest mi przykro.

J.R.: Moja siostra nie ułatwiała sytuacji w naszym domu. Toni robiła się rozkojarzona. Miała napady zazdrości. Na początku chodziło o jakieś wymyślone kobiety, nawet wtedy gdy jej nie zdradzałem. Miała paranoję, że ukrywałem dziewczyny w szafie. Wpadała do sypialni, gdy spałem i krzyczała: „Gdzie one są?".

Któregoś razu Bryan stał na podjeździe, a ona wybiegła i grożąc użyciem broni, zmusiła go do otwarcia bagażnika, bo myślała, że ukrywa tam dziewczyny. Innym razem uruchomiła rozpylacze gazu łzawiącego przy głównej bramie, żeby wypędzić z krzaków wyimaginowane dziewczyny. Zaczęła się zachowywać ekstremalnie.

Toni postanowiła pokazać mi, gdzie moje miejsce, i miała romans z jednym z koniuszych z mojej stadniny. Kiedy się o tym dowiedziałem, ten biedny dupek uciekł i zniknął z powierzchni ziemi. Dla zasady musiałbym mu spuścić łomot, ale nie wziąłem tego do siebie. Byłem bardziej zły z tego powodu, że straciłem dobrego stajennego.

Widziałem, że coraz więcej kokainy w naszym domu trafia do czyjegoś nosa.

LISA „BITSY" BENSON: Kiedy zaczęłam pracować dla Jona, nie wiedziałam, że on i Toni biorą kokainę. Później mój tato zaczął spotykać się z dziewczyną, która była mniej więcej w wieku Toni i się z nią zaprzyjaźniła.

Zapraszali mnie do domu, a te panie naprawdę sobie nie żałowały. Toni nosiła na szyi łańcuszek z małym złotym kilofem, którym dzieliła kokainę. Im częściej używała go do rozdzielania działek, tym dziwniej się zachowywała. Dostawała paranoi, wyciągała broń i kazała nam maszerować wokół podwórka w poszukiwaniu intruzów. Nazywała to „szczurzym patrolem".

J.R.: Toni i jej rodzina nie znali umiaru. W tej rodzinie alkohol lał się strumieniami. Każdy, kto ci powie, że alkoholizmu się nie dziedziczy, gówno wie na ten temat.

Matka Toni upijała się do nieprzytomności. Posyłałem ją do lekarzy. Posyłałem ją na spotkania Anonimowych Alkoholików. W końcu powiedziałem:

– Jeśli jesteś w stanie przetrwać miesiąc bez kropli alkoholi, kupię ci nowego mercedesa.

Ta kobieta włożyła w to całą swoją silną wolę. Walczyła. Trzęsła się całymi dniami. Ale w końcu pozbyła się trucizny z organizmu. Pod koniec tego miesiąca wyglądała tak dobrze jak nigdy wcześniej. Kazałem przysłać jej nowego mercedesa. Rozpłakała się, kiedy go zobaczyła.

– Zasługujesz na niego – powiedziałem. – Wytrzymałaś bez alkoholu. Niech cię Bóg błogosławi.

– Pokażę ten samochód wszystkim moim przyjaciołom – odpowiedziała.

Odjechała, a następnego dnia zadzwonił do mnie policjant z Delray.

– Znaleźliśmy pana teściową. Zatrzymała się na poboczu. Powiedziała, że jej samochód jest pełen pająków, które utkały tyle pajęczyn, że nic nie widzi.

Biedna kobieta upiła się, a że była czysta, jej organizm tego nie wytrzymał. Musieli dać jej w szpitalu specjalne zastrzyki, żeby odzyskała rozum.

Żeby uciec od szaleństwa w Delray, nawiązałem romans z dziewczyną z Fort Lauderdale o imieniu Karen. Była striptizerką drobnej postury, miała ciemne włosy i wielkie serce. Kiedy Toni wpadała w szał i goniła mnie po domu, kopiąc w drzwi, uciekałem swoim helikopterem.

Zabierałem Karen. Lecieliśmy do miejsca położonego niedaleko przylądka Canaveral, gdzie mogłeś lecieć tuż nad wodą i oglądać morświny. To była moja ucieczka.

Ale nie trwało to długo. Któregoś dnia byłem w stajni i znalazłem spalone puszki po coca-coli, w których ktoś zrobił dziury. Zapytałem jednego z chłopaków pracujących w stajni, do czego służyły.

– To własnoręcznie zrobione fajki do palenia cracku.

Nigdy wcześniej nie słyszałem o cracku. Wyjaśnił mi, że to kokaina zbrylona w specjalne grudki, które łatwo było palić. Dla mnie była to nowość.

Okazało się, że brat Toni Lee palił crack w stajni z kilkoma chłopakami, którzy dla mnie pracowali. Na początku ci goście, którzy rozładowywali napięcie, paląc czasem crack, nie zaprzątali mojej uwagi.

Później moja pasierbica Amber, którą pomagałem wychowywać, powiedziała mi, że ktoś ukradł wozy terenowe, które kupiłem, żeby ona i jej przyjaciele mogli się trochę zabawić. Poszedłem do stajni, żeby zapytać chłopaków, czy wiedzą coś o skradzionych terenówkach. O dziesiątej rano palili crack. Poobijałem ich trochę i zapytałem:

– Gdzie są moje wozy terenowe?

Powiedzieli, że Lee sprzedał je jakimś gościom z miasta, żeby kupić crack. To był dla mnie szok. Lee przewoził dla mnie setki – czasem tysiące – kilogramów kokainy miesięcznie. Był jednym z moich najbardziej zaufanych kierowców. Miałem też gościa pracującego w ochronie na lotnisku w Fort Lauderdale, którego przekupiłem, żeby bez problemu przepuszczał Lee podczas kontroli. Kilka razy w miesiącu wysyłałem Lee do Chicago z 40 kilogramami kokainy w walizce.

Wydedukowałem, że Lee był na tyle mądrym dzieciakiem, żeby nie kraść z mojej firmy. Ale był na tyle uzależniony, że kradł w domu, żeby sprzedać te rzeczy dealerom. Zacząłem się martwić, że dawał crack Amber. Tylko tego mi brakowało, żeby cała rodzina ćpała. Chciałem, żeby Lee posłużył za przykład. Mogłem rozwalić mu łeb i pokazać im, co się stanie z kimś, kto uzależni się od narkotyków. Trochę ześwirowałem.

OJCIEC BRADLEY PIERCE: Odbyłem bardzo dziwną rozmowę telefoniczną z Jonem. Prawie z nim nie rozmawiałem, odkąd wstąpiłem do seminarium. Jon cierpiał katusze. Powiedział, że jeden z członków rodziny wpakował się w narkotyki. Chciał go pobić za to, że go okradł i przyniósł do jego domu narkotyki. Nigdy nie zapomnę tego, co powiedział.

– Pomóż mi. Ocal mnie przed zabiciem tej osoby.

Rozmawialiśmy przez kilka minut. Podziękował mi i gwałtownie przerwał rozmowę.

J.R.: Nie zabiłem Lee. Poszedłem do stajni i spuściłem wpierdol jego przyjacielowi. Zmusiłem go, by mi powiedział, gdzie przebywa dealer, który miał moje wozy terenowe.

Pojechałem do domu tego gościa z Bryanem. Weszliśmy do środka, i zobaczyłem najgorszy widok w swoim życiu. Wszędzie byli naćpani ludzie. Śmieci. Butelki wypełnione moczem, bo ci goście byli zbyt naćpani, by wstać i udać się do toalety. Bryan i ja poturbowaliśmy ich i znaleźliśmy moje samochody terenowe w garażu. Jakiś ćpun rozebrał je do połowy, jakby sądził, że sprzeda je na części. Był strasznym kretynem. Mogłeś sprzedać skradzioną terenówkę w takim stanie, w jakim była, i dostać za nią więcej kasy. Ci goście wypalili całe swoje rozumy.

Po tym jak załadowaliśmy wozy na moją ciężarówkę, podpaliłem garaż. Odjechaliśmy, a te ćpuny uciekły z płonącego domu.

Tyle zrobiłem dla ulepszenia lokalnej społeczności.

Czułem się uwięziony przez Toni. Nigdy nie rozmawiałem z nią o interesach, ale wiedziała wystarczająco dużo, by narobić mi prawdziwych problemów, gdybym ją zostawił. Jedyną właściwą metodą rozstania z nią byłoby wsadzenie jej i całej jej rodziny do piachu. Ale nie miałem serca, żeby to zrobić. Więc żyłem jak więzień we własnym domu.

ROZDZIAŁ 68

J.R.: Mój biznes funkcjonował niemal automatycznie. Samoloty i łodzie docierały na miejsce. Kokaina trafiała gdzie trzeba. Pieniądze przewożono samolotem do Panamy. Czasem musiałem kogoś pobić.

Zacząłem popełniać drobne głupie błędy. Pewnego razu byłem w San Francisco u Berniego Levine'a. Wspomniał mi o jakimś dupku z Marin County, który go obrobił. Gość miał udziały w studiu nagraniowym Berniego, a kiedy je zamknęli, ten kretyn ukradł ze ściany złotą płytę.

Bernie uważał, że byłoby zabawnie, gdyby przyprowadził mnie do domu tego gościa pod pretekstem sprzedaży narkotyków, a ja udałbym, że chcę go obrabować, po to, żeby odebrać złotą płytę.

Nie robiłem takiego numeru od lat. Dlaczego nie, przez wzgląd na dawne czasy?

Pojechaliśmy do domu tego gościa volvo Berniego. Miał mnie przedstawić jako nowego dostawcę, a ja miałem zrobić swoje. Następnie miałem „ukraść" samochód Berniego i spotkać się z nim później.

Ofiara miała piękny dom na wzgórzu. Wielkie przesuwane szklane drzwi i drewniany taras zawieszony nad kanionem. Złota płyta wisiała oprawiona w ramy w salonie. Siadamy, gadka-szmatka, a gdy sięgam do walizki po broń i próbuję ją wyjąć, bang, trafiam w spust i strzelam w okno. Gość podskakuje i wybiega przez szklane przesuwane drzwi. Rozbija szybę i zbiega z tarasu. Wychodzę na zewnątrz i widzę, jak stacza się ze zbocza do rowu. Był prawdziwym Houdinim.

Wracam do środka, a Bernie panikuje.

– O mój Boże! Chodźmy stąd.

Uderzam w ramę, żeby wziąć złoto, ale Bernie krzyczy:

– Zostaw to!

– Zostawić złoto?

– Jon, to nie jest zrobione z prawdziwego złota.

Zwinęliśmy się z okolicy, a Bernie cały czas się zamartwiał.

– Jak mogłeś próbować go zastrzelić?

– Jak mogłeś mi nie powiedzieć, że ta płyta nie jest zrobiona z prawdziwego złota?

– Ja tu mieszkam, a ty próbowałeś go zabić?

– Co najgorszego mogą zrobić te cipy z San Francisco? Nie zaprosić cię na degustację win?

Bernie nigdy mi nie wybaczył. Był przestępcą, ale nie uznawał przemocy. Po latach, gdy Bernie porzucił narkotykowy biznes, popełnił przestępstwo, naciągając bogate panie. Miał 50 lat, a umawiał się z siedemdziesięciopięciolatkami. Chodził na zajęcia z tańca towarzyskiego, żeby móc uszczęśliwić te stare kwoki i zabrać im pieniądze. Bernie miał taki sam umysł przestępcy jak ja, tylko że używał butów do tańca, gdy ja używałem broni.

Jedyne, do czego się nigdy nie przyznałem Berniemu, było to, że wystrzeliłem przez przypadek. Zrobiłem z siebie idiotę. Miałem przytępiony refleks.

Moja zdolność oceniania też była niższa. Mickey i jego przyjaciel Delmer – „Tato" – ciągle zatrudniali kickera, który w chwili, gdy należało wypchnąć ładunek z samolotu, zastygał. Dwa razy prawie musieliśmy porzucić nasze ładunki. Mickey i Delmer próbowali to zatuszować, ale dowiedziałem o tym, nasłuchując radia.

Gdybyśmy stracili te ładunki, to do mnie, a nie do nich, należałoby wyjaśnianie Kolumbijczykom tego braku. Nie płaciłem tym półgłówkom, żeby latali po niebie i podziwiali widoki. Dowiedziałem się, że Mickey i Delmer nadal zatrudniali tego gościa, bo był jakimś kuzynem Delmera.

Zdecydowałem, że go zwolnię. Jadę do Ultimate Boats w dniu, w którym wiem, że gość pracuje przy łodziach z Delmerem. Podchodzę do tego półgłówkowatego kuzyna – żylasty chłopak w koszulce Lynyrd Skynyrd.

– Jesteś kawałkiem gówna i gdyby to ode mnie zależało, zatłukłbym cię – mówię. – Niestety, twoim kuzynem jest wspólnik Mickeya. Ale nigdy już nie polecisz samolotem.

Ten dzieciak jest tak głupi, że wyciąga nóż, ale zamiast mnie nim dźgnąć, wbiega na górę do pokoju radiowego. Wbiega jakieś półtora metra po schodach, a ja ściągam go za stopę na dół. Przewraca się na plecy na podłogę.

– Ups – mówię – nie miałem racji. Wygląda na to, że jednak znów poleciałeś.

Kopię tego przygłupa w twarz i tracę głowę. Kicker potrzebuje zdrowych rąk, żeby wyrzucać ładunek. Chciałem się upewnić, że ten dzieciak nigdy nie trafi do samolotu, więc skakałem mu po rękach. Połamałem mu je obie na kawałki.

Zrobiłem to, co należało, bo ten chłopak naraził mnie na problemy z Kolumbijczykami. Gdyby nawalił naprawdę mocno, połamaliby mi znacznie więcej niż tylko dłonie.

Ale nie należało tego robić, bo chłopak był kuzynem Delmera. To zatruło stosunki między nami. Delmer nigdy więcej nie rozmawiał ze mną jak dawniej. Źle oceniłem sytuację, narażając swoje interesy w ten sposób, i w dalszej perspektywie przyniosło mi to kłopoty.

Powinienem był pobić krewnego Delmera w odosobnieniu.

Zachowywałem się niefrasobliwie, bo wydawało mi się, że nie mogę zostać złapany. To samo dostrzegłem także u Bryana. Któregoś dnia ćwiczyliśmy razem na siłowni. Przeszedłem obok jego samochodu, z którego wydobywał się okropny zapach.

W tamtym czasie Bryan jeździł najmniejszym samochodem, do jakiego mógł się zmieścić, nissanem Z, hatchbackiem. Byłem jakieś siedem metrów od samochodu i poczułem okropny smród.

– Bryan, czy zostawiłeś tam jakieś ubrania po treningu albo buty?

Podchodzimy do bagażnika samochodu. Zobaczyłem przez okno trochę ręczników. Otworzyłem klapę, podniosłem ręczniki i zobaczyłem ciało wepchnięte na tył. Są zmatowiałe włosy, zaschnięta krew – całe ciało było napuchnięte i zastygłe.

– Jezu Chryste, Bryan.

– Jon, zapomniałem. Zajmę się tym.

Tak swobodni się stawaliśmy. Bryan zabił gościa i uznał, że ważniejszy niż pozbycie się ciała był trening na siłowni.

Ostatnia potyczka z użyciem broni, jaką kiedykolwiek stoczyłem, miała miejsce w dyskotece w Coconut Grove. Poszło o cześć gwiazdy telewizyjnej, z którą umawiał się mój przyjaciel. To była jedna z najgłupszych rzeczy, jakie kiedykolwiek zrobiłem.

Jednym z kolegów, z którymi biegałem, był chłopak, który nazywał się Eddie Trotta. Eddie był gangsterem, ale głównie interesował się typowym dla Florydy życiem składającym się z kobiet, łodzi i zabawy[1]. Kiedy potrzebowałem uciec od Toni, biegałem z Eddiem. Uwielbiał striptizerki tak samo jak ja. Niestety związał się z dziewczyną, która stała się sławna, bo występowała w telewizyjnym programie, w którym kręciła się w obcisłej sukience[2]. Ta głupia gwiazda telewizyjna była naprawdę atrakcyjna i na jakiś czas ujarzmiła Eddiego. Kiedy wychodziliśmy na miasto, brałem ze sobą moją striptizerkę Karen i tworzyliśmy czworokąt.

Jesteśmy którejś nocy w dyskotece Coconut Grove, gdy jakiś idiota podchodzi do dziewczyny Eddiego i mówi:

– Chciałbym cię tak obracać, jak obracasz się w telewizji.

Eddie i ja nie chcemy walczyć z tym śmieciem. Pozwalamy mu odejść. Ale sławna dziewczyna Eddiego zaczyna drążyć temat:

– Co on miał na myśli, mówiąc „obracać mnie"?

– Może miał na myśli to, że chce cię obrócić tak jak na karuzeli? – odpowiada Eddie.

Nie kupuje tego.

– Eddie, czy powinnam czuć się urażona?

Eddie nie może tego znieść.

---

[1] Eddie Trotta jest obecnie właścicielem Thunder Cycle Design, wysokiej klasy sklepu z motocyklami robionymi na zamówienie w Fort Lauderdale. Trotta dwa razy wygrał organizowany przez Discovery Channel Biker Build-off. Swoją filozofię projektowania zwycięskich motocykli opisał w ten sposób: „Swoje motocykle zawsze projektuję na wzór kobiet, z zaznaczoną talią. A wtedy gruba opona z tyłu staje się wielkim tyłkiem".

[2] Tożsamość tej ikony telewizji z lat osiemdziesiątych została zatajona na prośbę Eddiego Trotty.

– Czujesz się obrażona, bo gość powiedział, że chce się z tobą pieprzyć?

– To miał na myśli, mówiąc o „obracaniu mnie"?

– Tak, chce cię obrócić wokół swojego fiuta. Każdy, kto cię widzi, tego pragnie. Dlatego występujesz w telewizji – odpowiedział Eddie.

Dziewczyna Eddiego biegnie do stolika, przy którym siedzi ten gość, i zaczyna mu mówić, co myśli. Nie myśli zbyt wiele, ale wystarczy na tyle, by gość, który chciał ją obracać, i grupa jego kolegów przegonili ją z powrotem do naszego stolika. Powinniśmy byli w tamtym momencie wyjść z Eddiem z klubu. Miałem własne interesy, o których powinienem myśleć, a Eddie miał swoje problemy z prawem[3].

Zamiast wyjść, wdajemy się w nieudolną bójkę. Zanim się orientujemy, jeden z tych idiotów wyciąga broń, a ja wyjmuję swoją i strzelam jednemu z jego kumpli w brzuch. Kolejny gość zostaje postrzelony w ramię, albo przez Eddiego, albo przez kogoś innego[4]. Kto wie? To było szaleństwo na dyskotece.

Miałem szczęście, że Karen pozbyła się mojej broni, gdy uciekła z dziewczyną Eddiego. Nie było żadnych świadków, którzy widzieli, że do kogoś strzelałem. Nawet z tych gości, którzy zostali postrzeleni, nie było żadnego pożytku, bo byli pijani na umór. Tak zakończyła się Bitwa o Idiotkę Gwiazdę Telewizji w Coconut Grove.

Ale to mnie aresztowano.

Nie płaciłem gliniarzom w Coconut Grove. Godzinami nie mogłem się dodzwonić do prawnika. Uratowała mnie moja prawie nieistniejąca kartoteka policyjna. Mieszkałem w Miami od 10 lat, a na koncie miałem tylko mandaty za przekroczenie prędkości. Według glin nie wyglądałem jak zły człowiek. Uwierzyli mi. Był rok 1984. Byłem najważniejszym Amerykaninem w najbardziej ściganym kartelu narkotykowym na świecie, a oni pozwoli mi wyjść z komisariatu po tym, jak strzeliłem gościowi w brzuch.

Ślepy traf.

---

[3] W tamtym czasie Trotta był świeżo po aresztowaniu w związku z jego rolą w przemyceniu czterech ton marihuany na Long Island. Później odsiedział kilka lat w więzieniu federalnym za niepłacenie podatków.

[4] Trotta zaprzecza, że strzelił do kogoś w klubie w Coconut Grove, ale przyznaje: „Być może zostałem postrzelony przed klubem".

ROZDZIAŁ 69

J.R.: W 1984 roku starsi wspólnicy w kartelu mieli problemy. Zaczynali toczyć otwartą wojnę z kolumbijskim rządem[1]. Pablo Escobar i Jorge Ochoa ukrywali się. Rząd amerykański także wystawił akty oskarżenia w nadziei, że wytoczy im proces przed amerykańskimi sądami.

Nie byłem jednak zmartwiony. Dorastałem, obserwując moich stryjów i Gambino. Udowadniali, że jeśli stałeś się wystarczająco ważny, mogłeś żyć z takim wyrokiem. Tak długo jak nikt z twojego kręgu cię nie wydał, mogłeś sobie poradzić niemal ze wszystkim.

Mogłeś oszaleć od martwienia się o to, że dorwie cię rząd albo ludzie stojący po twojej stronie. Nigdy nie miałem skłonności do paranoi. Moimi bohaterami byli Al Capone, który umarł z wędką w ręku, i Meyer Lansky, spacerujący po plaży pod koniec swoich dni. Nie mogłem sobie wyobrazić siebie mieszkającego w smrodzie i ciemnościach jak Griselda. Moje podejście było następujące: zrób, co w twojej mocy, a gdy zrobiłeś wszystko, co mogłeś, by się chronić, nie biegaj wkoło jak przerażony kurczak.

Mickey był tak sam jak ja. Był ostrożny, ale zawsze skupiał się na tym, by iść do przodu.

---

[1] W kwietniu 1984 roku minister sprawiedliwości Kolumbii – odpowiednik amerykańskiego prokuratora generalnego – został zastrzelony przez zabójców kontrolowanych przez Escobara i jego wspólników. Wkrótce około 30 000 policjantów i wojskowych zostało zaangażowanych w polowanie na laboratoria kartelu i walkę z jego prywatnymi armiami.

Max był kompletnym przeciwieństwem. Z każdym dniem był coraz bardziej przerażony. Zaczął ciągle wydzwaniać ze swojego telefonu w samochodzie, mówiąc, że ktoś go śledzi.

– Max, jeśli naprawdę ktoś cię śledzi, dziękuję, że zadzwoniłeś do mnie i powiadomiłeś ludzi, którzy za tobą jadą, ty kretynie.

O ile nikt na szczycie kartelu nie zacząłby sypać, bylibyśmy na zawsze bezpieczni.

Wszyscy wiedzieliśmy, że kiedyś będziemy musieli w końcu przestać przemycać narkotyki przez Florydę. W którymś momencie nagonka zrobi się zbyt mocna, by nawet Mickey zdołał sobie z nią poradzić.

Oczywistym miejscem był Meksyk. Rodzina Ochoa miała gościa o imieniu Gacha, który przewoził towar przez Meksyk[2]. Meksykanie zawsze byli dobrzy w przemycaniu marihuany. Nie załapali się na kokainę tylko dlatego, że nie mogli tam hodować liści czy ich przerabiać. W 1982 roku mój pilot Roger przedstawił mnie swojemu znajomemu, który latał dla Rafaela Quintero, ważnego meksykańskiego przemytnika marihuany. Poznałem Quintero na początku lat siedemdziesiątych podczas wakacji w Meksyku z moją francuską dziewczyną. Przyjaciel Rogera ponownie nas sobie przedstawił na początku 1983 roku. Quintero bardzo chciał pomóc Kolumbijczykom przy kokainie. Między Meksykanami a Kolumbijczykami nie było konkurencji, bo potrzebowali się nawzajem. Kolumbijczycy mieli kokainę, a Meksykanie dobre sposoby na jej przemycenie.

Meksyk stał otworem. Dwa samoloty stanowiły całe meksykańskie siły powietrzne. Piękno Meksyku nie polegało tylko na tym, że każdego dało się kupić. Prawda była taka, że wyżej postawieni ludzie na posterunkach policji z zasady nie cierpieli Ameryki. Kiedy zacząłem pracować z Quintero, chodziliśmy pić z *federales*, którym płacił, a oni narzekali na to, jak amerykańscy urzędnicy, na przykład ci z DEA, patrzyli na nich z góry. Meksykańscy gliniarze uwielbiali robić z głupich gringo idiotów, pomagając przemytnikom.

---

[2] José Gonzalo Rodríguez Gacha, członek kartelu z Medellín, znalazł się w 1987 roku na ósmym miejscu listy najbogatszych ludzi świata magazynu „Forbes", tuż za Pablo Escobarem. Gacha został zaatakowany w swojej twierdzy przez ponad 1000 kolumbijskich żołnierzy i zastrzelony w 1989 roku.

Kiedy Quintero zaczął mi pomagać, dostawał część mojej opłaty transportowej lub kartel dawał mu określoną ilość kilogramów z każdego ładunku, którą jego ludzie mogli sprzedawać na własną rękę. Quintero pomógł zorganizować w Meksyku lądowiska, na które Roger mógł lecieć z Kolumbii. Kiedy tam dotarł, uzupełniał paliwo i leciał nad Pacyfikiem do Kalifornii. Południowa Kalifornia była wyłączona, bo była pod obserwacją. Ale lecąc samolotem Super King Air, Roger mógł przewieźć prawie 2000 kilo do północnej Kalifornii. Zrobiliśmy parę takich rund, ale w północnej Kalifornii uprawiano marihuanę na skalę przemysłową i gliniarze zawsze szukali samochodów przewożących jakieś ładunki. Czułem się przez to niekomfortowo.

W 1984 roku Quintero powiedział mi, że ma lepszy sposób transportowania kokainy. W celu przemycania marihuany zbudował tunel prowadzący z Meksyku do Laredo w Teksasie. Nie była to wąska nora dla szczurów, jakie żółtki budowały w Wietnamie. Ten tunel był oświetlony, miał wybrukowaną nawierzchnię i windy na obu końcach. Został w całości zbudowany przez meksykańskich rolników. Kopali go, a kiedy skończyli, Quintero po prostu zastrzelił tych skurwieli i wepchnął ich do dołu na pustyni, żeby tylko kilka osób znało lokalizację tunelu. W ten sposób Meksykanie dbali o przestrzeganie tajemnicy firmowej. Zabijając tych biednych dupków.

Teraz, kiedy mieliśmy dostęp do tunelu, przewoziliśmy kokainę do Meksyku samolotem, a później wwoziliśmy ją samochodem do starej metalowej szopy przy granicy z Teksasem. Wewnątrz była winda. Używaliśmy jej, żeby ściągnąć kokainę pod ziemię, a później, korzystając z tunelu, przewoziliśmy przez granicę kokainę wartą 20 milionów dolarów na ręcznym wózku. Pojawiała się w warsztacie lakierniczym już w Teksasie. Działało to wspaniale.

Niestety Rafa zaczął się chwalić tunelem Maksowi. Lubiłem trzymać przed Maksem w tajemnicy to, w jaki sposób zarabiałem dla niego te pudełka pieniędzy, jednak on nalegał na obejrzenie tunelu. Ciągle naśmiewaliśmy się z Maksa i z tego, że dał się porwać w Meksyku i prawdopodobnie z tego powodu był zazdrosny, że ja znalazłem tunel, a on nie. Musiał go obejrzeć.

Postanowił pojechać na polowanie na beefalo w Teksasie, a gdy skończy, pojechać do Meksyku. Spotkaliśmy się w piekarni, razem z kilkoma ludźmi Quintero. Tego dnia byłem wyjątkowo zawstydzony, musząc go przedstawić jako swojego wspólnika. Max wszedł do piekarni ubrany w sztruksowy kostium safari i jakiś kapelusz w stylu Sherlocka Holmesa. Sądzę, że tak ubierali się dobrze wychowani myśliwi w Teksasie. Zrobiło się jeszcze gorzej, gdy Max zaczął wyjaśniać Meksykanom ideę polowania na beefalo zamykanych na farmach w zagrodach. Nie mogli uwierzyć w to, co słyszeli.

Powiedziałem Meksykanom, że zrobimy kawał Maksowi. Kazałem im zabrać go do tunelu i powiedzieć mu, że nie jest oświetlony. Chciałem, żeby przeszedł tunelem w ciemności, żebym mógł go zaskoczyć przy wyjściu po stronie Teksasu i powiedzieć: „Cześć Max, witaj w Teksasie”.

Pojechałem do Teksasu i jako pierwszy wszedłem do tunelu. Czekałem w ciemności, aż usłyszałem Maksa i Meksykanów. Mogłem dojrzeć mały żarzący się punkt, gdy Max zaciągał się papierosem. Później usłyszałem, jak Max przestraszonym głosem pyta:

– ¿Donde le luces? – Gdzie są światła?

Kiedy był już jakiś metr czy dwa ode mnie, podskoczyłem i powiedziałem: „Max”.

Max krzyknął jak dziewczyna. Jeden z Meksykanów włączył światła. Kiedy Max mnie zobaczył, zamiast się uspokoić, zaczął biec z powrotem do Meksyku. Musiałem go dogonić i złapać. Max cały się trząsł. Był cały mokry. Nie wiem, czy tak się spocił, czy się zesikał. Miał taki wzrok, jaki widziałem tylko wtedy, gdy matka Toni myślała, że chodzą po niej pająki. Oszalał.

Świetną cechą Meksykanów jest to, że uwielbiają nabijać się z ludzi. Paru z nich podeszło do nas i jeden zapytał:

– Człowieku, czy to tak polujesz na beefalo? Szybko biegasz?

Śmiali się do rozpuku. Mój wspólnik był teraz pośmiewiskiem Meksyku. To było żenujące.

Ale przegapiłem najważniejsze. Dlaczego Max był taki przestraszony? Zachowywał się irracjonalnie. To, że mój wspólnik załamał się tylko z powodu strachu przed ciemnością, powinno stanowić ostrzeżenie, że coś z nim było nie tak. Ale całkowicie to zignorowałem.

ROZDZIAŁ 70

J.R.: Pod koniec 1984 roku Max przeżył kryzys, który był jeszcze poważniejszy niż to, że prawie zszedł na zawał w naszym meksykańskim tunelu narkotykowym. Rafa przyszedł do nas i powiedział, że musimy zabić Barry'ego Seala.

To, co ci zaraz opowiem, rozłoży cię na łopatki. Latem 1984 roku Barry Seal poleciał jednym z moich C-123 załadowanym kokainą do wojskowej bazy lotniczej Homestead. Miał też przy sobie zdjęcia Pabla Escobara osobiście ładującego kokainę do samolotu na lądowisku w Nikaragui, przy pomocy gości z rządu sandinistów. Barry wrobił Pabla i cały rząd Nikaragui. Okazuje się, że od połowy 1983 roku pracował jako wtyczka DEA.

Stało się tak, że w kwietniu 1983 roku DEA złapała Barry'ego na lotnisku w Fort Lauderdale, gdy próbował wwieźć ładunek podrobionego metakwalonu[1]. To nie Barry był celem. Szukali dużego przemytnika metakwalonu, a Barry podjął się pilotowania jego samolotu dla rozrywki. Uwielbiał latać.

---

[1] Po aresztowaniu Seala w 1983 roku, jego nazwisko zostało opublikowane w lokalnych gazetach na Florydzie, jednak użyto jego oficjalnego nazwiska „Adler Berriman Seal", którego w tamtym momencie nie rozpoznał ani Jon, ani jego kolumbijscy pomocnicy, ponieważ znali go jako „Barry'ego" lub pod innym pseudonimem: „Mackenzie". Używane przez przestępców przezwiska myliły policję, ale wprowadzały też w błąd ich wspólników. Gdyby kartel wiedział, że Seal został aresztowany w 1983 roku, zabito by go już wtedy.

Gdy złapali Barry'ego za przewożenie metakwalonu, zmusili go do załatwienia Pabla Escobara. Dowiedzieliśmy się o tym pod koniec lata 1984 roku, kiedy w mediach pojawiły się informacje na ten temat[2]. Max z tego powodu wychodził z siebie. Rzadko pracował bezpośrednio z Barrym Sealem, ale przez to wydarzenie o Pablu Escobarze częściej mówiono w wiadomościach.

Mógłbyś pomyśleć, że spanikowałem, gdy Barry okazał się wtyczką. Gdy o tym myślę, staje się oczywiste, że zacząłem pracować z Barrym nad przewożeniem broni do Nikaragui kilka miesięcy po tym, jak został informatorem DEA. Pracowałem z nim przy przewożeniu broni do mniej więcej czterech miesięcy przed tym, jak wykorzystał C-123, by wrobić Pabla.

Ale nie byłem zmartwiony. Podczas pierwszego spotkania na temat C-123 Barry powiedział mi, że nie chce ze mną przemycać kokainy. Teraz zrozumiałem dlaczego. Nie chciał donosić na mnie. Są dwa rodzaje informatorów: taki, który ma to we krwi i sprzeda każdego w każdej chwili, i taki, któremu władze wkręciły jaja w imadło i powiedziały, że jedynym sposobem na uwolnienie się jest wkopanie konkretnych gości. Barry wrobił Pabla, bo właśnie to kazali mu zrobić, prawdopodobnie po to, by uniknąć skazania za metakwalon. Gdyby Barry chciał na mnie donieść, powiedziałby: „Przewieźmy w tym miesiącu trochę kokainy". Ale powiedział coś dokładnie odwrotnego.

Nie martwiłem się też tym, że pracowałem z Barrym przy przewożeniu broni do Nikaragui. Ten jeden raz, kiedy leciałem razem z nim, powiedziałem mu, że jest spięty. Barry zaśmiał się i powiedział:

---

[2] Jak powiedział wcześniej Jon, w 1984 roku Barry Seal poleciał C-123 do Nikaragui. Zamiast dostarczyć broń contras, jak to robił wcześniej, wylądował na lądowisku należącym do rządu. CIA, współpracujące z DEA, wyposażyło samolot Seala w ukryte aparaty fotograficzne. Gdy aparaty robiły zdjęcia, Pablo Escobar i członkowie rządu Nikaragui ładowali do samolotu kokainę. Seal zastawił na nich pułapkę w imieniu amerykańskiego rządu. Dostarczył samolot i fotografie do wojskowej bazy lotniczej w Homestead. Opublikowano dwa artykuły o wspieranych przez CIA tajnych działaniach Seala z lipca 1984 roku: w „Wall Street Journal" i w „Washington Times". Temat podchwyciły wiadomości telewizyjne i 16 marca 1986 roku prezydent Reagan pokazał zdjęcia zrobione przez aparaty w C-123 podczas przemowy wygłoszonej w Gabinecie Owalnym, w której ujawnił rolę rządu Nikaragui w procesie przemytu narkotyków.

– Nie martw się, Jon. Pracujemy dla wiceprezydenta Busha.

Nie potraktowałem tego, co Barry powiedział na temat pracy dla Busha[3], dosłownie. Ale rozumiałem, że ktoś w rządzie zatrudniał przestępców takich jak Barry i ja, żebyśmy przewozili ich broń do Nikaragui, ponieważ nie chcieli, żeby przyłapano rząd na robieniu czegoś, co było niezgodne z naszym własnym prawem. Ostatnią rzeczą, jakiej pragnęli, było to, byśmy wpadli w tarapaty z powodu dostarczania ich broni bojownikom o wolność. Chcieli utrzymać ten syf w tajemnicy przed mediami.

Ludzie z rządu zmusili mnie do tego, mówiąc, że Ricky Prado zarekomendował mnie do tej roboty. Prawdopodobnie wywarli nacisk na Barry'ego dzięki tej sprawie z metakwalonem wiszącej nad jego głową. Być może Barry sądził, że zdobędzie dodatkowe punkty w rządzie dzięki przewożeniu broni i w ten sposób uniknie kary za sprawę z metakwalonem.

Ucieszyłem się, kiedy mi powiedzieli, że już mnie nie potrzebują. Oczywiście, nie pozwolili odejść Barry'emu Sealowi. Wykorzystali go do zastawienia pułapki na kartel. Nie miało dla mnie sensu to, że Barry mógł polecieć jednym z naszych C-123 do Nikaragui, załadować go kokainą, a Pablo Escobar osobiście mu pomagał. Nawet dziś nie ma to dla mnie sensu. Nigdy nie słyszałem o transportowaniu kokainy z Nikaragui, nigdy nie słyszałem o tym, by Pablo osobiście załadowywał któryś z naszych samolotów. Ale prawdą jest to, że Barry nakłonił go do zrobienia tego i uwiecznił to na zdjęciach.

Wcale nie obchodziło mnie to, że Barry Seal nadal latał C-123 po tym, jak zakończyliśmy naszą operację przemycania broni. Mógł zrobić

---

[3] Być może Jon powinien był potraktować jego wypowiedź dosłownie. Richard Ben-Veniste, ceniony prawnik z Waszyngtonu, który był głównym doradcą prezydenta Clintona podczas przesłuchań przed Senatem w sprawie Whitewater, a później zasiadał w komisji ds. 11 września, reprezentował także Barry'ego Seala po jego aresztowaniu w 1983 roku w sprawie z metakwalonem. Ben-Veniste twierdził, że przedstawił Barry'ego Seala wiceprezydentowi Bushowi po aresztowaniu w 1983 roku w sprawie z metakwalonem, ponieważ wierzył, że przemytnik mógł być użytecznym pomocnikiem. Mówiąc o Sealu w wywiadzie dla „Wall Street Journal" w 2004 roku, Ben-Veniste powiedział: „Wykonałem swoją część pracy, gdy pchnąłem go w ramiona wiceprezydenta Busha, który przyjął go jako tajnego agenta".

z tymi samolotami wszystko, co chciał. Za wyjątkiem wrobienia Pabla Escobara[4]. Za to Barry musiałby zginąć.

Max wyszedł z siebie, gdy wyszła na jaw sytuacja z Barrym Sealem, bo przez to trudniej było przebywać w towarzystwie Rafy. Był bardzo zły, że Barry wrobił Pabla. Potraktował to osobiście, bo Pablo był jego szefem. Poza tym Rafa, podobnie jak inni Kolumbijczycy, miał wygórowaną opinię o Amerykanach. Nie wyobrażał sobie, że zaufany gringo okaże się kapusiem. To, co zrobił Barry, sprawiło, że Rafa miał gorsze zdanie o wszystkich gringo.

Rafa robił coraz więcej, by wkurwić Maksa. Pojechałem do domu Maksa w Sunny Isles, a Rafa wstawił tam do garażu lodówkę wypełnioną mokrymi książkami telefonicznymi. Używał ich jako tarczy, gdy testował swoje karabiny MAC-10. Cały dom wypełniony był dymem. Jesteśmy na przedmieściu, a Rafa jest w garażu i strzela z broni maszynowej. Nawet przy użyciu tłumików robią okropny hałas. Wchodzę, a Rafa pali bazukę i daje Maksowi wykład, równocześnie wystrzeliwując kolejne serie z karabinu.

– To twoje zadanie, Max – trrrrr! Ty jesteś szefem –trrrr! Musisz zająć się zdrajcą – trrrr!

---

[4] Nie ma wątpliwości, że Barry Seal zastawił pułapkę na Pabla Escobara i że zrobił to w ramach tajnej operacji prawdopodobnie prowadzonej wspólnie przez CIA i DEA. Jej wyniki nie tylko usatysfakcjonowały rząd amerykański w kwestii dyskredytacji nikaraguańskiego rządu sandinistów, ale także doprowadziły do złapania Escobara, największego wroga w narodowej „Wojnie przeciw narkotykom". Jako tajna akcja okazała się ogromnym sukcesem. Na temat twierdzenia Jona, że Seal także przewoził broń dla programu CIA contras, szeroko dyskutowano od lat osiemdziesiątych. Oliwy do ognia dodał fakt, że 5 października 1986 roku samolot C-123, identyczny jak ten, którym leciał Seal, żeby wrobić Escobara – a prawdopodobnie nawet ten sam samolot – został zestrzelony, gdy dostarczał contras broń. To zdumiewające, że w tym samym czasie Seal odgrywał znaczącą rolę w kilku ważnych operacjach amerykańskiego wywiadu. Jednak najbardziej zaskakującą częścią historii Seala jest po prostu to, że po tym, jak posłużył jako narzędzie tajnych taktyk amerykańskich, sprawa przeciwko niemu dotycząca przemytu metakwalonu toczyła się dalej i w jej wyniku Seal został zmuszony do zamieszkania w ośrodku odwykowym dla narkomanów w Baton Rouge, pod niewielką ochroną policji czy federalnych. Jak określił to Seal, poczuł, że rząd zrobił z niego „glinianego gołębia" – wyznaczony cel.

Max przybiegł do mnie z pudełkiem wypełnionym 250 000 dolarów i poprosił o wynajęcie zabójcy. Oczywiście to nigdy nie jest takie proste. W 1984 roku Barry Seal był niczym celebryta. Miał przed sobą proces w Baton Rouge po aresztowaniu w związku z metakwalonem, ale składał zeznania odnośnie do kartelu w Kongresie i był co wieczór w wiadomościach. Zawodowi zabójcy nie chcą zabijać gościa, który składa zeznania przed Kongresem. Prawda jest taka, że większość zawodowców chce się zajmować łatwymi celami, na przykład jakimś bukmacherem czy księgowym, o których nikt nigdy nie słyszał.

Wysłałem do Baton Rouge kilku strzelców, żeby poszukali Seala. Wyszedł za kaucją, jednak twierdzili, że nie mogą go znaleźć. Max ciągle mi płakał, że musimy go znaleźć.

– Sam pojadę do Baton Rouge i dowiem się, gdzie jest – powiedziałem.

– Jadę z tobą – powiedział Max.

– Co zamierzasz robić? Stać mi nad głową i kazać wycelować inaczej, bo wiatr wieje pięć stopni na zachód?

– Nie zamierzasz go wcale zastrzelić, tak?

– Oczywiście, że nie, gruby gnojku. Nie biorę żadnej broni.

– W takim razie jadę z tobą.

Nienawidziłem podróżowania z Maksem. Jak tylko weszliśmy do Holiday Inn w Baton Rouge, chciał sprowadzić sobie dziwkę.

– Dziwki z Baton Rouge, Max? Zabiorę cię do schroniska dla zwierząt. Cokolwiek tam przelecisz, będzie lepsze niż dziwka, którą znajdziesz w książce telefonicznej w Baton Rouge, uwierz mi.

Zmusiłem Maksa do tego, żeby przez dwa dni jeździł ze mną po okolicy, żeby choć raz trochę popracował. Nie wiedziałem, gdzie zatrzymał się Barry, czy byli przy nim policjanci, czy co tam. Pojechałem do restauracji, do których chodziliśmy, na stacje benzynowe, do warsztatu. Nie trafiliśmy nawet na jego ślad. Zyskałem tylko dym z tych 20 milionów papierosów, które Max wypalił w naszym wynajętym samochodzie.

Za każdym razem, gdy przejeżdżałem przez miasto, mijałem Waffle House przy Airport Road. Barry uwielbiał to tłuste, południowe jedzenie. Trzeciego dnia widzę, jak wychodzi z Waffle House i wsiada do swojego Eldorado. Jedyną rzeczą, jaką zrobił, żeby się ukryć, była zamiana kabrioletu na coupe. Wciskam gaz i jadę za nim. Nie widzę, żeby miał jakąś ochronę. Zaczynam się ekscytować.

– Jezu, szkoda że nie mamy broni.

– Oszalałeś? – mówi Max.

– Po prostu potraktuj go jak beefalo.

Pozwalam Barry'emu odjechać na większą odległość. Nie mam przy sobie poręcznego zestawu Ricky'ego Prado do przebierania się, a nie chcę, żeby Barry mnie zobaczył. Ma dobry wzrok. Wiem o tym, bo z nim latałem.

Wykonuje gwałtowny skręt w boczną uliczkę. Przyspieszam, żeby go dogonić.

– Co robisz?

– Może coś jesteśmy tu w stanie zrobić, Max.

– Ale on jest pod ochroną federalnych.

– Kennedy też był, dupku.

Nie jestem najlepszy w śledzeniu, ale doganiamy znów samochód Barry'ego. Jesteśmy na ulicy, przy której jest mnóstwo sklepów żelaznych, w których sprzedają części do samolotów. Barry zwalnia. Jest przecznicę przed nami. Nie ma ruchu, tylko przy małych fabryczkach stoi zaparkowany samochód robotników. Wciskam gaz do dechy.

Max zaczyna skomleć.

Postanowiłem uderzyć w Barry'ego. Myślę sobie: „Rozbijemy mu samochód, wyskoczę i zabiję go gołymi rękoma, i odjedziemy, zanim nadjedzie karetka".

– Co my robimy?

– Zamknij się. Przejedziemy go.

Max krzyczy „Nieee!", jakby zrzucano go w przepaść. Zaciska ręce na kierownicy. Walę go pięścią w twarz. Nie potrafi walczyć, ale jest tłustą świnią, całe 130 kilogramów jego ciała wisi na kierownicy, a on nie puszcza.

Max wygrał. Zwolniłem, a Barry skręcił do warsztatu. Minęliśmy go i na tym się skończyło. Barry dostał jeszcze jeden dzień życia.

ROZDZIAŁ 71

J.R.: Znasz ten komiks z czwórką superbohaterów? Laską, która potrafiła stać się niewidzialna, gościem, który ślizgał się po niebie, staruszkiem, którego ręce mogły dosięgnąć Księżyca, i chłopakiem, który mógł palić rzeczy za pomocą wzroku? Max był przeciwieństwem tej czwórki razem wziętej. Jego nadprzyrodzoną zdolnością było siedzenia na tłustej dupie, wsadzanie nosa w pudełka pieniędzy i pierdolenie wszystkiego.

Któregoś dnia w 1985 roku Max zadzwonił do mnie ze swojego jaguara. Zawsze zdawało mu się, że ktoś go śledzi, ale tego dnia sprawiał wrażenie bardziej przestraszonego niż zazwyczaj.

– Jon, jedzie za mną samochód. Przede mną jest blokada drogi. Mają mnie[1].

W ten sposób dowiedziałem się, że aresztowano Maksa. Ten kretyn zadzwonił do mnie, żeby mi o tym powiedzieć. Numer, pod który zadzwonił, nie był zarejestrowany na moje nazwisko, ale proszę – nie dawaj glinom kolejnym małych wskazówek, żeby im pomóc w śledztwie przeciwko mnie.

Dlaczego aresztowali Maksa? Nie dlatego, że złapali choć jeden samolot, łódź czy samochód, którym ja albo Mickey przewoziliśmy towar. Nie dlatego, że przyłapano na czymś jednego z setki chłopaków, którzy

---

[1] Max został aresztowany 27 sierpnia 1985 roku, gdy jechał swoim jaguarem i rozmawiał przez telefon z Jonem.

pracowali dla mnie lub Mickeya. Nikt nie znalazł domu, w którym ukrywaliśmy 100 milionów dolarów, ani samolotu, którym przewoziliśmy pieniądze do Panamy. Nie chodziło o coś, co my zrobiliśmy. Mickey i ja mieliśmy idealne kartoteki. Tak samo Roger.

Nawet Barry Seal, zeznając przed Kongresem, nie wkopał mnie ani Maksa.

Max został aresztowany, bo był idiotą i stwierdzam tylko fakt.

Kiedy pierwszy raz spotkałem Maksa w szczęśliwszych czasach, gdy wysyłał mi huśtawki i mięso beefalo, przyszedł raz do mnie i zapytał, czy nie chciałbym zainwestować w egzotyczne samochody. Sprzedałem niedawno komis samochodowy, który prowadziłem z Ronem Tobachnikiem, ale Max powiedział, że ma dostęp do nowego rodzaju samochodów. Mieli je nazwać DeLorean[2].

Max chciał się zająć sprzedażą DeLorean. Gdy zapytał mnie o zdanie, powiedziałem.

– Ten samochód to gówno. Ma słaby silnik. Kto by go potrzebuje?

Nie myślałem o samochodach DeLorean aż do aresztowania Maksa w 1985 roku. Wtedy dowiedziałem się, że to z ich powodu został aresztowany.

John DeLorean był biznesmenem, którego przyłapano w 1982 roku na próbie sprzedaży narkotyków, gdy próbował zebrać fundusze na fabrykę samochodów[3]. Okazało się, że gość, który sprzedawał DeLoreanowi kokainę, kupił ją od Maksa. Za każdym razem, gdy Max sam brał się za interesy, kończyło się to katastrofą. Z DeLoreanem nie było inaczej. Po tym, jak został aresztowany, człowiek Maksa nakapował na niego.

Max został oskarżony w 1981 roku. Było to zamknięte oskarżenie. Takie trzymają w tajemnicy aż do momentu tuż przed aresztowaniem[4]. Nie było

---

[2] Samochody najbardziej znane z filmów z serii *Powrót do przyszłości*.

[3] John DeLorean to były kierownik General Motors, który założył DeLorean Motors. Został aresztowany w 1982 roku podczas operacji, w trakcie której został sfilmowany, jak dokonuje transakcji narkotykowej, by zebrać gotówkę na swoje przedsiębiorstwo samochodowe po tym, jak wyczerpał fundusze z Wall Street. DeLorean został oskarżony o handel narkotykami, ale został uznany za niewinnego po tym, jak jego obrona stwierdziła, że został wpędzony w pułapkę przez FBI.

[4] Max został oskarżony o handel narkotykami w zamkniętym oskarżeniu z 1981 roku w Kalifornii, razem z trzema mężczyznami, którzy byli zaangażowani w dostarczanie

jednak możliwe, żeby Maks nie zorientował się, że coś się kroi. Sprawa DeLoreana była we wszystkich mediach[5]. Max z pewnością wiedział, że aresztowano jego człowieka.

Wszystko to wyjaśniało, dlaczego Max był cały czas tak bardzo przerażony – bardziej niż wynikało to z bycia zwykłą cipą. Tajemnica została rozwiązana.

Każdy, kto zajmuje się czymś nielegalnym, napotyka na problemy. Nie miałem racji, mówiąc, że moja kartoteka związana z przemytem kokainy była idealna. Któregoś razu brat Toni Lee został aresztowany przed lotniskiem w Chicago z 40 kilogramami, które dla mnie przewoził. Ale zająłem się tym. Zadzwoniłem do mojego przyjaciela w Chicago, sędziego Rosenberga i dowiedziałem się, którego prawnika powinienem zatrudnić. Dowiedziałem się, kogo należy przekupić. Sprawiłem, że oddalono zarzuty. Lee nigdy nie wrócił do Chicago. Nigdy więcej nie dostarczaliśmy tam kokainy w ten sam sposób. W ten sposób rozwiązujesz problemy.

Kiedy jesteś profesjonalnym kryminalistą, skazanie za taką czy inną rzecz nie jest końcem świata. Spójrz na Meyera Lansky'ego. Na gościu przez dekady ciążyły federalne akty oskarżenia. Walczył z rządem w sądzie. Był bardzo ostrożny, jeśli chodzi o robienie interesów i zmarł jako wolny człowiek, prowadząc swoje imperium do ostatnich dni.

Jednak to, co zrobił Max, nie miało sensu. Po tym, jak DeLorean znalazł się w wiadomościach, Max nigdy nie zatrudnił prawnika. Nigdy nie wybadał oskarżycieli ani wspólników, którym wytoczono proces. Nie zrobił nic. Jeździł konno na swojej farmie w Davie w kowbojskim stroju i odgrywał El Jefe.

---

kokainy DeLoreanowi. Z dokumentów nie wynika jasno, czy Max dostarczał narkotyki, których dotyczyła sprawa DeLoreana, czy też jego współoskarżeni współpracowali w tajnej operacji przeciwko DeLoreanowi. W każdym razie Max nie był świadomy oskarżenia, a agencje federalne, które je sformułowały, nie ścigały go ani nie prowadziły przeciw niemu śledztwa przez blisko pięć lat.

[5] DeLorean był regularnie parodiowany w *Saturday Night Live* po tym, jak został aresztowany w 1982 roku. Później został bohaterem komiksu Garry'ego Trudeau *Doonesbury*. W 1983 roku wydawca magazynu „Hustler", Larry Flynt, zrobił przeciek i przekazał taśmy FBI z aresztem DeLoreana mediom, co zakończyło się dla Flynta procesem o kradzież rządowych taśm i samo w sobie stało się pożywką dla mediów, kiedy Flynt pojawił się w sądzie ubrany jedynie w pieluchę zrobioną z amerykańskiej flagi.

Ale właśnie dlatego, gdybyś poklepał go po ramieniu, za każdym razem niemal zesrałby się ze strachu. Bał się, że jest na celowniku.

Kiedy aresztowali Maksa, nie wiedzieli, kim jest. Aresztowali go w związku z oskarżeniem w sprawie DeLoreana sprzed czterech i pół roku. Kiedy poszli do jego domu, nie wiedzieli, czego szukać. Niestety, Max im coś dał. Znaleźli w jego sypialni torbę z 250 000 dolarów niewypranej gotówki pochodzącej z handlu narkotykami. Torba z nieopodatkowaną gotówką, nawet jeśli policja nie ma na ciebie żadnych innych haków, prawie automatycznie kończy się zarzutem prania brudnych pieniędzy.

BYŁY DETEKTYW Z POSTERUNKU POLICJI W MIAMI-DADE, MIKE FISTEN: To aresztowanie było prawie fuksem. Oskarżenie Maksa Mermelsteina z 1982 roku w związku ze sprawą DeLoreana przez lata leżało w szafce w biurze federalnym w Kalifornii. Pracowałem dla federalnych w Miami i co miesiąc prosiliśmy DEA o przesłanie nam ważnych informacji dotyczących handlarzy działających na naszym terenie. Aresztowanie DeLoreana było większą sprawą związaną z handlem narkotykami, ale nikt nie przesłał nam oskarżenia Mermelsteina z tym związanego aż do mniej więcej pięciu miesięcy przed jego wygaśnięciem. Ekipa, która aresztowała Mermelsteina, musiała działać szybko. Nie mieli czasu, żeby poprowadzić porządne śledztwo. Pewnie puścilibyśmy go wolno, gdyby nie ta torba z gotówką, którą znaleziono w jego domu.

J.R.: Moi prawnicy sądzili, że to pierwotne oskarżenie przeciwko Maksowi zostanie wycofane, nawet po tym, jak w jego domu znaleziono pieniądze. Rok przed aresztowaniem Maksa sędzia oddalił sprawę przeciwko DeLoreanowi. Ta sprawa to były stare dzieje.

Sądziliśmy, że Max może dostać dwa lata za pranie brudnych pieniędzy, w związku z gotówką, którą znaleziono w jego domu. Równie prawdopodobne było to, że gdyby trzymał gębę na kłódkę, wyszedłby za kaucją i procesował się w tej sprawie całymi latami. W ten sposób normalny przestępca radzi sobie z mało ważnym aresztowaniem. Mieli na taśmie zarejestrowane, jak DeLorean kupuje kilogramy kokainy, a on wyszedł z tego bez szwanku. Tak to się załatwia.

Wszyscy pokładali zaufanie w Maksie. Choć powtarzam, że był kretynem, był sprytnym gościem. Przetrwał w tej kolumbijskiej psychorodzince przez wiele lat. Ze wszystkich ludzi na świecie najlepiej wiedział, że gdyby zadarł z kartelem, ubiliby go jak psa. Nie uratowałoby go to, że dzięki małżeństwu był rodziną Pabla. Przez to pogardzano by nim jeszcze bardziej, bo traktowano by to jako osobistą zdradę.

Mickey i ja byliśmy pewni innej rzeczy. Max nie znał szczegółów dotyczących przemytu, które znaliśmy my. Nie znał lokalizacji farmy, na której trzymaliśmy samoloty. Nie znał gości, którzy byli moimi kierowcami, nie wiedział, gdzie mieliśmy skrytki. Ułatwiliśmy mu zadanie odgrywania ignoranta, gdyby kiedykolwiek był przesłuchiwany przez glinę.

Dla bezpieczeństwa, po aresztowaniu Maksa Mickey i ja zamknęliśmy wszystko. Zgasiliśmy światła i czekaliśmy w ciemności. Żaden z nas się nie martwił.

Max nie mógł być na tyle głupi, by zacząć gadać.

ROZDZIAŁ 72

J.R.: Po aresztowaniu Maksa miałem niedokończone sprawy z Barrym Sealem. Fabito wymknął się do Miami, żeby podkreślić, jak ważne było zabicie go. Jakiekolwiek szkody Barry mógł wyrządzić kartelowi, wyrządził je. Zaczął mówić. W tym momencie pozbycie się go miało symboliczne znaczenie. Każda odnosząca sukcesy grupa przestępców musi zabijać takich ludzi jak Barry Seal dla zasady – tylko po to, by pokazać, co się dzieje ze szczurem.

Kartel nie był jedyną grupą, która pragnęła śmierci Barry'ego Seala. Amerykański rząd również wydał na niego wyrok śmierci. Spójrz, jak potraktowali tego człowieka. Aresztują go za przewożenie metakwalonu i żeby odpracował swój wyrok, zmuszają go do tego, żeby razem ze mną przewoził broń bojownikom o wolność. Później wysyłają go do Nikaragui samolotem z ukrytymi aparatami, żeby zrobić zdjęcia, jak Pablo Escobar ładuje kokainę. Pablo jest uważany za najbardziej niebezpiecznego człowieka na świecie, a oni pokazują w wiadomościach Barry'ego Seala jako gościa, który go wydał? Normalny gość, który wrabia ważnego przestępcę, dostaje ochronę jako świadek. A co dają Barry'emu? Sędzia federalny odpowiedzialny za jego proces w związku z metakwalonem nakazuje mu przeprowadzkę do ośrodka odwykowego prowadzonego przez Armię Zbawienia, położonego parę kilometrów od lotniska, na którym spotykał się z gośćmi, którzy teraz chcą go zabić. Rząd zrobił wszystko, żeby umieścić tarczę na plecach Barry'ego.

Barry był gościem, który żył według własnych przekonań. Nie martwił się o osobistą ochronę. Ale nawet w przypadku gościa, który nie chce ochrony, to rząd, jeśli ten człowiek jest ważnym świadkiem, zapewnia mu odpowiednią ochronę. Nie w przypadku Barry'ego. Rząd praktycznie włożył nam w dłonie broń.

Wiedziałem, dlaczego chcieliśmy go zabić. Nie wiem, dlaczego oni tego chcieli. Czy to w związku z przemycaniem broni do Nikaragui? Mnie nigdy w związku z tym nie ścigali. Nie wiem, co zrobił Barry, żeby ich wkurzyć, ale prawdopodobnie miało to coś wspólnego z jego pojawieniem się w telewizji i opowiadaniem o tym, jak latał C-123 dla CIA[1].

Kiedy Rafa sprowadził z Kolumbii zabójców, którzy mieli go wykończyć, powiedziałem mu, że mogą znaleźć Barry'ego, jak jeździ swoim eldorado wzdłuż Airport Road, między Waffle House a Armią Zbawienia. Były niemal naprzeciwko siebie. Kazałem Rafie narysować dla nich mapę.

MICKEY: Poznałem Kolumbijczyków, których sprowadził Rafa w celu zabicia Barry'ego Seala. Byli mniej więcej tak bystrzy jak Huey, Dewey i Louie albo Zakręcone Trio. Nie byli płatnym zabójcami. Byli gońcami, którym dano pistolety.

J.R.: Rafa dał tym dzikusom parę karabinów MAC-10, które testował w garażu Maksa[2], polecieli komercyjnym lotem do Baton Rouge. Broń nadali w bagażu. Zabrali mapę, którą im daliśmy, i śledzili Barry'ego od Waffle House do Armii Zbawienia. Zastrzelili go w jego eldorado[3]. Kolumbijczyków aresztowano w ciągu kilku godziny. Wszyscy zostali skazani na dożywocie. Nic nie powiedzieli. Byli porządnymi kolumbijskimi wieśniakami.

---

[1] W 1985 roku laureat nagrody Peabody, dziennikarz John Camp nagrał na pokładzie C-123 wywiad z Sealem. Seal ujawnił szczegóły na temat swojej roli w operacji CIA przeciwko rządowi Nikaragui, a wywiad pokazano na kanale WBRZ w Baton Rouge w 1985 roku.

[2] Dzięki badaniom balistycznym dopasowano broń użytą do zamordowania Seala do fragmentów łusek, które znaleziono w garażu Mermelsteina.

[3] Seal został zastrzelony 19 lutego 1986 roku.

Ludzie mówią, że w trakcie przeszukania walizki, którą trzymał Barry Seal, znaleziono kawałek papieru z zapisanym bezpośrednim numerem telefonu do wiceprezydenta Busha[4]. Tyle dobrego zrobił Barry'emu.

---

[4] Informacje o znalezieniu numeru Busha przy Sealu po jego śmierci były często powtarzane, ale nigdy nie zostały potwierdzone.

ROZDZIAŁ 73

J.R.: Po zamordowaniu Barry'ego Seala wszystko ucichło i w końcu ja i Mickey straciliśmy cierpliwość. Chcieliśmy wrócić do przemytu. Poleciałem do Kolumbii i spotkałem się z nową grupą Kolumbijczyków. Mimo wojny przeciwko kartelowi, fabryki ciągle działały. Ci nowi goście pomagali kartelowi transportować kokainę[1]. Zacząłem więc z nimi współpracować.

MICKEY: Nigdy nie myślałem o porzuceniu tego zajęcia. Nadal pragnąłem zrealizować idealną misję. Chciałem wykorzystać do tego małe wyspy położone w zatoce Biscayne, które są tak blisko Miami, że nikt nie wierzył, że ktokolwiek mógł coś na nich przemycać. Miałem taką fantazję, żeby zrzucić kokainę do wody za wyspami i wypłynąć moją nieuchwytną łodzią z plaży, by ją zabrać. Chciałbym powiedzieć, że to zrobiłem. Ale nigdy nie miałem okazji.

J.R.: Po aresztowaniu Maksa zrealizowaliśmy kilkanaście lotów. Którejś nocy w 1986 roku pracowałem w pokoju radiowym w Ultimate Boats,

---

[1] W tym czasie Jorge Ochoa został już aresztowany w Hiszpanii. Został podany ekstradycji do Kolumbii, gdzie później rząd go uwolnił. Ale kartel był w rozsypce. Jorge został ponownie aresztowany w 1991 roku i odsiedział pięć lat w więzieniu. Pablo Escobar został zastrzelony w swojej kryjówce podczas obławy zorganizowanej wspólnie przez armię Kolumbii i USA w 1993 roku.

kiedy przyszedł Delmer i zaproponował, że mnie zastąpi. Mickey był tej nocy na farmie, na którą pilot przywoził z Kolumbii ładunek kokainy. Samolot miał dotrzeć za kilka godzin, więc wyszedłem. Ale nie miałem ochoty wracać do domu w Delray do Toni. Postanowiłem wrócić do pokoju radiowego. Chciałem tam być, gdy przyleci samolot i jeszcze raz wsadzimy rządowi kij w oko.

O czwartej nad ranem zacząłem się ekscytować. Samolot nadlatywał. Później nastąpiła eksplozja. Cały budynek się zatrząsł. Grupa gliniarzy w swoich głupich strojach Dartha Vadera wjechała opancerzoną ciężarówką w bramy naszego warsztatu. Wbiegli po schodach z bronią w ręku.

Powinieneś zachowywać się spokojnie, gdy po ciebie przychodzą. Widziałem, że mój tato tak robił, gdy ludzie z rządu przyszli do naszego domu i deportowali go prosto z naszego salonu.

Rzucili mnie na ziemię i skuli kajdankami. Wszyscy ci gliniarze mieli przy paskach radia. Słyszałem innych policjantów mówiących o innych obławach, które przeprowadzali[2]. Słyszałem, że mówią, że są na naszej farmie. Zastanawiam się, jak ją znaleźli.

Później przez ich radia słyszę, że rozpętuje się piekło. Gliniarze krzyczą coś o katastrofie śmigłowca, pożarach, strzelaninie. Ci, którzy nas aresztują, wyglądają na trochę przestraszonych. Biorą swoje radia i pytają gliniarzy po drugiej stronie, co się dzieje.

Słyszymy, jak gliniarze krzyczą:

– Wymyka nam się, uciekł. Straciliśmy go.

Nie mam pojęcia, co się tam do licha dzieje. Ale zdaję sobie sprawę, że mówią o Mickeyu. Uciekł.

Siedzę na podłodze skuty kajdankami i śmieję się z tego do rozpuku[3].

---

[2] Ponad 250 lokalnych i federalnych agentów i policjantów brało udział w równoczesnych obławach na budynki, których używali Jon i Mickey. Zaatakowano łącznie 17 miejsc i przechwycono 12 samolotów, 21 samochodów i ciężarówek i 28 łodzi, których używali w trakcie swojej przemytniczej działalności.

[3] Jon został aresztowany 21 września 1986 roku w pokoju radiowym w Ultimate Boats. Podtrzymywał swój zwyczaj nieujawniania swojego nazwiska, kiedy pracował, i pozostali mężczyźni aresztowani w sklepie z motorówkami twierdzili, że nie wiedzą, kim jest. Jon początkowo odmówił podania swojego nazwiska policjantom, którzy go aresztowali. W początkowych raportach był po prostu określony jako „osobnik z brodą w koszulce z pelikanami".

ROZDZIAŁ 74

E.W.: Ciepły, bezchmurny dzień. Jon parkuje w rzędzie samochodów, głównie range roverów zapełniających wąską ulicę przed ekskluzywną prywatną szkołą w Miami. Każdego popołudnia rodzice powodują mały korek, kiedy przyjeżdżają odebrać swoje dzieci. Jon jedzie należącym do Noemi cadillakiem SUV, ponieważ jest na tyle duży, by pomieścić hokejowy sprzęt Juliana. Chłopiec ma trening każdego popołudnia. Czasem Jon podwozi innych chłopców z drużyny.

– Jestem hokejowym tatą – mówi Jon.

– Julian nie może być długo poza domem. Ma dodatkową pracę domową z matematyki – dodaje Naomi z siedzenia pasażera.

Jon przeklina range rovera stojącego przed nim.

– Czekaj cały dzień, głupi kretynie.

– Odetchnij, Jon.

Noemi próbuje uspokoić Jona za pomocą wskazówek, które dostali podczas zajęć dla rodziców, w których niedawno uczestniczyli. Jon wygrał w procesie, który wytoczyła jego była żona, żeby zmienić warunki opieki nad Julianem, ale on, Noemi i jego była żona dostali nakaz uczestnictwa w zajęciach dla rodziców. Od ukończenia tych zajęć Jon narzeka, że jedna z oceniających go osób uznała go za „dominującego i agresywnego". Albo, jak mówi sam Jon:

– Uwierzysz, że musiałem zapłacić temu lachociągowi za to, że mi powiedział, że się znęcam nad słabszymi?

– Jon, czasem faktycznie się znęcasz – mówi Noemi.

– Naprawdę? – Jon wydaje się zaskoczony. Po czym, bez ostrzeżenia, wciska gaz, bierze ostry zakręt i jadąc po trawniku, wyprzedza ciąg samochodów, żeby zająć miejsce, które właśnie zwolniło się na parkingu.

– Powiedziałaś, że Julian ma dodatkową pracę domową z matematyki – mówi Jon. – Nie możemy cały dzień czekać w kolejce z tymi idiotami.

Gdy Jon i Noemi wysiadają, ciekawi mnie, jak będą pasować do innych rodziców. Jon ostatnio spędzał czas ze swoim przyjacielem Akonem i raperem Lil Waynem i nosi luźne spodenki, czapkę z daszkiem i złote łańcuchy, które zdradzają wpływ hip-hopu. Noemi ostatnio zrobiła sobie irokeza i nosi koszulkę na ramiączkach z dużym dekoltem i króciutkie czerwone spodenki, które są tak obcisłe, że wyglądają jak namalowane na ciele.

Zauważam, że wiele – a być może większość – matek ma tatuaże i dekolty, których pozazdrościłyby im kelnerki z Hooters. Mamy dzieciaków z podstawówki wydają się dowodem na to, że błyszcząca, pozbawiona umiaru przeszłość Jona z czasów króliczków „Playboya" nie tyle zniknęła, ile stała się nową normą.

Jedna cecha charakterystyczna dla rodziców czekających przed szkołą jest jak z lat pięćdziesiątych. Nie ma wśród nich prawie żadnych mężczyzn. Jon jest jedynym ojcem czekającym przy krawężniku.

Kiedy Julian dostrzega ojca, rzuca mu się w ramiona. Jon całuje go w czubek głowy, Noemi go obejmuje. Idą razem w stronę samochodu, bawiąc się przy tym, potrącając się nawzajem przy każdym kroku. Pozostałe dzieci idą obok rodziców, niektóre z nich trzymają ich za ręce, większość jednak tego nie robi.

W samochodzie Julian bawi się swoim Nintendo. Gra pika, a Jon mówi:

– Julian, odłóż to.

– Nie chcę, żeby stał się taki jak ja – mówi do mnie Jon. – Chcę, żeby uczył się w szkole.

Po czym mówi do Juliana:

– Jak poszło dzisiejsze dyktando?

– Pomyliłem się w jednym słowie.

– W jakim słowie?

– Opróżnianie.

– Jak to zapisałeś?

– O–P–R–Ó–Ż–N–I

– Julian, opróżnianie – Jon wymawia to słowo z nowojorskim akcentem, więc prawie nie słychać I. Literuje słowo.

– Julian, O–P–R–Ó–Ż–N–A–N–I–E.

– Tato, wydaje mi się, że tam jest jeszcze jedno I.

– Julian, nie wymądrzaj się przy mnie. Musisz się uczyć. Kocham cię.

Jon zwraca się do mnie:

– Tej jednej rzeczy nauczyłem się w więzieniu. Nigdy nikogo nie kochałem. Tego brakowało mi w życiu. Musiałem zostać aresztowany, żeby to zrozumieć.

ROZDZIAŁ 75

J.R.: Na kilka miesięcy przed tym jak zostałem aresztowany, wiedziałem, że Max poszedł na współpracę. Nie sposób było tego przegapić. Zadbali o to, by cała jego rodzina zniknęła. Federalni umieścili Maksa na „łodzi podwodnej" – tak nazywa się miejsce, w którym nikt nie jest w stanie dopaść świadka. Mógł to być hotel Days Inn w Topece, ale nazywali to łodzią podwodną. W przypadku Maksa ta łódź była bardzo zatłoczona. Znalazł się tam ze swoją żoną i 15 kolumbijskimi krewnymi z jej strony. Max mieszkał na łodzi podwodnej do końca życia[1].

Wszyscy mówili, że Max zgodził się na współpracę, bo był tchórzem i nie mógł sobie poradzić z perspektywą spędzenia dwóch lat w więzieniu. Ale ja miałem własną teorię. W momencie, gdy został aresztowany, nikt nie traktował go jak El Jefe. Wszyscy mówiliśmy o nim, jakby był kretynem. Ale gliniarze potraktowali go inaczej. Sprawili, że czuł się, jakby miał władzę, powiedzieli mu, że jest taki mądry. Musieli to powiedzieć, bo był głównym elementem ich śledztwa. Gdy Max wsiadł do tej łodzi podwodnej razem z gliniarzami, prawdopodobnie traktowali go, jakby był mózgiem kartelu.

Wiedzieliśmy z Mickeyem, że Max mógł opowiedzieć im wiele historii na temat Kolumbijczyków, ale to, co mógł powiedzieć o nas, było

---

[1] Kiedy Max w 2008 roku umarł z powodu raka, już od 23 lat był świadkiem koronnym. Dużą część czasu mieszkał w Tennessee.

stekiem bzdur. Nie powiedzieliśmy Maksowi, gdzie mieściła się farma, nie powiedzieliśmy mu o pokojach radiowych, bazach rakietowych, samolotach, których używaliśmy, radiolatarniach. Nic. Pokazałem mu raz tunel w Meksyku, ale tunel ten został zamknięty i zasypany w dniu aresztowania Maksa. Oczywiście ja i Mickey byliśmy zbyt pewni siebie w kwestii ignorancji Maksa. Powinniśmy byli przestać działać. Ale chyba po prostu za bardzo kochaliśmy naszą pracę.

Rok zajęło im zlokalizowanie farmy. Zinfiltrowali Mickeya dzięki podstawieniu agenta DEA, który udawał, że jest takim samym maniakiem jak Mickey. Ten gość kręcił się w sklepie z częściami, w którym bywał Mickey, i się zakumplowali. Słabością Mickeya było to, że chciał się pochwalić farmą przed tym gościem, więc pokazał mu ją z samolotu. Wtedy mieli już wszystkie informacje, których potrzebowali, i zorganizowali obławę.

Na farmę przyjechało ponad 100 gliniarzy. Mickey uciekł, kiedy jacyś gliniarze uderzyli swoim śmigłowcem w linie wysokiego napięcia i rozbili się. Gliniarze, którzy byli na dole, sądzili, że helikopter został trafiony jakimś pociskiem i rozbiegli się we wszystkich kierunkach. Mickey wystrzelił w ich stronę kilka rac, co spowodowało zbyt duże zamieszanie, by gliniarze mogli sobie z nim poradzić. To był ten chaos, o którym usłyszałem przez radio, kiedy leżałem skuty kajdankami na podłodze naszego pokoju radiowego.

W areszcie mój adwokat powiedział mi, że kumpel Mickeya Delmer chciał współpracować i zeznawać przeciwko mnie. To była jego zemsta za to, jak zwolniłem jego głupiego kuzyna. Ale każdy musiał sobie radzić.

To, że Mickey uciekł, było dla mnie szansą. Poszedłem na układ z prokuraturą: jeśli wypuszczą mnie za kaucją, pomogę im złapać Mickeya. W ten sposób wyszedłem z aresztu.

Kazałem Danny'emu Monesowi sprzedać budynek z powierzchnią komercyjną, którego byłem właścicielem, i za gotówkę z tej sprzedaży wpłaciłem kaucję i wróciłem do domu w Delray.

ROZDZIAŁ 76

Kiedy zobaczyłem policyjne zdjęcie Jona, pomyślałem: „Oto ten tajemniczy »brodaty gringo«". Złożyłem wniosek o przesłuchanie go. Zanim został rozpatrzony, było zbyt późno. Jona już nie było.

były detektyw w posterunku Miami-Dade, Mike Fisten

J.R.: Choć możesz myśleć, że zeznania mojego wspólnika Maksa przeciwko mnie były bardzo mocne, nie było tak źle. Gliniarze nie mieli nic na żadnego z moich ludzi: Lee, Bryana, Rogera, moich sąsiadów wieśniaków czy Alberta. Przeszukali nasz dom w Delray i nic nie znaleźli. Toni postarała się, by nie było w domu kokainy czy nielegalnej broni. Nie mogli dotknąć niczego w domu. Zatrzymaliśmy nasze konie.

Całymi tygodniami robiłem FBI w balona w związku z Mickeyem. Jeździłem do budek telefonicznych i udawałem, że do niego dzwonię i przekazuję mu kody. Mówiłem agentom FBI:

– Mickey zanurkuje jutro w jeziorze, żeby się ze mną spotkać. Niech wasi goście ze sprzętem do nurkowania ukrywają się w wodzie.

Prowokowałem pogonie za nim po całym stanie. W tym czasie uregulowałem większość swoich spraw. Danny Mones zarządzał 20 milionami dolarów, które ulokowałem w nieruchomościach. 150 milionów dolarów wpłaciłem do banków Noriegi. Na terenie całego hrabstwa miałem zakopane 30 milionów w gotówce, a kolejne kilka milionów było w bankach, w depozytach, które założyłem pod fałszywymi nazwiskami. Wziąłem kilka milionów dolarów w gotówce i kazałem się Rogerowi zawieźć do Kolumbii.

1987 rok nie był dobrym czasem, by przyczaić się w Kolumbii. Połowa rodziny Ochoa ukrywała się. Pablo próbował zniszczyć rząd. Pojechałem spotkać się z Rafą, a ktoś wpakował mu kulkę w głowę. W porównaniu z tym dni, kiedy po prostu odrąbywano gościowi rękę na światłach, żeby zabrać mu zegarek, wydawały się starymi dobrymi czasami.

Po tym, jak spędziłem tam kilka miesięcy, wsiadłem do samolotu lecącego do Meksyku. Mój przyjaciel Rafael Quintero został aresztowany w 1985 roku za uprowadzenie i torturowanie na śmierć agenta DEA[1].

Ale Quintero miał przyjaciół, którzy pomogli mi znaleźć miejsce niedaleko pięknego miasta Mazatlán. Miałem mały domek z ogrodzoną działką. Moja twarz znalazła się na listach gończych wydanych przez FBI, które rozprowadzano także w Meksyku. Poznałem dwie dziewiętnastoletnie dziwki, które wprowadziły się do mojej kryjówki. Uznałem, że będę dużo czasu spędzał w domu, a dwie dziewczyny będą lepsze niż jedna. W burdelu były najlepszymi przyjaciółkami, ale kiedy zamieszkaliśmy razem, zaczęły ze sobą konkurować i robić się zazdrosne. Lubiłem obie, ale nie zauważały tego.

W telewizji był program, który był meksykańską wersją *Najbardziej poszukiwanych przestępców Ameryki*. Pewnego dnia pokazali w nim moje zdjęcia i ostrzegli widzów, że mogę być w Meksyku. Dziewczyny obejrzały ten program tego dnia, kiedy jedna z nich była zazdrosna, więc powiadomiła meksykańską policję.

Uciekałem przez prawie dwa lata i wydałem większość mojej kasy. Meksykańska policja zabrała resztę, gdy byłem w drodze do więzienia.

---

[1] Tajny agent DEA Enrique Camarena został uprowadzony przez Quintero, który torturował go przez trzy dni. Quintero zatrudnił lekarza, którego zadaniem było podtrzymywanie Camareny przy życiu. Quintero nagrał sesje tortur na kasetach magnetofonowych i rozesłał je zarówno do swoich przyjaciół, jak i wrogów.

W meksykańskim więzieniu, naczelnik jest jak dyrektor generalny przed-
siębiorstwa. Jego celem jest wydobycie jak największej ilości forsy od więź-
niów. Plusem w tym wszystkim było to, że jako gringo byłem postrze-
gany jako źródło potencjalnie dużego dochodu. Pracownicy więzienni
nie zgłosili mnie ambasadzie amerykańskiej. Minusem zaś, że podczas
pierwszego tygodnia pobytu wsadzili mnie do części więzienia, która była
prawdopodobnie tak wygodna jak pokład starego statku z niewolnikami
z Afryki. Byliśmy przykuci łańcuchami do podłogi. Wszyscy byli ubru-
dzeni własnymi odchodami. W nocy strażnicy wyciągnęli mnie z celi
i razili prądem za pomocą drutów podłączonych do akumulatora samochodowego. W ten sposób przygotowywali mnie do żądań pieniędzy.

Po tygodniu obmyli mnie za pomocą wody z węża i przyprowadzili na
spotkanie z naczelnikiem. Wyciągnął rękę, a ja powiedziałem mu, że jeśli
pozwoli mi skorzystać z telefonu, załatwię, że ktoś przywiezie pieniądze.

Nie miałem zamiaru płacić temu złodziejowi. Gdybym to zrobił, trzy-
małby mnie dłużej, by więcej ze mnie wycisnąć. Zadzwoniłem do siostry
i opowiedziałem jej o swoim planie.

JUDY: Jon powiedział mi, że jest w meksykańskim więzieniu i potrzebuje, żebym tam przyjechała przebrana za zakonnicę, dzięki czemu mo-
głabym przemycić dla niego ubrania i dokumenty, które pomogłyby mu
w ucieczce.

Zrobiłam to, co zrobiłaby każda siostra. Znalazłam księdza i powiedziałam mu, że podejmuję pewien humanitarny wysiłek, który wymaga
ode mnie podszywania się pod zakonnicę. Dał mi potrzebne dokumenty
i wysłał do sklepu na Manhattanie, w którym mogłam wypożyczyć habit.

Wzięłam urlop w pracy i poleciałam do Meksyku. Weszłam do więzienia jako zakonnica. Kiedy zobaczyłam, w jakim brudzie trzymano mojego brata, jakby był zwierzęciem, byłam wściekła. Chciałam wyciągnąć
go stamtąd gołymi rękami. Ale mogłam jedynie przekazać mu ubrania
i fałszywy paszport, które przemyciłam pod swoim habitem.

J.R.: Miałem wszystko, co było potrzebne do ucieczki. Ale jeden z więź-
niów doniósł na mnie. Wysłano mnie do naczelnika. Tym razem zauważyłem, że na ścianie miał zdjęcie konia wyścigowego. Naczelnik

interesował się wyścigami konnymi. Trochę się zaprzyjaźniliśmy i podał cenę za moje uwolnienie: dwa urodzone w Kentucky konie wyścigowe. Kazałem Toni dowieźć je do granicy w przyczepie. Czekali tam na nią skorumpowani *federales* lojalni wobec naczelnika i zawieźli konie na jego farmę. Naczelnik wypuścił mnie i pojechaliśmy na jego farmę. Facet płakał, gdy oglądał konie, które mu dałem. Zostałem u niego w domu przez kilka dni, żeby nauczyć go, jak je karmić i jak się nimi zajmować. Naczelnik nie był złym człowiekiem. Ale tacy są Meksykanie. Gdy raz się z nimi zaprzyjaźnisz, okażą ci dużo serca.

Naczelnik kazał kilku *federales* odwieźć mnie do nielegalnego przejścia granicznego w pobliżu San Diego. Wszedłem do Stanów Zjednoczonych, mając w kieszeni kilka pesos. Miałem pecha, bo w tym samym roku, w którym wróciłem, prezydent Bush dokonał inwazji na Panamę i aresztował swojego starego kumpla i mojego bankiera, generała Noriegę. Rząd amerykański przejął banki Noriegi. Straciłem 150 milionów dolarów[2].

Unikałem moich przyjaciół przestępców, takich jak Joey Ippolito. Kiedy jesteś zbiegiem, jesteś jak karta gwarantująca wyjście z więzienia każdemu, nad kogo głową ciążą oskarżenia. Jeśli się wydadzą, cała ich kartoteka może zostać wymazana.

Jedynym gościem w Kalifornii, któremu mogłem zaufać, był Larry Barrera. Jego ojciec, Laz Barrera, pomagał trenować kilka moich koni w Ocali. Laz był, oczywiście, najlepszym trenerem w historii[3]. Jego syn Larry był wspaniałym gościem. Mogłem na nim polegać, ale był uzależniony od heroiny. Pozwolił mi zamieszkać u siebie. Miał ruderę w Hollywood Hills. W pobliskim domu mieszkała starsza pani, której Larry pomagał – przynosił jej pocztę, przywoził mleko ze sklepu. Jakiś miesiąc przed moim pojawieniem się starsza pani zmarła. Była przykuta do łóżka, nikt jej nie odwiedzał, więc Larry zostawił ją na kanapie, żeby się zmumifikowała, odbierał jej pocztę i realizował jej czeki. Podłączył prze-

---

[2] Amerykańska inwazja na Panamę w 1989 roku została podjęta głównie po to, by przejąć banki, które przechowywały miliardy dolarów pochodzących z handlu narkotykami i powstrzymać kartele od traktowania kraju jako centrum finansowego.

[3] Laz Barrera trenował Affirmed, ostatniego konia w historii, który w 1978 roku wygrał Triple Crown.

dłużacz ze swojej rudery do jej domu, żeby mieć darmowy prąd. W ten sposób mieszkaliśmy.

Nie uwierzysz w to, ale Larry był mężem siostrzenicy Joego DiMaggio. Byli w separacji, ale Larry nadal przyjaźnił się z jej wujkiem. Kiedy Joe przyjeżdżał do miasta, szliśmy do sklepu sportowego, kradliśmy pudło piłek do bejsbolu i szliśmy z wizytą do niego. Podpisywał piłki, a kiedy grali Dodgersi, sprzedawaliśmy piłki na parkingu.

Kiedy dotarłem do Kalifornii, nie zadzwoniłem do Judy ani do Toni, bo FBI zaczęło je obserwować. Skontaktowałem się ze starym znajomym, Alem Tanenbaumem. Kiedy poprosiłem go, żeby pożyczył mi 20 000 dolarów, odwiesił słuchawkę. To tyle jeśli chodzi o bogatych dupków.

Zadzwoniłem do dziewczyny, która pracowała u mnie w stajni, gdy miała 17 lat. Nazywała się Eleanor Roosevelt, tak samo, jak żona prezydenta. Eleanor zawsze mnie lubiła. Teraz miała 25 lat i mieszkała w domu rodziców w Delaware. Poprosiłem ją, żeby przysłała mi 500 dolarów.

Zamiast je wysłać, przejechała przez cały kraj i zabrała mnie do siebie. Zawiozła mnie do domu swoich rodziców na przedmieściach. Przedstawiła mnie im, podając fałszywe nazwisko. Byli bardzo sympatyczni. Powiedziałem im, że pochodzę z Chicago i przyjechałem na wschód, żeby znaleźć pracę jako stajenny.

Następnego ranka, gdy się obudziłem, byłem sam w domu. Byłem ciekawy, kim byli jej rodzice, więc poszedłem do ich sypialni, żeby się rozejrzeć. Zauważyłem, że w szafie jej tata trzymał gruby czarny pas z kaburą. Później zauważyłem wielki kapelusz, pałkę policyjną, pistolet i odznakę. Jej ojciec był zastępcą naczelnika w więzieniu okręgowym.

Ale jej tato polubił mnie. Znalazłem pracę w stajniach przy torze wyścigowym w Delaware Park[4]. Lubiłem wracać do domu na kolację z rodziną Rooseveltów. Uciekałem tak długo, że cieszyło mnie posiadanie rodziny.

Wyglądałem dokładnie tak, jak na zdjęciu w liście gończym, ale ci ludzie nie rozpoznali we mnie tamtego człowieka. Byłem niemal ich zięciem. Rodzice Eleanor pomogli nam znaleźć mieszkanie. Któregoś

---

[4] Obecnie tor wyścigowy i kasyno noszące nazwę Delaware Park Racetrack and Slots przy Delaware Park Boulevard 777 w Wilmington.

dnia jej ojciec przyjechał po mnie i zawiózł mnie do więzienia okręgowego. Chciał, żebym rozważył podjęcie tam pracy. Powiedziałem mu, że to przemyślę.

Mieszkałem z Eleanor do marca 1992 roku, gdy zostałem rozpoznany przez pewnego chłopaka na torze wyścigowym. Mieszkał wcześniej na Florydzie i był wśród tej grupy gości, którzy z bratem Toni palili crack w mojej stajni. Miał do mnie urazę, bo zwolniłem wszystkich jego kumpli. Wkopał mnie wkurzony ćpun.

Mała armia agentów FBI, wspierana przez miejscowych antyterrorystów, zabrała mnie z mieszkania, które dzieliłem z Eleanor.

Przetrwałem jako uciekinier pięć lat. Nieźle. Mickey mnie przebił. Zanim go aresztowano, przeżył prawie siedem lat w Norfolk w stanie Wirginia. Otworzył warsztat, w którym naprawiał motocykle, zamieszkał z samotną matką i pomógł jej wychować dziecko.

ROZDZIAŁ 77

J.R.: Na podstawie aktu oskarżenia groziło mi blisko 300 lat pozbawienia wolności. Wsadzili mnie do okręgowego więzienia w Tampie, a federalni próbowali wymyślić, co ze mną zrobić. Więzienie okręgowe w Tampie było tak zdezorganizowane, że nie było tam nawet segregacji rasowej jak w normalnym więzieniu. Wolna amerykanka. Podczas pierwszego miesiąca pobytu tam wdałem się w bójkę z trzema czarnymi więźniami, którzy zrzucili mnie z wysokości pierwszego piętra.

Kilka tygodni spędziłem w ambulatorium. Co tydzień dawali chorym więźniom lody. Kiedy skończyliśmy jeść, zabierali nam patyczki, ale można je było odkupić od skorumpowanego strażnika. Kupiłem trzy patyczki. Kiedy poczułem się na tyle dobrze, żeby stać o własnych siłach, zaostrzyłem je, trąc o ścianę, gdy pozwolili nam codziennie chodzić w kółko wokół dziedzińca na dachu.

Kiedy opuszczasz ambulatorium, możesz ukryć zaostrzone patyczki po lodach tylko w jednym miejscu. Nie jest to wygodne miejsce, bracie. Ale kiedy wróciłem do reszty mieszkańców, miałem przygotowane patyczki. Parę nocy po moim powrocie zaatakowałem gości, którzy mnie zrzucili. Pierwszego zadrapałem w głowę. Drugiemu wepchnąłem patyk do nosa i ucha, zanim go złamałem. A trzeciemu wepchnąłem patyk w oko i oślepiłem go. Miałem szczęście, bo ten kretyn skoczył w moim kierunku i nadział się na patyk.

Chcieli mnie oskarżyć o napad z bronią w ręku, ale był problem z jurysdykcją, bo siedziałem w więzieniu okręgowym oskarżony o przestępstwa federalne. Wsadzili mnie do izolatki, a później przenieśli do więzienia federalnego w hrabstwie Dade.

Federalny akt oskarżenia określał mnie i Maksa jako „amerykańskich reprezentantów" kartelu z Medellín. Mówili, że współpracując z Mickeyem i Delmerem, przemyciliśmy kokainę wartą 2,3 miliarda dolarów[1]. Jeśli kiedykolwiek jesteś oskarżony, nie przejmuj się tym, co piszą w akcie oskarżenia, ani liczbami, które podają. Wyrok 300 lat pozbawienia wolności? Błagam. Nikt nie chciał, żebym siedział 300 lat. Nikt nie chciał procesu. Wszyscy chcieli jedynie negocjować.

W takiej sytuacji jak ta chcą, żebyś im coś dał. Masz informacje, których nie możesz im podać, ale niektóre z nich – owszem. Chcą, żebyś podał im informacje tak ważne, że poczują się dobrze, skracając twój wyrok. A kiedy oni czują się dobrze, gdy to robią, ty też czujesz się wspaniale, bo szybciej wyjdziesz na wolność.

Najlepszym sposobem jest wybadanie ich, pozwolenie, by to oni przyszli do ciebie i powiedzieli, czego chcą. Później ty musisz zorientować się, czego nie możesz im dać. Dla mnie było to proste. Rodzina Ochoa. Albert San Pedro. Byli na wolności. Nadal mieli władzę. Z innymi rzeczami mogłem im pomóc. Generał Noriega – prosta sprawa. Był pedofilem, który stracił moje 150 milionów dolarów. Poza tym nie miał nawet kraju. Nikogo nie zamierzał ścigać. Wszystko, co chcieli na jego temat, było do oddania.

---

[1] Kwota 2,3 miliarda dolarów była szacunkową kwotą, jaką posługiwali się agenci federalni. Była oparta na dowodach dostarczonych przez Maksa na temat lotów przemytniczych, które on nadzorował – zarówno przed nawiązaniem współpracy z Jonem i Mickeyem, jak i w jej trakcie – a dzięki którym importowano 56 ton kokainy. Odbyło się wiele innych lotów nadzorowanych, niezależnie od Maksa, przez Jona i Mickeya. Wziąwszy pod uwagę szalone różnice w hurtowej cenie kokainy, podanie dokładnej kwoty jest praktycznie niemożliwe. Kwota 2,3 miliarda dolarów mieści się na początku skali. Inne wartości podawane przez agentów rządowych oceniały wartość kokainy sprowadzonej przez Maksa, Jona i Mickeya na 15 miliardów dolarów. W każdym razie, nadzorowali oni przemyt większości kokainy, jaką kartel z Medellín dostarczył do Stanów Zjednoczonych w czasach swojej świetności w pierwszej połowie lat osiemdziesiątych.

Chcieli informacje o Rickym Prado i morderstwie Schwartza. Nie miałem problemu z wydaniem go. Był szczurem, który poszedł pracować dla rządu. Dali mi immunitet w związku z morderstwem Schwartza w zamian za złożenie zeznań, w których opisałem, jak Prado go zastrzelił.

Za moją współpracę skrócili mój wyrok o 297 lat. Nigdy nie zeznawałem przeciwko Noriedze, bo zdali sobie sprawę, że moje zeznania stały w sprzeczności z zeznaniami innego świadka. Kilka miesięcy po tym, jak poszedłem na ugodę w sprawie Prada, zamknęli sprawę przeciwko niemu. Skróciłem swój wyrok o 297 lat praktycznie za nic. W ramach premii wymazali stanowe zarzuty za incydent z patyczkami do lodów.

Odsiedziałem trzy lata w więzieniu. Nie zamierzam kłamać i mówić ci, że to były ciężkie czasy. Po tym wszystkim, co zrobiłem, taki wyrok to jakiś żart. Ale wydarzyła się jedna rzecz, która we mnie pozostała. Którejś nocy w celi leżałem, rozmyślając o tym, czy pozostali goście w więzieniu mieli matki czy synów, czy kogoś, o kim myśleli. Miałem ludzi, którzy oddawali mi przysługi. Moja siostra mnie odwiedzała. Ale kiedy leżałem w tej celi, nie było nikogo, o kim myślałem. Bo nigdy o nikim nie myślałem. Byłem całkiem sam. Nie mam na myśli tego, że byłem samotny, czy że byłem sam w więzieniu. Raczej zdałem sobie sprawę, że byłem sam na świecie.

ROZDZIAŁ 78

J.R.: Kiedy wyszedłem z więzienia, nie miałem żadnych planów. Pracowałem w starym hotelu Beachcomber[1] w Miami Beach. Zatrudnienie było koniecznym warunkiem mojego zwolnienia warunkowego.

Pieniądze, które wydawało mi się, że miałem w Miami, zniknęły. Ludzie w Delray spędzili 10 lat z łopatami i koparkami, szukając skarbów w postaci gotówki, którą zakopywałem w plastikowych wiadrach. Sąsiedzi, pracownicy stajni, moi kierowcy – każdy, kto wiedział, że zakopywałem tam pieniądze, przyjechał, by ich szukać. Kiedy wróciłem do Delray, miejsca, w których sądziłem, że ukryłem wiadra, zostały splądrowane albo rozmyte. Wiem, że jeden z sąsiadów znalazł 400 000 dolarów w krokwiach, w których zrobiłem skrytkę. Wyprowadził się.

Kiedy ukrywałem się, a później siedziałem w więzieniu, mój prawnik Danny Mones przeniósł własność lub sprzedał nieruchomości, których byłem właścicielem. W momencie, gdy miałem się z nim skonfrontować, praktycznie w ciągu nocy zmarł na raka. Spotkałem go raz. Obiecał mi wyprostować wszystko i zmarł tydzień później. Gdybyś znał Monesa, wiedziałbyś, że ten gość był takim złodziejskim dupkiem, że prawdopodobnie był szczęśliwszy, umierając na raka niż oddając coś, co ukradł.

Poszedłem do banku, w którym zostawiłem w depozycie milion dolarów pod fałszywym nazwiskiem. Rok zajęło mi przypomnienie sobie,

---

[1] The Beachcomber to dwugwiazdkowa speluna przy Collins Avenue 1340.

jak brzmiało to nazwisko i zdobycie fałszywych dokumentów. Kiedy poszedłem do banku, budynku już nie było. Udałem się do głównego oddziału, pokazałem dowód tożsamości, a oni powiedzieli, że zachowali mój depozyt z budynku, który zburzyli. Kiedy go otworzyłem, znalazłem w środku list z urzędu skarbowego, zaadresowany na moje fałszywe nazwisko, w którym napisano, że byłem winien ćwierć miliona dolarów z tytułu zaległych podatków. Kto by pomyślał, że kiedy burzą bank, urząd skarbowy otwiera nieodebrane depozyty i nakłada podatek na ich zawartość?

Byli pewni goście, których znałem – synowie gangsterów z mojej dawnej ekipy – którzy poprosili mnie o pomoc w szmuglowaniu marihuany. Znajomy zawiózł nas samolotem do Meksyku, przedstawiłem ich pewnym ludziom, a kiedy przewieźliśmy tunelem trawę do Kalifornii, pokazałem im, jak pakować ją w dziewiętnastolitrowej puszki po farbie i wysyłać pocztą, dokąd tylko chcieli. Przemyt narkotyków dziś jest równie łatwy jak kiedyś. Jest tak samo dużo kokainy. Jest w tej samej cenie albo tańsza. Nikt nie wygrał żadnej wojny przeciwko narkotykom. Handel narkotykami daje pracę ludziom na ulicy i w radiowozach. To wszystko.

Ja poszedłem na emeryturę.

Kiedy w 1997 roku odnalazłem mojego dawnego ochroniarza Bryana, mógł poruszać się tylko za pomocą chodzika i ledwo wiedział, kim jestem. Zmarł w wieku 42 lat. Powiedzieli, że przez raka, ale to pewnie wina końskich hormonów.

W 1999 roku przespałem się z tancerką z Wenezueli. Zaszła w ciążę. Urodziła mojego syna, Juliana. Kiedy urodził się, byłem dumny, że mam dziecko, ale nie odczuwałem do niego czegoś, co nazwałbyś „ludzką empatią".

Nigdy nie obchodził mnie mój ojciec i nie sądzę, by on dbał o mnie. Nie oczekiwałem, że będę się o troszczył o swojego syna. Matka Juliana wyjechała na jakiś czas z kraju. W tamtym czasie zostałem w mieszkaniu sam z tym małym dzieckiem. Karmiłem go i zmieniałem mu pieluchy.

Nie było nikogo innego, kto mógłby się nim zająć. Nie mogłem go zostawić. Nie mogłem lecieć z nim do Meksyku i nieść go w tunelu, gdy popychałem wózek z narkotykami. Potrzebowałem pracy w pobliżu z nienormowanym czasem pracy.

Znałem gościa z Nowego Jorku, który prowadził w Miami agencję towarzyską. Był tłustym dupkiem, który przypominał mi Maksa, tyle że nie palił. Zatrudnił mnie, żebym wyprowadził jego firmę na prostą. Agencja towarzyska zawsze działa w ten sam sposób, bez względu na to, czy reklamuje się w książce telefonicznej, w gazecie, czy w sieci. Rezerwują dziewczyny w głównym biurze. Klient dzwoni i zamawia dziewczynę na określoną liczbę godzin. Kierowca zawozi dziewczynę na miejsce. Jest tam, żeby ją chronić i obserwować.

Gość, który mnie zatrudnił, miał problem. Jego dziewczyny okradały go. Niektóre z nich były zajebiste w łóżku. Pieprzyły się z gościem, a on chciał, żeby zostawały na dwie lub trzy godziny. Dziewczyna powinna zgłaszać to firmie, żeby dać im działkę za te dodatkowe godziny. Kierowcy mieli pilnować dziewczyn, żeby mieć pewność, że nie oszukują. Ale dziewczyny opłacały kierowców. Tak więc właściciel, który swoją tłustą dupę posadził w Nowym Jorku, był okradany za plecami.

Zatrudnił mnie do pilnowania kierowców. Jeździłem za nimi, a gdy przyłapałem ich na oszukiwaniu właściciela, tłukłem ich, ile wlezie. Wystraszysz na śmierć paru z tych gości i nikt więcej nie oszukuje właściciela. Teraz moim zajęciem było jeżdżenie i pilnowanie wszystkich, pomaganie dziwkom, jeśli władowały się w jakieś kłopoty. Zaczynałem o ósmej i kończyłem o czwartej rano.

Działało to doskonale, ponieważ zainstalowałem fotelik dla dziecka w moim samochodzie. Było tam spokojnie i cicho. Julian mógł spać. Mogłem go nakarmić, przewinąć. Przez większość czasu po prostu czekałem przed jakimś hotelem. Wszystkie dziwki zakochały się w Julianie. Jedna z nich miała dziecko w jego wieku. Kupowaliśmy razem rzeczy, na przykład 1000 pieluch w Costco i dzieliliśmy się nimi. Tak więc Julian wychował się w moim samochodzie z kurwami.

Pracowałem tak przez jakieś 18 miesięcy. Byłem z Julianem na okrągło. Jego matka wróciła i podrzuciłem jej go. Uznałem, że teraz ja mogę się trochę zabawić. Miałem już dość bycia idealnym tatą.

Minął tydzień, a ja się rozchorowałem. Coś było ze mną nie tak. Pojechałem odwiedzić Juliana w domu jego matki. Wszedłem. Julian był po drugiej stronie pokoju. Ten mały skurwiel ledwo potrafił chodzić. Jego twarz się rozjaśniła. Szkoda, że nie widziałeś, jak machał i kopał tymi małymi nóżkami, gdy biegł do mnie. Chwyciłem go i spojrzałem mu w oczy. Zdałem sobie sprawę, że miałem tylko jego, a on miał tylko mnie. Nigdy nie czułem czegoś takiego wobec kogokolwiek. Wcześniej nikogo nie miałem, a teraz to się zmieniło. Już nie byłem sam na świecie.

Ale nie twierdzę, że jestem teraz dobrym człowiekiem. Błagam, nadal wierzę, że jeśli w jakiejś sytuacji potrzebuję zyskać przewagę, wybiorę zło, a nie dobro. Jedyną różnicą dziś jest to, że czasem spoglądam w oczy Julianowi i wiem, że mnie kiedyś straci. Takie jest prawo natury. Ale boję się, jak bardzo mogłoby go zaboleć, gdyby nie miał ojca. Nie chcę, żeby kiedykolwiek to poczuł. To najgorszy ból, jaki mogę sobie wyobrazić. Wolałbym cierpieć tortury, niż pozwolić, by mój syn czuł ten ból czy jakikolwiek ból. Dla gościa, który przez całe życie był złym człowiekiem, takie uczucia wobec rodziny nie są czymś zwyczajnym. To pewnie to, co normalni ludzie nazywają miłością. Niełatwo jest to czuć. Zło jest dużo prostsze.

Nie byłoby mnie tutaj bez mojej żony Noemi. Jest młoda wiekiem, ale dojrzała mądrością. Pomogła mi zbudować lepsze relacje z synem, gdy przechodziliśmy gorszy okres. Sprawiła, że rozumiem pewne rzeczy i widzę w ludziach coś, z czego nigdy nie zdawałbym sobie sprawy i czego nigdy bym nie wiedział. Próbowała poprawić moje stosunki z siostrą, co jest bardzo trudnym zadaniem. Noemi dała mi serce, którym mogę czuć. Sprawiła, że myślę pozytywnie i pokazała mi, że w czasie, który mi pozostał, powinienem się zrelaksować, cieszyć nim i spróbować pogodzić się z samym sobą. Wszystko to brzmi wspaniale, ale przy kimś takim jak ja to, że Noemi udało się mnie zmienić, nawet trochę, jest właściwie cudem. Jestem pewien, że gdy opuszczę ten świat, by spotkać się z diabłem, który – jestem pewien – będzie moim partnerem w wieczności, trochę dobra, które teraz w sobie odnajduję, zniknie na zawsze. Ale cieszę się, że w tej krótkiej, ostatniej części mojego życia, byłem w stanie słuchać i podążać za mądrością Noemi, bo ona przybliżyła mnie do mojego syna Juliana. On jest moją duszą, a Noemi jest moim światłem, dzięki któremu go dojrzałem. To, że cieszę się teraz ich miłością, jest prawdopodobnie nie fair wobec wszystkich tych ludzi, których wykorzystałem, ale takie jest życie. Nie jest sprawiedliwe, ale może, jeśli mój syn przeczyta to, gdy będzie wystarczająco dorosły, nie podejmie takich decyzji, jakie podjąłem ja.

Jon Roberts

Evan Wright chciałby wyrazić swoją wdzięczność wobec Alfreda Spellmana i Billy'ego Corbena, autentycznych kokainowych kowbojów, których szalona wizja wprawiła piłkę w ruch. Chciałby podziękować Mike'owi Fistenowi, Steve'owi „Hollywood's Hollywood" Saito i Joanne Chu za ich bezgraniczne wsparcie w przygotowaniu tekstu. Dziękuję Richardowi Abate'owi, Rickowi Horganowi, Nathanowi Robersonowi i Melissie Kahn, dzięki którym ta książka powstała; a także Alexowi „The Bow Slayer" Kohnerowi, który sprawia, że powstaje wszystko inne. I dla Los Bulls wiadomość od El Borrego: nigdy nie wygracie, ale *muchas gracias* za to, że zamówiliście książkę przed premierą. I na koniec, dziękuję Zari za wspomnienia gangsta. Zawsze będziemy mieć Lorda Barringtona.

Evan Wright

SPIS TREŚCI